골프 표준참고서 (3권 스윙 이론)
Golf, Standard Practice Pt. 3 HOW TO SWING

저자 최원규

특기(Remarks)

☆ 골프는 알면 알수록 '왜?'라는 질문이 쌓이는데, 이 책은 그 모든 것을 파헤쳐 놓아서 접해보지 않았던 내용과 어려운 설명이 많습니다.

제목(Title)에 이미 핵심의 50%가 포함되어 있습니다. 먼저 제목과 그림 및 표에 집중하고, 책 내용 전부를 알고 이해하려 할 필요는 없으며, 내용 중에 어려운 '**심화**' 사항은 과감하게 **Skip**과 **Pass**를 하면 될 것입니다.

쉬운 것만 찾다가 골프를 영영 못 치고 궁금증만 쌓을 것인지, 이 책을 보고 전체(거시적) 식견을 얻을 것인지는 선택입니다.

☆ 이 책은 골프를 인체 신경 및 근육학, 역학(동역학, 재료역학, etc), 수학(기하, 확률)을 이용하여 분석한 내용들로 기술되어 있습니다. 두리뭉실한 내용은 최대한 배제되었습니다.

☆ 이 책에 있는 많은 수치는 대략적인 근삿값들로써, 이해를 돕고자 사용된 것입니다. 골프는 신경과 신체 근력, 그리고 실력, 스윙과 장비 사양이 상대적으로 달라서, 골퍼마다 결과도 조금 상대적입니다.

☆ 이 책은 오른손잡이 골퍼를 기준으로 설명되어 있습니다.

☆ 전체 5권으로 구성되어 있으며, 3권에 전권의 서문과 에필로그가 있습니다.

☆ 골프 스윙 동작은 최고로 복잡한 인체 움직임입니다.

무릎 팔꿈치 손목은 각각 굽혀졌다가 펴집니다. 아울러 클럽 헤드 모양은 굽어 붙어 있고, 샤프트는 낭창거리며 휘어지고 비틀립니다.

그래서 어떻게 하면 회전과 폄 근력이 가장 효율적으로 사용되게 하면서 클럽 헤드 속도를 높이고 페이스 면을 제어할 수 있을 것인가가 관건이 됩니다.

신아출판사

목차

서문	6

1장 다운스윙(S1~S2) 오른 무릎 오금 굽힘　　27
　　1절 오른 무릎 움직임　　31
　　2절 오른 무릎 오금 굽힘 역할　　41
　　3절 다운스윙 전환 가속에 영향을 주는 것　　58

2장 원심력가속도 성분 (S5)　　73
　　1절 원심력과 원심력가속도 성분　　74
　　2절 가속도와 회전력　　84
　　3절 원심력가속도 성분을 키우는 방법　　100
　　4절 원심력가속도 성분이 잘 사용되게 하는 방법　　119
　　5절 원심력가속도 성분과 방향성　　131

3장 자연 로테이션　　137
　　1절 자연 로테이션의 발생　　139
　　2절 클럽 헤드 중심 회전 면(궤도)과 자연 로테이션 변화　　149
　　3절 손가락 하중 분배 (그립 악력)　　166
　　4절 Hook 교정　　191

4장 익스텐션 (하체 폄) (S3~S5)   211
    1절 지면반력의 이해   216
    2절 양 무릎의 익스텐션 양 차이와 나타나는 현상   226
    3절 무릎 폄과 척추 폄에서 배치기의 발생 조건   233
    4절 익스텐션에 의한 헤드 속도 증가량   240
    5절 비거리 외 하체 폄으로 얻을 수 있는 것들   253
    6절 폄 vs 스웨이, 폄 vs 수평 체중 이동   262
    7절 Sky ball   270

5장 오른 팔꿈치 외회전 (S3)   277
    1절 다운스윙, 키네매틱 시퀀스   281
    2절 오른 팔꿈치 외회전 효과   289
    3절 힘 빼기의 메커니즘 (힘 덜 증가하게 하는 방법)   295
    4절 눌러 치기 (오른 옆구리 접기)   298

6장 백스윙의 초점(Focus)   303
    1절 테이크어웨이 모양 및 오른 골반 접기   305
    2절 백스윙 왼팔 꼬임(상완-외회전, 전완-내회전, 손목-보잉)   337
    3절 백스윙, 왼 무릎 이동 시점   343
    4절 백스윙 왼 어깨 Braking   349
    5절 백스윙 Stopping 만들기   354
    6절 백스윙 스윙 플레인과 헤드 중심 위치   359
    7절 과도한 스웨이 동작   362
    8절 오른 팔꿈치(손) 높이와 스윙 궤도 vs 스윙 플레인   366
    9절 백스윙 탑 & 다운스윙 전환 타이밍 영향   373
    10절 폴로스루(Follow through)와 피니쉬(Finish)   381

7장 샷감(몸통 회전 시차, 회전력 조합, 대장 근육)   387

    1절 백스윙, 왼 어깨 Braking timing   395

    2절 백스윙, 오른 팔꿈치 높이   401

    3절 어깨와 팔의 연결 강도   406

    4절 그립 악력 (오른손 3rd & 4th 손가락 악력)   408

    5절 힙 턴과 어깨 턴의 시차 (동작 중심축 vs 회전력 사용조합)   409

    6절 다운스윙 폄 근육   433

    7절 하체 쿠션   438

    8절 폄 대장 근육과 릴리즈 타이밍   452

    9절 샷감 유지   473

에필로그   485
참고 문헌   491

서문

⟨골프 이론은 블루 오션⟩

2024년,

일반 골퍼 5% 정도가 싱글 플레이어인데, 이들 상당수는 잘 되는 날도 있고 안 되는 날도 있어 80타 전후를 맴돈다. 그중 1% 정도만 안정적인 싱글 플레이어. 그런데 그들도 언제 망가질지 모르는 두려움 속에 있다.

그다음 10%는 어쩌다 한번 싱글 타수를 기록하는데, 안 되는 날이 훨씬 많다.

다음 50% 정도 골퍼는 90타대 타수를 기록한다. 10년, 20년 잘해보겠다고 아무리 노력해도 발전은 거의 없다. 레슨 영상을 전전하고, 책을 탐독하고, 교습을 받아봐도 여전하다. 그렇다는 이야기는 그곳에 답이 없었다고 판단하는 것이 옳을 것이다. 35% 골퍼는 100타를 넘기는 플레이를 하고 있는데 발전은 더디다.

없는 곳에서 뭘 찾는다는 것은 바보스러운 일이 될 수 있다. 지금 골프 이론에는 새로운 패러다임과 로직이 필요한 상태며 그것은 블루 오션을 의미한다.

진보된 내용으로써, 이 책은 회전력 사용 개념과 릴리즈 타이밍 제어까지 알게 해주는 골프 지식 창고가 될 것이다.

⟨책의 목적⟩

야구 배팅과 골프 스윙의 큰 차이점 6가지는 다음과 같다.

No.	야구	골프
1	움직이는 볼 치기	정지된 볼 치기
2	둥근 배트로 볼 맞히기	평평한 헤드 면으로 볼 맞히기
3	휘지 않는 배트로 휘두르기	**굽어진 클럽 헤드에 휘어지고, 비틀리는 샤프트로 휘두르기**
4	1개 배트로 치기	14개 클럽으로 치기
5	넓은 상하좌우 오차 허용 범위	좁은 좌우 앞뒤 오차 허용 범위
6	투수 마운드 제외 평탄한 지형	티잉 구역 외 굴곡진 지형 다수

골프의 가장 큰 특징은 '굽어진 클럽 헤드에 휘어지고 비틀리는 샤프트로 휘두르기'인데, 이것을 간과하면 골프가 어려워진다.

세상에 쉬운 일이 어디 있겠는가?
이 책은 골프를 수학보다 5배 정도 쉽게 배우고 즐길 수 있도록 하는 것이다.
현시점, 골프가 얼마나 어려운지 일반 골퍼에게 앙케트를 하면 어떤 결과가 나올까?
느낌상, 경험상, 골프가 수학보다 더 어려운 것 같다. 골퍼별 상대성을 가지고 있는 것까지 고려하면 실제로는 수학보다 2배 정도 어렵다고 봐야 한다.

골프와 수학의 공통점	Remark
어렵다. 의지와 다르게 안 된다.	기본 원리를 알아야 한다. * 골프는 여태껏 진짜 기본 원리를 정리하여 알려준 것이 없었던 것 같다.
외울 것(공식)이 많다.	
응용력이 있어야 한다.	
큰 노력과 시간이 필요하다.	간단한 방법이란 거의 없다고 봐야 한다.
계속되는 연습과 숙달이 필요하다.	
다양한 예제(실전) 문제 풀이 필요하다.	문제 풀이의 Point를 알아야 한다.
몸이 아닌, 뇌가 자동 반응하여야 한다.	보이는 것과 느끼는 것으로 해결 안 된다.
시간이 지나면 점점 잊어버린다.	반복 학습이 필요하다.
점점 어려운 내용에 직면한다.	실력이 오를수록 더 어려운 것에 도전
결국은 포기하는 사람이 많다.	속어 : 수포자, 골포자 cf) 골프는 부상 유발되는 특징이 있다.
정답이 있다. 물론 답이 없는 문제도 있다.	골프에 답이 없다는 것은, 모른다는 변명

골프를 쉽고 빨리 배우는 것이 모든 골퍼의 희망 사항인데, 구체적으로 비교하여 말하면 골프가 수학보다 5배 정도 쉬웠으면 한다. (더 쉽다면 그건 골프에 대한 예의가 아닐 것이다.)
과거에는 골프를 어렵게 배웠던 것에 비하여, 앞으로는 10배 쉽게 골프를 배울 수 있는 기회를 얻도록 하는 것이 이 책의 집필 목적이다.

'골프 실력 = 지식 * 의지 * 연습과 동작'으로 정의할 수 있다.
　지식을 10배 명확히 알게 되면 골프 실력은 10배 향상될 것이다.

* 골프를 어렵게 만드는 이야기 또는 장면 예) :
(1) 샤프트 탄성 변형되는 이야기 없이, 몸(특히 상체)의 자세로 임팩트 동작을 설명하는 것
   〈--- 짧은 시간 동안 클럽은 그렇게 움직여주지 않음
(2) 작은 스윙이 큰 스윙의 축소판이라는 것 〈--- 작동 개념이 서로 다름
   어프로치는 동작이 다른 형태이며, 95%, 100%, 105% 스윙은 조건이 다름
(3) 3·6·9 백스트로크 크기로 퍼팅 거리 맞춘다는 것 〈--- 템포 엉망이 됨
(4) Lob wedge로 피치샷&칩샷을 함께 보여주는 것 〈--- 잔디 라이 고려 필요
(5) 돌려 잡아 Loft 세우고 페이스 닫는 슬라이스 방지법 〈--- 힘들어 감
(6) 발 밟아서 지면반력 크게 만든다는 것 〈--- 무릎 폄이 지면반력 키움
(7) 힘 빼라 〈--- 무작정 힘 빼면 회전력 전달 안 됨
(8) 팔을 억지로 돌려서 로테이션 만든다는 것 〈--- 저절로 생기는 것 이용
(9) I7으로 샹크 방지 방법 설명하는 것 〈--- 샹크는 짧은 클럽에서 더 발생
(11) 전환에서 오른발바닥으로 밀어 체중 이동한다는 것 〈--- 왼발바닥 이용
(12) 드로우 구질이 거리 많이 나간다는 것 〈--- Push 구질이 더 나간다.
(13) 상당수 거리 늘리는 105% 스윙 방법들 〈--- 필연적으로 부상 유발 위험

현시점, 주관적이고 상대적이긴 하지만 일반 골퍼에게 있어서 원하는 대로(뜻대로) 되는 비율은 대략 퍼팅:20%, 어프로치:30%, 롱게임:40% 정도로 추정되는데, 본서의 골프 이론을 바탕으로 뜻대로 되게 하는 비율을 퍼팅:80%, 어프로치:70%, 롱게임:60% 정도로 만들고자 한다. 그래서 90타대 중반인 일반 골퍼 평균 Score를 80타 정도가 되도록 하는 것이 이 책의 구체적인 목표이다. 좀 더 구체적으로, 퍼팅에서 5타, 어프로치에서 3타, 롱게임에서 7타 정도를 줄이는 것이다. 그렇게 하여 일반 골퍼 중에 5% 정도인 싱글 플레이어를 50% 정도가 되도록 하는 것이다. 물론 습득 시간(기간) 또한 1/5~1/10 정도로 줄어들게 될 것이다.

〈책 내용을 (A) & (B) 두 문장으로 소개〉
(A) 철학적인 것으로 반도체, 스마트폰, 이차전지, AI(인공지능)를 제조할 수 없는 것처럼 두리뭉실한 철학적인 말들로 골프를 잘 할 수 있게는 못하는 바, 이 책은 골프를 명확하고 쉽게 잘 할 수 있도록, 골프 기술의 원천을 알게 하는 내용으로 구성되어 있다.

현시점, 골프 이론은 너무 빈약하다. 마치 석기시대에 사는 느낌이다.

고대 시대 또는 오지 마을의 주술사가 이야기하는 것 같은 형태의 모호하고 두리뭉실한 말들이 골프에서 지나치게 많이 사용된다. 그런 말들이 도움이 되었는지, 도움이 될 것인지, 객관적으로 판단해보고, 그런 말들이 왜 횡횡하는지를 생각해 봐야 한다.

아마도 기본이 되는 지식을 몰랐기 때문에 주술과 같은 것에 의지하려는 심리가 작용 된 것은 아닐까, 하는 생각이 든다.

골프 근본 원리를 정립하고자 일반인들에게는 생소한 수학, 정역학, 동역학, 재료역학, 진동학을 사용하였다. 곁에서 빙빙 돌던 *"Why?"*의 답을 찾는데 이들 학문을 이용하는 것이 꼭 필요한 사항임을 먼저 밝혀둔다. 그리고 근육을 움직이는 신경이 어떻게 반응하고 작용하는지를 모른다면 단순히 감으로 배우지 않는 이상, 스윙 동작을 정확히 이해할 수는 없다.

(B) 품질 문제 요인에서 중요도가 작은 것은 개선해봐야 효과가 미미하고 큰 것을 손봐야 효과가 크게 나타나는 것처럼, 이 책은 골프에서 중요도를 파악하고 인지할 수 있는 내용으로 짜여있어서, 중요도가 높은 것을 먼저 섭렵하고 낮은 것은 뒷 순위로 처리할 수 있게 하였다.

슬라이스의 원인이라고 말하는 어떤 것, 비거리를 증가시키는 방법이라고 이야기하는 어떤 것, 이런 것들이 몇 번째의 중요도를 갖는 요인인지 생각해 봐야 한다. 품질 문제의 원인 분석에는 파레토 도가 있다. 중요도를 알고, 큰 것부터 개선하여 효율적으로 품질을 향상하는 것이다.

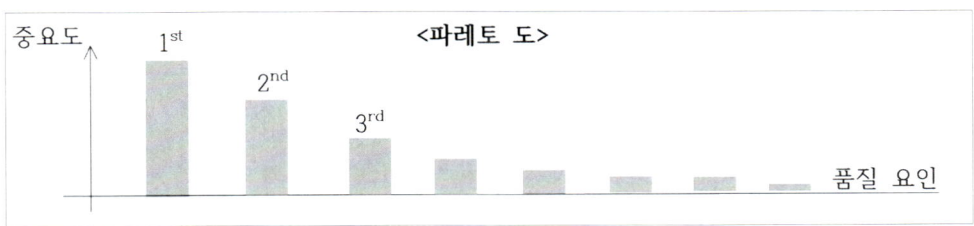

품질 문제 원인 분석 파레토 도

어떤 사안(방법)에 어떠한 문제가 있는지 현상 파악하는 것도 중요하다.

내용은 다소 어려울 수 있지만, 이 책은 착각, 오해, 고정관념, 오류로부터 발생하는 골프를 어렵고 힘들게 하는 것들을 없애는 데 근본적인 목적이 있다.

⟨이 책으로부터 얻는 상세한 것⟩
이 책을 읽는 독자가 얻는 것은 다음과 같다.
첫째 : *"아 ~, 골프가 이래서 어려웠구나!", "아 ~ 이래서 골프가 안 되었던 거였구나!"* 라는 것을 먼저 깨닫게 된다.
또, 기존 교습 내용에 *"올바른 OO를 하고, 잘못된 OO를 하면 안 된다."* 라는 보편적인 말을 사용할 수밖에 없었던 것 또한 이해하게 될 것이다.

둘째 : 골프를 잘하려면 어떻게 접근하고, 어떤 방식으로 습득해야 한다는 것을 알게 되는 것이다. 필요한 것들이 무엇인지 알게 해준다.
또한 골퍼가 가지는 불안, 초조, 불신(의심)을 제거하고, 확신, 여유, 믿음을 가지게 해줄 것이다.

셋째 : 골프가 어렵기 때문에 이 책이 어렵게 쓰였다. 골프가 쉬운 것이었다면 책이 이렇게 어렵게 쓰이지는 않았을 것이다. *"쉽게", "간단히", "이것 하나만"* 이라고 설명하는 것들은 실상 답이 아닐 가능성이 크다.

*** 이하 서문의 내용은 사족과 비슷하다. 책 쓰기 과정과 책 내용 전체를 요약한 것이므로 책을 투영한 윤곽이라 생각하고 독자와 작가의 교감을 위한 것으로써 가볍게 읽어도 된다. 또는 서문을 읽는 것도 힘든 일이 될 수 있으니 책의 가치를 확인하고 나중에 읽어도 된다. ***

⟨책 쓰기의 결심⟩
40세, 골프를 시작한 첫날, 매우 신뢰하는 분으로부터 *"골프는 매우 어렵고 힘든 것"* 이라며, *"넌 이제 고난의 길로 들어섰다."* 라는 말을 들었다. 그래서 *"그럼 골프가 어려운 것이라 하니, 이것을 쉽게 하는 방법을 찾아서 50세쯤 그걸 책으로 써보자."* 라는 원대한 목표를 가졌다.

바쁜 상황에서도 틈틈이 골프 (항목별 분석 연구)일지를 쓴 지 14년째에 목표를 실현하려 책을 쓰는 것에 전념하였다. 이 책을 읽고 난 독자는 *"과연 16년 동안 연구했고, 연구할 만하네!"* 라고 충분히 인정해 줄 것이다.

어렸을 적 조부님은 당장 소용되지 않는 것일지라도 꾸준히 모으면 나중에 요긴하게 사용되는 값진 것이 될 수 있음을 늘 강조하셨다. 골프 일지는 먼저 모르는 것, 이해 안 되는 것, 생각에 오류가 있을 만한 것들을 깨우치게 해주는 보물과도 같은 것이었으며, 책 쓰는 일을 끝까지 마무리 짓게 해주는 기초 자원이 되었다.

학교에서 배운 전공(정역학, 동역학, 재료역학, 항공역학, 진동학)과 산업 현장에서 수시로 접했던 품질 문제 해석, 힘의 계산, 소음과 진동 문제 분석은 골프의 동작을 이해하고 분석하는데 기본 도구로 사용할 수 있었다. 책 쓰기에 필요한 인체(근육, 뼈, 관절, 감각, 신경)에 관한 공부와 그림 그리기를 1년간 했다. 2년여의 뼈를 깎는 각고의 노력 끝에 보이지 않는 것의 관점에서 골프 이론 전체를 정립한 책을 완성하게 되었다.

〈책을 쓰고 있다고 하니…〉
지인들에게 골프책을 쓰고 있다고 말하니, 반응과 조언은 한결같이 다음과 같았다.
  첫째 : 요즘 누가 책을 보냐? 동영상 보지!
  둘째 : 골프책은 쉽고 재미있어야 한다. 어렵고 재미없는 책은 아무도 보지 않을 것이다.
  셋째 : (1,500페이지가 넘는 방대한 양이라고 하니,) 양이 적어야지, 누가 그 많은 것을 다 보려고 하냐? 95타대 골퍼는 보려 하지 않을 것이고, 열정이 있는 85타대 골퍼나 관심 가질 것이다.

조언은 위와 같았으나, 그동안의 연구와 분석에 의한 결과로써 골프 전체를 아우르는 골프 이론서가 필요하다는 확신이 들었다.
동영상은 동작에 대하여 보여주고 설명하는 것이 대부분인데, **골프란 것은 눈에 보이지 않는 사항이 50% 이상을 지배하고 있어서** 그것을 설명하고, 이해하는 데에는 책이(책을 보는 것이) 훨씬 효율적이라는 확신이 들었다.
동작으로 설명할 수 없고, 말로 표현하기 어려운 복잡한 골프의 전반 내용을 외장 메모리처럼 대신 기억해주고, 메모하고, 확인하고, 찾아보고, 전체를 정리하는데 이 골프책이 꼭 필요한 이유가 될 것이다.

이 책은 어렵다.
그러나 *"헤드 무게로 치세요."*라는 문장 하나보다는 어렵지 않다.
헤드 무게가 무엇인지 자문해보자. 모르는 것으로 무엇을 어떻게 하겠는가!
    * 헤드 무게가 무엇인지? 언제, 어떻게, 어느 방향, 얼마만큼, 어디에 느끼는 것인지?

어떤 친구는, 쓸만한 동영상 2,000개 정도를 추려 내려받기해서 일목요연하게 정리해가며 15년 동안 골프를 열심히 탐독(탐구)했는데, 실력은 여전히 전과 같은 95타 수준이라고 하소연을 한다. 또한, 자기는 영상대로 동작이 만들어지지 않는다고, 그렇게 하지 못하는 자신을 자책하기도 한다.
영상이 잘못 되었을까? 아니면, 그 친구의 이해력이나 몸이 문제일까?
    * 그 친구의 이해력이나 몸에는 전혀 문제가 없는 것을 알고 있다. 친구에게, *"네가 봤던 영상의 대부분은 105타대 골퍼가 95타 실력의 골퍼가 되기 위한 내용들이다. 그러니 그 영상들을 아무리 봐도 더 이상 실력이 늘지 않는 것이다."*라는 조언을 해주었다.

⟨골프를 잘하려면⟩
무엇이든 잘하려면 두 가지가 되어야 한다.
첫째는 그것에 관심을 두는 것이고, 둘째는 득도, 터득의 과정을 거치는 것이다.
골프가 어려운 이유는 아무리 많은 관심과 노력을 들여도, 터득이 안 되기 때문이다. 터득하지 못하는 원인은 이해하지 못하기 때문이다. 머리가 나쁜 것도 배우지 못한 것도 노력을 적게 한 것도 아닌데, 얄팍한 고정관념에 사로잡혀있기 때문이다.
그런 고정관념에 사로잡히는 이유는 미디어(책, 영상, 인터넷)에서 이야기하는 것이 거의 한결같이 '105타 -> 95타 되는 방법' 위주로 설명되어 있어, 중급 이상 골퍼(독자)가 그것들을 골프 잘하는 방법들이라고 오해하고, 그 오해가 쌓여 완벽한 고정관념을 형성시켜, 그 굴레에서 도저히 벗어나지 못하는 경우라고 봐야 한다.

예를 들자면, 미디어에서는 In to Out의 다운스윙 궤도를 강조한다. 그러나 평지의 타이트한 잔디 라이, 러프, 거리 컨트롤에서는 Out to In 궤도의 컷 샷이 쓰임새가 있다.
또 왼 팔꿈치 치킨윙을 하지 말라고 강조하는데, 특정 조건에서 구사하는 왼 팔꿈치 치킨윙은 원하는 타점과 방향성을 만들 수 있어서 더 안전한 플레이를 할 수 있도록 해 준다.

혹자는 *"드로우 구질이 거리가 많이 나간다."*라고 하지만, 주위 실제 싱글 플레이어는 *"나는 Push 볼이 비거리 더 많이 나간다."*라고 말하며 거리를 위하여 드로우 구질 만들려는 노력은 특별히 하지 않는다. 초급 시절 슬라이스 발생하면 거리가 감소하는 것은 맞지만, 중·상급자 실력에서 드로우 구질이 거리 많이 나간다는 이야기는 신경 쓸 필요는 없다.

그리고 힘 빼라는 이야기를 너무 들어서, 80타대 골퍼는 오히려 그립 악력을 너무 약하게 잡아 스윙이 망가지는 상태가 반복될 수 있다.

아주 황당한 이야기로써 다운스윙 전환에서 오른발바닥을 후방으로 밀어 몸을 전방으로 보내는 체중 이동을 한다고 하지만, 다운스윙 전환에서는 왼발바닥 외측을 이용하여 전방으로 밀어 버티면서 클럽 헤드 가속 관성에 대항해야 한다. 오른발바닥으로 살짝 미는 것은 다운스윙 중반부 이야기다.

퍼팅의 예로, 스트로크에서 손목이 꺾이지 않게 하려고 손에 신경을 잔뜩 쓰면 오히려 손목은 더 꺾이고 그립은 더욱 일관성 없게 돌아가 버린다. 사고의 전환으로서 손과 손가락 감각을 죽여야 퍼터 타격 페이스 각을 보다 스퀘어로 맞출 수 있다.

위의 예들은 간단한 고정관념에 대한 이야기지만, 지금 처음 접하는 중·하급 골퍼는 과연 그럴 것이라 믿을 수 있겠는가?

샷에서 많은 단편적인 교정 이야기들 때문에 샷감을 만들고 (현실은 샷감이 무엇인지 정의 내리는 것을 접하지는 못했지만) 유지하기보다는 이것저것 구사하는 과정에서 샷감이 되려 망가지게 되는 결과를 낳는다.

더군다나 뭐 하나 좋게 교정되었다고 생각보다 결과가 크게 좋아지지는 않는데, 10개 중 1개가 좋아졌다면, 10% 좋아지는 것이 아니라, 확률 계산($1-(9/10)^{0.5} = 0.05$)으로 5% 좋아진다. 그리고 중요도가 낮은 것은 교정해봤자 미미한 효과가 있을 뿐이다.

대입을 본 성인들은 고등학교 수학의 삼각함수인 'sin, cos, tan'가 뭔지 알았다고 해서 수능에서 수학 점수가 눈에 띄게 좋아지지 않는다는 것쯤은 안다. 반면 이와는 다르게 일반 골퍼에게 있어서 골프 기술 습득이 그냥 기본으로 알아야 할 것과 직접적으로 Score를 위해서 필요한 것 사이의 구별 없이 무조건 다 큰 도움이 되는 것처럼 이야기되고 있어 인식에 오류가 발생할 수 있다.

열심히 해도 20년 동안 보기 플레이어 수준을 벗어나지 못했다면, 아마 알고 있는 100가지 골프 기술 중에 99가지는 고정관념에 사로잡혀, 오답을 부여잡고 있지는 않은 것인지를 의심해 보아야 한다.

고정관념에서 쉽게 깨어나는 방법은, *"이렇게 해라.", "저렇게 해야 한다."*라는 말을 따를 것이 아니라, 우선 그것의 근거를 따져 보는 것이다.

〈고민〉
책을 집필하는 내내 3가지 고민이 있었다.

첫째는 기술적으로 다운스윙 구간을 4개로 나누어야 할지, 5개로 나누어야 할지, 내용인데, 샤프트의 탄성 진동이 5/4 주기로 예측되어서 5개 구간으로 나누었다. Sector 개념으로 S1 S2 S3 S4 S5로 각 구간을 명명한다.

둘째는 골프 잘하는 전체 방법을 속속들이 책으로 서술하여 출간하는 것이 상 도덕적으로 맞는 것인지에 대한 고민이 있었다. 그러나 대다수 골퍼를 행복하게 만들 수 있으며, 또 골프 발전에 이바지하는 길이라는 판단이 섰다.

셋째는 골프가 어렵다는 것을 서술하는 것이다. *"쉽다."* 또는 *"간단하다."*라고 해야 관심을 보이고 입문자가 많을 것인데, 어려운 것이라고 하면 입문하는 데 두려움을 느낄 수도 있을 것이다. 하지만 골프가 주는 매력은 없어지지 않을 것이고 어려운 것을 어렵다고 밝히는 것이 마땅하다는 생각이 들었다.

〈책의 내용〉
골프 지식과 기술은 도표처럼 눈에 보이는 것과 눈에 보이지 않는 것으로 구성된다. 이 책의 내용은 눈에 보이지 않는 것에 관한 이야기가 대부분이다.
눈에 보이지 않는 것이 골프 기술(이론)을 지배한다. 따라서 눈에 보이지 않는 것에서 답을 찾으려 해야 한다.
  * 비유 : 컴퓨터 운영 프로그램에 DOS 버전, 윈도우 버전, 안드로이드 버전 등이 있듯이, 골프 기술에서도 눈에 보이는 초급 버전, 눈에 보일락말락 하는 것들로 구성된 중급 버전, 눈에 전혀 보이지 않는 것들로 동작하는 고급 버전이 있다.
  눈에 보이는 것으로 상급 골프 기술을 구현해보겠다는 것은, DOS 버전으로 유용한 최신 프로그램을 만들어 사용하겠다는 생각과 비슷할 것이다.

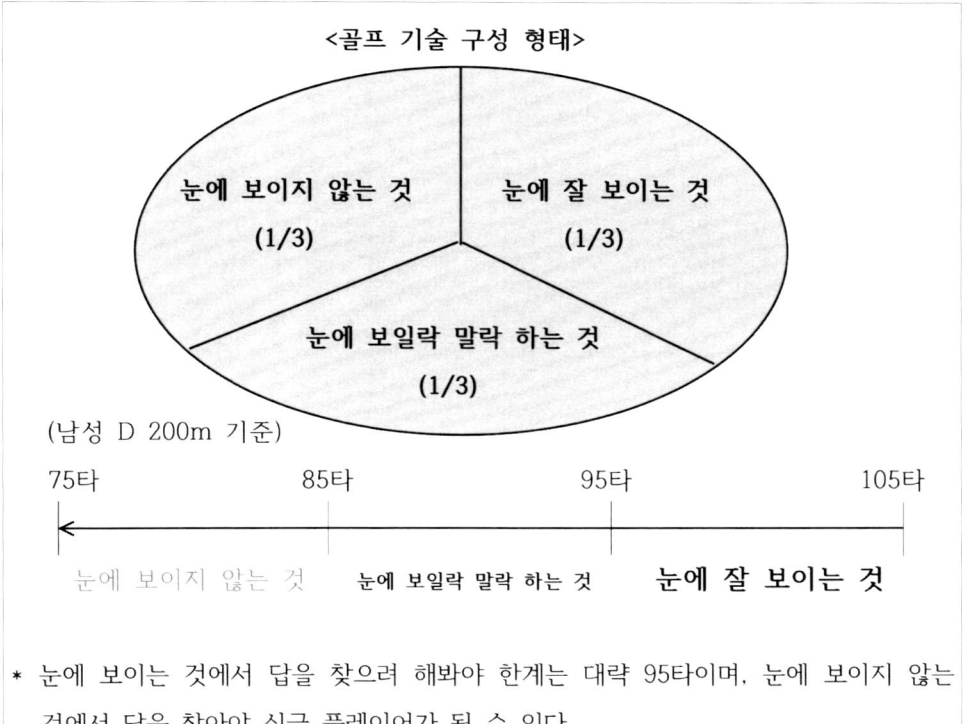

* 눈에 보이는 것에서 답을 찾으려 해봐야 한계는 대략 95타이며, 눈에 보이지 않는 것에서 답을 찾아야 싱글 플레이어가 될 수 있다.
** 상대성 : 드라이버 비거리 10m는 2타에 해당하여, 비거리 250m는 85타, 180m는 100타에서부터 눈에 보이지 않는 것들이 골프 기술을 지배한다.

눈에 보이지 않는 것들을 설명하기 위하여 일반 골퍼들뿐만 아니라, 프로골퍼들에게도 매우 생소한 접근법의 설명과 해석 방법이 사용되었다. 생소하다고 어렵게 생각할 필요는 없다. 단지 익숙치 않아 어렵게 느껴질 뿐이다. 심화 내용은 'Skip'과 'Pass'를 적당히 이용하면 된다.

눈에 보이지 않는 것을 설명하는 데는 CG(Computer Graphic, 애니메이션)가 효과적일 것이다. 그렇지만 당장 뇌는 익숙한 것을 좋아하고 생소한 것은 싫어하여 CG마저도 외면당할 수 있다.
인간의 마음은 쉬운 것과 단순한 것을 따르고 어렵고 복잡한 것은 거부하게 설계된 것 같다. 그런 측면에서 이 책은 어려워서 환영받지 못 할 수도 있다.

AI 기술이 점점 생활에 파고들고, 스마트폰이 천리안이 되고 분신과 같은 존재가 될지 누가 감히 상상이나 했겠는가?
손톱만한 메모리 칩이 평생의 기억보다 더 많은 것을 기억해주는 세상이다.

조금 전에 일어난 일을 전 세계 사람들이 바로 알 수 있는 세상이다. 이렇게 기술이 발전된 세상에서, *"몰라서 못 하는 것인지? 해서는 안 되는지? 왜 골프 잘하는 방법은 지금까지 정리되지 못하고 석기시대 같은 상황에 머물러 있는 것인지?"* 의아하다.

구닥다리 골프 이론은 버려야 할 것이다. 골프에서도 사실에 입각한 진보된 이론과 기술이 나와야 한다.

이 책 5권의 주요 내용은 다음과 같다.

-. **1권** 내용은 **퍼팅 요령**에 대한 것이다. 똑바로 맞추고, 똑바로 보내고, 거리와 방향을 읽고 맞추는데 필요한 내용을 기술하였다.

-. **2권** 내용은 **어프로치 방법**에 대한 것이다. 뒤땅 토핑을 안 내고, 상황 조건별로 대처하는 내용을 기술하였다.

-. **3권** 내용은 **스윙 이론**이다. 한정된 몸의 변위와 근력으로 휘어지고 비틀리는 샤프트에 달린 클럽 헤드를 더 빠르고 똑바르고 일정한 궤도로 타격 되게 하는데 필요한 내용을 기술하였다.
동역학과 재료역학을 기반으로 설명하고 있어서 생소하여 어렵게 느껴지는 부분을 감내해야 한다.

-. **4권**에서는 **비거리, 방향성, 타점, 탄도, Shot making**에 관한 내용을 총정리하였다. 두리뭉실한 내용을 배제하고 3권의 스윙 이론을 바탕으로 일목요연하게 설명하였다.
골프의 가장 큰 특징이 *"뭐 하나로 좋아지지는 않는데, 뭐 하나만 안 되면 망가진다."*라는 것이다. 안 되는 원인을 찾는 것에 있어서 4권의 내용은 큰 도움이 될 것이다.

-. **5권**에서는 **클럽 사양**, **골프 부상** 내용과 골프에 필요한 **기타 지식**을 부록으로 정리하였다. 진보된 생각을 만들기 위한 내용으로 구성되어 있다.

위의 것들은 '5-Why 접근법'을 응용하여 자세하고 깊이 있게 설명하였지만, 요약하면 실상은 의외로 간단명료하게 정의 및 정리 되어질 수 있다.

이 책에서는 각각의 Title이 곧 답(Solution)이며 필요한 것을 대표한다. 증명하고 이해를 돕고자 전개 내용은 복잡한 사항들로 열거되는데, 그것에 Focus 맞추지 말고, 먼저 Title에 Focus를 맞추고 보기 쉽게 요약된 그림과 표의 내용에 집중해야 한다. 그림과 표도 그 Title을 먼저 보고 내용을 보면 이해가 빠를 것이다.

현시점, 일반 골퍼들이 접해보지 못했던 내용이 95% 정도 될 것으로 여겨진다. 따라서 생소하여 어렵게 느껴질 것인데, 20년 정도 지나면 이 책의 내용은 보편적인 골프 지식이 될 것으로 확신한다.

* 이 책이 당장은 어렵고 복잡하게 보이지만, 과일이 익고, 밥이 뜸들 때와 같이, 현재 추종하여지는 골프 이론의 변화 과정을 거쳐 10년 또는 20년쯤 후에는 대중의 이해도 변화에 따라서 더 간단하게 설명되는 골프 이론서가 가능해질 것이다.

고등학교 & 대학 교재, 논문과 같은 미괄식 방식으로 썼던 초안을, 독자를 위하여 일부 부분에서 핵심 먼저 설명하고 상세 설명과 증명은 뒤에 언급하는 두괄식 전개 방식을 사용했다. 취할 것은 취하고, 버릴 것은 버리는 형태로 책 내용을 정리하여 이용하는 것은 독자들 각자의 몫이다.

* 비유 : 조직에서 직급에 따라 내용정리 능력은 다음과 같다.
  사장(CEO), 중역 - 한 단어로 결정하는 사람
  부장 ------------- 한 줄로 요약하는 사람
  과장 ------------- 한 문장으로 정리하는 사람
  사원(담당) --------- 한 페이지로 설명하는 사람

〈난이도〉

이 책은 고등학교 수학 및 과학책 정도의 난이도이다. 수준에 따라서 다음 비유와 같은 느낌이 들 것인데, 모두 이해할 필요는 없고, 본인에게 필요한 힌트를 얻으면 된다.

^ 초등학생(105타 수준)에게 고교 수학책
^ 중학생(95타 수준)에게 고교 수학책
^ 고등학생(85타 수준)에게 고교 수학책
^ 대학생(싱글 플레이어)에게 고교 수학책
^ 석·박사(프로선수)에게 고교 수학책

* 생소한 것은 더욱 어렵게 느껴진다. 책의 내용이 보편화되고 반복해서 노출돼 접하게 되면 익숙해지고 한결 쉽게 느껴질 것이다.

〈주의〉
본 책에 나와 있는 수학적 표현(숫자)은 비거리 200 yard ~ 200m 정도의 일반 남성 골퍼에게 대입할 수 있는 대략적인 값들이며, 계산 및 설명의 예시로 사용된 몇몇 값들은 작가의 경험적, 직관적 숫자에 가깝다는 것을 밝힌다.
"숫자가 약간 크네, 작네." 라는 생각보다는 논리, 설명, 계산, 비율이 보여주고자 하는 것에 초점 맞추기를 당부하고 싶다.

골프는 절대적이기보다는, 클럽, 신체, 스윙의 차이로 인한 상대적인 결과를 만든다. 어떤 기술, Shot making에 대해 완전히 똑같은 결과를 보이지는 않는 것인데, 그래서 전체적인 경향을 아는 것으로 만족하고 이용해야 한다.

두리뭉실한 표현을 좋아하고 (실상은 그것에 길들어진 것일 수도 있고), 더 명확히 표현되는 것을 싫어하는 성격의 사람들도 있다. 아마도 이런 성격의 사람들에게는 책의 전개 내용에 강한 거부감이 느껴질 수도 있는데, 모든 사람의 사고방식과 스타일에 다 맞출 수는 없을 것이다.
"이럴 수도 있고 저럴 수도 있다." 라는 만사 통과 표현, "이렇다더라. 저렇다더라." 라는 전달형 어투를 좋아하는 사람은 그렇게 설명되고 표현된 서적과 영상을 보면 될 것이다.

본 내용은 오른손잡이 골퍼 기준으로 설명하고 있으므로, 왼손잡이 경우 방향과 명칭에 혼선이 없어야 한다.

책에는 가속도, 힘, 시간의 내용이 주류를 이룬다. 속도에 관한 내용은 거의 없다. 속도는 날아가는 볼처럼 하나의 결과물에 지나지 않기 때문이다.
골프 이론서임에도 불구하고, 책에는 익히 보아왔던 스윙 동작 사진이 없다. 그동안 봐왔던 사진에서 뭘 얻었는지를 자문해본다면 그 사진들이(스냅사진 포함) 별 도움이 안 되었다는 것을 깨달을 수 있을 것이다.
   * 뇌의 활용도를 높이는 방법은 불필요한 시각 정보 용량을 줄인 단순화한 그림이 더 유용할 수 있다.
   ** 뇌는 비슷한 것을 같은 것으로 인식하는 형태로 용량을 줄여 운영되기 때문에 일회성으로 영상을 보면 막상 기억에 남는 것은 거의 없게 된다.

〈인칭과 화법〉

이 책은 골프를 정말로 알고 싶고, 간절히 잘하고 싶은 사람에게 *"골프는 이런 것이야.", "골프는 이렇게 해야 하는 건데, 그것은 이런 이유 때문이야."*라고 설명하고자 하는 내용들을 섭렵해야 하는 순서로 기술하였다.

어쩌면 교과서, 대학 교재와 같이 전능한 신의 관점에서 골프를 소개하고, 설명하는 방식으로 서술된 형태일 수 있다.

아마도 이 책 전체를 다 보고 확인하는 데에는 족히 1년이 넘게 걸릴 것인데, 그 시간이 아깝지 않을 것이고 골프 인생 내내 곁에 두고 봐야 할 것이다.

* 한두 시간 후다닥 넘겨볼 수 있는 책이 아니니, 조급함을 내려놓고 이 책과 오래오래 친해질 필요가 있다.

어떤 이는 100여 권의 골프책을 읽었지만 얻은 것이 단 하나뿐인 경우도 있다. 이 책은 수십, 수백 가지 값진 것들을 알게 해줄 것이다.

〈책을 보는 순서와 방법〉

이 책을 대면하고서 아마도 골프를 시작한 지 얼마 안 되었다면 오히려 습득률이 빠를 수 있다. 오래 되었다면 기존의 것들에 길들여져 있어 강한 반감이 들거나 더디게 습득될 수도 있다.

본 책으로부터 골프를 하면서 그동안 가져보지 못했던 '왜?'라는 질문을 떠올리고, 설령 '왜?'라는 질문들이 있더라도 더 이상 전개해보지 못했던 사항을 깨우치는 기회를 얻게 될 것이다.

본 책을 효과적으로 보는 방법은 다음과 같다. 단 한 번으로는 이해량이 극히 한정적일 것이고, 대체로 반복해서 두고두고 봐야 하며, 독자의 이해, 정리, 기억을 위하여 메모와 스크립트가 필요할 것이다.

◇ 먼저 반복해서, '장', '절', '항'의 제목(Title)과 그림 및 표만을 본다.

궁금증이 있었거나, 골퍼 자신이 상상하는 내용과 괴리감이 있는 것을 먼저 자세히 살펴본다. 아마, 잠재되어 있던 '왜?'라는 질문이 쏟아질 것이다. 그리고 그곳에서 가장 쓸모 있는 유용한 것을 발견하게 될 것이다.

* 단순 나열식이 아니라 이 책은 심혈을 기울여 책의 순서와 제목(장, 절, 항)을 정하였다. 그리고 뇌의 저장 용량을 줄이고, 시점을 흐리지 않기 위하여 그림은 최대한 단순한 형태로 표현하였다.

◇ 먼저 "○○○ ○○○" 형태로 인용된 이야기만 읽는다. 익히 계속 들었던 친숙한 내용이다.
　　들어왔던 이야기로부터, 궁금증을 해결하고 답에 접근해가는 방식이다.

◇ 일반적인 방법으로 책 전체를 훑어본다. 이때 Pass, Skip 할 부분은 과감하게 한다. 나중에 볼 기회는 얼마든지 있다.
　　소유한 지식의 한계로 처음에는 극히 제한적인 부분만 읽는 것이 가능할 수 있다. 또 절실한 내용과 별 도움이 안 되는 내용이 혼재해 있는 것이 일반적으로 교재가 가지고 있는 특성이기도 하다. 영화도 재미있는 부분이 있고 지루한 곳이 있다.

◇ 실력별 보는 순서 :
- 80타대 골퍼라면, 롱게임을 위해서 *3권 스윙 이론 편에서는 7장 샷감*의 '주요 방향 미스 & 타점 미스 발생 사항', '하체 폄 대장 근육', 'Cross 회전력 사용법'과 '동작 중심축'을 먼저 볼 것을 추천한다. 단, 스윙의 기본 요소 70% 정도는 *1~5장 내용*이다.
　쇼트게임을 위한 *1권과 2권*은 실전 경험을 되새기면서 편안하게 볼 수 있을 것이다.
- 90타 후반~100타대 실력이라면, 스윙 동작 관련해서 먼저 *3권, 1장부터 7장까지* 스윙 이론 내용의 제목과 그림들을 차근차근 볼 것을 추천한다.
　가장 친숙한 *6장 백스윙의 초점*을 먼저 볼 수도 있다.

본서에서는 괄호() 표현이 많이 사용되어 있다. 유사 및 보조 의미, 부연 의미로 쓰인 것들이다.
그리고 주제별 보고서 형식을 일부 취하였다. 그래서 'Remarks (#)'와 '*'이 많이 등장한다. 부연, 특기 또는 추가 설명의 개념이다. 이것들은 전후 문맥을 연결하려는 수고와 억지스러움을 배제하기 위함이다.

내용에 가능한 한 강조 용어와 표식 사용을 자제하였으므로, 독자가 중요하다고 생각하는 핵심 사항은 스스로 컬러링, 밑줄, 메모하여 각인되도록 함으로써 수백 가지 사항으로부터 분리해내 본인 것으로 소화해야 한다. 이것은 독자 몫으로 남긴다.
단, 각 '장', '절'로 붙여진 Main & Sub. Title(제목)은 그것 자체로 중요하다는 것을 다시 한번 강조한다. 각각의 제목은 골퍼 각자가 해결해야 하는 숙제이기도 하다.
중요한 사항은 비슷한 내용이 두세 군데에 반복, 중복으로 설명되어 있는데 해당 메인 주제에 연결되어 있어서 반복 명기한 것이다. 인간의 망각 기능을 보완하여 상기하는 의미도 있다.

책의 내용은 근육신경 그리고 힘에 대한 것, 확률적인 것이 어우러져 있어 사칙연산처럼 단순하지 않다. 간단히 표현되는 Tip 하나도 복잡하게 생각해야만 이해할 수 있는 것이 다수 있다. 따라서 대략 책 전체 내용을 한번 넘겨보고(훑어보고) 흐름을 파악하고 나서, 세부 항목을 섭렵하는 접근법을 권하고 싶다.

책에는 많은 그래프가 포함되어 있다. 그래프는 보이지 않는 것을 시각화할 수 있는 좋은 Tool이다. 또한 간단 명료하게 많은 정보를 포함할 수 있는 방식이다. 익숙하지 않은 사람들에게는 거부감이 있을 수 있는데, 이 경우 여유로운 마음가짐과 시간이 필요할 것이다.
그리고 심화 내용으로써 많은 계산(물리, 공학, 확률)이 포함되어 있다. 이것들은 내용이 헛소리가 아니라는 증거로써 그리고 어떤 변수가 관여하고, 그것이 바뀌었을 때 영향이 어떻게 작용할 것인지를 알 수 있도록 한 것이다. 또한, 힘들게 엉뚱한 Logic을 세워 뭔가를 알아보고, 직접 해보려 하는 연구적인 골퍼들의 수고를 덜고자 하는 것도 있다.
단, 계산식에 알레르기 증상이 있는 사람은 그런 내용을 그냥 Skip 하면 된다.
책에는 생소한 전문 용어들이 제법 있다. 자연의 현상을 정의한 특정 분야의 용어들이다. 사용하지 않고는 설명하기 힘들다. 골프가 쉽지 않은 이유가 광범위한 지식이 필요한 것이며, 단편적인 두리뭉실한 내용으로 해결되지 않는다는 증거이기도 하다.

책에는 생소한, 저자가 명명하여 사용한 용어가 제법 있다. <u>손목 강도</u>, <u>손 감각 죽이기</u>, <u>신경의 Feedback 반응</u>, <u>Cross(교차) 회전력 사용법</u>, <u>수직 체중 이동</u>, <u>수평 체중 이동</u>, <u>하체 쿠션</u>, <u>하체 폄 대장 근육</u>, <u>릴리즈에서 원심력가속도 성분</u>, <u>릴리즈에서 자연 로테이션</u>, <u>이격 거리</u>, <u>손가락 하중 분배</u>, <u>오른손 쿠션</u>, <u>왼 팔꿈치 치킨윙 샷</u>, <u>오른 팔꿈치 외회전 샷</u>, <u>오른 하체 폄 샷</u>, <u>백스윙 왼 어깨 Braking</u>, <u>턴 샷</u>, <u>진동 릴리즈 타이밍</u>, <u>회전력 전달 릴리즈 타이밍</u>, <u>왼팔 Zig-zag 꼬기</u>, <u>동작 중심축(AMC)</u>, <u>클럽 헤드 회전 중심(AC)</u>, <u>회전력 중심(FC)</u> 등 이런 용어는 각각 몇 장의 내용으로 정의되어 있는데, 연관된 곳에서 매번 그것을 다 장황하게 언급할 수는 없으므로, 서술을 단순화하기 위하여 하나의 새로운 용어로 명명한 것이다.
명칭에 이미 그것의 의미가 내포되어 있으므로, 상당부분 거부감 없이 받아들일 수 있을 것이다.

〈책을 읽으면서 준비물 : 연필, 형광펜, 포스트잇〉
일반 골퍼가 골프를 하면서 모든 기술을 머릿속에 넣고 살 수 없을 뿐만 아니라 방대한 지식(10분짜리 동영상 300개 분량)을 외울 수도 없다. 하고자 한다면 낭비이다.

이 책을 읽으면서 자신에게 중요한 것, 도움이 되는 것, 해결이 필요한 것들은 메모하고 색깔을 칠하면서 봐야 한다. 마치 시험공부 하는 것과 비슷한 방식이다.

- 읽은 것 vs 안 읽은 것
- 이해되는 것 vs 이해 안 되는 것
- 맞는다고 생각하는 것 vs 틀린다고 생각하는 것
- 도움이 되는 것 vs 도움 안 되는 것
- 적용할 것 vs 적용하지 않을 것
- 바로 볼 것 vs 나중에 볼 것 vs 보지 않을 것

뇌는 망각 기능이 있다. 이것을 보완하는 것이 포스트잇(메모)이다.
골프 이론 습득은 법 공부, 수학 공부와 비슷하며 습득된 이론은 최종적으로 연습으로 몸에 체득되어야 한다. 그리고 가끔 상기(Reminder)해야 한다.

〈책에 없는 말과 이야기〉

◇ '올바른', '올바른 스윙', '잘못된 스윙', '적합한 동작'이란 말은 없다.

← 이것이 사용되었다면, 실제로 화자가 이야기하는 주제의 핵심을 모른다는 의미로 해석될 수 있기 때문이다.

또한, *"일반 골퍼는 잘못된 스윙을 하고 있다."* 라는 단정적 비하(무시) 표현이 될 수 있고, '그래서 못 치는 거야!' 라는 반복적인 세뇌에 해당할 수 있기 때문이다.

'Input이 좋으면, Output이 좋다!' 라는 식의 '올바른 스윙을 하면 잘 맞는다.' 라는 원론적인 이야기가 무슨 소용이 있겠는가? '잘하면 잘 된다(Right action, Good result)' 라는 말은 무의미한 이야기다.

그리고 '올바른 스윙'이라고 하는 말은 화자가 올바르다고 믿는 것이지 진짜 올바른 것인지는 모른다. 20년 넘게 믿었던 것이 '변화'라는 이유로 달라져서 이후 '잘못된 것'이라 하여 바꾸고 있는 것이 현실이기 때문이다. 또 혹자가 *"10년, 20년 만에 깨닫고 설명한다."* 라는 이야기에는 그전 긴 세월 동안 깨닫지 못한 상태였음을 고백하는 것인데, 이것 또한 바뀔 수 있음이다.

◇ '여러 가지가 있지만'이란 말 없다.

← 말에 이미 제한된 범위의 국부적 내용이라는 암시가 들어간 것이기 때문이다. 별로 중요하지 않다는 뉘앙스도 풍긴다.

◇ '이럴 수도, 저럴 수도'라는 표현이 없다.
  ← 양자를 언급한다는 것은 모순에 가깝기 때문이다.

◇ '중력으로', '중력을 이용하여', '헤드 무게를 이용'이라는 스윙 동작을 만드는 표현이 없다.
  ← 다운스윙 중에 중력이 클럽 헤드에 하는 일은 대략 헤드 운동에너지의 0.25% 정도밖에 안 된다. 하는 일이 거의 없는데, 그것을 이용한다는 것은 어불성설語不成說 같은 이야기다.
  (cf. 손&팔 중력 에너지는 5% 내외)

◇ '과학적으로'라는 말이 없다.
  ← 과학은 분야가 매우 넓다. 두리뭉실한 표현의 대표 언어이다. 지식의 한계에 이해를 구걸하는 용어 사용과 비슷한 것으로 보일 수 있다.

◇ '이런 느낌으로, 저런 느낌으로'라는 표현이 거의 없다.
  ← 자극받은 뇌가 느낌을 인지한 데는 0.1초 전후 시간이 걸린다. 인지 시점은 다운스윙~임팩트에서 클럽 헤드는 2m (40m/s 속도에서는 4m) 진행된 후의 과거 시점이 된다. 느낌으로 평가는 가능하지만, 느낌으로 해당 시점에 무엇인가를 직접 제어하기는 힘들다.

◇ '폴로스루 & 피니쉬를 이렇게 하라 저렇게 하라'는 이야기 없다.
  ← 폴로스루와 피니쉬는 결과물이라서 그것들로 선행(과거 시점)인 임팩트를 바꿀 수는 없기 때문이다. 단지 선행 동작을 평가할 수는 있다.
  * 골프 스윙을 인생에 비유하면 폴로스루와 피니쉬는 노년에 해당한다. 이것으로 청년, 중년, 장년 시절을 되돌려 바꾸지는 못한다.
  가장 믿을 수 없는 이야기는 *"(골프 스윙을 잘하려면) 피니쉬를 잘 잡고 서 있어야 한다."* 라는 말일 것이다.

◇ '손을 이렇게', '손목을 이렇게'란 말이 거의 없다.
  ← 다운스윙 중에 손은 거의 따라다니는 것이며, 이것들로 뭔가를 제어하기는 어려울 뿐만 아니라 굳이 하려고 한다면 득보다는 실이 많기 때문이다.
  팔 동작마저도 극히 일부만 언급돼있다. 스윙은 50% 이상이 하체로 이루어지며, 특히 다운스윙은 60% 이상이 하체 동작으로 만들어진다고 봐야 한다.

◇ '~~~ 할 수 있다, 될 수 있다, 가능성이 있다'라는 말은 최대한 자제하여 사용하였다. 그런데도 골프가 클럽, 신체, 실력, 스윙 형태에 상대성이 있어서 제법 많이 사용된 편이다.

← 골퍼 신체 조건별, 사용 장비별, 구사하는 스윙 형태별 상대성이 존재하기 때문에 여러 가능성과 반대 급부를 배제할 수는 없다. 그리고 세상에는 예외적인 것들이 존재하며 또한 단정적인 말을 싫어하는 사람도 있다. 90% 정도 가능성을 단정적으로 사용, 또는 95%, 99%, 99.9%, 99.9999% 이상이어야만 단정적인 언어를 쓸 수 있다는 주관의 차이처럼, 단정에는 각자 생각과 기준이 다르다.

* 50%를 중간이라 할 때, 골프에서 90타 실력 기준으로 어떤 요소가 60~70% 일치율을 만드는 것은 매우 대단한 사항이다.

위에 열거된 이야기는 심사숙고해 볼 필요가 있다. 허상에 가까우며 도움이 안 되고 해가 될 수 있다는 이야기다.

상대적이고 주관적이지만, 이제는 골프에서 '올바른 스윙' 이전에 '올바른 이론'에 대해 먼저 생각해봐야 할 때이다. 생각의 오류를 예방하고 스윙 교정보다 사고의 교정이 선행되어야 한다.

〈감사의 글〉

30년도 넘었지만, 정역학, 동역학, 재료역학, 유체역학, 진동론을 가르쳐주셨던 대학교 은사님들께 감사의 말을 올립니다.

항상 함께 어울려서 즐거운 라운드를 해준 동반자들, 아낌없는 조언을 해주신 지인들과 인생 선배님들께 고마움을 전합니다.

책의 가치를 알고 출판될 수 있도록 애써주신 신아출판사 서정환 대표님께 감사의 마음을 전합니다.

2024년 3월
최원규(W.G.Choi)

모순

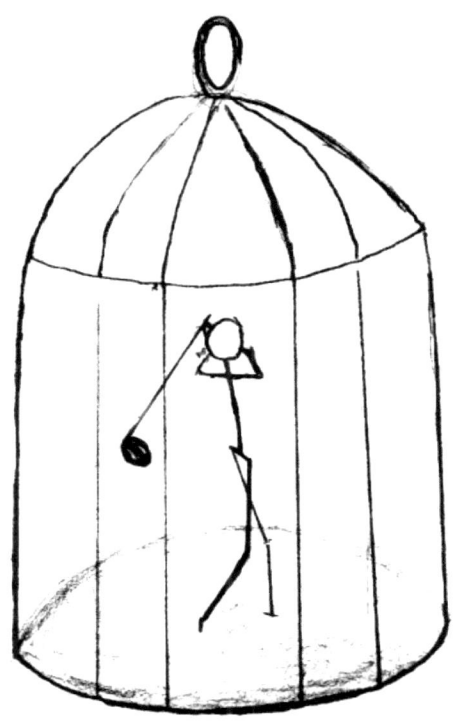

옳고 그름의 혼란 속에는 모순이 존재한다.

영식이는 A가 맞고 B가 틀렸다고 하며, 철수는 B가 맞고 A는 틀렸다고 한다.
둘 중 한 사람은 맞고, 다른 한 사람은 틀리다고 생각할 수도 있고,
두 사람 모두 틀린 것으로 생각할 수도 있다.

이것저것 따라 하다가는 헛물켜게 될 수 있다.
골프 동작에서, 3개월 시도했는데 안 되면 그건 답이 아니고,
원래부터 할 수 없는 것이었다고 취급하는 것이 좋은 판단이다.

힘이 들어가는 이유, 캐스팅 대응 방법

1장

다운스윙(S1~S2) 오른 무릎 오금 굽힘
(골프 스윙에서 첫 번째 벽 넘기 = 부드러운 가속 시작)
(중·하급자에게 필요한 동작)

이 장은 중·하급자의 스윙 만들기에서 첫 번째로 필요한 사항을 설명하는 내용으로, 힘이 적게 들어가게 하는 방법에 대한 것들이다. 목적은 캐스팅을 방지(완화)하고 효율적인 손목 릴리즈를 준비하는 것이다.

다운스윙 초기에 어떤 일이 일어나는가?
다운스윙 1/4(S1) ~ 2/4(S2) 구간에서 오른 무릎이 굽혀진다.
　* 다운스윙은 다섯 개 구간(1/4(S1), 2/4(S2), 3/4(S3), 4/4(S4), 5/4(S5))으로 나눈다.

백스윙 탑에서 다운스윙으로 전환될 때, 캐스팅 방지(완화)하는 방법은 다음과 같다.
　- 궤도 : 헤드 무게 중심을 샤프트 궤도면에 맞추기 = 트위스트 방지
　- 가속 : 헤드 급가속 방지
　　다운스윙 초기 부드러운 가속을 위한 오른 무릎 오금 굽힘
　- 클럽 사양 : 적정 사양
　　근력에 맞는 스윙 웨이트(길이, 헤드 무게)
　　근력과 타이밍에 맞는 샤프트 탄성 유연성(CPM 강도)
　* 손목 반사신경 작동 한계치 키우기 : 몸의 회전력을 더 받아주는 조건
　　^ 양손 엄지 검지 V자 그립 모양
　　^ Setup, 상완 삼두박근에 가벼운 Tension 주기 = '팔꿈치 쪼이기 + 어깨 모으기'
　　^ 백스윙, 손목 Over swing 방지를 위해서 왼 어깨는 2/3 지점에서 Brake
　　^ 백스윙 탑, 오른손 쟁반 받침
　　^ 다운스윙 초기, 팔을 몸에 붙여 끌고 내려오는 모양

(오른발바닥으로 미는 수평 체중 이동은 다운스윙 중반에 한다.)

프로선수, 상급자는 다운스윙 초기 오른 무릎 오금을 굽히는 동작을 모두(100%) 한다.
좋은 스윙 폼과 나쁜 스윙 폼을 결정짓는 첫 번째 스윙 동작 요소는 다운스윙 초기 오른 무릎이 굽혀지는 동작을 했는지, 안 했는지의 차이이다.
다운스윙 전체적으로는 오른 무릎을 굽혔다가 펴는 동작이다. 혹자는 스쾃이라 하는데, 실제는 목적, 모양, 방법이 완전히 다른 것이다.

* 모든 프로선수, 골프 교습가, 골프를 좀 잘한다는 일반 상급자 골퍼들은 모두 다운스윙 초기 오른 무릎이 굽혀진다는 공통점이 있다.
반면, 동네 연습장의 일반 골퍼 50% 전후는 다운스윙 초기에 오른 무릎을 버티려 하는 동작을 취하는데, 이들에게는 어떤 골프 스윙 기술(Tip과 Know-how)도 '백약이 무효' 같은 상태라 할 수 있다.

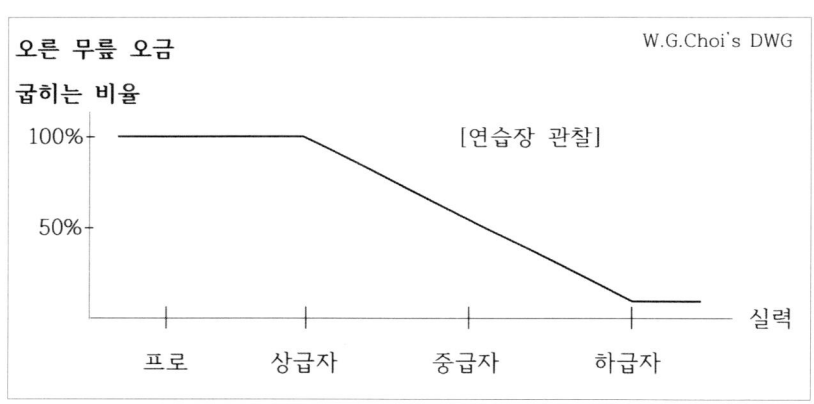

그림 3.1.1 골프 실력별 오른 무릎 오금 굽히는 동작 수행 비율

다운스윙 초기, 무엇 때문에 오른 무릎이 반드시 굽혀져야 하는가?
상·하체 분리는 왜 해야 하는 것이며, 어떻게 하는 것인가?
다운스윙 초기, 캐스팅은 손목에 반사신경이 작용하여 나타나는 이른 손목 풀림 현상이다. 코킹된, 꺾인 손목이 미리 풀리는 반사신경은 왜, 어떻게 발생하는가?

결론부터 말하면, 오른 무릎 오금 굽히는 동작은 다음 10가지 효과를 만든다.
- 상·하체 분리
- 힙 턴 양 증가
- 그립, 손목 힘 증가량 최소화(일명 힘 빼기)를 위한 부드러운 가속
- 캐스팅 완화, 방지
- 수직 체중 이동 원활 (자연적인 체중 이동)
- In to Out 궤도
- 원활한 손목 릴리즈 (클럽 헤드가 던져지는 형태)
- 비거리 향상
- 방향성 향상 (**단, 아직 릴리즈 안 되는 골퍼는 슬라이스가 더 커짐**)
- 멋진 피니쉬

스윙에 작동하는 Logic은 다음과 같다.

-. 다운스윙 초기, 오른 무릎 오금 굽힘은 상·하체 분리를 만들어서 힙 턴 양은 키우고 상체 끝 클럽 헤드의 초기 가속을 부드럽게 증가하도록 해준다.

-. 다운스윙 초기, 클럽 헤드 가속이 작게(부드럽게) 시작되어야, 일명 '손목 힘 빼기'가 된다.
  * 손목 힘 빼기는 힘 적게 증가하게 하는 것을 말한다. 손목에 힘이 적게 들어가 있어야 릴리즈 구간에서 사용할 손목 회전력의 변위가 저장되어 있게 된다. 처음에 쓰지 않고 나중에 사용하는 개념이다. 변위를 미리 사용해버리면 그만큼 나중에 사용할 양이 줄어든다.

-. 멋진 피니쉬는 양쪽 무릎 (특히 오른 무릎) 굽힘과 펌 리듬 동작에 가장 큰 연관성이 있다. 다운스윙의 첫 단추를 잘 끼우게 하는 것이다.

Remarks

#1. (안 하던 사람이, 못하던 사람이) 다운스윙 초기, 오른 무릎 오금을 굽히게 되면 슬라이스 양이 더 증가하게 된다. 그래서 중·하급 실력에서는 지레짐작으로 이것을 하면 안 되는 것으로 여겨, 그 적용을 머뭇거리게 된다.
이것은 In to Out 궤도 만들기의 필수 동작이어서, 릴리즈와 로테이션까지 완성되는 시점에 그 효과가 제대로 발휘하게 된다.
  * 비유 : 아프리카의 누(Wildebeest, gnu, 영양) 떼가 싱싱한 풀이 있는 지역으로 이동하기 위해 악어가 있는 마라강을 건넌다. 처음에는 머뭇거리지만 이내 뛰어든다. 이동해야만 싱싱한 풀을 얻을 수 있

다. 다운스윙 시작, 오른 무릎 오금 굽히기가 안 되면, 이후 동작의 완성은 영영 이루지 못할 것이다.

#2. 좋은 다운스윙 동작과 결과를 만들기 위하여, 골프 스윙에서 첫 번째 벽을 깨야 하는 것은, 다운스윙 초기 오른 무릎을 굽혔다가 후반부에 펴는 것이다.
　　cf) 뒤땅이 난다고 어깨를 들어 올려서 상하 궤도를 맞추려 하면, 퍼 올리는 모양의 스윙이 된다. 상하 궤도에 가장 큰 영향을 주며 상하 타점을 제어하는 것은 하체(무릎) 폄 양이다.

#3. "중력으로", "수직 낙하" 이런 표현은 좀 황당하지만, 이것의 본 의미는 다운스윙 초기, '하체 골반의 회전 가속(헤드 15g 회전량) 〉 클럽 헤드 회전 가속(10g 회전량)' 처럼, 상·하체 분리하여 하체의 회전(각가속도)에 비하여 클럽 헤드의 회전(각가속도)이 적게 하라는 이야기다.
　　손목(팔)이 느끼는 헤드 관성 하중을 하체가 회전한 각도 조건보다 작은 상태로 만들라는 의미이며, 이것을 위해서는 오른 무릎 오금 굽히는 것이 필수다.

#4. 이 사항이 중요한데, 중요하게 취급되지 않는 이유는 매우 짧은 시간 동안 변위는 적고, 다른 동작과 감각이 우선순위로 여겨지기 때문이다.
　　아울러, 이 동작은 동작 반영 초반에 초보자에게 더 큰 슬라이스를 양산하므로 이해를 끌어내기 쉽지 않기 때문이다.

#5. **오른 무릎 오금 굽히는 동작을 방해하는 것** :
　　- **백스윙에서 늦은 골반 접기** *(6장 1절 참조)*
　　- **강한 하체 쿠션** *(7장 7절 참조)*

　　*100점짜리 스윙도 이들 두 가지 가미되면 영점(0) 스윙으로 바뀌고 한동안 헤어나오지 못할 수 있다.

1.1 오른 무릎 움직임

1) 무릎 움직임 관찰

다운스윙은 대략 0.2sec 만에 이루어진다.
눈(망막 상)은 15~25회/sec의 시각 사진을 찍으므로 다운스윙을 관찰하는 경우 겨우 네 장(4 cuts) 정도의 시각 상이 뇌로 전달되고, 뇌는 이것을 연속동작으로 인식한다.
    cf) 영화 필름 30 cuts/sec (30pps)
시각상은 시간상으로는 대략 0.1sec 뒤늦게 뇌가 인지한다고 보면 된다.

영상 화면에서 골퍼의 스윙 동작 중 무릎 움직임이 차지하는 비율은 극히 적은 상태로, 뇌의 시신경은 무릎의 움직임을 거의 무시하고, 움직임 양이 많은 팔, 클럽, 날아가는 볼에 집중한다.
오른 무릎의 움직임, 특히 Up & Down은 거의 관심 밖인데 실제 스윙 중 가장 중요한 것은 무릎의 Up & Down, 즉 하체의 굽힘과 폄 동작 리듬이다. 하체 폄과 회전 동작이 스윙 전체의 40%~60% 정도를 결정한다고 볼 수 있다.
    cf). 스윙 중 가장 중요한 것의 또 다른 하나는 신체 부위의 회전 리듬이다. 다운스윙에서 몸통은 상·하체 분리와 재결합을 하는데, 이것은 '꼬임-리듬'이다.
왼 무릎의 비중이 오른 무릎의 비중보다는 크다.

Remarks
#1. 무릎의 움직임이 중요한 이유는 큰 근육을 사용하는 동작이고, 리듬이 복잡하기 때문이다. 또 작은 움직임이지만 큰 에너지가 작용하기 때문이다.

#2. 무릎 움직임을 관찰하는 방법은 그곳만 뚫어지게 바라보는 것이다.
    지루하고 재미없는 일이지만, 대략 총 10~20시간 (1~2시간, 1주일 정도) 무릎 움직임에 관심을 두고 영상을 시청하면 보이기 시작한다.
    * 빨리 무릎 움직임에 집중(시각 적응)하는 방법 :
     - 첫 번째 : 그림과 같이 화면의 나머지 부분(상체, 팔)을 가리고 영상을 시청하는 것인데, 시선을 끄는 큰 움직임 부분을 가려서 무릎 움직임에 시각(시신경)이 집중하도록 하는 것이다.

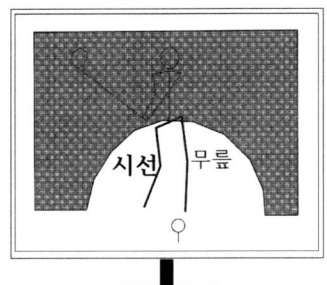

<작은 변위 동작 관찰 방법>
Ⓐ 상체 화면을 가리고 보기
Ⓑ 한눈을 감고 보기
Ⓒ 음을 소거하고 보기

* 무릎 보는 것은 결코 쉬운 일이 아니다.

그림 3.1.2 영상에서 무릎 움직임 관찰 (상체 화면 가리기)

- 두 번째 : 한쪽 눈을 감고, 다른 한 눈으로 무릎을 보는 것이다. 한쪽 눈 시각상 정보가 없어지고 뇌의 좌우 시각상 비교, 재구성 과정이 없어져서 초점이 잡힌 무릎의 움직임이 더 또렷이 보이게 된다.

- 세 번째 : 음 소거를 하고 보는 것인데, 청각 정보를 없애 뇌의 시각 정보 해석을 활성화시키는 것이다.

#3. 시각의 또 다른 특징 : 보고 싶은 것만 보이는 기능이 있다.
ex) 긍정적으로 생각하면 긍정적인 것이 보이고, 부정적으로 생각하면 부정적인 것이 보인다.

#4. 95타대 골퍼는, 팔과 손목의 움직임이 잘못 되어서 스윙이 잘 안 되는 것이 아니라, 무릎(하체) 움직임에 문제가 있을 것이라는 생각을 반드시 먼저 해야 한다. 오른 무릎 움직임이 반영되지 않으면 백날 연습해도 아무 소용 없다.

2) 오른 무릎 움직임 Up & Down 모양

a) 무릎 Up & Down

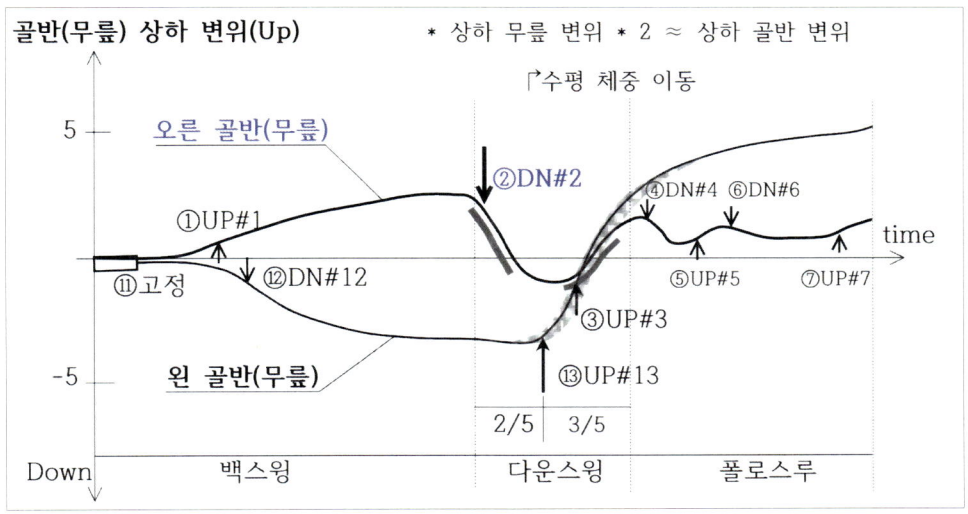

그림 3.1.3 스윙 중 무릎의 Up & Down (100% 스윙 예시, 비율 참조)

무릎 움직임은 그림과 같다. 오른 무릎의 Up & Down 움직임은 리듬을 형성한다.
　＊ 리듬이란, 시간 간격과 물리량의 강약이 존재하는 상태를 말한다.
　　(물리량 : 움직임(변위), 힘, 에너지, 소리 등)
오른 무릎의 Up & Down 움직임은 왼 무릎의 움직임과 연동된다. 즉 하모니(조화)를 이루는 것이다.

오른 무릎 움직임 : 상하 화살표 표시부의 시점이 중요
　① 백스윙 Up #1
　② 다운스윙 초반 Down #2　---　상·하체 분리 만드는 역할 -> 부드러운 가속
　③ 다운스윙 후반 Up #3　-----　폄(익스텐션)
　④ **임팩트 후 Down #4**　------　최대 폄 후
　⑤ **폴로스루 중반 Up #5**　-----　왼 무릎 폄의 Feedback 반응 작용
　⑥ **폴로스루 중반 Down #6**　---　⑤번 동작 후
　⑦ 폴로스루 끝 Up #7　-------　피니쉬 일어섬

오른 무릎 오금 굽힘, '② Down #2'의 상·하체 분리 역할에 주목해야 한다.

백스윙 탑 (바로 직전), 하체가 회전을 리드(주도)하는 다운스윙이 시작된다. 왼쪽 힙을 강력하게 틀어주는 동작이다.

이 동작과 함께 오른 무릎이 스쾃 동작처럼 굽혀지며 Down이 된다.

이때 왼 무릎을 인위적으로 스쾃 하면 오히려 자연 체중 이동 안 되고, 리듬 맞추기 어려우니, 왼 무릎은 백스윙 때 굽어졌던 높이의 Level을 거의 유지한다고 생각해야 한다. 왼 무릎 스쾃은 하체 폄 근력이 강한 사람에게나 유용한 동작이다.

Remarks

#1. 일반 골퍼들에서 비거리 낸다고 왼 무릎을 스쾃 하는 사람이 많은데, 그렇게 했을 때 (폄 동작을 못 맞추면, 즉 폄을 다하지 못했을 때) 스윙 품질이 최악이 될 수 있다. 왼 무릎 스쾃을 많이 하는 것은 쉽게 밸런스, 리듬, 타이밍 맞추고, 타점 맞출 수 있는 동작 구현이 아니다. 이것은 엄청난 하체 근력과 연습량이 필요하다.

#2. 다운스윙 초기 오른 무릎 오금 굽히는 동작은 또 다른 중요한 기능이 더 있다. 자동으로 왼발에 체중 이동이 되도록 하며, 다운스윙 후반 하체 폄의 전위 동작으로써, 폄을 활성화해주는 기능이다. 이 굽힘 리듬이 반동을 형성하여서 폄을 수월하게 해주는데, 폄 양 조절에 이바지한다. 폄 양 조절이 두 배는 쉬워진다. 즉 상하 타점 맞추기에 중요한 역할을 하는 것이다.

#3. 무릎 폄, 하체 폄, 골반 상승은 같은 의미로 혼용하여 사용한다.

#4. 백스윙 탑으로 가면서 오른 골반은 그림과 같은 상승을 하게 된다.
실제 오른 골반을 접은 동작은 테이크어웨이 후반부 구간에서 이루어진다.

#5. 미리 언급하면, ③ 동작은 다운스윙 후반부에 왼 하체와 함께하는 오른 하체의 폄(익스텐션) 동작이다. 이것은 지면반력을 생성하고, 상체가 앞으로 굽는 동적 관성력을 만들어서 척추 익스텐션(일명 배치기)을 지연시키는 데 일조하고, 클럽 헤드의 운동을 변화시킨다.

#6. 동작 ④, ⑤, ⑥은 왼 무릎이 강하게 펴지면서 밸런스와 Feedback 신경 동작 개념으로 오른 하체에 생성된다. 초일류 선수들에게서 확실하게 보이는 움직임인데, 일반 골퍼에게는 거의 보이지 않는다.

#7. 시차를 두고 여성 골퍼의 치맛자락이 돌면서 올라갔다가 내려오는 나풀거림은 하체의 회전과 상하 움

직임이 만든 관성에 의한 것이다.

#8. 백스윙에서 오른 무릎 ① 동작은 (오른 골반에 벽을 만든다는 표현인데) 이후 하체의 전체 Up & Down 리듬을 리드미컬하게 만드는 역할을 해준다. 이것은 오른 옆구리 근육의 Tension을 줄여 다운스윙 시작에서 상·하체 분리에 도움을 주는 역할도 한다.
  이것의 결핍(생략)은 샷감을 극도로 나쁘게(뻣뻣하게) 만드는데, 특히 롱 아이언에서 두드러진다.

〈cf) 왼 무릎 움직임〉
  ⑪ Setup 굽힘 상태부터 테이크어웨이 단계까지는 거의 고정 (고정 #11)
  ⑫ 백스윙 중반부 굽힘 (Down #12)
  ⑬ 다운스윙 후반 폄 (Up# 13) --- 강한 폄을 시작으로 피니쉬까지 Up 진행

〈상·하체 분리란?〉
-. 각도 예) : 다운스윙 초반에서, 하체(골반)가 30° 회전할 때 클럽 헤드는 15° 회전하는 회전 차이를 보이는 것이다. '30° - 15° = 15°', 15° 회전 차이를 만드는 것은 예시 값으로,
  Ⓐ 샤프트가 후방으로 휘어주는 것 --------------------------------- (-)5°
  Ⓑ 손목이 후방으로 조금 더 꺾이는 것 ---------------------------- (-)3°
  Ⓒ 몸통, 즉 옆구리에서 골반과 어깨 회전각 차이를 만드는 것 --------- (-)7°
    * 실제적인 상·하체 분리 동작은 Ⓒ항을 의미한다.

-. 상·하체 분리 목적 : 헤드가 급가속하면 할수록 손목에 회전 관성 하중이 크게 걸리고, 가속도의 증가량(변화량)을 신경이 감지하여 허용치 이상이 되면 손목을 풀어버리는 반응(손목 펴는 근육에 Over 수축 근력 형성)을 하는 캐스팅이 발생하는데, 그것을 완화하고 부드러운 초기 가속을 하는 것이다.
  앞 Ⓒ의 조건을 만들려면 옆구리를 Relax 하게 해주어야 하는데 그러기 위해서는 오른 무릎이 굽혀져야 한다.

-. 가속 상태 : 위 3가지 헤드 진행 지연이 20g(중력가속도)에서 10g 정도로 전환 초반 헤드 가속량을 감소시킨다. 감소된 헤드 가속량(부드러운 헤드 가속)은 손목 펴는 근육에 힘 덜 증가하게 하고 더불어 손과 팔 전체에도 힘이 덜 증가하게 한다.

이 움직임 형태를 '수직 낙하' 또는 '중력을 이용하여'라고 표현하는 것 같은데 용어는 실제 현상과 이질감이 있다.

* 이 '수직 낙하'가 진짜 수직 낙하를 말하는 것 아니고, '중력을 이용하여'의 중력이 진짜 중력을 말하는 것 아니다.

그리고 힘 빼려고 한다고 힘이 빠지는 것 아니고, 전환하는 순간 부드러운 초기 가속이 되어야 힘이 덜 증가하게 된다.

b) 무릎 굽힘

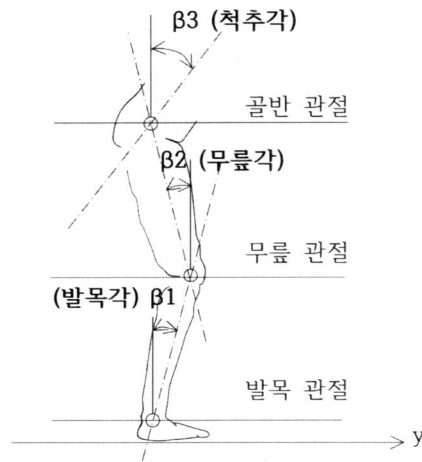

그림 3.1.4 Setup 하체 관절 각도

무릎 굽힘 동작은 발목의 굽힘과 무릎의 굽힘 두 가지로 만들어진다. 무릎 기준으로 엉덩이(골반)의 굽힘도 수반된다.

* 골프 스윙에서 무릎 굽힘은 무릎의 회전 변위와 함께 만들어진다. 그리고 왼 무릎의 강한 폄을 위해서도 회전이 동반되어야 한다.

Setup에서 하체 자세는 수직선에 각각 종아리, 허벅지, 척추가 이루는 각도 $\beta1$, $\beta2$, $\beta3$으로, 그림과 같이 표현할 수 있다.
각각 발목 각, 무릎 각, 골반 각이다.

백스윙에서 오른 무릎은 펴지고, 즉 $\beta 1R$과 $\beta 2R$는 작아지고, 왼 무릎은 굽혀지기 때문에 $\beta 1L$과 $\beta 2L$이 커지게 된다.

무릎의 회전 변위도 함께 만들어지며, 무릎 관절과 엉덩이 관절의 높이가 변하게 된다. 이 모양들은 각 골퍼의 Setup과 스윙 동작 특징(형태)이 된다.

c) 무릎 폄과 굽힘 근육

무릎을 펴고 굽히는 동작에는 그림의 근육들이 수축하게 된다. 대표도로써, 실제로는 수십 개의 수축 근육이 협력하게 된다. 큰 동작 근육들은 하나의 분절에 이중 삼중의 복합 연결 형태로 구성되어 있다.

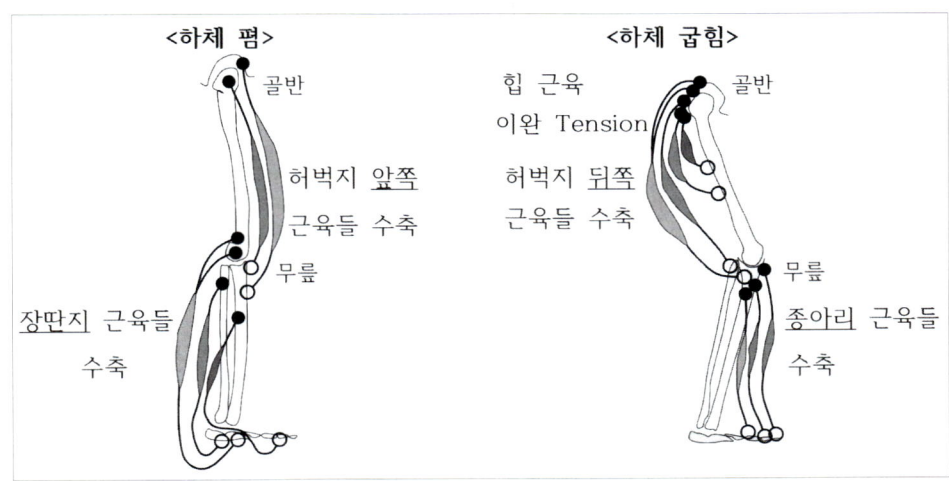

그림 3.1.5 무릎 폄과 굽힘 근육 대표도

* 0.1sec의 자유낙하 높이 :

$h = 1/2\, a\, t^2 = 0.5 \times 10 \times 0.1^2 = 0.05 = 5cm$

오른 하체는 자유낙하와 비슷하게 다운스윙 전반부에 오른 무릎이 굽어지며 오른 골반이 내려간다.

다운스윙 초기, 실상 클럽 헤드가 자유낙하하는 것 아니고, 오른 골반이 자유낙하를 한다. 이는 하체의 회전량은 키우고 클럽 헤드의 회전을 부드럽게 한다.

3) 빈 스윙 연습 방법
(오른 무릎 오금 굽힘 & 무릎 폄 동작 Drill)
(Drill의 의미 파악)

다운스윙, 무릎이 잘 굽혀졌다가 펴게 만드는 연습법은 의외로 간단하다.

a) 다운스윙 무릎 동작 연습법(Drill) 1
(그림 생략)
왼손은 정위치 그립, 오른손을 10cm 내외로 위쪽에 잡고, 빈 스윙을 한다.
(단, 왼손은 야구 그립을 잡아야 왼손 엄지손가락 꺾임 부상을 입지 않는다.)
오른손을 왼손에서 위로 떨어트려 잡은 그립이어서, 빈 스윙을 하면 다운스윙 초반에 오른 무릎이 굽어졌다가 후반부에 펴져야만 빈 스윙 동작이 자연스럽게 된다.
  * 이 연습법에서, 손목이 위로 많이 꺾여 있어서 자연 로테이션이 크게 걸리는데 *(3장에서 설명)*, 다운스윙 후반부에 양 무릎이 펴지지 않으면 로테이션이 너무 급하게 된다.

다시 말하면, 오른손을 10cm 위에 잡고 빈 스윙하므로 오른 무릎을 굽혀야만 클럽이 지면 가까이 잘 내려오게 된다. 따라서 **다운스윙 초반** 오른 무릎 오금 굽힘이 저절로 이루어진다. 이 그립 상태에서 다운스윙 초반 오른 무릎 오금을 굽히지 않으면, 클럽을 임팩트 높이까지 내리기가 부자연스럽게 된다.
이어서, 오른손을 10cm 올려 잡아서 손목 각이 큰 상태라 자연 로테이션이 매우 크게 걸리는데, 이 부담을 몸이 제어하려고 **다운스윙 후반부**에 무릎이 저절로 많이 펴지게 되면서 자연스럽게 로테이션이 이루어진다. 양 무릎이 저절로 펴지게 되고, 오른 무릎 펴짐이 특히 좋게 만들어지는데 그러면서 클럽이 던져지는 모양새를 만든다. 클럽이 던져진다는 것은 무릎 폄 가속도 성분을 이용한다는 의미이다. 좀 더 구체적으로 힙은 위로 올라가고 클럽 헤드는 볼로 떨어진다. 이것은 팔꿈치가 오그라들려고 하는 것을 폄 가속 관성력으로 헤드가 멀리 돌게 만들어지는 것이다.
클럽 헤드를 던진다는 의미는 릴리즈를 잘한다는 의미인데, 양 무릎을 강하게 펴준다는 것도 포함된다.

이 연습법은 스윙 연습 시작 전, 또는 라운드 시작 전에 몸을 푸는 동작으로도 안성맞춤이다. 이 연습만으로 양 무릎의 Down & Up 리듬을 거의 완벽하게 익힐 수 있다.

* Drill의 역효과 형태 주의 :
-. 주의 1 : 이것은 빈 스윙 연습법이다. 이 형태로 볼을 직접 가격하면, 더 숙어진 스윙 자세라서 스윙 폼이 망가질 수 있고 타점이 불안정하여 상체 부상이 올 수 있으므로, 빈 스윙 연습만 하도록 한다.

-. 주의 2 : 이 빈 스윙 연습은 오른손 4th & 3rd 손가락 악력을 헐렁하게 하여 그립이 너무 느슨하게 잡혀 파워 전달이 모자라는 상태를 만들 수 있으므로, 실제 샷을 하기 전에는 정상적인 빈 스윙을 해보거나 본 스윙에서는 오른손 4th & 3rd 손가락 악력에 신경을 쓰고 견고히 잡아야 한다.
오른손 4th & 3rd 손가락 악력이 헐렁하면 최악의 스윙을 하게 된다.

-. 주의 3 : 야구 그립이라서 엄지~검지 사이 골 V자 모양이 엉성한데, 이 상태의 빈 스윙을 많이 하면 본 스윙에서 V자 모양이 깨져 낮은 탄도의 엎어 치는 스윙이 될 수 있다. 이 빈 스윙을 많이 한다고 좋은 것은 아니다.

-. 주의 4 : 왼손 엄지 꺾임 부상에 주의한다. 엄지로 샤프트를 지지하려 하지 말고 야구 그립처럼 풀어 잡는다.

cf) 왼 팔꿈치 로테이션 연습법 :
위와 반대로, 오른손을 왼손 위치에 놓고 왼손을 10cm 위쪽에 잡고 빈 스윙 한다. 이 모양의 빈 스윙에서 클럽이 궤도를 만들려면, 왼 팔꿈치가 외회전(Supination) 형태로 잘 꺾이며 로테이션이 되어야만 동작이 만들어진다.
이 연습법은 왼 팔꿈치 치킨윙 완화에도 큰 도움이 된다.
이 연습법은 오른 어깨가 깊숙이 회전하도록 도와주는 역할도 한다. 오른 어깨가 앞쪽에 있어야 오른 손목이 부드럽게 꺾여 로테이션 될 수 있기 때문이다.

b) 다운스윙 무릎 동작 연습(Drill) 2
(그림 생략)
- 똑바로 서서 클럽 없이, 양손을 가슴에 엑스(X)자로 대고 회전하기
- 똑바로 서서 클럽을 가슴에 안고 양팔을 엑스(X)자로 대고 회전하기

위 두 가지 몸통 회전 동작 연습의 특징은 다운스윙 초기 오른 무릎 오금을 굽혔다 펴는 것을 하지 않으면 회전 동작이 만들어지지 않으므로, 저절로 오른 무릎을 구부렸다 펴는 동작이 시행된다. 교습에서 하체 Down & Up 동작이 부족한 일반 골퍼에게 위의 몸통 회전 동작을 해보도록 하는 것은, 몸통 회전 동작을 익히려는 것이 아니고, 오른 무릎을 굽혔다가 펴지도록 만들기 위한 수법이다.

Remarks

#1. 80대 타수 골퍼, 상체(팔과 손)로 뭘 해보려는 연습에서, 무의식중에 잘해오던 다운스윙 초기 오른 무릎 오금 굽히는 동작이, 조금씩 둔화시킬 수 있다. 이때는 위 Drill 1 & 2로 하체 Down & Up 감을 원상으로 회복시켜야 한다.

#2. 초보 교습에서 유능한 교습가는 팔과 손 동작을 교정하는 것이 아니고, 무릎 동작을 잡아주는 것이다.
ex) 교습가가 교습받는 사람의 뒤쪽에 앉아서 다운스윙 전반부에 오른 무릎 오금을 밀어 굽혀지도록 하고, 후반부에 왼 무릎이 펴지도록 당겨주는 직접 교정 방법은 매우 도움이 되는 것이라 할 수 있다.
* 주의 : 이렇게 가까이 붙어 교습할 때는, 스윙에서 클럽 헤드에 머리를 맞지 않도록 유의해야 한다.

#3. 라운드에서 Hole이 진행되면서 체력저하가 있거나 샷감이 변할때, 귀찮지만 Drill 1 & 2를 해주면 스윙 품질 유지에 도움이 될 것이다.

1.2 오른 무릎 오금 굽힘 역할

1) 가속

가속도 그래프를 보아야 힘의 쓰임을 알 수 있다.
다음의 클럽 헤드 가속도 그래프는 회전 각가속도를 선형으로 변환한 것이다.
　* 오른 무릎 오금 굽힘은 가속을 부드럽게 할 수 있도록 만들어준다.

a) 가속도 그래프
골프 스윙에서 클럽 헤드의 가속도 그래프는 그림과 같다.
(커브를 단순하게 보이게 하려고 샤프트의 탄성 변형으로 만들어지는 복잡한 가속 성분은 평탄화한 모양)

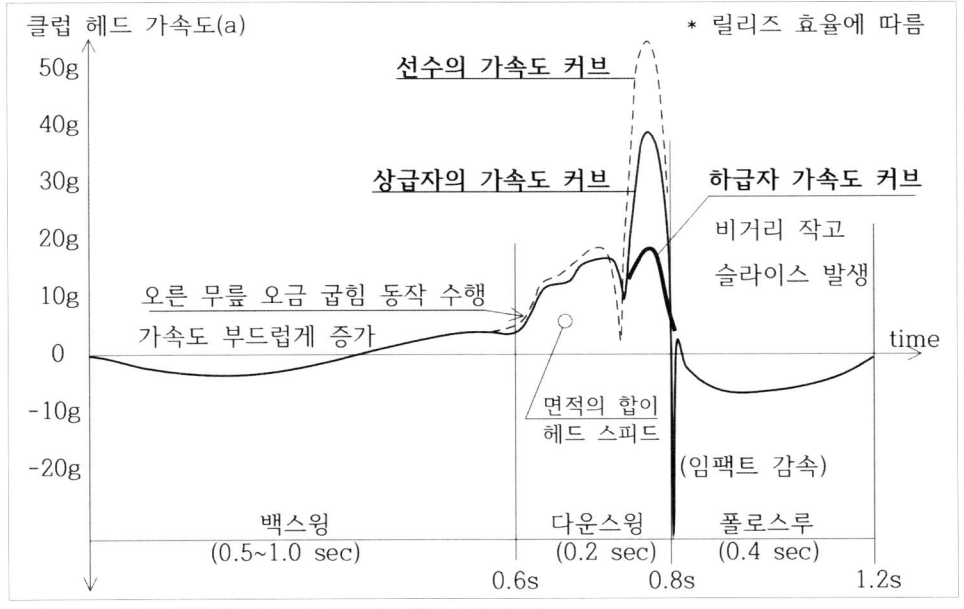

그림 3.1.6 실력별 클럽 헤드 가속도 그래프 (100% 스윙 예시)

하급자는 다운스윙 시작에서 오른 무릎을 버텨, 골반 회전이 클럽 헤드 가속에 그대로 반영된다. 급가속도 증가 커브는 다운스윙 초기 코킹된 손목 각 변위(래깅)가 일정량 풀려버려서 다운스윙 후반부 (A) 2-절 링크에 작용하는 원심력가속도 성분이 작게 사용되며, (B) 사용할 변위가 작아서 가속을 길게 할 수 없는 상태가 되어, 그림의 그래프와 같이 프로선수나 상급자와 비교하면 임팩트 직전 릴리즈에 의한 가속 양이 작게 된다.

결과로 <u>(a) 클럽 헤드 속도가 작고</u>, <u>(b) 클럽 헤드 전진이 작아 페이스가 열려서 맞아 슬라이스가 발생한다</u>. 거리가 짧고 슬라이스 발생하는 전형적인 스윙 형태가 된다. 이 원인이 다운스윙 시작 구간의 급가속 때문인데, 최우선으로 이 결과를 교정하는 데 필요한 사항이 오른 무릎 오금 굽힘 이다.

Remarks

#1. 다운스윙 구간 가속도 그래프의 면적이 헤드의 속도이다.

회전 운동에서 각속도, 각가속도 표현이 타당하나 일회성 회전, 2절 링크 운동을 고려하고, 더 편하게 이해하기 위하여 선형운동으로 표현을 변환하여 속도 및 가속도로 설명한다.

#2. 다운스윙 구간에서의 가속도 그래프는 골프 스윙 기술을 이해하는데 가장 중요한 지표와 같은 것이다.

가속도는 힘과 같다고 할 수 있다.

  (F = m a, 질량 m이 일정하면, 힘 F ≈ 가속도 a)

헤드 속도에 현혹되지 말아야 한다. 헤드 속도는 단지 결과물에 지나지 않는다. 속도는 가속도의 시간 적분값이다. 즉 가속도 면적 합이 속도가 된다.

#3. 다운스윙의 가속도 커브는 그림과 같이 놀이기구 바이킹 또는 그네와는 전혀 다르다. 머릿속에서 바이킹 및 그네 이야기(상상)는 완전히 삭제하자.

또한, "헤드 무게로 내려오고", "중력을 이용" "클럽을 낙하" 이런 말도 깡그리 잊어버리자. 적합한 표현이 아니라서 고등학교 물리 교육을 받은 성인들에게는 혼란을 주는 표현이다.

헤드 무게, 중력은 수직 방향에서 1g를 말한다. 다운스윙은 20g 전후의 회전력에 릴리즈에서는 50g 전후의 원심력가속도 성분의 힘이 작용한다.

좋은 스윙을 만드는 것은, 정해진 스윙 궤적 길이 내에서 회전력 사용과 가속 형태를 효율적으로 증가하도록 만드는 것이다.

b) 오른 무릎 오금 굽힘 동작의 메커니즘

다운스윙 초기에 오른 무릎을 굽히느냐 아니냐의 차이에 따라서 그림의 스윙 메커니즘과 같이 전혀 다른 스윙 형태가 된다.

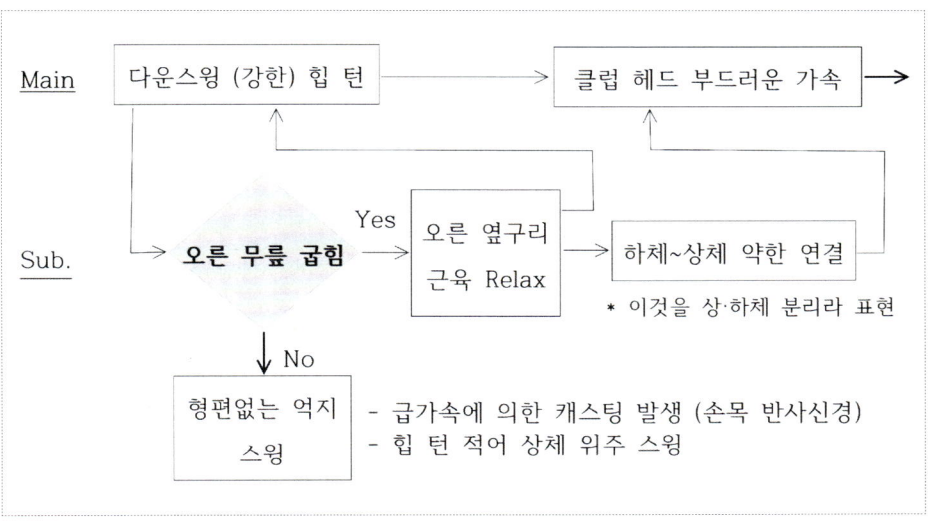

그림 3.1.7 오른 무릎 굽힘 동작 메커니즘 (다운스윙 전반부)

Remarks

#1. 스윙 동작에서, 척추 "스웨이 하지 마라", "역 스웨이 하지 말고 척추 똑바로 유지하라."라는 이유는 스웨이가 미치는 가장 큰 영향이 옆구리 근육 한쪽을 강하게 만들고 반대편은 Relax 하게 만들기 때문이다.

    cf) 스웨이의 두 번째 악영향 : 다운스윙 중·후반부, 왼 무릎 폄을 방해

옆구리 근육은 필요에 따라 약할 때는 약하고, 강할 때는 강해야 한다.

상·하체 분리가 필요할 때와, 상·하체 강한 꼬인 상태의 결합을 줄 때가 스윙 동작 과정에 부합해야 한다는 것인데, 스웨이는 이것을 방해하기 때문에 효율적인 스윙이 되지 못한다.

#2. 무릎은 상하, 앞뒤, 전·후방의 3-축 움직임이다.

앞뒤, 전·후방 움직임은 방향성에 중요한 인자이며, 상하 움직임은 밸런스와 파워 그리고 타점에 중요한 인자가 된다. 밸런스와 파워는 방향성에도 영향을 미친다.

이 장에서는 다운스윙 초기의 무릎 상하 움직임에 관해서만 서술한다.

#3. 양 허벅지에 짐볼, 바구니 등을 끼우고 다운스윙하며, 떨구는 드릴은 다운스윙 초기 오른 무릎 오금 굽히는 것에 대한 연습이다.
오른 무릎 오금 굽히지 않으면 끼운 짐볼은 빨리 떨어진다.

#4. 어떤 교습에서 다운스윙 초기 동작에 (아무 설명도 없이 이루어지는) 오른 무릎 오금을 툭툭 쳐서 굽어지게 하는 사소한 것처럼 보이는 교습가의 행동이 있는데, 실제는 오른 무릎을 굽히지 못하는 중·하급자의 다운스윙 교정 동작에서 이것은 핵심이 된다.
* Reminder : 양팔(손)을 가슴에 'X자'로 대고, 몸을 트는 동작 연습의 핵심은 오른 무릎 오금 굽히는 연습이다. 이 자세에서 오른 무릎을 굽히지 않으면 몸은 회전되기 힘들므로, 이 동작 연습에서 자연스럽게 오른 무릎이 굽혀지는 것이 체득된다.

#5. 골프 스윙에서 첫 번째로 습득하는 것은 '오른 무릎의 폄(백스윙 테이크어웨이 후반) -> 굽힘(다운스윙 초기) -> 폄(다운스윙 후반)' 3가지 연결 동작이다.
이 동작은 초기 입문 과정에서 거의 누구나 습득했을 것이나, 일부 골퍼(중·하급자)는 상체의 동작에 관심을 집중하는 과정에서 이것을 간과하고 없애버린 형태라고 생각할 수 있다.
상급자 또는 선수는 당연히 하고 있으므로, 당연한 것으로 취급하여 오른 무릎 오금 굽히는 동작의 유·무와 필요성에 관해 거의 관심 밖이 된다. 신경 쓰지 않는다.

#6. 골프 스윙 동작에서 한 가지의 적용으로 *다음 2) 항*에서 설명하는 것과 같이 10여 가지 효과를 보는 것은 많지 않다.

2) 오른 무릎 오금 굽힘의 효과

a) 클럽 헤드 급가속 낮춰 손(손목)에 힘 덜 들어가게 하기
  (왜 손목에 힘이 들어가나? 에 대한 첫 번째 이유)
  (골프의 첫 번째 핵심 사항 ‹---어려워도 꼭 이해하고 가야 할 사항 1)

다운스윙의 시작에서 힙 턴은 클럽 헤드를 하체의 회전(이동)만큼 당기고 돌리려고 하는데, 그러면 긴 막대기 끝에 매달린 형태의 클럽 헤드에 큰 가속 관성력이 회전(이동)의 반대 방향으로 작용하여 이 힘이 손과 손목에 다음 그림과 같은 형태로 작용한다. 그 크기는 엄청난 세기가 된다.

-. 관성력 모델 :
  클럽 헤드의 속도는 그림의 V 방향으로 점점 증가한다. 속도의 증가는 가속도다.
  관성력은 가속의 반대 방향 힘이다.
  다운스윙 시작하는 가속에서 그림과 같은 가속 관성력이 생긴다.
  이것은 손과 손목 그리고 어깨에 반력 하중으로 작용한다.

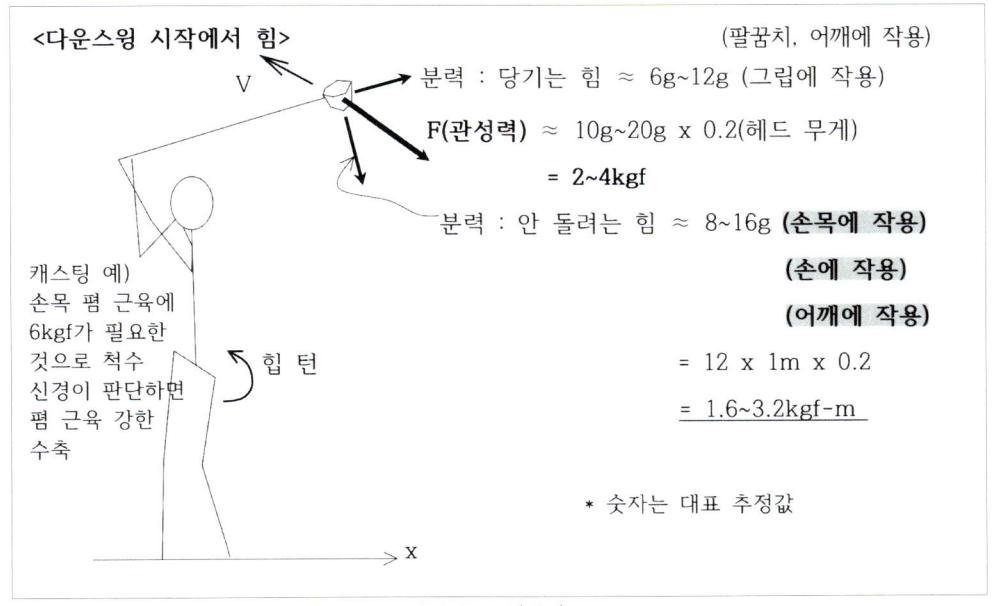

그림 3.1.8 다운스윙 시작 클럽 헤드에 걸리는 관성력 모델 (예시)

-. 손에 걸리는 반력 :

반력은 작용력에 견디는 힘이다.

정역학 해석으로 그림과 같이 손에 큰 반력(하중)이 걸린다. 하중 및 하중의 변화는 신경을 타고 척수를 거쳐 뇌로 전달된다. 척수는 필요한 근육에 바로 반사신경 작동 명령을 내릴 수 있다.

* 백스윙 탑 정지 상태에서 순간 F힘을 가하면 손목이 받는 하중 재현 가능

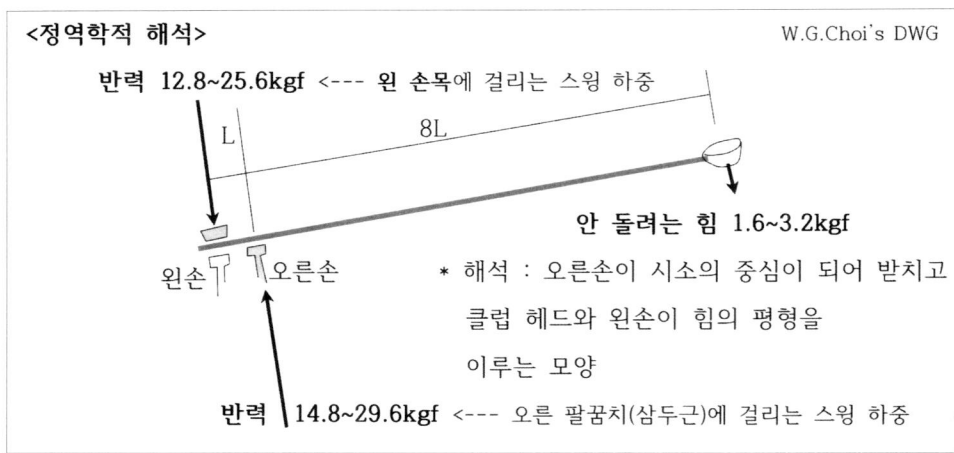

그림 3.1.9 다운스윙 시작 손에 걸리는 반력 (예시)

-. 손목에 걸리는 토크 :

가속 관성력은 그림과 같이 손목에 회전 반력을 만든다.

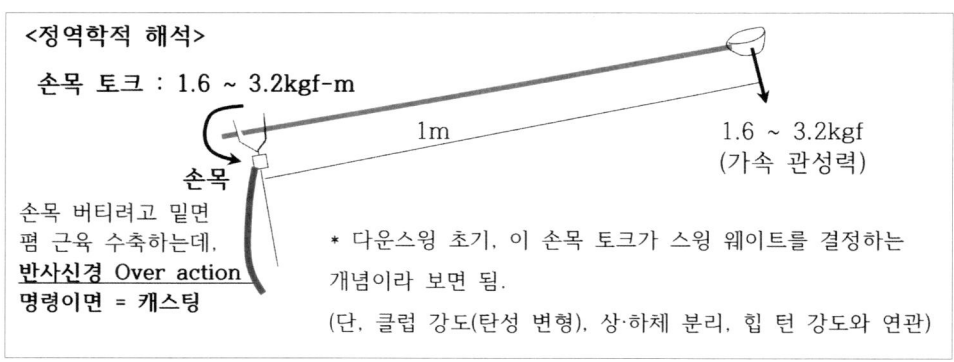

그림 3.1.10 다운스윙 시작 손목에 걸리는 토크 (예시)

역학을 공부하는 사람들은 위 그림의 해석 모델만 보아도 쉽게 이해할 수 있다. 그러나 일반인은 익숙하지 않으므로 스윙 동작에 표시하면 다음 그림과 같이 표현할 수 있다.

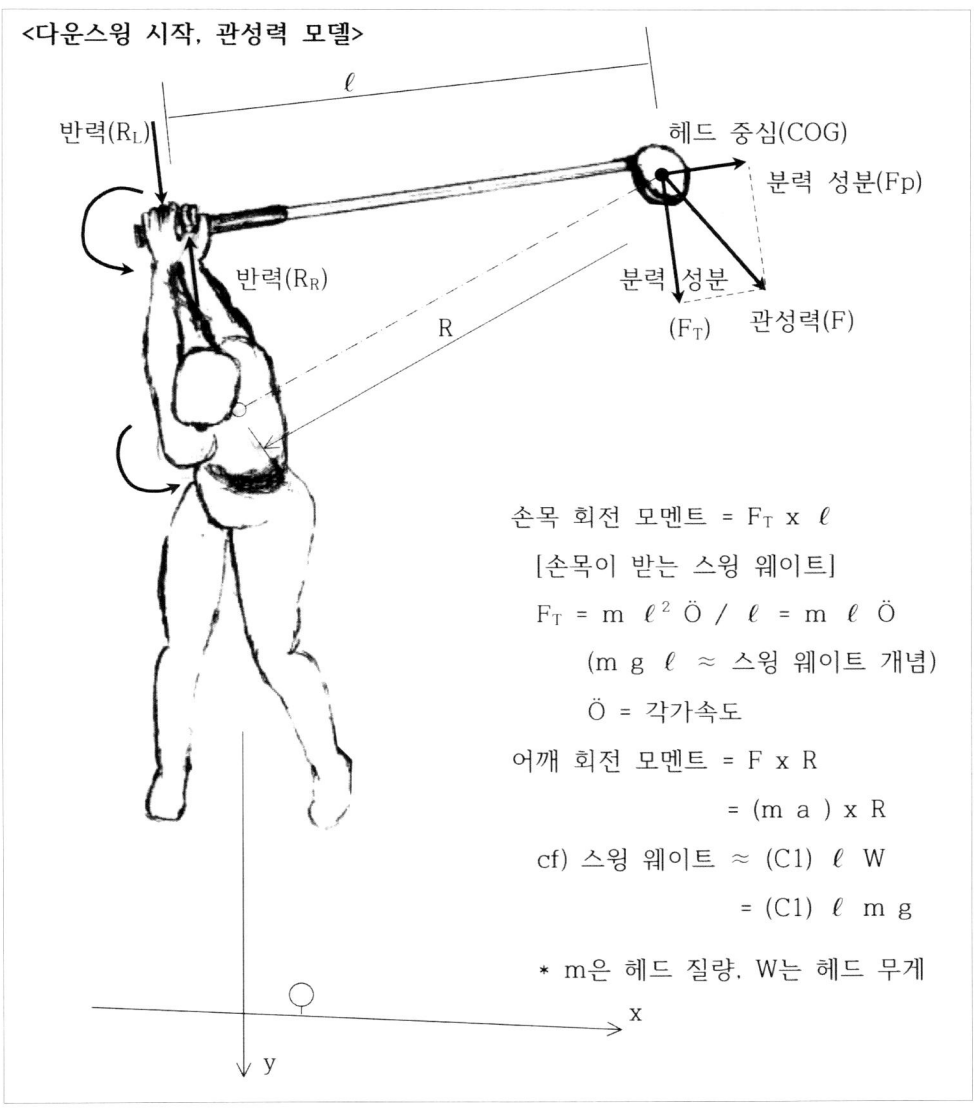

그림 3.1.11 다운스윙 시작 가속 관성력 도시

-. 캐스팅 현상이란? :
> 손목 근육 수용체를 타고 감지되어 들어오는 급증하는 하중 감각의 변화에 대항하여 신체 보호 차원에서 근육에 버티는 수축력을 더 높이라고 척수가 명령하여, 필요한 것보다 초과하는 근력이 생성되어 손목이 펴지는 모양을 일컫는다.
>
> 헤드 가속 관성력에 의해서 손목은 더 반대로 굽혀지려 하니, 그 힘 증가 추이가 한계를 넘어선 것이라고 척수신경이 판단하면, 손목을 더 큰 근육 힘으로 버티게 전완의 밑면 근육에 (과도) 수축하라는 지령을 내린다. 이때 손목 펴지는 캐스팅(의도하지 않는 손목 풀림)과 그립을 더 꽉 잡는 현상이 함께 발생한다.

Remarks

#1. (캐스팅 현상 반복 설명 :) 급하게 이루어지는 하체의 회전은 상체로 연결되어 클럽 헤드의 가속을 만들고, 가속에 의한 관성력은 손목에 회전 모멘트를 가하며, 이를 견뎌야 하는 손목은 감지된 하중을 견디는 반응을 하게 되는데, 반사신경 작용으로 실제 힘보다 더 크게 근육이 과도 수축 반응을 한다.
손목을 풀어버리려는 반사신경은 손목이 견디는 Limit을 초과하였을 때 나타나며 가속도의 증가 형태에 따라 반사신경 근육 수축 크기는 결정된다. 반사신경은 대략 1.5 배 (50% Over action 정도) 손목 버팀 근력 발생 되는 것으로 추측할 수 있겠다.

일반 골퍼에 있어서 다운스윙 초기 손목 힘 덜 증가하고, 손목 반사신경 제거(제어)하는 것이 첫 번째 과제이며, 이것이 되면 릴리즈에 무리가 없어져 비거리, 타점, 방향성 향상의 30% 정도가 해결된다고 할 수 있다. 즉 백스윙 탑의 모양과 다운스윙 초기 가속 동작이 골프 기본 스윙의 30% 정도를 차지한다고 생각할 수 있다.
하체는 강하게 회전하는데, 순간 팔과 클럽 헤드는 부드럽게 가속하는 형태가 필요하며, 이것을 만들어 주는 것이 오른 무릎 오금 굽힘 동작이다.
오른 무릎 오금을 굽히면 상·하체가 분리되어 클럽 헤드가 느리게 가속하게 되어 앞 모델에서 설명한 관성력(F)이 서서히 작게 증가하여 반사신경이 작동할 필요도 없어지고 손(손목)에 힘 증가하는 양도 적게 된다.
> cf) 비거리, 타점, 방향성에 관계된 나머지 70% 중에, 릴리즈와 하체 폄 동작이 40% 정도 차지, 그 외 자세와 동작이 30% 정도 차지한다고 대략 추정할 수 있다.

#2. 그립을 당기는 힘, 양손에 수직으로 걸리는 힘, 손목에 걸리는 토크는 관성력(F)의 크기와 그것의 변화 정도에 달려 있다.
그림에서 보듯 손에 걸리는 20kgf 정도의 큰 반력, 손목에 걸리는 2kgf-m 정도의 큰 회전 모멘트가 작용하는데, 이는 손과 팔에 힘 빼라고 한다고 해서 그냥 뺄 수 있는 것이 아님을 알게 한다. 견뎌야 하는 힘이 걸리니 몸이 자동으로 반응하여 생성되는 것이 손목 힘 증가 형태이다. 전환 동작 순간에서 견뎌야 하는 힘이 적게 천천히 증가하도록 하는 것이 관건이 된다.

이런 가중된 힘의 최종 상태를 완화하고자, 초기 Setup에서 힘을 빼고 시작하라는 것이다. 그리고 다운스윙 전환에서 힘이 덜 증가하는 형태로 동작이 이루어져야 힘이 덜 증가한 상태로 릴리즈를 맞이 할 수 있는 것이다. 이것이 *"힘 빼라!"*의 내용인데, 그 열쇠 동작(해결책)은 상·하체 분리를 위해 해주는 '오른 무릎 오금 굽히기'이다.

#3. 한번 들어간 근육 힘(수축력)은 외력이 해제되어도 바로 풀리지 않는다.
대략 1.5초에 50%, 3초에 90% 정도 풀린다고 봐야 하기 때문이다.
0.2sec에 이루어지는 다운스윙 동안에 한 번 들어간 힘은 빼고 싶어도 바로 빠지지 않는다.
단, 관절을 풀면(펴면) 반대의 길항근이 주근으로 작용하여서 원래의 근육에 들어갔던 힘이 빨리 풀어진다.
- Test 1 : 주먹을 살짝 쥔 상태에서 꽉 주었다가 힘만 풀어보자. 힘이 바로 풀어지지 않고, 서서히 풀릴 것이다.
- Test 2 : 주먹을 살짝 쥔 상태에서 꽉 쥐었다가 손가락을 펴면서 힘을 풀어보자. 힘이 바로 풀릴 것이다.

#4. 단순하게, 다운스윙 초반부터 좀 더 세게(강하게) 치려고 하면, 이들 초기 관성력이 급증해서 손·손목에 힘이 더 들어가고, 반사신경에 의해 캐스팅이 발생하든, 아니면 캐스팅 발생까지는 아니더라도 그립에 힘이 들어가서 릴리즈 안 되고, 상체의 회전 타이밍과 밸런스가 무너져 타점(궤도) 미스, 페이스 각 미스가 발생할 것이다. 그러면 헤드 스피드 & 볼 스피드 올라가지 않는다.
ex) 춤을 더 빠르게 추려 하면 스텝이 꼬이고 동작이 바뀌는 것과 같은데, 만약 세게 치려고 한다면 이 반사신경이 발현되지 않도록 그에 상응하는 뭔가 필요한 조치들이 있어야 한다.

#5. *"백스윙 탑에서 헤드가 잠깐 멈춘 듯 스윙하라."* 라는 것은, 급가속이 되지 않게 하라는 말과 비슷하다. 다시 말하면 샤프트의 전진 휨을 더 이용하라는 것과 상·하체 분리되는 다운스윙 시작이 되도록 하라는 것이다.

#6. 사실 스윙 동작에서는 *"힘 빼라."* 라는 말 대신에 *"힘 덜 증가하게 하라."* 라는 말이 현실적인 표현이다. 그렇지만 힘 덜 들어가게 하라고 말하려면, '왜?', '어떻게?', '얼마 정도?' 힘이 들어가게 되는지를 알

고 설명해야 하는데, 그것을 모르거나 설명 또는 받아들이는 처지에서 번거로운 것이 되므로, 그냥 다들 쉽게 "힘 빼라."라고 말하는 것이라는 유추를 할 수 있다.

어차피 다운스윙 헤드 스피드를 높여야 하므로 그립, 손 손목에 들어가는 가속 관성력을 없앨 수는 없지만, 초기에 급가속이 되지 않고 Smooth 하게 증가하도록 하면 손, 손목에 증가하는 힘은 작게 만들 수 있다.

방법은 오른 무릎 오금이 굽혀지게 하면, 오른쪽 옆구리가 Relax 하게 되고, 이것은 팔과 힙의 연결을 약하게 만들어서 강한 힙 턴에도 클럽 헤드가 늦게 따라오도록 만들어줘, 다운스윙 초기 클럽 헤드 가속이 Smooth 하게 증가하고 관성력과 그것에 작용하는 반사신경이 약화하여서 그립, 손, 손목 힘이 덜 증가하게 되는 메커니즘이다.

* 이후 설명되는 부가적인 이득(매우 중요한 것들임)을 고려하면, 스윙에서 첫 번째로 알고 해야 하는 것이 다운스윙 초기 오른 무릎 오금 굽히는 일임을 누구도 부인하지 못할 것이다.

교습가 본인들은 모두 잘하는 이 동작에 대해 거의 설명하지 않는 이유는 다음과 같이 추정해 볼 수 있다.
- 공기 중의 산소와 같이 당연한 것으로 여겨져 관심 대상 밖이 됨
  (어렸을 적 배울 때 저절로 습득되어 머릿속에 그 필요성이 각인되지 않음)
- 움직임이 작아 교습 영상 주제로 부적합
- 신경학 및 역학적으로 연계시키기 곤란, 대신 수직 낙하라고 표현
- 눈에 보이지 않는 근육의 수축 상태를 설명하기 부담스러움

#7. 캐스팅이 발생하면 시야에 볼이 흐릿하게 보인다. *다음 3절 1) d) 항의 편심 회전 관성 모멘트*까지 같이 걸리면, 볼이 눈에서 사라진다. 눈으로 들어오는 시신경 정보보다 더 중요한 손목 하중 감각이 뇌에 들어오는 순간, 시신경 정보는 부차적인 것으로 취급하여 무시 되는데, 이것이 볼이 눈에서 사라지는 현상이다.

#8. *앞 1절 3)항 Reminder :* 다운스윙 초기 부드러운 가속 만들기 교습 예)
- <u>오른 무릎 오금을 굽혀지게 하는 교습 예 1)</u> :
  몇몇 유능한 교습가들은 스윙 교정할 때 뒤에서 오른 무릎 오금을 툭툭 쳐서, 다운스윙 초기 오른 무릎이 굽혀지도록 유도하는 것을 가끔 볼 수 있다.
- <u>오른 무릎 오금을 굽혀지게 하는 교습 예 2)</u> :
  선 자세로 팔을 가슴에 대고 몸통 회전 연습을 하면 스윙이 잘 된다는 Drill이 있다. 선 자세로 몸을 회전시키려면 초기 오른 무릎이 굽혀지는 동작이 수반되어야만 회전 동작이 가능하기 때문, 은연중

에 오른 무릎 오금 굽히는 동작이 녹여져 들어가는 것이다.

〈오른 무릎 오금 굽힘 안 했을 때의 문제점 요약〉

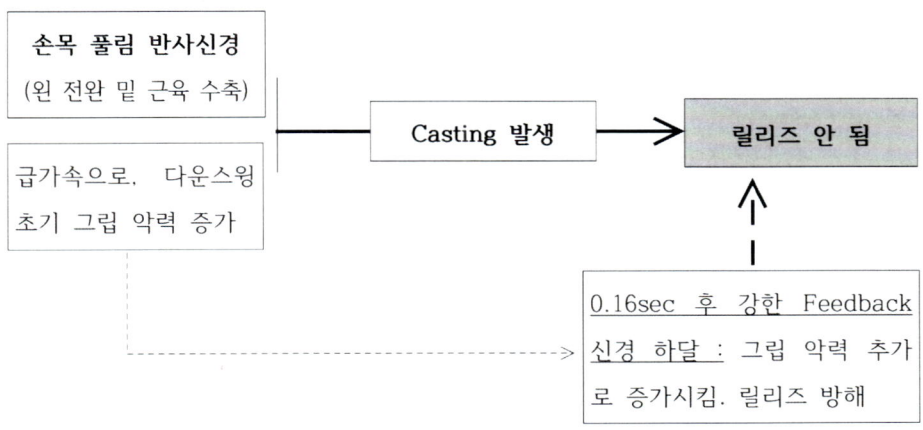

그림 3.1.11 오른 무릎 오금 굽힘 안 했을 때의 문제점

b) 캐스팅 현상 완화

캐스팅은 왼 손목 폄 근육의 반사신경 과도현상(Over action)이다.

 * Reminder : 1st 캐스팅이란 (관성력이 큰 경우) 다운스윙 초기 가속 관성력에 대응하는 그립, 손, 손목, 특히 손목 펴는 근육의 수축이 크게 작용할 때, 손목을 보호하고자 나타나는 반사신경의 과도 반응으로 손목이 이른 시점에 펴지는 현상이다.

캐스팅 현상은 중요 사항으로써 지겹도록 계속해서 반복 설명된다.

다운스윙 초기 오른 무릎 굽혀주면 헤드의 부드러운 가속이 만들어져 캐스팅이 어느 정도 방지된다.

캐스팅이 방지된다는 이야기는 코킹 상태의 손목에 약간 더 꺾이는 래깅이 만들어지는 상태로 다운스윙 2/4(S2) ~ 4/4(S4) 구간이 진행된다는 이야기다.

 cf) 3/4(S3) 구간에서는 어깨보다 손이 먼저 쓰일 수도 있는 약한 캐스팅 발생 조건이 있다. 2nd 캐스팅이다. '5장 오른 팔꿈치 외회전'에서 설명하는데, 이 동작이 손 회전보다 오른 어깨 회전이 빨리 진행되게 해준다.

캐스팅이 발생하는 시점 3가지를 가속도 그래프에 표시하면 다음과 같다.

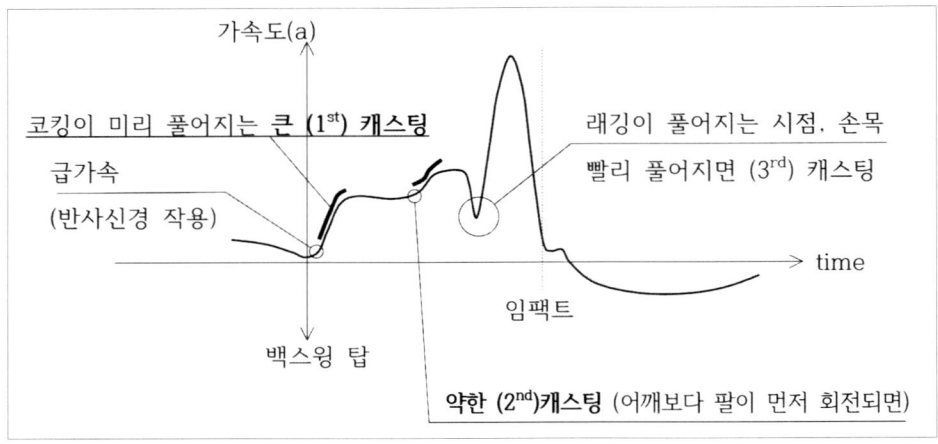

그림 3.1.12 캐스팅의 종류와 발생 시점

1st 캐스팅과 2nd 캐스팅을 없애는 방법이 두 시점에서 헤드가 늦게 따라오도록 하는 것인데, 이것을 '샬로잉 동작'이라고 한다. 클럽 헤드가 얇게 뒤처지게 내려오도록 하는 동작이다.

   cf) 3rd 캐스팅은 릴리즈 타이밍에서 4가지(회전 시퀀스, 샤프트 탄성, 힘의 평형, 근육 신경계)의 상호 선·후행 발현 시점 관계이다. 〈--- 매우 어려운 주제 및 내용으로 다음 장들에서 차차 설명한다.

캐스팅이 발생한 가속도 그래프와 릴리즈가 잘 만들어진 가속도 그래프를 비교하면 다음 그림과 같다. 캐스팅이 발생했을 때는 릴리즈 구간에서 가속량이 적어서 헤드 스피드는 느리게 된다.

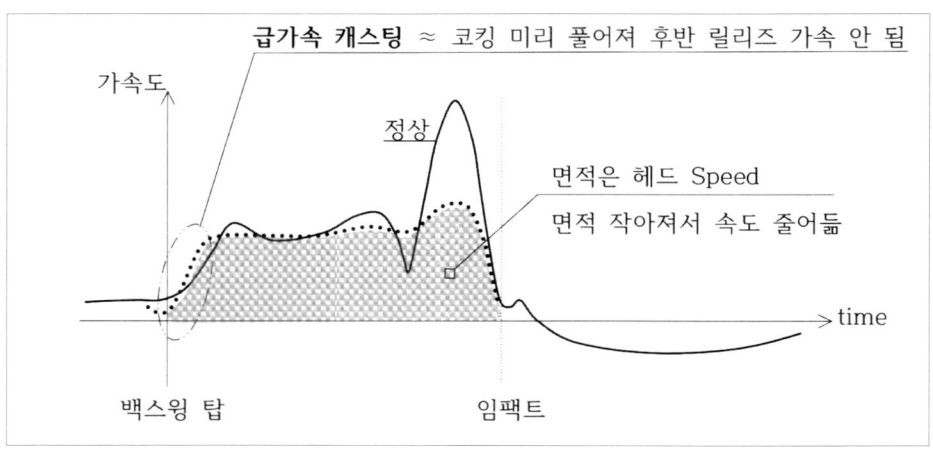

그림 3.1.13 캐스팅 발생한 경우의 클럽 헤드 가속도 그래프 (예시)

c) 수직 체중 이동 효과 및 폄 양 준비

오른 무릎을 굽히면, 순간 오른발의 체중이 줄어든다. 이때, 왼발의 체중은 그만큼 늘어나는데 오른 무릎 굽히는 것으로 체중 이동 일부가 자동으로 왼발 쪽으로 이루어진 것이다.

볼을 엎어 치는 골퍼에게 오른 무릎 오금 굽히는 동작은 볼의 후방에 상체를 두고 임팩트하는 것을 실현해 주는 필수적인 교정 동작이다.

   cf. 1) 오른 무릎 굽히지 않고서 체중을 왼발로 보내는 방법은 상체를 전방으로 보내는 것인데, 보통 오른발바닥 안쪽으로 강하게 밀면 임팩트 시점에 상체가 전방으로 나가 있게 되어 (상체가 볼 전방에 있는 모양으로) 삐딱하게 내려치는 엉성한 스윙이 이루어진다.

   cf. 2) 지면 반발을 만들려고 할 때 이야기되는 *"무릎을 굽히며 바닥을 강하게 누른다."* 라는 표현은 적합하지 않다.

   지면반력은 단지 신체 관성력의 이차적 산물이다. 무릎을 굽히는 초기 동작은 발바닥의 하중(Reaction force)이 줄어드는 조건이고, 무릎을 펴야 발바닥 하중이 많이 증가한다. 반발력은 굽힐 때가 아니라, 굽히는 동작의 Stopping, 그리고 굽혔던 것을 펼 때 생긴다. *(4장에 자세히 설명)*

   수영에서 추진력은 다리를 구부릴 때가 아니라 펼 때 생긴다. 펴기 위해서 구부리는 저장 동작이 필요한 것이다.

다운스윙 초기 오른 무릎을 굽혀주는 것은 왼발에 체중을 옮겨주는 역할을 하며, 이때 만들어진 변위는 이후 폄에 사용된다.

d) 힙 턴 양 증가 (상·하체 분리) 기능

다운스윙 초기 오른 무릎 구부림은, 오른 측면 옆구리 근육을 Relax 하게 만들어준다.

이 환경은 상체와 하체의 연결을 약하게 만들어주는 기능인데, 힙 턴이 더 쉽게 될 수 있는 여건(조건)이다. 이것이 상·하체 분리이다.

힙이 더 많이 회전되었다는 것은 상·하체 꼬임각이 커졌다는 것이고, 이후 다운스윙 후반부에 오른 무릎을 펴는 동작에서 옆구리 근육이 다시 강하게 연결되어 몸통 꼬임 에너지가 극대화되는 상태로, 상체 분절 회전이 더 강하게 이루어질 수 있는 환경을 만든다.

더불어 오른 무릎 오금 굽힘 동작은 오른 팔꿈치가 지나갈 공간을 만들어준다.

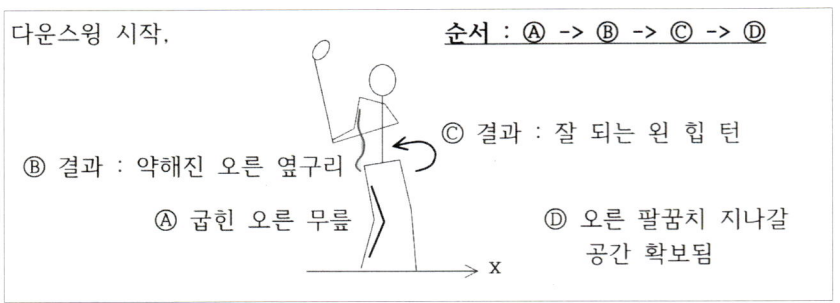

그림 3.1.14 오른 무릎 굽힘과 힙 턴 양

e) 헤드 스피드(비거리) 향상

"힘 빼면 (힘이 덜 증가하면) 비거리가 증가한다." 라고 이야기한다.
"힘 빼는 데 3년 걸린다." 라는 이야기도 있다.
힘 빼는 것에 대한 설명은 앞 *a)와 b) 항에서 설명*하였다.

힘이 덜 증가하면 릴리즈 동작 구현이 잘 되는 조건이 만들어지기 때문에 헤드 스피드가 증가하게 된다. 단, 비거리 향상을 위해서는 *다음 2장에서 설명*하는 다운스윙 5/4 (S5) 구간에서 원심력가속도 성분이 크게 만들어지는 조건이 추가되어야 한다.

　* 혹자의 *"어떤 스윙 변경을 했더니, 비거리가 30m 늘었다."* 라는 경험담에서 거의 유일한 것이 이 장에서 설명한 오른 무릎 오금 굽히기 사항의 실행이다. 이것을 전혀 안 했던 사람이, 이것을 하게 되면 하체 펌이 강하게 되고 손힘 덜 들어가 원심력가속도 성분이 크게 잘 사용되는 릴리즈를 할 수 있게 되어서 나타나는 비거리 상승이다. 단, 원심력가속도 성분 크게 만들어지는 릴리즈가 함께 이루어져야 한다.
그리고 일시적으로 릴리즈가 안 되는 상태에서 오른 무릎 오금 굽히는 동작은 슬라이스를 키우게 됨을 인지하고 있어야 한다.

f) 방향성 향상 및 In to Out 궤도

다운스윙 초기 오른 무릎을 굽히지 않고 버티면 Wi-Fi 구질이 된다.
오른 무릎을 굽혔다가 펴주면 다음과 같이 방향성이 좋아진다.

-. 방향성 향상 : 다운스윙 초기 가속에서 손목 힘 덜 들어가서 1st 캐스팅이 방지되어 향상되는 방

향성과 더불어서 그립 힘이 덜 들어감은 방향성 Control에 손·팔이 아닌 큰 하체 근육을 사용하는 이점을 만들어준다.

오른 무릎 굽힘 양과 방향성 :
- 굽힘이 많으면 : Push + 페이스 열림,
  낮은 궤도의 두꺼운 타격
- 굽힘이 적으면 : Full + 페이스 열림,
  낮은 궤도의 두꺼운 타격
  (단, 캐스팅에 의해 엎어 내려오는 타격 궤도 가능성도 크다.)
- Even 굽힘 양 : 적당한 굽힘 양이 최적의 다운스윙을 만든다.
  cf 1) 오른 무릎을 굽혀줬는데 릴리즈가 안 되면 : 더 큰 슬라이스 발생
  cf 2) 오른 무릎 굽혀줬는데 이어서 폄을 안 하면 : 더 큰 슬라이스 발생
* 오른 무릎 굽힘 적절하고 릴리즈 잘 되면 : 훅 발생하기 시작

-. In to Out 궤도 : 오른 무릎 오금을 굽히면 Push 궤도(In to Out 궤도 1°~ 5°)가 형성된다.
  안 굽히고 버티면 Out to In 궤도이며, 다른 것으로는 교정하기 어렵다.
  cf) 오른 팔꿈치 외회전하면 1°~ 2°의 In to Out 궤도가 형성된다. *(5장에 설명)*

g) 멋진 피니쉬

교습가의 영상을 보면 모두 다 멋진 피니쉬를 가졌다.

멋진 피니쉬를 만드는 첫 번째 필요조건이 다운스윙 초기 오른 무릎을 굽혔다가, 이후 좀 강하게 펴주는 동작이다. 구부린 오른 무릎은 힘의 밸런스와 무릎 상하 동작의 리듬을 만들어준다.

스윙이 '좋다, 나쁘다.'를 구별하는 첫 번째 사항이 다운스윙 초기 오른 무릎 굽힘 동작이 잘 이루어지느냐, 아니면 안 이루어지느냐가 결정적인 사항이 된다. 보일락말락 하는 2cm 정도 오른 무릎 상하 움직임이 스윙 전체를 좌지우지하는 것이다.

cf) 나머지 멋진 스윙 연관 사항 :
- **두 번째** 필요사항은 다음 장의 원심력가속도 성분 크게 만들었느냐, 아니냐이다. 하체 폄이 잘 되어야 원심력가속도 성분이 크게 만들어진다.
  작은 세부 사항으로써,
  ^ Setup에서 양손 엄지 검지 골 V자 그립
  ^ 백스윙에서 몸통 뒤쪽 척추기립근에 꼬임의 느낌
  ^ 골반~어깨 적정 회전 시차를 만드는 것 <--- 동작 중심축으로 제어

- **세 번째**는 하체 쿠션 & 대장 근육 사용이 릴리즈 타이밍에 매칭되느냐이다.
- **네 번째**는 타점이 만드는 동적 밸런스이다. 정 타점이 필요하다.
- **다섯 번째**는 Cross 회전력 사용조합을 이용하는 것이다.
  (100%~105% 스윙은 Cross 회전력 사용조합, 90~95% 스윙은 전체 회전력 사용)
- **여섯 번째** 필요사항은 백스윙 왼 어깨 Braking 시점을 일정하게 가져가는 것이다. 이것은 전환 ~ 릴리즈 동작에 Feedback 반응을 하기 때문이다.

Remarks

#1. 오금은 무릎 뒤의 오목하게 패인 부분이다.
   본서의 '오금을 굽힌다'라는 표현은 힘을 가해서 굽히는 것이 아닌, 허벅지 앞, 뒤 근육의 힘을 부드럽게 변화시켜 무릎이 굽혀지도록 하라는 의미이다.
   실제 0.1sec(0.05sec은 굽어지고, 0.05sec은 Brake 과정)에 오른 무릎이 굽혀지려면 허벅지 대퇴직근의 수축력이 조금 약하게 변해야 한다.

#2. 빈 스윙은 폼이 좋은데 본 스윙 폼과 결과가 안 좋은 이유 :
   - 빈 스윙은 다운스윙 초기 오른 무릎 굽혀졌는데, 본 스윙 때는 안 굽히고 버티는 스윙을 했을 때
   - 본 스윙에서는 타격이 있는데 정타 안 맞아서 편심 된 충격 에너지 차이 때문에 스윙 밸런스 무너질 때
   - 빈 스윙은 팔과 손을 뻗었는데 본 스윙에서는 손과 클럽 헤드를 들어 올리는 동작을 했을 때

#3. 습득에 어느 정도 시간이 걸리나?
   - 12살 정도 되어 보이는 어린이가 연습장에 처음 와서 스윙하는데 한 시간도 채 되기 전에 다운스윙 초기 오른 무릎을 굽혔다가 펴는 상·하체 분리 동작 후 다시 연결하는 스윙을 하는 걸 볼 수도 있다.
   - 누가 알려주지 않아도 연습장에서 폼 좋은 상급자 뒤 타석에서 10여 일 정도 '그림자 따라 하기'의 스윙 연습하면, 대부분의 일반 골퍼들도 오른 무릎을 굽혔다가 펴는 멋진 스윙 동작을 할 수 있을 것으로 생각한다.
   짧은 기일에 동작을 할 수 있는 이유는 이 동작은 평상시 사용하는 근육으로써 새로운 동작을 위한 신경 생성 시간이 필요 없기 때문이다.

#4. 누구나 3개월 정도면, 골프 스윙의 기본 동작을 읽힐 수 있다. 그러나 그 후 *"그립이 잘 못 됐네!"*, *"클럽을 던져라."*, *"힘 빼라"*, *"에이밍이 잘 못 됐어!"* 라는 주위의 지적을 받고, *"테이크어웨이는 이렇게"*, *"팔 모양은 이렇게"*, *"자세는 이렇게"*, *"로테이션을 해주고"*, *"상·하체 분리를 하고"*, *"척추 각을 유지*

하고", "헤드 무게로 떨구고", "헤드 무게를 느끼고", "궤도를 In to out으로", "팔꿈치를 붙이고", "무릎을 눌러 지면반력으로" 등과 같은 희한한 조언을 반복해서 듣게 되고, 그것이 언제, 왜 필요한지도 모르면서 도움이 될 것이라는 막연한 희망에, 이것저것을 해보는 과정에서 중요한 핵심을 놓치게 된다. 그러면 아마 10년, 20년이 지나도 12살 어린이가 첫날 되었던 그 스윙을 못 할 가능성이 크다.

대부분의 나이 든 많은 일반 골퍼들이 표준스윙과 완전히 동떨어진 스윙을 하는 이유는 회복되기 어려운 지경까지 스윙 폼이 멀어졌기 때문일 것이다.

초심으로 돌아가고, 보이지 않는 것에 답이 있을 수 있다는 사실을 인지하고, 눈여겨보지 않았던 것이 더 중요하다는 사실을 인정하고, 당연하고 그럴싸하게 들렸던 말이 거짓일 수 있다고 생각해야 착각과 모순에서 벗어날 수 있다.

#5. 다운스윙 초기 오른 무릎을 버텨 스윙하던 사람은 슬라이스가 날 수밖에 없는 조건이어서 억지로 방향성을 맞췄던 형태라, 오른 무릎을 굽히는 동작을 반영하면 (릴리즈가 완성되기 전까지는) 당연히 더 큰 슬라이스가 발생한다.

릴리즈에 관련되는 *다음 2장의 원심력가속도 성분* 키우고 잘 이용하는 스윙 하면 비거리 늘어나고 방향성은 좌향으로 바뀌게 될 것이다. 단, *본 1장 내용이 2장 내용*의 선결 조건이다.

*1장*과 다음에 설명되는 *2장 내용*이 되면, 이제부터는 *"슬라이스에서 벗어나고, 훅 때문에 고생한다."* 라는 중·상급자의 스윙을 하게 될 것이다.

1.3 다운스윙 전환 가속에 영향을 주는 것

1) 스윙 플레인 vs 헤드 무게 중심(COG) 위치 영향
('왜 힘이 들어가나?' 에 대한 두 번째 이유)
(어려워도 꼭 이해하고 가야 할 사항)
(눈에서 볼이 사라지는 현상을 만드는 두 번째 이유)
(백스윙 탑, 헤드 모양 : Close COG, Even COG, Open COG)

백스윙 탑을 만드는 헤드 모양, 즉 스윙 궤도에 헤드 무게 중심이 어떻게 있느냐에 따라서 앞 절에서 설명한 가속 관성력이 트위스트 힘으로도 작용한다.
이 힘은 헤드 무게 중심의 편심 회전 관성 모멘트다.

a) 클럽 헤드 COG
클럽 헤드에는 COG(Center of Gravity, 무게 중심)가 있다.
그림과 같이 샤프트를 손가락으로 받치면 클럽 헤드의 무게 중심이 직하방(바로 아래)으로 향한다. 직하방 선에 헤드의 무게 중심이 있는 것이다.

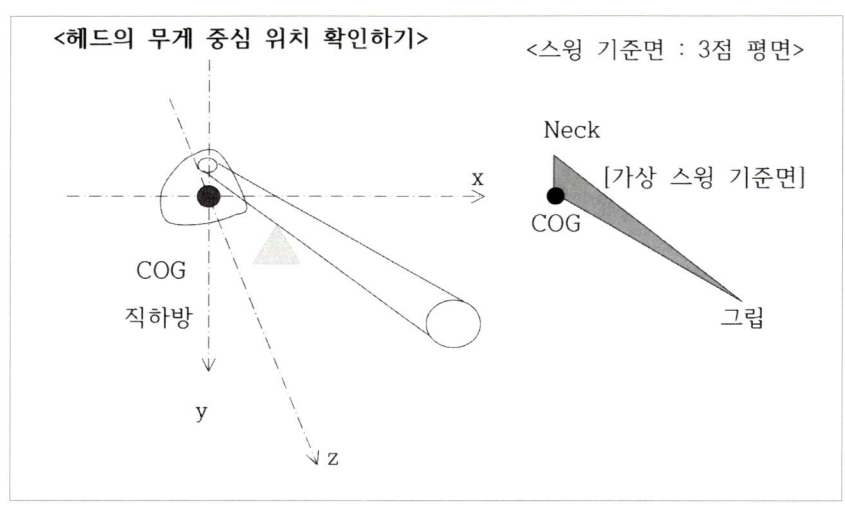

그림 3.1.15 헤드의 무게 중심선 찾기

* 헤드 무게 중심 위치 확인은 드라이버, 우드, 아이언 모두 같은 방식이다. 이 헤드 무게 중심은 가속에서 가속 관성력의 작용점, 원심력의 작용점, 릴리즈에서 원심력가속도의 작용점이 된다.

그리고 작용하는 힘과 지지점에 의해서 샤프트의 휨 변형과 비틀림 변형을 만든다. 다운스윙 초반, 비틀림 변형이 없어지려면 그림에서 삼각형으로 표시한 '가상 스윙 기준면'과 샤프트 스윙 궤도가 일치해야 한다.

백스윙 탑에서 닫힌 페이스 헤드인지, 열린 것인지는 다음 그림 3.1.18 Ⓐ&Ⓑ와 같이 확인한다.

b) 헤드 COG와 샤프트가 만든 면

Setup에서 기준은 페이스 면이 아니라, 그림과 같이 손과 COG를 잇는 면이다.
골프 스윙에서는 이 가상의 면을 생각하여야 한다.

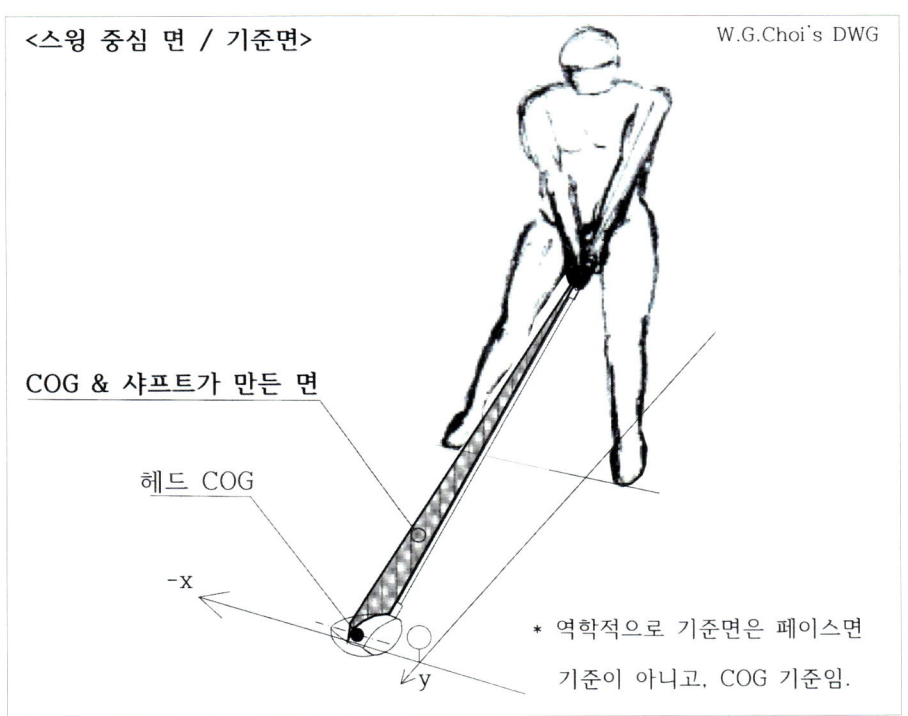

그림 3.1.16 Setup에서 COG와 샤프트가 만드는 면

c) 백스윙 탑에서 헤드 COG 위치

Setup에서 진행 궤도와 거의 직각이었던 'COG & 샤프트가 만든 면 = 가상 스윙 기준면'이 백스윙을 진행하면서 점점 일치하게 된다.

백스윙 후반부(탑)에서 그림과 같이 헤드 COG는 샤프트 회전면(스윙 면)에 In-Line(맞춰지는 상태) 된다. 이상적인 모양이다. 트위스트가 발생하지 않는다.

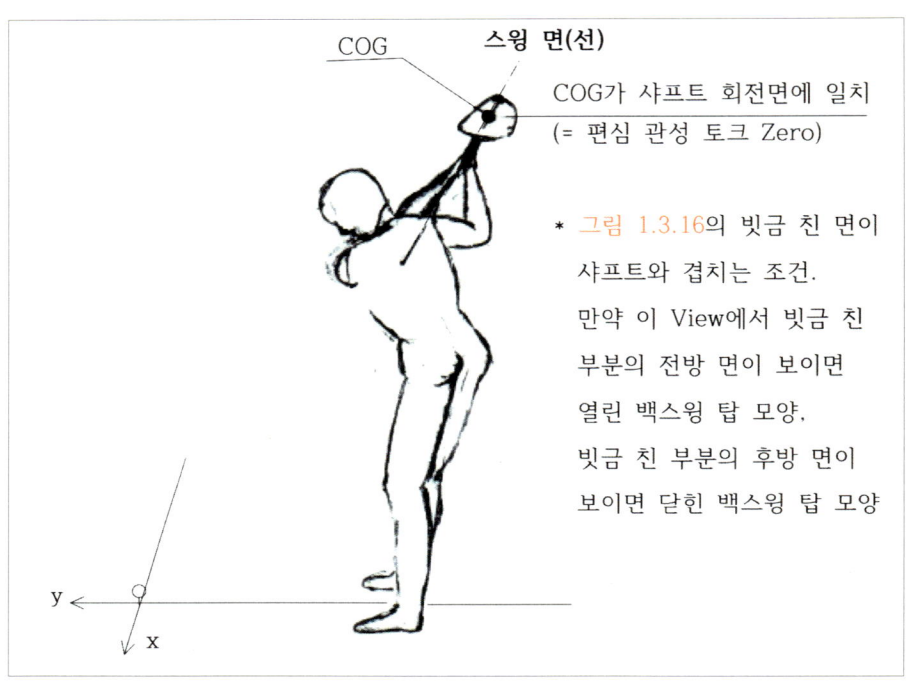

그림 3.1.17 Back Swing Top, 클럽 헤드 COG와 스윙 면

d) 백스윙 탑에서 헤드 COG가 스윙 면에 불일치한 경우

(눈에서 왜 볼이 사라지나?)

샤프트의 회전면에 클럽 헤드 중심이 어긋나 있을 때, 다운스윙 가속에서 클럽 헤드가 돌아가려 하는 회전 관성 모멘트가 추가로 발생한다. COG가 회전면에 편심 되어 나타나는 관성 토크로써 '가속 관성 편심 회전 모멘트'라 하자.

이것은 손에서 그립이 돌아가려는 힘으로 작용하여, 그립을 꽉 움켜주게 만든다. 돌아가지 않게 하려는 팔 근육이 작용하여 그립을 움켜쥐게 된다.

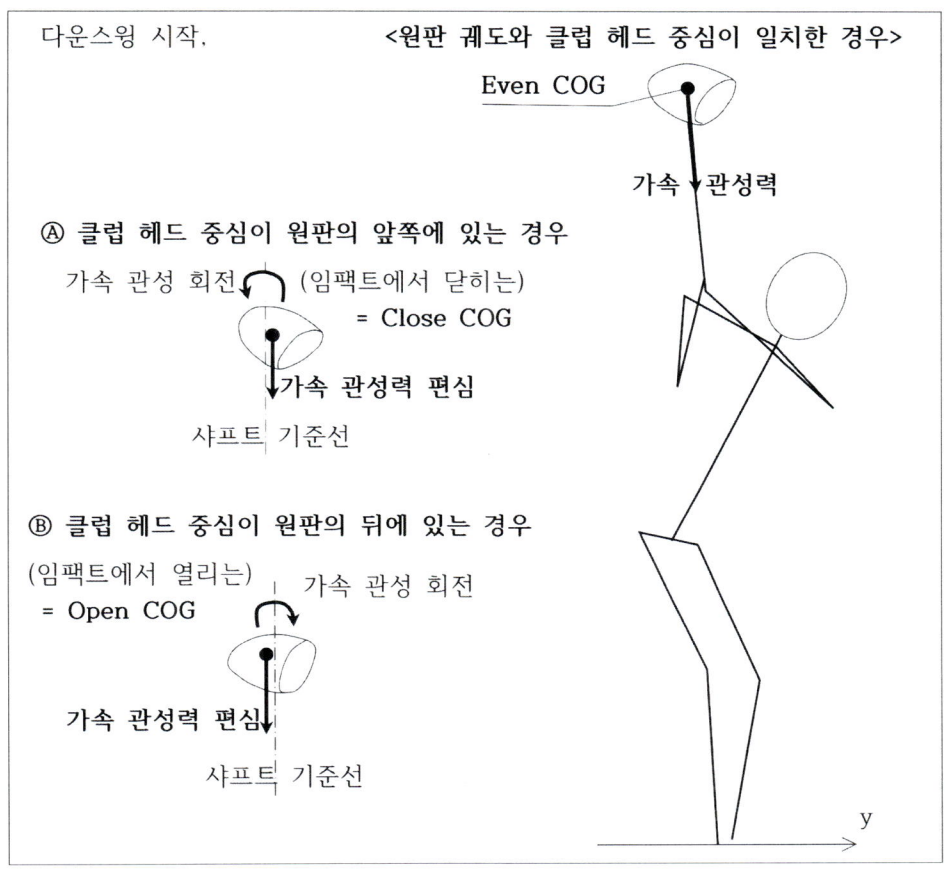

그림 3.1.18 다운스윙 시작 클럽 헤드 편심 회전 관성 모멘트

다운스윙 헤드 COG가 어떤 이격 거리만큼 떨어져 있을 때, 편심 토크 하중이 걸린다. 이격 거리가 3cm라면 그때 그립에 걸리는 토크 크기는 다음과 같다.

가속 관성 편심 회전 모멘트 ≈ 가속 관성력 × 이격 거리
$$\approx 2 \sim 4 \text{ kgf} \times 0.03\text{m}$$
$$\approx 0.06 \sim 0.12 \text{ kgf-m}$$
(가속 관성력의 크기에 따라 달라진다.)

이 값은 샤프트 토크 Test 하는 값보다는 조금 작으며 손목 회전 근력에 비해 미미한 값(대략 5% 정도)이지만 그립을 잡는 힘, 손목을 돌리는 힘에 큰 영향을 미친다. 결과적으로 릴리즈에 영향을 주어 페이스 각 변화에도 민감하게 작용한다.

* 굽히고 펴는 근육에 비해서, 회전 근육에 자극을 받는 하중에는 신경이 민감하게 반응하는 특징이 있다. 즉 몸이 외부의 회전 토크에 민감하게 반응(보상)하려 한다.

백스윙 탑에서 헤드 COG가 회전면에 일치하지 않는 경우는 다음과 같다.
   Ⓐ Close COG = 닫힌 헤드 모양 = 닫힌 페이스 〈--- 왼 손목 보잉 했을 때
     ^ 토크에 비례하여 그립 악력 증가
     ^ 가속 관성 토크가 페이스를 닫히게 작용하여 내려오게 만든다.
   Ⓑ Open COG = 열린 헤드 모양 = 열린 페이스 〈--- 왼 손목 커핑 했을 때
     ^ 토크에 비례하여 그립 악력 증가
     ^ 가속 관성 토크가 페이스를 열리게 작용하여 내려오게 만든다.
   * 닫히고 열리는 양은 동역학 '$\ddot{O} = T / I_p$, $\theta = 1/2\, \ddot{O}\, t^2$'으로 계산할 수 있다. - 계산 생략 -

닫힌 페이스든, 열린 페이스든 헤드가 돌아가려고 해서 그 관성 편심 토크 크기에 상응하게 그립을 꽉 움켜쥐게 된다. 이것이 그립에 힘이 들어가는(증가하는) 두 번째 원인이 된다.

가속 관성 편심 회전 모멘트는 이격 거리에 비례하지만 다운스윙 시작하는 헤드 가속 관성력에도 비례하는 것으로써, 클럽 회전면에 클럽 헤드의 중심이 오도록 해야 하는 필요성과 아울러 부드럽게 다운스윙 가속이 이루어져야 편심 회전 관성 모멘트(토크)가 작아져 그립 힘 증가하는 것을 줄일 수 있는 것이다.

Remarks
#1. 교습 내용 중 많은 내용을 차지한 부분이 백스윙 궤도 부분인데, 원-플레인(1-평면), 투-플레인(2-평면) 내용에서 중요한 것은 백스윙 탑 부분의 궤도에서 샤프트가 만드는 궤적에 클럽 헤드의 중심(COG)이 있게 하느냐, 아니냐에 있다. 그리고 In-Line이 안 맞으면 얼마만큼 벗어나는데, 그것이 일관적이냐, 그렇지 않으냐이다.
   스윙 궤도 모양보다는 스윙 면에 COG가 어떤 상태로 있느냐가 훨씬 중요한 사항이다.
   * 비유 : 백스윙 스윙 궤도(모양)를 이야기하는 것은 옷차림 이야기하는 것이고 헤드 COG의 위치를 이야기하는 것은 그 사람의 사람 됨됨이(인간성)를 이야기하는 것과 같다고 하겠다.

#2. 스트롱 그립(훅 그립)을 잡으면 그림 Ⓐ와 같은 '회전면 vs COG' 형태를 보이게 되고, 그림과 같이 반시계 방향의 회전 모멘트가 걸려 Loft가 세워지고 닫히는 페이스가 된다.

위크 그립을 잡으면 그림 Ⓑ와 같은 형태를 보이며, 시계 방향의 회전 모멘트가 걸려 Loft가 뉘고 열리는 타격 페이스가 된다.

백스윙 탑에서 손목 각 (샤프트와 왼팔 전완이 만드는 각)을 *"일자로 펴세요.", "위로 꺾였네요!", "아래로 꺾였네요!"* 라고 하는 것은 기준이 클럽의 회전면과 클럽 헤드 COG의 배치 상태를 다르게 표현하고 있는 말과 같다.

이 손목이 꺾여 있는 모양이 임팩트 때 페이스 각 & Loft 각과도 연계되지만, 가속 관성 편심 회전 모멘트 크기에 따라서 그립 힘이 증가하여 릴리즈 효율에 영향을 준다는 것을 알아야 한다.

* 드로우 구질을 만들려고 Close COG (그림의 Ⓐ) 헤드 모양의 백스윙 탑을 갖는 골퍼가 제법 있다. 이렇게 해서 드로우 구질을 만들어 얻는 이득보다는 손에 힘 들어가서 정확도가 떨어지는 손실이 더 크다고 하겠다.

#3. 가속 관성 편심 회전 모멘트는 '0' 가까울수록 좋은 것이다. 그래서 왼 손목을 바르게 펴는 백스윙 Top 모양이 추천된다.

회전면과 COG의 이격 거리는 다음 인자에 의해서 결정된다.
- Setup, 그립 돌려 잡은 모양
- 백스윙, 양쪽 어깨 모은 모양과 팔꿈치 모양
- 손목 꺾음(커핑&보잉) 모양

* 스윙 궤도에 너무 연연해하지 말고, 우선 '궤도 면 & COG 일치'에 신경을 쓰도록 한다. 그러면 스윙 결과는 상상 이상으로 좋아질 것이다.

#4. 세계 최고 프로선수들의 백스윙 궤도는 제각각이다. 그러나 대부분의 선수는 스윙 궤도면에 클럽 헤드 COG가 놓이는 백스윙 Top 모양을 하고 있다.

일부 '궤도 면 & COG 일치'가 안 되는 선수는 일관된 이격 거리를 갖는 스윙을 하고 있다.

ex. 1) 일반 골퍼 중에 'Close COG' 모양으로 백스윙을 하는 사람이 제법 있는데, 자의 반 타의 반 상급자라고 하더라도, 샷 변동성이 커서 실력변화가 심하다.

ex. 2) 일반 중·하급 골퍼 중에 'Open COG = 손목 커핑'을 하는 사람이 제법 있는데, 슬라이스로 고생하는 형태가 된다.

백스윙 때, 왼팔을 Zig-zag로 꼬지 않으면 팔꿈치가 들려 Open COG 궤도가 된다.

#5. 가속 관성 편심 회전 모멘트는 자연 로테이션*(3장에 설명)*과 방향성*(4권 2장에 설명)*과도 밀접하게 연계된다.

#6. 스윙 궤도 위에 클럽 헤드 중심(COG)을 일치 시켰는데도 불구하고 스윙이 잘되지 않을 때는 손과 손목에 가속 관성력을 버티는 힘들이 너무 크게 걸렸기 때문이다.
이 힘들을 작게 걸리게 하는 방법은 근본적으로 초기 가속을 부드럽게 해야 하며, 그러기 위해서는 오른 무릎 오금을 굽혀주는 다운스윙 초반 동작이 반듯이 수반되어야 하는 것이다. 단, 너무 강한 클럽은 불가항력이 된다.

#7. 인위적으로 가속 관성 편심 회전 모멘트를 키워서 Test 해보는 방법은 그립을 45° 돌려 잡고 빈 스윙을 해보는 것이다. (단, 안전 주의, 부상 주의)

#8. 눈(시각)에서 볼이 사라지는 현상 :
"볼을 끝까지 봐야지!" 미스샷이 발생하면 듣는 이야기다.
*"스윙할 때 볼을 끝까지 보고 있느냐?"*라는 질문을 받기도 한다.
*"임팩트 때 볼을 봐야 하느냐?"*라는 질문도 있다.

가속 관성 편심 회전 모멘트가 크게 걸리는 스윙을 하면, 다운스윙 전환하면서 볼이 눈에서 흐릿해지거나 사라진다. 특히 다운스윙 초기 급가속하면 현상은 더욱 뚜렷해진다.
cf) 다운스윙 초기 급가속은 하는데, 'In-Line COG'이면 볼은 흐릿하게 보인다. 'In-Line COG'에 부드러운 가속을 하면 볼은 잘 보인다.

눈에서 볼이 사라지는 현상은, 눈으로 보고 있어도 뇌가 시각 정보를 후 순위로 넘기고, 손으로부터 들어오는 감각신경을 선 순위(중요도 높은 정보)로 취급하여, 강하게 손목이 꺾이고 그립이 돌아가려는 외력 변화에 신경이 집중되어, 망막의 시신경으로부터 오는 정보를 Skip 하여 버리기 때문이다.
가속 관성 편심 회전 모멘트가 작게 걸리는 백스윙 Top 모양에 부드러운 초기 가속이 되도록 오른 무릎 오금 굽히면서 스윙하면 바닥에 놓인 볼이 잘 보이게 된다.
* 볼을 굳이 또렷이 보려고 할 필요는 없다. 흐릿하게 보이는 대로 놔두고 뇌의 신경을 근육 움직임 제어(스윙)에 더 많이 할애하는 것이 좋기 때문이다. 그래서 일류 선수들은 스윙 중에 볼을 바라보는 것에 크게 신경 쓰거나 집중하지 않는다.

#9. 다운스윙 시작에서 감지되었던, 편심 토크는 대략 0.16sec 후쯤에 뇌의 Feedback 반응으로도 하달

되어서 릴리즈 때 그립을 움켜쥐게 하는 동작으로 나타난다.

cf) 다운스윙 시작에서 감지되었던 가속 관성력은 0.16sec 후쯤에 뇌의 Feedback 반응이 하달되어서, 릴리즈에서 손목 회전력 사용되는 근육 수축으로 작용한다. 타이밍이 맞으면 도움이 되고, 타이밍이 안 맞으면 릴리즈는 방해받는다. 이것이 스윙 템포를 맞추라는 이유 중의 하나이다.

〈골프 스윙의 3대 사항〉

[1] 다운스윙 초기 가속 관성 작용 형태
[2] 릴리즈 (2-절 링크 원운동)
[3] 샤프트가 휘어지고 비틀어진다는 것

〈4가지 인체 동작〉

[A] 뇌의 메모리 동작
[B] 반사신경 동작 --- 인체 보호 ex)캐스팅
[C] 뇌의 Feedback 반응 동작 --- 밸런스 맞추기
[D] 힘의 평형을 위한 동역학적 움직임 --- 뉴턴의 운동법칙

* 골프 스윙에서 [B]&[C]를 보상 동작이라고 한다.

2) 샤프트 강도 영향 (강한 샤프트 vs 약한 샤프트 가속 관성력)

(클럽 CPM이 초기 다운스윙 가속에 미치는 영향?)
(강한 샤프트는 부드러운 가속에 악영향)

다운스윙 시작에서 하체 회전하게 되면 클럽 헤드에는 가속 관성력이 걸린다.
다운스윙 초기 0.05sec 동안 하체 리드에 따라 200그램 무게의 클럽 헤드가 20cm 이동하였을 때, 가속도와 관성력은 다음과 같다.

가속도(a) = 2 S / t^2 = 2 × 0.2 / 0.05^2 = 160m/sec^2 --- 16g
가속 관성력(F) = m a = 0.2 × 16 = 3.2kgf

이때 샤프트가 탄성으로 일정량 뒤로 휘게 되는데, 강한 샤프트는 적게, 약한 샤프트는 많이 휘게 된다. 만약 동일한 무게 사양에, CPM 270, CPM 240, CPM 210인 3가지 클럽 샤프트가 뒤로 각각 6cm, 8cm, 10cm 휘었다면 그만큼 헤드 가속도는 작아지게 되고 클럽 헤드의 관성력도 다음과 같이 적어지게 된다.

270CPM, 후방 6cm 휨 ---〉 가속 관성력 2.56kgf
240CPM, 후방 8cm 휨 ---〉 가속 관성력 2.24kgf
210CPM, 후방 10cm 휨 --〉 가속 관성력 1.92kgf

* 같은 스윙 동작 및 같은 무게의 클럽이더라도 휘어지는 샤프트 탄성 변형량(≈ 강도)에 따라서 발생하는 관성력이 달라지는 것인데 손목 근육의 Casting 발생 환경이 달라지는 것이다. 약한 클럽은 가볍게 느껴지고, 강한 클럽은 무겁게 느껴지는 이유가 다운스윙 시작에서 뒤로 휘어져 주는 양 차이 때문이다.
추가로, 강한 클럽은 릴리즈 직전에 클럽 헤드가 앞으로 나가는 진동 형태와 그 타이밍이 일찍 도래하여 팔과 손 근육에 힘이 들어가게 된다.
조금 강한 샤프트는 조금 닫히는 방향성, 많이 강한 샤프트는 릴리즈가 부실해져서 열리는 방향성이 나타난다.

결론적으로 강한 샤프트는 무거운 느낌이 들게 되며, 캐스팅 발생이 쉽게 된다. 약한 샤프트는 다운스윙 초기 가속에서 가벼운 느낌이 드는데, 샤프트의 탄성 진동 주기가 길어서 늦은 릴리즈에 임팩트 시점에서는 페이스가 열리게 될 가능성이 크다. (아이언 & 우드에 해당하며, 드라이버는 헤드 모양에 따라서 날린다.)

Remarks

#1. 스윙 템포 및 손목의 근력이 수용할 수 있는 범위에서 샤프트 강도(CPM) 사양을 선택하는 것이 무엇보다 중요하다.

#2. 강한 클럽은 다운스윙 시작에서 가속 관성력이 크게 걸려서 손과 손목에 힘이 더 들어갈 가능성이 크게 되어 릴리즈에도 악영향을 준다.
또한 진동 릴리즈 타이밍이 빨리 도래하여 헛심을 쓰게 된다. 이것의 결과는 낮은 헤드 스피드에 슬라이스 발생 가능성이 크게 되는데, *"강한 샤프트는 밀린다."*라는 이야기를 하는 것이다. (실제 드라이버는 밀리는데, 아이언은 캐스팅 발생하여 엎어 맞게 된다.)

#3. 강한 샤프트 사용하는 때도 급가속 동작 및 COG가 어긋난 상태와 같이, 볼이 시야에서 사라지거나 희미하게 하는 작용을 한다.

3) 기타 전환 동작에서 손목에 영향을 주는 것

* 주의 : 다음 2장에서 설명하는 원심력가속도 성분을 크게 하는 릴리즈 동작이 형성되지 않은 골퍼에게 아래 사항들은 오른 무릎 오금 굽히는 동작과 마찬가지로 모두 슬라이스 방향성을 증가시키는 특성이 있다.

cf) 아래 사항들은 어깨가 들리는 문제를 완화해 주는 특성이 있다.

-. 손목 반사신경 작동하는 근육 Limit을 키워주는 사항은 다음과 같다.
① 백스윙 감속 동작에서 손목 폄 근육 강도를 형성하여 전환에서 더 큰 강도로 지탱하는 것 (6장 및 7장에서 설명)

다운스윙 파워 증가에 5~10% 효과가 있다.

* Setup 및 테이크어웨이에서 삼두박근 Tension이 있어야 하며, 각 분절의 감속 동작인 오른 골반 접기, 왼 무릎 이동, 왼 어깨 Brake 잡기 시점 및 세기가 맞아야 하고 일정해야 한다.

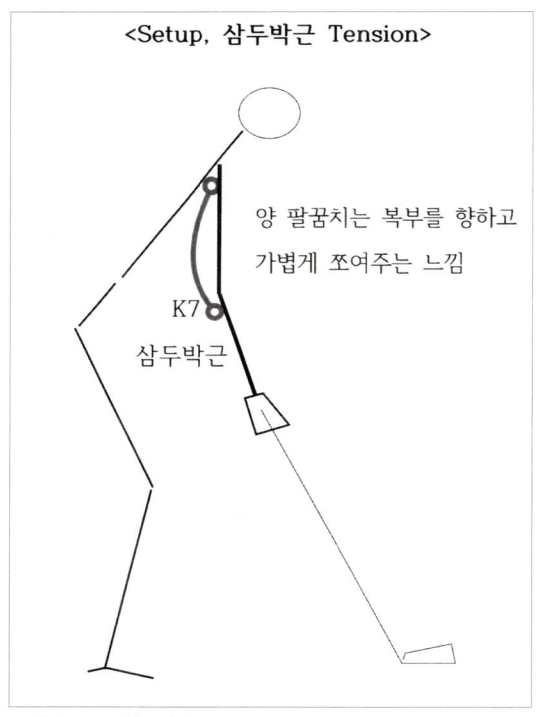

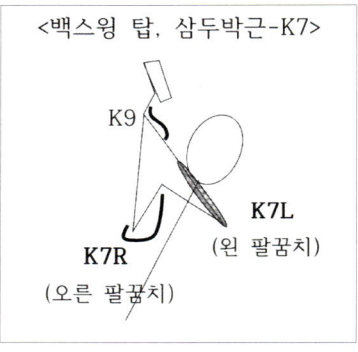

- 왼 삼두박근 : 테이크어웨이에서 조금 더 수축 사용
  = 긴 테이크어웨이

- 골반 접기 및 왼 어깨 Braking 후

- 오른 삼두박근 : 백스윙 3/3 구간에서 감속에 수축 사용

* 팔꿈치가 과하게 굽혀지는 것 방지

그림 3.1.19 삼두박근 Tension

② 오른손 쟁반 받침 모양을 하여 손과 손목에 탄성을 주어 전환에서 조금이나마 더 지탱할 수 있도록 해주는 것 *(6장에서 설명)*

다운스윙 파워 증가에 2% 내외 효과가 있다.

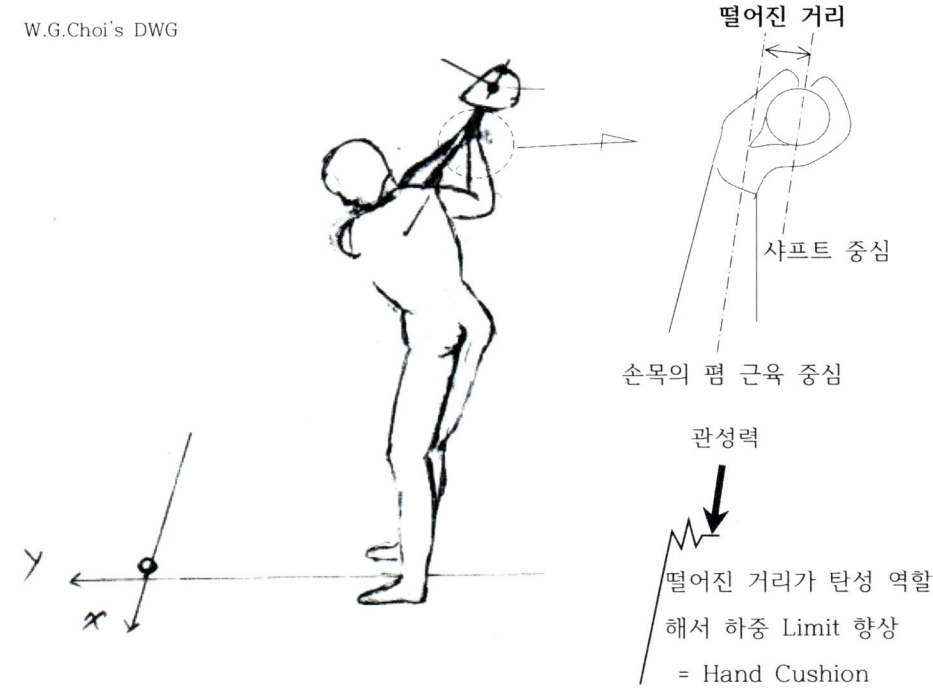

그림 3.1.20 백스윙 탑, 오른손 쟁반 받침 모양 (Even 모양)

③ 엄지 검지 V자 그립 모양으로 그립을 지지해 주는 것 *(3장 4절에서 설명)*

다운스윙 파워 증가에 2~3% 효과가 있다.

* 엄지~검지 V자는 높은 탄도가 필요한 롱 아이언에서는 유용한데, 웨지에서는 탄도를 너무 높게 만드는 특성이 있어서 효용가치는 낮다.

④ 양 팔꿈치가 벌어지지 않고 가까운 형태의 백스윙 Top은 2% 정도의 파워증가 효과가 있다.

왼팔 Zig-Zag 꼬지 않는 경우와 오른 팔꿈치 플라잉 엘보는 손목 반사신경 Limit을 감소시킨다.

-. 오른발바닥 내측으로 미는 수평 체중 이동은 다운스윙 중반에 해준다.
　파워 증가 효과보다는 캐스팅 방지 효과를 위한 것이다. *(4장에서 설명)*
　cf) 다운스윙 초반에는 왼발 외측 발바닥으로 버티는 동작이 필요하다.

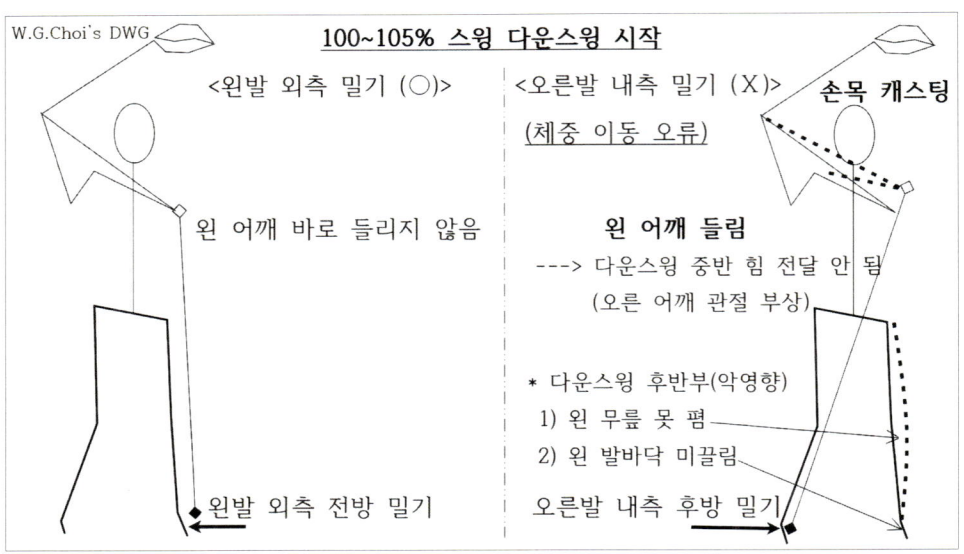

그림 3.1.21 세게 치는 105% 스윙에서 왼발 외측 밀기

〈95%, 100%, 105% 스윙 조건 차이〉

골프 스윙에서는 다음 표와 같은 허용 조건 차이가 있다. 스윙은 서로 다르다.

항목 ＼ 스윙	95% 스윙	100% 스윙	105% 스윙
다운스윙 시작 가속, **손목 하중** 조건 (캐스팅 발생 여건)	여유 있음	임계조건	**초과 조건**
다운스윙 중반, 손목이 클럽 헤드 끌기 **(손목 버티는 능력)**	여유 있음	임계조건	**초과 조건**
다운스윙 후반, **왼 무릎 폄** 조건 (배치기 발생 여건)	여유 있음	임계조건	**초과 조건**

표 3.1.22 95%, 100%, 105% 스윙 조건 차이

골프 수수께끼(까도 까도 속이 보이지 않는 양파 껍질)

이리저리 돌려보고 껍질 몇 꺼풀을 벗기고 속을 하나씩 까서
그 속을 들여다본다고 양파에 대해서 뭘 알겠는가?
잘라서 한방에 살펴보고, 먹어보고, 냄새 맡아보고….

골프는 몇 가지 안다고 해결되는 것이 아니다.

릴리즈(손목 풀림), 던져진다는 것의 이해

원심력가속도 성분 (S5)
(주제에 Point를 두고, 본 장 내용의 곁가지 같은 이야기는 일단 Pass)

단언컨대, 중·하급 골퍼에서 슬라이스가 나서 비거리가 안 나오는 것이 아니고, 원심력가속도 성분 작고 이용이 적게 되어서 비거리 안 나오고 더불어 클럽 헤드 전진이 덜 되어서 슬라이스 발생하는 것이다.

비거리가 충분히 나오는 스윙과 그렇지 않은 스윙의 가장 큰 차이점은 원심력가속도 성분이 크고 잘 사용되었나, 아니면 그렇지 않은 가의 차이에 있다.
원심력가속도 성분의 크기와 사용 여부에 따라서 대략 최대 20%의 비거리 차이를 보인다. (ex. 180m -> 220m)
근력과 클럽 문제가 아니라면, 비거리가 짧고 슬라이스 구질인 골퍼는 거의 원심력가속도 성분을 크게 만들지 못하기 때문인데, 현시점 동네 연습장의 60% 정도 골퍼는 이런 스윙을 하는 것처럼 보인다.

원심력가속도 성분이란 무엇인가?
 - 릴리즈에서 2-절 링크
 - 샤프트의 전방 휨

원심력가속도 성분을 키우는 방법과 잘 이용하는 방법은 무엇인가?
 - 스윙 아크 중심점 올리기 <--- 하체 폄 강하게
 - 스윙 회전력 중심점 내리기 <--- 왼 허벅지 내측 Tension + 오른발 내측 안쪽으로 밀기
 - 래깅 키우기 <--- 왼 광배근 안 쓰기, 오른팔 밀며(돌리며) 펴주기
 - 손목에 힘 빼기 <--- 힘 덜 들어가게(증가하게) 하기
   (앞 1장에서 손목 힘 덜 들어가게 하는 것에 대하여 자세히 살펴보았다)
 - 릴리즈 타이밍 맞추기 <--- 리듬 템포 타이밍 밸런스 전체 내용

2.1 원심력과 원심력가속도 성분
(원심력을 이용하는 것이 아니고, 그 가속도 성분을 이용하는 것임)

1) 원심력

원심력이란 회전하는 물체가 법선방향으로 도망가려는 힘이다.
그림과 같이 법선력으로 작용하는 원심력은 접선방향의 헤드 스피드 가속에 (Vector가 90°이므로) 도움을 주지 못한다.

원심력(Fc) = m V^2 / R

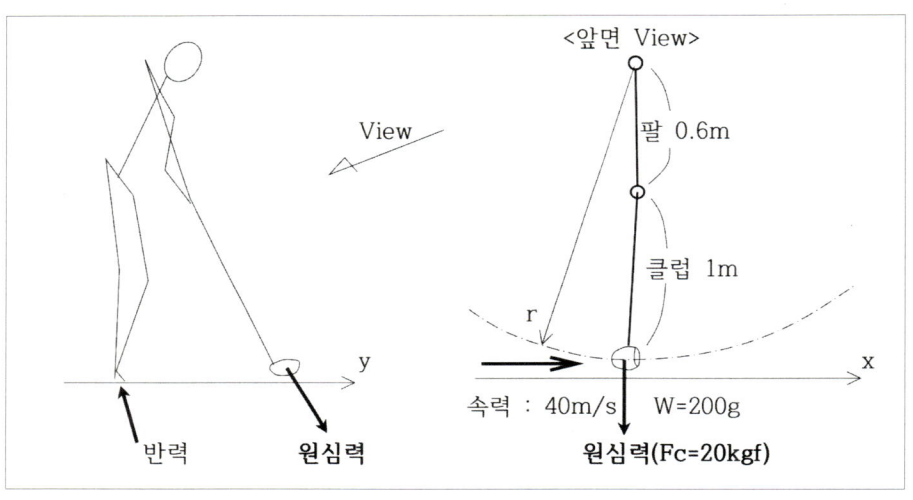

그림 3.2.1 일반 원심력 도시

원심력 예) : 드라이버 헤드 중량 200g, 다운스윙 헤드 진행 위치와 그때 헤드 속도가 다음과 같다면, 각각의 원심력(Fc) 크기는?

    회전 반경 : 1m (12시-상방),   헤드 속도 : 20m/s,   원심력 : 8kgf
               1.3m (9시-후방)   33m/s   16kgf
               1.6m (6시-하방)   40m/s   20kgf

Fc = 0.2 × 20² / 1   = 80N ≒ 8kgf (12시)
Fc = 0.2 × 32² / 1.3 = 158N ≒ 16kgf (9시)
Fc = 0.2 × 40² / 1.6 = 200N ≒ 20kgf (6시)

그림과 같이 임팩트 직전 헤드 속도 40m/s (볼 속도 60m/s, 거리 200m) 골퍼의 경우 대략 20kgf의 원심력이 임팩트 직전에 걸린다.
   * 그림에서 작용하는 원심력은 접선 성분이 없으므로 헤드 스피드를 빠르게 하는 데 관여하지 못한다.

일단 동작 밸런스 관점에서 20kgf 정도의 줄다리기 힘이 그립에 작용, 빠지지 않도록 꽉 잡아야 한다는 것과 구심력으로 팔이 버티고, 그 버팀 힘은 발바닥의 발끝 부분으로 잠시 잠깐이지만 버텨내야 한다는 것을 상상해야 한다.

Remarks
#1. 클럽을 뱅글뱅글 돌리며 이것이 원심력이고, 헤드 스피드를 높인다는 말은 맞지 않는다.
   (원심력 ≠ 헤드 스피드, 원심력가속도 성분 = 헤드 스피드)

#2. 캐스팅 발생했을 때의 원심력이나 래깅 잘 되었을 때의 원심력은 대동소이한데, 헤드 스피드 차이는 하늘과 땅 차이가 된다.
   래깅이 잘 되었을 때는 릴리즈 구간에서 원심력가속도 성분(접선력)이 크게 만들어져, 그것이 클럽 헤드를 직접 가속해주기 때문이다.
   래깅이 접선력을 만들어주는 것인데, *다음 2) 항에서* 원심력의 법선방향과 헤드의 진행 방향이 90°보다 작을 때, 즉 원심력과 구심력 방향 차이에 따라 원심력의 벡터 분력 성분이 가속을 만들어주는 힘이 된다.

#3. 혹자가 스윙 **구분동작**에서 *"팔을 이렇게, 손목을 이렇게 하라."*라고 하지만, 원심력 20kgf~30kgf가 헤드 끝에서 잡아당기는 상황에서 팔과 손목 동작을 바꾸는 것은 거의 어렵다고 봐야 한다.
   * 20kgf 힘이 걸리는 헤드를 팔로 0.02sec 동안에 어떻게 변화를 주겠는가!
   스윙 구분동작에서는 항상 큰 원심력이 헤드를 당기고 있다는 생각을 염두에 두고서, 변경하려는(해 보려는) 그 동작이 가능할지를 따져봐야 한다.

2) 2-절 링크에서 원심력가속도 성분

(헤드 속도를 만드는 또 다른 힘의 정체)
(효율적인 스윙을 하는 방법)
(스윙의 핵심 개념 --- 꼭 알아야 하는 제일 중요한 릴리즈)

팔을 힘껏 돌리는데 클럽 헤드는 스스로 더 빨리 돌아가는 상태를 손목 스냅이 걸린 것이라고 하고, 또 릴리즈의 어느 시점에 손목 회전력이 사용되는 것을 손목 스냅이라고 한다. 손목 스냅에는 이 두 가지 의미가 내포되어 있다.

* 착각 & 오해 : 팔을 인위적으로 멈추게(Brake) 하고 손목이 잘 돌아가는 것은 손목 스냅이 걸린 것이라 할 수 없다. 이것은 그냥 관성인데, 그런 관성은 더 빨라지지는 않는다.

회전 운동에서 관성은 더 빠른 회전 각도 변위는 만들지언정, 더 큰 회전 거리 변위는 직접 만들지 못한다. 다음 식에서 '회전 거리 변위'가 증가하지 않으므로 헤드 스피드는 빨라지지 않는다.

헤드 스피드 = 회전 거리 변위 / 시간

cf) 손목 회전력이 사용되면 헤드는 가속 관성력을 갖고, 그것을 지탱하는 팔은 회전이 느려지게 되는데, 이것이 손 진행이 감속되는 Brake다.

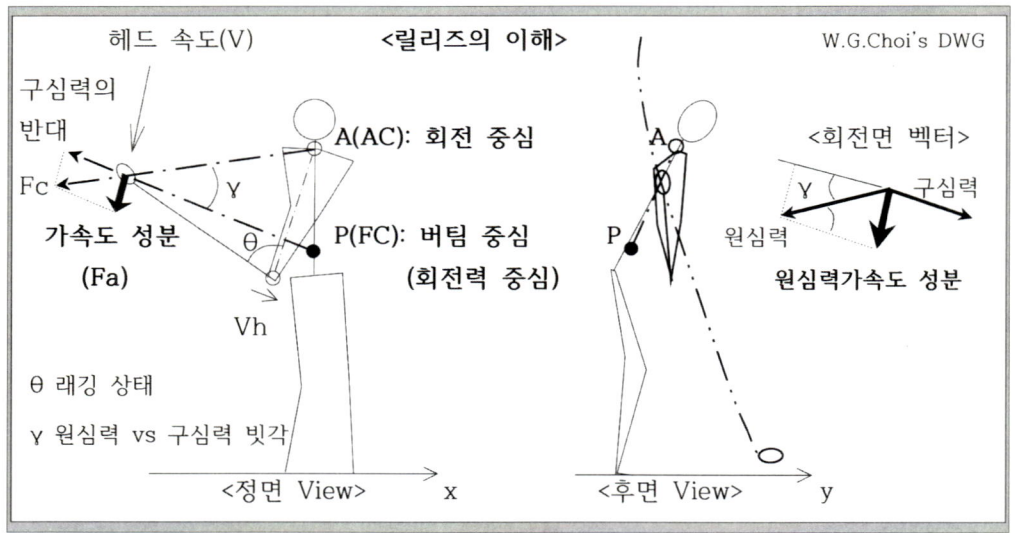

그림 3.2.2 골프 2-절 링크에서 원심력가속도 성분 (정역학적 모델)

그림은 골프 스윙에서 가장 중요한 가속력 모델이다.

2-절 링크에서 손목이 힌지가 되며, 팔과 클럽이 θ의 래깅 상태를 갖는다. 이 래깅은 릴리즈 구간에서 풀어진다.

그림과 같이, 클럽 헤드는 어깨(목덜미)의 A점을 중심으로 회전하며, 원심력이 발생하고, A점을 중심으로 하는 클럽 헤드 회전은 보통 명치 뒤 ~ 골반 사이의 척추 선에 버티는 점(P)을 두고 회전력을 가하는 운동을 한다.

이때 원심력의 일부 성분이 그림과 같이 벡터의 분할로 클럽 헤드를 스스로 회전시키는 힘으로 작용하게 된다. 이 스스로 회전하려는 접선방향의 힘이 '원심력가속도 성분(Fa)'이다.

이 가속도 성분은 그림의 우측 Vector 표현과 같이 원심력과 구심력의 합성 성분이다. 그 성분은 θ와 γ 각 크기에 비례하는데, 이것들을 결정하는 것이 래깅 각이라는 것은 두말할 필요도 없다.

'래깅 각(180°-θ) ≈ 비거리' <--- 비거리가 나기 위해서는 어느 정도 래깅 각이 필요하며, 래깅 각의 형태가 릴리즈를 변화하는데 결과로 거리의 가감과 방향성을 만든다.

처음 골프 스윙을 배우는 단계에서 거리를 늘리기 위하여 래깅 각을 키우는 연습을 한다. 3개월 정도면 자신의 신체조건(능력)에 맞게 다운스윙 래깅 각은 어느 정도 결정된다.

  * 본서에서는 래깅 각을 키우는 방법을 직접 Title로 잡아 언급하지는 않는다. 눈에 잘 보이는 데다 의지에 연관이 되기 때문이다.

  단, 간접적으로 래깅 각을 키워지게 하는 동작과 래깅 각의 형태가 어떠해야 하는지에 대하여 눈에 보이지 않는 부분을 상세하게 설명한다.

  ** 릴리즈란? : 코킹(래깅) 된 손목을 원심력가속도 성분과 손목 회전력이 풀어주는 것을 말한다. 풀어지는 시발점(릴리즈 시작 타이밍)은 4가지 사항이 연관되는데 이후 설명한다.

원심력가속도 성분의 크기는 앞 1) 항 예)에서 9시 방향 원심력 크기는 16kgf이고, 그림과 같이 원심력과 구심력이 어긋난 각 감마(γ)를 30°라 하면,

  'Fa = 16 × sin 30° = 8 kgf' 가 된다.

이값은 손목 회전력보다 대략 2~4배 크다. 이 힘은 (우리가 일반적인 표현으로 듣는) 릴리즈에서 클럽 헤드를 던져지게 하는 것이다.

  * 클럽 헤드를 던져지게 하는 힘 : 원심력가속도 성분, 펌 가속도 성분

-. 1st 클럽 헤드 던져지기 : 원심력가속도 성분이 클럽 헤드를 던져지게 하는 수동의 개념이다.
클럽을 던지다. (X)
클럽이 던져지게 한다 (O)
cf) 원심력가속도 성분에 의해서 던져지고 있는 클럽 헤드에 손목 회전력을 강하게 가하면 진짜 클럽 헤드를 던지는 행위가 된다.
릴리즈 직전 손은 어깨 (특히 오른 어깨)에 의해서 뿌려지고, 릴리즈에서 클럽 헤드는 손목 회전력에 의해서 던져진다.

-. 2nd 클럽 헤드 던지기 : 원심력가속도 성분이 클럽 헤드를 던져지게 하면, 그것만큼 손목 회전력을 더 크게 사용하는 것이 가능해지는데 릴리즈 중·후반부에 손목 회전력이 크게 사용되고 원심력가속도 성분은 줄어들어 역전 현상이 잠시 벌어지는데, 이때 감각을 통하여 관성 저항 하중 (일명 헤드 무게)이 크게 느껴진다. 일련의 이 진행을 *"몸 회전력(손목 회전력)으로 클럽 헤드를 던진다."* 라고 표현하는 것이다.
cf) *"클럽 헤드 무게로 치세요."* 및 *"헤드 무게를 느껴라."* 에 대한 궁금증 : 클럽 헤드가 던져지게 하라는 의미도 있고, 적당한 손목 회전 가속을 해서 관성 저항을 느끼게 하라는 의미도 있다. 이 구분을 못 하면 헛소리가 된다.
* 먼저 원심력가속도 성분이 커야 큰 손목 회전력을 사용할 수 있는 조건이 된다. 단순히 손목 회전력을 세게 사용하려 해봐야 헛심만 쓰게 된다.

⟨핵심 사항 요약⟩
원심력가속도 성분(Fa)을 키우는 방법 :
　① A 점을 위로 올린다. --- sin γ 키우기
　② P 점을 밑으로 내린다. --- sin γ 키우기
　③ Fc를 키운다. --- 릴리즈 직전의 헤드 속도(V)가 커지면 Fc가 커지고, Fc가 커지면 Fa가 커진다.

원심력가속도 성분(Fa)이 잘 작동하게 하는 방법 :
　④ 손목 관절 힘(≈ 손 그립 악력)이 적은 상태로 릴리즈 구간에 들어오고, 적은 상태로 릴리즈 진행에서 손목 회전력 사용
　⑤ 릴리즈 구간에서 래깅 상태를 길게 가져가 준다.
　* 일정한 샷 거리와 방향성 (결과 일관성) 갖는 방법 : 그림에서 AC점, FC점, 래깅, 그립 힘, 손목 회전력 사용량 5가지를 일정하게 한다. 한마디로 릴리즈를 일정하게 하는 것이다.

Remarks

#1. AC와 FC는 가상의 점이지만 영상 화면에서 보려고 집중하면, 각 골퍼의 스윙에서 그 중심점이 보인다. 보는 것에 집중하면 1주일 정도 후에 보이기 시작할 것이다.

#2. *"거리가 안 나오고, 슬라이스가 나요!"* 라고 말하는 일반 골퍼의 99%는 가슴 앞에 AC가 형성되고 명치 앞에 FC가 형성되어 있다. AC를 뒤 목덜미 부분(~어깨 중앙), FC를 배꼽(단전)~척추로 옮기지 않는 이상 그 고민은 어떤 것으로도 해결되지 않을 것이다.

#3. In to Out 궤도는 AC와 FC를 뒤로 옮기고 서로 벌리는 효과가 있다. 즉, 각도 γ를 크게 만들어준다. 결과는 원심력가속도 성분을 커지게 된다.
   * In to Out 궤도를 만들라고 그렇게 강조하는 이유는 간접적으로 원심력가속도 성분을 키워 슬라이스 개선과 드로우 구질 만들기, 헤드 스피드 증가를 얻기 위한 것이다.

   원심력가속도 성분이 아무리 커도 그립을 꽉 쥐면 손목의 힌지 역할이 저하되어서 그 성분의 활용 및 효과는 감소한다.

   그래서 힘 빼라고 하는 것, 즉 다운스윙 초·중반에 손목에 힘 덜 증가하게 하라는 것이다. (힘을 덜 증가하게 만드는 방법은 앞 1장에 설명되어 있다.)

#4. 릴리즈 진입 전의 래깅 각 키우는 연습 방법 (최대 한계 비거리) : 이것저것 생각하지 말고 할 수 있는 한 최대로 다운스윙 후반에 손을 직접 볼을 향해 강하게 뿌린다.

   래깅각을 키우기 위해서는 왼 어깨가 젖혀지지 않는 상태로 강한 회전이 되어야 하는데, 이렇게 하려면 테이크어웨이에서 왼 어깨가 깊숙이 들어오면서 (일정하게) 백스윙 2/3 지점에서 Brake를 잡아야 한다.

   - 클럽 헤드로 볼을 맞힌다는 의도가 아니라, 손의 궤적 연장선이 볼에 닿는다는 의도를 가지고 손을 빠르게 회전한다.
     손이 빠르게 회전함으로 손목이 조금이라도 풀릴 여유가 없어져 래깅 각이 커지게 된다. 단, 다운스윙 시작에서는 캐스팅 방지를 위하여 부드러운 가속을 해야 한다.
   - 회전 시퀀스, 하체 폄, Brake, 로테이션, 방향성, 피니쉬 이런 것은 전혀 생각할 필요 없다. 이런 것들은 어차피 따로 분리해서 습득해야 한다.
     래깅 각에서는 래깅만 생각한다.
   - 상하 타점이 조금 두꺼우면 볼 전방을 내려치고 조금 얇으면 볼 후방을 내려친다. 래깅 각을 최대로 키우는 것은 볼 전방을 내려치는 것이다.
   - 손을 볼에 뿌리는 것은 타점이 토우에서 힐 쪽으로 이동하는 효과가 있다.

- 이렇게 해서 최고로 잘되고 최고로 잘 맞은 볼이 자신의 최대 한계 비거리라고 생각하면 된다.
  * 클럽 사양(강도 & 무게)이 맞는 조건에서 래깅 각을 최대로 했을 때 나온 최대 비거리가 자신의 스윙 동작 근력 한계가 된다.
  또 왼 손목에 통증이 느껴지기 시작하는 헤드 스피드가 자신의 스윙 동작 한계라고 할 수 있다.

#5. 골프 스윙 동작은 5개로 나눌 수 있다.

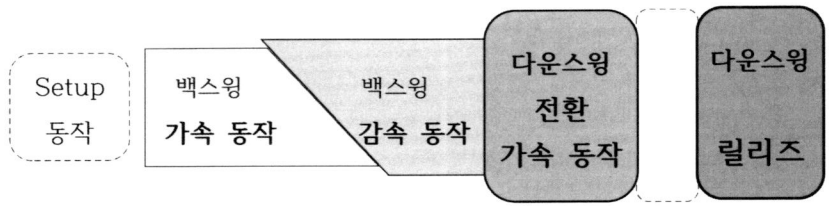

#6. 스냅이란 : 골프에서 스냅은 '⊕ ⊕ 가동력'이다. 장대높이뛰기와 유사하다.
  장대높이뛰기에서 첫 번째 ⊕는 박차기이고, 장대의 지지에 이어서, 장대의 탄성 펴짐과 팔을 밀고 몸을 뒤트는 것이 두 번째 ⊕가 된다.
  골프 스윙에서는 강한 왼 무릎(대퇴직근)의 폄과 오른 팔꿈치의 폄이 첫 번째 ⊕ 가동이 되고, 견고하게 모인 양쪽 어깨 모양이 지지하고, 이어서 손목 폄 근력의 사용(반사신경, Feedback 신경 반응, 동작 메모리, 힘의 평형 깨짐, 샤프트의 탄성)이 두 번째 ⊕ 가동이 된다. 릴리즈는 손목 관절 펴짐이고, 스냅은 손목 폄 근력 사용 형태를 뜻한다.
  cf) 파리채 스냅, 채찍 스냅은 '⊕ ⊖ 가동 모션'이다. 엉뚱한 것을 상상하여 접목한다면 결과는 이상한 것이 된다.
  ex) 발끝 내리막에서는 허벅지가 강하고 양쪽 어깨가 모이는 모양이라서 의외로 스냅 생성이 잘된다. 반대로 발끝 오르막에서는 대퇴직근이 약하고 어깨가 벌어지는 모양이라서 스냅이 약하게 생성된다.

3) 가속도 커브

먼저, 앞서 설명한 원심력가속도 성분이 있다는 것을 인지하는 것이 중요하다.
그래야 스윙 메커니즘 전체를 이해할 수 있기 때문이고, 어떤 것이 어떻게 효율적으로 비거리를 늘릴 수 있는 방법인지 구분하고 얼마만한 효과를 볼 수 있는지 예상할 수 있기 때문이다. 또한 이것이 방향성에 어떤 영향을 미치는지까지 이해할 수 있는 중요한 단서가 되기 때문이다.

Fa(원심력가속도 성분) 값을 키우는 방법과 잘 활용하는 방법을 상세하게 알아보기 전에, 이처럼 중요한 원심력가속도 성분의 존재를 확신하기 위하여 스윙에 있어서 회전력과 가속도에 대해 살펴본다.

어깨, 팔, 손목 힘으로 만들 수 있는 가속도 값은 대략 20g 전후이다(드라이버 200m 기준). 그런데 다운스윙 S5 구간에서 그림과 같이 40g 이상의 클럽 헤드 가속이 발생한다(장타자 및 투어 프로들은 대략 80g~100g 가속도 발생).
S5 구간의 높은 가속도는 몸의 회전력에 원심력가속도 성분(익스텐션 가속도 성분, 샤프트 진동 휨 포함)이 중첩되어 만들어진다.

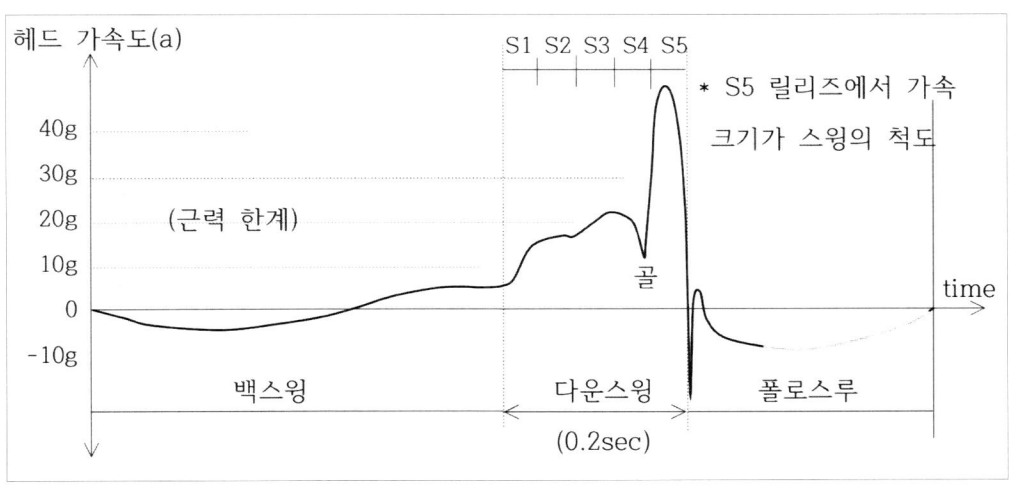

그림 3.2.3 스윙 헤드 가속도 그래프

Remarks

#1. 그림의 S4~S5 경계 구간에서 가속도의 골은 어깨 턴을 위한 오른 팔꿈치의 외회전, 몸의 감속, 샤프트 진동의 마이너스 변위 작용 등의 영향이다.
  * 골이 깊으면 산이 높듯이 가속도의 골이 깊으면 릴리즈 효과는 증가한다.

#2. 만약, S1 구간에서 무리한 급가속을 해버리면, 힘이 들어가고 반사신경이 작용하여, 캐스팅 현상 발생하므로 S5 구간에서는 높은 가속도를 얻을 수 없다.
  원심력가속도 성분이 작으면 팔과 손목으로 아무리 강하게 회전력을 줘봐야 왼 손목과 오른 팔꿈치만 아플 뿐 헤드 속도는 크게 올라가지 않는다.

#3. 만약 샤프트(클럽)의 강성이 스윙 Timing과 맞지 않으면, S4, S5의 가속도 그래프는 깨져 무뎌진다. 그래프에서 깊은 골과 높은 봉우리 모양을 만들지 못한다. 다운스윙 구간 가속도 그래프의 면적 합이 헤드 스피드가 된다.

#4. 최대 헤드 스피드를 100%로 본다면, 각 힘의 기여도는 대략 다음 비율이라고 추측해 볼 수 있다.

  70% --------- 몸의 회전력 〈 ----------------------- 거의 정해져 있음
  20% --------- 원심력가속도 성분 (몸 회전력의 25% 정도) 〈--- **스윙에 따라 편차 큼**
  7% --------- 익스텐션 가속도 성분 〈 ---------------------- 지면반력 사용 유무
  +3%~(-)7% --- 진동의 가속 〈 ---------------------------- 샤프트 사양과 연관

#5. 스윙 영상을 보면, 임팩트 전 (9시~7시 구간)에서 샤프트는 큰 전방 휨 모양을 보인다. 좋은 릴리즈란 가속도 성분이 크게 만들어진 형태이다.

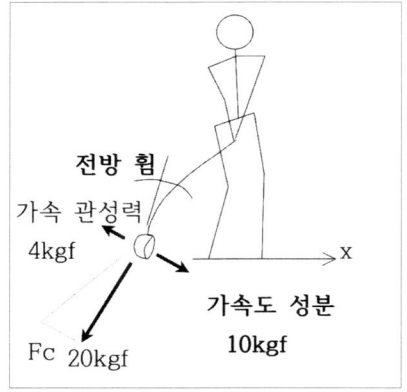

그림 3.2.4 릴리즈에서 샤프트 전방 휨 모양

이 구간에서 샤프트를 전방으로 휘게 만드는 힘은 원심력가속도 성분에 의한 것이다. 이 힘이 헤드를 앞으로 끌기 때문이다. 즉 클럽 헤드 스스로 앞으로 나가려 하니, 그림과 같이 샤프트가 전방으로 휘는 것이다.

* 헤드 무게 중심이 샤프트 연장선에서 후방에 크게 치우친 이격 거리를 갖는 드라이버뿐만 아니라, 무게 중심의 후방 이격 거리가 작은 아이언 클럽도 프로들에게서는 그림과 같은 전방 휨 현상이 확연하게 발생한다.

샤프트를 전·후방으로 휘게 하는 것은 대략 다음과 같다.

<u>샤프트 접선력 ≈ 샤프트를 전·후방으로 휘게 하는 힘 (예시)</u> :
- 후방 휨 : 회전 가속 관성력 ------------------- (-) 4kgf
- 전방 휨 : 원심력가속도 성분 ------------------ (+) 9kgf
  익스텐션 가속도 성분 ---------------- (+) 1kgf
  클럽 헤드 COG 이격 거리 × 원심력 --------- (+) 1~3 cm 해당
- 전·후방 휨 : 샤프트의 탄성 진동 ---------------- ± 1~2kgf
- 중력 영향 --- 무시
* 휘어지는 양을 펴지게 하는 <u>법선력</u> : 원심력 20 kgf, 폄 관성력 1kgf

휨 방향과 휨 양은 위 힘들의 중첩으로 결정된다.

남성 드라이버, 샤프트의 접선방향 휨 강성은 5~10cm/kgf 정도이며, 법선력(원심력)이 작용하는 환경으로, <u>법선력</u>은 접선방향 휨 양을 2/3 정도로 줄이는 역할을 한다.

#6. 임팩트 전 (9시~7시 구간)에서 샤프트의 전방 휨 현상이 크면 클수록 원심력가속도 성분이 크게 사용된 것이며, 전방 휨 현상이 작거나 없다면, 원심력가속도 성분은 몸의 회전 가속력보다도 더 적게 만들어진 것이다.

비거리가 짧고 슬라이스 발생하는 골퍼에게서는 샤프트 전방 휨 현상이 미미하다.

#7. 혹자는 그림의 전방 휨 모양이 중력에 의한 현상이라고 생각하기도 한다. 그러나 중력 영향이 무시될 정도의 값이므로 이런 이야기를 고려해서는 안 된다.

2.2 가속도와 회전력

원심력가속도 성분의 힘이 어느 정도 크기인지 인지하기 위하여 먼저 회전력을 알아본다.
그리고 팔(손목)의 회전력을 스프링 저울을 이용하여 직접 계측해본다.
백문이 불여일견(행)이다. --- 백 번 듣는 것보다 한번 해보는 것이 낫다.

1) 평균 가속도
 (심화 : 막연하게 힘을 쓴다고 하는데, 그 크기를 계산해 보기)

다운스윙이 일정 가속도라고 가정하고 그 크기를 대략 계산해 본다.
헤드 궤적 길이 4.5m, 다운스윙 시간 0.2sec, 임팩트 헤드 스피드 40m/s의 스윙을 한다면 평균 가속도(a) 값은, 평균 가속력은 어떠할까?

평균 가속도(a) :
속도 변화로부터 $a = \Delta v / t = 40 / 0.2 = \underline{200 \text{ m/s}^2}$ -------- 20g
거리~가속도로부터 $a = 2s / t^2 = 2 \times 4.5 / 0.2^2 = \underline{225 \text{ m/s}^2}$
 (스윙 아크 궤적 4.5m 조금 줄이면 20g에 맞는 계산)

평균 가속력 : $F = ma = 0.02 \times 200 = 4 \text{ kgf}$, 또는 $0.02 \times 225 = \underline{4.5 \text{ kgf}}$
단, 가속력은 몸의 회전력과 원심력가속도 성분 구분 없이 전체 가속력의 크기이다.

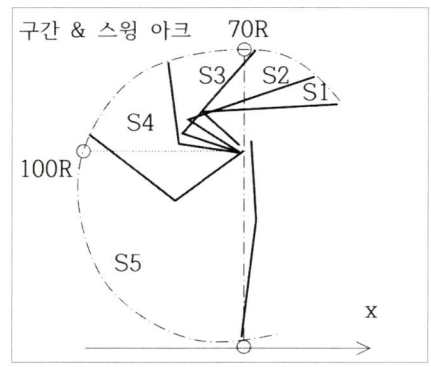

그림 3.2.5 구간과 구간별 스윙 아크 크기(예시)

그림을 기준으로 각 다운스윙 구간에서 사용된 평균 토크는 다음과 같다.

    평균 Radius = 0.95m라고 가정 (S1 & S2=0.7, S3 & S4=1. S5=1.6m로 가정)
    평균 토크(회전력) T = F × R = 4.0 × 0.95 = 3.8 kgf-m

회전 Torque는 반경의 크기에 비례하지만, 스윙의 경우 일정하거나 아니면 신체에서 나오는 값이므로 Radius에 반비례한다고 볼 수도 있다.

-. 구간별 몸의 스윙 토크가 일정하다고 했을 때 접선력 :

    F = T / R
    R70(S1, S2)   구간에서 접선력(회전력) : 3.8 / 0.7 = 5.4 kgf
    R100(S3, S4) 구간에서 접선력(회전력) : 3.8 / 1.0 = 3.8 kgf
    R160(S5)   구간에서 접선력(회전력) : 3.8 / 1.6 = 2.4 kgf
    * 그립 잡은 샤프트 길이가 0.9m이고 각도가 90°라면, 손목에 걸리는 반력 모멘트는 각각 6.0kgf-m, 4.2kgf-m, 2.7kgf-m이다.

-. 구간별 신체 회전 토크가 아크에 반비례한다고 했을 때, 어깨 반력 모멘트 :

    R70(S1, S2) 구간의 어깨 반력 모멘트   : 4.0 × 0.95/0.7 = 5.4 kgf-m
    R100(S3, S4) 구간의 어깨 반력 모멘트   : 4.0 × 0.95/1.0 = 3.8 kgf-m
    R160(S5)의 어깨 반력 모멘트   : 4.0 × 0.95/1.6 = 2.4 kgf-m

위 계산으로부터 골퍼가 대략 구간별 클럽 헤드의 회전에 사용하는 토크는 다음과 같다고 추측해 수 있다. 원심력가속도 성분의 도움을 고려하면 대략 이 수치보다 조금 작은 회전력이 클럽 헤드에 걸리는 것으로 가늠할 수 있다.

-. 구간별 클럽 헤드에 걸리는 회전력 :

    S1~S2 구간에서 몸 회전 토크 = 5.4 kgf-m
    S3~S4 구간의 몸 회전 토크 = 3.8 kgf-m
    S5 구간의 전체 회전력 = 2.4 kgf-m + 원심력가속도 성분의 도움

    * 위 동적 회전력 값들은 다음 항의 정적 몸 회전 토크 계측치와 비교를 위하여 간략하게 계산해 본 것이다.

2) 몸 최대 회전 토크 계측

비거리 200m 정도인 일반 골퍼의 어깨, 팔, 손목이 견디는 최대 회전력을 스프링 저울(Load bar)을 이용하여 정적으로 계측하면 대략 다음과 같다.

회전력에 반경을 곱하면 회전 Torque가 된다.

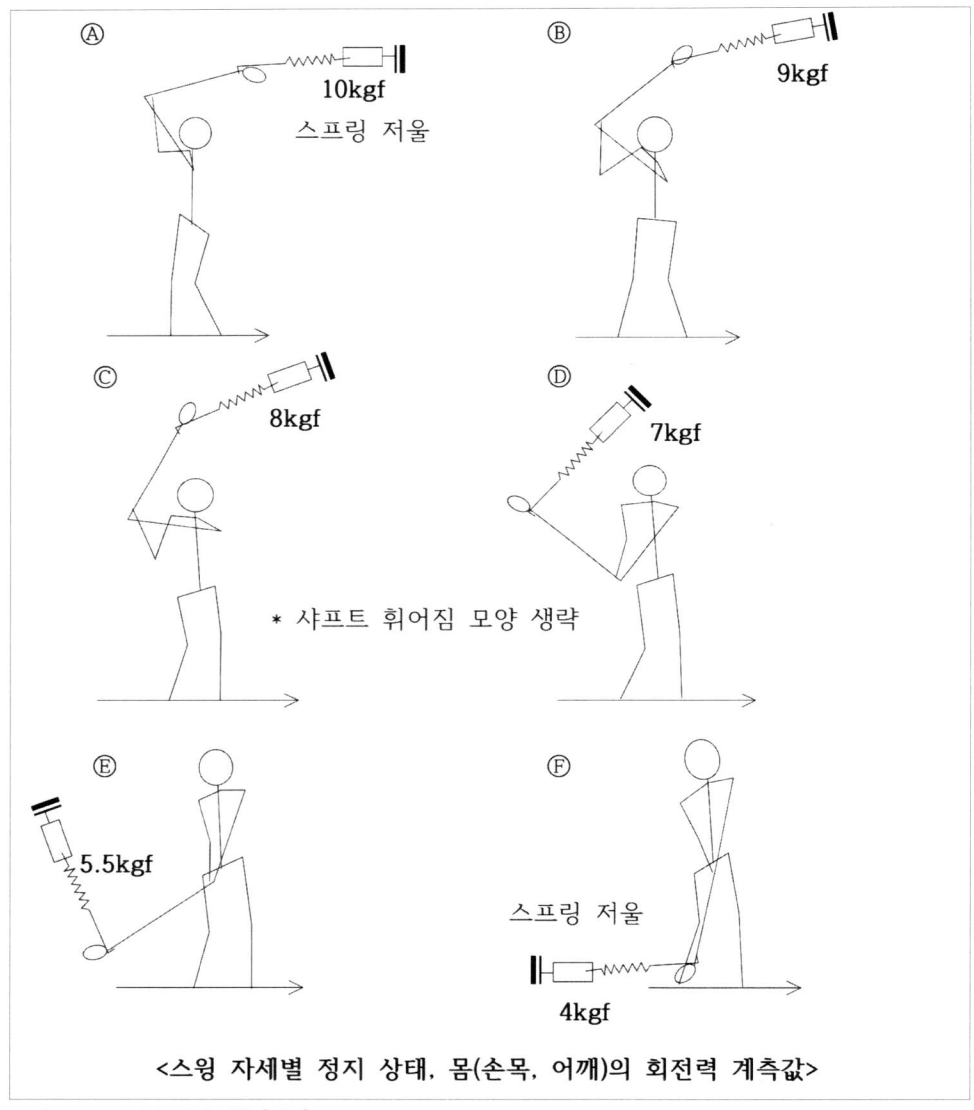

<스윙 자세별 정지 상태, 몸(손목, 어깨)의 회전력 계측값>

그림 3.2.6 몸의 회전력 계측 (예시)

그림의 값들로부터 정적 계측(최댓값)과 동적 계산값(동작 중 사용 추정값)을 비교하면 대략 사용률이 60% 정도 되는 것 같다. 60%는 아마 근력 사용에 근력이 수축하는 시간이 필요한 조건이 되기 때문일 것이다. 매우 짧은 동적 시간에 근력을 100%로 변화시켜 사용하는 것은 어렵다고 봐야 한다. 그리고 원심력가속도 성분이 도움을 준 것을 고려하면, 동적 근력은 정적 근력의 50% 정도 되는 사용률을 가진 것으로 봐야 한다.

단, 릴리즈 중후반부 손목 회전력은 '20%--->80%' 정도로 증가하면서 사용될 것이라는 추측을 해본다.

Remarks

#1. 클럽의 넥 부위에 스프링 저울을 끼우고 나서 스윙 자세로 그립을 잡고서 있는 힘껏 돌려보면, 본인의 손목 회전력을 알 수 있다.

이때 샤프트가 얼마나 많이 휘고, 페이스 각이 얼마나 크게 변할 수 있는지도 알 수 있다(정확한 값은 모르더라도 대략 값을 알고 수치상으로 감을 잡는다). 샤프트가 이 정도 탄성을 가지고 있고 자기 신체가 이 정도 힘을 쓸 수 있다는 것을 인지하게 될 것이다.

* Kick Point에 따라서 약간의 차이는 있지만, 9cm 휘면 페이스면은 9° 정도 틀어진다. *(5권 1장 클럽 사양 내용 참조)*

스윙의 임팩트 존에서는 원심력에 의해서 휨 양은 2/3, 휨 각은 3/5 정도로 감소함으로, △1kgf 힘에 6cm 휨과 4° 내외의 페이스 각 변화가 만들어진다고 생각할 수 있다.

cf) 이 Test를 직접 해보면 손목 회전력을 100% 사용하여 비거리 늘리겠다는 생각이 말끔히 사라지고 급변화를 막는 것에 초점을 가지게 될 것이다.

#2. 빠른 회전 동작의 순발력은 관련 있을 수 있겠으나 헤드 스피드를 빠르게 하려면, 하체 회전 가속도가 커야 하고 (가속도가 크면) 다운스윙 초반에는 어깨, 팔, 손목(특히 손목)이 **견디는 회전 토크**가 커야 하며, 후반부에는 하체를 받쳐놓고 상체가 회전하는 **가동 토크**가 커야 한다.

#3. 한정된 신체조건 내에서, 강력한 스윙, 헤드 스피드를 빠르게 하는 스윙은, 원심력가속도 성분을 최대한 이용하며 강력하게 휘두르는 것이다.

손의 진행을 인위적으로 느리게 해서 헤드를 빠르게 지나가게 하겠다는 것은 이치에 맞지 않는다.

단, 다음 사항을 Stopping에서 고려해야 한다.

- 헤드 페이스가 Square에서 임팩트 되는 손의 진행량 만드는 것
- 이미 회전에 쓰인 분절은 견고히 지탱되어야 후행 분절의 회전력 사용에서 손실이 없다는 것
- 후행 분절의 회전력 사용량이 선행 분절에 Brake를 만든다는 것

#4. 스윙에서 왼 다리에 벽을 만드는 것은, 즉 왼 무릎과 힙이 회전하지 못하도록 하는 것은 후행 분절인 어깨, 팔, 손, 클럽 헤드의 회전 가속 관성력이다.

또 손의 진행을 느리게 회전하도록 Brake(지지) 하는 것은 손목 회전력 사용으로 나타나는 클럽 헤드 관성이다.

뒤따르는 것이 앞선 것의 Stopping 작용을 하는 것이며, 강한 저지(Brake)를 만들려면 뒤따르는 것의 가속이 해당 시점에 커야 한다. 작용과 반작용이다. 그리고 사용된 선행 분절은 밀리지 않도록 잘 버텨줘야 한다.

골프 스윙에서 이것을 *"벽을 만든다."* 또는 *"Brake를 잡는다."* 라고 표현하는 것이다. 억지로 직접 해당 분절의 회전을 늦추는 것이 Brake가 아니다.

#5. 단순히 *"힘을 쓴다."* 라는 표현을 하지만, 언제, 어떤 힘을, 어떤 상태로, 얼마나 되게, 어떻게 해서, 어디에, 무엇 때문에, 라는 질문을 던진다면 그 표현은 형언하기 어려운 요구사항이 된다.

또 그 힘이 어느 정도 수준인지와 만들 수 있는 환경 및 제어 난이도에 대하여 생각을 하면 그 표현은 한도 끝도 없이 어려워질 것이다.

그럼에도, 골퍼는 위의 질문들을 하나씩 깨우쳐가야 하는 것이 숙제로 남는다.

우선 그림과 같은 Test로 쓸 수 있는 힘의 크기를 확인하고, 그때 그 힘이 만드는 샤프트 휨과 페이스 각 변화를 눈으로 각인하는 것은 이후 골프를 이해하는 데 큰 도움이 될 것이다.

#6. 원심력가속도 성분은 헤드를 선행시켜 페이스를 닫히게 하는 데 반해, 손목 회전력은 헤드를 열리게 하여 두 힘의 밸런스가 페이스 각이 Even(Square)으로 타격이 이루어지게 해준다.

3) 가속력 분리

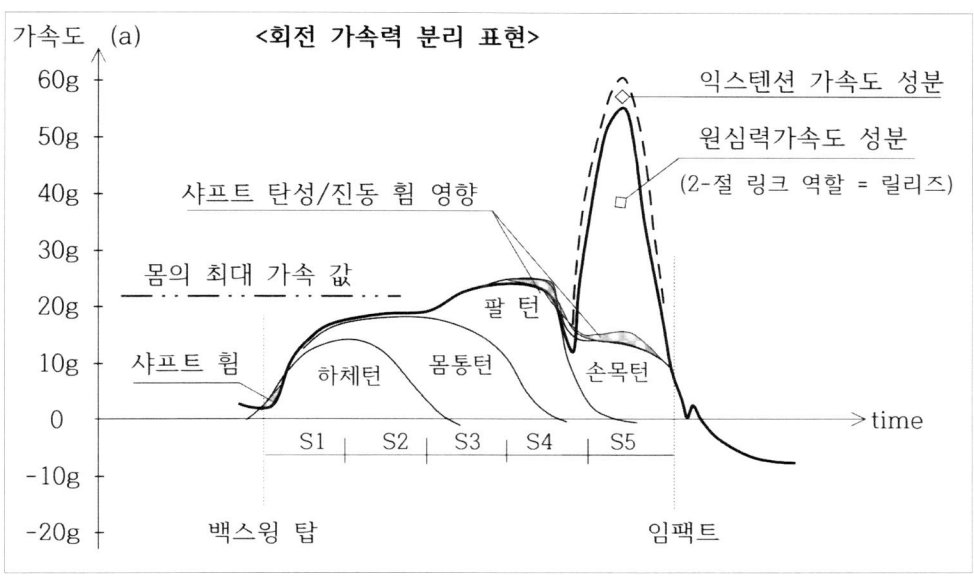

그림 3.2.7 다운스윙 가속력 성분 분리 (예시)

다운스윙 몸이 회전되고, 그 회전력에 의해서 클럽 헤드는 가속된다.
그림과 같이 각 분절의 회전력과 그 밖의 힘으로 클럽 헤드가 가속되는 기여 상태를 분리하여 그래프로 표시할 수 있다. 하체부터 순차적으로 가속된다.
면적은 헤드 스피드를 나타낸다. 면적 비율은 헤드 스피드에서 차지하는 비율을 말한다.
관건은 S5에서 원심력가속도 성분을 만드는 손목 릴리즈 모양이다.

* 속도의 제곱은 운동에너지이다. 속도의 제곱은 비거리와 엇비슷하다.
20m/s, 28.3m/s, 34.6m/s, 40m/s의 속도는 운동에너지로 1 : 2 : 3 : 4의 비율이다.
다운스윙 후반, 즉 충격 직전에 속도를 높이는 일은 클럽 헤드 운동에너지를 갑절로 키우게 되는 속도 증가이므로 가속도 성분을 이용하는 특별한 기술(2-절 링크의 원심력가속도 성분 이용)이 필요하게 된다.

4) 다운스윙 가속력의 수레 모델
(어떤 힘이 사용되는가를 수레 진행하는 그림으로 표현한 것)

a) 5/4 구간(S5) 가속력 수레 모델

다운스윙 구간별로 가속도를 만드는 힘의 구성이 달라진다.

그림은 다운스윙 5/4 구간, 즉 릴리즈 구간에서 클럽 헤드를 가속하는 힘들을 비유하여 표현한 것이다.

* **골프 스윙 가속력의 수레 모델** : 클럽 헤드를 수레라 여기고 수레가 빨리 굴러가게 하려는 힘이 작용하는 모습을 표현한 것이다.

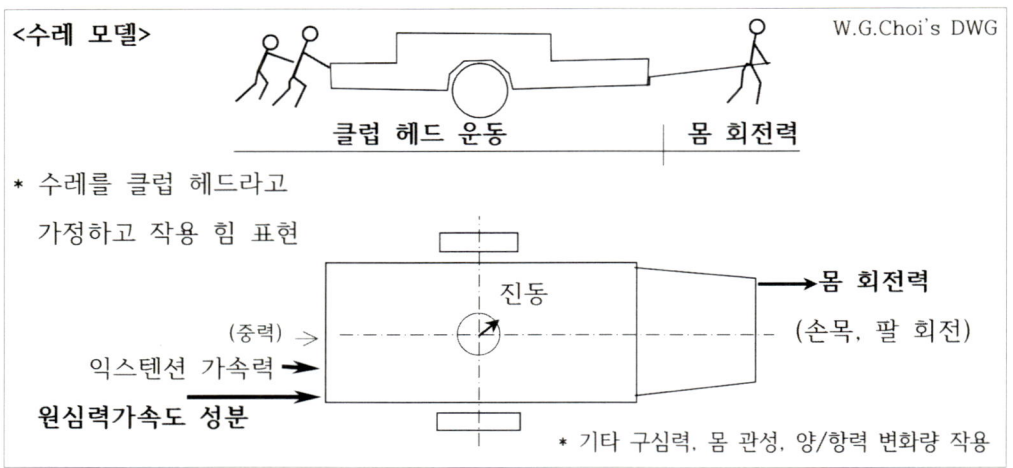

그림 3.2.8 릴리즈 중간구간에서 가속력의 수레 모델

-. 힘의 중첩 원리에 의해 헤드를 끄는 힘(돌리는 힘)과 헤드를 미는 힘(돌아가려는 힘)이 함께 작용한다.

-. 화살표의 길이는 힘의 상대적인 크기를 나타내며, 이들 힘은 헤드의 진행량과 페이스 모양 및 방향성에도 영향을 미친다.
　^ 상대적으로 손목 회전력을 많이 사용하면(그림의 수레가 우측으로 돌 듯) 페이스가 열려 맞아서 슬라이스가 발생한다.
　^ 반대로 손목 회전력이 너무 적으면 페이스가 닫혀서 훅이 발생한다.

^ 적당한 손목 회전력의 크기는 페이스 각 & Loft 각을 Even으로 해주는 평탄화 기능이 있다.
^ 상대적으로 원심력가속도 성분이 작은 (자세, 동작) 스윙을 하면, 수레가 우측으로 돌 듯, 페이스는 열려 맞아 슬라이스가 발생한다. 그리고 수레 속도는 느리게 된다.

-. 익스텐션 가속력은 약간의 속도 증가와 좌향의 방향성을 갖게 해준다.
  * 익스텐션은 하체 폄과 척추 폄을 말한다.

-. 진동에 의한 탄성력은 클럽 강도와 시간에 관계되는 것으로써 원으로 힘의 방향성을 표현할 수 있다.

-. 중력 영향은 무시할 정도로 미미하다. 에너지 계산을 하면 대략 0.25%다.

"비거리가 안 나고 슬라이스가 발생해요." 라는 말은 그림의 수레 모델에서 원심력가속도 성분(헤드를 스스로 전진하게 하는 힘)이 작아서 수레는 느리고 우측으로 방향이 돌아가게 되는 것과 같다.

"힘 빼야 한다. = 힘 덜 증가하게 하라." 라는 이유는 손목이 꽉 잡혀있으면 가속도 성분이 헤드를 밀어도, 꽉 잡힌 손목이 풀어지지 못하는, 즉 이용되지 못하는 상태가 되기 때문이다. 클럽은 스스로 돌고 싶은데 손목이 꽉 고정되어 풀어지는데 방해하는 작용을 하는 것이다.
  * 비유 : 이것은 마치 수동 변속기를 저단에 놓고, 고속 주행하려 할 때 엔진 브레이크가 걸리는 것과 비슷하다고 하겠다. 또는 가속 페달과 브레이크 페달을 동시에 밟은 형태와 같다.

  cf. 1) 손, 손목에 힘이 들어가는 이유 3가지 :
    - 다운스윙 시작 급한 가속 vs 부드러운 가속 *(1장에서 설명)*
      ^ 급가속일 때, 손목에 큰 가속 관성력 버티는 하중작용으로 인해서
      ^ 헤드의 무게 중심이 궤도면에서 이격되어 만들어지는 편심 토크 견디려
    - 릴리즈 타이밍이 서로(손목 힘쓰는 시점 vs 탄성 진동 변위) 맞지 않아서
    - S5 이전, 일찍부터 몸 회전력(팔·손목 턴)을 너무 크게 사용하려 해서

  cf. 2) 회전력이 적게 사용되는 이유 : 백스윙에서 왼 어깨 Brake 잡는 근육 사용 동작 타이밍의 뇌 Feedback 반응이 다운스윙 분절 회전, 하체 폄, 릴리즈 타이밍과 어긋날 때

b) 일반 구간 수레 모델 (S1, S2, S3, S4 구간)

다운스윙 1/4, 2/4, 3/4, 4/4 구간에서는 몸의 회전력만 수레(클럽 헤드)를 끄는(진행하게 하는) 힘으로 작용한다. 여기에 탄성 진동이 원의 형태로 작용한다.

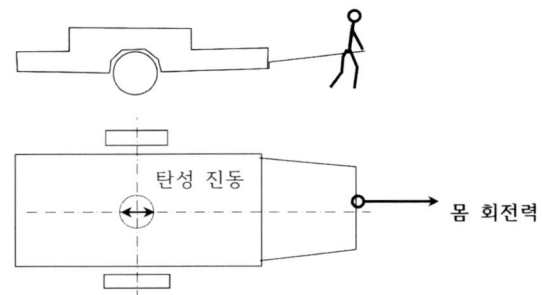

그림 3.2.9 일반 구간(S1 S2 S3 S4)에서 가속력의 수레 모델

Remarks

#1. 혹자가 스윙 동작 분석이라면서 다음 그림처럼 후방에서 보는 정지 영상에 선을 그어가며 열심히 뭔가를 설명하고, *"궤도, 모양이 좋다, 나쁘다."*를 판단(판정)하는 스윙 자세/동작 분석의 기본 Base는 본 장의 원심력가속도 성분이 크게 만들어지는 조건이냐, 아니냐, 그리고 *다음 3장의 자연 로테이션* 생성 값이 *"적당하냐, 아니냐."*를 이야기하는 것이다.

정지 영상이 아니고, 움직이는 동영상에서 감각(영상의 Overlap)으로 가상의 AC, FC 위치를 어림잡을 수 있다. 보려고 노력하면 보이는데, 1주일 정도 역점을 두면 두 점이 보이기 시작한다.

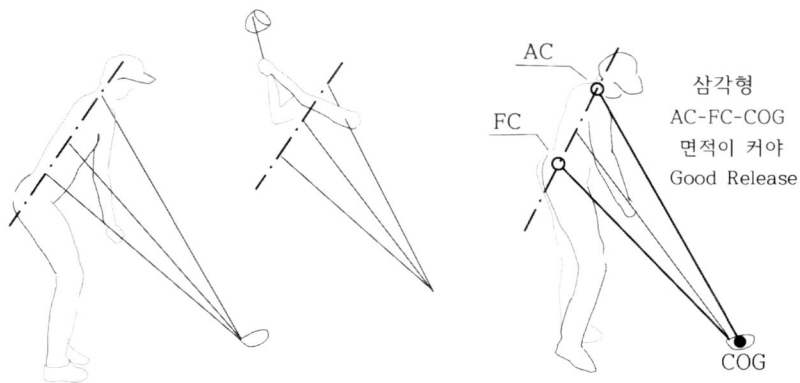

그림 3.2.10 스윙 동작 분석 Line의 의미

#2. 릴리즈를 못해서 비거리가 짧고 슬라이스가 발생하는 골퍼의 AC와 FC 위치는 다음 그림과 같으며 세 점이 만드는 삼각형의 면적은 매우 작다.

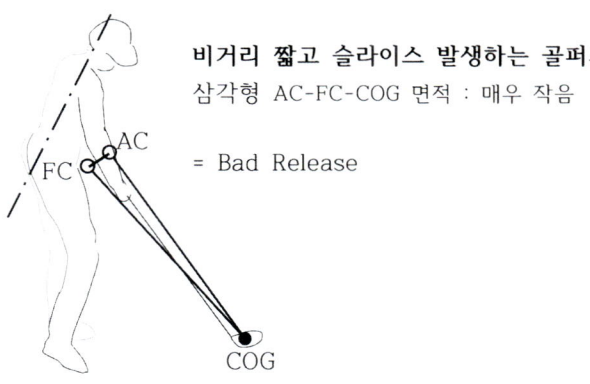

〈헤드에 걸리는 힘 ≈ 헤드 무게 종류 및 작용 방향〉
- 회전 가속에 의한 가속 관성력 : 진행 방향의 반대
- 중력 무게   : 하방
- 원심력   : 아크의 법선방향
- 원심력가속도 성분력   : 진행 방향
- 로테이션 가속 관성력   : 로테이션 반대 방향

* 질문 1. 헤드 무게는 어떤 힘을 말하는 것일까?
* 질문 2. *"헤드 무게로(채끝 무게로) 쳐라."* 라는 말은 무슨 이야기인가?

5) 접선 가속력 성분 vs 손목 회전력
(헤드 무게의 의미, 헤드 무게 느낌의 의미)

릴리즈 구간에서 헤드를 가속하는 힘을 수레 모델로 살펴보았다. 그 힘은,
- 몸(손목) 회전력
- 접선 가속력 성분 : 원심력가속도 성분 + 폄 가속도 성분
- 탄성 진동 변위

Zero base로 손목 회전력과 접선 가속력을 분리하여 시간-가속도 그래프에 표시하면 대략 다음 그림의 아랫부분과 같다.

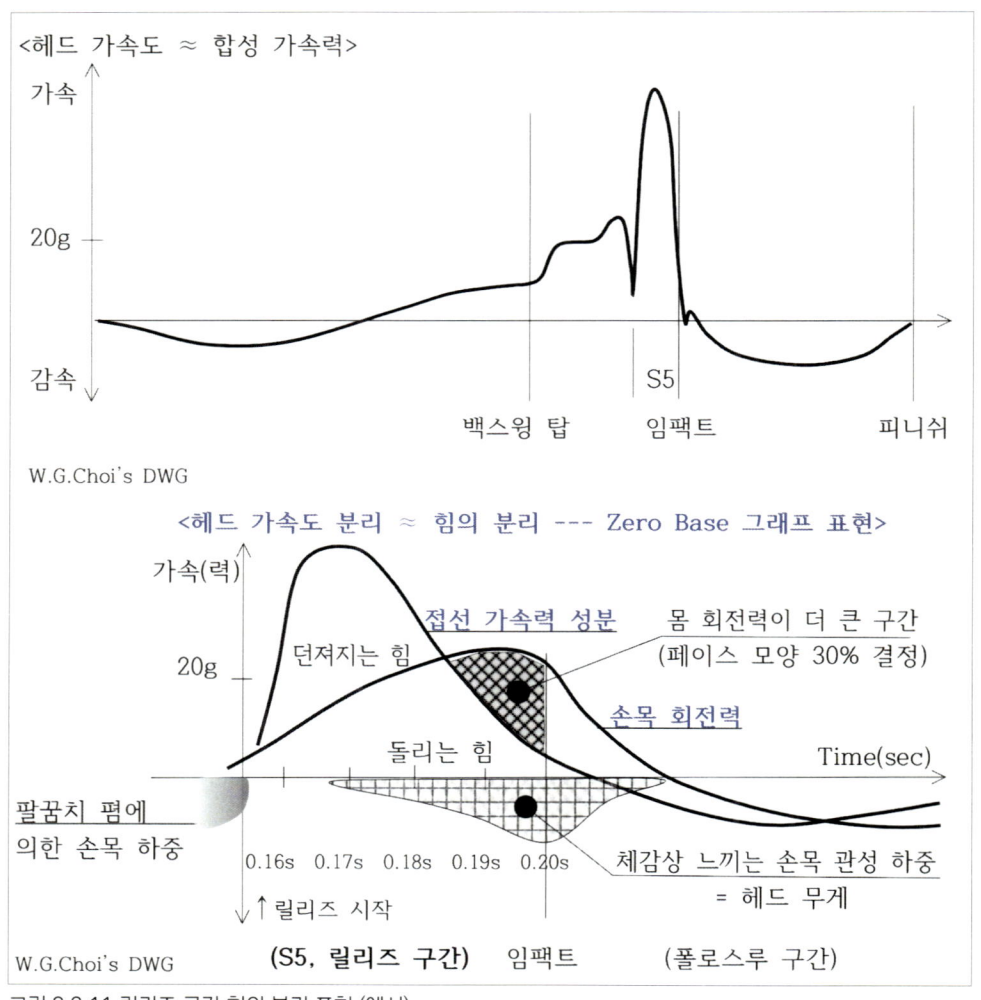

그림 3.2.11 릴리즈 구간 힘의 분리 표현 (예시)

그림의 힘 분리 그래프 3개에서 표현된 물리량 4가지는 다음과 같다.
- 접선 가속력 (원심력의 가속도 성분 + 폄 관성력의 가속도 성분)
- 손목 회전력 (몸의 회전력 = 손목 회전력 - 나머지 신체 감속력)
- 손목 회전력 - 접선 가속력
- 체감상 느끼는 손목(팔, 어깨) 관성 하중 --- 몸 신경과 뇌가 받는 느낌

Remarks

#1. 접선 가속력의 90% 정도는 원심력가속도 성분이다.
접선 가속력의 크기는 원심력가속도 성분의 크기와 이용도에 따라 변하고, 릴리즈가 진행되면서 래깅 각에 따라 변한다(줄어든다).
임팩트 직전에 래깅 각이 거의 다 풀려서, 원심력가속도 성분력은 확 줄어드는데, 그림의 접선 가속력 성분의 그래프와 같이 감소한다.

#2. 손목 회전력은 사용 의지에 따라서 크기가 어느 정도 결정된다.
단, 몸의 동작 상태와 근육 메모리에 연관되어 자의 반, 타의 반이다.
그리고 원심력가속도 성분이 작으면 손목 회전력을 크게 쓰고 싶어도 Limit(한계)에 부딪혀서 더 이상 크게 쓸 수 없다. 관건은 즉 급선무는 원심력가속도 성분을 최대의 크기로 하고, 잘 이용하게 해야 손목 회전력도 크게 사용할 수 있는 것이다. 혹자는 *"클럽 헤드를 던지면 비거리가 늘어난다."* 또는 *"클럽 헤드를 잘 던져라."* 라고 이야기하지만, 릴리즈 이전에 잘 던져지는 조건을 만들어야 하고, 0.04sec 정도 릴리즈 시간에서 0.01sec 단위로 손목 회전력 사용 형태(시점과 크기)를 제어해야 한다.

#3. 두 힘은 시간의 변화(헤드 진행 위치의 변화)에 따라서 크기가 변한다.
두 힘은 헤드에 다음과 같은 작용을 한다.
- 접선 가속력 : 헤드를 선행 시키고, 로테이션시키는 힘
    = 페이스 닫히게 하고, Loft를 세우게 함
- 손목 회전력 : 헤드에 가속 관성력이 걸리게 하는 힘
    가속 관성력은 손목에 반력 하중을 느끼게 함
    = 페이스를 열리게 하고, Loft를 눕게 함
    * 추가하여, 손의 진행을 늦추는 Brake 역할
두 힘의 크기 차이에 따라서, 로테이션양과 샤프트 휨으로 인한, 페이스 각 변화가 만들어진다.
방향성, 즉 페이스 각은 이 두 힘의 상태가 50% 이상을 결정한다고 보면 된다.
* 혹자는 눈에 보이는 몸 팔 손목 모양으로 방향성을 설명하려 하나, 그것은 극히 제한적인 내용이다.

#4. 두 힘의 차이가 로테이션에도 영향을 주는데, Loft(탄도) 변화의 50% 이상을 이 두 힘의 상태가 결정한다고 보면 된다.
두 힘은 *다음 3장에서 설명하는 자연 로테이션*에 양(+)과 음(-) 토크로 작용한다.

#5. 페이스 각과 Loft 각을 고려하면, 손목 회전력을 많이 쓴다고 좋은 것도 아니고, 적게 쓴다고 좋은 것도 아니다. 손목 회전력은 접선 가속력(원심력가속도 성분 크기)에 맞춰서 사용해야 한다.

#6. 그림에서 두 힘의 밸런스가 구질의 상당 부분을 결정한다.
특히 임팩트 직전의 손목 힘 사용량의 모양(크기, 비율)은 중요하다. 그림에서 빗금 친 손목 회전력의 적절한 크기가 페이스 각과 Loft 각을 평탄화(Even, Square)하게 하는 역할을 한다. 타격 페이스 모양의 30% 정도를 결정할 것으로 추정된다. 이것은 어떤 기준값보다 큰 영향으로써 손목 회전력이 크면(빗금 면적이 넓으면) 페이스는 열리고, 작으면 페이스는 닫히게 된다.

- 슬라이스(페이스 열림) ∞ (비율 : 손목 회전력 >>> 접선 가속력 성분)
- Straight(페이스 직각) : 기준 비율 Even (예 : 손목 1 vs 접선 가속력 3)
- 훅(페이스 닫힘)   ∞ (비율 : 손목 회전력 <<< 접선 가속력 성분)

원심력가속도 성분력이 작으면 상대적으로 손목 회전력 비율이 커져 슬라이스가 발생하는 것이다. 이 형태가 슬라이스에 거리가 짧다고 하소연하는 일반 골퍼의 90% 이상에 해당한다고 보면 된다.

* 싱글 플레이어에 해당 사항 : 손목 회전력의 미세 조정은 오른 어깨를 넣는 것으로 조절된다. 선행 분절의 움직임으로 후행 분절의 힘(움직임)을 미세 조절하는 것이다. 아이언을 똑바로 칠 수 있는 하나의 고급 사항이다. 오른 어깨는 옆구리 접기 또는 팔꿈치 외회전으로 간접 제어한다. 그리고 릴리즈에서 양어깨의 간격은 넓히는 것이 아니라 좁혀야 손목 회전력의 변동을 줄일 수 있다.

#7. 혹자가 이야기하는 *"헤드 무게로 치세요."*에서 '헤드 무게'는 체감상 느끼는 손목(손, 팔, 어깨)의 가속 관성 하중이다.

릴리즈 체감 하중 느낌 = 손목 회전력 + (손목 회전력 - 접선 가속력) dF/dt
             = 힘 + 힘의 변화량
* 실제 느낌이란 것은 '힘 + 힘의 변화량'으로 차원이 다른 것의 합이라고 봐야 한다.

원심력가속도 성분(폄 가속도 성분 포함)은 릴리즈 중간쯤에 최댓값이 되었다가 임팩트에 다가갈수록 작아지고, 손목 회전력은 계속 증가 상태로써 어느 지점(시점)에 두 값의 크기가 역전된다.

그래서 그림처럼 체감상 느끼는 하중은 릴리즈 중반쯤부터 생성되어 점점 커지며 임팩트를 맞이하는 형태다.

　　* 릴리즈 시간은 0.04~0.05sec으로써 릴리즈 전반부 0.025sec 이내, 릴리즈 후반부 0.025sec 이내로 눈 깜짝할 사이(시간)이다.

　실제 손목 회전력을 사용한 양과 체감상 느끼는 손목 회전력은 차이를 보이지만, 대소에 따라 비례적으로 엇비슷하게 느낄 것으로 예상된다.

#8. "가볍게 스윙한다."라는 이야기는 그림에서 손목 회전력의 크기를 줄여서 스윙한다는 의미이다.

가볍게 스윙하면 헤드가 선행하여 페이스는 닫히는 경향이 된다.

반대로 임팩트 직전에 손목 회전력이 크게 사용되어서, 그림의 빗금친 면적 비율이 더 커졌을 때는 가속 관성력의 영향으로 페이스는 열어 맞게 된다.

#9. 느낌이란?
　　- 느낌의 사전적 의미 : 몸의 감각이나 마음으로 깨달아 아는 기운이나 감정
　　- 느낌의 실체 : '어떤 것에 그것의 변화 정도가 가산(가중)된 정도'
　　　* 느낌과 실체는 상반되는 용어
　　　가산 : 가감된 것
　　　가중 : 비율이 증감된 것
　　- 느낌의 특징 : 차원[Unit]이 혼재된 것
　　- 느낌의 시간 차이 : 자극에 느낌 인지는 0.1sec 내외 차이,
　　　　　　　　　　　자극에 반응은 0.15~0.35sec 차이
　　골프 스윙에서 느낌은 지나간 날의 회상과 같다.

* 골프 교습에서 실체가 불분명한 것은 가급적 사용을 자제해야 한다. 같은 형태의 동작이더라도 사람마다 느낌이 다르다. 또 느낌은 인지 시간 차이가 있다.

#10. (심화 내용, Reminder) 사고의 오류 : "중력으로", "수직 낙하", "헤드 무게로", "헤드 무게를 느끼고"란 말은 참 이상한 표현이다.

이 말의 실체는 다음과 같이 분석할 수 있다.

　- "중력으로", "수직 낙하"라는 말 :
　　다운스윙 초기, 하체의 회전 가속이 15 중력가속도(g)를 만드는 회전이라면, 실제 헤드는 10 중력가속도(g)로 큰 가속을 작은 가속으로(15g-> 10g) 줄이라는 의미이다.

진짜로 중력으로 수직 낙하시키라는 이야기가 전혀 아니다.

만약, 진짜 중력으로 수직 낙하하는 것이라 여겼다면 황당한 오류다.
아무래도 누군가 중력가속도(Gravity)로 회전력의 크기를 환산해서 설명한 것을 앞뒤 다 잘라내고 "중력으로"라고 어떤 이가 말하니, 이것을 이어받은 사람은 (아는 척하면서) "수직 낙하"라고 표현하는 것이 아닐까 하는 상상이 든다. 마치 TV 오락 프로그램의 '귀 막고 입 모양으로 단어 전달하기 게임'을 연상하게 한다.

누군가 이 말들을 사용하여 골프 스윙을 설명할 때, '헤드 가속되는 양을 줄이라.'는 의미상으로만 사용했다면 언어 표현의 문제일 뿐 내용에는 문제가 된다고 할 수 없다. 그러나 '진짜 중력을 이용한다'라는 의미를 내포하고 있다면 그것은 설명하고자 하는 내용에 오류가 있다고 봐야 한다.
오류는 오판을 만들고, 오판은 스윙 폼을 망칠 것이다.

cf) '수직 낙하'의 의미는 손의 하방 이동을 좀 더 이른 시점에 한다는 뜻도 있다.
'수직 낙하'에는 팔의 진행을 빨리한다는 의미가 있어서 의도하지 않는 Hook 발생하는 골퍼에게는
'수직 낙하 = 자연스러운 손 진행 빠름' 연습이 방향성 교정에 유용하게 사용될 수 있다.

- "헤드 무게로", "헤드 무게를 느끼고"라는 말 :
S5 구간에서 손목 회전력을 적절한 시점에 적당히 사용하라는 의미이다.
그림에서 체감상 느껴지는 손목(팔, 어깨) 하중은 릴리즈 중반부터 점점 커지는데, 이 진행 방향 반대의 관성 하중의 느낌은 주로 왼 손목 날과 오른손 검지 쪽에 느껴지는 것으로 혹자들이 헤드 무게라고 하는 것이다. 느낌의 시간은 0.02~0.03sec 정도이다.
^ 세게 치려 하면 이 느낌은 크고 무디며 부드럽게 치려 하면 이 느낌은 작고 섬세하다.
^ 이 느낌의 크기는 원심력가속도 성분과 손목 회전력의 상댓값이다.
^ 이 느낌이 작으면 닫히는 훅, 이 느낌이 너무 크면 (샤프트 후방 휨 변형이 크고 자연 로테이션이 작게 되어) 열리는 슬라이스가 발생한다.

만약 진짜 헤드 무게(하방 중력 무게)로 볼을 가격한다고 생각한다면, 참 어이없는 상상이라고 할 것이다.
체감상 하중과 실제 하중은 달라서 혼동이 있을 수 있고, 무게(Weight), 하중(Load), 힘(Force), 가속 관성력(Inertia force)의 용어 구분에 혼동이 있을 때도 있다. 성인에게 '헤드 무게'란 표현은 골프 스윙에 도움이 되는 표현이라기보다는 해가 되는 표현이라고 생각해야 한다.

* *"헤드 무게를 느껴라."* 라는 사람이 있다면 대체 헤드 무게가 뭔지(언제, 어느 방향으로, 어느 부위로, 라는) 반문을 해보자. 그래야 사용 의미와 의도를 파악할 수 있을 것이다.

"채끝으로 쳐라.", "채끝 무게로 쳐라." 라는 말은 아주 혼란스럽고 명제 자체가 성립한다고 보기 어려운 말인데, 아마도 스냅을 일컫는 말 같다. 원심력가속도 성분을 크게 만들어서 잘 이용하라는 의미로 추정된다. 더불어, 휘어지는 샤프트의 탄성을 잘 이용하라는 의미가 약간 포함된 것 같다. 릴리즈를 잘 만들라는(하라는) 함축 의미로 봐도 좋을 듯싶다.

느낌상으로는 릴리즈 시작에서 클럽 헤드 스스로 전진하려 할 때 가벼워졌다가 전진하려는 힘(원심력가속도 성분력)이 줄어들면서 점진적으로 후방으로 증가하는 관성력을 체감하는 스윙을 하라는 의미라고 짐작한다.

cf) 실력별 원심력 느끼기 : 90대-손, 80대-팔, 싱글-어깨, 프로-등척추

움직임에 대해 물리에서 사용하는 용어들은 중·고등학교를 거치면서 배우게 되는데, 그에 반해 초등학교부터 골프를 배우게 되는 과정에서 동작을 설명하려다 보니 위와 같은 동떨어진 용어들이 사용되고 있는 상태라 할 수 있다. 이미 과학(물리학) 용어의 정의를 배운 사람들에게는 이런 말(설명)들이 여간 곤혹스럽고 혼란스러운 일이 아닐 수 없다.

#11. 드라이버 헤드 무게 : 헤드 무게가 뭔지 곰곰이 생각하고 구분해 보자.
헤드 무게가 돌리는 방향 힘인지, 당기는 방향 힘인지, 하방 힘인지?

상태	형태(힘 종류)	힘 방향	크기
Setup & Address	중력 무게	하방	0.2kgf
다운스윙 전환	회전 가속 관성	**회전 반대**	(-)2~4kgf
다운스윙 중·후반	하체 폄 가속 관성	하방	0.3kgf
릴리즈 전반~중반	원심력가속도 성분	회전	4~8kgf
릴리즈 후반	손목 회전 가속 관성	**회전 반대**	(-)1~3kgf
원심력	원운동에서 구심력 반대	법선	20kgf

* 위 힘들은 모멘트(힘 × 거리)로 변환해서 생각할 수도 있다.

2.3 원심력가속도 성분을 키우는 방법
(릴리즈에서 헤드 스피드를 올리는 방법 1)

골퍼 몸의 회전 가속력은 크게 잡아 4kgf 전후인데, 릴리즈 구간(S5)에서 헤드 스스로 돌아가려는 원심력가속도 성분은 잘 만드는 경우 8~12kgf (0.2kg × 50g = 10kgf) 정도 크기의 힘이 만들어져 그만큼 비거리를 늘어나게 한다.

　　ex) 일반 남성 골퍼 기준, 원심력가속도 성분 없으면 드라이버 거리 170m, 최대 6kgf 사용하면 190m, 12kgf 사용하면 210m 정도 된다고 할 수 있다.

　　* 회전 가속력은 토크인 [kgf-m] 차원으로 이야기해야 하나, 선형계로 바꾸어서 힘 [kgf] 차원으로 설명함.

기구학적으로 원심력가속도 성분 커지게 하는 방법을 요약하면 다음과 같다.

-. <u>회전 중심(AC) 위로 올리기, 뒤로 옮기기</u> --- 대략 비거리 7% 증가 〈--- 강한 하체 폄에 의해 만들어진다.

　　cf) 하체 폄이 약하면 배치기가 나오고, 이 얼리 익스텐션은 AC와 FC를 앞쪽으로, 그리고 서로 가까이 붙게 만든다.

　　* 비거리 & 슬라이스 개선 목적으로, *"무릎을 강하게 펴줘라 (= 강한 지면 반발 사용해라.)"* 와 *"배치기 하지 마라."* 라고 하는 이유가 AC를 위로 뒤로 형성되게 하기 위함이다. 배치기는 하체 폄을 느리고 약하게 할 때 발생한다.

-. <u>회전력 중심(FC) 아래로 내리기, 뒤로 옮기기</u> --- 대략 비거리 7% 증가 〈--- 왼 허벅지 내측 Tension 갖기와 다운스윙 중반에 오른발바닥 내측 가운데로 밀며 수평 체중 이동한다.

　　cf) 발끝으로 수평 체중 이동하면서 하체 버티는 동작을 하면 FC가 위쪽 & 앞쪽에 형성된다.

-. <u>래깅 각 키워주기</u> --- 대략 비거리 7% 증가 〈--- 부드러운 초기 가속 & 왼 광배근 안 쓰기(= 임팩트까지 왼 어깨 안 젖히기)

1) 클럽 헤드 회전 중심(Arc Center)을 위로, 뒤로 형성

원심력가속도 성분을 키우는 방법으로 원심력의 Vector 성분 각 γ를 키우기 위해서 그림과 같이 회전 중심점 AC를 위로 올리는 것이다.

AC의 적당한 위치는 그림과 같이 뒷목(목덜미) ~ 어깨 중심 지점이다.

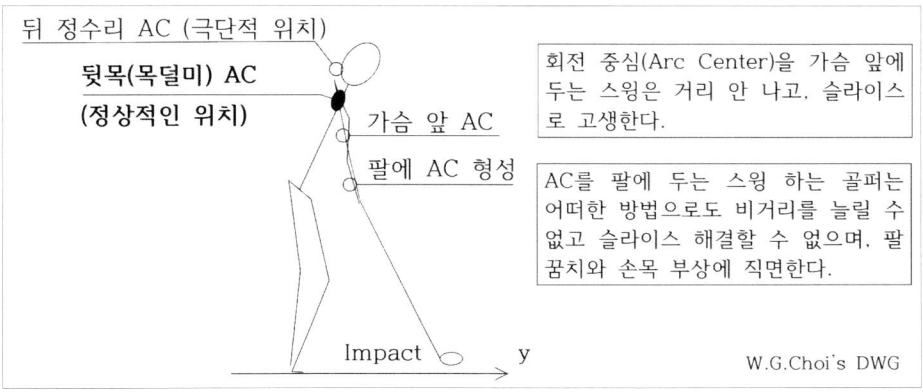

그림 3.2.12 클럽 회전 중심점

그림 예처럼 가슴 앞쪽에 AC를 두고 스윙하는 사람은 비거리 안 나고, 슬라이스로 고생하는 골퍼이다. 어떠한 비거리 늘리기 기술도 소용없다.

  * 그림 예처럼 AC를 머리 뒤, 정수리에 잡고 스윙하는 극단적인 방법으로 스윙을 해보면, AC의 위치 변화가 비거리와 방향성에 주는 영향을 쉽게 깨닫게 되고, 문제가 뭐였는지, 어떻게 해야 하는지, 교정 방향을 정할 수 있다.

<u>AC를 위로, 뒤로 가게 하는 방법 :</u>
① 위로 가게 하는 방법 :
  - 하체 폄을 강하게 해준다.
    양 무릎 폄 시점은 S3 구간 중간쯤에서 시작하여, S4에서 최대 가속한다.
    * 하체 폄을 강하게 해주면 회전 중심점은 위로 끌려 올라가게 된다.
  - 척추 폄은 S5 구간에서 시작한다.

② 뒤로 가게 하는 방법 :
-. 하체 폄이 척추 폄보다 먼저 형성되게 해주기 = 배치기 안 되게 하기

③ 위로 & 뒤로 가게 하는 방법 :
- Setup, 어깨는 모아 늘어트리고 팔꿈치를 내린다. 이때 삼두박근에 Tension을 갖는다.
- 테이크어웨이 팔꿈치를 눌러주며 진행한다.
 눌러주며 진행하는 양을 일정하게 가져간다. 오른 팔꿈치가 최종 제어한다. 그 진행하는 양이 오른 골반 접는 시점을 결정하게 된다.
 * 팔꿈치 눌러주는 시간 길이, 즉 오른 골반 빼는 시점이 빨랐다 느렸다 하면 등 근육에 Tension이 사라져버리고 점점 팔꿈치가 위로 들리게 된다. 팔꿈치가 위로 들리는 스윙을 하면 AC가 아래로, 앞으로 형성되어 회전력을 사용하지 못하게 되어서 작은 헤드 스피드에 슬라이스 발생하고 토우·상 타점이 나오게 된다.
 ex) 테이크어웨이 길이 변경 Test, 오른 골반 빼는 양 변경 Test, 왼 어깨 Brake 잡는 시점 변경 Test에 집중하면, 처음 며칠은 괜찮은데 이후 스윙 감각을 잃어버리는 부작용이 발생할 수 있다. 부작용은 시차를 두고 나타나는데, 이런 반응/변화 시차는 골프를 습득하기 어렵게 한다.

cf) 테이크어웨이에서 클럽 헤드가 빠지는 시각적인 모양과 앞뒤로 형성되는 궤도는 스윙 템포와 리듬에 큰 영향을 주지 않는다. 눈에 보이지 않는 삼두박근을 사용하여 팔꿈치를 펴고 눌러주며 진행되는 길이(시간)가 훨씬 더 큰 영향을 주는데, 전체 스윙 동작 템포의 50% 정도를 결정하는 것 같다.

〈테이크어웨이 오른 팔꿈치 눌러주는 시간 vs 백스윙 후반 왼팔 펴기/굽힘〉
두 가지 조합에 따라 Good shot이 될 수도 있고 엉터리 스윙이 될 수도 있다.

구분	오른 팔꿈치 눌러주는 시간 (= 오른 골반 접기 시점)	
	짧음(일찍)	긴(늦게)
백스윙 후반, 왼팔 **뻗음**	Good shot	Bad (토우·상 타점)
백스윙 후반, 왼팔 **안 뻗음**	Bad (깎여 맞는 타격)	Good shot

2) 회전력 중심(Force Center)을 아래로, 뒤로 형성

원심력가속도 성분을 키우는 방법으로 원심력의 Vector 성분각 γ를 키우기 위해서 그림과 같이 FC를 아래로 내리고 뒤쪽에 형성시키는 것이다.

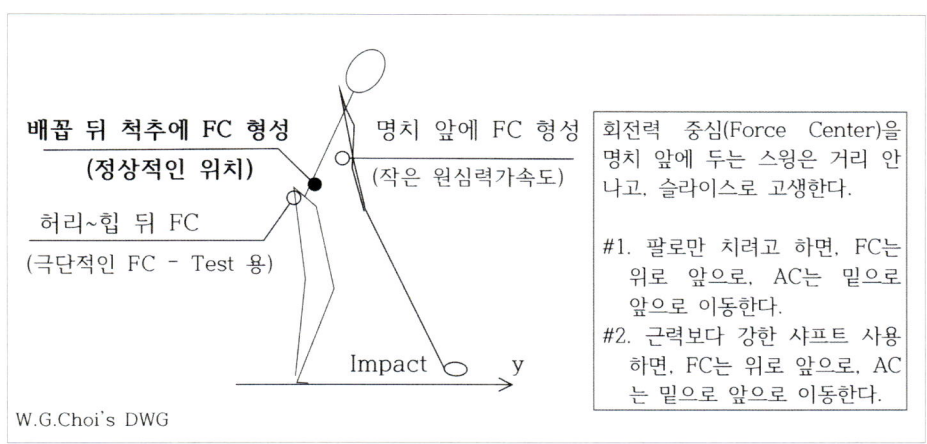

그림 3.2.13 회전력 (버팀) 중심점

FC를 아래로, 뒤로 가게 하는 방법은 다음 사항들과 연관이 있다.
 - 왼 허벅지 내측에 Tension 갖기
 - 다운스윙 중반, 수평 체중 이동을 오른발바닥 내측 중간 부분으로 밀어서 시작한다.
 - 엉덩이를 조금 뒤로 빼는 자세 --- 도움이 되는 사항(Option)
 - 손목 힘 적게 들어가기 --- 필수 사항
 - 하체 펴 강하게, 특히 오른 다리 펴은 어떤 수준(70%) 이상 되어야 함
   (오른 하체를 강하게 펴려면, 굽혔다 펴야 강하게 펼 수 있음. *1장 내용*)
* 그림 예처럼 FC를 허리 뒤에 두고 스윙하는 극단적인 방법을 취해보면, FC의 위치 변화가 비거리와 방향성에 주는 영향을 깨닫게 된다. 단, 손목 힘 적게 들어가는 것을 함께 해야 한다.

① FC를 아래로 가게 해주는 것 :
왼 허벅지 내측 Tension을 갖는 상태로 다운스윙 전환한다.
이것은 하체 턴 이후, 강한 하체 고정으로 상체 회전에서 회전력 중심이 밑에 형성되게 해준다.
아마도 허벅지 내측의 Tension은 강한 힙 턴 후, 빠른 감속(왼 하체 벽)을 만들어주는 역할과 연관되어 있어서일 것이다.

* 왼 허벅지 내측 Tension은 적당한 복근 강도를 갖게 하고 왼 광배근 & 왼 등 근육 강도를 유지하게 해줘서 왼 어깨 부위 회전을 강하게 만들어주는 기능이 있다.

② FC를 뒤로 가게 해주는 것 :
-. 다운스윙 **중반**, 전방 수평 체중 이동을 위해서 오른발바닥으로 밀어주는데 발끝 쪽이 아닌, 내측 중간 부분으로 밀어주며 회전한다. 밀어주는 지점이 뒤쪽이 되어서 그만큼 FC가 뒤에 형성된다.
   cf) 다운스윙 초반 밀어주는 것이 아니고, 중반에 밀어주기 시작한다. 다운스윙 **초반**에는 **왼발** 발바닥 외측이 버텨 주어야 한다. 만약 다운스윙 초반에 오른발로 밀어서 수평 체중 이동을 하면, 캐스팅 발생 환경을 악화시킨다.

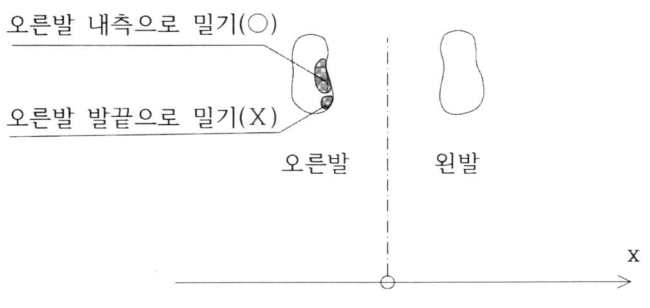

그림 3.2.14 다운스윙 중반 체중 이동, 오른발바닥 미는 지점

하체 회전에 이어서 오른발 앞꿈치 쪽으로 미는 체중 이동 형태는 FC를 명치 앞에 형성시켜, 비거리 감소와 슬라이스 구질이 나온다.
미는 부위는 그림과 같이 발바닥 안쪽 중간부위로 밀기 시작하여 앞꿈치로 옮겨가야 FC가 단전 뒤쪽 척추 부분에 형성된다.

-. (필수) 몸통 꼬임의 느낌을 척추 뒤 근육(척추기립근)으로 느낀다. 복근 또는 옆구리 근육으로 몸통 꼬임 변위를 느끼려 하면, 회전력 주는 것이 앞쪽으로 이동되어서 회전력 중심점도 앞으로 형성되는 스윙을 하게 된다.
   몸통 꼬임 강도는 복근과 옆구리 근육이 만드는데, 직접 제어는 안 되고 4th & 3rd 손가락 악력과 삼두박근 Tension으로 간접 제어한다.

Remarks

#1. *"백스윙 왼 허벅지 내측에 Tension을 갖게 하라."*와 *"체중 이동은 오른발 안쪽 중간 부위로 밀어주어라."*라는 이야기는 원심력가속도 성분과 관계되는 몸의 회전력 중심(FC)을 아래로 뒤로 형성하게 하는 것이다.

#2. 주의 : 왼 허벅지 내측에 Tension 갖는 것과 오른발 내측으로 미는 동작은 서로 물과 기름 같이 공존하는 것을 서로 방해하니 관리에 유의해야 한다.

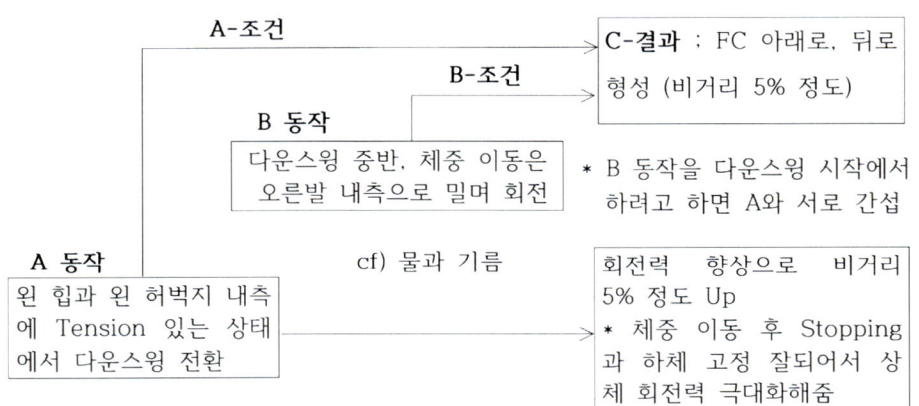

* 백스윙 몸통 꼬임은 앞쪽 복근이 아닌, 뒤쪽 척추기립근으로 느껴야 한다.

그림 3.2.15 FC 위치 형성 Flow chart

이들 두 조건을 모두 신경 써야 한다.
* 비유 : 화학 반응에서 어떤 조건 한 가지가 필요한 것도 있지만, 두 가지 조건이 맞춰져야 화학 반응이 잘 일어나는 때도 있다.

희한한 일이지만 위의 B를 하려고 하면 A가 안 되고, A에 신경 쓰면 B가 안 된다. 조건 B의 오른발 내측 중앙 쪽으로 밀어 수평 체중 이동을 이른 시점에 하려고 하면 할수록, 조건 A의 왼 허벅지 내측 Tension은 확 풀려버린다.

#3. 발등과 발가락 굽힘 관절은 순간적인 힘을 가하는 것보다는 하중과 충격을 효과적으로 흡수하는 것을 목적으로 발달한 형태이다. 따라서 폄과 같은 순간 힘을 쓸 때는 발끝이 아닌 뒷발꿈치 쪽이 유리하다.

#4. 다운스윙 중반부, "그립 끝이 볼을 바라보며 내려와라."라는 이야기를 한다. 팔과 손으로 아무리 그립 끝이 볼을 가리키도록 하려 해도 안된다. 방법은 회전력 중심(FC)을 뒤로 아래로 하며 스윙하면 쉽게 된다.

단, 백스윙에서 왼팔은 Zig-zag로 꼬이고*(6장 설명)*, 오른손 4th & 3rd 그립을 견고하게 잡아서 다운스윙 시작에서 왼 어깨가 들리지 않게 해야 한다.

#5. AC를 올리고 FC를 내리는 것에 대한 방법과 영향을 이해하면 슬라이스 걱정은 어느 정도 사라진다. 오히려 Hook 때문에 고민이 생기는 상황이 전개된다.

#6. Open stance는 AC가 내려가게 하고 FC가 올라가게 하는 형태가 만들어져서 페이드 구질(슬라이스 구질)이 되며, Close stance는 AC가 올라가고 FC가 내려가게 만드는 형태라서 드로우 구질(혹 구질)이 된다.

스탠스에 따라서 기구학적으로 AC와 FC가 그렇게 형성된다(옮겨진다).

　　* Open stance의 회전력 조합은 자연스럽게 좀 더 '왼쪽 골반 + 왼팔' 사용되게 하고, Close stance는 '오른 골반 + 오른팔' 사용되게 한다.

　　100% 스윙에서, 정상적인 회전력 사용조합은 '왼쪽 골반 + 오른팔' 또는 '오른 골반 + 왼팔'이다. *(7장 5절 참조)*

#7. In to out 다운스윙 궤도는 드로우 구질, Out to in 다운스윙 궤도는 페이드 구질이 나오는 이유는 FC가 자동으로 이동되기 때문이다.

#8. 슬라이스 나는 사람, 고무 밴드로 팔꿈치 부위를 몸에 묶거나, 옆구리에 뭘 끼우고 스윙하는 Drill은 FC를 뒤로·밑으로 이동하려는 의도이다.

그리고 손목 각이 크게 만들어져서 자연 로테이션*(3장에서 설명)*의 증가로 구질이 혹 성으로 바뀐다.

단, 이 Drill로 헤드 스피드가 증가한다고 볼 수는 없다. 오른 팔꿈치 높이가 낮아져서 스윙 반경이 작아지기 때문이다. 또한 오른 팔꿈치가 낮아지면 낮은 궤도(뒤땅) 스윙이 된다.

　　* 고무 밴드로 팔을 몸에 묶고 스윙하더라도 FC가 뒤로·밑으로 내려가지 않으면 슬라이스 구질이 혹으로 바뀌지 않는다.

#9. *"오른 팔꿈치가 더 몸쪽(후방에서 봤을 때, 왼팔이 앞쪽에 보이는 모양)에 있어야 한다."*라는 팔꿈치 위치 관련 이야기도, 위의 *#7 & #8*과 같은 이유이다.

#10. *"클럽 헤드의 힐 부위가 먼저 진행되어 임팩트 한다는 느낌으로 하라."* 라는 Tip도 위와 같이 FC를 아래로, 뒤로 보내고자 하는 목적이 있는 것이다.

#11. *"언더스로 투수가 물수제비 뜨는 것처럼 하는 투구 동작", "오른 팔꿈치를 몸에 붙여서 클럽 헤드가 뒤에서 내려와 들어가도록 하라."* 는 것도 FC를 뒤로, 밑으로 보내고자 노력하는 동작이라고 보면 된다.
  * *"오른 옆구리에 팔꿈치가 진행할 공간을 만들라."* 라는 것의 의미도 FC를 뒤로, 밑으로 보내는 형태이다.

#12. 오른팔 외회전 *(5장에서 설명)* 동작은 분절 회전 시퀀스를 맞추고자 하는 것인데, 작지만 FC를 뒤로·밑으로 이동시켜주는 역할도 한다.

#13. *"단전에 힘을 주고 쳤더니 잘 되더라."* 라는 이야기는 일시적으로 FC를 그전보다 뒤로·밑으로 이동시키는 간접 방법에 대한 것으로 생각하면 된다.
  * 단, 이 같은 스윙이 계속 반복되면 몸통 꼬임의 느낌이 앞쪽에 형성되어서 FC가 다시 앞쪽으로 이동되는 스윙 변화를 겪게 된다. 이것을 방지하기 위하여 하복부가 등 쪽으로 1cm 당겨지는 어드레스~백스윙 동작을 한다고 생각하면 일정한 복근 강도를 만들 수 있다.

#14. 스윙 중에 축이 앞뒤로 움직이지 않으려면, 하체가 견고해야 한다.
  견고한 하체는 단단하다는 의미가 아니라 밸런스를 맞출 수 있는 상태를 말하는데, 하체 쿠션 양의 적절한 상태를 의미한다. *(7장에서 설명)*

③ FC를 아래로 뒤로 가게 해주는 것 (Option) :
Setup에서 엉덩이를 뒤로 조금 빼는 자세를 취하면, 척추를 중심으로 뒤쪽에 체중이 조금 더 있게 되어서 회전력의 중심이 뒤로, 아래로 조금 이동하게 된다. 단, 동작 형태 및 형성이 매우 어렵다. 추천하지 않는다.
이것은 엉덩이를 균형추(Counter weight)로 이용하여 인위적으로 회전력 중심이 뒤에 & 아래 형성되도록 하는 것이다. 단, 전체 동작에 맞게 선택적으로 사용한다.
  * 백스윙을 크게 하면서 상체가 뒤집혀(일어서) 힙이 앞으로 나가는 백스윙 탑이 되면 Setup에서 엉덩이를 뒤로 조금 뺐던 것은 무용지물이 된다.
  백스윙 진행 중에 척추 축이 어느 정도 유지되어야 한다.

④ Close stance (Option) :

오른발을 벌리고 뒤로 빼는 자세를 Close stance라 한다.

이것은 팔을 몸에 붙게 해주는데, 이 효과는 다음과 같다.

- 팔이 몸에 붙으면 FC가 뒤로 이동되고 아래로 내려가게 한다.
- 팔이 몸에 붙으면 하체와 몸통의 회전력을 손 쪽으로 강하게 전달할 수 있게 해 준다.
- 오른 팔꿈치가 옆구리에 가까이 지나가면 In to Out 궤도가 된다.
* 손목 각이 커져서 자연 로테이션양이 증가해 로프트가 세워지고 페이스가 닫히게 된다.

(다음 3장에 상세 설명)

Close stance는 원심력가속도 성분을 키워주고, In to Out 궤도를 만들어서 쉽게 드로우 구질을 만드는 방법이다. 단, 샷 메이킹 다양성에 저해된다.

⑤ **적당한 샤프트 강도**

강한 샤프트, 무거운 샤프트는 FC를 앞으로, 위로 형성되게 한다.

- 강한 샤프트 --- 다운스윙 초기 가속 관성력이 크게 걸려 힘이 들어가게 만들고, 스윙 웨이트를 증가시키는 역할을 하여 이른 시점에 팔 힘을 쓰게 되므로 FC가 몸(척추선)에서 앞쪽으로 떨어져 나온다.
  * 더불어서 강한 샤프트는 진동 릴리즈 타이밍이 빨리 와서 릴리즈 시작 이전에 손에 힘을 증가시킨다. 릴리즈 효율이 저하된다.
- 무거운 샤프트 --- 스윙 웨이트를 키우게 되어 FC가 몸에서 앞쪽으로 떨어져 나온다.

위 경우 전체적으로 캐스팅이 발생하여 엎어 당겨지지 않는다면, 릴리즈를 비효율적으로 만들어 거리 감소(헤드 스피드 감소)와 함께 Push & Slice 구질을 만들게 된다.

   cf) 약한 샤프트에서 손목 회전력 과다 사용하면 더 큰 Slice 발생하고 가벼운 헤드 경우에는 손의 진행이 빨라서 Push & Slice 구질이 발생한다. 단, 이때 헤드 스피드 감소는 미미한데, 백스핀 증가에 탄도 높고 깎여 맞는 슬라이스 발생하여 거리 감소가 따른다.

정타에서 Push & Slice 구질 발생 원인이 스윙 폼에 기인하는 때도 있고 샤프트 강도에 기인하는 때도 있으며 헤드의 형상(COG 위치) 때문일 수도 있다. 그리고 이들이 복합되면 방향성 편차는 가중되어 더 커진다.

강한 샤프트를 썼을 때, FC를 내리고 뒤로 형성시키고 싶어도 뜻대로 되지 않는다. 자신의 파워와 거리에 맞는 적당한 샤프트 강도(드라이버 예로 200~220m ≈ 220~240CPM, 180m ≈ 200CPM, 240m ≈ 260CPM)가 사용되는 것이 무엇보다도 우선 중요하며, 차라리 강한 샤프트보다는 약한 샤프트가 차선책이 될 것이다.

* 자신의 근력 조건보다 강한 샤프트를 사용하는 경우, 왼 손목과 오른 팔꿈치 부상 위험은 극도로 높아진다.

〈Reminder〉

AC를 **위로** 뒤로, FC를 **아래로** 뒤로 형성하게 해주는 것의 50% 이상은 하체 폄 동작으로부터 얻을 수 있다.

따라서 하체 폄 동작을 먼저 습득하는 것이 원심력가속도 성분을 크게 만드는 지름길이다.

단, *1장 내용의* 손 & 손목 힘 적게 증가하는 것의 이해가 선행되어야 한다. 그래야 적합한 AC & FC 위치 및 좋은 릴리즈 효율을 만들 수 있다.

3) 래깅 각 키우기

그림 3.2.2의 래깅 각(180°-θ)은 릴리즈 시작 시점부터 임팩트까지 S5 구간(5/4구간)에서 사용되기 위해 만들어진 회전 반대방향 손목 꺾임 각이다.
- 손목 꺾임 각 : 회전면 방향으로 꺾인 각 <--- 래깅 각, 코킹 각
- 손목 각 : 회전면에 수직으로(위로) 꺾인 각 <--- *3장에서 상세 설명*

그리고 전방으로 손의 강한 전진은 릴리즈의 진행에 따라 작아지는 래깅 각을 덜 작아지게 하는 역할을 해 준다. 즉 핸드포워드 임팩트 개념이다.

a) 릴리즈 시작 시점의 래깅 각 키우기
  (코킹 각도 풀리지 않게 하기)

클럽 샤프트와 팔이 이루는 각도가 래깅 각(180°-θ)이다.
래깅 각이 크면 원심력가속도 성분 크기가 Vector에 의해서 sin γ로 커진다.
따라서 래깅 각이 커진 상태로 S5 구간에 진입하면, 원심력가속도 성분이 크게 구현되는 릴리즈가 만들어진다.
만약 2절-링크가 아니고 단순 원운동을 한다면 팔의 동일 각가속도 운동에서 헤드 속도에 의한 비거리는 그림의 좌측과 비슷할 것이다.
2-절 링크 운동을 하면 그림의 우측처럼 스피드 증가로 비거리는 늘어난다.

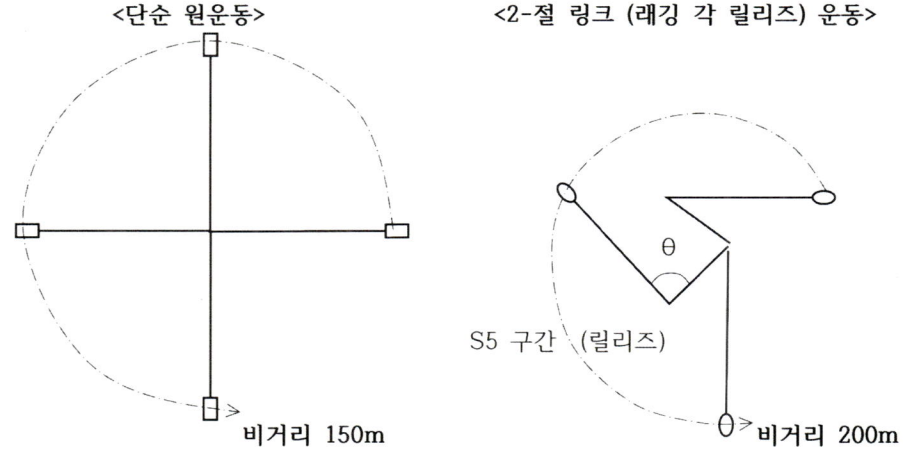

그림 3.2.16 원운동에서 같은 각가속도 & 회전력에 비거리 비교

래깅 각을 키우는 것으로는 다음과 같은 복합적인 요소가 관여한다.
- 가벼운 그립 잡기
- 백스윙, 왼 어깨 일정한 Brake 타이밍
- Over swing 안 하기
- 부드러운 초기 가속 (캐스팅 방지)
- 그립 힘 덜 증가하기 (+ 적당한 샤프트 강도와 스윙 웨이트)
- 강한 힙 턴과 상·하체 분리 후 재결합
- 오른 팔꿈치 외회전
- 손 뿌리기
- 왼 광배근 버티기 (왼 어깨 젖히지 않고 회전하기)

가장 중요한 것은 생성된 래깅 각이 사용 시점까지 펴지지 않도록 하는 것인데, 만약 다운스윙 중반부 왼쪽 광배근을 수축하여 왼 어깨가 뒤로 제쳐지면서 왼팔 상완 삼두근이 당겨지고, 그것에 의해서 왼 아래팔 밑면에 있는 손목 폄 근이 수축하면 래깅 각이 줄어든다. 결과적으로 래깅 각이 줄어든 상태에서 릴리즈가 이루어지면, 원심력가속도 성분은 작아지게 된다.

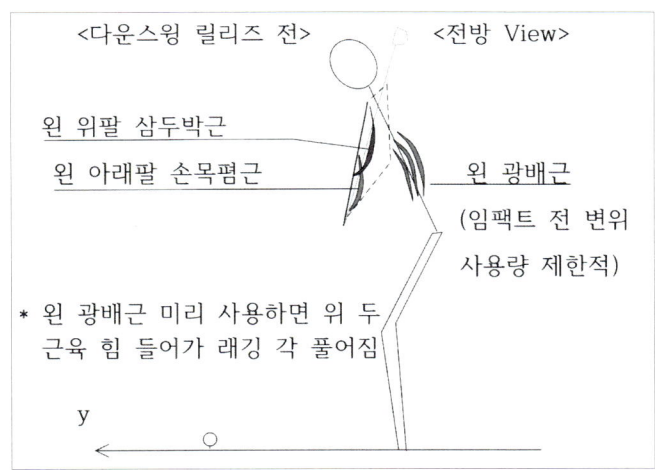

그림 3.2.17 왼 광배근 사용했을 때 래깅 각 줄어들게 하는 팔 근육

래깅 각을 키우기 위하여 *"다운스윙 왼 광배근을 쓰지 마라."*라고 하는 것인데, 백스윙에서 잔뜩 이완된 왼 광배근은 거의 수축 변위를 갖지 않고 (예로 10% 정도만 임팩트 때까지 수축해서 사용하고, 나머지 90% 정도는 임팩트 후 수축) 팔로우~피니쉬 때 변위를 수축시키는 것이다.

* 왼 광배근 수축 이완 예 : Even -> 백스윙 (-)50 이완 -> 다운스윙 임팩트 +5 수축 -> 팔로우 +45 수축 -> 피니쉬 +40 수축 <--- 최종 +40 젖혀짐

강한 어깨 회전을 한다고, 왼 어깨를 확 뒤로 젖히는 임팩트를 가져가려는 일반 골퍼가 일부 있는데, 그것에 의해서 조금 증가하는 헤드 스피드 이외에 더 이상의 헤드 스피드 증가는 물 건너간 조건이라고 보면 된다. 즉 원심력가속도 성분을 이용하면 20% 거리 증가하는 것이 골프 스윙인데, 왼 어깨를 쓰면 겨우 5% 거리 증가하는 것으로 끝이다.

왼 어깨를 젖히는 스윙을 고집한다면, 다음 사항에 직면하게 될 것이다.
- 다양한 Control shot, Shot making을 구사하기 힘들다.
- 왼 손목 폄 근육에 무리한 조건이 되어, 붓돌기 쪽 힘줄 손상에 의한 손목 통증과 왼 팔꿈치 외측 근육과 근육 잇는 곳에 염좌가 발생할 수 있다.
- 멋진 스윙 폼은 요원하게 된다. 왼 어깨가 제쳐지고 손은 선행, 클럽 헤드는 후행 되는 기하학적인 모양으로서 페이스가 열린다. 똑바로 보내기 위해서는 억지 로테이션을 해주어야 한다.
- 왼 팔꿈치 치킨윙 만드는 스윙 폼이 되고, 큰 토우 타점이 형성된다.

Remarks
#1. 다운스윙 왼 광배근을 사용하여 (왼 어깨를 젖혀) 스윙하는 프로 골프 선수는 없다.
그렇게 스윙해서는 샷을 잘할 수 없기 때문이다. 그렇게 하면 몸통 회전력이 작아지고, 래깅이 미리 풀리기 때문이다.

#2. 만약 왼 광배근을 아예 쓰지 않는 다운스윙 & 임팩트를 한다면 파워는 있을지언정 왼 어깨가 닫히고, 팔의 진행이 방해되어 페이스가 많이 닫히게 되는 훅 방향성을 갖게 된다. 최소한 왼 광배근의 사용량은 기하학적으로 손의 진행이 느려져서 생기는 문제가 없을 정도는 되어야 한다.

#3. 캐스팅이 발생할 경우 비거리(헤드 스피드)가 작아지는 이유 3가지는 손목이 미리 펴져, **첫째**는 원심력의 가속도 성분 분할 각(γ)이 작아지기 때문이며 **둘째**는 릴리즈에서 손목 회전력을 사용할 변위가 작아지기 때문이다. **셋째**는 캐스팅은 반사신경 Limit을 초과한 상태에서 발생하는 것으로써 당연히 손과 손목 힘이 증가하여 릴리즈 효율이 저하되는 것이다.
* 손목이 미리 펴지는 것은, 그림 3.2.16의 우측 2-절 링크 원운동에서 좌측 단순 원운동 모양으로 점점 클럽 움직임이 바뀌는 것을 의미한다.

#4. 백스윙 2/3 지점에서 왼 어깨 Braking 잡는 근육 움직임은 신경을 타고 뇌로 전달되어 일정 시간 후 다운스윙 전환 동작과 연동되고 분절 회전 순서, 하체 폄, 손목 릴리즈에 연관된다.

Braking 잡는 시점과 강도를 일정하게 가져가야 최적의 래깅 조건과 회전력 사용 상태를 만들 수 있다. (*백스윙 6장 1절 & 샷감 7장 1절*에서 상세 설명)

b) 릴리즈 진행에서 래깅 각을 더 크게 유지하기

2-절 링크에서 만들어진 래깅 각은 S5 릴리즈 구간이 진행되면서 래깅 각이 점차 풀어지게 되어 있다. 원심력가속도 성분이 손목을 풀어 클럽을 회전시켜주기 때문이다. 이때, 손을 좀 더 강하게 전진 시키면 래깅 각의 감소 상태를 조금 완화할 수 있다.

오른 팔꿈치를 강하게 펴며 밀어주면(돌려주면) 손이 조금 더 많이 진행되어서 래깅 각의 감소가 완화되고, 더 큰 원심력가속도 성분의 벡터 조건이 된다. 즉, S5 구간에서 원심력가속도 성분이 더 많이 만들어져 헤드 스피드를 증가시키도록 해주는 것이다. 임팩트에서 오른 팔꿈치가 다 펴진 상태가 아니라 팔꿈치 폄이 진행되는 상태에서 임팩트 된다.

오른 어깨 회전, 오른 팔꿈치 폄, 오른팔 밀어줌이 강하면 왼손 엄지 등 쪽을 오른손 엄지 살로 압착하는(누르는 것 같은) 느낌이 생긴다.

혹자가 *"오른손 엄지 살로 왼손 엄지 등을 눌러 줘라."*라고 표현을 하지만 실제는 오른팔을 강하게 밀어줘 그것이 눌리는 것이지, 직접 눌러주는 것이 아님을 알아야 한다. 능동이 아니라 수동 개념이다.

  * 강한 오른팔 밀어줌에 있어서 밀기만 해야지 왼 엄지 등을 진짜 억지로 꽉 눌러준다면, 그립을 꽉 잡게 되어서 (원심력가속도 성분의 이용이 줄어들게 되기 때문에) 역효과가 난다. 그리고 손목 각이 위로 꺾여 자연 로테이션이 커져 힘없는 훅 구질이 생기게 된다.

Remarks

#1. 릴리즈가 늦게 시작되면 오히려 원심력가속도 성분의 사용 시간이 감소하여서 Push-Slice 구질이 발생한다.

즉 래깅 각을 크게 만들었다고 해서 마냥 좋은 것만은 아니고, 적정량이 릴리즈에 사용되어야 최대 효과를 보는 것이다. 타이밍도 맞아야 하는 것이다.

#2. 너무 과도한 래깅 양 사용 모양을 적용하면 오른 팔꿈치와 왼 손목의 사용 환경이 한계치가 되는데, 이때 반복되는 뒤땅 토핑 미스 타점 상황이 되면 왼 손목과 오른 팔꿈치 부상을 가져올 수 있다.

#3. 핸드포워드 임팩트는 래깅 각이 더 크게, 긴 시간 동안 유지되는 동작으로써 헤드 스피드 증가에 조금 도움을 줄 수 있다. 그러나 전체적인 (헤드 스피드, 탄도, 스핀, 스윙 스타일, 다른 Shot making) 영향을 고려할 필요가 있다. 비거리 하나만 본다면, 눌러 치는 아이언 핸드포워드 샷은 조금 이점이 있으나, 그 밖의 샷 동작에는 부정적인 영향을 끼친다고 봐야 한다. 따라서 과도한 핸드포워드 임팩트는 추천하지 않는다.

cf) 손 진행이 느려 발생하는 스쿠핑은 래깅 각을 빨리 줄어들게 한다.

#4. 백스윙 크기가 작고 몸으로 강하게 회전하는 골퍼는 보통 핸드포워드 형태를 더 가져가는 임팩트를 한다. 근력이 강한 골퍼 특징이다.

컴팩트한 스윙 크기에서 릴리즈 진행 중에 래깅 각을 계속 크게 가져가는 형태로 원심력가속도 성분을 크게 만들어서 헤드 스피드를 증가시키고자 하는 것이다.

#5. 릴리즈 vs 로테이션 : 릴리즈와 로테이션 혼동하면 스윙을 설명하기 힘듦
- 릴리즈 : 래깅 상태의 손목이 풀어지는(펴지는) 것
- 로테이션 : 다운스윙 초반 스윙 궤도면에 놓인 클럽 헤드 중심이 세워지면서 90°(임팩트)를 거쳐 반대 모양인 180°에 이르는 샤프트를 중심으로 클럽 헤드가 회전하는 형태

〈릴리즈와 로테이션 차이 이해〉

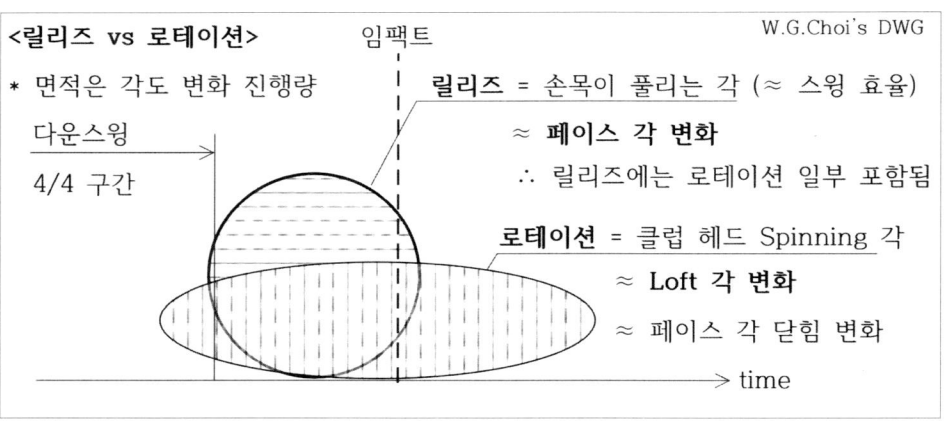

그림 3.2.18 릴리즈(90°) vs 로테이션(0°~180°) 의미 구분

4) 진입 원심력 키우기 (릴리즈 진입하는 헤드 속도 키우기)

'원심력가속도 성분(Fa) = 원심력 × sin(벡터 각)'이다.
앞 1), 2), 3) 항에서는 벡터 각을 키우는 설명을 했다. 원심력을 직접 키워도 원심력가속도 성분은 커진다.

a) 릴리즈 시작에서 큰 원심력

릴리즈 시작 시점에서 원심력이 커야, 그 분력인 원심력가속도 성분도 크게 된다.
S1~S4 다운스윙 구간에서 래깅 유지 또는 증가한 상태에서 가능한 한 큰 헤드 스피드로 S5 구간에 진입하는 것이다.

원심력 공식은 '$Fc = m V^2 / R$' 이다.
원심력은 헤드 스피드의 제곱에 비례한다.
S4 구간까지 클럽 헤드 스피드를 올리는 방법은 다음과 같다.
단, 캐스팅이 발생하여 손목이 풀리지는 말아야 한다.

① 힙 턴을 강력하게 해준다.
강한 힙 턴은 S2 구간까지의 헤드 스피드를 올려주고, S3~S4에서 상체 회전력을 증가시켜 준다.
강한 힙 턴 방법은 다음과 같다.
  - (백스윙 중반부) 왼 어깨 턴 크게 해서 다운스윙 X-Factor 키우기
  - (다운스윙 초기) 오른 옆구리 힘 빠지게 하기
  - (다운스윙 초기) 작은 아크로 내려오기
    * 혹자는 *"스윙 아크를 키워야 비거리 늘어난다."*라고 이야기하지만, 다운스윙 초반 스윙 아크를 작게 해야 손목이 풀어지지 않고 헤드 스피드를 더 크게 할 수 있다. 이것은 등이 조금 굽어 팔(팔꿈치)이 몸통에 가까운 모양을 의미한다. 단, 양팔의 삼두박근에 Tension 있어서 왼 팔는 펴지고 오른 팔꿈치는 적당히 굽어진 상태여야 한다.
  - (다운스윙 초기) 왼 옆구리 힘 빠지게 하기
    * 위의 것들은 직접 그것을 시행하려 해본다고 해서 안 되니, 다른 신체 부위의 상태/동작으로 간접적인 무엇인가를 해서 그것이 되도록 해야 한다.

② 캐스팅 발생하는 손목 반사신경 Limit을 키워준다.
백스윙 탑 모양에서 오른손 쿠션(오른손바닥 쟁반 받히기) 형태를 해주면 캐스팅 현상 없이, 더 큰 다운스윙 시작 가속을 할 수 있다. 또 상완 삼두박근에 Tension이 유지되게 하여 다운스윙을 한다. *(1장 3절 4가지 사항 참조)*

③ 상·하체 재결합 : 다운스윙 힙 턴의 가속이 다 된 시점에 즉 힙 턴이 감속되는 시점에, 강한 상·하체 결합을 위하여 하체(무릎) 익스텐션을 강하게 진행하게 해 준다.

④ 왼 어깨 부위 강한 회전 : 하체 회전에 이어서 다운스윙 중반에 왼 어깨 부위는 최대한 강하게 회전해야 한다. 단, 광배근 수축 변위가 만들어져 왼 어깨가 뒤로 젖혀지면 안 된다.

⑤ 분절의 회전 순서를 지켜준다.
후행 분절의 회전력이 거꾸로(선행 분절로) 새 나가지 않도록 한다.
 cf) 다운스윙 시작에서 가속을 작게 진행하는 극단적인 스윙 형태가 로브샷이다. 헤드 스피드가 느리게 진행되고, 릴리즈 타이밍도 늦게 만들어진다. 이 스윙 형태는, 작은 가속을 하면서 내려오므로 샤프트의 탄성 진동 릴리즈 타이밍에 거의 영향받지 않는다.

b) 손 뿌리기 vs 클럽 헤드 던지기
(두 가지는 조금 다른 형태 회전력 사용 메커니즘이다.)

① 손을 볼에 뿌리기 (오른팔 위주 스윙)
S3 구간에서 왼 어깨를 강력하게 회전하면서 S4 구간에서 오른 팔꿈치를 강하게 펴주기 시작하면 팔의 회전이 빨라져서 손이 볼에 뿌려진다.
 * 손을 볼에 뿌리겠다는 의지가 필요하다.
이것은 릴리즈에 진입하는 클럽 헤드 속도를 증가시켜 주면서 래깅 각을 키워주는 두 가지 효과가 있다.
 cf) 백스윙 2/3 지점에서 일정하게 왼 어깨가 Brake를 잡으면서 왼 등과 왼 광배근에 Tension이 걸려야 다운스윙 동작의 트리거 역할을 할 수 있고, 다운스윙 중반부에 왼 어깨의 강력한 회전이 사용될 수 있다. 왼 어깨의 강한 회전은 하체 전환 동작의 반동 작용(Reaction)에 해당하며 이후 손목 릴리즈에 연동된다.

② 클럽 헤드를 볼에 던지기 (왼팔 위주 스윙)

앞 ①과 다른 형태로써, S5 릴리즈 구간에서 직접 손목 회전력을 더 강하게 사용하여 클럽 헤드를 볼에 던지는 방법이다.

Remarks

#1. 팔의 회전 진행을 빠르게 하여 클럽 헤드를 볼에 던지려 하면 헤드 스피드 증가는 없다. 오히려 헤드 스피드는 감소한다. 더군다나 왼쪽 늑골 골절 가능성이 커진다. 그리고 엎어 맞는 타격이 된다.

절대적으로 위 ① vs ②의 구분이 필요하다.

* 손을 볼에 뿌리든, 클럽 헤드를 볼에 던지든 비거리 향상은 겨우 3~5% 정도에 지나지 않는다. 획기적인 헤드 스피드 & 비거리 증가를 기대해서는 안 된다.

cf) 손을 볼에 뿌리는 것은 오른 팔꿈치 부상 위험. 클럽 헤드를 볼에 던지는 것은 왼 손목 날 부상 위험이 따른다. 절대로 근력의 한계를 초과하는 무리한 동작을 시행하면 안 된다.

#2. 혹자가 이야기하는 *"클럽 헤드를 던져라."* 라는 말의 의미는 클럽 헤드를 진짜로 던지는 것이 아니고 다음과 같은 차이의 의미를 담고 있다.

- 첫째 : 원심력가속도 성분에 의해서 클럽 헤드 스스로 전진하는 상태를 만들라는 의미이다. *"던진다.", "던져라."* 가 아니라 *"던져지도록 하라."* 라는 수동의 표현이 맞다.

릴리즈 후반부에 손목 회전력이 많이 사용되는 것도 릴리즈 전반부에 그 환경이 만들어져야 가능하다.

- 둘째 : 다른 한편으로는 *"클럽 헤드를 던진다."* 라는 말은 임팩트 직전에 *"클럽 헤드를 들어 올리지 말라."* 라는 의미가 내포되어 있을 수 있다. 클럽 헤드를 들어 올려 상향타격을 하려고 하면 손목에 힘 들어가고 릴리즈 효율은 저하되면서, 아울러 무릎을 펴기 힘들어서 헤드 궤도가 오히려 밑으로 진행되어서 Sky ball이 발생한다.

- 셋째 : 릴리즈 중·후반부, 손목을 강하게 회전시킨다는 의미이다. 손목 회전력을 사용하여 클럽 헤드를 볼에 던지는 것이다. 단, 이것은 '오른 골반 회전력 + 왼팔 회전력' 조합을 사용하면서 손목 회전력을 사용하여 클럽 헤드를 볼에 직접 던지는 것이다.

(3권 6장 5절 및 4권 1장 7절 상세 내용 참조)

#3. 문제) 다운스윙 S5 구간의 헤드 위치 변화 100 ~ 0°(후방 -> 임팩트)에서 만약 0.03sec 시간에 진짜 200g 클럽 헤드를 팔로 2cm 던져졌다면, 감소한 원심력(구심력)과 비거리 감소량은 얼마가 될까?

〈풀이〉

2cm 던지는 법선방향 가속도, a = 2 S / t^2

a = 2 × 0.02 / 0.03^2 = 44.4m/s^2 = 4.5g

클럽 헤드 던지는 즉 스윙 아크 커져서 법선방향으로 2cm 이동되는 궤적으로 바뀔 때, 몸쪽 방향으로 관성력은 F = m a = 0.2 × 44.4 = 8.2N ≈ 1kgf이다.

결론적으로, 원심력 20kgf인 사람이 클럽 헤드를 2cm 던지게 되면 원심력이 20kgf에서 19kgf로 줄어든다는 이야기다. 이것은 원심력가속도 성분도 같은 비율로 줄어들게 만든다.

원심력가속도 성분이 만드는 비거리는 전체의 20% 정도이므로 비거리는 20% 증가에서 19% 증가로 감소하는데, 즉 전체 비거리 감소 1%에 해당한다고 할 수 있다. 비거리 200m인 경우, 198m로 줄어들게 된다.

클럽 헤드를 진짜로 팔로 던지면 위 계산과 같이 비거리는 늘어나지 않고 오히려 감소하며, 실제 스윙은 굉장히 허접하게 되어 버린다.

역설적으로 싱글 플레이어가 백돌이 실력 되는 가장 쉽고 빠른 방법은 팔로 클럽 헤드를 진짜로 던져 스윙하는 것이다.

자신의 신체 조건과 근력의 한도 내에서 백스윙 후반에 어깨 턴 크고, 다운스윙 초반 하체 턴이 크고, 이후 하체(무릎)를 강하게 펴줄 때 클럽 헤드가 던져지는 느낌의 릴리즈가 만들어지는 것이지, 정말로 직접 팔을 쭉 뻗어 클럽 헤드를 던지게 되면 2cm 던질 때 1% 정도의 비거리 감소가 일어난다고 봐야 한다. 더불어, 팔로 클럽 헤드를 던지는 것을 하면 왼 갈비뼈 골절 부상이 야기될 가능성이 매우 커지게 된다.

　* 왼 갈비뼈가 부러졌다면, 누군가 클럽 헤드를 던지라고 해서 그것을 실행한 것이 아닌지를 곰곰이 생각해 봐야 한다. 그래야 갈비뼈가 두 번 부러지는 어리석은 일을 반복하지 않을 것이다.

2.4 원심력가속도 성분이 잘 사용되게 하는 방법

(릴리즈에서 헤드 스피드를 올리는 방법 2)

(헤드가 뒤처지지 않고 앞서가게 하는 방법 ≈ 슬라이스 방지)

원심력가속도 성분이 크게 만들어져 S5 구간(릴리즈 구간)에 진입하였다고 하더라도, 그것이 잘 사용되는 손목 환경을 만들어주어야 한다.

1) 손목 힘 적게 증가한 상태 만들기

S1~S2~S3~S4 구간에서 래깅 상태의 손목에 힘이 적게 들어가 있게 해야 스스로 전진하려는 원심력가속도 성분(F_a)이 S5 구간에서 클럽 헤드를 더 빨리, 즉 원심력의 가속도 성분만큼 가속하게 해준다.

손목에 힘이 들어가 꽉 잡혀있으면 원심력가속도 성분(F_a)은 원활히 기능을 발휘하지 못하고 클럽 헤드에 걸리는 원심력가속도 성분 힘이 손을 함께 전진시켜서, 손(그립)이 선행하게 되어 오히려 페이스는 열려 맞고, 클럽 헤드가 스스로 전진하려는 힘은 일부 소멸하여 버린다.

결국 꽉 잡힌 그립(고정된 손목)은 다운스윙 S5 구간에서 상체의 억지 회전 동작을 만들게 되고 비거리가 안 나오고 방향성 나쁜 결과를 초래하게 된다.

이후 이런 상태로 아무리 세게 휘둘러 치려 해봤자 비거리는 나오지 않고 손목·팔꿈치 부상만 오게 할 것이다.

꽉 잡힌 그립과 그 손목은 회전력 중심(FC)을 앞으로 위로 이동시키는 역할을 하는데, 스윙 폼이 엉성한 형태가 된다. 잔뜩 힘은 쓰는데, 스피드가 안 나오는 전형적인 스윙 형태가 된다.

Remarks

#1. "힘 빼라."라는 것을 귀에 딱지가 끼도록 듣는데, 그 이유가 원심력가속도 성분이 잘 사용되게 하기 위함이다.

  * 힘 빼는 것은, 빼려고 해서 그냥 되는 것도 아니고, 그립 가볍게 잡는다고 되는 것도 아니다. *1장 내용*이 수행되어야 한다.

    - S1~S2 구간에서 오른 무릎 오금 굽힘으로 클럽 헤드가 늦게 (Smooth 하게 가속) 따라오도록 하

여 손목 힘 적게 증가하게 하고, S3 구간에서 오른 팔꿈치 외회전*(5장에서 설명)*으로 2nd 가속을 부드럽게 되게 하는 방법을 알고 사용해야한다. 그래야 손목에 힘이 증가하지 않아서, S5 릴리즈 구간에서 손목을 힌지 삼고 클럽 헤드에 걸린 원심력가속도 성분이 헤드를 빠르게 회전시켜준다.

- 회전면에 클럽 헤드 무게 중심(COG)이 오도록 백스윙 Top의 헤드 모양을 만들어서 편심 토크가 발생하지 않게 (작게, 일정하게) 해야 그립 힘 증가량이 적어진다.

#2. *"롱 아이언 거리가 안 난다.", "롱 아이언과 I7 거리가 같다."*라고 하는 사람들은 원심력가속도 성분이 작은 형태를 취하거나 그것이 적절히 이용되지 못하기 때문이다.

다른 이유로는 롱 아이언 스윙 형태가 맞는데도 불구하고, 헤드 스피드가 나지 않을 때는 클럽 사양 (스윙 웨이트, 클럽 강도)에 특이사항이 있는지 확인해 볼 필요가 있다.

2) 릴리즈 타이밍을 맞추기
(0.01~0.001sec을 이야기하는 심화 내용)

* 주의 : 심화한 내용이며, 처음 읽을 때는 건성으로 또는 Skip 하는 것을 추천한다. 그러나 어쨌든 릴리즈 타이밍의 Logic은 꼭 알아야 하는 내용이다.

"릴리즈 타이밍을 맞춰라."라는 Tip이 있다. 무엇을 말하는 것일까? 또 어떤 영향이 있는 것일까?

릴리즈란? 래깅 된 팔~클럽 사이의 꺾인 손목 모양이 펴지는(Extension) 동작이다.
- 코킹 각 : 백스윙 때 스윙 반대 방향으로 손목 꺾임 각
- 래깅 각 : 코킹 된 것에 더하여, 다운스윙 때 변화된 손목 꺾임 각

a) 릴리즈 포인트
스윙 동작, 클럽 헤드의 진행에서 S5 구간의 시작이 릴리즈 시작 위치이다.
릴리즈 Point는 자의 반, 타의 반에 의해서 결정된다.

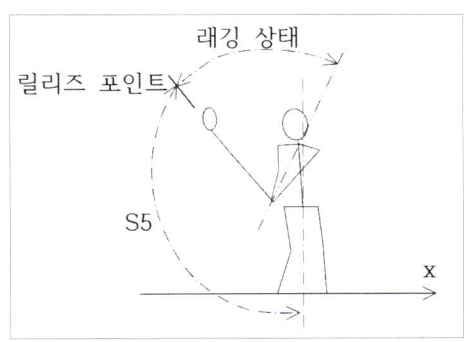

그림 3.2.19 릴리즈 포인트 위치

장타자일수록 S5는 넓고, 거리가 나오지 않는 골퍼일수록 S5는 좁다.

b) 타임 릴리즈 포인트
가속도 그래프에서 릴리즈가 시작되는 시간을 그림과 같이 표현할 수 있다.

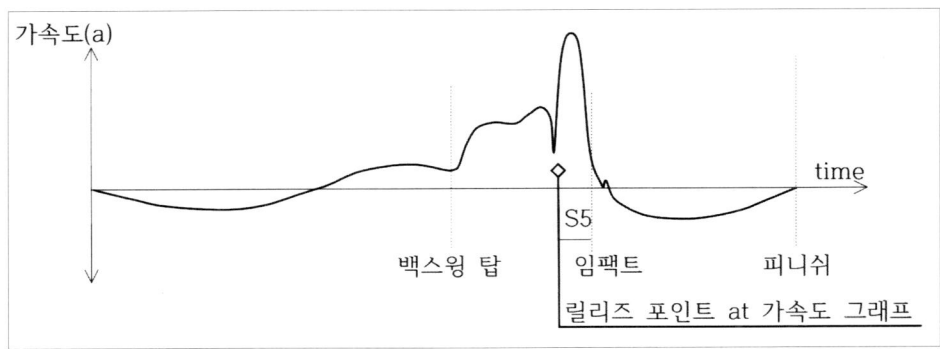

그림 3.2.20 릴리즈 포인드 시점

손목이 풀어지기 시작하면, 클럽 헤드의 원심력가속도 성분이 폭발적으로 클럽 헤드를 가속한다. 이때 래깅을 유지하려 했던 팔 근육은 쫙 풀어지며, 직후(거의 동시에) 손목을 펴려는 손목 회전력 근육이 원심력가속도 성분과 함께 사용되어 클럽 헤드에 큰 가속을 만든다.

그렇다면 릴리즈 시작 시점을 만드는 것은 무엇일까?

Release timing 1 : 계속 증가하는 원심력가속도 성분 힘의 임계상태(평형이 깨지는 상태)

Release timing 2 : 다운스윙 초기 가속 관성력에 대항하는 왼손, 오른손, 손목 반력(모멘트)의 Feedback 날 신경 반응. 실제 Feedback 날 신경 반응은 릴리즈가 막 진행된 이후에 발현될 것이다. 손목 회전력 사용이 릴리즈 시작점보다는 조금 늦은(ex. 0.005sec 늦은 시점) 것이 효율적이다.

 * Feedback 날 신경 반응 : 자극 후 뇌 지령에 따라 대략 0.16sec 지연되어 나타남. 사람마다 반응 시간, 반응량은 다름.

Release timing 3 : 백스윙 탑 감속, 다운스윙 시작 가속에서 샤프트 탄성 진동 휨의 1주기(1T) 후 전진하는 탄성 변형

Release timing 4 : '하체~몸통~어깨~팔'로부터 전달되는 분절 회전 사용 시점

Remarks
#1. 위의 4가지 요인에 의해서 릴리즈 타이밍과 모양은 결정된다. 손목 릴리즈 타이밍은 대략 자의(의지)

20%, 타의(피동) 80% 정도로 만들어지는데 그래서 마음대로 제어되지 않는 것이다.

#2. 손목 릴리즈가 피동으로 작동하기 때문에 인위적으로 손목 강도를 바꾸어 스윙하려고 하면 부정적인 결과를 얻게 된다.
오른 손목 강도 및 왼 손목 강도는 Even 값을 사용하고 제어 용도로 사용하지 말아야 한다.

#3. *(3장에서 설명하는데,)* 로테이션은 대략 자의(의지) 40%, 타의(피동) 60% 정도에 의해서 만들어진다. 따라서 로테이션도 생각만큼 마음대로 안 되는 것이다.
* 비유 : 인생도 마음대로 안 된다. 환경과 선택이 큰 비중을 차지한다.

c) 릴리즈 타이밍 1 (원심력 분력 성분 크기에 따른 타이밍)

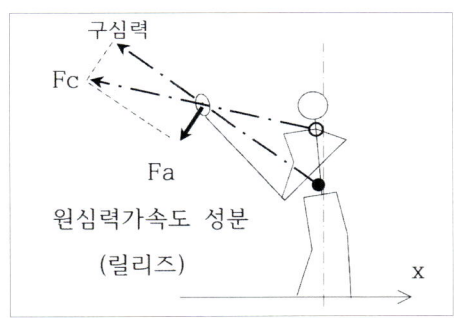

그림 3.2.21 원심력 분력 성분 크기

원심력($Fc = m V^2 / R$)은 헤드 스피드가 증가하면서 자승에 비례하여 점점 커진다. 그 분력 성분(Fa)의 크기는 원심력과 분력 각도 크기에 따라 결정된다.

Fa는 어느 정도 이상의 크기가 되면, 손목(전완 윗면 근육)이 견딜 수 있는 한계점에 다다라서 버티지 못하고 래깅이 풀어진다.
시점은 생성된 힘의 조건, 회전 가속 관성력 상태, 손의 진행, 신체(손목) 능력 특성에 따라서 원하는 것보다 빠를 수도 있고 느릴 수도 있다.
느린 다운스윙에서는 상대적으로 느리게, 빠른 다운스윙에서는 상대적으로 더 빨리 나타난다고 봐야 한다.

손목을 펴려는 분력 성분의 크기 관련 항목 :
- 초반 다운스윙 세기
- 헤드 질량 (m)
- 클럽 길이
- 래깅 각
- 손목의 근육, 신경 한계치
- 진행 중인 몸의 회전 가속 크기
- 백스윙 크기

* 근력이 약한 사람이 팔을 뻗어(아크를 크게 해서) 다운스윙을 진행하려 하면 릴리즈가 이른 시점에 돼버린다. 뻗어진 팔이 래깅 상태의 원심력을 감당하지 못하기 때문이다.
혹자가 "스윙 스피드를 키우려면 큰 아크로 스윙하라." 라고 이야기하는데, 이것은 손목 & 팔 근력이 충분히 큰 골퍼에게 해당하는 Tip이다.

d) 릴리즈 타이밍 2 (날 신경 작용 시점)

다운스윙 시작, 급가속에 따른 관성력 버팀 모멘트가 손·손목에 가해지는데 (반사신경에 의한 동작 여부와 별개로), 근육 감각의 Feedback 반응(들 신경 → 뇌의 판단 처리 → 날 신경)으로 손목 폄 근육 동작 명령이 대략 0.16sec 후에 하달되어, 손목의 펴짐 트리거가 될 수 있다.

* 다운스윙 초기 헤드의 가속 관성은 회전 방향과 반대로 손목을 당긴다.

반사신경은 0.01sec 정도에 나타나 Over action 근력으로 손목을 펴는 캐스팅을 유발할 수 있고, 관성력에 대항하는 Feedback 신경 명령은 0.16sec 정도 후에 나타난다.

Feedback 반응은 예약 타이머 기능과 같다.

느린 다운스윙 하면, 상대적으로 빠른 지점에서, 빠른 다운스윙에서는 늦은 지점에서 반응이 나타나게 된다. <--- 앞 릴리즈 타이밍 1과 반대

ex) 그립을 짧게 잡고 Full swing 하면, 가벼워서 빠른 다운스윙이 되므로 릴리즈 타이밍은 상대적으로 늦은 지점에서 나타나서 열리는 방향성을 만든다. 더군다나 손의 진행이 빨라서 밀리는 방향성이 더해진다.

e) 릴리즈 타이밍 3 (샤프트 휨 진동 주기)

백스윙 탑 감속과 다운스윙 시작 가속에서 발생하는 탄성 변형(뒤로 휨)은 1주기(1T) 후에 다시, 감쇠를 가진 크기로 같은 전진 시작 변위의 타이밍 만든다.

강한 샤프트(CPM 큰 클럽)는 빨리, 약한 샤프트(CPM 작은 클럽)는 상대적으로 느린 시점에 이 탄성 진동 변형이 정회전 방향으로 도래한다.

이것도 예약 타이머 기능과 같다.

* 백스윙 탑에서 머무르는 시간에 따라 기진력의 크기와 형태가 달라져서 탄성 변형의 형태(시점과 크기)는 변한다.

백스윙 탑에서 잠깐 머물러 다운스윙 전환하는 형태에 따라서 스윙 결과가 변하는 것은 분절 회전 진행량이 변한것과 함께, 이 탄성 진동 변형이 영향을 주는 것이다.

f) 릴리즈 타이밍 4 (분절의 회전 순서 타이밍)

선행 분절, '하체 -〉 (힙 골반) -〉 몸통 -〉 (어깨) -〉 팔'의 회전이 빠르게 전달되는 타이밍이거나 느리게 전달되어 오면 손목 턴도 빠르거나 느리게 된다. *(7장 5절 상세 설명 참조)*

선행 분절 회전 전달 속도에 관계된 손목 릴리즈 타이밍은 다음과 같다.

(A) 하체 쿠션(하체 견고성)이 강하면 빠르고, 약하면 느림
(B) 몸통(복근 & 옆구리) 근육 Tension이 강하면 빠르고, 약하면 느림
(C) 어깨 모양, 오른 어깨가 앞으로 모였으면 빠르고, 뒤로 젖혀졌으면 느림
(D) 팔꿈치가 몸에 가까우면 강해서 빠르고, 팔이 들리면 약해서 느림
(E) 하체 폄 대장 근육, 가까운 위 근육이면 빠르고, 먼 아래 근육이면 느림
(F) 오른손 4th & 3rd 손가락 악력, 강하면 빠르고, 약하면 느림
(G) 동작 중심축이 높으면 몸통 회전 시차 작아 빠르고, 낮으면 느림

* 특징 :
(G) 영향이 가장 크고, 다음은 (A) 영향 순서이다.
(B) & (C)는 Even으로 사용하고, 제어 용도로는 사용하지 않는다.
(D)의 오른 팔꿈치 높이는 세게 치고, 약하게 치는 제어용으로 사용한다.
(E)는 미세 조정 용도로 사용된다.
(F)는 작용과 반작용에서 반작용 역할을 하는 조건을 만든다. 이것은 릴리즈 뿐만 아니라 모든 단계의 스윙 품질 전체를 좌지우지한다.

g) 릴리즈가 쉽게(편하게) 되는 그립 모양
(그립 모양이 릴리즈에 주는 영향)

-. <u>손바닥이 아닌, 손가락으로 잡은 그립</u> : 릴리즈 시작과 거의 동시에 손목 날 방향으로 펴지게 하려면 손가락으로 그립을 잡아야 한다. 손바닥 쪽이 많이 사용되어 잡은 그립은 유연성이 떨어져서 빨리 펴지지 못한다.

-. <u>오른손(밑에 손)을 왼손(위 손)과 가까이 잡은 그립</u> : 지렛대에서 지지점을 중심으로 회전하기 쉬운 조건은 서로 가까이 있을 때이다.
  * 비유 : 육상 달리기, 코너 트랙을 돌 때, 바깥쪽 트랙 선수는 큰 원의 먼 거리를 돌아야 하므로 회전각 기준으로 같은 선을 맞추기가 어려운 조건이 된다.

큰 원심력가속도 성분이 작용하여 릴리즈 되는 것에서, 빠른 손목 폄과 샤프트 회전 진행 조건은 오른손이 왼손에 가까이 있는 그립 조건이다.

그래서 왼손 엄지 숏섬에 오른손을 최대한 당겨 붙여 그립을 잡는 것이다.

-. <u>엄지 검지 골 V자 그립</u> : 다운스윙 시작에서 왼손 검지 살은 가속 관성력을 지지하는 역할을 하고, 오른손 검지 살이 받친다. 오른손 검지 살 자극은 Feedback 반응으로 릴리즈 때 손목 회전력 사용을 활성화해주는 역할을 한다.

Remarks
#1. 방향성과 타점 제어에 연관된 그립 잡는 내용을 제외하고, 비거리(헤드 스피드)에 연관된 그립 잡는 법의 내용은 위에서 설명한 것을 Key point로 하고 있다.

#2. 일부 일반 골퍼에서 오른손 검지를 많이 뻗어서 첫마디에 샤프트를 대고 잡은 모양의 그립을 하는 경우가 있다. 검지를 뻗어서 잘 받히고 로테이션할 때 잘 사용하겠다는 의도이나, 검지 마디로 반력을 견디기도 어려울뿐더러 릴리즈 시간이 워낙 짧아서 검지의 힘으로 회전에 도움이 되는 뭔가를 한다는 것은 거의 불가능하다.

뻗은 검지가 오히려 스윙에 방해되고, 거리 감소를 만들고 슬라이스 개선 기능도 없음을 알아야 한다.

#3. 오른손 검지 & 엄지는 백스윙과 다운스윙 진행 중에 개입을 최소화해야 한다. 백스윙에서 꽉 쥐는 것은 이두박근 수축으로 팔꿈치를 굽히게 해서 Over swing을 만들고, 이후 다운스윙에서 삼두박근 사용을 방해한다.

h) 릴리즈 타이밍 종합

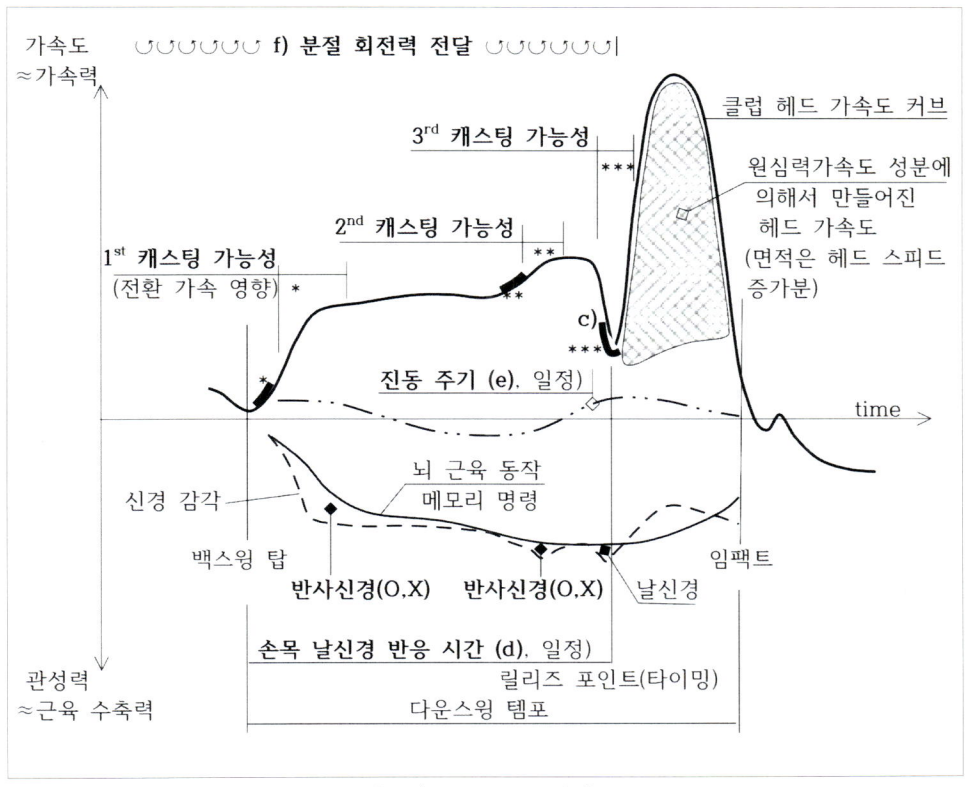

그림 3.2.22 릴리즈 타이밍과 캐스팅 발생 환경 (가속력 그래프 예시)

앞의 c), e), f) 3개 항목의 릴리즈 타이밍이 한곳에서 함께 나타나면, 최고 효율의 릴리즈가 만들어지고 원심력가속도 성분은 최대의 크기와 효과를 발휘하게 될 것이다.
이것에 더하여 d) 항목의 Feedback 신경 반응이 릴리즈 시점 및 손목 회전력 사용과 매칭되면 최대의 가속 환경이 되는 것이다.
손목 회전 가속력이 최대로 이용되므로, 헤드 스피드가 가장 크게 만들어진다는 이야기다.
  * 릴리즈 타이밍은 이 4가지의 조화로 결정된다. 그 중요도는 다음과 같다.
  회전력 전달 사용 시점 > 탄성 진동 주기 > Feedback 신경 주기 > 한계 힘

그림은 릴리즈 시점(타이밍)과 그것의 연관사항, 그리고 캐스팅의 발생 관련 사항을 가속력 그래프에 모두 함께 표현한 것이다.
서로 연동된다는 내용을 이해하는 것은 매우 어렵지만, 함께 분석해볼 필요가 있는 것이다. 그런

뒤 머릿속에 지도처럼 저장해놓아야 엉뚱하게 착각하지 않게 될 것이다. 한 가지도 아니고 네 가지를 이해하는 것은 무척 힘든 일이다. 프로선수마저 샷을 마음대로 제어하지 못하는 이유는 이것 때문일 것이다.

Remarks

#1. 클럽 길이, 무게, CPM은 골퍼의 스윙 근력 능력과 그립의 릴리즈 타이밍을 맞출 수 있는 것이 고려되어 선정되어야 한다.
그리고 골퍼의 신경 반응 시간과도 밀접한 관계가 될 것이다.
"일정한 스윙 템포(다운스윙 템포)를 가져가라." 라는 이유는 릴리즈 발현 시점이 그림에서 표시한 시간과 관계되기 때문이다.

#2. 클럽의 스윙 웨이트(≈ 길이 × 헤드 무게)는 골퍼의 회전 근력에 맞아야 한다. 회전력과 스윙 아크 크기는 템포에 맞아야 하고, 이어서 클럽의 강도와 신경 반응 시간도 템포에 맞아야 한다.
일관된 스윙을 하는 것은 중요하지만, 신체적 회전 능력에 스윙 웨이트, 클럽 강도, 백스윙 크기, 스윙 템포, 신경 반응 시간이 맞아떨어지는 것이 좋은 스윙 능력을 만들 수 있는 것이다.
혹자가 "일관된 스윙을 하세요." 라고 했다고 해서 그것이 쉽게 가능한 것은 아니다.

#3. 세게 그리고 빨리 휘두르려 한다고 해서 무조건 헤드 스피드 올라가지는 않는다. 천천히 정확하게 스윙한다고 잘 맞출 수 있는 것도 아닌 이유는, 아주 짧은 시간에 이루어지는 다운스윙 동작에서 뇌의 동작 메모리와 회전 동작 의지로 클럽 헤드의 가속도를 정확하게 제어할 수 없을 뿐더러 단지 추세선 정도의 형태를 구현하고, 외적으로 반사신경, 추가되는 날 신경, 진동, 클럽 자체의 가속 성분이 여러 형태로 함께 작용하기 때문이다.
좀 크게, 좀 약하게 스윙하는 것이 오히려 더 어려운 스윙이 되는 것은, 이런 복합적인 사항이 스윙에 관계되기 때문이다.

#4. 캐스팅의 형태 (심화 내용) :
그림에 표시된 것과 같이 캐스팅은 3곳의 시점에서 발생할 수 있으며, 원인과 대책은 다음과 같다.
크기와 영향력은 '1st 캐스팅 > 2nd 캐스팅 > 3rd 캐스팅' 순이다.
-. 1st 캐스팅 :
다운스윙 초기 급가속하면, 오른손이 크게 눌리고 왼손은 딸려가서, 왼 손목과 오른 팔꿈치가 펴지려는 반사신경 동작이 나타나는, 즉 '코킹 각이 펴지는 현상'이 나타난다. 손목 펴는 전완 밑면 근육에 과도 수축이 발생하는 것이다.

캐스팅 현상 :

전환 급가속 = 큰 관성력 = 클럽 헤드가 손목을 뒤로 꺾음
   ---〉 견디는(=펴지는) 손목 근육 수축 = 반사신경 Over action 근력
     ---〉 헤드의 뒤쪽 관성력보다 손목 펴는 수축력이 크면, 손목 펴짐

대책 :

^ 급가속이 되지 않도록 상·하체 분리하기 위하여 오른 무릎 오금 굽힘
^ 백스윙 탑에서 조금 머물러, (탄성 이용) 가속 관성력 줄이기
^ Over-cocking (오버 스윙) 하지 않게 손목이 덜 굽혀지도록 다운스윙 후반부에 왼팔을 살짝 더 뻗어준다. 이것은 백스윙 2/3 지점에서 왼 어깨 Brake 잡으면 만들어진다. 오버 스윙은 손목 반사신경 허용값(Limit)을 작게 해버린다. 반대로 과도하지 않은(적정한) 코킹은 반사신경 허용값을 크게 해준다.
^ 반사신경 Limit 키우는 *(1장 3절 내용)* 4가지 사항 적용

-. 2nd 캐스팅 :

다운스윙 중간쯤(어깨 회전이 사용되는 시점)의 2차 가속에서 클럽 헤드가 급가속 되어 손목이 일찍 펴지려는 현상이 나타나는 것이다.

대책 : 오른 팔꿈치를 외회전시켜, (어깨) -〉 팔 -〉 (손목) -〉 샤프트 분절 회전 순서를 맞춰 준다.

   * 릴리즈 전 3/4~4/4 (S3, S4) 구간에서 더 강하게 팔과 손을 가속하여 회전하려고 하면 손목이 버티지 못하여, 그립과 손목에 힘이 들어간다. 힘이 들어가지 않는 수준에서 오른 팔꿈치를 펴면서 가속한다. 힘이 들어가지 않는 수준이 왼 손목이 견디는 최대 가속 한계이다.

-. 3rd 캐스팅 :

- 강한 샤프트 때문에, 이른 시간에 탄성 진동 릴리즈 : 약한 클럽으로 교체 필요
- Feedback 신경이 이른 시간에 나타남 : 스윙 콤팩트 하게 하기
  ^ 클럽 길이 짧게(스윙 웨이트 작게) 하여 다운스윙 시간 줄이기
  ^ 스윙 크기 작게, Over swing 안 되게 하기
- 회전 분절 전달 속도가 빨라서 손목 회전력이 이른 시점에 사용됨 :
  ^ 하체 쿠션을 조금 약하게
  ^ 하체 폄 대장 근육을 다음 단계의 아래 것 사용
  ^ 동작 중심축 높이를 조금 낮추기

cf) 빠른 릴리즈의 3rd 캐스팅은 스윙 품질을 저하하지만, 릴리즈가 늦게 되는 것도 스윙 효율을 낮게 하는 것으로써 위의 대책과 반대의 교정이 필요하다.

#5. 클럽 제조사는 평균적인 골퍼의 표준 스윙에 가장 적합하게 샤프트 길이, 헤드 무게, 클럽 강도를 구성하였을 것이다. 골퍼 자신과 매칭이 안 되는 부분은 그립 길이 조절, 클럽 피팅 & 교체 또는 스윙 모양 변경으로 릴리즈 타이밍이 맞도록 해야 한다. 이것도 숙제가 된다.

2.5 원심력가속도 성분과 방향성

릴리즈 구간에서 원심력가속도 성분이 크고 잘 이용되면 그만큼 헤드 스피드가 올라가고, 헤드 진행이 빠르고, 자연 로테이션양이 커져 페이스는 닫힌다. *(자연 로테이션은 다음 3장에서 설명)*
더불어서 원심력가속도 성분이 사용된 것에 비례하여 보너스로 손목 회전력을 더 키워서 사용할 수 있다. 그만큼 배가되어 헤드 스피드 더 올라간다.
원심력가속도 성분 크기에 비하여 상대적으로 과도하게 큰 손목 회전력 사용은 페이스를 열리게 한다. 즉 손목 회전력 사용량이 방향 제어에 연관되는데, 이는 원심력가속도 성분(≈릴리즈) 크기와 관계되는 것이다.

1) 원심력가속도 성분 크기에 따른 방향성

원심력가속도 성분(Fa)이 크게 작용하면 클럽 헤드가 스스로 먼저 빨리 돌아가려는(회전하려는) 상태가 만들어져 당연히 헤드 페이스가 닫힌다.
이와는 반대로 원심력가속도 성분 크기가 작거나, 그 이용이 적으면 클럽 헤드가 스스로 전진하는 양이 적어져 헤드 페이스는 열리게 된다.
그 방향성은 그림과 같이 닫히는 것은 살짝 닫히고, 열리는 것은 많이(왕창) 열리는 빅 슬라이스 특징이 있다.

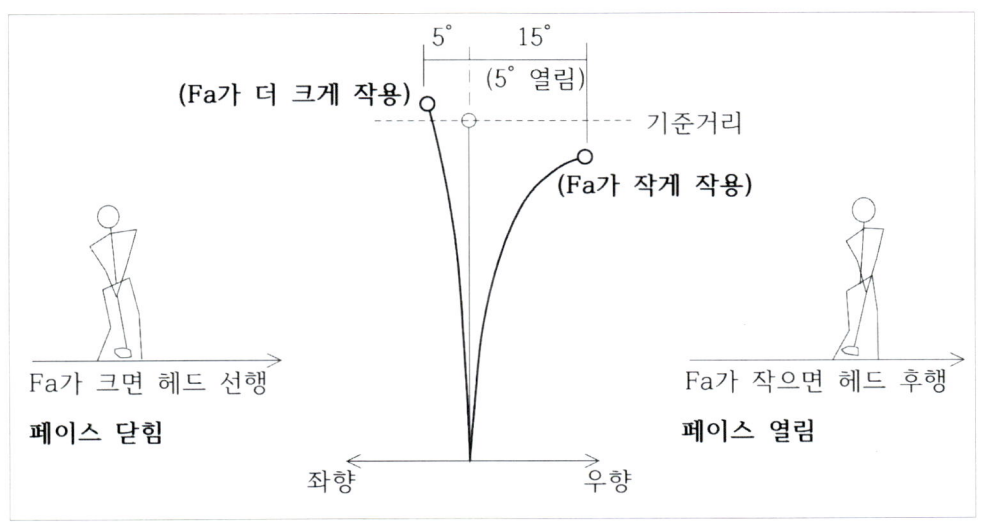

그림 3.2.23 원심력가속도 성분과 방향성 (예시)

방향성에 있어서 한 가지 중요한 사항이 더 있는데, 원심력가속도 성분이 큰 조건에서는 자연 로테이션이 크게 생성된다는 것이다. 이때는 팔과 손의 로테이션을 인위적으로 해줄 필요가 거의 없게 된다.

반대로 원심력가속도 성분이 작으면, 자연 로테이션도 작아지게 된다. 억지로 뭔가를 해서 페이스를 닫아주어도 슬라이스 구질(방향) 교정이 쉽지 않게 된다. 이때 손목 회전력을 크게 사용하면 더 큰 슬라이스 구질이 된다.

Remarks

#1. 프로선수가 아닌 친숙한 어떤 유명인 중에서 골프를 잘하고 또 여유 있게 하는 사람이 있다.

이 사람은 다운스윙 오른 무릎 오금 굽힘과 하체 폄 동작 잘하면서, 원심력가속도 성분 생성(AC, FC 위치 잡기)이 잘되고, 그 사용 환경(손목 힘 증가 안 되게 하기)을 항상 기본 동작에 녹여 넣은 스윙을 하고 있으며, 95% 스윙 구사에 왼 골반~오른 골반~왼팔~오른팔 4가지 회전력 사용하는 것까지 적용한다.

여기에 스윙 동작 중심축을 허벅지로 내리고, 손가락 하중 분배까지 일정하게 잘하니 아무런 두려움 없이 프로선수처럼 여유 있는 스윙이 되는 것이다.

#2. 드라이버 번트 형태로 타격(스윙)하면, 팔과 손목 가속을 거의 안 하는 모양이어서 S5 구간에서 가속 관성력이 거의 없게 된다. 따라서 원심력가속도 성분만으로 클럽 헤드가 전진하고 자전(로테이션, Spinning)하여 Full hook 구질이 만들어질 가능성이 크다. 돼지 꼬리 샷이 된다.

원심력가속도 성분에 손목 회전력이 어느 정도 가미되어야 Good shot이 된다.

* 첫 홀, 내리막 드라이버 티샷할 때, 달래 친다고 팔과 손목의 회전력을 전혀 사용하지 않으면 좌측으로 가는 훅이 발생한다. 벌타 구역으로 가거나 아니면 좌측 경사면에 있게 될 가능성이 크다. (살아 있어도 깊은 러프에 긴 거리의 경사지 2nd Shot을 해야 할 것이다.)

이런 스윙에 더하여, 무릎 폄 약하면 상 타점(Sky ball)의 훅이 발생하고, 탄도가 높아 비행시간이 길어져 휘어지는 양이 많은 관계로 좌측 벌타 구역으로 갈 가능성이 크다. 달래서 치는 스윙은 의외로 결과가 좋지 못하다.

2) 원심력가속도 성분 크기의 유지 (항상성 ≈ 일관된 결과)

능력 중에는 Shot을 잘 할 수 있는 구사 능력, 상황에 어떻게 대처해야 하는지의 상황판단력, 왜 그런지를 이해하는 이해력 등이 있는데, 골프에서 중요한 능력 중의 하나는 샷 유지력, 즉 항상성이다. 18 Hole 동안, 라운드 내내 같은 스윙을 할 수 있는 능력을 일컫는다.

앞 절에서 원심력가속도 성분의 크기와 이용 수준을 결정하는 요소에 대하여 알아보았는데, 그것들이 변해버렸다면 릴리즈가 달라져서 그에 따라 거리와 방향성이 달라진다.

I7 클럽을 150m Straight 쳐왔는데, 갑자기 정타임에도 불구하고 거리가 10m 덜 나가고 (140m) 5° 정도 우측으로 날아가 버린다면, Par score를 계속 기록하기 쉽지 않을 것이다. 차라리 처음부터, I7이 140m에 우측 5° 구질이었다면, 그것을 고려하여 클럽과 에임을 선택하였을 것인데 플레이 도중 바뀌어버린 스윙 결과는 참 당혹스럽고 난감한 상황을 전개하게 된다.
이런 결과의 일관성에 가장 큰 요인으로 작용하는 것이 원심력가속도 성분이다. 원심력가속도 성분은 골프 스윙에서 거리뿐만 아니라 방향성에서도 가장 중요한 사항이다. 릴리즈와 이때의 원심력가속도 성분은 골프 스윙의 50% 정도를 지배한다고 할 수 있다.

원심력가속도 성분의 크기와 이용에 관계된 사항을 요약하여 정리하면 다음과 같다. 다음 사항이 변하면 샷 결과도 변하게 된다.

- 다운스윙 초기, 손·손목 힘 적게 증가
  ① 그립 힘 ↓ --- 스윙 면에 헤드 중심(COG) 맞추기
  ② 손목 힘 ↓ --- 부드러운 초기 가속 by 오른 무릎 오금 굽힘

- 회전력 중심점(FC) 위치
  ③ 아래로 --- 왼 허벅지 내측 텐션 갖기
  ④ 뒤로 --- 오른발 내측 가운데로 전방 체중 이동 밀기 시작
              척추기립근 감각 기준으로 몸통 회전하기

- 회전 중심점(AC) 위치
  ⑤ 위로 --- 하체 폄 강하게
  ⑥ 뒤로 --- 하체 폄을 척추 폄보다 먼저

- 래깅 양
    ⑦ 크게 --- 왼 광배근 유지하면서 왼 어깨 강한 회전
    ⑧ 크게 유지 --- 오른팔 밀며 팔꿈치 펴주기

- 릴리즈 시점
    ⑨ 큰 원심력 --- 빠른 속도로 진입
    ⑩ 3위 일체 --- 스윙 템포 vs 클럽 CPM vs 신경 전달 주기 맞추기
    ⑪ 손목 분절 사용 타이밍 --- 하체 쿠션 세기, 폄 대장 근육 선정,
                동작 중심축 위치에 따른 골반~어깨 회전 시차 제어

Remarks

#1. 골프 다운스윙은 0.2sec 동안에 해야 할 것이 참 많은 동작이다.
어떤 사항(동작)을 해오다가 잊어버린 경우는 30분 정도 Review 하는 연습이 필요하고, 처음 접하는 경우는 3개월(2~4개월) 정도 뇌의 근육신경 제어 기능 활성화(생성) 기간이 필요하다.

#2. 수백 가지나 되는 골프 스윙 기술을 어떻게 다 습득하고 기억할 수 있겠는가? 핵심이 되는 원리 몇 가지를 이해하고, 이것으로부터 응용을 생각하는 것이 편할 수도 있다. 원심력가속도 성분에 대한 Logic은 간단한 것이다. 단, 그것에 영향을 주는 많은 요소를 파악하고 있어야 한다.

#3. 수십에서 수백 명이 수백 수천 번을 '슬라이스 원인과 교정 방법'이라고 설명했던 것이 정답에서 거리가 멀었던 것이라면 어떻게 할 것인가?
새로운 선생님을 찾을 것인가? 골프를 버릴 것인가? 아니면 Logic을 깨달을 것인가? 선택은 각자의 판단에 달려 있다.

중심점 (Center Point)

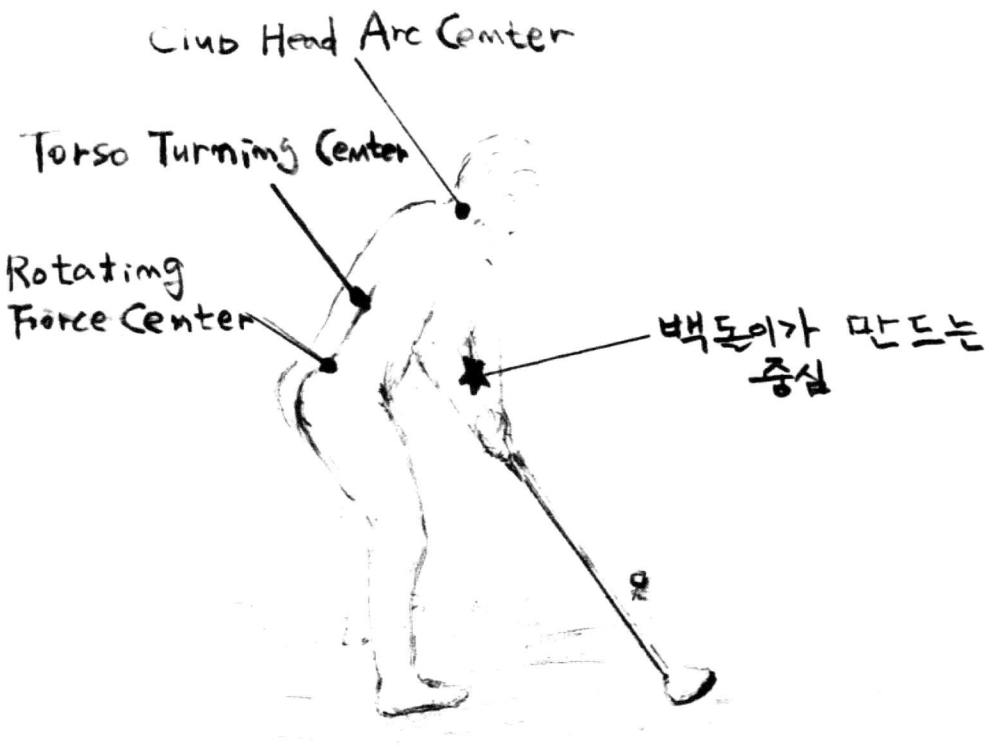

골프 스윙에는 세 개의 중심점이 있다.
유지해야 하는 '클럽 헤드 아크 중심'과 '몸의 회전력 중심'
그리고 이용하는 '몸통 회전 중심'

천동설을 믿는 것처럼 '백돌이' 골퍼는 명치 앞에 달랑 중심점 하나를
형성하고 헤드를 빠르게 돌리려 한다.
아무리 애써도 진전은 없다.

방향성을 알고 제어하는데 필수 사항

자연 로테이션

릴리즈는 *앞 2장에서 설명*하였다. 이 장은 로테이션에 관한 이야기다. 손목을 돌려야 하는가? 아니면 클럽 헤드 스스로 전진하는 것에 더하여 돌아가려는 현상(자연 로테이션)의 제어에 먼저 초점을 맞출 것인가?

*"초보 시절에는 비거리 & 슬라이스 때문에 고민하고, 어느 정도 스윙이 되면 훅 때문에 고민하게 된다."*라는 말을 듣는다. 원심력가속도 성분의 이용이 원활하게 되면 비거리 늘어나고, 우측으로 가는 슬라이스 방향성도 개선되어 똑바른 구질의 샷을 하게 된다. 그러나 더 강한 샷을 하게 되는 과정에서 훅이 발생하게 되는데 좀 더 강한 샷을 하려고 하면, 간간이 낮은 탄도의 악성 훅(돼지꼬리 샷)이 발생한다. 그리고 어떤 때는 페이스가 많이 열리면서 높은 탄도의 슬라이스가 발생하기도 한다.

로테이션에 관계된 3가지 큰 질문을 던지면 다음과 같다.
① <u>탄도와 방향성이 함께 큰 변화를 일으키는 과한 로테이션 변화 현상은 왜 일어나는가?</u>
　　로테이션 변화를 줄이는 방법은 어떤 것들이 있는가?
　　　- 그립?
　　　- 손목 각?
　　　- 손가락의 힘?
　　　- 손목 강도?
　　　- 오른 팔꿈치 높이?
　　　- 각 양팔(팔꿈치)의 외회전?

② <u>로테이션이 너무 적어서, 로프트 뉘어 맞아 탄도 높고 비거리 손해 보는 경우의 원인과 대처 방</u>

법은?
- 과도한 손목 회전력 사용 ⟨--- 릴리즈에서 과도한 손목 회전력 사용 줄이고 몸통 회전력 키운다.
- 힙 턴과 오른 어깨 턴 시점(시차)에 따라서 릴리즈 타이밍이 달라 로테이션양이 달라진다. ⟨--- 적절한 골반~어깨 회전 시차 만들기 *(7장 참조)*
- 원심력가속도 성분이 작으면 로테이션이 작아진다. ⟨--- 원심력가속도 성분 키우기 *(앞 2장 참조)*
- 그립이 꽉 잡히면 손목이 뻣뻣해 자연 로테이션이 작게 된다. ⟨--- 손·손목 힘 적게 증가하는 조건 만들기 *(앞 1장 참조)*

③ 낮은 탄도의 훅이 나는 경우 원인?
- 왼손 검지 꽉 잡는 경우
- 손목을 위로 꺾어 손목 각이 큰 경우
- 오른 팔꿈치를 낮은 높이로 몸에 붙이는 경우
- 캐스팅 발생 상태
- 백스윙 감속 동작에서 손목 강도가 크게 형성되어 릴리즈에서 과한 사용

Remarks

#1. 클럽 헤드가 스스로 전진하려는 원심력가속도 성분의 힘은, 손목이(클럽 헤드가) 저절로 돌아가게 하는 자연 로테이션을 크게 만드는 환경을 조성한다.
본 장에서 이 메커니즘을 설명한다.
* *'3절 손가락 악력 분배'* & *'4절 Hook 교정'*은 부가적인 내용이다.

#2. 왼손 검지에 힘이 들어가면 손목 각이 커져서 자연 로테이션이 증가하게 된다. 이는 낮은 탄도의 악성 훅을 만든다.
작은 변화에도 큰 방향성 변화를 일으키는 것이 손목 각이다.

#3. 각 손가락의 악력 배분에 따라서 손목 각이 변하고, 이는 의지와 다르게 로테이션양과 궤도를 변하게 하여서 페이스 각과 타점을 변하게 만든다.
따라서 그립은 일정하게 잡는 것이 추천된다. 그립을 다르게 잡아서 Shot making을 하는 것은 위험한(오차가 큰) 결과를 초래할 것이다.
스윙 중 인위적으로 팔과 손목을 틀어서 페이스 각을 제어하기는 힘들다.

3.1 자연 로테이션의 발생

골프 스윙에서 자연 로테이션에 의한 방향성 변화를 이해하는 것은 필수 사항이다. 릴리즈 구간 0.04~0.05sec에서 클럽 헤드 모양, 손목 모양, 오른 팔꿈치 모양, 힘의 사용 형태에 따라서 페이스 각과 로프트 각은 크게 변한다.

1) 자연 로테이션 발생 원리

앞 *2장에서* 다운스윙 S5(5/4 구간), 원심력가속도 성분의 발생과 그것으로 클럽 헤드가 스스로 빨리 돌아가는(전진하는) 현상에 대하여 알아보았다.
  * *4장에서 설명*하겠지만, 익스텐션(몸의 폄 동작)에 의한 헤드 가속도 성분도 발생한다.

클럽 헤드 법선력의 회전 가속도 성분 힘인 접선력은 보통 손의 회전 면보다 클럽 헤드의 회전면이 위(앞)에 있다. 그래서 가속도 성분의 힘은 클럽 헤드를 Loft가 작아지는(세워지는) 방향으로 회전(Spinning)시키는 역할을 한다.

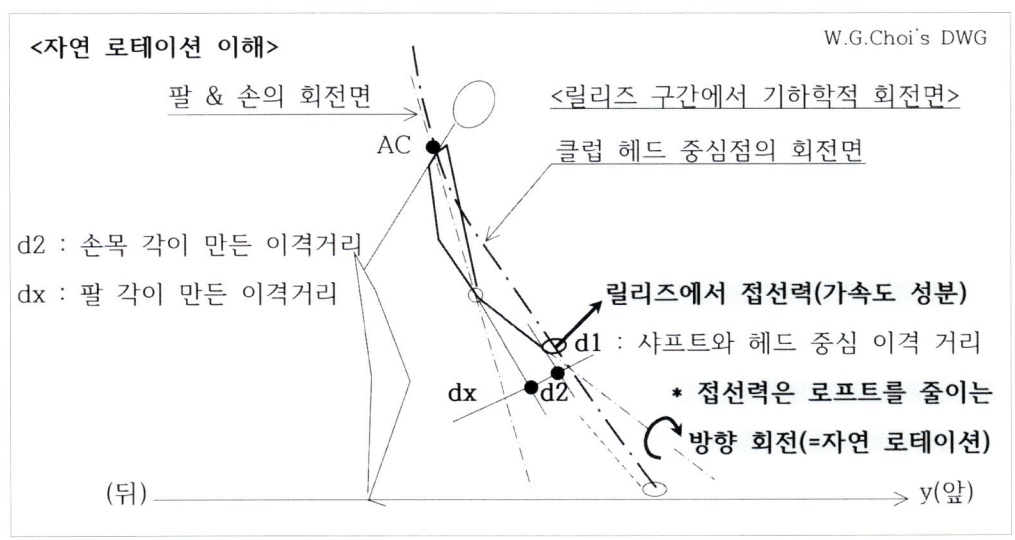

그림 3.3.1 자연 로테이션 모델

팔 회전면에서 어긋나서 작용하는 원심력가속도 성분은 그림과 같이 샤프트 축을 기준으로 (골퍼 시각에서) 반시계 방향의 클럽 헤드 회전을 만드는데, 이 회전 현상을 자연 로테이션이라 한다.
이 그림은 머릿속에 꼭 각인시켜야 골프 스윙의 방향성 이해가 편하다.

샤프트와 클럽 헤드가 'L자' 모양으로 결합한 것도 어긋난 회전면 이격 거리를 키우는 역할을 한다. 이격 거리는 다음 3가지로 구성된다.
- d_1 : 샤프트와 헤드 결합 모양에 기인한 이격 거리
- d_2 : 손목 각에 기인한 이격 거리 (팔 vs 샤프트 각도)
- d_x : 오른 팔꿈치에 의한 회전면 거리

Remarks
#1. 손의 회전 면보다 헤드 중심의 회전면이 앞쪽(위쪽)에 있게 되는 이유는 구부러진 클럽 헤드 모양과 손목 각에 기인한다.

#2. 클럽의 자연 로테이션 : 로프트가 줄어드는(세워지는) 방향으로 클럽 헤드가 회전하여 페이스가 닫히는 모양새를 만든다.

#3. d_x는 백스윙 때 오른 팔꿈치를 올린 높이와 관계된다. 높이 올리면 팔꿈치가 많이 펴지는 형태로 릴리즈가 된다. 옆구리에 가깝게 낮게 올라가면 많이 굽혀진 형태로 릴리즈가 돼, 자연 로테이션양이 커져 훅이 발생한다.
* Straight 구질인 골퍼가 오른 팔꿈치를 옆구리에 붙이는 낮은 백스윙으로 세게 치려고 하면, 자연 로테이션 증가 때문에 드라이버는 돼지 꼬리 샷이 나오고, 아이언은 (뒤땅을 동반하고) 낮은 탄도의 짧은 훅이 발생한다.
cf) 팔꿈치가 만드는 이격 거리(d_x)는 골반 턴과 어깨 턴 시차와도 관련된다.
- 골반 턴과 어깨 턴이 거의 동시에 이루어지면, 릴리즈 타이밍이 빨라져서 헤드는 엎어져 내려오는 모양이 된다.
- 골반 턴에 이어서 어깨 턴이 늦은 시점을 두고 이루어지면, 팔이 펴져 자연 로테이션이 적은 형태로 릴리즈 구간을 맞이하게 된다. 로프트는 뉘어 타격하게 되어서 높은 탄도에 큰 백스핀 구질이 발생한다.

#4. 가속도 성분은 S5 구간에서 발생하기 때문에 자연 로테이션은 S5 구간에서 발생한다. 그 크기는 *다음 2) 항*에서 자세히 설명한다.

cf) 다운스윙 시작 구간의 편심 관성 토크는 그립을 꽉 쥐게 만드는 악영향을 준다. 꽉 쥔 그립과 손목은 릴리즈 효율을 떨어트리면서 동시에 자연 로테이션을 방해한다.

#5. 릴리즈와 로테이션을 구분하여 이해하지 못하는 골퍼가 제법 있다. 그리고 몇몇 교습가도 릴리즈와 로테이션을 혼용하여 사용한다. 릴리즈를 로테이션이라고도 말한다. 로테이션을 릴리즈로 생각하는 것이다.

용어 사용에 혼선이 있으면 주제에 대한 설명이 통째로 어설프다. 말이 꼬이게 되고, 설명이 마무리될 때쯤 무슨 소리를 했는지(들었는지) 헷갈리게 된다.

릴리즈는 코킹 & 래깅 된 손목이 풀리는 것이고, 로테이션은 팔, 손, 샤프트와 헤드를 잇는 가상의 선을 기준으로 그것들이 회전(Spin)되는 것을 말한다.

- 릴리즈는 시작 S5(11시~9시 지점) 구간 진입점에서 시작하여 임팩트 직후 팔과 샤프트가 일자로 다 펴지면 끝난다.
- 로테이션은 얼추 릴리즈 시작점에서 시작되는 것은 비슷하나, 팔이 다 펴지는 시점쯤에서 90°로 세워지고 폴로스루 구간에서도 계속 진행된다. 이후 클럽 헤드 2시 방향 정도의 폴로스루 지점에서 양팔, 양손이 반대로 겹치는 모양에서 거의 완성되는(끝난) 모양이 된 상태이다.

  임팩트 구간에서는 손목 회전력 사용되어 Square가 유지되고, 폴로스루에서는 감속 관성력이 작용하여 로테이션이 다시 활성화 된다.

몸이 도는 것은 **회전(Turn)**, 기구가 축(Shaft)을 중심으로 도는 것은 **로테이션(Rotation)**, 운송 수단에서는 기준 축(Axis)을 중심으로 기울어지는 것은 **롤링(Rolling)**이라 한다.

#6. *1장 1절 3) 항의* 오른 무릎 오금 굽히기 Drill에서 오른손을 10cm 위에 잡고 (또는 왼손을 오른손 위에 잡고) 빈 스윙을 하면, 로테이션이 팍팍 된다. 이유는 팔과 샤프트가 만드는 손목 각이 커져서 d2라는 이격 거리가 매우 증가하여 자연 로테이션양이 대폭 많아졌기 때문이다. 손목 회전력 적게 사용된 것도 함께 영향을 준 것이다.

2) 자연 로테이션 크기

a) 가속도 성분 vs 손목 회전 가속 관성
(꼭 이해하고 가야 하는 핵심 내용)

앞의 *2장 가속력의 수레 모델*에서 설명한 것과 같이, 가속력 성분과 몸의 회전력은 다운스윙 시간별로 계속 크기가 바뀐다.
Logic을 구성하는 것은 다음 사항이다.
-. 원심력가속도 성분은 $\sin \gamma$로써 릴리즈 되면서 래깅 각이 서서히 작아진다.
  $Fa = \sin \gamma \times$ 원심력 크기 $\approx$ 래깅 각 $\times$ 헤드 스피드^2

-. S4~S5, 구간에서 '어깨 회전 -> 오른 팔꿈치 폄 -> 손목 회전'으로 몸 회전력 전환이 이루어진다.

-. 회전 면에서 클럽 헤드 중심이 떨어진 거리, 즉 *1)항 그림에서* 설명한 이격 거리($d = d1 + d2 + dx$)는 시간별(스윙 헤드 위치별)로 다음과 같이 모양이 바뀌게 된다.

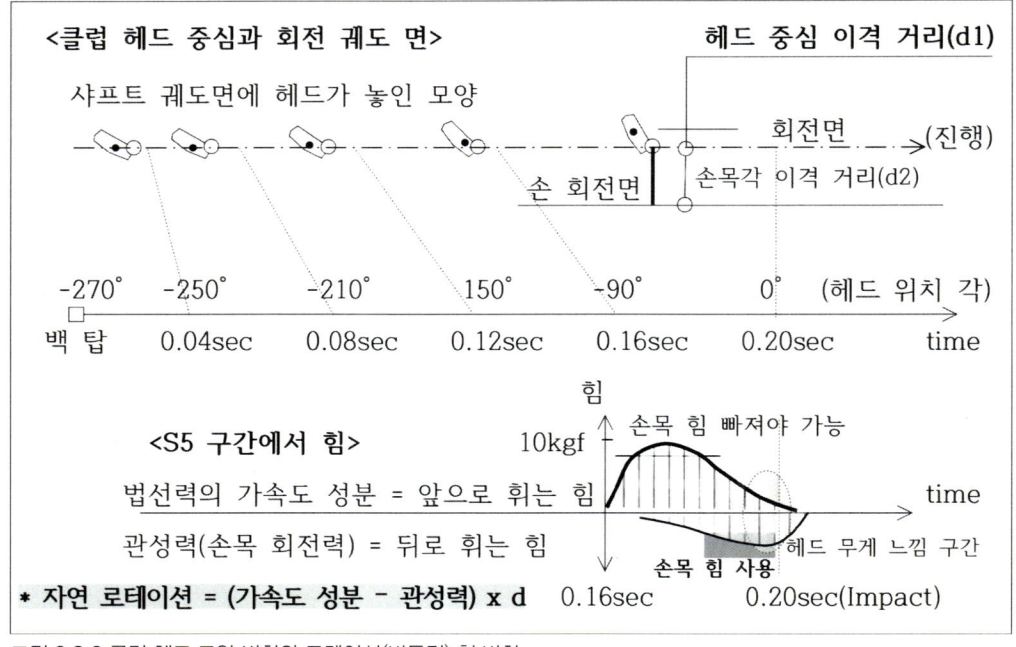

그림 3.3.2 클럽 헤드 모양 변화와 로테이션(비틀림) 힘 변화

그립과 손, 팔을 Loft가 세워지게 돌리는 토크(T_{NR})는 크게 두 가지 힘의 조합이다.
토크 T_{NR}은 자연 로테이션의 크기이다. 식으로 나타내면 다음과 같다.

T_{NR} = (가속도 성분 힘 - 회전 관성력) × d --- 토크는 자연 로테이션 생성

괄호 속 두 힘의 조화로운 사용은 페이스 각 오차를 줄여주는 역할을 한다.

두 힘의 분포는 대략 그림에 그래프로 나타낸 것과 같다고 가정할 수 있다.
법선력의 가속도 성분은 클럽 헤드를 반시계 방향(Loft가 **세워지는** 방향)으로 돌아가게 하고, 손목 회전 가속에 의한 회전 관성력은 클럽 헤드를 시계 방향(Loft가 **뉘는** 방향)으로 돌아가게 작용한다.

Remarks (핵심 요약)

#1. 회전면에서 클럽 헤드 무게 중심이 떨어진(이격) 조건으로 힘이 가해질 때 Spinning 현상이 발생하는 것이 자연 로테이션의 핵심이다.

#2. 자연 로테이션 공식은 위와 같이 간단하다.
원심력가속도 성분, 펌 가속도 성분이 크게 사용되면, 자연 로테이션이 커져서 점점 Loft는 세워지고 페이스는 닫히게 된다.
반대로 상대적으로 손목 회전력을 많이 사용하면, 가속 관성력에 의해서 Loft는 뉘면서 페이스가 열리게 되는 것이다.

비거리 안 나고 슬라이스 구질의 중·하급 스윙에서는 원심력가속도 성분이 작고 적게 이용되어 자연 로테이션도 작다.
원심력가속도 성분이 크고 잘 이용되는 중·상급 스윙이 되면 자연 로테이션이 커져 훅으로 고생하게 되는데, 이유를 위 공식 하나로 설명할 수 있다.
아울러, 세게 치려고 잔뜩 손목 회전력을 사용하면 슬라이스가 발생하는 것도 위 공식으로 설명된다.

#3. 손목 각이 위로 꺾이면 이격 거리(d)가 커져서 자연 로테이션 토크(T_{NR})가 커지므로, 자연 로테이션이 많이 이루어져 Loft는 세워지고 페이스는 닫혀 임팩트 된다.

#4. 드라이버 웨이트 탭을 밖으로(토우 쪽으로) 옮기면, 이격 거리(d1)가 커져 낮은 탄도의 Hook 구질이 된다.

#5. 다운스윙 시작 부분부터 COG가 회전면에서 벗어나 있으며, 헤드는 위아래로 흔들리고 Twist 되며 헛심 쓰이면서 릴리즈 구간에 진입하게 된다.

b) 자연 로테이션 각의 계산 및 변수

(심화 내용 --- 동역학)

(사용하는 힘이 변화하면 방향성이 바뀌게 되는 것 설명)

(방향성을 이해하는 데 꼭 필요한 내용)

임팩트 때, 원하는 Loft & 페이스 정렬을 위하여 손목의 자연 로테이션이 15°가 필요하다고 가정할 때, 다음과 같은 조건을 사용하여 자연 로테이션 계산식을 만들어보자.
단, 로테이션은 '관절의 기구학적 스윙 로테이션 + 인위적인 억지 로테이션 + 자연 로테이션' 3가지로 구성되어 있으며, Loft와 페이스 각 변화를 만든다.

⟨Input 조건⟩

    총 이격 거리(d) : 6cm ⟨--- 가정 값

    클럽 헤드 y-MOI(G) : 5000 g·cm^2 = 0.0005 kg·m^2 ⟨--- MOI라 부르는 것

    팔 스윙면 기준 MOI(Gs) : 200g × 6^2 + G = 7200 g·cm^2 + G = 0.00072 kg·m^2 + G

    가속력(F) : 8 + 1 - 4 = 5kgf ⟨--- 가정 값

      원심력가속도 성분   : 8kgf

      익스텐션 가속도 성분 : 1kgf

      회전 가속 관성력 : (-)   4kgf

      작용 시간(t) : 0.03sec

      헤드 무게 : 200g

문제 1) 위 조건에서 팔 스윙 회전 기준면에 클럽 헤드 중심이 어긋나 발생하는 클럽 샤프트의 로테이션 각을 계산하는 식을 만들어보자.
(일단, 몸의 구속은 무시한다.)

⟨풀이⟩

로테이션 토크(T_{NR}) = F × d = 5 × 0.06 = 0.3 kgf-m = 3 N-m

로테이션 식은 $T_{NR} = Ö \cdot Gs$

각가속도 $Ö = T_{NR} / Gs = 3 / 0.00122 = 2459$ rad/sec^2

각속도 $ω = Ö \cdot t = 2459 × 0.03 = 73.8$ rad/sec

$θ = 0.5 \cdot ω \cdot t = 0.5 × 73.8 × 0.03 = 1.107$ rad $= 1.107 × 180 / π = \underline{63.5°}$

* 63.5°는 목표 15°에 비하여 너무 큰 Spinning 각도이다. 샤프트 구속이 없는 Free condition에서 로테이션 된 값이기 때문이다. 또한 가속력과 이격 거리를 너무 크게 잡았을 가능성도 있다.

$θ$로 수식을 정리하면,

$θ = 0.5 \cdot ω \cdot t = 0.5 \cdot (Ö \cdot t) \cdot t = 0.5 \cdot (T_{NR} / Gs) \cdot t^2 = 0.5 \cdot (F \cdot d) \cdot t^2 / Gs$

$θ = 0.5 * F * d * t^2 / Gs$ [rad]

이 식에 어깨 기준 견고하게 손과 팔이 클럽을 잡는 구속 영향 계수 Ka를 가정하여 곱해주면 자연 로테이션 각($θ$)을 다음 식으로 표현할 수 있다.

$\underline{θ = 0.5 * F * d * t^2 * Ka / Gs}$ [rad] --- **자연 로테이션 계산식**

위 식에서 주요 변수는 3가지이다.
  F : 가속력 크기
  d : 손과 클럽 헤드 중심 회전면의 이격 거리
  Ka : 어깨, 팔, 그립의 견고성 계수
      (15° 정도 돌아가 주어야 한다는 가정으로부터 다음과 같이 계수를
      대략 정의할 수 있다. 실제 Ka는 정의된 것보다 더 적을 수 있다.)
  상체가 샤프트를 견고히 잡을 때 Ka = 0.20
  보통(Even)으로 잡을 때 ------- Ka = 0.24
  상체가 샤프트를 약하게 잡을 때 Ka = 0.28

문제 2) 위 식으로부터 가속력(F 합)이 2.5kgf와 7.5kgf일 때 각각 클럽 헤드가 돌아간 자연 로테이션 각도는?
(단, 상체는 Even 구속 조건이다. F가 5kgf일 때 $θ$는 15°라 가정한다.)

⟨풀이⟩

F = 2.5kgf 일 때,

θ = 0.5 × 25 × 0.06 × 0.03^2 × 0.24 / 0.00122 × (180/π) = 7.6°

F = 7.5kgf 일 때,

θ = 0.5 × 75 × 0.06 × 0.03^2 × 0.24 / 0.00122 × (180/π) = 22.8°

위 힘의 변화로, 클럽 헤드는 ±7.5° 정도 돌아가게 되고, 페이스 각은 ±6° 정도, Loft는 ±3° 정도 변하는 만큼의 방향성과 탄도가 바뀌게 될 것이다.

* 페이스 각 1°는 2°(방향 비구각 0.5°) 정도의 방향성이므로 페이스 각 6°는 12°의 방향성이 되는데, 200m 거리일 때 대략 30m 방향 오차를 만드는 양이다.

가속력(원심력가속도 성분 − 손목 회전력) 변화 1kgf에 2.4° 페이스 각과 4.8°(200m 거리에 17m 정도) 정도 방향성 오차를 만들게 된다는 계산이다.

손목 회전력을 '많이 썼다, 적게 썼다.' 하면 방향성이 확확 변하는 이유가 여기에 있다. 원심력 가속도 성분 크기와 손목 회전력 변화는 의외로 큰 방향성과 탄도 변화를 만들게 된다.

Remarks

#1 스윙에서 자연 로테이션 변화량과 관계되어, 빅 슬라이스, 빅 훅이 발생하는 환경은 헤드에 걸리는 힘 (F)이 2~3kgf 정도 바뀌었을 때인데, 이것은 다음의 환경이다.

- 하체 펌 약해서 원심력가속도 성분이 2.5kgf 덜 생겼을 때 -- 빅 슬라이스
- 그립 꽉 잡아 원심력가속도 성분 2.5kgf 덜 이용되었을 때 -- 빅 슬라이스
- 손목 회전력 강하게 사용, 관성력이 2.5kgf 더 걸렸을 때 --- 빅 슬라이스
- 손목 회전력 사용을 안 해서 가속 관성력이 0에 가까울 때 -- 빅 훅
- 펌을 강하게 하여 가속도 성분이 1kgf 더 걸렸을 때 -------   훅
- 손목 각이 위로 많이 꺾여 자연 로테이션이 증가했을 때 ---- 빅 훅

* 자연 로테이션 Logic과 계산식은 위와 같은 구질 변화의 원인을 명확하게 설명할 수 있게 해준다. 단순히 팔, 손의 모양과 위치, 그리고 몸통의 회전 모양만 가지고 방향성을 설명하는 것은 극히 제한적이다. 체 25%도 설명되지 못한다. 아울러 이런 설명은 근본 원인을 밝히지 못하므로 교정하기도 어렵게 된다.

#2. 다운스윙 5/4 구간에서, 3가지(법선력의 각속도 성분, 사용 회전력, 손목 각)가 적당해야 방향성이 확보된다고 할 수 있다.

손목 각을 조금 꺾거나 푸는 것, 회전력을 조금 더 사용하거나 덜 사용하는 것, 다운스윙 초기 가속을 강하게 하거나 약하게 하는 것, 하체 폄을 조금 더 강하게 하거나 약하게 하는 것은 자연 로테이션양을 변화하게 만들어서 방향성이 큰 폭으로 변한다.

#4. 방향성(타격 페이스 각)은 인위적으로 팔을 비틀어서 로테이션을 주어 만들어지는 억지 로테이션양으로 맞출 수 있는 것이 아니다.

#5. (참고) 정역학적으로 로테이션 토크 3N-m은 샤프트를 10° 정도 비틀리게 하는 값이다.

샤프트 토크 변형량 Test : 1ft × 1lb = 0.137 kgf-m = 1.37 N-m

이때 변형량은 드라이버 샤프트의 스티프 사양은 4°, 레귤러 사양은 5°, 약한 사양은 6°, 아주 약한 사양은 7° 정도이다.

레귤러 사양에서 이격 거리(d)를 6cm라 가정하면, 손목 회전력 1kgf의 변화는 '1 × 0.06 = 0.06 kgf-m = 0.6 N-m'에 해당하는 토크로써 **정역학적**으로는 2° 정도 샤프트를 비틀리게 한다. 이는 4° 정도 방향성 변화되는 값으로 200m에 14m 방향성 오차를 만든다.

* 손목 회전력을 많이 썼다가, 조금 적게 썼다가 하면 방향성이 크게 바뀌는 이유가 여기에 있다.

3) 인위(억지) 로테이션
(자연 로테이션과 비교하기 위한 내용)

로프트 각과 페이스 각을 맞추기 위하여 우선 절대적으로 필요한 것은 자연 로테이션의 제어이다. 그전에 인위 로테이션은 Even으로 가져가고, 제어 요소로 사용할 수 없다는 것을 깨달아야 한다.

인위적으로 로테이션양에 변화를 주는 것에는 다음 사항이 있는데, 이것들로 로테이션양(페이스 각 & 로프트 각)을 제어하기 힘들다고 보는 것이 맞을 것이다. 더불어, 실제 억지로 로테이션하는 것은 거의 필요 없다고도 봐야 한다.

(A) 왼 어깨 젖힘 양(〈---〉 왼 어깨 닫음 양) ≈ 왼 광배근 사용량
　왼 광배근을 일찍 사용(많이 사용)하면 왼 어깨가 더 젖혀지게 되어 분절의 기구학적인 로테이션이 적게 발생한다.
(B) 수평 체중 이동 ≈ 오른발 뒤꿈치(발바닥) 이격 시점
　오른발바닥을 오래 붙이면 로테이션이 커진다. 빨리 떼면 적어진다.
(C) 강제로 돌림 : 릴리즈가 안 되는 초급 시절 페이스 각 맞추려는 방식
　^ 손목을 돌리는 행위 〈--- 돌린다고 원하는 대로 돌아가지 않는다.
　^ 전완 회전근을 사용하여 돌리는 행위
(D) 스트롱 그립을 잡아서 강제로 돌리기 편하게 준비한 상태
(E) 팔(손)의 전진을 늦춰, 즉 Brake를 잡아서 로테이션하는 시간을 만들어 로테이션을 키우고자 하는 것
(F) 백스윙 탑 Open COG, Close COG

cf) 자연 로테이션양의 변화
　　^ 손목 각 크기에 따라 -------------- 계산식에서 d
　　^ 손목 회전력 사용량 가감에 따라 ----- 계산식에서 (-)F
　　^ 그립 악력 세기에 따라 ------------- 계산식에서 Ka

인지해야 할 사항으로써 *위 (A)~(F)*에 열거한 어떤 동작이나 행위로 인위적으로 로테이션양을 변화시키고자 한다고 해서 쉽게 제어되는 것이 아니라는 것이다. 로테이션양 변화는 먼저 릴리즈와 그때 발생하는 자연 로테이션을 이용하여 제어되도록 해야 한다.

손목 각과 자연 로테이션 이해

3.2 클럽 헤드 중심 회전 면(궤도)과 자연 로테이션 변화
(손목 각에 의한 방향성 변화가 가장 중요 Point)

앞 *1절의* 자연 로테이션 각(θ) 계산식에서 '이격 거리(d)'가 '0'이면, 릴리즈 구간에서 자연 로테이션은 발생하지 않는다.

이때는 인위적으로 팔(어깨, 손목)을 돌려서 필요한 만큼의 로테이션을 만들어 주어야 한다. 그러나 억지로 돌려서 필요한 만큼의 로테이션을 얻고 제어하기란 쉽지 않다. 거의 안 된다는 이야기다.

손목을 완전히 펴서 샤프트 선과 일치 시킨다고 해도, 샤프트와 헤드 모양이 만드는 이격 거리(d1)가 약간 존재한다. 샤프트와 헤드가 'L자'로 결합하였기 때문이다.

극단적이지만 손목 각을 마이너스로 꺾어 'd1 + d2 = 0'을 만들 수는 있다.

이격 거리 d를 변화시키는 것은 다음과 같다.
- 헤드 모양 --- 무게 중심 위치
- 그립 잡기
- 손목 꺾기 --- 손목 각
- 오른 팔꿈치 굽힘

〈로테이션양과 그 편차〉

다운스윙~임팩트 구간에서 클럽 헤드 로테이션을 만드는 것과 그 편차를 대략적으로 추정하면 다음과 같다. (단, 캐스팅 현상에 의한 것은 제외)
- 양쪽 어깨/팔/손의 기구학적 로테이션양 (단순동작 5% 오차) : ~65°±3°
- 자연 로테이션양(클럽 헤드가 자연적으로 반시계 방향 회전) : 15°±7°
- 인위 로테이션양(의도적인 것과 습관에 의한 무의식적인 것) : 10°±5°

* 자연 로테이션에 의한 로테이션 변화량이 월등히 커서 그 영향이 방향성과 탄도 변화에 가장 크게 작용할 것이다.

1) 그립 잡는 것 변경, 돌려 잡기 경우

스트롱 그립으로 바꿔 잡으면 클럽 헤드 모양에 기인한 이격 거리(d1)가 커져, 로프트와 페이스가 생각보다 더 닫히는 경향이 있다.
(단, 다운스윙 초기 그립/손목 힘이 증가할 가능성이 큰데, 이때는 릴리즈가 약하게 되어서 페이스가 열리게 된다.)

그립을 열어(뉘어) 약하게 잡으면 클럽 헤드 모양에 기인한 이격 거리(d1)가 줄어들어서 로프트와 페이스가 생각보다 더 열리는 경향이 있다.

Remarks
#1. 이런 그립 변경은 수렴이 아닌, 증폭(확산)의 방향성을 갖고 있으므로 주의해야 한다. 또한 다운스윙 초기에서 편심 회전 모멘트 증가하여 그립을 꽉 잡게 되어서 원심력가속도 성분 이용이 줄어들고, 자연 로테이션 식의 Ka가 줄어들어 자연 로테이션양이 급격히 줄어들 수 있다.
훅 그립(스트롱 그립) 잡아도 훅을 만들지 못하고 슬라이스가 발생하는 이유가 이것이다.
슬라이스 그립(위크 그립)을 잡으면 생각보다 슬라이스가 더 커지는 이유도 이것이다.

그립 돌려 잡기(세워 잡기, 훅 그립 잡기, Strong grip 잡기)로 방향성을 제어하는 것은 가장 하급 방법이라고 할 수 있다. 단순하게 생각해서 될 것 같아도 안 되는 것이 그립 돌려 잡기로 방향성 제어하는 것이다.
    cf. 1) 단, 쇼트 아이언 뉘어 잡기로 탄도 높여 거리 줄이는 것은 -- OK
    cf. 2) 쇼트 아이언 세워 잡기로 탄도 낮춰 거리 늘리는 것은 ----- Bad

#2. 이런 그립 변경은 샤프트 휨에 의한 토우다운 변화도 증폭시키므로 상하 타점 변화를 더 제어하기 어렵게 만든다. 이는 슬라이스 방향성 하나를 개선해 보려다가 스피드(거리), 방향성, 타점 모두를 잃게 되는 경우라 하겠다.

2) 궤도 일관성 결여 경우

다운스윙 궤도가 왔다 갔다 하면, 임팩트 시점까지 진행된 자연 로테이션양도 변하게 되어 탄도와 방향성에 변화를 일으킨다.

일관성 있는 스윙 궤도가 필요한 이유 중의 하나가 자연 로테이션의 양에 일관성을 부여하기 위한 것이다. 스윙 궤도는 손목 각의 영향을 크게 받는다.
   cf) 일관성 있는 스윙 궤도가 필요한 첫 번째 이유는 정타점을 위한 것임

-. 보잉을 주었다, 안 주었다 하면, 손목 각이 변한다. 보잉을 하면 손목 각이 변하여 이격 거리 (d1)가 (+)값으로 변동한다. 이격 거리가 바뀌면 자연 로테이션양이 바뀌어 임팩트 Loft 각과 페이스 각이 변한다.
   cf) 커핑을 주었다, 안 주었다 하면, 손목 각이 변한다. 커핑은 손목 각에 의한 이격 거리(d)가 (-)값으로 변동한다.

-. 오른 팔꿈치 높이(위치)가 변하면, 팔 이격 거리(dx)가 변하게 된다.
  이때 방향성은 '원심력가속도 성분의 증감 vs 자연 로테이션양의 증감'이 결정한다.
   ^ 오른 팔꿈치가 낮고, 옆구리에 가까이 붙으면 dx가 커져 자연 로테이션은 커지고, Loft는 세워지고 닫혀 맞게 된다.
    * 스윙 궤도는 토우 뒤땅을 만든다. 슬라이스 개선 방법으로 적합하지는 않다.
   ^ 오른 팔꿈치가 높고, 들리면 dx가 작아져 자연 로테이션은 작아지고, Loft는 뉘어 열려 맞게 된다.
    * 스윙 궤도는 힐 토핑을 만든다.

-. 다운스윙, 힙 턴과 어깨 턴 시차에 따라서 로테이션양이 변하고 Loft 각이 변한다.
  (A) 힙 턴과 오른 어깨 턴이 동시에 진행되면 : 클럽 헤드는 Full 궤도로 엎어 내려와 Loft가 세워져 타격 된다. Full & Hook 구질에 가깝다.
    힙과 어깨 사이의 몸통 회전력이 사용되지 못하여 헤드 스피드는 낮다.

  (B) 힙 턴과 오른 어깨 턴 시차가 이상적일 때 : 최대 몸통 회전력이 사용되면서, 오른 팔꿈치가 적당한 양으로 굽어져 릴리즈를 맞이하여 최대 원심력가속도 만들고, 적당한 자연 로테이션

을 만들어서 이상적인 Loft로 타격 된다.

헤드 스피드 최대, 방향성 확보, 이상적인 탄도와 백스핀 만들어진다.

힙 턴과 어깨 턴 시차 제어에 대해서는 *7장에서 설명*한다.

(C) 힙 턴과 오른 어깨 턴 시차가 긴 경우 : 오른 팔꿈치가 펴지면서 손목도 펴져서 자연 로테이션이 작게 발생 되는 모양으로 릴리즈를 맞는다.

손목 회전력이 약하게 사용되는 상황으로써 헤드 스피드 작고, 자연 로테이션은 많아서 Loft가 세워져 타격 되는데 Mini Push & Hook 구질이 나타난다.

* (A) & (C)는 거리도 10% 정도 안 나온다. 의도하지 않은 최악의 결과가 된다.

3) 손목 각이 만드는 이격 거리
(자연 로테이션양을 변화시키는 것)

손목 각이 변하면 이격 거리(d2)가 변하여, 앞에 설명한 것과 같이 자연 로테이션양이 변하여 임팩트 로프트와 페이스 각에 큰 변화를 일으킨다.
방향성을 유지하려면, 다음 손목 각에 일관성이 있어야 한다.

a) Setup 손목 각
Setup 손목 각이 꺾여 있으면 다운스윙 이격 거리(d2)가 커져, 자연 로테이션 증가로 낮은 탄도의 훅 발생한다.

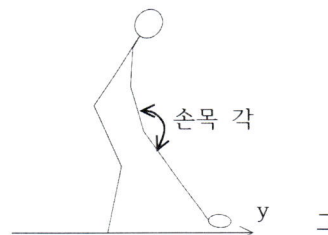

그림 3.3.3 Setup 손목 각

Setup & Address에서 인위적으로 손목 각을 조정할 수 있으나, Even 값을 사용하여야 한다.

Setup 그립 잡기에서 오른손 엄지 살로 왼손 엄지를 꽉 누르면 손목 각이 꺾이는 형태가 만들어져, 훅(드로우)의 낮은 탄도 구질이 나온다.
반대로 Setup 손목 각이 펴져 있으면 다운스윙 이격 거리(d2)가 작아져, 자연 로테이션 감소로, 높은 탄도 슬라이스가 발생한다.

Remarks
#1. 발끝 오르막 라이 훅 발생 원인은 다음과 같다. 라이 각 변화 한 가지 때문이 아니다.
  - 라이 각 커져, 페이스가 닫히는 조건
  - **손목 각이 꺾여 자연 로테이션이 큰 조건**
  - 오른 팔꿈치 높이가 낮아 자연 로테이션이 큰 조건
  - FC(회전력 중심)가 내려와 원심력가속도 성분이 큰 조건

* 발끝 오르막에서는 그립 꽉 잡아서 방향성을 해결하려 하면 안 된다. 그립 꽉 잡으면 힙 턴이 안 되어서 더 큰 뒤땅에다가, 어깨가 닫히는 결과를 초래한다. 오히려 그립을 가볍게 잡고 힙 턴이 많이 되도록 해야 뒤땅 타점과 Hook 구질을 완화할 수 있다.

#2. 슬라이스 교정 목적으로 Set up을 거의 끝낸 후 클럽 헤드가 올라가는 쪽으로 손목을 꺾는 어드레스를 하면 꿀밤 샷이 나온다.
    * 꿀밤 샷(토우 밑으로 볼을 가격하는 타점) 발생 원인 2가지 :
      - 손목을 꺾어 클럽 헤드를 위로 올리는 어드레스 동작
      - 왼 골반과 왼팔 회전력 조합을 사용하여 스윙하려는 형태
손목 각을 만드는 것은 무릎과 척추를 구부리고 펴는 동작에서 함께 맞추어야 한다.

꿀밤 샷(큰 토핑)이 나오는 상세 이유는, Setup의 제일 마지막 단계에서 손목을 꺾어 올려서 자세를 만들면 그때 꺾는 동작에 손목 근육 힘이 사용되는데, 다운스윙 가속 관성력이 걸릴 때, 반사신경이 손목을 풀어버리는 동작의 근육을 소환(Over action 근육 수축)할 때, 직전 마지막에 사용한 근육의 수축을 최우선으로 고려하게 되는데, 이런 이유로, Setup에서 손목을 위로 꺾어 올리는 손목 근육을 마지막에 사용했다면, 다운스윙 초기 가속에서 반사신경이 발동하여, 손목은 꺾어 올라가게 된다. 손목 각이 많이 꺾여, 높은 Path로 헤드가 지나가게 되어 큰 토핑이 발생한다. 이두박근이 수축하여 클럽을 올리고 잡아당기게 되니 토우·하 타점이 나온다. 결과적으로 토우 토핑 발생 가능성이 매우 크다.
    ex) 가끔 필드에서 나오는 드라이버 꿀밤 샷은 이런 신경 작용 메커니즘에 의해서 발생한다는 것을 알아야 한다.

#3. 스윙 중에 클럽 헤드는 원심력 20kgf~30kgf 정도를 받는다. 이런 무게 정도를 손과 팔로 당기고(버티고) 있어서, 손목을 위로 많이 꺾는다고 그것이 유지되는 것은 아니다.
    cf) 20~30kgf 무게를 잡은 상태라 인위적인 로테이션을 많이 주려고 한다고 해서, 정지(구분) 동작에서처럼 로테이션이 쉽지도 않다.

#4. 자연 로테이션 느끼는 빈 스윙 (공중 빈 스윙) : 클럽을 위로 들고 수평에 가깝게 빈 스윙을 하면 자연 로테이션이 크게 들어간다.
    - 손목 각이 커진 모양이니, 자연 로테이션이 커진 것이다.
    - 가속 시작을 부드럽게 하니 손에 힘 덜 증가하여 릴리즈가 잘 되니까 자연 로테이션이 잘 작용되는 것이다.

이것은 자연 로테이션이 잘 걸리는 조건을 이해하는 데 사용할 수는 있다. 그러나 원래의 스윙 자세로 오면 위 두 가지 긍정 요소는 사라진다.

b) 오버래핑 그립과 인터로킹 그립에서 손목 각

인터로킹 그립은 오버래핑 그립보다 손목이 펴지는 모양이다.

　* 페이드 구질을 선호하는 골퍼는 인터로킹 그립을 선택하는 경향이 있다.

오버래핑 그립 잡은 사람이 일시적 또는 장기적으로 인터로킹 그립으로 변경하면 손목 각이 조금 펴져, 클럽 헤드의 스윙 평면이 손의 회전 면과 가까워져 (d2 값이 작아져서) 자연 로테이션이 줄어든다.

결과는 볼의 낙하점이 대략 2~3° 정도 우측으로 가게 된다.

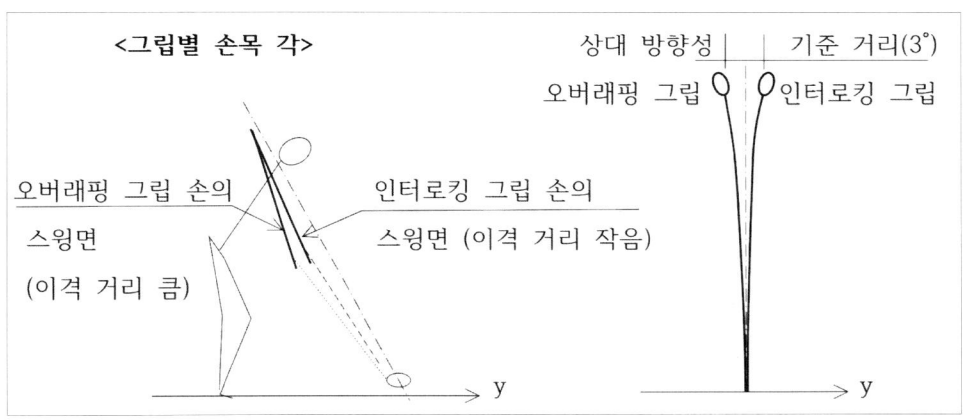

그림 3.3.4 그립 방법에 따른 손목 각과 자연 로테이션이 만드는 방향성

추가하여 인터로킹 그립은 잡은 손가락의 구조상 오버래핑 그립에 비해서 왼손 검지에 힘이 심하게 증가할 가능성이 작아서 상대적으로 큰 훅 발생확률은 낮고, 큰 슬라이스가 발생할 확률은 높다.

c) 다운스윙 초기 왼손 검지 꽉 잡히면 손목 각 많이 증가
(돼지 꼬리 샷 발생 원인의 한 가지)

왼손 검지가 꽉 잡히면 치명적인 큰 훅이 발생한다.
첫째 이유는 일찍 코킹이 풀어지기 때문이고, 둘째 이유는 자연 로테이션이 커지기 때문이다.

다운스윙 초기 가속 관성력이 걸리는데, 왼손 검지에 힘이 세면 반사신경 발생하는 환경을 악화시키는 역할을 하기 때문에, 반사신경 작용에 의한 캐스팅 발생확률이 높아진다.

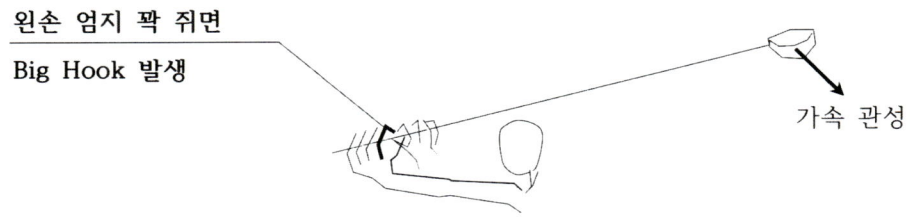

그림 3.3.5 다운스윙 초기 왼손 검지 힘

이어서 왼손 검지에 힘이 들어갔을 때, 손목 각이 크게 만들어져서 릴리즈에서 자연 로테이션이 많이 증가하기 때문에 Loft 세워지고 페이스 닫혀서 타격 된다. 결과는 낮은 탄도의 큰 훅(돼지 꼬리 샷)이 발생한다.
실제 필드에서 드라이버 세게 치려고 할 때 자주 발생하는 형태이다. 이 현상은 강하게 치려고 하면 할수록 더 크게 나타난다.

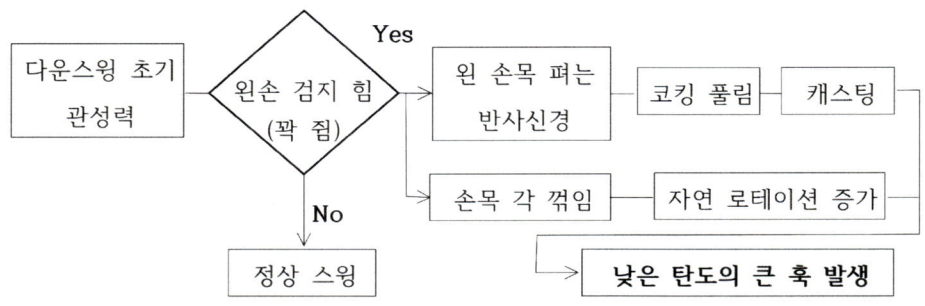

그림 3.3.6 돼지 꼬리 샷 발생 메커니즘

* 그립 관련하여 이것의 원리를 알면, 드라이버 티샷 좌측 방향성 제어에 어느 정도 자신감이 생긴다. 돼지 꼬리 샷은 Setup에서 왼손 검지 악력이 센 경우, 그리고 스윙 진행 중에 왼손 검지를 꽉 잡는 경우 둘 다에 해당한다.
cf) 오른손 엄지 살로 왼손 엄지 등을 꽉 눌러도 손목 각이 증가한다.

"그립을 잡을 때, 왼손 5th, 4th, 3rd 손가락을 견고하게 잡아라." 라는 이야기는 위와 같은 현상을 방지하고자 하는 의도가 있다.

d) 백스윙에서 오른 팔꿈치 높이

(단발성 샷감에 관계되는 것 --- *7장 샷감에서 상세 설명*)
(스윙 세기 조절로 사용되는 첫 번째 항목으로 Shot making에 중요)

오른 팔꿈치가 몸에 붙으면서 높이가 낮게 올라가면서, 다운스윙 릴리즈에서 이격 거리(dx)가 증가하게 되어 자연 로테이션이 증가하는 환경이 된다. Loft는 세워지고 페이스는 닫힌다.
상·하체 분리가 덜 되어서, 클럽 헤드가 잡아당겨지면서 Full 궤도가 만들어진다. 결과로 낮은 탄도의 큰 Full & Hook 구질이 만들어진다.
이때 타점은 토우 상 타점이 된다. --- Sky ball, Full & Hook 구질
  - 첫 드라이버 티샷을 소심하게 칠 때 나타나는 현상
  - 내리막에서 티샷을 소심하게 할 때 나타나는 현상
  - 발끝 오르막에서 보통 샷을 할 때 나타나는 현상 --- 엎어 맞는 토우 뒤땅

e) 다운스윙 S3 구간 오른 팔꿈치 외회전

오른 팔꿈치의 외회전은 클럽 헤드를 샬로우하게 내려오도록 만들어서 이격 거리(d2 & dx)를 줄여주므로 자연 로테이션양이 줄어든다. 엎어 쳐서 낮은 탄도의 훅 발생하는 골퍼에게는 필요한 동작이다. *(5장 오른 팔꿈치 외회전에서 상세 설명)*

f) 다운스윙 S4~S5 구간 오른 팔꿈치 펴는 시점

오른 팔꿈치가 빨리 펴지면, 손목 각이 꺾여서 자연 로테이션이 커지는 상황이 발생한다. 즉 낮은 탄도 훅 구질 만들고, 느리게 펴지면 래깅을 길게 가져가는 것으로써, 자연 로테이션도 작아져 높은 탄도의 슬라이스 구질이 만들어진다.

* 오른 팔꿈치를 늦게 펴는 스윙은 자연 로테이션뿐만 아니라, 기구학적인 로테이션양도 줄이게 되어서 페이스가 뉘고 열리게 타격 된다.

오른 팔꿈치를 강하게 펴주면 자연 로테이션뿐만 아니라 인위 로테이션(Rolling)도 된다. 단, 강한 회전력 사용하는 것이 병행되므로 어느 정도 서로 상쇄되어 약한 Hook 구질이 된다.

g) 양 팔꿈치 배치가 만드는 이격 거리 조건

후방에서 봤을 때, *"왼 팔꿈치 위치와 오른 팔꿈치 위치는 어때야 한다."* 라는 Tip이 있다. 손목 각만큼은 아니지만 양 팔꿈치의 위치는 간접적으로 손목 각 모양과 이격 거리에 영향을 주어 자연 로테이션양을 변화시키고, 클럽 헤드 회전면(궤도)을 변화시킨다.

후방에서 봤을 때, 오른 팔꿈치가 뒤에 있으면 dx가 형성되어 그만큼 자연 로테이션이 생겨 훅 구질에 유리하고, 왼 팔꿈치가 뒤에 있고 오른 팔꿈치가 앞에 있으면 dx 값이 작아서 그만큼 자연 로테이션이 적은 형태로 슬라이스 구질 가능성이 커진다.

골퍼의 팔 길이와 스윙 폼에 따라 양 팔꿈치 위치는 다양하다. 팔꿈치 위치가 로테이션양에도 연관된다는 것을 이해하고 일관된 자세와 Even 조건의 모양을 갖는다.

4) 가속력 크기와 자연 로테이션

비거리를 내는 스윙을 하려면 원심력가속도 성분이 커지고, 더불어 익스텐션 가속도 성분까지 이용해야 한다. 릴리즈를 잘하는 것이다.

자연 로테이션 각(θ) 식에서, F가 커지면 자연 로테이션도 커진다. 그래서 훅 구질로 바뀐다. 보통 "비거리와 슬라이스를 어느 정도 극복하고 나면, 훅 때문에 고생하게 된다."라는 이야기는 이것 때문이다.

 cf) 왼 손목 강도가 커서 릴리즈에서 강한 손목 (턴)회전력을 사용하면 (A) 인위적인 손목 로테이션도 함께 커지고, (B) 손 진행에 Brake가 강하게 걸려서 로프트가 세워지면서 페이스가 닫힌다. 본 사항은 별도로 한다.

원심력가속도 성분의 크기가 변하면 자연 로테이션양도 변하게 된다.

스윙에 따라 자연 로테이션양이 변하여 방향성이 변하는 것은 그 상태, 그 모양 그대로 이용하거나 아니면 똑바른 방향으로 바꾸기 위해서는 반대의 방향성 인자로 보상을 해주어야 한다.

자연 로테이션 변화에 따라 방향성 변한 것 보상하는 방법은 다음과 같다.

-. 직접 자연 로테이션 제어 : 이격 거리(d)를 변화시킨다.
 ^ 손목 각 변화
  * 간접적으로 손가락 악력 분배 변경하여 손목 각 변화
 ^ 팔이 만드는 스윙 궤도 변화

-. 힙 턴 양으로 보상 : 힙 턴 양으로 페이스 조정
 강한 힙 턴은 기구학적으로 페이스 열리게 함.

-. 손목 회전력 사용량으로 보상 : 손목 회전력의 가감에 따라 가속 관성력이 가감되어 페이스가 열리고, 닫힘.
 ^ 똑바른 방향성을 원한다면 적당량의 손목 회전력 사용
 ^ 조금 낮은 탄도의 훅 구질을 원한다면, 손목 회전력을 적게 사용
  cf) 정상 그립 잡고 아이언 살살 치면서 슬라이스 만들기는 무척 어려움.
 ^ 조금 높은 탄도의 슬라이스 구질을 원한다면, 손목 회전력을 크게 사용

-. <u>상·하체 전방 이동량으로 보상</u> : 체중 이동 조절 〈--- 변화 커서 부적합
  상체 전방 이동은 기구학적으로 페이스 열리게 함.

-. <u>에이밍 보상</u> : 그 상태, 그 모양, 그대로 스윙하고, 목표지점 정렬로 보상

-. <u>그립 길이 변경</u> : 위 로테이션양 변경과 함께 그립 길이를 변화시키면 더 세세하고 정교하게 거리, 방향성, 타점을 바꿀 수 있다. 단독으로 사용하는 것이 더 유용할 수도 있다.
  그립을 조금 짧게 잡으면 손목 각이 작아져 약간의 우향 방향성을 갖는다. 물론 라이 각이 세워진 영향과 손의 전진이 많이 된 영향도 함께 우향 방향성을 갖는다.
  cf) 그립 짧게 잡고 훅 구질 만들기는 무척 어려움.

Remarks

#1. 너무 다양한 방법을 혼용하여 사용하면 혼선이 따르며 비효율적이라 하겠다. 가능하면 소화 가능한 범위에서 단순하게 보상하도록 하는 것으로 결정해야 한다.
  자연 로테이션양은 영점 조정된 일정한 값을 사용하고 가능하면 라운드에서 방향성 제어 목적으로 변화시키는 것은 추천하지 않는다.

#2. 훅 그립을 잡아 슬라이스를 보상하는 것은 확률적으로 성공 가능성이 크다고 할 수 없으며, Level up 되는 방법이라고 말하기도 어렵다.

#3. 억지로 손목 로테이션 많이 해서 슬라이스 개선하겠다는 것은 통하지 않는다. 인위적인 동작(근육 사용)으로 만들려는 로테이션양 변화는 그 제어가 불확실하기 때문에 이것도 Level up 되는 방법이라고 말하기 어렵다.

#4. 릴리즈에서 손목 회전력 강하게 사용하면 슬라이스 발생한다. 손목 회전력을 많이 사용하면서 억지로 훅 구질로 바꾸기는 어렵다.

5) 어깨, 팔, 그립의 힘 상태와 자연 로테이션

1절에서 유도했던 자연 로테이션 각(θ) 계산식에서 어깨, 팔, 손목의 견고성 계수 Ka에 따라서 자연 로테이션양이 변한다.

몸에 힘이 들어가면(그립을 꽉 잡으면) 보통 캐스팅의 뒤땅 성 훅이 발생한다. 그렇지 않으면 Full & Slice 발생할 확률이 높다. 즉 Wi-Fi 구질이 된다.
슬라이스 발생하는 이유는 꽉 잡힌 그립 때문에 원심력가속도 성분의 이용이 억제되는데, 이는 클럽 헤드 진행을 방해하고 자연 로테이션양을 줄어들게 하기 때문이다.

* 힘 꽉 들어가서 잡힌 손과 손목은 헤드 스피드를 떨어뜨리게 하고, 헤드의 전진도 방해하며, 로테이션양도 줄이게 되므로 큰 슬라이스가 발생한다. 그래서 *"힘 빼라."* 라는 것이 그렇게 강조되는 것이다.

반대로 힘을 너무 빼면(그립 느슨하게 잡으면) 낮은 탄도의 훅이 발생할 확률이 높다. 이유는 자연 로테이션양이 커지기 때문이다.

다른 한편으로 그립의 힘을 빼는 경우, 부드러운 가속에 힙 턴이 크게 되어 얇게 맞는 작은 슬라이스 구질이 발생할 수도 있다.
힙 턴 증가 영향이 우세하면 작은 슬라이스, 자연 로테이션 증가 영향이 우세하면 훅이 발생한다고 봐야 한다.

cf) 또 다른 형태로 힘이 너무 빠진 그립, 즉 팔과 클럽 연결이 부실하면 이때는 스윙 시퀀스 자체가 파괴된다.
팔과 클럽을 연결하는 주요 손가락은 4th & 3rd 손가락이다. 오른손 4th & 3rd 손가락은 특히 견고하게 잡아야 한다.
느슨한 그립 중에 오른손 4th & 3rd 악력이 약하면 몸과 클럽 사이 힘 전달이 안 되어서 헤드가 뒤처져 페이스가 열리는 슬라이스가 발생한다.

그립 힘(팔, 손, 손목 힘)의 세기에 따른 방향성 경향은 다음 그림과 같다.

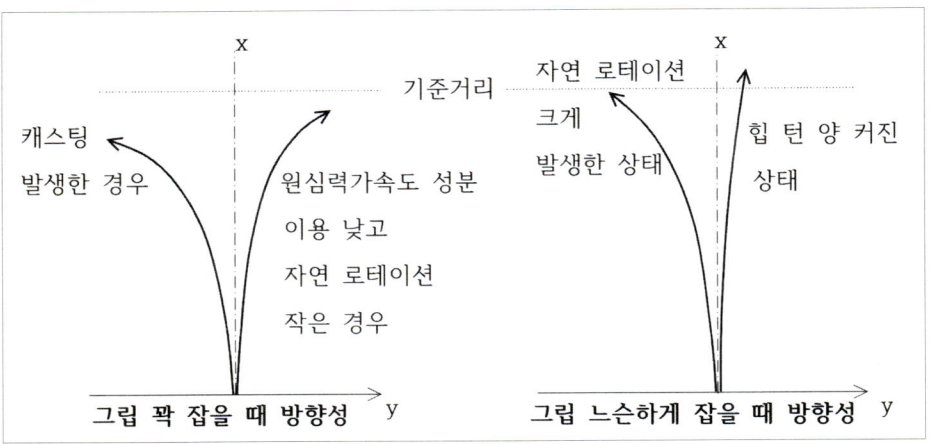
그림 3.3.7 그립 힘과 자연 로테이션에 따른 방향성과 거리

Remarks

#1. 미스샷 났다고 모두 "**힘 빼.**"라고 이야기하면 안 된다. 힘을 너무 빼서 발생하는 미스샷도 있다.
캐스팅이 발생하지 않았는데도 발생하는 훅 성 미스샷은 힘을 너무 많이 빼서 발생했을 가능성이 크다.
* 단, 스핀아웃 현상은 따로 구분해야 한다.

#2. 힘을 빼는 것도 어디에 힘을 뺄 것인지, 힘을 주는 것도 어디에 줄 것인지, 보다 구체적이어야 한다.

#3. 자연 로테이션을 이해하면 샷의 방향성에 확신이 생기기 시작한다.

#4. 자연 로테이션이라는 용어가 어렵거나 혼란스럽다면, 지구(팽이)의 '자전'을 생각하고, 자전축이 팔~샤프트라 여기면 이해하는 데 도움이 될 것이다.
스윙에서 자연 로테이션이란 손목 로테이션이 저절로 생성되는 것을 말한다.
0.2sec의 다운스윙, 0.04~0.05sec의 짧은 릴리즈 시간 동안 손목 로테이션 **가속**이 이루어지는데, 인위적으로 손목을 돌려 로테이션양을 맞추기는 매우 어렵다. 스스로 돌아가려는 자연 로테이션의 발생 환경을 제어하려 해야 한다.
* 강제로 하는 것에는 **가속**뿐만 아니라 **감속**도 생각해주어야 한다.

6) 스핀아웃 결과와 터져버린 샷 결과

정타에 맞으면서 왼쪽으로 당겨지며 닫혀 맞는 결과를 만드는 샷에 스핀아웃 동작이 있다.
   샷 방향성 결과 예) --- 2° Full & 3° 페이스 닫힘 = 8° 좌향 방향성
   * 스핀아웃 : 다운스윙에서 왼쪽 골반이 뒤로 빠지는 형태

정타에 맞으면서 **오른쪽**으로 밀리며 열려 맞는 결과를 만드는 샷에 *"터져버렸다."* 라고 하는 것이 있다.
   샷 방향성 결과 예) --- 2° Push & 3° 페이스 열림 = 9° 우향 방향성

두 샷의 방향성 결과에는 일차적인 원인은 다른 곳(어깨 회전량, 손 진행량 등)에 있고, 이차적 원인으로 손목 각에 의한 자연 로테이션 대·소로 만들어진다. 드라이버 샷에서 이들이 발생하면 볼은 거의 코스 밖으로 간다고 봐야 한다.

a) 스핀아웃 샷 (빅 훅)

만들어지는 메커니즘은 다음과 같다. 클럽의 길이 또는 사양과 관계없이 나타나는 특징이 있는데, 드라이버뿐만 아니라 롱 미들 쇼트 아이언에서도 종종 나타난다.

-. 원인 1 (스핀아웃 ①) : 다운스윙 왼 힙만 뒤로 빠지는 경우
   ---〉 다운스윙 후반, 왼 힙의 외측 근육이 폄을 주도
     ---〉 왼 힙이 뒤로 빠지며 회전
       ---〉 Full (Out to In) 궤도 형성됨
         ---〉 오른 팔꿈치 각과 손목 각이 더 잘 형성되는 경향 만듦, 이격 거리 증가
           ---〉 자연 로테이션 증가
             ---〉 로프트 세워지고 페이스 각 닫혀 타격 됨
          (타점은 정타 타점, 탄도는 정상, 방향만 큰 좌향)

방지 방법으로, 다운스윙 후반부에 왼 힙의 **외측** 근육이 하체 폄을 주도하는 것을 안 하면 된다. **내측** 근육으로 폄을 주도한다.
   cf) 왼 힙이 뒤로 빠지며 오른쪽 면이 앞쪽으로 나가면 생크 스핀아웃이다.

-. 원인 2 (스핀아웃 ②) : 다운스윙 왼 무릎이 뒤로 빠지면서 왼 힙도 같이 빠지는 경우
    ---〉 오른 엉덩이 중심이 뒤로 빠져 있는 백스윙 탑
      ---〉 다운스윙 전반, 왼 무릎이 회전 없이 힙을 뒤로 민다.
        ---〉 왼 힙이 뒤로 빠지며 회전
          ---〉 캐스팅 동반, Full 궤도 형성됨
            ---〉 <u>자연 로테이션 증가</u>
              ---〉 로프트 세워지고 페이스 각 닫혀 타격 됨
            (타점은 토우 타점 또는 토우 상 타점, 두꺼운 타격의 훅)

방지 방법으로 다음 사항들이 함께 교정되어야 한다.
   - 오른 무릎과 힙이 뒤로 빠지지 않는 백스윙
   - 복근이 아닌 척추기립근으로 몸통 회전 변위 느끼기
   - 다운스윙 전반부에 왼 무릎이 조금 둥글게 회전되게 하기
   - 극단적으로 '오른 골반 회전력 + 오른팔 회전력' 사용하려고 하면 거의(무조건) 이 스핀아웃 현상이 나타난다. 회전력은 Cross 조합으로 사용하려 해야 한다.

b) 터져버린 샷 (빅 슬라이스)

이 샷이 만들어지는 메커니즘은 다음과 같다. 긴 클럽 그리고 더 약한 강도 클럽에서 주로 발생하는 특징이 있다.

-. 원인 1 : 부드러운 몸통 강도로 조금 더 강한 스윙 구사하려 할 때
    ---〉 다운스윙 후반 손목 근육에 임계점 이상의 근력 작동한 형태
      (A) 작은 백스윙에 강한 스윙하려 할 때
      (B) 급하게 강한 스윙하려 할 때
        * 보통 좌측 하부 척추기립근에 Tension을 강하게 주고 스윙하려 할 때 (A) & (B) 현상이 나타난다.
      (C) 약한 복근 강도 또는 약한 좌측 옆구리 근육의 텐션으로 몸통 회전 느끼려 할 때
      (D) 동작 중심축을 무릎에 놓고 부드러운 스윙에 강한 타격하려고 할 때
        ---〉 <u>반사신경으로 손목 각이 펴짐, 이격 거리 감소</u>
          (오른 팔꿈치 빨리 펴지고 어깨(팔)가 살짝 들리는 것 동반)
          ---〉 <u>자연 로테이션 감소</u>
            ---〉 로프트 눕고 페이스 각 열려서 타격 됨

(토우 상 타점 --- 찍혀 맞음)

방지 방법으로 골반~어깨 회전 시차가 복근 강도로 만들어지는데, 그 시차가 길지 않고 손목 릴리즈 타이밍이 늦지 않도록 복근 강도를 Even(약하지 않게) 형성하고 동작 중심축(AMC)을 약간 위쪽에 형성시켜 준다.

-. 원인 2 : 약한 클럽으로 조금 더 강한 스윙 구사하려 할 때
   ---〉약한 강도 클럽으로 강하게 스윙하려 할 때
    ---〉손을 빨리 진행하는 수직 낙하 형태
     ---〉손은 빨리 진행되고 클럽 헤드는 못 따라와 임팩트
      ---〉<u>자연 로테이션 감소</u>
       ---〉로프트 뉘고 페이스 각 열려 타격 됨
         (정타 타점)

방지 방법으로 클럽 강도가 가지고 있는 고유의 거리 이상을 보내겠다는 거리 욕심을 버리는 것이다. 아울러, '왼 골반 회전력+왼팔 회전력' 사용조합에서는 큰 슬라이스가 발생하므로 회전력은 Cross 조합으로 사용하려 해야 한다.

  * 드라이버 220m 거리 강도 사양을 가지고 230m 보내겠다는 강한 스윙을 하면 약간의 차이로 '터져버린' 결과를 만든다. 만약 이때 터져버리지 않는다면, 캐스팅 발생할 가능성이 매우 크다. 우드 200m 강도 사양을 가지고 210m 보내겠다고 좀 더 강한 회전 스윙을 하면 그 약간의 차이로 '터져버린' 결과가 나올 가능성이 매우 크다. 강한 스윙에서는 똑바로 보내는 방향성 제어는 쉽지 않다.
만약 10m 더 보내는 거리를 만들려면 5~10CPM 높은 클럽을 사용해서 강한 스윙을 해야 하는데, 캐스팅 방지를 위해서는 손목 근력이 동적 스윙 웨이트를 이겨낼 수 있어야 하지만 신체 근력은 한계가 있다.

수직 낙하 형태를 구사할 때는 억지 로테이션이 필요하다. 그리고 조금 더 강한 스윙에는 위와 같은 Risk가 내재하고 있다는 것을 반듯이 인지해야 한다. 5~10% 더 강한 스윙은 매우 어려운 동작이 된다.

내용 구성상 본 장에 붙임

3.3 손가락 하중 분배 (그립 악력)
(손가락 각 부분의 악력에 따른 결과 변화)
(Main 내용이 아니고 Secondary 내용이므로 처음 볼 때는 Skip 추천)

발바닥 (왼발 vs 오른발, 발끝 vs 발뒤꿈치) 체중 분배가 있듯이, 손가락에도 하중 분배가 있다. 그립의 악력 분배 조건은 거리, 방향성, 타점 모두에 영향을 미치는 요소로, 10타 정도의 중요도로 환산하여 표현할 수도 있겠다.
그래서 그립의 중요성이 강조되나, 실제 스윙하면서 그립을 신경 쓰면 오히려 실수확률은 커진다. 손가락 하중 분배는 자연스럽게 이루어져야 하며, 인위적으로 조절하는 것은 아주 특별한 Shot making이 필요할 때로 한정된다.

손에 걸리는 힘은 다음과 같으며, 스윙 진행 과정에서 크기가 변한다.
- Setup, Address
  - ^ 잡는 힘
  - ^ 클럽을 드는 힘
- 백스윙 전반부 : 약한 가속인데, 정의하기 난해하고 불필요함
- 백스윙 후반부
  - ^ 감속 관성력 대응
- 다운스윙 초기 가속 관성력
  - ^ 인장력
  - ^ 몸 회전 가속 관성 반력 및 반력 모멘트
  - ^ 가속 관성 편심 비틀림 토크
- 다운스윙 중반
  - ^ 몸 회전 가속 관성 반력 및 반력 모멘트
- 릴리즈 구간
  - ^ 원심력의 법선력
  - ^ 원심력의 접선력(원심력가속도 성분)
  - ^ 폄에 의한 관성력
  - ^ 손목 회전 가속 관성력
  - ^ 로테이션 토크

<u>손에 걸리는 힘의 비교</u> : 다운스윙 초기 & 릴리즈에서 힘은 *앞 1장과 2장*에서 각각 계산으로 보여주었다. 이를 구체적으로 비교 표현하면 다음과 같다.

① 클럽 헤드 무게 200~250g은 대략 <u>최대 원심력의 1% 수준</u>이고, <u>가속 관성력의 5% 수준</u>이다. --- 헤드 무게에 비해, 원심력은 100배, 가속 관성력은 20배 정도 크다는 이야기
② Setup에서 클럽 헤드 무게가 손목에 주는 모멘트는 0.2kgf-m인데, <u>가속 관성 굽힘 모멘트의 5% 수준</u>이다. --- 순수한 헤드 무게를 버티는 모멘트에 비해 가속 관성 굽힘 모멘트가 20배 정도 크다는 이야기
③ 다운스윙 초기 가속에서 왼손, 오른손에 걸리는 반력은 Setup에서 헤드 무게를 지탱하는 하중의 20~30배 정도 수준이다.
   손에 걸리는 힘의 변화 추이를 그래프로 표시하면 다음과 같다.

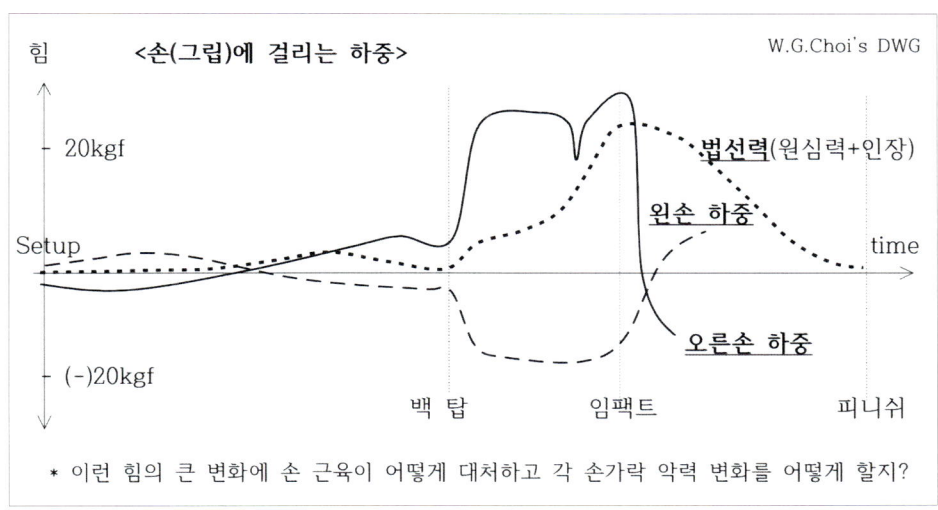

그림 3.3.8 스윙에서 손 하중의 변화 (예시)

④ 스윙 중에 손/손목에 걸리는 하중은 Setup 단계에서 필요한 최소 하중의 20배 정도가 작용한다고 봐야 한다.
   Setup 단계에서 최소 하중의 2배 정도를 손목과 그립 악력에 주었다면, 스윙 중에 어드레스 근력의 10배 정도로 하중이 걸리는 것이다.
   막연하게 *"그립 악력을 2/10를 준다."* 또는 *"5/10를 준다."*라는 이야기는 사람마다 지극히 주관적인 감각이다.
⑤ Setup에서 그립의 손가락 하중 분배는 비율의 배분이지 실제 다운스윙에서 작용하는 큰 하

중의 실 분배를 말하는 것은 아니다.
　　Setup 조건(하중, 모양)과 스윙 동작 중의 하중은 스윙 형태에 따라 달라진다. 수치로 계산해서 잡는 값은 아니고 감각적으로 부여하는 것이다.

주의 : 손가락 하중 분배를 계속 변경, 즉 잡은 그립의 손가락 부위에 악력을 바꾸면(이랬다저랬다 하면) 몸의 움직임이 많게 된다. 특히 몸의 상하 & 앞뒤 이동 변화가 많다.
　　몸의 움직임 : 상하, 앞뒤, 전후방, 트위스트 변화

연습장에서 그립 손가락 하중 분배 변화에 따른 구질을 테스트할 때, 유독 몸의 움직임이 많게 되는 것을 느낄 것이다. 움직임이 커지는 이유는 손의 작용 & 반작용 전달 변화 영향 때문이다. 그리고 하체와 몸통의 감각이 둔화하여 몸의 꼬임이 약하게 되고, 밸런스 무너지는 현상이 나타난다.
유의할 점은 이런 Test로 인해서 몸의 움직임이 많게 되는 현상과 감각이 둔화하는 현상이 고착되면 안 된다는 것이다. 따라서 다음이 요구된다.
- Shot making 특성에서 꼭 필요로 하는 차이 이외의 손가락 하중 분배 변화를 하지 않도록 해야 한다.
- 특정 Shot making 연습 후에는 기준 스윙 연습을 충분히 하는 것이 스윙을 망가트리지 않게 하는 방법이다.
- 라운드에서 Shot을 할 때는 그립(손) 모양에 신경 쓰는 것을 무디게 하고, 어드레스에서는 어깨의 모양이나 무릎의 Tension, 백스윙에서 왼 어깨 Brake, 척추기립근 감각, 다운스윙에서 하체 폄 대장 근육, 동작 중심축 한곳에 신경을 쓴다.

〈스윙 동작에서 작용과 반작용 이야기〉
스윙 중 몸이 클럽 헤드를 운동시켰으나 이것은 거꾸로 클럽 헤드가 손을 통해서 몸에 그림과 같은 힘을 가하는 것과 같다.

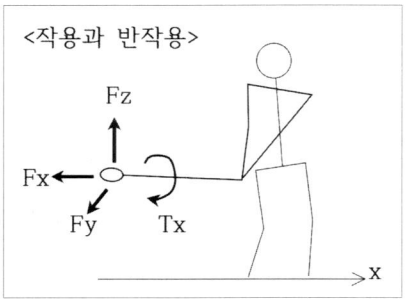

그림 3.3.9 클럽 헤드가 몸에 가하는 힘

작용과 반작용 이야기는 클럽 헤드가 거꾸로 몸동작을 만들었다고 생각할 수 있다는 이야기다.

* 실제는 클럽 헤드의 힘과 함께 또 다는 외부 반력인 지면반력이 함께 몸동작을 만드는 것이다. 지면반력 변화는 *다음 4장에서 설명*한다.

손가락 하중 분배가 달라지면 발생하는 힘이 달라질 뿐만 아니라, 손이 클럽 헤드에 전달하는 힘이 달라지고, 클럽 헤드가 주는 힘을 손이 받아서 몸에 전달하는 형태가 달라져 몸의 움직임이 바뀌게 된다. 전체적으로 몸의 근육 움직임 모양도 바뀌고 동작도 바뀌게 된다.

ex) 백스윙 감속 동작에서 손목 강도를 크게 확보하면, 릴리즈에서 강한 회전력을 사용할 수 있는데, 강한 손목 턴 하면 손의 진행에 강한 Brake가 걸려서 좌향(훅) 방향성이 크게 나타난다.

1) 손의 악력 구획

손의 악력 형성은 그림과 같은 구획으로 나누어서 생각할 수 있다.

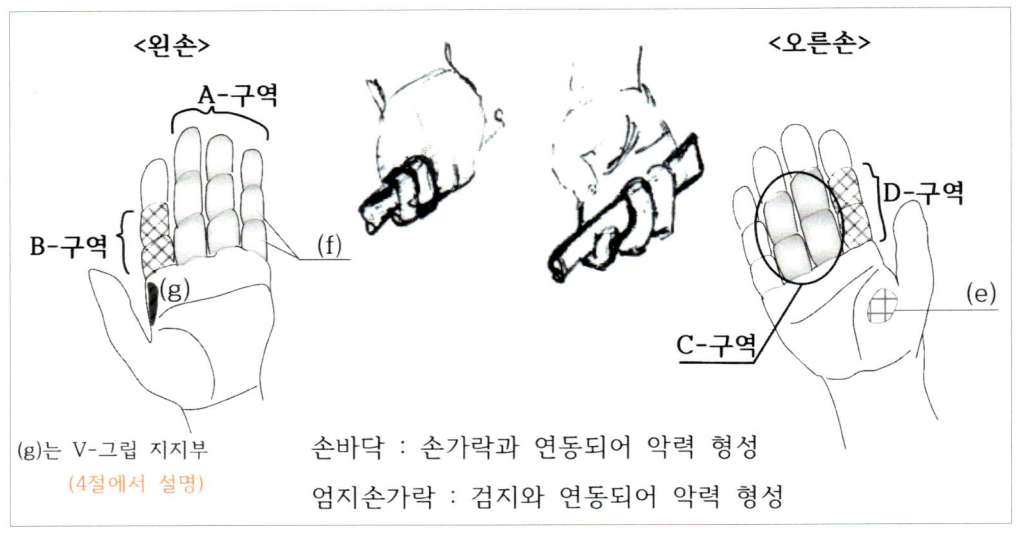

그림 3.3.10 손의 악력 구획

전완에 있는 손가락의 굽힘(Flexion) 근육이 수축하여 힘줄을 당겨 각 손가락을 움켜쥐게 된다.
- A 구역 : 왼손 3rd 4th 5th 손가락 모든 마디
- B 구역 : 왼손 검지 첫 번째 & 두 번째 마디
- f 구역 : 왼손 5th 손가락 첫 번째 & 두 번째 마디
- g 구역 : 왼손 검지 살 (V자 모양 접촉부)

- C 구역 : 오른손 3rd 4th 손가락 첫 번째 & 두 번째 마디
- D 구역 : 오른손 검지 첫 번째 & 두 번째 마디
- e 구역 : 오른손 엄지 살 (왼손 엄지를 누르는 부위)

좋은 그립 모양과 적당한 손가락 악력 분배는?
"그립을 견고하게 잡았다."라는 이야기는 악력의 총량과 각 구획의 악력 분배(안배)가 다음 5가지 목적에 맞게 최적화 되어 잡혔다는 것이다.

① 헤드 스피드 측면에서 다운스윙 5/4구간(S5)에서 원심력가속도 성분이 잘 사용되도록, 다운스윙 S1 S2 S3 구간에서 손목 힘 적게 들어가게 하는 그립

② 손목 힘이 적게 들어가게 하기 위해서는 다운스윙 초기 급가속에 따른 가속 관성력에 대해, 그립력이 최소로 증가하고 또한 반사신경 작용도 최소가 되는 상태를 만드는 모양과 악력의 분배 상태가 되는 그립

③ 방향성 측면에서는 일정한 자연 로테이션이 생성되도록 손목 각이 만들어지고 로테이션양이 생성되고 제어될 수 있는 그립

④ 손목 회전력 사용 측면에서는 손가락이 그립을 견고하게 지지하고 있어야 하며, 원심력에 그립이 손에서 빠져나가지 않는 조건

⑤ 몸의 회전력을 클럽 헤드에 잘 전달하는 그립

<u>구역별 악력의 압력 비율</u> : 견고한 그립이란 각 구역 압력 비율이 맞는 상태를 의미한다. 다음은 그 수치이다. 절대적인 것은 아니며 대략적인 비율이다.
- A 구역 : 10
- B 구역 : 5
- C 구역 : 20 〈--- 이곳이 몸과 클럽을 연결해주는 주요 기능/역할
- D 구역 : 5
- e 구역 : 5 ---〉 10(백스윙 탑) ---〉 20(릴리즈 구간)

* 그립 모양보다 더 중요한 것이 그립의 손가락 악력 분배다.

혹자는 *"좋은 그립을 잡아야 한다." "그립은 견고하게 잡아야 한다." "그립을 가볍게 잡아야 한다." "올바른 그립 모양, 잘못된 그립 모양" "그립만 잘 잡아도 좋은 스윙을 할 수 있다."* 라는 말을 하지만, 이것들은 원론적인 이야기에 지나지 않는다. 중·상급 골퍼에게 이런 이야기와 그립 잡은 그림(영상)은 오히려 중요한 사항을 간과하게 만드는 독이 되는 작용을 할 수 있다. 자신의 그립 모양을 의심할 필요는 없다. 악력 분배를 생각하면 그립은 저절로 최적화된다.

결론적으로 최소한 그립에서 가장 중요한 사항은 C 구역(오른손 4th & 3rd) 악력 상태라고 할 수 있다.

2) 손의 악력 구획 별 움켜쥠의 크기에 따른 스윙 결과

몸을 돌리는 힘을 사용하여 클럽 헤드를 회전시켰지만, 앞의 작용과 반작용 이야기와 같이 클럽 헤드가 주는 힘을 손이 받아 몸에 전달한다고도 할 수 있다.
* 클럽 헤드가 손을 통에서 몸에 전달하는 힘은 이미 이용된 선행 분절의 Brake 역할을 한다. 힘의 사용에서 가속이 중요하지만, 감속도 중요하다.

각 힘의 성분 총량에 대해 손의 어느 부분(구획)에 더 큰 비중을 담당하게 할 것인가가 손가락의 하중 분배이다.
기준 하중 분배 대비하여 특정 부분의 악력이 클 때 나타나는 현상(방향성, 타점, 헤드 스피드 변화)은 다음과 같은 경향을 만든다.
이것을 알면 타점과 방향성에 자신감이 생기는데, 특히 토우~힐 타점 Control이 어느 정도 가능하게 될 것이다. 손가락 하중 분배가 최적화되고, 일정하게 되면 빗맞는 샷이 급감하게 될 것이다.

a) A-구역 악력 클 때 (증가할 때)

왼손 5th 4th 3rd 손가락으로 그립을 견고하게 잡으라는 이야기를 많이 듣는다.
가장 많은 그립 압력을 담당할 수 있는 넓은 부위이다.
손목 각을 변화시키는 영향이 작은 부위로, 이곳 악력 변화에 큰 실수가 나올 가능성은 작다.

만약 이곳에 기준 악력보다 더 큰 악력이 들어가면, 왼손의 진행이 빨라지게 되며 손목 각은 조금 펴지게 되고 다음 결과를 만든다.
  - 페이스 변화 : 열림
    손목 각 펴져 자연 로테이션 감소, 팔이 선행, 토우 타점 맞고 페이스 열리는 슬라이스 발생
  - 타점 변화 : 토우 타점, 상 타점(뒤땅)

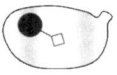 단, 왼 손목이 매우 강하면 토우·하 타점

^ 토우 타점 : 왼손에 들어간 힘 때문으로 왼팔 잡아당기는 현상으로 대략 1~2cm 토우 타점 형성
^ 상 타점 : 손목 각이 펴지는 형태로 헤드 궤도가 Down 되어 대략 1cm 뒤땅(하늘 볼)

* 복합 현상 :
    ^ 드라이버 : 위 두 가지와 기어 효과가 복합되어 높은 탄도의 우측으로 가다가 좌측으로 휘어지는 구질 발생
    ^ 쇼트 아이언 : 위 두 가지와 지면에 힐이 맞는 뒤땅이 복합된다. 보통 타점은 토우 쪽인데, 뒤땅 영향으로 Loft가 세워져 낮은 탄도 Hook 발생

- 손바닥 굳은살 : 손가락이 말려 올라가서 왼손바닥으로 그립을 잡게 된다.
    특히 5th 손가락(f-구역)을 강하게 잡으면, 말려 올라감이 심하여, 왼손바닥 살에 굳은살이 심하게 생긴다.

- 미미한 손실 : 유연성 부족, 릴리즈 저하, 손목 스냅 저하

cf) 만약 이곳에 기준 악력보다 약하게 악력이 들어가면 오른팔 위주의 스윙이 된다.
    - 덮어 치는 형태, 엎어 치는 형태의 스윙이 된다.
    - 왼 옆구리와 왼팔 회전력 사용이 제한적으로 된다.

b) B-구역 악력 클 때 (증가할 때)
(돼지 꼬리 샷)

왼손 검지(2nd)에 힘이 들어가는 경우는 다음과 같다.
    - 초기 이곳을 꽉 쥠
    - 다운스윙 초기 급가속에 따른 관성력을 버티기 위하여 나타나는 신경 작용으로 이곳 악력이 많이 증가하는 형태
    (왼손 A 구역이 감당하지 못하는 큰 가속 관성력의 반력 조건이면 왼손 검지를 꽉 잡게 됨)

결과는 손목 폄 캐스팅과 손목 각이 위로 꺾이는 조건이 되어서, 자연 로테이션이 심하게 증가하게 되어(최고치가 되어) 낮은 탄도의 큰 훅(돼지 꼬리 샷)이 발생한다.
특히, 세게 치려고 할 때 자주 나타나는 현상이다.

Remarks

#1. 처음부터 이곳에 힘주고 치는 골퍼는 Hooker가 된다. 세게 치면 칠수록 더 꼬꾸라진다. 다른 어떠한 것으로도 보상되지 않는다.

다른 것으로 스윙을 교정하려 하면 할수록 스윙은 더 망가진다.

문제를 해결하기 위해서는 왼손 검지에 힘이 덜 들어가는 그립을 취하여야 한다.

* 좌측 척추기립근 하부 쪽으로 몸통 회전 감각을 느끼면 복근 강도가 약화 되어서 Hook은 조금 완화 되나, 그립 때문에 발생 된 로테이션양에 의한 Hook을 근본적으로 교정지지 못한다. 그립 문제는 그립으로 해결해야 한다.

#2. 비교 : 큰 훅 미스샷 발생 원인

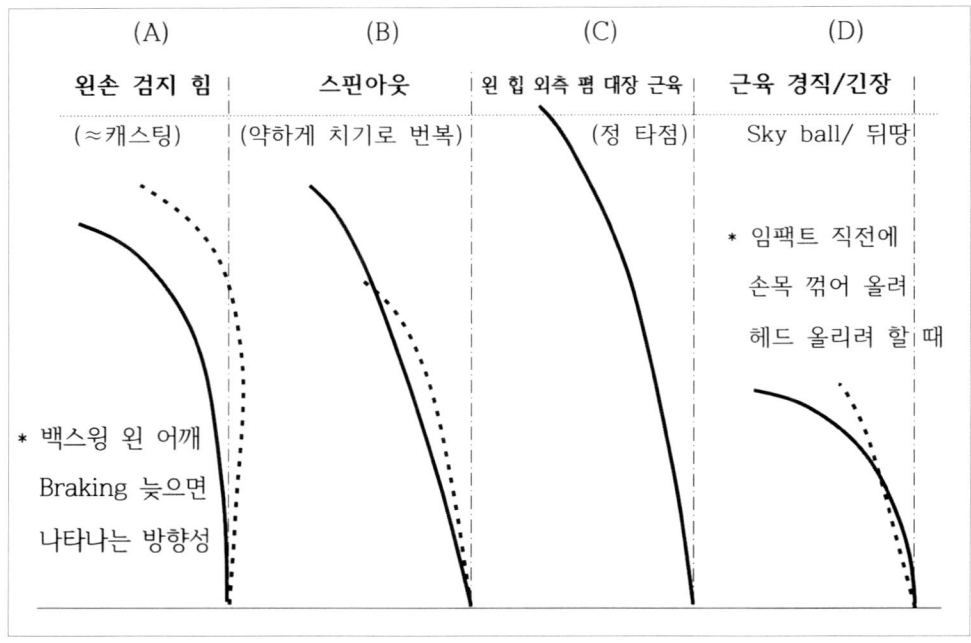

그림 3.3.11 큰 훅 미스샷 발생 원인 및 궤적

그림의 방향 구질을 좀 더 설명하면 다음과 같다.

(A) 왼손 검지 힘 들어갔을 때 : 본 장 내용 (Loft 세워지고, 페이스 닫혀 낮은 탄도의 큰 훅, 토우 두꺼운 타점)

≈ 조금 더 강하게 치려 할 때 발생하는 캐스팅과 유사

≈ 드라이버는 토우 상 타점, 아이언은 토우 뒤땅 발생

(B) 왼 힙 스핀아웃 되었을 때 : 세게 치려고 마음먹고 Setup 하다가 어드레스 하면서 살살치기로 결정을 번복하면 상·하체의 불균형 움직임 발생 (궤도 Full, Loft 세워지고, 페이스 조금 닫혀 낮은 탄도로 크게 당겨짐, 힐 타점)
* 오른 팔꿈치를 몸에 붙이고 손을 낮게 들게 되는 형태에서, 자연 로테이션이 크게 걸리게 되는 것과 비슷하다.

(C) 왼 힙 외측 근육을 폄 대장 근육으로 사용할 때 : 릴리즈 타이밍이 빨라 Full & 페이스 닫힘
* 정상 타점, 정상 탄도, 정상 거리에 Full & Hook

(D) (근육의 경직/긴장으로) 힙 회전이 부족하고 폄이 부족할 때 : 클럽 헤드가 급한 다운블로 궤도로 두껍게 내려와서 타격 됨 (궤도 Full, 페이스 닫힘, 상 타점, 토우 타점, 내려 찍힘)
≈ Impact zone에서 손목을 위로 들어 올리려는 형태의 Sky ball과 비슷
= 드라이버는 Sky ball, 아이언은 뒤땅

#3. 손가락 악력 분배 내용에서 가장 중요한 것은 왼손 검지에 힘이 들어가면 낮은 탄도의 훅(일명 돼지 꼬리)이 발생한다는 것이다.
그 외 나머지 사항은 일반적이고 평범한 사항으로 정리하는 차원에서 서술한 것이다. 내용을 크게 신경 쓸 필요 없고, 하던 대로 잡던 대로 그립을 잡으면 될 것이다.
단, C-구역 하중은 몸과 클럽을 연결하는 역할 한다는 것을 잊어서는 안 된다.

c) C-구역 악력

(샷감에 제일 큰 영향 --- 느슨하게 잡으면 절대 안 되는 곳)
(몸과 클럽을 연결하는 역할, 그립에서 가장 중요한 부위)

오른손 3rd 4th 손가락을 가볍게 잡을 때, 적당히 잡을 때, 더 견고히 잡을 때가 있다.
항상 적당히 잡으면 좋으련만, 가끔 그립을 잘 잡아야겠다고 신경 쓰다 보면 이곳을 더 꽉 잡는 Setup을 하게 된다.
또, *"그립을 가볍게 잡아야 좋다."*라는 것을 떠올리다가 이곳 악력을 빼버리는 경우가 있다.

이곳을 꽉 잡는 경우는, 자연 로테이션에 영향을 주는 손목 각에는 큰 변화는 없다. 손의 관절 구조 때문에 그렇다.

그러나 일단 오른손에 들어간 큰 그립 힘은 손의 진행을 느리게 한다. 그리고 래깅을 길게 가져가게 하고 손목이 펴지는 릴리즈를 방해한다.

또한 원심력을 버티는 왼손 A 구역 손가락 악력이 덜(조금) 사용되는 조건이 되어서 왼팔 스윙이 아닌, 오른팔 위주의 스윙이 되도록 만든다.

   * 오른손을 깊이 넣어 잡으면 즉 손바닥에 가까운 쪽에 잡으면 더 꽉 잡히고, 조금 빼서 잡으면 손가락 두 번째 마디 정도에 잡혀 약하게 잡힌다.

① 이곳이 강하게 잡히면 다음과 같은 경향을 보인다.
  - 페이스 각 :
    닫힘 : 손의 진행이 느려지는 작용 우세하고 힙 턴도 작아져서 페이스 닫힘 (긴 클럽)
    열림 : 원심력가속도 성분 작아짐이 우세하여 살짝 밀림 (쇼트 클럽)

  - 타점 :
    힐 타점 : 오른팔 주도 스윙으로 오른팔 펴주는 동작의 영향, 약 1cm 힐
    하 타점 : 래깅이 길어져 궤도 약 0.5cm 상승, 1~2 그루브 하 타점

  - 헤드 스피드 : 래깅이 길어져, 즉 릴리즈 늦게 되어서 원심력가속도 성분 작게 사용되어 헤드 스피드 감소하므로 비거리 손실 5%(5~15m) 발생한다. 더구나 힐 & 하 타점에 맞아 비거리 손실은 더 발생하게 된다.
    * 이것은 쇼트 아이언에서 비켜 맞는 타격 현상이다. 좋은 기회에서 어이없게 짧게 나오는 비거리 때문에 당황해할 때가 있는데, 이곳 그립 악력 분배가 강한 것 때문인지 복기해 봐야 한다.

  - 부상 위험 1(등 근육 부상) :
    오른손 4th & 3rd 손가락을 너무 꽉 잡고 연습하면 등 근육 부상이 온다.
    ^ 1단계 (조금 강하게 잡았을 때) : **하룻저녁 자고 나면**, 왼 견갑골(어깨뼈)과 척추를 잇는 근육이 간질간질하게 된다.
    ^ 2단계 (강하게 잡았을 때) : **하룻저녁 자고 나면**, 왼 견갑골과 척추를 잇는 근육에 근육통이 온다. "어깨가 결린다." 라는 표현을 한다. 통증은 며칠을 간다.
    ^ 3단계 (전체 그립 매우 강하게 잡았을 때) : **하룻저녁 자고 나면**, 중간 승모근과 척추를 잇는 근육에 극심한 통증이 있다. 등이 결리며 욱신거리기도 하고, 찢어질 듯한 통증이 1주일 정도 지속된다. 잠을 자는 데도 방해될 정도의 통증이다. 교감신경계 영향으로 무기력증이

온다.

- 부상 위험 2 (왼 손목 부상) : 이곳 그립을 강하게 잡고 강력한 스윙을 하려 하면, 오른손이 릴리즈를 방해하는 상태로 왼 손목으로 억지로 릴리즈와 로테이션을 하게 되어서 왼손 손날 쪽 근육에 과도한 하중이 걸린다. 이때 힘줄이 지나가는 왼 손목 콩알뼈 부근에 통증이 발생할 수 있다.

- 다운스윙 전환 : 급한 다운스윙이 이루어진다. 팔과 클럽의 연결이 강한 상태이므로 백스윙 탑 멈춤 시간(전환 진행)이 짧게 되고, 클럽 헤드는 반동이 크게 걸려서 출렁일 수 있다. 이 상태를 보고 C 구역 손가락 악력 상태를 간접적으로 Check 할 수 있다.

② 이곳 악력이 적당히 견고하게 잡혔을 때는 다음과 같은 좋은 결과를 얻을 가능성이 크다.
- 손목 회전력 사용 : 릴리즈 시작 포인트 이후 S5(5/4구간)에서 원심력가속도 성분과 더불어서 신체 회전력인 손목 회전력이 사용되는데, 선행 분절의 회전력이 원활히 클럽에 전달되며, 손목 회전력 사용되는 것도 힘 있게 사용된다.

- 스윙 일관성 : 스윙 일관성에 이곳의 적당한 악력은 필수 사항이다. 스윙에서 제일 중요한 요소(필요조건) 중의 하나이다.

- 샷 메이킹 : 샷 메이킹에 이곳의 적당한 악력은 필수 사항이다.
cf) 너무 강하게 잡은 경우, 너무 약하게 잡은 경우는 샷 메이킹에서 스윙 방해 요소로 작용한다.
너무 강하게 잡은 경우는 거리 정확도 저하하고, 너무 약하게 잡은 경우는 방향과 타점 정확도가 낮아지게 된다.
전완과 손가락에 있어서 3rd & 4th 손가락 굽힘 근육이 가장 크고 센 근육이다. 이곳이 느슨하게 잡히면 힘을 잘 쓸 수 없다. 즉 몸의 회전력을 클럽 헤드 쪽에 전달하는데 문제가 발생하는 것이다. 운동 기구 중에 손가락 악력기를 생각하면 이곳 손가락 굽힘 힘이 제일 세다는 것을 알 수 있다.

③ **만약 C 구역 악력을 너무 가볍게 하면** : ①의 경향과 반대의 현상이 발생한다. 더불어 회전축이 앞뒤로 흔들리는 현상도 발생한다.
(회전축이 고정되어 있지 못하고 앞뒤로 흔들린다고, 엉덩이 위치를 잘 잡으려고 하체로 뭔가를 해봐야 소용없다. 이곳 그립 악력은 최소한 엉덩이가 흔들리지 않을 정도는 되어야 한다.)

- <u>페이스 각 변화</u> : 이곳 악력을 너무 가볍게 잡으면 (악력 총량을 맞추기 위하여), 스윙 진행 중에 보통 A 구역의 악력이 증가하게 되는데, 이것은 클럽 헤드에 걸리는 힘들을 견디기 위한 몸의 자동 반응으로써 뭔가 다른 부위의 대체 손가락으로 악력을 충당하게 된다.
  A 구역 악력이 증가하는 경우의 결과는 앞 a) 항과 비슷해진다.
  B 구역 악력이 증가하는 경우의 결과는 앞 b) 항과 비슷해진다.

- <u>타점</u> : 가장 두드러진 현상은 뒤땅 0.5cm~1cm 발생(4th 그루브 타점 높이가 최적이라면, 5th~6th 그루브 타점 형성)되고, 뒤땅에 의한 거리 손실이 발생하게 된다. 헤드가 후행하면서 토우 1cm 타점도 나온다.

* 잘 쳐보겠다고, 그립을 힘 빼고 가볍게 잡는데, 이곳 악력이 빠진 경우라면 뒤땅 미스확률이 높다. 뒤땅이 아니더라도 슬라이스 구질이 나와서 당 홀을 망치게 될 것이다. 힘 뺀다고 능사는 아니며, 아무 곳이나 힘을 빼면 안 된다.
초보 시절, 힘 빼야 한다는 이야기(사실은 힘 덜(적게) 증가하는 다운스윙 전환이지만)를 너무 많이 들어서, 중·상급자가 된 이후에도 가끔 이곳 악력을 너무 약하게 하여 라운드 일부분에서 엉망진창이 된 스윙을 할 때가 많다.
초반 Hole에 플레이를 잘하다가 중반쯤 스윙이 무너지는 상황에 해당한다. 몸 회전력은 '작용', 클럽 헤드 관성력은 '반작용' 역할을 하는데, 작용과 반작용이 단절되기 때문에 동작 실수가 만들어진다.

- <u>헤드 스피드 감소</u> : 클럽 헤드에 회전력 전달이 다 되지 못하여서 헤드 스피드가 감소하여 거리 감소한다.
  빗맞은 거리 감소분까지 더해져서 On green 하기 어렵게 된다.
  드라이버 티샷 경우에 힘을 쓰고 싶으나, 뜻대로 되지 않아 거리 짧은 슬라이스 발생할 가능성 크다. 정타에 맞아도 10% 이상의 거리 손실, 빗맞으면 20% 전후의 거리 손실이 있게 될 것이다.

- 힙의 앞뒤 흔들림 : 몸과 클럽 헤드 연결이 부실해진 영향으로 회전 중에 힙이 고정되지 못하고 앞뒤로 움직인다. 결과로 토우·힐 타점 변동량이 커지게 된다.

* Reminder : 몸과 클럽이 연결된 곳은 그립이며, 그립을 통해서 힘이 전달된다. 힘 전달 측면에서 C 구역과 A 구역 손가락 악력 기준은 중요하다.
  - A 구역은 왼팔이 원심력을 버티는 역할을 담당한다.
  - C 구역은 몸의 회전력을 클럽에 전달하는 역할을 담당한다.

Remarks

#1. C 구역 악력이 다운스윙 중반 부분의 골반과 어깨 턴 시차를 만들어준다.
약하면 클럽 헤드 관성 전달이 몸에 저항으로 전달되는 것이 작아서 골반과 어깨가 같이 돌려고 한다. 이곳 악력이 너무 작으면, 몸통의 상·하체(골반 ~ 어깨) 분리 대신에 손·클럽 분리 현상이 벌어진다.

#2. C 구역 악력은 폴로스루~피시쉬에서 점진적인 감속을 만들어주는 역할도 한다. 약하면 감속이 덜 되어서 클럽 헤드가 더 많이 돌아가는 피니쉬가 만들어진다.

#3. 그립 B 구역 또는 D 구역에 힘 들어가는 것도 문제이지만, C 구역 힘 빠지는 것은 최악의 스윙 결과를 만든다.

#4. 그립 모양은 몸에 기억되지만, 그립 악력과 손가락 악력 분배는 그 크기가 작아서 몸에 거의 기억되지 않고 유동적이다. Even 값을 유지하는 것이 경기력 유지에 큰 영향을 준다.
* Even 값을 유지하는 Know-how는? : 가볍게 잡는 것, 적정 악력을 잡는 것에 집착하지 말고, 오히려 드문드문 강하고 더 견고하게 잡은 연습 스윙을 해주면, Even 값 인지하기가 쉽다.

d) D-구역 악력 세게 잡을 때

"오른손 검지를 꽉 잡지 말고 손가락을 그립에 대기만 하라." 라고 한다.
오른손 집게손가락은 백스윙 탑에서 감속 관성의 지지, 다운스윙 시작에서 가속 관성의 지지, 다운스윙 내내 가속 관성의 지지(받힘, 몸의 회전력을 부드럽게 클럽 헤드에 전달하는 곳) 역할만 하므로 꽉 잡을 필요가 없다는 이야기다.

초보 시절, 오른손 검지로 그립을 꽉 잡고 밀고 돌리는 것을 하려 할 때, 다음과 같은 현상이 발생한다.
- 백스윙에서 Over swing 발생 : 오른 팔꿈치 굽어지게 만드는 역할, 이두박근 사용됨.
- 원심력가속도 성분 작게 생성 :
  ^ AC(회전 중심)가 팔뚝에 형성
  ^ FC(회전력 중심)가 가슴 앞에 형성
  ^ 오른손 검지에 그립이 잡혀서 릴리즈도 안 되고, 자연 로테이션도 방해받음.
- 결과로써 :
  ^ 헤드 스피드, 비거리 작게 된다.
  ^ 페이스 열리는 상태로 임팩트 되어 슬라이스 발생한다.
  ^ 백스윙 탑의 Stopping이 이곳으로 강하게 되어 굳은살 생긴다.
   * 피니쉬 때, 이곳의 반대편 엄지에 강한 Stopping 걸려 굳은살 생긴다.
  ^ 부상 : 오른쪽 팔꿈치 내측에 염좌, 왼 손목 날 쪽에 염좌 발생 위험이 최고치에 달한다.

* 오른손 엄지 & 검지, 왼손 엄지 & 검지를 그립에서 떼고 스윙을 해도, 헤드 스피드에는 별반 차이가 없다. 이들 손가락은 Main이 아니고, 보조 역할을 한다는 간접 증거가 될 것이다. 0.2sec의 다운스윙 동안, 특히 0.04~0.05sec 릴리즈 때 오른손 검지를 꺾고 돌려서 헤드 스피드를 키우고 슬라이스를 훅으로 바꾸려 하는 것은 불가능에 도전하는 일과 비슷할 것이다.

e) e-구역 강하게 눌러 줄 때

"오른손 엄지 살로 왼손 엄지 등을 (지긋이, 살짝) 눌러줘라."라는 이야기가 있다. 정말 이곳을 조금 강하게 눌러주는 Setup 하면, 손목 각이 꺾여 자연 로테이션양이 커져서 훅이 발생한다.
실제 의도는 '오른 팔꿈치를 강하게 펴주면서 오른팔을 돌려 밀어줄 때, 오른손 엄지 살이 왼손 엄지 등을 자연스럽게(저절로) 눌러지게 된다.'라는 표현이다.

3) 그립 잡는 조건에 따른 손가락 하중 분배 영향
(참조용)

a) 오버래핑 그립 vs 인터로크 그립

-. 오버래핑 그립 : 왼손 검지(B 구역)의 하중 분배가 직접 그립에 접촉하여 이루어지므로, 왼손 집게손가락 악력이 커지면 자연 로테이션이 커져 페이스가 닫히는 훅 방향성이 존재할 가능성이 상존한다.

-. 인터로크 그립 : 오른손 소지와 왼손 검지가 교차하여 잡혀서, 왼손 검지의 하중 분배 변화가 50% 정도만 변하게 된다. 따라서 이 부분의 악력 변화가 손목 각에 미치는 영향이 50%로 반감된다고 볼 수 있다.

또한 인터로크 그립은 손목 각이 조금 펴진 상태로 잡힌다. 이 결과, 오버래핑 그립에 비해서 인터로크 그립은 우향 방향성 변화를 보이게 된다.

주의할 점은 손목 각이 펴져 뒤땅(두꺼운 타격)이 될 가능성이 대폭 증가하므로, 하체 폄이 잘 이루어지도록 해야 한다.

* 어떤 그립을 잡을지는 선택이나, 작지만 그 차이(영향)를 알아야 한다.

b) 베이스 볼 그립

베이스 볼 그립을 잡고 골프 스윙을 하는 사람은 거의 없다. 골프 스윙에서 추천하지 않는 그립이다.

베이스 볼 그립은 왼손 엄지가 롱섬 조건이 되고, 오른손 5th 손가락이 직접 그립을 잡게 된다. 이 조건은 손목 각이 더 꺾이게 만드는 작용을 한다.

이것은 래깅을 유지하기는 유리하지만, 자연 로테이션이 커서 Push 구질이 아니면, 훅 구질 양쪽으로 나뉘는 두 가지 방향성을 만들게 될 가능성이 크다.

만약 정상적으로 원심력가속도 성분을 크게 만들고 잘 이용하게 되는 스윙이라면, '자연 로테이션 = 손목 각 × 원심력가속도 성분 크기'이므로, 큰 자연 로테이션이 만들어져서 거의 완벽한 스윙 동작임에도 불구하고 돼지 꼬리 샷 구질이 나타나게 될 확률이 높다.

c) 오른손 검지, 붙여 잡기 vs 벌려 잡기
오른손 검지를 중지에 좁혀 붙여 잡는 그립과 조금 떨어트려 벌려 잡는 그립이 있다.

-. 붙여 잡는 그립 : 낮고 긴 테이크어웨이, 약간의 Sway, 느린 코킹 타이밍의 스윙 형태를 만든다.

-. 중간(Even) 모양 : 오른손 검지에 큰 역할을 주지 않는 형태이다.

-. 벌려 잡는 (권총 방아쇠 거는 모양) 그립 : 일부 초보 및 중·하급자들 그립이다. 얼리 코킹, None-sway, 빠른 코킹 타이밍의 스윙 형태와 어울린다.
  * 벌려 잡으면 손목 각이 조금 커져 자연 로테이션이 증가할 것 같으나, 손목 스냅이 조금 부자연스러워져 로테이션이 오히려 감소할 수 있다.

오른손 검지의 손가락 하중 부담은 세 경우 모두 의지와 습관에 의해서 결정된다.
오른손 검지를 움직이는 것은 약한 근육과 작은 변위에 해당하며, 이것으로 직접 뭔가를 조정하거나 만들 수 있는 샷 메이킹은 없다고 봐야 한다.

d) 기타 손목 각을 꺾어지게 하는 것
-. 가슴을 위로 올리는 것과 앞으로 내밂 : 가슴을 올리고 내밀면 등과 팔이 강하게 연결되고 손목 각이 살짝 더 꺾이는 형태가 나온다.
  Normal swing에 비하여 다음의 결과 차이가 있다.
   ^ 헤드 스피드 : 거의 같음
   ^ 방향성 : Push 슬라이스, Push 훅 --- 가슴이 내밀어져서 Push 궤도가 만들어지고, 강한 연결이 되어 이른 릴리즈 타이밍으로 페이스가 닫힌다.
   ^ 타점 : 힐 타점, 하 타점으로 옮겨짐 --- 가슴이 내밀어져서 궤도가 변화

* 정상적인 스윙 방법은 아닌데 (추천하지 않음), 라운드 도중 드라이버에 갑작스러운 Full & Hook이 문제라면(또는 토우·상 타점이 해결되지 않으면), 임시방편으로 가슴을 조금 내밀고 Setup 하여 스윙하면 구질에 응급처치할 수 있다. 단, 아이언에서 이렇게 가슴을 내밀면 생크 가능성이 커지므로 주의해야 한다.

또한 이렇게 가슴 내밀고서 클럽 헤드를 던지려 하면 왼쪽 갈비뼈 골절 가능성이 매우 커지는 것에 주의해야 한다.

-. 어깨 늘어트리고 앞으로 모으기 : 보통의 자세가 편안한 날숨 상태에서 양어깨를 늘어트리고 앞으로 모아 그립을 잡고 스윙하는 형태다.

이 자세는 상체에 힘이 빠지게 하여 주고, 손목 각이 조금 펴지게 해서 훅보다는 슬라이스 구질의 성격이 있다.

단, 너무 과하게 하고 힘이 많이 빠지면, 상체 회전력이 클럽으로 원활하게 전달되지 않아서 헤드 스피드 느려지고 페이스 열리는 큰 슬라이스 구질을 만들게 된다. 따라서 양 겨드랑이는 조금 쪼여주는 형태로 어깨를 늘어트리고 앞으로 모으는 자세를 가져야 한다.

양 겨드랑이를 조금 쪼여주는 것이 가슴 어깨 팔 강도를 맞춰 주는 역할 한다.

cf) 퍼팅 Setup처럼 어깨를 펴면 몸통과 팔 사이의 연결 강도가 약해져서 손목 스냅이 사라진다. 샷 결과는 10% 거리 감소와 5° 정도의 Push 궤도를 만든다.

양쪽 어깨를 1cm 펼 때마다 대략 2% 비거리 감소와 1° 슬라이스가 발생하는 경향이다. 셋업, 백스윙, 다운스윙 모두에 해당한다. 벌려진 어깨는 왼 무릎(대퇴직근) 강도를 약하게 만들어서 손목 스냅을 더 약하게 한다.

어깨 펴는 퍼팅 스트로크 연습에 주력할 때, 일반 스윙에서 손목 스냅이 줄어드는 현상이 반복해서 나타날 수 있으며, 이는 우드와 쇼트 아이언 샷에서 두드러지게 감지된다.

4) 그립 악력 세기 (적정 그립 악력)
(부연, 참조용)

악력 전체 비율로 따져서, 그립 악력 세기에 따라서 스윙 결과는 완전히 달라진다. 그립 악력 세기는 다음과 같이 3가지로 분류한다.
  (A) 강한 그립 악력
  (B) 적정 그립 악력 (일명 견고한 그립)
  (C) 약한 그립 악력
  * 클럽 강도에 따라서 그립 악력(느낌)이 달라지며, 정적인 헤드 무게와 동적인 스윙 웨이트 차이도 달라진다.

a) 강한 그립 악력
그립을 강하게 잡으면 다음과 같은 결과가 나타난다.
연동하는 다른 근육의 상태에 따라서 결과가 크게 변한다.

-. 그립 강하게 잡아 하체 쿠션도 강할 때 : 다운스윙에서 하체 펌이 작아져서 뒤땅 발생한다.
  릴리즈가 약해져서 헤드 스피드 감소한다.

-. 그립 강하게 잡아서 몸통 & 옆구리 근육도 강한 상태일 때 : 골반 회전에 이어 어깨 회전이 되는 시차가 짧아져서 Full 궤도가 형성되고, Loft가 세워져 타격 된다.
  코어 회전력 사용이 덜 되어 헤드 스피드 감소한다.

-. 그립 강하게 잡아서 팔꿈치 근육(삼두박근, 이두박근)이 강한 상태일 때 : 다운스윙에서 클럽을 잡아당기게 되어 토우 타점이 맞는다.
  오른 팔꿈치 펌과 릴리즈가 약해져서 헤드 스피드 감소한다.

-. 그립 강하게 잡아 손목이 강한 상태일 때 : 다운스윙 릴리즈 구간, 손목이 풀어지는 릴리즈가 덜 되어 원심력가속도 성분이 작게 사용된다. 그 결과는 다음과 같다.
  ^ 헤드 스피드 감소
  ^ 헤드가 뒤처져 회전 --- 페이스 열려 맞아 슬라이스
  ^ 자연 로테이션양이 감소 --- 로프트 뉘어 열려 맞아 슬라이스

^ 손목 & 팔꿈치 관절 부상, 등 근육 경직 & 통증

* 그립 강하게 잡히면, 위의 4가지 사항이 조합된 결과로 나타나게 된다.
cf) 왼 손목만 강하면 토우 타점에 슬라이스, 오른 손목만 강하면 힐 타점(토핑 타점)에 훅 발생한다.

b) 적정 그립 악력

다음과 같은 상태를 적정 그립 악력이라고 볼 수 있다.
- 효율적인 릴리즈 되는 손목 환경
- 적당한 자연 로테이션양 발생
- 몸 회전력을 클럽에 잘 전달하는 연결(Chain) 역할 (C-구역이 50% 담당)

c) 약한 그립 악력

그립 악력이 약하게 계속 사용될 때는 강할 때보다 더 스윙이 망가지게 된다.
그립 악력이 약할 때(특히 오른손 4th & 3rd 손가락) 문제점은 다음과 같다. 최악의 스윙이 된다.

① 몸의 회전력이 클럽 헤드에 다 전달되지 못하여, 각각 몸의 근육이 제 맘대로 움직이게 된다. 클럽 헤드가 못 따라오는 것과 손목 반사신경에 의한 손목 풀림 현상이 공존할 가능성이 크다.

② (클럽 헤드가 못 따라와 발생하는 슬라이스가 아니라면) 릴리즈가 커지고 자연 로테이션양도 많아져서 Loft가 세워져 낮은 탄도의 훅이 발생한다.

③ 그립 악력이 약하면 일반적으로 몸의 다른 부위 근육(회전 근육, 폄 근육)이 약한 Tension을 갖게 된다. 따라서 Power가 약하게 된다. 힘을 다 못 쓰는 스윙이 된다.

* 한두 번 그립 악력을 약하게 잡고 스윙을 했을 때는 위와 같은 문제가 대두되지 않는다. 몸이 가지고 있는 감각적인 동작 메모리가 충전지처럼 일부 남아 있어서, 어느 정도 자연 치유(극복)되는 기능에 의해 약간의 헤드 스피드 감소, 페이스 각, 타점 오차만 발생한다. 그러나 10번, 20번 같은 약한 그립 악력으로 스윙하게 되면 근육(관절) 연결이 분리되어서 스윙은 완전히 망가져 버린다.

d) 적정 그립 악력 유지하기

적당한 그립, 악력 세기 감각은 거의 기억에 남지 않는다. Setup에서 그립 악력은 스윙 중 최대 필요 악력과 비교해서 5~10% 정도 밖에 안 되는 작은 값으로써 몸은 그 크기의 대소 기억 저장을 거의 하지 못한다.

- 그립 악력은 연습장에서 연습이 진행되는 과정에서 조금 변하고, 라운드 중에도 그때그때 변한다.
- 세게 치고자 할 때, 약하게 치고자 할 때 그 악력의 세기가 달라진다.
- 그립 악력 감각은 자고 나면 거의 사라진다.

그립 악력에 신경을 쓰고, 적정 그립을 잡았다고 생각해도, 그것이 강하거나 약할 수 있다.
특히, 가볍게 잡은 악력이 좋을 것이라는 선입견이 있다면, 너무 약하게 잡아서 샷을 실수할 가능성이 대단히 크다.
또, 가볍게 잡은 것이 가벼운 것인지, 조금 세게 잡은 것이 센 것인지 가늠하기 어렵다. 세게 잡은 것을 가볍게 잡았다고 인식할 수도 있다.

〈그립 악력 상태 유추 방법〉

적당한 그립 악력을 유지하기 위한 추천하는 방법은, 그림의 그래프와 같이 샷 연습 중에 중간중간(간헐적으로) 조금 강하게 잡고 두세 개 스윙해보고, 조금 약하게 잡고 두세 개 스윙을 해보는 것이다. 그러면서, 좋은 동작과 결과를 만드는 그립 악력 세기의 정도가 확인되고 유지되는 데 도움을 준다.

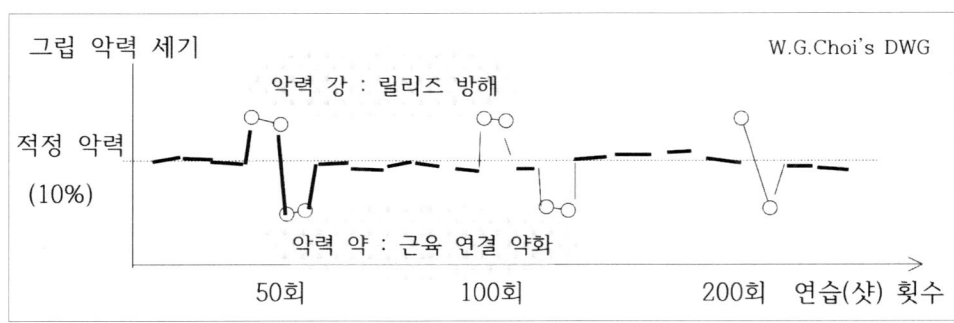

그림 3.3.12 적정 그립 악력을 유지하기 위한 인위적인 악력 변경 연습

그림과 같이 그립 악력을 변화시켜가며 샷 연습을 해서, 악력 변화에 따른 감을 읽힌다. 단, 이것은 연습용이며 실전 Shot control 용으로는 사용하지 않는다. 아울러 그립 악력을 변화시키면서 모두 똑바로 보내려는 것은 의미 없는 일이라는 것을 알아야 한다.

-. 아주 강한 그립 악력 상태 스윙 (2~6ea 정도로 횟수 제한) : 엎어 맞는 결과가 발생한다. 강한 그립은 강한 하체 Tension과 몸통 Coiling을 갖게 되어서, 릴리즈 타이밍이 빨라져 엎어 맞게 된다.
 - 거리 : 늘지 않는다. (낮은 탄도로 거리 감소, 단 긴 클럽은 찍혀 맞음)
 - 방향 : 우향의 방향성 변화
   ^ 훅 ---> Straight : 원심력가속도 성분 이용과 자연 로테이션양은 적어지고 손목 회전력은 많이 사용됨
   ^ Straight ---> Slice : 상기와 같은 이유
   * 캐스팅이 동반되면, 좌향의 방향성으로 변한다.
 - 타점 : 힐 & 상 타점 (하체 폄과 척추 폄 작아진 결과)
* 주의 : 아주 가볍게 잡고 스윙하는 것은 단지 스윙만 망가질 뿐이지만, 아주 강하게 그립을 잡고 스윙하는 것은 등 근육을 경직되게 하여 근육통을 유발한다. 따라서, 일부러 강하게 잡고 스윙하는 것은 횟수를 극히 제한하여야 한다.

-. 조금 강한 그립 악력 상태 : 로프트가 세워져 맞는 경우 발생한다.
릴리즈 타이밍이 조금 빨라져서 로프트가 2° 정도 세워져서 맞아 페이스 각은 조금 닫히고 탄도 조금 (발사각 -2°) 낮아지는 변화가 생긴다.
 - 거리 : Even 악력과 비슷하다. 단, 백스핀 조금 증가한다.
 - 방향 : Full & Hook 2° 정도
 - 탄도 : 조금 낮아짐. 단, 최고점은 비슷하다.
 - 타점 : 큰 변화는 없음

-. 약한 그립 악력 상태(연속 20~30ea 시행) : 열어 치려는 의도가 없는데 열려 맞아 슬라이스 발생하거나, 엎어 치려는 의도가 없는데 의도에 역행하여 엎어 맞아서 훅이 발생하는 현상 만든다.
'코어가 느슨하여 릴리즈 타이밍이 늦어지는 것이 우세하면 슬라이스 발생' vs '손목 힘이 빠져서 자연 로테이션이 우세하면 훅이 발생' 두 가지의 극명한 결과를 만든다.
 - 거리 : 줄어든다.
 - 방향 : Push slice 4° 경향 (단, 간헐적으로 Full hook 발생)

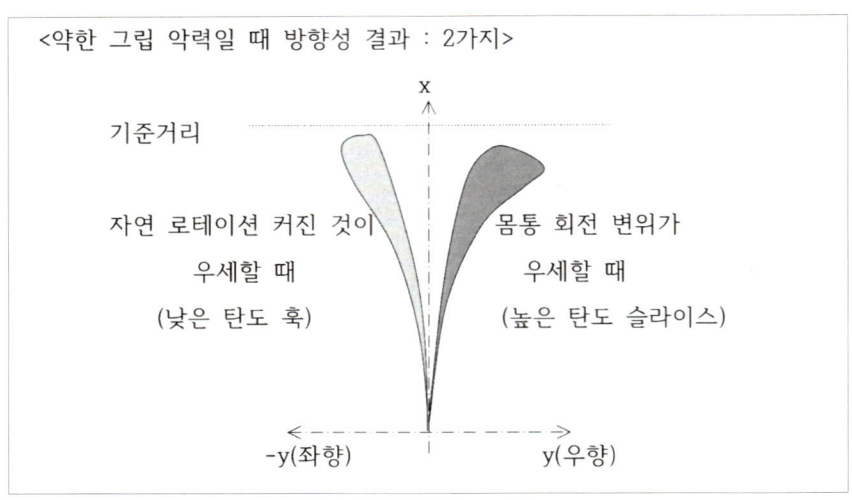

그림 3.3.13 약한 그립 악력일 때 방향성

- 타점 : 중구난방

-. 적정 그립 악력 :
적당한 그립 악력은 다운스윙 골반 회전과 어깨 회전 사이에 적당한 시차를 만들어주는 악력이다.

* C-구역(오른손 3rd & 4th 손가락) 악력은 샷감에 중요한 역할을 한다. 테이크어웨이에 신경 쓰기 또는 다운스윙에 신경 쓰기와 같이 잘 하려는 동작에 더 집중하다 보면, 가끔 이곳 악력이 느슨해져서 망가진 형태의 스윙이 나오게 된다. 이곳 악력은 자주(라운드 전반, 중반, 후반) 점검해야 한다.

cf) 그립을 꽉 잡으면 몸통(옆구리, 등) 근육의 경직도가 커져 몸통 상하 회전 시차가 짧게 되어 급한 릴리즈가 되고, 그립을 너무 느슨하게 잡으면 몸통과 팔 근육의 경직도가 낮아져서 느린 릴리즈가 이루어진다. 이것을 응용해서,
- 슬라이스가 나는 강한 샤프트는 조금 꽉 잡고 치면 진동과 회전력 릴리즈 2개의 타이밍이 조금 개선(일치)되어 Straight 구질 쪽으로 바뀐다.
- 슬라이스가 나는 약한 샤프트는 조금 약하게 잡고 치면 진동과 회전력 릴리즈 두 개의 타이밍이 조금 개선(일치)되어 Straight 구질로 바뀐다.

Remarks
#1. 어떤 세계 일류 프로선수는 "손은 몸과 클럽을 연결하는 유일한 것으로 그립을 견고하게 잡고 적당한

악력을 갖는 것이 중요하다."라고 견고한 그립 악력의 필요성을 강조하는 이야기를 한다.

이것에 반하여, 어떤 이가 *"새를 잡고 있듯 그립을 가볍게 잡아야 한다."*라고 말한 것은 반대 이야기가 될 것이다. 아마 이렇게 이야기한 사람의 의도는 적정 그립 악력(Even 값)이 생각보다는 약한 상태라는 것을 강조하기 위한 표현일 것이다.

#2. '적당한 그립 악력'이란 것에 신경을 잔뜩 쓰고 힘 빼는 것에 너무 많은 관심을 두다가 보니, 정작 그립 악력을 유지하는 방법에 대해서는 등한시하는 경향이 있다.
* 비유 1) 건물 안에서 현 위치는 좌도 보고 우도 봐가며 비교 판단을 하여 가능한다. 막연한 상상은 지나치거나 모자랄 수 있다.
* 비유 2) 적당한 그립 악력은 파랑새를 찾는 것과 같다. 돌고 돌아 제자리에 온다.

#3. 스윙 동작이 어느 정도 완성되면 경계해야 하는 것은, 그립 악력을 필요 이상으로 약하게 잡는 것이다. 이유도 모르게 샷이 망가질 때는(안 될 때는), 그립 악력이 너무 약한 것이 아닌가 의심해봐야 한다. 80타대 골퍼가 조심해야 하는 것 중 하나는 그립을 너무 가볍게 잡는 것이다.

#4. 세게 치고자 하면 그립이 강하게 잡히는 경우가 있다. 몸(근육)의 방어 기제에 해당한다.
조금 세게 칠 때는 오히려 그립은 조금 가볍게 잡아야 하고, Core 근육은 조금 강해야 한다.

#5. 클럽별 그립 악력은 같지 않다. 클럽별로 릴리즈 타이밍이 조금 다르기 때문이다. 릴리즈 타이밍은 긴 클럽은 조금 느리고, 짧은 클럽은 조금 빠르다. 따라서 그립 악력은 긴 클럽은 조금 약하고, 짧은 클럽은 조금 강하다.

그림 3.3.14 클럽별 적정 그립 악력

- 드라이버는 잘 맞는데, 아이언이 안 맞는 날 : 그립 악력과 몸의 경직도가 드라이버에 맞춰져, 아이언은 약한 조건으로 스윙한 날
- 아이언은 잘 맞는데, 드라이버는 안 맞는 날 : 그립 악력과 몸의 경직도가 아이언에 맞춰져, 드라이버는 강한 조건으로 스윙한 날

#6. 힘 사용하기가 적당하고 최대 헤드 스피드를 만들고 있는 밸런스와 타이밍이 맞는 그립 악력인데, 방향성이 훅 또는 슬라이스가 발생할 때는, 스탠스 모양을 조정하는 것이 한 가지 방법이 될 수 있다.
왼발 Open, 11자 스탠스, 왼발 & 오른발 Open 등으로 방향성을 조절하며, 샷감을 점검하여 최적의 조합을 만들어 사용하는 것이다.

#7. 다운스윙 시작에서 오른 무릎 오금을 굽히지 않으면, Core 근육의 상·하체 분리가 안 되어서 몸의 릴리즈 타이밍이 빨라진다. 다운스윙 진행 중에 그립 악력은 급증하게 된다.

#8. 잘 맞는 클럽을 사용하면 좋겠지만 어쩔 수 없이 강한 클럽을 사용하는 경우, 그립은 조금 더 꽉 잡아야 회전력과 샤프트 진동 릴리즈 타이밍 차이를 좁힐 수 있다. 단, 왼 손목과 오른 팔꿈치에는 치명적인 부상 위험 있다.
어쩔 수 없이 약한 클럽을 사용하는 경우, 그립 악력을 조금 약하게 잡아야 몸의 회전력 릴리즈 타이밍과 샤프트 진동 릴리즈 타이밍 차이를 좁힐 수 있다.
아쉬운 대로 그립 악력을 조절하여 ±30 CPM 정도의 클럽 강도 차이를 어느 정도 극복할 수는 있다. 그러나 장기적인 사용은 절대 추천하지 않는다.
최적 근력의 ±5 CPM 강도 범위 클럽을 사용해야 한다.
　＊ 강한 드라이버를 밀리지 않게 치는 첫 번째 방법은 백스윙 탑에서 머무르는 시간을 길게 가져가는 것이다. 그러나 클럽별 따로따로 스윙할 수는 없는 노릇이다.

그립을 약하게 잡아야 한다는 사람은 아마 약한 클럽을 사용하고 있고, 그립을 조금 강하게 잡아야 한다는 사람은 아마 강한 클럽을 사용하고 있을 가능성이 크다.
자신에게 강한 클럽으로 스윙하면 거리 감소한다. 혹시나 하고 강한 클럽을 가볍게 잡고 스윙하면 거리 감소와 함께 방향성과 타점 오차도 커진다.
자신에게 약한 클럽으로 스윙하면 방향 오차가 커진다. 혹여나 해서, 그립을 꽉 잡고 스윙하면 거리 감소에 더하여 우측으로 날리는 슬라이스가 심해진다.
현재 사용하고 있는 클럽 사양(전체 클럽)을 알고 있어야 한다.

Hooker 탈출 방법

3.4 Hook 교정

앞 장의 내용들은 슬라이스가 발생하는 관점에 약간 치우쳐서, 그것을 이해하고 해결하고자 하는 견해에서 서술된 측면이 있다.

혹자는 *"슬라이스가 교정되고 나면 훅 때문에 고생한다."* 라는 이야기를 한다. 90타대 후반에서 80타대 골퍼로 실력이 향상되는 과정에서 릴리즈가 원활하게 되어서 원심력가속도가 충분히 이용되는 환경이 되면, 슬라이스를 만드는 요소는 거의 사라지고 페이스가 닫히는 요소가 더 강하게 작용하여 훅 발생 비율이 높아지게 된다.

〈훅 발생 원인〉
- 손목 각이 커서 자연 로테이션이 큰 경우, 왼손 검지 꽉 잡는 경우
- 릴리즈 타이밍 빠른 경우, 동작 중심축이 위에 있는 경우
- 로테이션에 비해 적은 손목 회전력 사용
- 척추기립근의 몸통 회전 변위 감각 느끼는 부위가 우측 하부인 경우, 중심이 우측 일때
- 백스윙, 늦게 왼 어깨 Braking 잡는 경우, 탑 모양이 Close COG인 경우
- 캐스팅 발생 (급가속=무턱대고 세게 치는 경우 또는 강한 샤프트 아이언)
- 스핀아웃 발생 (왼 무릎 빠짐=강한 아이언 클럽을 억지로 똑바로 치려 할 때)
- (드라이버) 헤드 무게 중심이 샤프트 중심에서 크게 떨어져 있는 경우
    ≈ 슬라이서(Slicer) 전용 드라이버를 후커(Hooker)가 사용하는 경우
- '오른 골반 회전력 + 오른팔 회전력' 조합 사용하는 경우
* 억지 로테이션이 큰 경우(X) - 안 하려고 해도 훅 발생하니, 원인 아님

큰 요인으로 위 사항이 결부되어서 Hook이 발생하는데, 교정은 쉽지 않다. 이유는 명쾌하게 해당 요소를 이해하지 못하고, 또한 지식이 없고 적절한 조언을 받지 못해, 이것저것 자세와 스윙 동작으로 엉뚱한 교정을 시도하기 때문이다.

중·상급자 고민 중의 하나는 *"어떻게 Hook에서 탈출해야 하나?"* 이다.

훅 원인을 단순히 스윙 동작 오류만으로 이해해서는 안 된다. 클럽 특성, 릴리즈 & 로테이션, 회전력 사용에 따른 변화를 먼저 알아야 한다.

* 혼돈을 방지하고자 본 절에는 그림을 삽입하지 않는다. Hooker는 본 글을 읽고 그림을 그려가며 이해하는 것이 상급자로 올라가는 데 필요할 것이다.

1) 장비에서 오는 Hook

a) 드라이버, 헤드 무게 중심 위치 때문에 만들어지는 Hook

이 책이 일반화되면 80타대 초반이 되겠지만, 현시대 골퍼의 평균 타수는 대략 90타대 후반이다. 즉 이들이 주 고객층 & 주 독자층이 될 가능성이 크다.

이들은 슬라이스(페이스가 열려 임팩트 되는 현상) 해결책이 명확하지 않은 수준일 것이다. 또한 타점 오차가 큰 편이다.

이들을 위주로 드라이버 헤드 모양을 설계한다면, 페이스가 조금 열려 들어가도 자동으로 조금 닫혀 타격 되어 똑바로 나가는 제품이 인기 있게 될 것이다. 또한 빗맞아도 관용성이 있는 헤드가 좋은 제품이라고 선택받을 것이다.

- 열린 페이스를 닫혀 타격 되게 만들어주는 헤드 설계 기술 :
    ① 샤프트 축 기준으로 헤드의 무게 중심을 후방 쪽에 배치
        (자연 로테이션 키워줌. 원심력에 의한 샤프트의 전방 휨 양을 키워줌.)
    ② 샤프트 축에 대해서 페이스 닫힌 각을 더 크게 부여
- 빗맞아도 관용성을 좋게 해주는 헤드 설계 기술 :
    ③ 헤드의 무게를 외측에 배치 ≈ MOI를 키우는 헤드 형태
    ④ 타격면 기준, 헤드 무게 중심을 후방에 배치
        (이격 거리를 키우고, 이격 거리 변화량을 키우는 역할 : 득실 양면성)
- 타면 설계 기술 :
    ⑤ 토우에 맞아도 오목 곡면이 되어서 슬라이스 완화

①과 ④ 같은 헤드 설계 기술이 적용된 드라이버를 사용하는 Hooker는 다음과 같은 문제에 봉착하게 된다.
- 더 큰 Hook 발생, Hook 발생 빈도 높음.
- 세게 치려고 하면 더 큰 Hook 발생하는 경향
- 타점 불량. 페이스 각 변동 심함 --- 헤드 무게 후방 배치로 Twist 가중
- 페이드 샷을 쉽게 구사할 수 없음. 전체적인 샷 메이킹의 어려움.
- 헤드 무게 중심이 후방에 배치되어 있어서, 스윙 진행 중에 클럽의 Twist가 심함. 오히려 방향성 편차가 증가
* 슬라이스를 완화하기 위해 적용된 기술이 Hooker에게는 더 큰 Hook을 만들고, 타격 타점 오차에 대한 관용성을 키우기 위해 헤드 무게 중심을 후방에 배치한 기술이 스윙을 불편하게

하고 타점 변화를 키울 수 있다.

위의 사항을 고려하고 드라이버 스윙에서 의도하지 않는 Hook 및 Draw 구질을 탈출하기 위해서 다음 같은 대안을 적용한다.
   (A) 슬라이스 방지 기술이 적게 적용된 드라이버 헤드 모양을 선택한다.
      * 중·상급 실력에서 슬라이스 방지용 ≈ 훅 증가용 드라이버를 사용하면서 훅을 탈출하겠다는 생각은 비실용적임.
   (B) 자연 로테이션양이 작은 손목 각 (Setup에서 역 손목 각 취하기)
      * 양은 작지만 퍼팅에서 손목을 역으로 꺾은 그립의 손목 모양
      단, 역 손목 각은 왼 손목 날 부상에 치명적이다. 추천하지 않는다.
   (C) 손목 회전력 많이 사용되는 스윙 방법 찾아 적용
   (D) 백스윙 탑에서 오래 머물러, 캐스팅 완화한다.
   (E) 기타 : 스탠스, 백스윙 속도, 골반~어깨 회전량, 팔꿈치 모양, 그립 모양 등으로 Hook을 억제하려는 노력을 할 수 있으나, 전체적으로 득보다는 실이 클 가능성이 있다. 그런데도 일반 골퍼는 많은 이들의 조언과 선입견에 의해서, 어설픈 이들 동작으로 페이스가 닫히는 양을 줄이려는 제어를 시도하여 Hook을 극복하려고 끊임없는 노력을 하는 것이 현실이다.
      * 일부 중급 골퍼는 "훅 때문에 1년을 고생한다." "3년을 고생했다." "평생 고생하고 있다."
      라는 이야기를 한다. 이것은 Hook이 단순하게 해결되는 것이 아니라는 방증이다.

b) 클럽 샤프트 강도에서 만들어지는 Hook (아이언 캐스팅에 의한 훅)
   (약한 샤프트로 클럽 교체하는 것이 최고의 선택)

아이언과 차이 비교를 위하여 강한 드라이버의 방향성에 대해 먼저 설명한다.
강한 드라이버는 다운스윙 시작에서 급가속 작용 현상으로 그립과 손목 힘이 증가하게 되어 낮은 헤드 스피드에 슬라이스가 발생하는 특성이 있다.
긴 클럽(드라이버)에서는 캐스팅 영향보다 끌고 내려와 돌리는 무게 영향이 더 크게 작용하여 릴리즈가 부실해져서 Push & Slice가 발생한다. 이때 만약, 이를 완화(방지)하고 똑바로 치는 몇 가지 동작 기술(역피봇 백스윙, 백스윙 탑에서 오래 멈추기, 백스윙 키우기, 부드러운 다운스윙 전환, 가벼운 그립 잡기 등)을 적용하여 캐스팅을 완화하고 릴리즈를 어느 정도 해서 슬라이스를 극복하고 똑바로 치더라도, 이 조건은 시간이 지나면서 이차적인 다음 현상을 만든다.

---〉 왼 옆구리 Tension이 커지는 스윙 동작이 형성되고,
   ---〉 골반~어깨 회전 시차를 줄여(없애), 회전력 사용 적게 되어,
      ---〉 헤드 스피드 감소
   ---〉 왼 골반 스핀아웃
      ---〉 빠르게 진행되려는 손목 릴리즈 타이밍
         ---〉 Out to In(Full) 궤도
         ---〉 드라이버 : Slice ---〉 Straight 구질 만들긴 하는데,
      ---〉 왼 손목 부상 & 오른 팔꿈치 내측 부상
         ---〉 전체 스윙 망가지는 과정 진행

Remarks

#1. 만약 드라이버만 강한 상태라도 이것은 아이언 스윙 동작에 영향을 준다.

#2. 슬라이스가 발생하는 강한 드라이버(cf. Even : 230CPM vs 강한 클럽 : 270CPM)를 똑바로 치려면, 느린 백스윙을 하는데 (ex. 0.6sec ---〉 0.8~1.0sec), 특히 백스윙 탑으로 진행되는 감속 시간을 길게 하고, 탑에서 멈추는 시간을 늘려, 다운스윙 전환에서 반동을 작게 하면서, 반동이 작용하는 시점을 늦추면 된다.

그러나 이 동작은 왼 옆구리 Tension을 키워 상·하체 분리가 덜 되게 만드는 최대 요인으로 작용한다. cf) 릴리즈에서 왼 손목 회전력을 강하게 사용하여 손 진행을 더 크게 Brake 하는 방법이 있는데, 필연적으로 손목 부상을 얻게 될 것이다.

#3. 강한 클럽을 꾸역꾸역 사용할 때, 유연성이 있는 사람은 백스윙 탑에서 멈추는 시간을 길게 가져가도 상·하체 분리가 어느 정도 원활하게 되지만, 유연성이 없는 사람은 분리가 안 되는 이차적인 문제로 인하여 왼 골반과 몸통(어깨)이 동시에 함께 회전하려는 모양을 만드는 형태로 스윙이 망가질 가능성이 커진다.

#4. 근력이 작은 골퍼는 조금 작은 CPM 클럽 사용에 조금 빠른 백스윙, 근력이 강한 골퍼는 반대로 조금 큰 CPM 클럽에 조금 느린 백스윙이 적합하다고 하겠다. 백스윙 빠르기는 사용하는 클럽 강도와 근력, 유연성 조건에 따라 달라진다. 무조건 느린 백스윙, 그리고 백스윙 탑에서 오래 머물러 있는 것이 좋다고 할 수 없다.

#5. 유연성 좋고 근력도 좋고 강한 클럽 사용하는 교습가가 느린 백스윙을 추천한다고 해도 유연성 없고 근력 약하고 약한 클럽 사용하는 일반 골퍼가 그것을 따라야 할지는 고민해봐야 한다.

그리고 오른 팔꿈치와 왼 손목에 조금이라도 무리가 느껴진다면, 즉시 조금 약한 클럽으로 바꾸는 것이 최고의 선택이 될 것이다.

위 *#1.~#5.* 상황은 근력에 맞는 약한 CPM 드라이버로 변경하는 것이 현명한 선택인데, 많은 이들의 조언과 선입견에 의해서 강한 클럽을 계속 사용하면서 어떻게든 어설픈 동작으로라도 페이스 열리는 상태를 닫히게 하려고 하는 것이 일반 골퍼의 현실이다. 강한 클럽 사용은 필연적으로 부상에 직면하게 된다.

강한 아이언 클럽인 경우는 드라이버와 반대로 페이스 닫히는 상태, 즉 캐스팅을 극복하려고 노력하나 몸통 유연성이 부족한 일반 골퍼에게는 쉽지 않은 일이다.
강하고 무거운 아이언은 힘이 들어가는데, 캐스팅 영향이 더 커서 Full & Hook이 발생한다.
자신의 근력보다 더 강한 샤프트를 사용하면 무겁다. 다운스윙 시작에서 손목 신경은 그 무게를 부상 위험 인자로 간주하고 손목을 풀리게 하는 캐스팅 반사신경을 작동한다. 캐스팅의 결과는 Full & Hook 구질이다.
강하고 무거운 아이언 클럽의 Hook 방지 방법은 적정 클럽 강도로 교체하는 것이다. 다른 방법으로는 근력을 키우는 것이 있다.

최종적으로 클럽 강도가 안 맞는 경우에서 여러 노력은 점점 스윙 폼을 망가트리고 손목과 팔꿈치에 부상을 만들며, 헤드 스피드는 오히려 더 감소하게 되고, 타점이 부정확해지는 상황에 직면한다.

Remarks

#1. 자신의 스타일이나 실력에 맞지 않는 헤드 모양(디자인)과 클럽 강도로부터 만들어지는 Hook을 스윙 동작으로 개선하려는 것은 맞지 않는 옷에 몸을 억지로 구겨 넣어서 멋지게 연출해보겠다는 생각과 같다.
슬라이스 방지용 드라이버는 Hooker에게 더 큰 Hook을 발생시킨다. 드라이버를 바꿔야 효율적이고 정상적인 스윙이 될 것이다.

#2. 만약 전체 클럽(드라이버부터 웨지까지)이 강한 클럽이라면, 클럽 무게와 백스윙 템포에 따라서 변동성은 있지만, 가운데 정도(I5~I7) 클럽에서 거리는 짧지만 똑바른 방향성을 보이는 클럽이 있게 된다.
 * 강한 드라이버는 약간의 슬라이스, 강한 웨지는 약간의 훅 구질을 보인다.

#3. 강한 클럽 사용은 캐스팅에 의한 Hooker의 스윙 폼이 고착될 가능성이 크다. 드라이버(긴 클럽)는 Push & 슬라이스가 발생하지만, 아이언에서는 Full & Hook이 발생한다.

#4. 레슨을 시작하기 전에 확인이 필요한 것 :
- 드라이버 : 먼저 클럽 사양(헤드 디자인 특성, 헤드 무게 중심, 강도)을 확인 후 레슨 해야 한다.
- 아이언 : 먼저 골퍼의 근력 상태와 클럽 사양(스윙 웨이트, 강도)을 살펴본 후 레슨 해야 한다.
    * 무겁고 강한 클럽 사용하는 사람에게 힘 빼라고 해봐야 소용없다. 힘이 들어가는 이유는 일단 클럽이 강하고 무겁기 때문이다. 이 클럽을 계속 사용하는 상태에서 스윙 교정은 요원하다.
- 어프로치 : 가속-감속-가속에 좌우 팔의 사용 비중을 어떻게 하려는 의도를 가졌는지, 먼저 물어본 후 레슨 해야 마땅하다.
- 퍼팅 : 제어를 위해 손에 감각 죽이려는 마음과 동일 템포를 위해 '백스트로 크기^2 = 퍼팅 거리' 관계를 알고 있는지 먼저 물어보고 레슨 해야 한다.

2) Hook 방지하는 Setup과 스윙 동작

a) 손(팔)을 볼에 뿌리기

Hooker는 드라이버를 세게 치려고 할 때 더 큰 Hook이 발생하는 경향이 있다.

* 세게 치려고 할 때 드라이버 헤드 면을 볼에 강하게 타격하려는 의도에서는 손가락에 힘 들어가고, 손목 각은 세워져 자연 로테이션이 많은 상태에서 몸의 Brake 작용은 더 활성화되어 몸통 턴은 작아지는 임팩트가 되는데, Loft는 세워지고 페이스는 닫힌다.

이런 현상을 일거에 해결하면서도 비거리를 늘리는 방법은 래깅을 크게 가져가면서 손목 각은 펴지게 하는 것인데, 클럽 헤드를 볼에 맞추려 하지 말고, 손을 볼에 최대한 강하게 뿌려 지나가게 해주는 것이다.

더 과장되게 하려면 볼 전방 10cm를 겨냥하여서 손을 뿌려준다.

* 이 스윙 형태는 105% 스윙으로써 래깅을 크고 길게 가져가게 해주는 방법인데, 오른 팔꿈치 부상과 왼 손목 부상에 유의해야 한다. 통증이 조금이라도 느껴지면 뿌리는 강도를 낮추어야 한다.

'왼 골반 회전력 + 오른팔 회전력' 사용하는 스윙에서 손을 볼에 뿌린다.

b) 왼손 엄지~검지 골 'V자' 모양

(릴리즈에서 손목 회전력 사용량을 결정하는 기능 = 손목 회전력 제어법)
(롱 아이언 On green 비율에 가장 큰 영향을 주는 것)

Setup에서 그리고 스윙 동작 중에 왼손 검지가 꽉 잡히면, 손목 각이 커지고, 이는 자연 로테이션 양을 키워 모든 클럽에서 좌측 방향성(Hook)이 발생 된다.

ex) 왼손 검지를 꽉 잡는 것은 더 세게 치고자 할 때도 나타나는 현상이다. 캐스팅 현상까지 부가되면 더욱 큰 훅이 발생한다. *(2 & 3절 돼지 꼬리 샷 내용)*

혹자가 "어드레스에서의 엄지~검지 골 그립 모양이 'V자'가 되게 하고 그 방향은 왼손 V자는 ○○○를, 오른손 V자는 ○○○를 가리켜야 한다."라고 이야기한다. 왼손 검지 쪽 손바닥 살을 그립에 강하게 붙게 하면, 스윙에서 다음 현상이 만들어진다. (왼손 V자 모양이 '주'가 되고 오른손 V자 모양이 '부'가 된다.)

- 만들려는 긍정 효과 : 이 'V자' 그립 모양은 다운스윙 시작에서 가속 관성에 대항하는 견고한 왼손 지지를 만들어서,
    ① 강한 다운스윙에 도움을 주는 형태가 되고 릴리즈에서 오른손 검지 살에 의해 손목 회전력 사용량을 증가시켜 준다.
    ② 상체의 전방 이동량을 줄여주고 커핑 효과를 만들어주어 높은 탄도 만들어준다.
    * 롱 아이언에서 높은 탄도를 만들기 위해 꼭 필요한 사항

- 의도와 다른 부작용 Ⓐ : 검지 살 지지와 함께 바로 옆에 있는 왼손 검지를 꽉 잡게 될 여지가 있는데, 만약 집게손가락도 꽉 잡게 된다면 결과는 높은 탄도의 큰 Hook이 발생한다.

- 의도와 다른 부작용 Ⓑ : 왼손에 신경 쓰다 보면 오른손 그립을 헐렁하게 잡게 될 여지가 있다. 만약 오른손 그립을 헐렁하게 잡게 되면 다운스윙 시작에서 오른손 지지가 약해지는데, 이는 릴리즈에서 큰 자연 로테이션이 만들어져 오히려 낮은 탄도의 Hook이 발생한다.

Remarks

#1. 위 부작용 Ⓐ & Ⓑ는 민감하게 작동하는데 큰 미스샷으로 연결될 가능성이 크다. 단, 인지하면 변화폭은 줄일 수 있다.

#2. 혹자가 이야기하는 "엄지 검지는 V자 모양 그립을 잡아야 한다."라는 것은 한정된 틀을 만드는 경우로서, 그것의 작용과 효과, 적용 방법(사용법), 예외적 사항을 이해하는 것이 중요할 것이다.
틀에 얽매이지 않기 위하여 "V자 모양 그립으로 손목 회전력 사용량 및 탄도를 제어한다."라는 표현이 적절할 것이다.
릴리즈에서 손목 회전력 사용이 증가하는 기능은, 다운스윙 시작에서 왼손 지지 하고 그 Feedback 신경이 0.16sec 후 오른손 검지 지지 부위에 반동 근력을 작동하기 때문이다.

#3. 위 내용을 메커니즘으로 정리 요약하면 다음 그림과 같다.

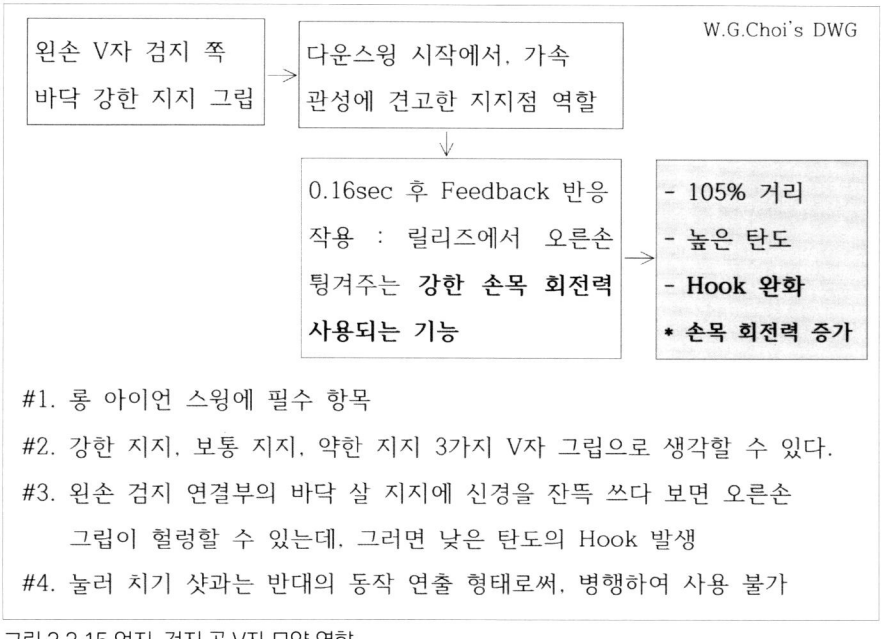

그림 3.3.15 엄지~검지 골 V자 모양 영향

#4. 그립 V자-5 법칙 :

양쪽 V자 검지 살 쪽 지지 강도와 손목 회전력 사용 의지의 조합에 따른 결과는 다음과 같다. 숫자 5가 많이 들어가서 '그립 V자-5 법칙'이라 명명한다.

<그립 V자-5 법칙>			W.G.Choi's Law
상태	거리	방향성	탄도
왼손 V자 검지 살 지지 강 + 손목 회전력 많이 사용하겠다는 의지	+5%	우향 5°	+5% 이상
왼손 V자 검지 살 지지 중 + 손목 회전력 EVEN 사용하겠다는 의지	Even	Even	Even
왼손 V자 검지 살 지지 약 + 손목 회전력 적게 사용하겠다는 의지	-5%	좌향 5°	-5% 이하

* 강하게 지지하고 적게 사용하는 의지, 약하게 지지하고 많이 사용하는 의지는 실패 유발.
** 웨지에서는 탄도가 거리 증감에 영향을 주어서, 거리 변화는 미미하다.

양손 V자 검지 살 부위 지지는 릴리즈(특히 릴리즈 후반부)에서 손목 회전력 사용을 활성화해 주는데, 지지 강도가 회전력 사용량 의지와 부합해야 한다. 지지와 의지를 명확히 맞춰야 동작과 결과가 명확해진다. 그렇지 않다면 신경, 근육, 헤드 움직임이 흐리멍덩한 불평형(언밸런스) 상태가 되며 의도한 결과를 만들기 어렵다.

  ex) 지지는 약하게 하고 강한 스윙을 하려 하면, 캐스팅 발생해서 돼지 꼬리 샷(큰 훅)을 만들 가능성이 크다. 마냥 세게 휘둘러 치려 할 때 후 발생하는 이유다.

   * 단, 원심력가속도 성분을 크게 만들지 못하는 골퍼가(= 릴리즈 못하는 골퍼가) 지지는 약하게 하고 강한 스윙을 하려 하면, 힘이 더 많이 들어가서 큰 슬라이스가 발생한다.

   ** 릴리즈에서 손목 회전력 사용량은 (너무 짧은 시간이라서) 직접 제어가 거의 안 된다. 직접 많이 사용하려 해봤자 손과 손목에 힘이 들어가는 상황을 만드는데, 왼손 V자 검지 살 부위 지지 강도로 간접 제어해야 한다.

   *** Straight 구질인 골퍼가 좌로 휘는 훅 또는 드로우 구질을 만들려면, 손목 회전력 사용을 조금 줄여야 한다. 손목 회전력 사용을 조금 줄여주는 방법은 왼손 V자 그립의 검지 살 부위 지지를 조금 약하게 해주면 가능하다. 그러면 Power는 조금 약해지고 로테이션은 조금 많아져서 조금 낮은 탄도의 훅 또는 드로우 구질이 만들어진다.
   *"드로우 구질이 거리가 많이 나간다."*라는 말은 기준이 모호하며 근거가 없는 이야기다. 손목 회전력을 조금 적게 사용하여 만들어야 하는 구질이므로 비거리는 조금 줄어든다고 봐야 한다. 영상 속 비거리 시범에서 드로우 구질이 거리 많이 나간다고 하면서 보여주지만, 실제 결과가 맞아 떨어지는 예는 드물다.
   긴 클럽에서 가장 비거리가 많이 나가는 스윙은 손목 회전력을 최대로 사용하는, 즉 양손 V자 그립의 검지 살 부위를 강하게 지지하는 경우이다.
   생각의 오류로써 손목 회전력을 최대로 사용하는 것으로 드로우 구질을 만들려고 하면 안 된다. 이것은 스스로 샷 메이킹에 어려운 스윙 조건을 가져가는 것이다. 생각의 전환으로써, *"Baby low draw는 손목 회전력을 조금 적게 사용하는 구질이다."* 라고 되새겨야 한다. 그리고 이것이 거리가 더 많이 나간다는 생각은 머릿속에서 지워야 한다.

#5. 병합 사용 가능 or 불가능 : '그립 V자' 샷은 '눌러 치기 샷 = 오른 옆구리 접기 샷'과는 병행하여 사용할 수 없다. 샷 메이킹에서는 병합하여 사용할 수 없는 것이 대부분이라고 생각하는 것이 편할 것이다. 그리고 '그립 V자'를 쓸어치는 펀치 샷에 적용하면 의도와 다르게 높은 탄도가 나온다. 따라서 이 펀치 샷은 가볍게 잡고 약한 '그립 V자' 지지 모양을 할 필요가 있다.

예외적으로, 오른 팔꿈치 높이 드는 백스윙(거리 5% Up)과 오른 무릎 강하게 펴는 익스텐션 샷(거리 5% Up)에 병행하여 이 '엄지~검지 골 V자 강한 지지'를 사용하면 100% 스윙에 비해 최대 10%의 거리를 늘리는 110% 스윙을 할 수 있다. 이때, 어렵지만 캐스팅이 발생하지 않도록 하는 역피봇(스웨이 안 하기)과 상·하체 분리, 즉 골반~어깨 턴 시차를 충분히 확보할 수 있도록 부드러운 몸통 Coiling이 되는 조건을 가미해주어야 한다. 단, 반복된 105~110% 스윙은 근력 사용량 초과로 몸을 망가트린다.

* (가볍게 잡고 왼 힙을 많이 회전해주는) 힙 턴 샷 연습은 전체적으로 왼 옆구리 Tension을 부드럽게 제어하는 데 도움을 주는 것으로, 자주 연습해 주고 필요에 따라서 실전에 사용하는 것을 추천한다. 이 샷은 부드러운 몸통 꼬임과 힙 턴을 할 수 있는지 보여주는 바로미터이다.

#6. 쓸어치는 펀치 샷은 그립을 조금 헐렁하게 잡아야 하는데, 특히 'V자'가 느슨해야 탄도가 높지 않게 된다.

#7. On Green 비율에 가장 큰 영향을 미치는 것은 손목 회전력 제어 능력이다. 손목 회전력 제어 능력은 V자 그립 지지 강도(강, 중, 약)와 손목 회전력 사용량 의지(많이, 보통, 적게)의 조합으로 구성되는데, 9가지 경우의 수가 있다. 적합한 세 가지를 모두 사용하면 좋겠지만, 한 가지만을 사용할 수도 있다. 부적합한 6가지의 사용 비율이 높아질수록 On green 비율은 낮아지는데, 탄도를 포함한 거리와 방향 편차가 발생하기 때문이다.

On green 비율 ≈ 손목 회전력 사용량 제어 능력

손목 회전력 사용량 제어 능력 = [V자 그립 지지 강도]
×(조합)
[손목 회전력 사용량 의지]

손목 회전력 제어 상태 결과 ≈ 거리, 방향, 탄도 편차 발생

#8. 골프 샷에서 가장 민감한 곳은 왼손 V자 검지 살 부위 지지 상태라고 할 수 있는데, 이곳 지지는 Push & Slice를 만들고, 그리고 **바로 옆** 손가락 첫 마디 골 B-구역(왼손 검지 첫마디 & 둘째 마디)의 약력은 훅을 만들기 때문이다.

cf) (심화) 두 번째로 민감한 곳은 복근과 옆구리 Tension(강도)인데, 이곳 강도의 변동 폭을 줄이는 방법은 백스윙 2/3 지점에서 일정하게 왼 어깨 Brake 잡고, 가상의 동작 중심축 위치로 복근 강도를 간접 제어하는 것이다.

c) 어깨가 닫혀 발생하는 Hook 교정
(가장 일반적인 Hook 발생 현상)

스윙 동작 시퀀스에 가장 민감한 것은 백스윙에서 왼 어깨 Brake 잡는 시점이다. Brake를 늦게 잡으면서 강하게 잡으면 다운스윙 ~ 임팩트에서 어깨가 닫혀 Hook 또는 Push & Hook이 발생하는데, Brake 잡는 시점을 조금 앞당기면 Hook 구질을 교정할 수 있다.
   * 보통 (단발성으로) 세게 치려 할 때 백스윙 왼 어깨 Brake 잡는 시점이 늦어지고 강하게 된다. 이때 왼손 검지도 꽉 잡게 된다.

d) S3~S4에서 손 빨리 내려오기 (일명 수직 낙하)
(가장 쉬운 Hook 교정법)

다운스윙 중반 손 진행이 빠르면 슬라이스 구질이 발생한다.
Hook 구질을 Straight로 펴고 싶다면 S3~S4 구간에서 손을 조금 더 빨리 진행하면 우향으로 바뀐다.
   * 손 진행을 더 빠르게 하는 수직 낙하는 슬라이스 구질을 만든다. 슬라이스 구질인 사람이 수직 낙하를 적용하면 슬라이스는 더 증폭된다.

e) Setup에서 역 손목 각 주기 (임시방편 Hook 완화 방법)
(손목 각을 줄이면 자연 로테이션이 작아져 우향 방향성)
(이것은 왼 손목 부상이 뒤따르므로 사용하는 것 추천 안 함)

일반적으로 양어깨를 앞으로 모으고 아래로 늘어트려 그립을 잡는다. 그러면 팔과 샤프트에 손목 각이 만들어지는데, 이렇게 만들어진 손목 각이 과할 수 있다. 과한 손목 각은 자연 로테이션양을 키워 훅 구질이 발생한다. 뒤땅(두꺼운 타점)도 발생한다. (단, 아주 과한 손목 각은 다운스윙 초기부터 스윙 궤도를 흐트러트리게 만들어서 엉터리 샷 결과를 만든다.)
   * (드라이버, 슬라이스 발생 골퍼를 위해) 슬라이스 발생을 인위적으로 약화하기 위하여 과도하게 헤드 COG 이격 거리를 후방으로 빼고, 헤드 라이 각을 꺾어 토우 쪽이 바닥에서 높이 들리게 설계한 헤드 모양을, 만약 스윙 동작 잘하는 골퍼가 사용하면 당연히 Hook이 발생한다. 이

경우는 골퍼의 스윙 잘못이 아니라, 클럽 헤드 디자인 오류라고도 할 수 있고, 골퍼의 클럽 선택 오류라고도 할 수 있다.

아무리 유명한 명품을 사용하더라도 이런 클럽 디자인 특성을 이해하지 못하면, Hook 교정 과정에서 고생하고 잘 되던 아이언 스윙마저 망가트리게 되는 결과를 가져올 수 있으니 주의해야 한다.

Hook을 유도하는 드라이버 헤드 모양에 (훅커가 슬라이서용 드라이버 사용할 때), Setup 손목 각이 과하면 더 큰 Hook이 발생하며, 스윙 일관성도 더 떨어진다. 이때, 이 드라이버를 사용하면서 Hook 발생을 억제하고 스윙 동작에서 클럽이 Twist 되는 현상까지 없애려면, 어드레스에서 1~2° 역 손목 각을 주면 된다. 이것을 일단 '역 손목 각 Setup 샷'이라고 하자. 그립 잡은 손은 위로 조금 올리고, 손목을 아래로 꺾어줘 라이 각을 1~3° 키워주는 모양이다.

이 형태 스윙의 장·단점은 다음과 같다.
-. '역 손목 각 Setup 샷'의 장점 :
　① 훅 양 감소 --- 자연 로테이션양이 감소 되어 Hook 발생 완화
　② 안정적인 스윙 궤도 --- Slicer 용도 드라이버에서 헤드의 무게 중심을 팔과 샤프트의 회전면에 올려놓기 편안하여 스윙 궤도가 안정적이며, 헤드 편심이 만드는 Twist를 억제해준다.
　③ 토우 타점 방지 --- 손목 각을 크게 주는 Setup 했을 때는 릴리즈에서 손목 각이 펴지면서, 밑으로 멀리 돌려는 헤드를 당기게 되어, 토우·상 타점 가능성이 크다. 반면, 손목을 역으로 꺾은 Setup 했을 때는 릴리즈에서 팔이 펴지는 형태에다 손목 각을 형성하려는 근육 수축 동작이 만들어져서, 타점은 토우로 이동하지 않고 두껍게 들어가지도 않는 얇게 타격 되려는 특성이 만들어진다.
　　* 훅과 토우·상 타점이 함께 나오는 경우에 이 Test를 해볼 만하다. 단, 세게 치려고 하면 뒤땅과 함께 왼 손목 부상 발생한다.
　④ 왼 어깨 들림 방지로 회전력 사용 가감 변화량이 적어짐 --- 손이 올라가면 왼 어깨는 내려가는 상호 연동 기능이 있어, 팔이 들리지 않아서 상체의 회전력 사용 변동 폭이 작아진다.
　　* 이런 여러 가지 장점에도 불구하고, 일반적으로 사용하지 않는 것은 아이언 클럽은 기본적으로 자연 로테이션하면서 강한 릴리즈와 임팩트를 하고, 그것을 조절해서 샷 메이킹을 해야 하기 때문이다.

그래서 예외적으로 슬라이스 방지용(훅 발생용) 드라이버를 Hooker가 사용할 때 어쩔 수 없는 상황에서 Hook 억제 용도로 손목 각 줄이는 Setup 방법이 사용될 수 있다.

-. '역 손목 각 Setup 샷'의 단점 :
- 로테이션이 불편한 손목 조건이라서, 왼 손목 부상 위험이 매우 크다.
   (사용 횟수 제한, 근본적으로 추천하지 않는 방법 --- 득보다 실이 큼)
- 자연 로테이션양이 적어진다. 결과로써 보통 우향 방향성을 갖는다.
- 헤드를 강하게 뿌려주는 데 한계가 있다. 95% 거리 샷이 된다.
   * 이런 Setup으로 강한 스윙을 하려고 하면, 몸 회전이 안 되어서 더 큰 Hook이 발생한다.
- 토핑 타점 가능성 있다.
- 다른 전체적인 샷 메이킹과 컨트롤 샷을 섞어서 구사가 어렵다.

* *앞 1절에서* 이격 거리 6cm에서 15° 정도의 자연 로테이션 발생하고 그 발생량 편차는 대략 Max ±7.5° 정도 되는 현상을 풀이해 보았다. 그렇다는 이야기는,
  - 드라이버 클럽 헤드 무게 중심(≈ 이격 거리)이 1mm 변경되면, 타격 페이스 각은 1° 내외 변화되고 방향성은 2° 정도 바뀌어 200m 거리에 좌우 7m 정도 방향이 바뀐다.
     ex) 예로 드라이버 무게 Tap을 토우 쪽으로 이동시키면 5m Hook 증가(좌향), 힐 쪽으로 이동시키면 5m Slice(우향) 증가하는 대략적인 구질 변화가 생기게 된다.
  - 손을 올리고 손목을 꺾어서 Even 대비 역 손목 각을 1~3° 만들어주어 자연 로테이션을 만드는 이격 거리가 1cm 정도 감소한다고 하면, 1° 정도의 타격 페이스 각이 덜 닫히게 되는 변화가 만들어질 수 있다. 이것은 '역 손목 각 Setup 샷'이 훅을 완화해 주는 원리다.

f) 하부 오른 척추기립근을 회전 감각 지점으로 사용할 때 Hook 발생

하체 체중과 몸통 회전 변위를 느끼는 부위는 척추기립근인데, 오른쪽 하부 지점의 감각이 지배적이면 다음과 같은 현상에 의해서 Hook이 발생한다.
  - 몸의 전방 이동량이 적어서, 즉 상체가 후방에 남아서 Hook 발생
    (수평 체중 이동량이 적은 경우와 비슷)
  - 오른 옆구리가 강하면, 상·하체 분리가 덜되어서 릴리즈 타이밍이 빨라져 Hook 발생
    (드라이버 세게 치려고 하면 할수록 훅이 심해지는 상황에 해당)

이런 경우, Hook 교정은 몸통 회전 감각 느끼는 지점을 좌측 척추기립근 쪽으로(Center 쪽으로) 조금 옮겨주면 2~5° 정도의 우향 방향성으로 변경된다.

g) 왼 옆구리 근육 & 복근 Tension과 상·하체 분리량 감소에 따른 Hook 발생
(왼 옆구리 강하면 Full & Hook --- 복근 및 옆구리는 직접 제어하지 않음)
(스윙 시퀀스에 가장 큰 영향을 주는 것)

조건에 따라서 다운스윙으로 전환할 때, 왼 옆구리 Tension은 다음과 같은 스윙 회전 동작 변화와 샷 결과를 만든다.
-. 어드레스에서 왼 옆구리 & 복근 Tension 강도 :
  - 강하면 ---〉 Ⓐ 다운스윙 초반에, 상·하체 분리 덜 되고, 클럽 헤드 급가속해서
              ---〉 캐스팅 유발 및 릴리즈 빨리 되는 현상
              Ⓑ 골반~어깨 턴 시차 없어져(즉 골반과 어깨가 함께 회전)
              ---〉 Full 궤도 & 느린 헤드 스피드
  - Even 강도 : Even 결과
  - 약하면 ---〉 부드러운 다운스윙 가속 ---〉 Push & Slice (단, 드라이버 중에 헤드 COG 이격 거리가 큰 헤드 디자인은 샤프트를 전방으로 휘게 만들어서 그 영향으로 페이스가 닫혀 맞아 Draw가 발생할 수 있다)
  * 왼 옆구리와 복근 강도는 직접 제어하지 않고, 동작 중심축을 상하로 옮겨 잡아 강도를 제어하여, 골반~어깨 회전 시차와 손목 릴리즈 타이밍을 간접 제어한다. *(7장 5절 참조)*
  하복부에 힘을 주어 복근을 등 쪽으로 당기는 양이 많으면 Full & Hook이 발생하는데, 복근 강도를 조금 풀어주면 Hook이 완화된다.

-. 클럽 샤프트 강도 :
  - (아이언) 강하면 ---〉 **왼 골반 턴에서 왼 옆구리 Tension 증가** ---〉 캐스팅, 스핀아웃 ---〉 Full & Hook 발생하며 헤드 스피드 낮음
  - (드라이버) 강하면 ---〉 **왼 골반 턴에서 왼 옆구리 Tension 증가** ---〉 캐스팅, 스핀아웃 조건 ---〉 손에 힘 들어가고 헤드를 끌고 오지 못함 ---〉 릴리즈 못함 ---〉 손목 회전력 사용 못함 ---〉 헤드 진행량 느림 ---〉 Push & Slice 발생하며 헤드 스피드 낮음
  - 클럽 약하면 ---〉 골반 ~ 어깨 턴 시차 잘 만들어지고 ---〉 늦은 릴리즈 타이밍 ---〉 Push & Slice
  * 스핀아웃 2 : 다운스윙에서 왼 무릎을 빨리 세우려고 하면 할수록 왼 힙이 뒤로 급하게 빠지는 경향이 있다. 무겁고 강한 클럽을 억지로 끌고 내려오려 하거나, 강하게 치려고 할 때 나타나는 현상이다. 토우 타점 발생한다. 이 스핀아웃 현상은 왼 옆구리 근육 Tension을 더 강하게 만들어서 상·하체 분리를 방해하여 더 큰 증폭된 Full & Hook 구질을 만드는 경향이

있다. 이때는 왼 무릎을 앞쪽으로 원을 그리면서 세워주면(펴주면) 그 양에 비례하여 스핀아웃 현상은 없어진다. 단, 과도하면 Push & Slice 가능성은 커진다.
    cf) 스핀아웃 1 : 왼 힙 외측 근육이 폄을 주도할 때 (특징 : 정 타점)

-. 스윙을 세게(강하게) 하려 하면 :
  - 강한 스윙 하려 하면 ---〉 왼 골반 턴 강해져 ---〉 헤드 가속 관성력 증가 ---〉 **왼 옆구리 Tension 증가** ---〉 캐스팅, 스핀아웃 ---〉 Full & Hook 발생하며 헤드 스피드 낮음
  - 부드러운 스윙 하면 ---〉 골반 ~ 어깨 턴 시차 잘 만들어지고 ---〉 늦은 릴리즈 타이밍 ---〉 Push & Slice (단 강한 클럽은 Full & Hook)

세게 친다고 해서 좀처럼 멀리 가지는 않는다. 왼 옆구리 Tension 강도가 상·하체 분리에 적당한 상태여야 한다. 클럽 강도 선택이 부적합하고, 왼 옆구리 Tension이 제어되지 않으면, 몸 회전력이 비효율적으로 사용될 뿐만 아니라 페이스 각 변화와 궤도 변화 폭이 커져 방향성과 타점 오차가 증가하게 된다.

h) 빠른 릴리즈 타이밍에 의한 Hook 발생

전환 동작에는 문제가 없으나, 래깅이 빨리 풀리는 릴리즈가 되면 Hook이 발생한다. 3rd 캐스팅에 해당한다.
클럽 헤드 중앙으로 볼을 치려는 의지를 강하게 보이면 손의 진행은 느려지고 래깅은 빨리 풀린다. 결과는 Hook 또는 돼지 꼬리 샷이 된다.
래깅을 오래 끌고 오는 방법은 손을 볼을 향해서 강하게 내려치는 것이다.
래깅을 오래 끌고 가면 Push & Slice 구질이 만들어진다.
    cf) 릴리즈 시작 타이밍과 방향성 :
   - 동작 중심축을 가슴(명치) 쪽으로 올리면, 동작 릴리즈 시작 타이밍이 빨라져서 Full & Hook이 발생한다.
   - 동작 중심축을 허벅지로 내려가져 가면, 동작 릴리즈 시작 타이밍이 느려져서 Push & Slice가 발생한다.

i) 자연 로테이션을 줄이는 오른 팔꿈치 외회전

드라이버에서 손이 볼을 타격하러 들어가는 접근 모양을 오른손 4th 마디 정권이 향하도록 하면, 헤드 페이스가 조금 열려 들어가면서 로테이션 되고, 강한 손목 회전력이 사용되어서 Hook이 완화되면서 비거리가 늘어난다. *(상세 내용은 5장 참조)*

j) 그립 짧게 잡기 (가장 쉬운 훅 교정 방법)
(결과 일치율이 높은 방법)

그립을 짧게 잡으면, 손의 진행이 빨라져서 약간의 우향(2~3°) 방향성을 만든다. 아울러, 동적 스윙 웨이트가 작아져서 캐스팅 발생 가능성도 작아진다.
단, 거리 감소가 조금 있으며, 오른 팔꿈치 충격량 증가에 따른 부상 위험이 약간 있으므로 주의해야 한다.

k) 한 손 스윙 연습 후 슬라이스 발생
(스윙 동작을 일시적으로 Slice 구질로 Reset 하는 기능)

혹자가 오른손 한 손으로 스윙 연습하는 것을 해보기를 추천하기도 한다.
한 손(오른손, 왼손)으로 스윙 연습을 하고 나면, 손과 전완 근육에 힘이 잔뜩 들어가고 릴리즈 타이밍이 파괴되어서, 바로 이어서 두 손 그립을 잡고 스윙하면 Push & Slice가 발생한다. 아주 잠깐 이런 현상이 나타난다.

Hook이 심하게 발생하는 Hooker의 경우, 한 손 연습한 후 스윙해서 Hook을 일시적으로 완화할 수는 있지만, 근본 해결책이 아니므로 추천하지는 않는다.
* 한 손 스윙 연습을 길게 하면 스윙 동작을 100타 실력으로 잠깐 Reset 하는 기능이 있다.
  Fade 또는 Slice 구질을 가지고 있는 사람은 한 손 스윙 연습을 하면 안 된다. 우측으로 휘는 양이 더 크게 발생할 것이기 때문이다.

위 현상을 의식하고 한 손 스윙에 이어서 두 손을 하면, Push & Slice 발생량은 미미한 수준으로 떨어질 수 있다.

l) 기타 (슬라이스 증폭되는 경우)
(Hook 교정에 부적합한 것)

-. <u>백스윙 크기 작게 하면 슬라이스 발생</u> : 아크 각이 작아지면 다운스윙에서 손의 진행이 빠르게 되어, 진동 릴리즈 타이밍이 늦게 도래하고 자연 로테이션양이 적게 발생하여 Push & Slice 발생한다.
   〈--- 백스윙 크기를 조절하여 방향성을 제어하기는 힘들다. 근본적으로 백스윙 크기를 조절하는 것 자체가 어렵다.

-. <u>오른발바닥을 빨리 떼면 슬라이스 발생</u> : 수평 체중 이동이 빠르고, 상체 전방 이동량이 많고, 클럽은 뒤처져 Push & Slice 발생한다.
   〈--- 오른발바닥 떼는 시점 조절로 방향성을 제어하기는 힘들다.

-. <u>수직 낙하 = 손의 진행을 빠르게 하면 슬라이스 발생</u> : 단순히 손의 진행이 빠르면 Push & Slice 발생한다.
   〈--- 인위적이고 직접적인 손 진행량과 억지 로테이션으로 방향성을 제어하기는 힘들다.
       단, '수직 낙하' 스윙 연습으로 자연스럽게 Hook 구질을 우향으로 교정하는 효과가 있다.

-. <u>근력보다 10CPM 이상 강한 드라이버 사용은 슬라이스 발생</u> : 전환에서 손목에 힘 들어가 이후 릴리즈 부실해지고 자연 로테이션 작아 Push & Slice 발생한다.
   〈--- 강한 클럽 사용은 헤드 스피드 낮아져 비거리 짧아지고 부상 발생 위험이 커지므로 근본적으로 Hook 구질 교정 목적에 사용할 수는 없다.

지네와 배짱이 (다리 많은 지네의 발 움직임)

다리 많은 지네가 그 움직임을 생각하는 순간 스텝이 꼬여서
더 이상 똑바로 기어갈 수 없게 되었다는 우화가 있다.

필요 이상의 사고는 오히려 방해될 수 있다는 것인데,
골프 스윙 동작의 실행(Practice)에서는 어디까지 생각하고 이해해야 하는 것일까?
잘 되고 있다면 굳이 알 필요 없을 것인데, 현재 잘 안 된다면 고민이 되는 일이다.

골프 샷에서 생각은 빈 스윙할 때까지만 하고,
프리 샷 루틴에 들어가면 생각하는 뇌를 비워야 한다.

배치기 방지, 파워 증가

익스텐션 (하체 폄) (S3~S5)

골프 스윙에서 관절의 폄 동작은 다음과 같다.
- 무릎 폄 (발목~골반 포함 총칭하여 하체 폄 ≈ 무릎 폄)
- 척추(허리) 폄
  * 무릎보다 척추가 먼저 펴지면 얼리 익스텐션 ≈ 배치기
- 경추(목) 세움 (척추보다 경추가 먼저 세워지면 Head-up)
- 기타 : 오른 팔꿈치 폄, 손목 폄, 발등 굽힘

하체 폄 동작은 몸의 상승 가속도를 만들고, 그 관성력은 하방으로 작용하여 발바닥에 지면반력이 생성된다.
"지면반력을 이용하여 스윙하니 비거리가 40m 늘었다." 라는 이야기로 하체 폄의 중요성과 효과를 강조하는 혹자들의 경험담이 있다.

폄이 스윙에 미치는 영향에 대한 질문 :
- 상하 방향 힘인 지면반력이 헤드 스피드를 어떻게 증가시키는 것인가?
- 얼리 익스텐션(배치기)은 왜 발생하는가?
- 오른 무릎 폄 동작은 상하 궤도, 탄도, 방향성에 어떤 영향을 주는가?
- 스웨이는 어떤 부정적인 영향을 만드는가?

하체 폄의 3가지 기능과 3가지 전제조건은 다음과 같다.
① 3가지 기능 :
  ^ 얼리 익스텐션 방지 기능 --- 정 타점 향상, 페이스 각 열림 완화
  ^ 하체 회전 Stopping 기능 --- 상체 회전 증대로 Speed 향상, 페이스 각 닫힘
  ^ 법선력(≈ 헤드 하방 관성력) 증가 기능 --- 헤드 가속 성분 증가로 Speed 향상, 페이스 각 닫힘

② 3가지 전제조건 :
   ^ 다운스윙 중·후반부에 펴져야 한다. --- 미리 펴면 효과 없다.
     전반부에 펴지면 그 양만큼 마이너스 효과이다. 임팩트 직전에 폄 양이 클수록 효과가 있다.
     단, 한계 근력이 있다.
   ^ 미리 (전반부에) 굽어 있어야 펼 수 있는 변위가 확보된다. --- 굽은 양이 적으면 펼 수 있는
     양이 적고, 굽은 양이 너무 많으면 다 펴지 못하는 역효과가 있다.
   ^ 주근과 길항근의 수축 상태(견고성)가 적정해야 한다. --- 앞/뒤 쌍근육의 강도가 너무 작거
     나 커도 폄은 반감된다.

Remarks
#1. 골프 스윙 동작에서 폄은 '하체 폄'을 말하며, 하체 폄이 시각적으로 인지되는 대표적인 것이 무릎 폄
   이기 때문이라서, 본 장의 내용에서 '익스텐션(폄) = 하체 폄 = 무릎 폄'과 같이 동일 의미로 용어를 혼
   용해서 사용한다.

#2. 분절의 회전 순서가 있듯이, 관절 폄의 순서도 있다.
   (하체 굽힘) -> 하체 폄 -> 척추(허리) 폄 -> 경추(목) 세움
   폄의 순서가 어긋나면, 즉 허리 폄이 하체보다 먼저 발생하면, 그것은 하체 폄을 방해하는 작용을 하
   여, 하체 폄을 더욱 어렵게 한다.

#3. 연습장의 중·하급 일반 골퍼는 돌리는 회전에 주력한다.
   골프 선수들이 하는(할 수 있는 한 최대로), 있는 힘껏 무릎을 펴주는 동작의 모습을 떠올려 보자. 폄
   이 안 되면 거리는 더 이상 요원한 것이 된다.

#4. 폄의 타이밍과 세기 제어가 되어야 기본 스윙이 완성되는 것이다.
   폄은 릴리즈 구간의 원심력가속도 성분을 키우는 역할을 간접적으로 한다.

#5. *"얼리 익스텐션, 배치기를 하지 마세요."* 라고 해서 안 하려고 노력하거나 직접 스윙 동작에서 배를 집
   어넣으려 해봤자 현상은 전혀 개선되지는 않는다. 하체 폄에 연관된 몸의 하방 관성력은 100kgf 전후
   에 해당하기 때문이다.

#6. 배치기는 몸의 앞뒤 밸런스를 맞추기 위해 만들어지는 신경계의 자동 반응 동작이다. 다음 사항들이
   하체 폄에 큰 영향을 준다.

- 하체 폄 양이 적을 때, 원심력에 대응하는 상체의 동적 움직임이 따로 필요하게 된다. 이것이 배치기이다.
  * 하체 폄이 작은 것은 그것 자체로 다시 하체 폄에 악 영향을 준다.
- 하체 회전이 적을 때, 하체 폄도 적어진다.
  세게 돌리면서 펴야 강하게 (짧은 시간에 큰 변위로) 펴진다.
- 다운스윙 초기 상체가 앞으로 피벗 될 때, 발끝 체중 조건은 다운스윙 후반 하체 폄에 악조건이 되고 더불어 상체는 반동으로 뒤로 제쳐진다. 발등을 굽혀 발목을 펴는 종아리 근육은 느리게 동작하기 때문이다.
- 다운스윙 초기 왼발에 수평 체중 이동 많으면, 동적 관성으로 왼 하체 폄에 악조건이 된다. 아울러 백스윙 후방 스웨이는 수평 체중 이동이 많게 되어 왼 하체 폄이 악조건이 된다. 반대로 역 피벗은 왼 하체 폄의 부담을 경감시킨다.
- Out to In 궤도는 왼 하체 Stopping이 약하게 걸리게 만들어져 상체가 이른 시점에 펴지게 된다.

#7. L to L 스윙, U자 궤도 스윙 같은 모양의 클럽 헤드 궤도는 상체(팔, 손목)로 만드는 것이 아니다. 하체 폄 양, 특히 오른 하체의 폄을 강하게 해주어야 그런 스윙 궤도가 만들어진다.
  * 오른 하체 폄을 강하게 해주면 클럽 헤드를 잡아채는 형태가 되는데, 이것이 쓸어치기의 기본이다.

#8. 골프 스윙에서 회전 근육의 사용과 회전 동작은 사람마다 엇비슷하다. 회전 동작으로 어떤 결과를 얻는 것이 아니라, 회전 동작이 이루어질 때 나머지 조건이 어떠하냐에 따라서 결과가 달라진다.
  폄 조건은 회전 동작의 결과에 가장 큰 영향을 준다.
  * 본 장뿐만 아니라, 본 서의 주요 내용은 회전에 관한 내용보다는 회전 동작이 이루어질 때의 조건을 어떻게 해야 하는지에 관한 서술이다.
  무릎 폄 동작에도 사고의 전환이 필요하다.

〈임팩트에서 왼 무릎 많이 편 상태 vs 적게 편 상태 스윙 비교〉

스윙 동작은 임팩트 시점 왼 무릎 폄 양에 따라 두 종류로 구분할 수 있다.

(A) 왼 무릎 폄 80~90% 되어 임팩트 하는 골퍼 스윙 ≈ 수평 체중 이동 약

(B) 왼 무릎 폄 50~60% 되어 임팩트 하는 골퍼 스윙 ≈ 수평 체중 이동 강

cf) 무릎 폄을 거의 못하고, 폄이 20~30% 진행되어 임팩트 하는 골퍼 스윙은 하체 폄을 무시하거나, 거의 폄을 못하고 척추만 펴면서 배치기를 하는 형태

(A)와 (B) 두 스윙의 대략적인 특징을 비교하면 다음과 같다.

구분	(A) 왼 무릎 80~90% 폄	(B) 왼 무릎 50~60% 폄
왼 무릎 펴는 시작 시점	다운스윙 3/5 시점 (다운스윙이 0.2s라면, 0.09s)	다운스윙 4/5 시점 (다운스윙이 0.2s라면, 0.13s)
사용 비율 & 대표 인물	프로 : 80%, 일반 골퍼 : 30% (타이거 우즈, 로리 맥일로이) (대다수 21세기 골프 선수들)	프로 : 20%, 일반 골퍼 : 50% (아놀드 파머, 조던 스피스) * 장비 발달하기 이전인 20세기 중후반까지 많은 프로선수가 이 스윙 형태 취함
폄 양 만들어지는 형태(특징)	일찍 펴기 시작해서 많이 펴짐 (cf. 강한 근력 소유자) * 릴리즈에서 폄 양 진행 편차가 적어 헤드 궤도 변화 적음	조금 늦게 펴기 시작해서 조금 늦게 폄이 진행. * 많이 펴고 싶어도 펴는 시작 시점이 늦으면 적게 펴짐
장점	^타점 변화 적음(특히 힐~토우) ^방향성 변화 적음 * 장타자들은 긴 클럽 방향성을 위해 무릎 폄을 이른 시점에 진행하게 해야 함	더 다양한 Shot making 가능 * 모든 샷에 하체 폄 양을 같게 사용할 수 있음
단점	^한정된 종류 샷 메이킹 구사 * 쓸어치기에 적용 어려움 ^컷 샷, 턴 샷을 칠 때는 어차피 폄 양을 적게 가져가야 함	^손목 힘 및 릴리즈 상황에 따라서 힐~토우 타점 변화 큼 ^하체 폄 상황에 따라서 상하 타점 변화 큼 ^방향성 변화 큼

특징	1) 오른 골반 빨리/많이 회전
	2) 아이언 접근 각이 조금 큼(자체로 다운블로 샷 50%, 눌러 치기 샷 50% 자동 시행됨)
	3) 병행할 때 타점 변화
	   - 다운블로 샷 : 토핑 1cm
	   - 쓸어치기 샷 : 토핑 1cm
	   - 눌러 치기 샷 : 뒤땅 1cm
		긴 클럽에서 불리한데, 긴 클럽(특히 드라이버)은 왼 무릎 폄이 많은 스윙 형태가 타점과 방향성에 유리.
		강한 폄을 하려고 해도 폄이 쉽게 커지지는 않으므로, 큰 폄을 만들기 원한다면 펴는 시점을 조금 앞당겨서 펴기 시작해야 함.

표 3.4.1 임팩트 시점 무릎 폄에 따른 스윙 폼 특징 비교

Remarks

#1. 상급자에서 왼 무릎을 쫙 펴며 임팩트 하는 드라이버 샷은, 아이러니하게도 비거리를 위한 것이 아니라 긴 클럽 방향성을 위한 것이다.

　* 85타 이하 실력까지는 왼 무릎 폄의 세기와 모양을 좋은 릴리즈 만들어서 비거리 향상하는 차원에서 한다고 볼 수 있지만, 그 이상의 상급자 실력에서는 타점과 방향성 향상 차원에서 왼 무릎 폄 모양을 봐야 한다.

#2. 무릎을 강하게 편다는 것과 많이 편다는 것은 다르다.
　- 강하게 편다는 것 : 짧은 시간에 많이 펴는 것
　- 많이 편다는 것 : 단순히 폄 정도가 많다는 것
　* 같은 양을 0.12sec에 펴는 것과 0.08sec에 펴는 것은 $1/t^2$ 힘 비율인데, 0.08sec에 펴는 것이 2.25배 힘이 더 들고, 그만큼 강하게 편다는 뜻이다.

팔을 끌고 온 후 무릎을 펴는 것과 팔을 다 끌고 내려오기 전 무릎을 펴기 시작하는 것에는 이런 배율의 근력 차이가 발생한다. 팔을 끌고 내려온 후 아무리 무릎을 다 펴고 싶어도 안 되는 이유는 근력이 뒷받침되지 않기 때문이므로, 근력이 약한 일반 골퍼는 조금 더 앞서서 무릎을 펴기 시작해야 프로선수들처럼 멋진 무릎 폄을 만들 수 있다.

단, 비거리 향상은 거의 없다. 오히려 조금 감소한다. 그러나 방향성과 타점 정확도를 50% 정도 향상할 수 있다.

#3. 무릎을 일찍 펴기 시작해서 많이 펴서 임팩트 하는 스윙은 그립 악력에 따라서 샷 결과 변화가 크다. 꽉 잡는 힘 들어간 그립은 더 큰 Push & Slice 구질을 만든다.

#4. 본 장의 하체 폄 계산에서는 다운스윙 0.2sec 중 0.1sec 정도에 왼 무릎 폄이 시작된다는 전제로 설명이 전개된다.

#5. 짧은 시간에 무릎을 강하게 펴려 하면 무릎 부상이 온다. 조금 이른 시점에 왼 무릎을 펴기 시작하면 무릎 관절에는 전혀 무리가 가지 않는다.

4.1 지면반력의 이해

(혹자의 *"밟아준다."* 라는 표현을 *"펴준다."* 라는 것으로 바꿔 생각하라.)
(체중 이동 하나로는 체중 이동을 설명할 수 없으므로, 체중 이동을 수평 체중 이동과 수직 체중 이동으로 분리해야 한다.)

1) 수직 반력($\updownarrow$)의 표현

Setup에서 양 발바닥에는 사람의 몸무게가 작용한다.
사람의 몸무게가 땅(지면)을 누르는 것인데, 땅의 측면에서 보면 몸을 떠받치는 것이다. 떠받치는, 지지하는, 견디는 힘을 '반력(수직 반력)'이라고 한다.

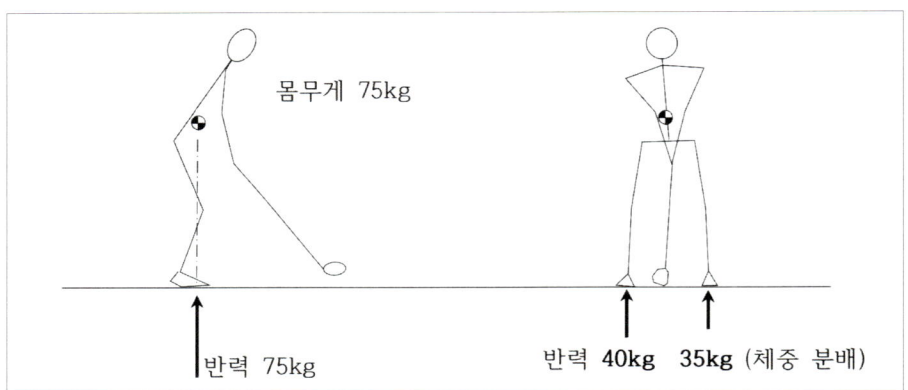

그림 3.4.1 Setup, 체중에 의한 발바닥 지면반력

반력은 흔히 이야기하는 '작용과 반작용' 개념이다.
'작용력 + 반작용력(반력) = 0'

* 정역학, 동역학, 구조역학 풀이의 기본은 작용과 반작용의 개념을 이용하는 것이다.
cf) 열역학 풀이의 기본은 '에너지 보존법칙의 개념'을 이용하는 것이다.

2) 동적 무게 (가속 관성력)

a) 다운스윙 초기 가속 관성력과 수직 체중 이동

스윙 동작 중에 반력은 '체중 + 동적 무게'의 크기로 작용하는데, 동적 무게는 관성력이다.

 '관성력 = (-) 가속도 × 질량'

관성력은 관성 모멘트 형태로도 나타난다.

 '관성 모멘트 = 관성력 × 거리'

예를 들어, 골프 다운스윙 시작에서 힘의 평형 상태는 다음과 같다고 하자.

 〈백스윙 탑에서 다운스윙 전환 시작 조건〉

 체중 : 75kg, 스탠스 폭 : 60cm

 체중 중심 : 우-24cm, 좌-36cm --- 스탠스 중심에서 우측으로 6cm 위치

 발바닥 반력 : 우-45kgf, 좌-30kgf

이 상태에서 다운스윙 시작되어 회전하면 대략 다음 그림의 조건이 된다.

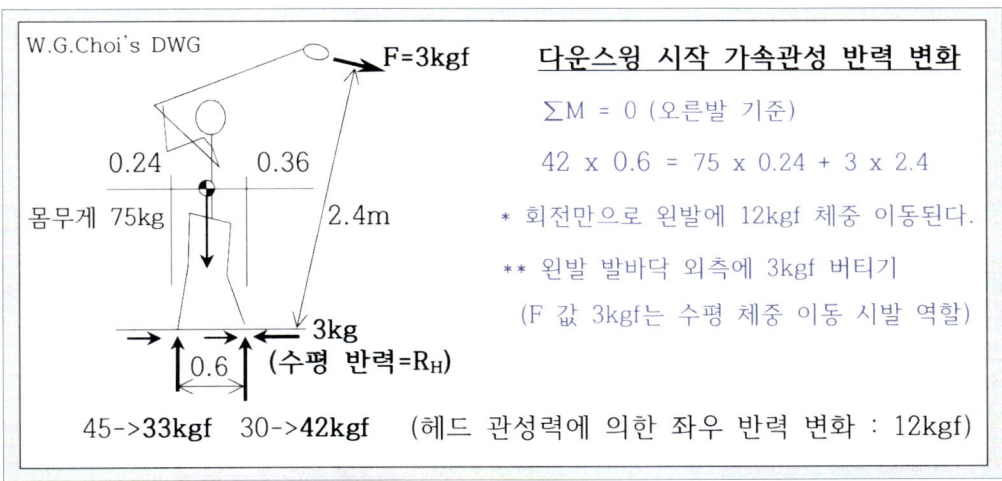

그림 3.4.2 헤드 가속 관성력에 의한 지면반력 변화 (모델 예시)

- 헤드 가속 관성력 : 3kgf 발생 가정
- 왼발 기준 모멘트 평형은,
  $75 \times 0.36 - 3 \times 2.4 = R_R \times 0.6$
  $R_R = 33\text{kgf}$

- 수직 힘 평형은, 75 - 33 - R_L = 0

   R_L = 42kgf
- 수평 힘 평형은, 3 + R_H = 0

   R_H = (-)3kgf <--- 왼발 발바닥 외측을 전방으로 미는 힘의 반력

만약 다운스윙 초기의 클럽 헤드 가속(관성력)이 없다면, 오른발과 왼발의 체중 상태는 R_R = 45kgf, R_L = 30kgf 그대로다.

골반 회전으로 다운스윙 클럽 헤드 가속 관성력이 작용하면, 반력은 R_R = 33kgf, R_L = 42kgf로 변한다. 이것은 발바닥 이용하여 인위적으로 만드는 것이 아니고, 회전 가속으로 자동으로 만들어지는 수직 체중 이동 현상이다.

Remarks

#1. 여기에 더하여, *1장의 오른 무릎 오금 굽히는 것*으로 수직 체중 이동량은 더 증가한다. 혹자는 *"다운스윙 초반에 오른발바닥으로 밀어서 체중 이동한다."* 라고 하나, 그것은 완전히 착각일 뿐이다.

   수직 체중 이동량 : 헤드 가속 관성 영향 + 오른 무릎 굽힘 영향, (None 이동)

   * 압력판(Force plate)에 좌우 발바닥 하중 비율은 단지 비율일 뿐이며, 동적 관성력의 영향이 주류를 이룬다. 그 증감 수치는 계산과 같으며 오해를 없애기 위해 알 필요가 있다.

#2. 왼발 발바닥 외측을 이용하여 전방으로 3kgf를 밀어줘야 수평 방향 힘의 평형이 된다.

   즉 다운스윙 시작 초기, 클럽 헤드 가속 관성에 대응하기 위해서는 오른발로 미는 것이 아니라, 왼발로 밀어주어야 한다는 것이다.

   * 시각적으로 오른발로 밀어주는 것처럼 보이지만, 그것은 착시(환영)다.

#3. 참고로 몸을 0.1sec에 5cm 전방으로 미는 가속력을 계산하면,

   a = 2 × 0.05cm / 0.1^2 = 10m/s^2 = 1g

   F = m × a = 75 × 1 = 75kgf

b) 초기 수평 체중 이동

몸이 0.1sec에 5cm 수평 이동하면서 임팩트 시점쯤에 정지하는 감속력은 (-)75kgf인데, 이런 급가속과 급감속은 최대치로 75 × √2 = ±106kgf 정도의 Side force가 필요한 것으로써 골프 스윙에서 이런 큰 수평 체중 이동을 하면 안 되기 때문에, 오른발 Side force는 적게 사용하는 것이

필요하다.

간혹 혹자는 이런 행위(오른발로 밀어서 전방 체중 이동한다는 것)를 진짜 하라고 하고, 상당수 일반 골퍼는 이런 행위가 진짜 필요한 것으로 생각하여, 실제 오른발바닥으로 강력하게 밀고 나서 왼발로 Brake를 잡으려 한다.

이렇게 해서는 왼 무릎이 펴지지도 않고 멋진 스윙 폼은 요원하게 된다.

다운스윙 초기 클럽 헤드의 가속은 위의 해석과 같이 왼발에 반력을 증가시키게 만든다. 몸을 옮겨서 수직 체중 이동이 되는 것이 아니고, 그냥 회전을 시작하면 자동으로 왼발에 체중이 증가하게 되는 것이다. 그림에서는 12kgf의 체중이 헤드의 회전 가속 때문에 자동으로 왼발로 넘어간 것이다. 이 체중 이동은 초기 가속의 크기에 비례한다.

일반적인 다운스윙 초기 체중 이동이란 위의 3가지 동작(헤드 가속, 오른 무릎 오금 굽힘, 왼발 발바닥 밀기)에 의한 발바닥 힘의 변화량을 말한다.

   cf) 다운스윙 중·후반 수평 체중 이동은 오른발바닥으로 직접 미는 것을 하는데, '몸을 조금 이동시키는 목적 + 왼 무릎 폄에 대항하는 것 + 후방 원심력을 견디는 것' 3가지 목적이다.

다운스윙 초기 단순히 몸을 전방으로 보내는 것에 국한하여 생각하거나, 그렇게 설명하는 것은 다음과 같은 동작 오류를 발생시킬 수 있다.

- 단순히 체중 이동 크면 좋다고 생각하여 다운스윙 초반에 강하게 오른발바닥을 밀면, 그 힘은 초기 회전을 더 강하게 만들어 클럽 헤드를 억지로 끄는 역할을 해서 급가속을 만든다. 이는 손목 캐스팅을 유발한다. 캐스팅이 발생하지 않더라도, 손과 손목 힘을 증가시켜 릴리즈가 비효율적으로 된다. 이것 깨닫는 데 1년, 3년, 10년, 20년이 걸릴 수 있다.
- 초기 수평 체중 이동 크면, 몸의 이동 변위가 커서 임팩트 시점에 상·하체가 전방으로 너무 많이 나가게 된다. 또한 이동 변동량이 커져 타점 변화 심하다.
  * 임팩트 자세에서 왼 무릎이 전방으로 치우쳐진 형태는 다운스윙 초반에 오른발로 수평 체중 이동을 하려 했기 때문이다.
- 초기 수평 체중 이동이 크면 감속에서 왼 하체에 과도한 동적 관성 하중이 걸리게 되어서, 후반에 왼 하체 폄이 방해받게 된다. 왼 무릎을 못 펴면 배치기가 나오고 뒤땅 난다.

〈수평 지면반력(↔) – 오른발 밀어주는 시점은 S3〉

다운스윙을 시작하면서 *"오른발 발바닥으로 밀어준다"* 라는 말을 많이 듣는다. 그러나 이것은 큰 착각이다. 앞 모델 그림에서 클럽 헤드에 3kgf 정도의 가속 관성이 걸리면, 이에 대응하는 왼발 발바닥 밀어주며 버티는 힘은 3kgf 정도가 필요하게 된다. 왼발바닥을 외측으로 밀어주는 것은 클럽 헤드의 가속 관성에 대항하는 수평 반력을 형성(1st 체중 이동)하는 개념이다. 생각과 반대다.

이후 다운스윙 중반(S3), 오른발바닥으로 약간 밀어 2nd 수평 체중 이동이 되면서 왼 하체 폄이 시작된다.

다운스윙 S4~S5에서 가속 관성력과 원심력 일부는 후방으로 작용하는데, 이것에 대응하기 위한 오른발바닥 미는 힘이 S3 구간에서 미리 주어지는 것이다. 그리고 왼 무릎이 강하게 펴지면 몸이 후방으로 이동되므로, 그것의 완화를 위하여 오른발바닥 미는 Side force가 필요하게 되는 것이다.

　* 눌러 치기 샷(오른 옆구리 접어 치는 샷)은 S1에서 왼발 외측 버티고, S3에서 오른발 내측으로 밀어주는 수평 체중 이동 방법이 꼭 필요하다.

　cf) 드라이버 스윙을 보면 다운스윙 중반에서 상체 중심이 전방으로 가는 것이 아니고 후방으로 이동한다. 다운스윙에서 몸을 전방으로 밀어주는 동작은 거의 없고 강한 회전과 무릎 폄 동작이 있을 뿐이다.

3) 무릎의 구부림과 폄 동작에 의한 지면반력 변화

(지면반력은 펼 때 더 강하게 생긴다)

1장의 오른 무릎 오금 굽힘에서, 골반(무릎)의 상하 움직임 모양을 그래프로 예시하여 설명하였다.

무릎의 상하 움직임에 따른 지면반력이 어떻게 변하는지 이해가 필요하다.

이 동작의 지면반력은 시간과 가속에 따른 동적 해석이 요구된다.

사람이 저울 위에 서서 무릎을 구부렸다가 펴면, 저울의 눈금은 어떻게 변하는가?

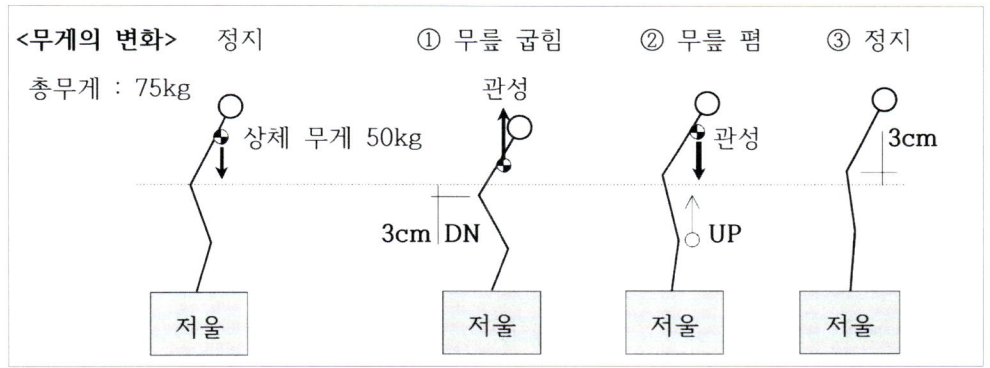

그림 3.4.3 저울 위에서 무릎 굽힘, 폄 동작

몸무게 75kg, 0.1초에 하체를 3cm 구부리고(구부려서 정지), 이후 0.1초에 6cm를 펴서 정지하는 형태의 동작을 한다고 하자.

- 골반 3cm(무릎 1.5cm) 내려가게 굽히려면, 길이 50cm 다리는 대략 14° 기울여진다.
  acos(48.5/50) = 14°   (15° 굽어진 상태에서 1.5cm 내려가려면 6° 굽힘)
- 실제 가속도 변화는 곡선 형태로 변하지만, 이해를 위하여 직선 형태로 '가속 – 감속 – 가속 – 정지'되는 것으로 표시하여 반력 변화를 본다.

다음 그래프는 무릎 굽힘, 폄에 대한 속도, 가속도, 관성력을 도시한 그래프다. 골반 위 상체 질량을 50kg으로 가정하였다. 상체 질량은 상체 관성력 작용을 만든다.

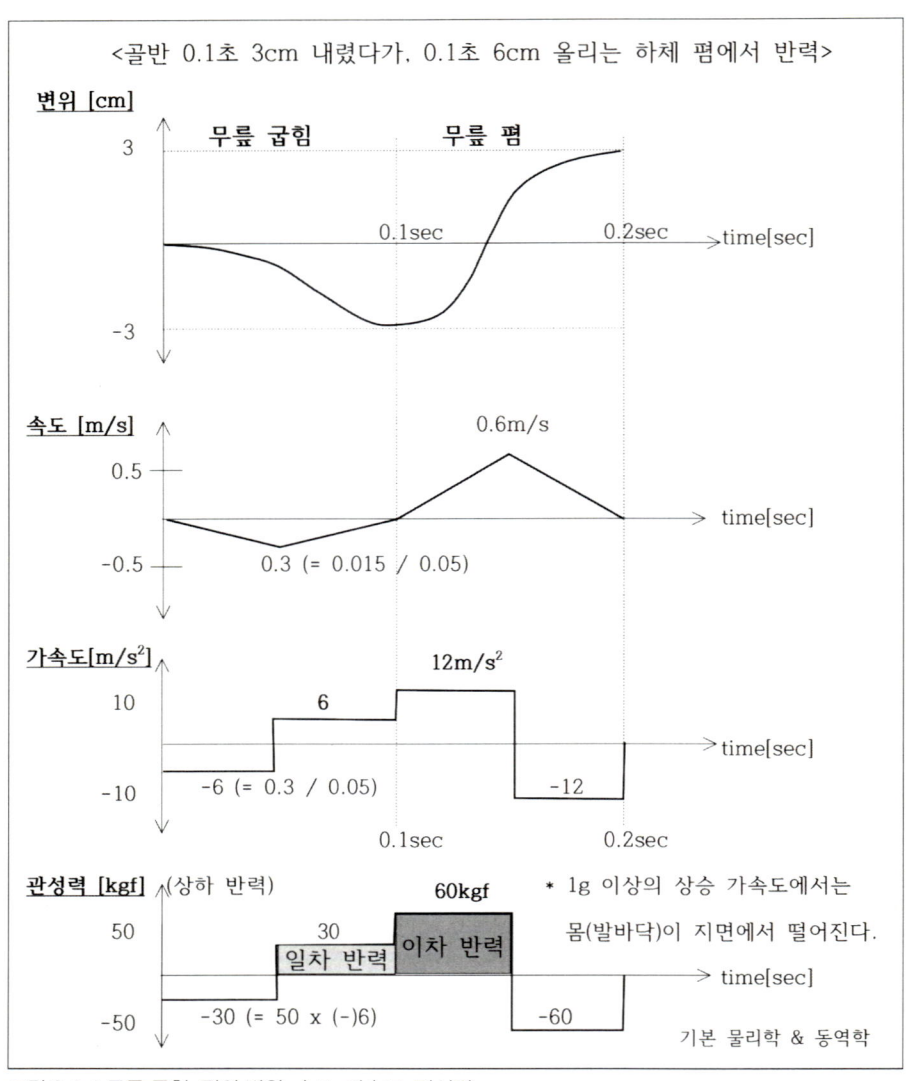

그림 3.4.4 무릎 굽힘, 폄의 변위, 속도, 가속도, 관성력

저울에 읽히는 하중은 시간대별로 다음과 같다.

        0 sec : 75kg --------------- 정지
~ 0.05 sec : 75 – 30 =   45kg ----- 구부림 가속
~ 0.10 sec : 75 + 30 = 105kg ----- 구부림 감속
~ 0.15 sec : 75 + 60 = 135kg ----- 폄 가속
~ 0.20 sec : 75 – 60 =   15kg ----- 폄 감속
0.20sec ~ : 75kg --------------- 정지

Remarks (그래프의 의미)

#1. 상체가 겨우 3cm Down & up 조건인데도 반력 변화가 엄청나게 크다.
   이유는 짧은 시간에 이루어지는 변위이기 때문이다.
   (0.1초에 3cm를 구부리고, 0.1초에 6cm를 편 조건)

#2. 구부리는 조건의 반(0.05초)에서 반력 감소가 있고, 나머지 반에서는 증가하는 반력(일차 반력)이 생긴다. 즉 밟아준다는 동작에서, 밟는 초반에는 반력이 감소하고, 정지하기 위해서 감속하는 구간에서는 반력이 생기는 것이다. 힘은 '변위/시간^2'에 비례한다. 눌러주는 힘이 세다고 반력이 커지는 것은 아니고, 급정지(급감속)해야 반력이 크다.
   일상생활에서 밟는 힘을 이용한다는 것은 정지하였다가 펴는 관성력이다.
      ex) 타이어 교체할 때 스패너를 발로 밟고 굽혔다 펴면서 볼트를 푸는 것

   혹자가 이야기하는 "지면반력을 이용하기 위하여 왼발을 눌러주고"라는 짧은 표현 속에는 밟는데 주안점을 두는 오류를 범할 수 있는데, 이것은 엉뚱한 상상, 엉뚱한 동작을 추구하게 된다.
   엉뚱한 상상을 배제하기 위하여 다음과 같이 생각을 정정해야 한다.
      - 지면반력은 눌러줄 때 생기는 것이 아니고, 움직임이 정지하는 감속에서 일차적으로 생기는 것이다.
      - 더 센 지면반력은 하체를 펼 때 생긴다. 짧은 시간에 많이 펴면 강하다.
      - 골프 스윙에서는 지면반력을 이용하는 것이 아니고, 하체 폄의 가속과 변위를 이용하는 것이다.
         지면반력 변화는 신체 동작의 관성력 변화로 생기는 결과물이다. 밟는 것을 이용하는 것이 아니라는 이야기다.
   지면반력에 대한 맞는 표현은 "지면을 딛고서야 지면반력을…", "지면을 강하게 딛고서야 센 지면반력을…"이라고, 하체를 펴는 동작에 주안점을 두고 말해야 한다. 그러나 수직 방향 반력 보다는 변위와 가속도가 이용되므로, '반력(Reaction force)' 대신 '폄(Extension)' 용어를 사용해야 한다.

#3. 폄 동작의 반(0.05초)에서 60kgf의 큰 반력이 발생한다. (실제 스윙에서 폄 양과 폄 세기가 더 커서 60kgf보다 더 큰 반력 증가 생성되는데, 곡선은 사인 커브로써 최대 $\sqrt{2}$ 값이다.)
   이때 상체의 관성력은 그림과 같이 아래로 작용한다.
      - 이 상체의 하방 관성력이 얼리 익스텐션(배치기)을 막아준다.
      - 하체의 폄 근육에 의해서 무릎 연골이 견딜 수 없는 큰 압력의 반력이 만들어진다면, 무릎 연골 손상을 당하게 될 것이다.

#4. 폄 가속이 이루어질 때, 가속도는 12m/s²이다. 이값은 1.2g에 해당한다.

이후 폄 감속이 이루어질 때, 감가속도는 (-)12m/s²이다. (-)1.2g에 해당한다.

1g 넘는 폄 가속은 중력가속도를 이겨내고 올라간다는 이야기다. 그래서 이후 감속에서 발바닥이 지면에서 떨어지는 Jump를 만들 수 있다.

(-)1g 넘는 폄 감가속은 Jump 된 것의 하강이 뒤따른다.

* 실제 프로 골프 선수 중에서 임팩트 전후에 발바닥이 지면에서 떨어지는 스윙을 하는데, 이것을 만드는 것은 엄청나게 강한 폄 동작을 구사할 때이다. 어설프게 하체 폄을 해서는 발바닥을 지면에서 떨어트리고 싶어도 떨어지지 않는다.

임팩트 이전에 발바닥이 떨어졌다면, 폄이 감속하고 있다는 이야기다.

#5. 무릎 폄의 상승 변위는 다운스윙 5/4 구간에서 클럽 헤드를 상 방향으로 잡아채는 역할을 한다.

이것은 쓸어치는 궤도(L to L, U-스윙)를 만들 수 있는 유일한 방법이다. 팔로 이런 헤드 궤도를 만드는 것이 아니다.

헤드를 잡아챌 때, 샤프트의 탄성 변형 때문에 클럽 헤드는 Loft 각과 페이스 각이 변한다.

#6. 3~6cm의 하체 폄 동작이 골프 스윙의 50% 이상을 지배한다. 또, 이 동작에 사용되는 몸의 근육도 전체의 50% 이상이다.

작은 변위를 엄청난 힘으로 조절하니, 스윙 정확도(타격 정확도)가 오히려 높아지는 것이다. 이런 이유로 스윙 기술 & Shot making의 50% 정도는 하체 폄과 하체 회전 동작 제어로 이루어져야 하는 것이다.

cf) 프로선수 및 상급 일반 골퍼가 골프 스윙을 잘하는 이유는 하체 동작을 잘하기 때문이다.

일반 골퍼가 하체 움직임에 관심을 두고 그것을 이해하기 전까지는 좋은 스윙 동작(폼)을 갖기는 요원할 것이다.

* 비유 : 수학에 비유하면 골프 스윙의 팔과 손동작은 더하기 & 빼기이며, 하체 폄과 회전 동작은 미분과 적분이다. 더하기 & 빼기 열심히 해서 대입고사 보겠다고 생각하는 학생은 없을 것이다.

⟨Reminder⟩

- 오른발바닥 미는 수평 체중 이동은 다운스윙 중반에 시작한다.

* 수평 체중 이동은 아예 안 해도 몸이 그 정도 필요한 동작 반영은 스스로 할 수 있다. 다운스윙 초반 오른발바닥으로 강하게 밀어준다는 이야기는 착각이다. 겨우 필요한 것은 단지 다운스윙 중·후반에 왼 무릎을 강하게 펼 때, 그것에 대항하는 개념으로 오른발을 밀고 펴주는 것이다.

- 몸이 후방->전방 이동해서 발바닥 반력(오른발->왼발)이 변하는 것이 아니라 '전환에서 헤드 가속 관성 영향 + 오른 무릎 굽힘 영향'으로 변하는 것이다.
- 지면반력은 누를 때 커지는 것 아니고, 정지할 때 1배, 펼 때 2배 생긴다.
- 골프 스윙에서 지면반력을 이용하는 것이 아니고, 변위와 관성력을 이용하는 것이다.

4.2 양 무릎의 익스텐션 양 차이와 나타나는 현상

1) 양 무릎의 폄 양 차이

무릎 폄 양은 좌우가 다르다.
그림은 '시간 – 양 무릎 상하 변위'를 그래프로 나타낸 것이다. 리듬이다.

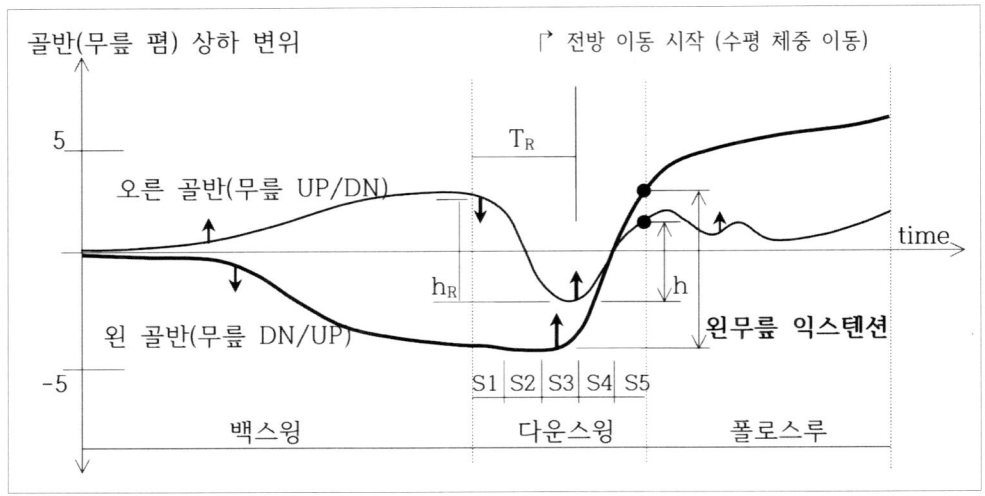

그림 3.4.5 좌·우 무릎 익스텐션 시점과 양 (예시)

-. <u>왼 무릎</u> :
백스윙 2/3 구간에서 굽혀졌던 왼 무릎이 다운스윙 S3~S4(3/4 ~ 4/4 구간)에서 펴지기 시작하여 임팩트를 맞이한다.
왼 무릎의 상하 변위는 오른 무릎보다 크며 폄의 세기도 크다.

* 왼 무릎 폄이 강하여 왼발바닥 하중이 크게 걸린다. 수평 체중 이동에 의한 왼 하체 하중 증가 보다는 왼 하체 폄에 의한 하중 증가가 훨씬 크다.
** 지면반력을 강력하게 이용하면 비거리가 늘어난다고 하여, 다운스윙 시작에서 왼 무릎을 더 굽혀주며 이후 많이(세게) 펴주려 하는데 호불호가 있다. 너무 큰 변위(세기)의 폄을 만들려고 하면, 익스텐션 밸런스와 상하 리듬 맞추기 어려워 미스샷 발생확률이 높아진다.

그리고 지면반력이 누르면서 발생한다고 강력하게 누르는 동작에 초점을 맞추면 헛수고가 된다. 진짜 필요한 폄 동작을 등한시하기 때문이다.

다운스윙 시작에서 약간의 왼 무릎 굽힘은 왼 옆구리 힘 빼는 상·하체 분리 동작에 도움이 되나, 과도한 굽힘(스쾃)은 이후 폄이 정상적으로 이루어지기 힘들게 한다. 하체 근력이 되는 선수들은 가능하겠지만, 일반인들이 수용하기에는 무리가 따를 수 있다. 상체 몸무게는 같은데 하체 근력이 1/2이라면, 무릎을 다 펼 수 없다.

-. 오른 무릎 :

백스윙이 진행되면서 오른 무릎은 조금 펴진다. 오른 골반이 올라간다.

백스윙 탑에서 다운스윙으로 전환하면서, 상·하체 분리 목적으로 굽혔던 오른 무릎은 S4 구간에서 펴지면서, 상·하체를 다시 결합해 강한 코어를 만들어 회전시키면서 임팩트를 맞이한다.

오른 무릎 폄 동작의 세기(변위 & $1/시간^2$)와 폄을 하는 시점에 따라서 다음과 같이 타점과 구질이 크게 바뀐다.

기호는 그림 참조 : ^ 오른 무릎 굽힘 양 : h_R
　　　　　　　　^ 오른 무릎 폄 시점 : T_R
　　　　　　　　^ 오른 무릎 폄 양 : h

- h_R이 작으면 : 오른 무릎을 버텼다는 이야기인데, 캐스팅에 의한 큰 훅 또는 작은 원심력가속도 성분에 의한 짧은 거리 슬라이스 발생한다.
　즉, 거리 안 나는 와이파이 구질 결과를 얻는다.

- T_R이 길면 : 늦은 시점에 오른 무릎을 펴주면, 폄 양이 작아져서 배치기에 의한 슬라이스 발생한다.
　오른 무릎 폄이 약하면 왼 하체에 부담이 늘어서 왼 하체 폄도 약해진다.
　또한, 오른 무릎 폄이 늦게 되면 원심력에 대응하려는 척추(허리) 폄이 두드러지게 일찍 일어난다.
　결과는 토우 타점, 뒤땅(상 타점) 발생한다.

- T_R이 짧으면 : 이른 시점에 오른 무릎이 펴져도 폄의 효과가 떨어진다.
　상체 전방 이동량이 많고, Full 궤도(Out to In) 경향이 있다.

- h가 작으면 : 오른 무릎 폄이 작으면, 잡아채지 못하여 뒤땅(상 타점)에 Push 구질 발생한다.

- h가 크면 : Small hook 또는 Draw 구질이 나타난다.

    Shot making에서 작은 훅 구질 만들려면, 상체 이동은 억제하면서 오른 무릎을 강력하게 펴주는 다운스윙 해주어야 한다.

    * 하체 리듬에서 오른 무릎 폄 양은 중요한 역할을 한다.

    Normal shot에서 폄이 70% 세기였다면, 오른 무릎 폄 샷(쓸어치기 샷, 폄 샷)은 100%를 사용하는 것이다.

    cf) 하체 폄에서 엉덩이를 뒤로 조금 빼는 것은 균형추 작용으로, 회전에서 밸런스와 에너지를 더 잘 갖게 하고, 골반이 조금 더 굽혀진 상태로써 하체 폄의 상체 관성(앞으로 숙어지는 배치기와 반대 모양)에 도움이 된다. 단, 부가적인 사항으로 주요 항목은 아니다.

Remarks

#1. 골퍼별 신체, 클럽 사양에 따라 위의 경향은 조금씩 차이를 보일 것이다.

#2. 보통 왼 무릎 익스텐션이 오른 무릎 익스텐션보다 2배 정도 크다고 봐야 한다. 임팩트 시점에 좌우 발바닥 하중 비율은 폄 반력과 다른 힘들의 영향으로 4~5배 정도 차이를 보인다. 좌우 비율 80% : 20% 정도이다.

#3. 경사 라이 트러블에서 방향성 및 타점이 바뀌는 것의 원인이 라이 각 영향, 손목 각 영향, 원심력가속도 크기에 관계되지만 양 무릎 익스텐션 조건이 바뀌는 이유도 크게 연관이 있다.

#4. Reminder : 무릎 폄은 하체 폄을 대표하여, 용어를 무릎 폄이라고 하였다.

    발목이 펴지는 것과 골반이 펴지는 것이 무릎 폄과 함께 이루어진다. 무릎 폄 Test와 스윙 교정에서, 발목 폄과 골반 폄 상태도 함께 확인하여야 한다.

#5. 무릎에 가속도계를 붙이고 움직임을 계측하여 분석하는 것이 필요하다.

〈왼 무릎 폄을 10% 정도 쉽게 할 수 있는 방법〉

무릎 폄 타이밍을 잡고, 무릎 폄을 강하게 수행하기는 쉽지 않다.
왼 무릎 폄이 다운스윙 중반부에 시작되는데, S3~S4 구간에서 손은 하강 가속을 하면서 클럽 헤드를 끌고 내려온다.

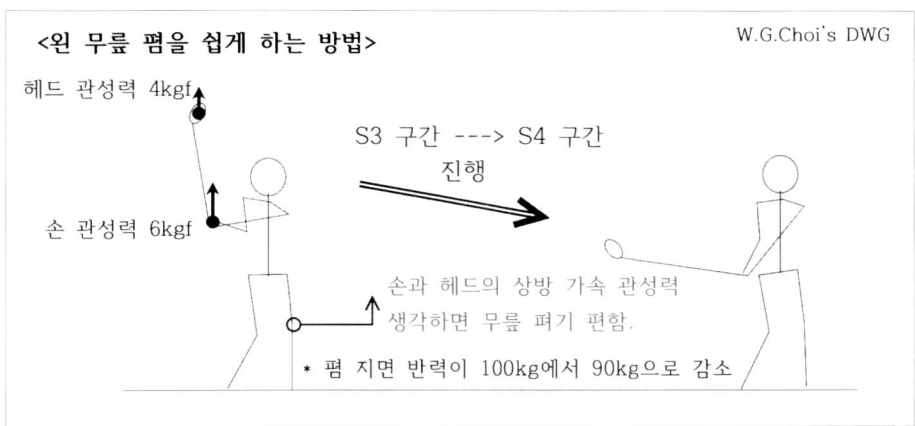

그림 3.4.6 무릎 폄을 쉽게 하는 방법

손과 클럽 헤드가 하강 가속을 할 때 그 관성력은 그림과 같이 상방으로 걸리는데, 그 힘을 생각하면서 무릎 폄 동작을 시행하면, 무릎이 받는 하중이 경감되어 쉽게 폄 동작을 수행할 수 있다.

* 이런 상상을 안 할 때는 무릎 펴기도 힘들고 펴는 Timing 잡기도 어려운데, 손과 헤드의 상방 관성력을 생각하는 순간에 쉽게 된다. 어림잡아 10% 펴는 힘이 덜 걸리고, 펴는 동작은 50% 정도 수월해진다.

cf) 이런 상상의 결과로 하체 폄이 잘 되면 좌향의 Hook 구질이 발생하는 경향이 있는데, Hook을 완화하기 위해서는 손을 더 빨리 진행하면 방향성이 개선되고 파워도 증가하는 일거양득이 된다.
단, 백스윙 감속 동작들에서 손목 강도가 형성되어 있어야 한다.

2) 양 발바닥 반력 비율 vs 실제값

a) 반력 비율

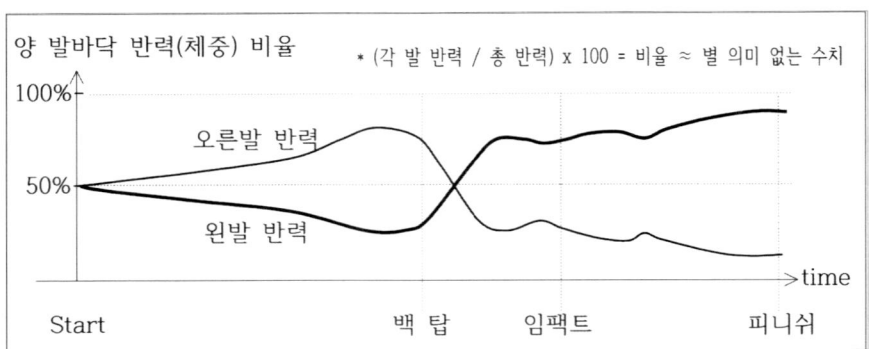

그림 3.4.7 양 발바닥 반력 비율 (예시)

그래프는 스윙 동작 중에 Force plate(압력판)에 걸리는 양발 반력 비율을 예시한 것이다. 값은 체중 이동을 나타낸다고 할 수는 없고, 단지 비율을 나타낸 것으로 수치를 체중 이동이라고 생각하는 순간, 오류에 빠질 가능성이 크다.

b) 양 발바닥 반력 크기

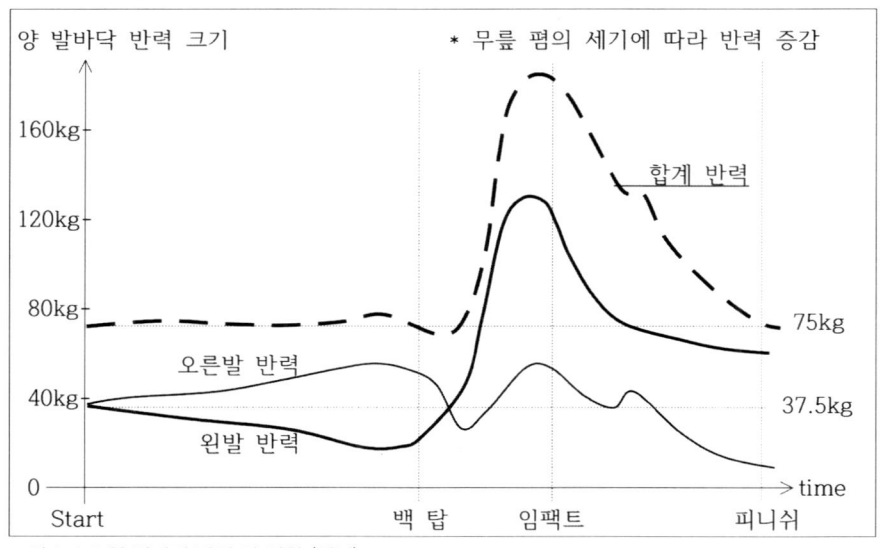

그림 3.4.8 양 발바닥 반력 값 변화 (예시)

그래프는 스윙 동작 중에 양발의 Force plate(압력판)에 걸리는 반력의 실제 크기를 추정한 것이다. 하체 펌 스타일별로 다를 것이다.

여기에는 클럽 헤드의 동적 가속과 감속에 의한 반력 변화, 그리고 무엇보다도 하체 펌 동작에 의한 몸의 상하 관성력 변화에 의한 반력이 크게 작용함을 표현하였다. 만약 스윙을 비교 분석한다면, 좌·우측 발바닥 반력 비율이 아니라, 실제 걸리는 반력의 크기를 확인해야 동작 오류를 만들지 않을 것이다.

Remarks

#1. 무릎을 구부리는 것은 반력의 감소를 만들고, 펴는 것은 큰 폭의 반력 증가를 만든다.

#2. 0.1sec 다운스윙 후반 구간, 강력한 무릎 펌이 수행된다. 이때 양발 반력 합은 체중의 2~3배에 달하는데 그 크기와 형태를 보고 펌 동작을 분석하고 교정에 사용하여야 한다.

   * 비율로는 펌의 크기를 알 수 없다.

  좌우 반력 비율 변화가 마치 체중 이동을 전부 의미하는 것 같은 뉘앙스로 이야기되는 경우가 있는데, 무릎을 구부리고 펴는 것만으로도 좌우 반력 변화 비율이 얼추 만들어진다. 즉 반력 변화의 80% 정도는 몸의 이동이 아니라 하체의 펌 동작 때문에 만들어지는 것이다.

  혹자가 *"다운스윙 체중 이동해라."* 라고 말하며 오른발바닥을 밀어서 몸을 전방으로 보내는 것은 Force plate(압력판) 좌우 발바닥 체중 지지 변화의 10~20% 정도만 해당하는 것으로 추정할 수 있다.

  만약 몸을 이동시켜 좌우 발바닥 체중 변화 50%를 만들려고 했다면, 크나큰 착각이며 이런 생각으로부터 나오는 동작 생성은 거의 치명적인 오류를 만들 것이다.

  ex) 다운스윙 시작에서 오른발 발바닥을 밀어서 체중 이동하는 것이 아니다. 구분동작에는 관성력이 없으므로 그럴싸한 이야기를 지어낸 것에 불과하다.

#3. 발바닥 앞뒤 체중 변화 : 앞뒤 반력 변화는 발바닥 굽힘근(종아리 근육)의 사용 형태와 몸의 앞뒤 밸런스를 짐작하게 할 것이다.

   * 본 장에서는 앞뒤 체중 변화까지는 다루지 않음

3) 양 무릎 익스텐션 양 차이에 기인한 현상

왼 하체의 폄 양과 오른 하체의 폄 양은 세기와 시점에서 차이가 있다. (앞 그래프 예시 참조)
양 무릎 폄 차이에 따라서 나타나는 현상은 다음과 같다.

① 왼 무릎 폄 양이 큰 관계로 상체 후방 기울어짐 현상이 임팩트 시점 전에서 나타난다. 드라이버는 상향타격하기 좋은 모양이다.
임팩트 직전에 상체가 전방으로 나가는 것을 억제하여 준다.

② 왼 무릎 폄 양이 큰 관계로, 임팩트 전에 왼쪽 측면에 벽이 만들어지는 느낌이다. 하체 회전근의 Braking & Stopping 역할에 도움을 줘서, 다운스윙 후반부 하체가 견고한 지탱을 하고 선행 분절 회전이 감속되게 해준다.
"왼쪽 다리에 벽을 만들고"라는 이야기는 왼쪽 다리 모양으로 만드는 것이 아니라, 왼 무릎 펴는 동작과 후행 분절인 어깨(상체) 회전으로 만드는 것이다.
* '왼 하체 벽 생성 = 하체 폄 + 후행 분절의 가속 관성력'

③ 왼 무릎 폄 양이 더 커서, 하체-어깨-손-헤드로 이어지는 분절 회전 순서가 명확해진다.

④ 왼 무릎 폄 양이 커, 상체가 후방으로 기울어지려 하는데 이것을 버텨 주려 하는 뇌의 Feedback 날 신경 명령에 따라서 폴로스루에서 오른 무릎 튕김 동작이 나타난다. (최고 상급자에게서 나타남)
* 특급 선수들의 스윙 동작을 보면, 임팩트 이후에 약간의 시간 차이를 두고 오른 다리/무릎을 살짝 튕겨주는 듯한 동작이 나타나는데, 이것은 왼 무릎 폄이 강력하게 이루어진 것에 대항하여 몸이 스스로(Automatically) 몸의 좌우 균형을 맞추려는 뇌의 반응 동작이다.

⑤ 왼 무릎 익스텐션이 오른 무릎보다 큰 상태는 상체 후방 기울어짐을 만들고, 이것은 클럽의 회전속도를 작은 양이나마 증가시키는 역할을 한다.
그리고 페이스 각을 약간 닫게 하고, 탄도를 약간 높이는 역할도 해 준다.

4.3 무릎 폄과 척추 폄에서 배치기의 발생 조건
(배치기의 원인은?)

무릎이 펴지면 골반이 상승한다.
상체의 무게 중심이 가슴에 있다고 하면 골반 상승은 그림과 같이 골반을 기준으로 상체를 앞으로 구부러지게 하는 회전 관성을 갖게 한다.

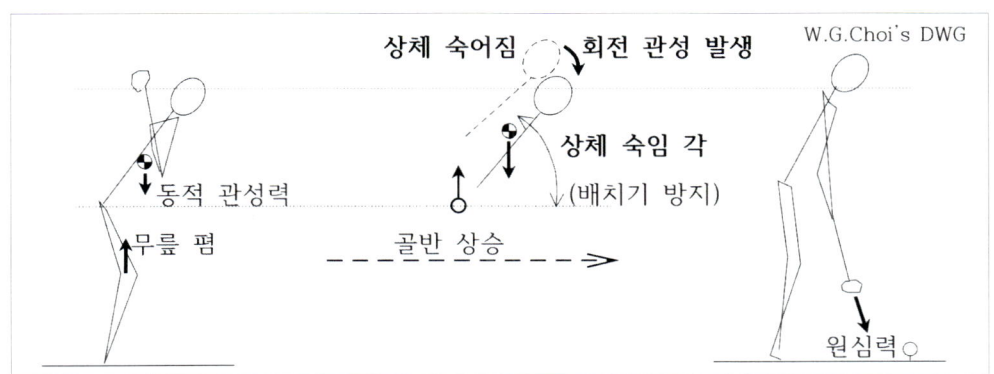

그림 3.4.9 골반 상승은 상체 숙임 각 생성

골반이 $10m/s^2$ 가속도로 3cm 올라가고 있다면, 상체 숙어지는 회전 관성이 일정 부분 발생하는데, 예로 어깨 상승은 $7m/s^2$ 가속도에 2cm 올라가고 상체 숙어지는 양은 $7m/s^2$ 가속도에 2cm 앞으로 고꾸라지는 형태이다.
이 관성력은 척추가 펴지며 상체가 일어서려 하는 것을 막아준다(지연시킨다).
  * 무릎을 펴 골반 상승하면, 그 윗부분의 동적 무게가 무릎에 걸리고 이 무게를 하체 관절이 감당해야 한다. 물론, 지면반력은 동적 무게만큼 증가하게 된다.
  cf) 골반 위, 상체가 앞으로 숙어지는 회전 관성이 걸릴 때, 척추 폄 근육(척추기립근, 늑장근, 최장근)은 척추가 앞으로 구부러지지 못하도록 버텨야 하는데 대략 0.16sec 후에는 Feedback 신경 동작으로 펴지는 근육 수축이 발생할 것이다. 이것은 폴로스루 ~ 피니쉬에서 상체가 부드럽게 일어서는 자세 만들기에 도움을 줄 것이다.
  하체 폄이 약하면, 상체가 앞으로 꼬꾸라지려는 관성력이 작은데 몸의 평형감각이 작동하여 척추가 빨리 펴지게 된다. 이것이 얼리 익스텐션이다. 배치기(얼리 익스텐션)의 형태는 다음과 같이 몇 가지로 나누어서 생각해야 한다.

a) 고착화된 배치기 (일반적인 배치기 스윙 폼)
(교정이 필요한 스윙 – 슬라이스에 비거리 짧은 골퍼)

-. 형태 : 무릎 폄이 약한, 또는 거의 못하는 하체 동작을 가지는 스윙 폼에서는 클럽 헤드 원심력에 대응하는 반대의 힘을 상체 폄(일어섬, 뒤로 제침)으로 몸이 밸런스를 맞추도록 뇌의 동작 근육 메모리가 형성하는데, 이 형태가 굳어진 경우이다.

반사신경에 의한 것이 아니고, 반복되는 스윙에서 뇌가 필요하다고 여기고 근육을 움직이는 동작 프로그램을 그렇게 만든 것이다.

-. 교정 방법 :
S3~S5(다운스윙 후반부)에 하체 폄을 강하게 하는 하체 동작을 취한다.
하체 폄을 위해서는 다음 사항이 필요하다.
(A) 강한 하체 폄의 준비를 위해서,
- 백스윙 중간 구간(2/3 구간)에서 왼 무릎을 이동하며 굽힌다. 미리 굽히거나, 나중에 굽히면 하체 폄 리듬이 맞지 않고, 몸의 꼬임과도 조화롭지 않으니, 백스윙 중간 구간에서 이동/굽힘이 되어야 한다.
- 다운스윙 초기 오른 무릎 오금을 굽혀서 후반부에 폄을 할 수 있는 변위를 생성한다.
- 백스윙 스웨이, 역 스웨이는 동적 체중 이동량을 바뀌게 만들어서 하체 폄의 조건이 달라지므로, 스웨이 상태는 관리되어야 한다.
- 복근으로 동작을 제어하려 하지 말고, 가끔 등쪽 척추기립근 감각으로 몸통의 회전과 굽어지는 변위를 느끼려 해야 한다.

(B) 강한 하체 폄의 시작과 사용량
- 다운스윙 시작에서 오른발바닥으로 미는 수평 체중 이동은 하지 않고, 중·후반부 무릎 폄 직전에 시작된다.
- 굽혀진 양 무릎을 다운스윙 후반부에 강하게 펴주기 시작한다.
  ^ 무릎 폄의 시작은 S3~S4 구간이고, 상체 폄의 시점은 S5이다. 두 폄의 시차는 대략 0.05sec 정도이다. 상체 폄을 조금 나중에 한다는 의지가 있어야 한다.
  ^ 폄은 양 무릎 둘 다 해준다.
    하체 폄 양의 조절은 하체의 경직도*(하체 쿠션, 7장에서 상세 설명)*로 제어한다.
    왼 무릎은 항상 거의 100% 폄을 사용하고, 오른 무릎은 크기를 제어하여 (예, 50%, 70%, 100%) 사용한다.

(C) 릴리즈 환경과 폄
- 클럽의 회전 중심(AC)을 위로, 뒤로 형성하려는 의지를 갖는다.
- 몸의 회전력 중심(FC)을 아래로, 뒤로 형성하려는 의지를 갖는다.
* AC와 FC가 유지되어야 회전축이 고정되어 릴리즈가 잘 진행된다.
회전축이 고정되어야 앞뒤 밸런스를 위한 상체 폄의 시점과 세기가 일정해진다.
하체 폄이 되어야 클럽 회전 중심(AC)가 위쪽, 뒤쪽에 형성된다.
하체 폄, 회전축, 회전 중심은 서로 연동된다.

b) 상체 폄을 메인으로 사용하는 스윙 형태
(상체 폄과 왼 어깨를 이용하는 이상한 스윙 --- 극히 일부 골퍼)

상체 폄은 다음과 같이 헤드 스피드(거리)를 조금 증가시키는 효과가 있다.
  ex) 상체 폄 형태별 거리 & 구질
- 하체 폄 & 상체 폄, 사용하지 않고 회전으로만 스윙 : <u>170m + 슬라이스</u>
  * 어떻게든 거리 내고 슬라이스 안 만들려고 애쓰는 형태의 스윙
- 회전과 상체 폄을 강하게 사용하는 스윙 : <u>185m + 슬라이스</u>
  * 페이스를 억지로 닫아서 구질 교정하려는 형태의 스윙
- 회전과 하체 폄을 강하게 잘 사용하는 스윙 : <u>220m</u>

상체 폄을 강하게 사용하면 안 하는 것보다는 거리가 조금 늘어난다. 그래서 상체 폄을 하는 것이 맞다고 여기고, 여기에 왼 어깨(왼 광배근) 사용을 점점 더 강하게 하여 스윙하는 것까지 더해진 경우이다. 배치기에 왼 어깨 젖힘 동작을 하며 임팩트를 가져가는 스윙이 된다.
이 경우,
- 더 이상, 어떠한 것으로도 거리 증가는 기대하기 어렵다.
- Shot making을 구사하기 어렵다.
- (하체 폄으로 상당 부분을 조절하는) 타점과 방향성 제어를 하기 힘들다.

교정하는 방법은 상체 폄을 Main으로 하겠다는 생각 자체를 먼저 버려야 한다. 그렇게 구사하는 스윙 기술 자체를 모두 버리고 새롭게 앞 a) 항의 교정 방법을 따른다.

c) 간헐적 배치기
(특정 Shot을 하려고 할 때, 가끔 나오는 약한 배치기)

원심력가속도 성분을 크게 만드는 스윙을 하는 골퍼라면, 배치기를 하는 스윙 폼은 아니다. 그러나 다음과 같은 어떤 특정 이유에 의해서 간헐적으로 배치기 현상이 나온다.

① 세게 치려 할 때 :
세게 치려 할 때 배치기가 나올 수 있다.
- 세게 치려 할 때, **하체 쿠션을 강하게 하면**, 오히려 하체 폄이 적게 되어 배치기가 나온다.
  몸은 경험으로 하체 쿠션이 강하면 하체 폄이 작게 되는 것을 이미 알고 있어서, 근육 움직임 메모리에 상체 폄을 이른 시점에 강하게 하도록 스스로 동작 프로그램을 만든다.

- 세게 치려 할 때, 다운스윙 **초기 회전 가속을 강하게** 하면, 그립이 꽉 잡히고 손목이 경직된다. 클럽 헤드는 가속 관성력을 버티도록 몸에 더 큰 힘을 요구하게 되므로 상체를 이른 시점에 일어서도록 만든다.
  몸은 경험으로 그립과 손목에 힘이 더 증가하였을 때, 상체가 빨리 일어서도록 하는 근육 움직임 프로그램이 있어서 그것을 작동시키는 것이다.
  몸통 근육이 경직되면 골반과 어깨가 같이 돌게 된다. 더불어 척추를 일찍 펴는 연계 동작이 나타난다.

- 세게 치려고 백스윙 오른 골반 접기 시점을 늦게 가져갈때 오른 무릎 오금 굽히기가 안되어 하체 폄이 부실해져 배치기 나온다.

- 세게 친다고, 다운스윙 **시작에서** 오른발 발바닥으로 미는 체중 이동을 강하게 할 때, 다운스윙 후반부 왼 무릎 폄이 부실해져서 반사적으로 배치기가 나온다.

이런 현상을 방지하기 위해서는 연습으로 스윙 형태에 맞는 동작을 확실하게 만들어 놓아야 한다. 또한 계속 안 되는 세게 치는 스윙을 시도하지 말아야 한다. 특히 중요한 것으로는 백스윙 왼 어깨 Brake 잡는 것을 2/3 시점(Timing)으로 일정하게 가져가야 한다.

② 하체 회전을 약하게 할 때 :
하체 회전 근육과 폄 근육은 연동되어 있다.

그래서 하체 회전이 작으면(하체 회전을 작게 하면), 하체 폄도 작게 된다. 하체 폄이 작은 스윙을 진행하게 되면, 몸은 경험을 바탕으로 힘의 밸런스(앞뒤, 상하 방향)를 맞추기 위하여 상체가 빨리 일어서도록 하는 근육 움직임 프로그램을 작동시킨다.
이런 현상을 방지하기 위해서는 연습으로 스윙 형태에 맞는 폄 동작을 확실하게 만들어 놓아야 한다. 백스윙 크기는 작더라도 하체 폄을 약하게 하지는 않는다.

③ 백스윙 스웨이 때 :
백스윙 스웨이는 다운스윙 때, 왼 하체에 동적 하중이 더 크게 가해지는 형태가 되어서 왼 무릎을 펴기 힘들게 만든다.
따라서 스웨이가 되는 백스윙을 하면, 왼 하체 폄이 작게 되는 것을 알고 있는 몸은 상체가 빨리 일어서도록 하는 근육 움직임 프로그램을 작동시킨다.
이런 현상을 방지하기 위해서는 스웨이 양이 제어되어야 한다.

④ Head-up 때 :
머리가 일찍 들리면 머리를 따라서 어깨가 일찍 들린다.
볼의 비행을 빨리 확인하고 싶은 마음에 고개를 일찍 들게 되면, 상체가 일찍 들리고, 일찍 들린 상체는 하체 폄을 방해하는 하방 관성력을 만들어서 하체 폄을 어렵게 만든다.
헤드업은 보통 뒤땅을 만든다. 단, 드물지만 강한 근력 골퍼에 있어서, 하체 폄도 강하게 하면서 헤드업 하는 경우는 토우·토핑 타격이 된다. 그리고 하체 폄에 여유가 있는 거리 컨트롤 샷에서 헤드업은 토핑을 만든다.

⑤ 척추기립근 대신 복근으로 몸통 회전을 느끼려 할 때 :
계속 반복하는 이야기인데 몸통 회전 근육 전체를 연동시키는 리더 근육은 척추기립근이다.
복근은 수축 인장 회전 변위가 심하면서 그 작동 정확도는 낮다. 즉 반응 양과 반응 시간이 무딘 감각 근육이다.
복근을 몸통 회전 느끼는 주요 부위로 삼아서 스윙하려 했을 때, 하체 폄은 약해지고 배치기가 발생하며 복근이 팔을 잡아당기는 현상이 벌어진다. 헤드 스피드는 느리고 토우·상 타점이 발생한다.

이런 현상을 방지하기 위해서는 자세와 스윙에서 등쪽 척추기립근이 몸통 움직임의 기준이 된다는 것을 인지하면 된다.
아울러, 골반~어깨 회전 시차는 복근 & 옆구리 근육의 강도에 의해서 변하는데, 그 근육의 강도는 직접 제어하는 것이 아니고 동작 중심축의 상하 위치 지정으로 복근 강도를 간접 제어한다.

⑥ Setup, 백스윙 후반부 및 다운스윙 전반부에서 어깨가 펴진 모양일 때 :
펴진 어깨는 삼두박근을 약하게 만들어 팔을 뿌리지 못해서 손목 스냅을 감소시키고, 클럽 헤드의 반작용 힘을 덜 받아 약간의 배치기 현상을 유발한다. 따라서 양어깨는 벌어지지 않게 관리한다.
　* 주의 : 직접적인 어깨 회전 의지는 하체 동작을 둔하게 한다. 몇몇 초일류 선수는 일부 샷에서 백스윙 후반부에 오른 어깨를 조금 뒤로 젖혔다가 다운스윙 중반부에 회전시키는 동작을 구사하는데, 일반 골퍼는 이것을 따라 하기 매우 어렵다. 어깨뼈(견갑골)를 움직이는 근육은 느리고 무뎌, 이 동작을 연습(훈련)하는 것은 서커스(곡예)처럼 큰 노력과 많은 시간이 필요할 것이다. 추천하지 않는다.

Remarks
#1. 배치기 동작은 무릎 폄이 약했을 때 나타나며, 척추가 빨리 일어서버리는 '얼리 익스텐션'이라고 부른다. 상체가 일어서는 배치기 동작은 상체에 하방 관성력이 만들어지므로, 이후 무릎(하체) 폄을 방해하여 덜 펴지게 한다. 폄이 작아 뒤땅이 나고, 뒤로 젖혀지는 상체는 클럽을 땅기게 만들어서 토우 타점을 만든다.

#2. 아무리 배치기를 안 하려고, 배를 집어넣고, 허리 숙어지는 쪽으로 버텨도 교정되지 않는다. 거의 유일한 교정 방법은 수동의 개념으로 하체 폄이 강하게 되도록 하여 척추 폄이 늦은 시점에 만들어지도록 하는 것이다.

#3. 하체 폄이 먼저 되고 나서, 임팩트 직전에 척추가 펴지며 상체의 상승과 함께 임팩트 되는 것은 정상적인 파워풀한 스윙 동작이다.
　문제가 되는 것은 하체 폄이 안 이루어졌는데, 허리가 일찍 펴지기 시작하는 것이다. 즉 뒤따라서 나올 후행 동작이 먼저 앞서 나오는 것이 문제이다.

#4. 배치기의 교정은 그 원인과 형태에 따라서 방법이 조금 달라져야 한다.

d) 예외적인 특이한 배치기 형태
　(근력이 좋은 사람)
　(꿀밤 샷 형태의 배치기)

상체가 먼저 들려 얼리 익스텐션 될 때, (뒤땅이 아닌) 토핑 및 토우 타점이 나오는 특별한 예가 있다.

- 근력이 좋은 사람이 하체 폄을 많이 하면 좋다는 이야기에, 다운스윙 너무 이른 시점(전반부)부터 하체 폄을 진행한 형태
- 무릎이 펴진 상태로 다운스윙 후반부를 맞이하는 형태로, 펼 무릎 변위가 없는 상태에서의 상체 폄이 일찍 진행되는 경우
- 손목 근력이 좋은 사람이 이른 상체 폄과 함께 슬라이스 교정을 위하여 손목을 강제 로테이션시켜 궤도가 상승하는 경우
- 왼 골반 회전력과 왼팔 회전력을 강하게 사용하는 스윙을 하려는 경우
- 95% 이하 컨트롤 스윙을 하면서 배치기 될 때

이들 특이한 배치기는 스윙 교정에서 토핑을 만드는 원인도 함께 해결해 주어야 한다. 위에 설명된 원인 설명 문구에 이미 각각의 해답이 있다.

일부 궁금증 해소 차원 포함 부가적 내용

4.4 익스텐션에 의한 헤드 속도 증가량

(심화 – Only reference 계산)
(폄이 얼마만큼 직접적으로 헤드 스피드를 증가하는지?)
(폄과 타점 영향 --- 생각과는 반대로 작용할 수 있음)

폄이 헤드 스피드를 증가시켜 주는 형태는 직접 기여와 간접 기여가 있다.

-. 직접 기여 :
    - 하체 폄에 의한 헤드 관성력의 가속도 성분 증가
    - 척추 폄에 의한 헤드 관성력의 가속도 성분 증가
    - 양 무릎 폄 양 차이에 의한 속도 증가

-. 간접 기여 :
    - 원심력가속도 성분을 키워주는 클럽 헤드 **회전** 중심과 **회전력** 중심 형성
    - 몸통 근육 Coiling 강도 증가
    - 하체 Brake에 의한 상체 분절 회전 원활

* 폄(특히 하체 폄)이 헤드 스피드 증가에 기여하는 것은 간접 기여가 80% 이상을 차지한다고 봐야 한다. 즉 다른 메커니즘이 원활히 되도록 하여 헤드 스피드를 증가시키는 것이다. 그래서 강한 하체 폄 동작은 골프 스윙에서 필수 사항이다.

1) 하체 폄으로 만들어진 헤드 하방 관성력에 의한 속도 증가

(무릎 폄 변위가 어떻게 헤드 속도를 직접 증가시키나?)

하체 폄은 상체를 올라가게 하고 올라간 상체는 클럽 헤드를 잡아챈다.
잡아챌 때, 래깅 각을 가지는 클럽 헤드에는 그립을 기준으로 전방으로 나가려는(회전하려는) 가속도 성분이 생긴다.
이 가속도 성분은 잡아채는 관성력의 분력 성분이다. 그림으로 표현하면 다음과 같다.

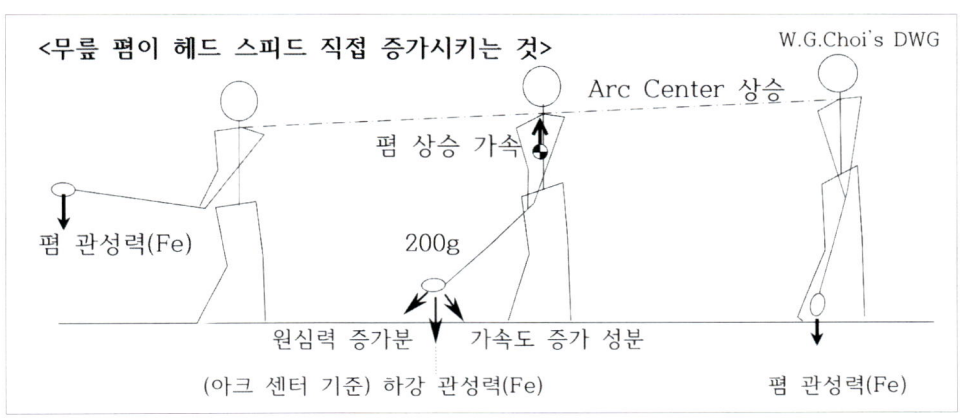

그림 3.4.10 무릎 익스텐션이 가속도 증가시키는 성분

문제) 어깨의 상승 가속도가 12m/s^2일 때, 관성력에 의한 헤드 스피드 증가시키는 양을 추정하여 계산하면? (헤드 무게 200g, 분력 각 γ=45°, 폄 가속 시간 0.06sec)

〈풀이〉
헤드의 하방 관성력(Fz) = m a = 0.2 × 12 = 2.4 N
헤드의 가속도 성분력(F) = 접선력 = 2.4 × cos γ = 1.7 N
헤드의 가속도 성분력이 만드는 평균 가속도 a = F / m = 8.5 m/s^2

0.06초 동안 증가한 헤드 스피드 △V = a t = 8.5 × 0.06 = 0.51 m/s
헤드 진행 거리 △S = 0.5 × a × t^2 = 0.5 × 8.5 × 0.06^2 = 0.0153m
= 1.5cm <--- 헤드가 더 진행한 거리

 * 페이스 닫힘 각 ≈ 0.5 ~ 1°

이 값은 대략 비거리 3~5m 증가시키는 정도의 값이다.

실제 무릎 익스텐션이 Speed 증가에 관여하는 시간은 대략 0.04~0.05sec 정도 된다고 보는 것이 타당하다.

따라서 하체 폄이 폄 관성력으로 직접 비거리 향상하는 값은 2~4m 정도로 보면 될 것 같다.

Remarks

#1. 그림에서 폄으로 만들어진 법선력은 또 다른 기능이 있는데, 그것은 Loft 증가(탄도 증가)와 페이스를 닫게 한다. 작은 High draw 만드는 데 유용하다.

1.7N의 법선력은 Shaft 변형 때문에 대략 0.5° Loft 증가, 0.5° 페이스 각 닫힘을 만들어 줄 것이다. 그리고 손에 비해 헤드가 더 전지한 거리는 1cm 정도 되므로 헤드의 전진 거리에 따라서 0.5° 정도의 페이스 각 닫힘이 추가된다.

강한 하체 폄은 **직접적으로** 페이스를 1° 닫게하고, 로프트는 0.5° 뉘게하는 타격 변화를 만들어준다.

#2. cf. 1) 강한 하체 폄은 작으나마 **간접적으로** 릴리즈를 잘되게 하여, 헤드 스피드 올려주고 슬라이스 완화하게 해준다.

#3. cf. 2) 강한 오른 무릎 폄은 하체 폄을 더 강하게 해준다. 위에 열거한 효과를 배가 시킨다.

(5절 1)항에서 상세 설명)

2) 척추 폄으로 만들어진 헤드 관성력에 의한 헤드 속도 증가

a) 척추 폄에 의한 지면 반발력
(척추 폄의 하방 관성력이 어느 정도 되는지 가늠)

무릎(하체)이 펴지기 시작하고, 임팩트 직전에 척추도 펴지기 시작한다.
폴로스루 때, 하체는 다 펴져 바로 서고, 척추는 계속 펴져 피니쉬 때 바로 선다. 일반적으로 골퍼가 생각하는 멋진 스윙 폼이다.

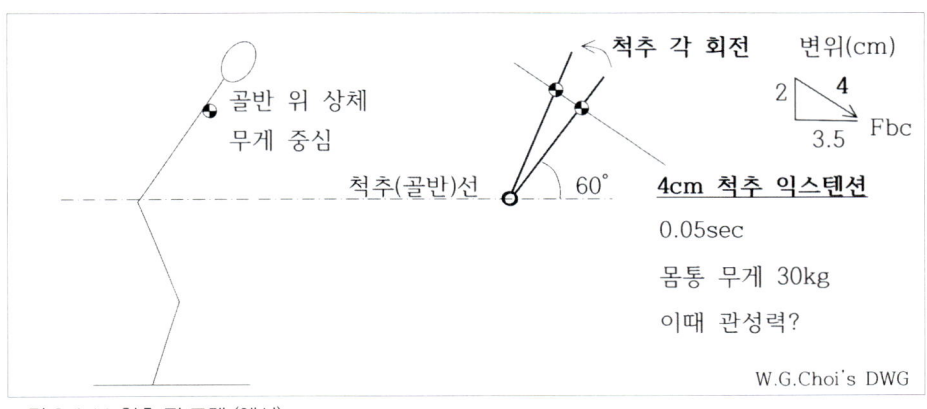

그림 3.4.11 척추 폄 모델 (예시)

그림은 임팩트 직전에 척추가 펴지는 상태를 표시한 것이다.

문제) 골반, 허리 기준으로 그림과 같이 척추가 0.05sec 동안 4cm가 일어서는 것이 진행되었다고 가정한다. 이때 몸의 관성력과 클럽 헤드 관성력은 사선 방향(\)으로 발생한다. 그 크기와 무릎에 증가하는 수직 하중은 얼마인가?

<풀이>
몸 관성력(Fb) = m a = m × 2 × 변위 / t^2 = 30 × 2 × 0.04 × /0.05^2
     = 960 kg m/s^2 = 96 kgf
이 힘은 발바닥에 사선 방향(\)의 지면반력을 받게 한다.
무릎에는 96 × cos 60° = 48 kgf의 수직 하중이 순간 증가한다.
발바닥 끝에 순간 수평 반력은 96 × sin 60° = 83 kgf이다

Remarks

#1. 강력하게 하체 폄을 진행한 후반부에 척추 폄을 하면, 척추 폄은 하체 폄의 Brake 역할을 하는 기능이 있다.
　　* 비유 : 토사구팽과 비슷하다. 하체 폄을 거의 다 사용했으니, 척추 폄으로 그것을 잠재운다(감속시킨다).

#2. 배치기를 하면 특히 발끝에 힘이 크게 들어가는 느낌이 드는데, 그림의 사선 방향 관성력에 대항하는 발끝 수평 지면반력 때문이다.

#3. 배치기가 심하면 폴로스루 ~ 피니쉬 때 상체가 뒤로-앞으로-뒤로 요동치는 현상이 발생하는데, 그림의 사선 방향 강한 지면반력에 대해서, 시간 차이를 두고 발현되는 뇌의 Feedback 신경 작용 때문이다.

#4. (핵심 내용) 계산의 예에서 척추 폄의 몸통 관성력은 대략 96kgf 정도이고, 수직 성분력은 48kgf이다. 하체 폄 이전에 척추 폄이 먼저 발생하면, 무릎을 펴려 하는 것에 상체 관성력(수직 성분력)이 하체를 짓눌러 무릎을 펴기 힘들게 만든다(방해한다).
그래서 배치기가 나올 때면 무릎이 잘 안 펴지는(덜 펴지는) 것이다.
이런 이치로 배치기를 잡으려면, 무릎 먼저 강하게 빨리 펴지게 해야 한다.

#5. Reminder : 배치기는 무릎 폄이 작아서 뒤땅을 유발하고. 상체가 뒤로 젖혀져지고 팔은 몸에 붙어서 토우 타점이 나온다.
　　* 배치기 때문에 토핑이 난다는 혹자의 설명은 "글쎄?", 근력이 매우 좋은 사람은 배치기 때문에 토핑이 날 수 있지만 보통 체격의 일반 골퍼는 뒤땅과 토우 타점이 발생한다.

b) 척추 폄에 의한 헤드 스피드 증가

(척추 폄이 헤드 스피드 증가에 직접 관여하는 양은?)

척추 익스텐션은 스윙 과정 중 필요하다. 폄의 진행은 다음과 같다.
　'무릎 폄 진행되고 ---> 상체 폄 진행되고 ---> 어깨(회전 중심점)가 올라가는 과정에서 임팩트되고 ---> 피니쉬 상태에서 상체가 일어선 모양'
　　* 몇몇 사람은 피니쉬에서도 척추 각을 유지하라고 하나, 좀 억지스럽고 멋 내기식 자세이며 부

자연스러운 모양이다.

일류 프로선수들의 폼을 보면, 자연스러운 스윙은 상체를 편 피니쉬라는 것을 알 수 있다. 그 척추 폄은 임팩트 직전부터 진행된다.

하체의 폄에 이어서 상체의 폄이 임팩트 전에 진행되기 시작하는 것은 헤드 스피드 증가에 도움이 된다. 헤드 스피드 증가 계산은 무릎 폄 동작에서의 헤드 스피드 증가와 같은 방식으로 다음과 같이 계산할 수 있다.

계산 조건 : 헤드 무게 200g, 일어섬(폄) 4cm, 분력 각 45°, 시간 0.05sec 라고 가정

⟨풀이⟩
헤드의 하방 관성력(Fz) = m a = 0.2 × 2 × 0.04 / 0.05^2 = 6.4 N
헤드의 가속도 성분력(F) = 접선력 = 6.4 × cos γ = 4.5 N
헤드의 가속도 성분력이 만드는 평균 가속도 a = F / m = 23 m/s^2

0.05초 동안 증가한 헤드 스피드 △V = a t = 23 × 0.05 = 1.1 m/s
헤드 진행 거리 △S = 0.5 × a × t^2 = 0.5 × 23 × 0.05^2 = 0.0288m
                              = 2.88cm

1m/s의 클럽 헤드 스피드 증가는 대략 비거리 7~9m를 키울 수 있는 값이다. 작지 않은 양이다. 이것은 동작의 자연스러움을 고려하지 않고, 영향의 크기를 어림잡아 알아보기 위해 대략적인 계산 값이다. 임팩트 이전의 척추(상체) 폄 양은 골퍼별로 다르다.

하체 폄은 하지 않고, 상체 폄으로 비거리를 늘려보겠다고 하는 골퍼는 위 계산과 같은 헤드 스피드 증가 현상을 극단적으로 이용해보겠다는 의지를 가진 것이다.

이 상체 폄 가속 성분도 대략 Loft를 0.5° 키우고, 페이스를 1° 정도 닫히게 하는 Shaft 변형을 만드는데, 실제 변화는 어깨와 팔 동작(모양)에 민감하게 반응하게 된다.

Remarks

#1. *앞 1)항과* 본항, 헤드 스피드 증가는 평상시의 스윙에서 일정부분 이미 반영되어 있다고 보면 된다. 스윙을 바꿔서 추가로 생기는 개념은 아니다.

단, 오른 무릎을 좀 더 강하게 펴는 것은 추가로 부여할 수 있는 사항이다.

#2. 무릎(하체) 익스텐션만 하고 척추(상체) 익스텐션은 안 하는 경우, 비거리가 약간 줄어들 것이라는 짐작이 가능하다.

또한 이 경우, 힐 타점에 하 타점(얇은 궤도)이 나타날 것이다.

즉, 하체 폄을 강하게 하고, 상체 폄을 억제하면 힐·하 타점이 나타난다.

* 하 타점이 나는 이유는 척추 폄이 없어서 무릎 폄이 더 잘되어 나타나는 현상이다. 생각과는 반대 상하 타점이다.

#3. 골프 스윙에는 회전뿐만 아니라 폄이 잘 사용되어야 한다.

회전 근육은 폄 근육에 비하면 아주 작다. 폄 근육이 잘 이용되어야 회전 근육이 능력을 제대로 발휘한다.

3) 좌우 하체 폄 차이에 의한 헤드 스피드 증가

좌우 무릎의 폄 양은 다르다.

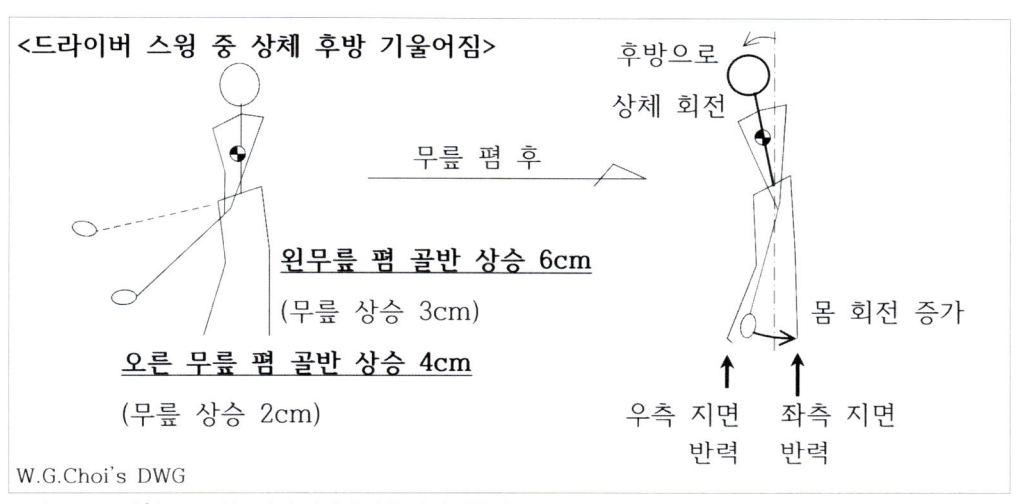

그림 3.4.12 좌/우 무릎 익스텐션 차이에 의한 상체 기울어짐

보통 왼 무릎 폄이 강하고 오른 무릎 폄이 약하다.
그림에서 골반 기준 상체 기울어짐 양을 3°라고 가정하면, 골반(허리)를 기준으로 기울어지는 이 회전속도는 기하학적으로 대략 10cm/0.1sec 정도의 클럽 헤드 선 속도를 만든다. 즉 1m/sec 정도(1 / 1 = 1m/sec)의 헤드 스피드 증가량으로 짐작할 수 있다. 그림과 같은 몸 회전이므로 100% 다 생성되지는 않을 것이다.
이것은 비거리 증가 4~8m 정도에 해당하는 값으로 추정할 수 있다. 페이스도 닫히게 하는 역할을 한다.

드라이버 티샷, 임팩트 때 상체가 전방으로 나가는 것보다는 후방으로 기울어지는 것이 비거리와 방향성에 유리하다.
- 헤드 선속도 증가
- 상향타격에 백스핀 감소
- 좌향 구질(드로우 구질)로 바뀜
    * 보다 더 큰 손목 회전력 걸리는 조건으로 탄도는 조금 높을 것임

Remarks

#1. 상체 후방 기울임은 드라이버 티샷에 해당하는 이야기다.

  * 주의 : 드라이버 틸팅 많이 주는 스윙은 허리(요추) 부상 유발함

  cf) 눌러치기 타법은 오른 옆구리를 접는 방식으로 그림과 같은 Power가 가미된다.

#2. 무릎 익스텐션 가속도 성분이나, 척추 익스텐션 가속도 성분은 손목 회전력과는 무관하게 스스로 돌아가려는 모양으로써 클럽 헤드를 잡아채는 형태의 가속력이다.

  반면, 손목 회전(버팀)이 필요한 좌우 무릎 익스텐션 차이에 의해서 만들어지는 상체가 후방으로 기울어지는 회전 가속력은 손목에 클럽 헤드가 따라오지 않으려는 관성력이 작용하는 메커니즘이다.

  손목에 과하중이 걸릴 수 있다는 이야기인데, 왼 무릎만 강하게 펴면 손목 회전력 사용 한계에 다다를 수 있다는 이야기다.

  실제, 왼 무릎만 강하게 펴서 스윙하면 손목 회전력 사용이 부담스러워진다. 그리고 왼 손목 날과 등쪽에 부상의 위험이 증가한다.

  오른 무릎도 강하게 펴주면 오른손에 생기는 굳은살이 완화된다.

#3. 지면 반발을 키우기 위하여 왼발을 강하게 밟아준다는 표현보다는 왼 무릎을 강하게 잘 펴지게 하라는 것이 중요하다.

  물론 양 무릎 폄을 사용하여야 한다. 즉 오른 무릎도 어느 정도 폄을 해준다.

  * 왼 무릎이 잘 펴지게 하려면, 백스윙 때 오른발바닥 체중이 뒤꿈치 쪽으로 충분히 넘어와야 한다. 체중이 뒤꿈치로 넘어오지 않으면 다운스윙 왼 무릎을 펼 때, 왼 힙(골반)이 뒤로 빠지는 스핀아웃 현상이 발생할 가능성 커진다.

#4. 강한 아이언 눌러 치기 샷(오른 옆구리 접기)을 하면 상체가 후방으로 기울어져서 Power가 증가한다.

  단, 이 샷의 본래 목적은 백스핀을 증가시키고 방향성 확보하면서 조금 낮게 치는 방법이다.

4) 익스텐션이 클럽 헤드 스피드를 증가시키는 총량 (간접 효과 제외)

원심력가속도 성분 이외에 폄에 의한 법선력이 생성되고, 이것은 클럽 헤드의 가속에 기여한다. 이것을 가속도 그래프에 표현하면 다음과 같다.

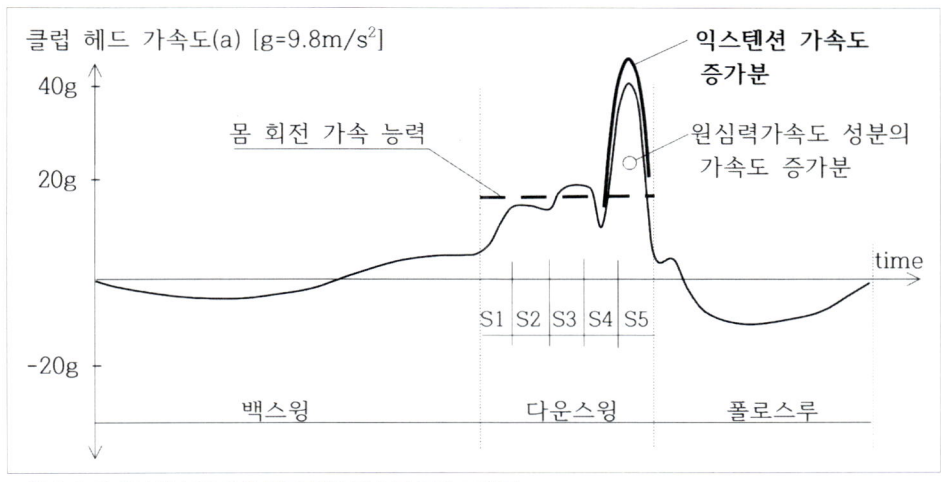

그림 3.4.13 익스텐션에 의한 클럽 헤드 가속도 증가 그래프

가속도-시간의 면적은 속도이므로, 이 그래프로부터 다운스윙 과정 중에 어떤 구간에서 얼마만큼의 속도 증가가 있는 것인지를 유추할 수 있다.

무릎 폄은 다운스윙 후반부(S3~S5)에 사용된다.
첫 번째 목적은 회전된 선행 분절인 하체를 지면에 고정하는 것이다. 이것을 "벽을 만든다."라고 표현한다. 이 벽은 지면에 고정된 하체 스스로도 만들며 후행 분절인 몸통과 어깨의 회전 가속 관성에 의해서도 만들어지는데, 하체의 회전 감속(Brake)을 의미한다. Brake는 후행 분절이 회전될 때 버텨 주고 지지하는 역할을 해주는데, 이것은 상체 회전과 "헤드가 던져진다. = 릴리즈"라고 표현하는 동작의 수행을 보조한다.
　cf) "헤드를 던져준다. ≈ 헤드 무게를 느낀다. ≈ 손목 회전력을 사용한다." 비슷비슷한 이야기인데, 설명하기도 구분하기도 쉽지 않다. 또 정의하는 것도 불명확하다.

두 번째 목적은 초기 하체 턴이 강하게 될 수 있도록 분리되었던 상·하체 코어를 재결합 시켜주는 기능이다. 그래야 하체는 버티고 몸통의 X-factor가 회전력으로 강하게 사용되어 팔(어깨)

에 전달되기 때문이다.

첫 번째 기능은 왼 무릎이, 두 번째 기능은 오른 무릎이 주도적으로 담당한다고 보면 된다.

지면 반발을 이용했더니 비거리가 50m 늘어났다는 이야기는 분절 회전에 관계되는 위의 간접 기능을 포함해서 총 비거리가 개선된 것을 말하며, 직접적인 폄 동작이 클럽 헤드 스피드를 증가시키는 기능은 5%(10m) 내외로 보는 것이 맞을 것 같다.
헤드 스피드 직접 증가량은 그림의 가속도 그래프에서 '익스텐션 가속도 증가분'의 면적이다.
헤드 스피드 간접 증가량은 그림의 가속도 그래프에서 릴리즈 효과(원심력가속도 성분 증가분)를 극대화하는 것이다.

5) 무릎이 견뎌야 하는 힘 (압축력)

일반적으로 구조물에 걸리는 동적 하중은 정적 하중일 때의 3배 정도를 기준으로 한다(3배 견딤). 그리고 여기에 안전율(Safety factor)이 1.5배 정도 된다. 이에 따라서 순간 최대로 견딜 수 있는 하중은 450% 정도 된다.
인체도 비슷할 것으로 예상해 보면, 양 무릎은 체중의 450% 정도의 순간 하중을 견딘다고 추정할 수 있다.

임팩트 직전 무릎이 받는 힘 :
(드라이버 헤드 스피드 44m/s 골퍼의 대략적 어림값 예시)

- 체중 : 75kg ------- 70kgf
- 원심력 :   20kgf
- 무릎 익스텐션 반력 : 60kgf
- 척추 익스텐션 반력 : 75kgf (50~100kgf)
- 클럽 헤드 가속 관성 반력 : 20kgf (몸 회전, 이동 관성 반력 포함)

합 245kgf --- 체중의 350%
(예 : 왼 다리 160kgf vs 오른 다리 85kgf ≈ 430% vs 230%)

스윙 방법(스타일)에 따라서 조금씩 다르겠지만, 무릎이 받는 순간 하중은 막연한 예상과는 다르게 엄청나게 크다. 특히 왼 무릎 하중이 커서 펴기 힘들다.
  * Force plate(압력판)에 발바닥 하중을 계측하면, 그 최고치의 값은 체중의 350% 정도가 될 것이라 예상한다.
  상용하는 Force plate는 시간별로 보통 좌우. 앞뒤 발바닥 하중 분배를 비율로 표현해서 보여주는데, 비율이 아니라 실제 크기를 보여주는 것도 중요할 것이다.
  최대 하중은 얼추 정해져 있다. 어떤 동작 (ex. 스웨이, 배치기, 이른 수평 체중 이동, 다운스윙 시작 급가속, 오른 무릎 폄 샷 등)에서 골퍼별 왼발에 걸리는 최대 하중 변화를 보면 왼 무릎이 견디고 정상적인 폄을 진행할 수 있는 하중 조건(한계, Limit)을 알 수 있을 것이다.
  발바닥 반력은 해당 무릎 하중과 거의 비슷하며, 양 무릎이 Even 하지 않고 왼 무릎에 하중이 훨씬 더 크다.

스윙은 반복되는 동작이다. 연습 100개~1,000개의 Over load condition은 피로 손상을 초래한다. 더군다나 왼 무릎에는 강한 회전도 함께 걸리므로, 과도한 하체 폄 동작은 최고의 무릎 관절 손상 조건이다.

만약 상체 폄이 먼저 되고 나서 무릎을 펴려 하면, 무릎에는 추가의 폄 하중이 걸린다. 이것은 최악의 무릎 관절 손상 조건이 된다.

일명 '지면반력'이라고 하는 (실제 지면반력은 골프 스윙 동작을 무척이나 헷갈리게 하는 용어이므로 사용을 자제해야 하고 없애야 하는 표현임) 신체의 폄 동작으로 발생하는 가속도 성분을 이용하여 비거리를 늘리는 것은 생각보다 그리 크지 않다. 겨우 5% 이내이다. 단지 회전력을 효율적으로 사용하는 환경조성에 크게 관여한다.

무리하게 왼 무릎을 강하게 펴는 동작을 하여, 무릎 부상의 위험을 초래하는 것보다는 신체가 허용하는 범위에서 리듬 있고 밸런스 있게 사용하는 것이 바람직한 방법일 것이다.

양 무릎의 Down & Up 리듬, 척추의 폄 동작이 조화롭게 이루어지면, 효율적인 Power가 사용되어 헤드 스피드는 증가하고 부상은 방지될 것이다.

Remarks

#1. 비거리 향상 때문에 초일류 선수가 너무 심한 왼 무릎 폄 동작을 하다가 무릎 부상에 이르거나, 연습생이 연습장에서 가혹한 무릎 폄 훈련으로 무릎이 망가져서 선수 생활을 포기했다는 씁쓸한 사연이 더는 없어야 한다.
   * 다운스윙에서 왼 무릎의 강한 외회전은 무릎 인대 손상 위험이 있다.

#2. 조화(Harmony) : 크기, 비율, 순서, 시간이 맞음
   좌우 하체 폄, 그리고 하체 폄 vs 상체 폄 사이의 조화가 필요하다.

#3. 머리를 일찍 들어 올리는 현상(Head-up)도 '무릎 폄 -> 척추 폄 -> 머리 돌려 들기'의 순서가 어긋날 때라고 보면 되는데, 머리를 잡아두어 Head-up을 교정하려 하지 말고, 무릎 폄 동작에 신경 쓰면 상당부분 예방된다는 것을 알아야 한다.

하체를 이용한 Shot making

4.5 비거리 외 하체 폄으로 얻을 수 있는 것들

무릎 익스텐션 양이 변하면 다음 사항이 변하게 된다.
- 궤도(Path)의 변화
- 탄도, 스핀 변화
- 헤드 스피드(거리) 변화
- 방향성 변화
- 타점 변화

중요한 사항은 오른 무릎 익스텐션을 키우면(더 강하게 펴주면) 쓸어치는 샷이 된다는 것이다. 하체를 펴며 잡아채는 이 샷은 약간 높은 탄도의 드로우 구질을 만들게 해준다.
* (오른 무릎) 익스텐션 샷 = 오른 무릎 강한 폄 샷 = 쓸어치는 샷

반면, 이것과 상반되는 스윙으로, 힙 턴 양을 키우면 약간 찍어 치는 샷이 된다. 오른 무릎 폄 양과 힙 턴 양은 반비례 관계이다.
* (힙) 턴 샷 = 힙 턴 양 키운 샷 = 살짝 찍어 치는 샷

cf) 접근 각을 인위적으로 키워 치는 샷
- 팔을 조금 가파르게 올렸다가 내려치는 샷 = 다운블로 샷
- 어깨로 들어서 급격히 내려치는 샷 = 녹다운 샷

익스텐션 샷과 턴 샷은 사용 기회가 많다. 특정 조건에서 Normal shot보다 성공확률을 조금 높여주기 때문에 배워서 구분하여 사용하면 유용할 것이다.
단, 한 가지 샷을 배우는 데는 3개월이 걸리고, 능수능란하게 사용하는 데는 6개월 정도가 걸린다.

구분의 편의를 위해 접근 각 차이에 따라 다음 표와 같이 샷을 분류할 수 있다.

샷 이름	Attack Angle (접근 각)	대표 용도
어퍼블로 샷	(+) 접근 각	드라이버, 퍼팅
쓸어치는 샷 (익스텐션 샷)	(-)2° 접근 각	티샷, 떠 있는 라이
Normal 샷 (일반 샷)	(-)4° 접근 각	일반적일 때
찍어 치는 샷 (턴 샷), 눌러치기 샷	(-)6° 접근 각	부드러운 샷
강한 다운블로 샷	(-)8° 접근 각	타이트한 라이
녹다운 샷	(-)10° 접근 각	디봇 안

표 3.4.14 접근 각에 따른 샷 종류 (예시)

Remarks

#1. 접근 각은 편의상 대푯값이다. 클럽에 따라 골퍼에 따라서 달라진다.

#2. 접근 각은 하체의 폄 양, 힙 턴 양, 몸통 회전 형태 그리고 어깨 모양으로 조절(Shot making)한다. 그립 잡는 것, 손목과 팔의 모양으로 접근 각을 바꾸려 하는 것은 불가능에 도전하는 것과 거의 비슷하다. 일단, 인간의 신체 동작 제어 능력이 할 수 없는 영역이라고 생각해야 한다.

#3. 연속동작과 구분동작의 차이 : 스윙을 구분동작으로 설명하면서 다음과 같은 차이를 간과하면, 이는 분별 능력이 저하되어 헛된 상상을 하게 만든다.

<연속 동작>　　　　　　　　vs　　<구분 동작>

원심력 20~30kgf가 걸림　　〈---〉 원심력 없음
　　　　　　　　　　　　　　　　* 손, 팔을 이렇게 저렇게 하라는 헛소리 남발
　　　　　　　　　　　　　　　　(20kg을 클럽 끝에 매달면 헛된 상상 제한될 것임)

샤프트 휨 20cm/3kgf 발생　〈---〉 샤프트 휨 없음
　(휨 각 20°/3kgf)　　　　　　* 페이스 열림/닫힘, Loft 넘/세워짐을 그립과
(원심력이 2/3~3/5로 변형 줄임)　　손목으로 제어하라는 헛소리 남발
　　　　　　　　　　　　　　　　(휨 변형 생각하면, 손장난 상상은 안 할 것임)

하체 폄 하중 250kgf 걸림　 〈---〉 하체에 자중 이외에 하중 없음
　(Limit 있음)

왼 손목 2kgf-m 굽힘 작용　 〈---〉 가속 관성력 없음
　(Limit 있음)

1) 오른 무릎 익스텐션 샷 (쓸어치기)

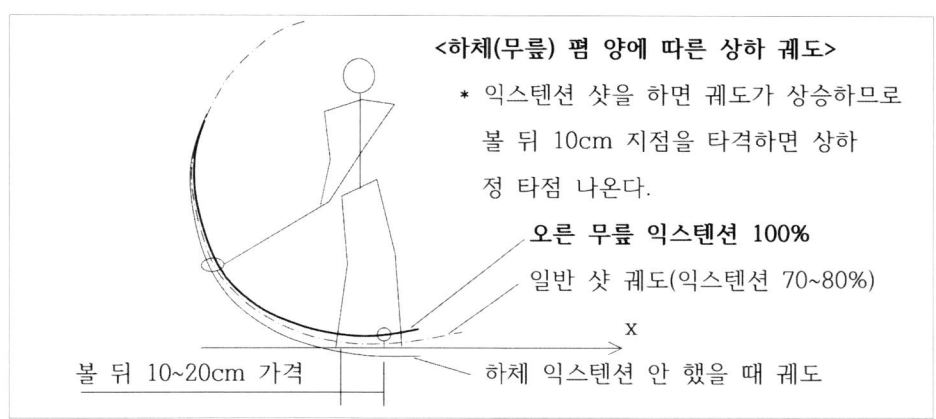

그림 3.4.15 익스텐션 샷(폄 샷) 궤도

익스텐션 샷은 그림과 같이 클럽 헤드를 위쪽으로 올리는 궤도를 만든다.
그래서 볼 뒤(쇼트 클럽 5cm, 롱 클럽 10cm 정도)를 가격하는 궤도로 다운스윙 궤도를 형성하여 내려오다가 오른 무릎을 좀 더 강하게 펴 준다.
포인트는 오른 무릎을 강하게 펴주는 것이다(Normal 70% 폄 ---〉 100% 폄).

S4~S5 구간에서 내려가는 클럽 헤드를 잡아채기 때문에 접근 각이 작은, 낮게 쓸려가는 궤도를 만든다(U-스윙이란 익스텐션 샷 형태를 의미).

이 샷의 특기사항은 다음과 같다.
-. 이 샷은 롱 아이언 거리가 안 나는 사람에게 유용하다.
  잡아채는 것은 법선 관성력을 만들어 그 가속도 성분은 헤드 스피드를 증가시킨다. 법선력은 클럽 헤드의 Loft를 증가시켜 탄도를 높이고, 페이스를 닫히게 하여 슬라이스를 방지할 수 있다. 작은 High draw 구질을 만든다.
  단점은 뒤땅 가능성이 커지는 것인데, 타이트한 잔디 라이(ex 양잔디 페어웨이)에서는 사용이 제한적이다. 경사지에서도 제한된다.
  * 롱 아이언 스윙에서 탄도 높이는 중요한 사항 하나는 엄지~검지 골 'V자' 모양이다.
  cf) 우드가 안 맞는 사람에게도 쓸어치는 폄 샷은 롱 아이언과 비슷한 결과를 만들어준다. 단 우드에서 컨트롤 샷은 사용이 극히 제한적이다.

-. 살짝 떠 있는 잔디 라이의 미들 아이언, 쇼트 아이언에서 유용하다.
  특히 떠 있는 볼의 쓸어치는 타격에 적합하다.

-. 페어웨이 벙커에서 쓸어치는 방법의 하나로 사용할 수는 있는데, 발을 모래에 잘 파묻어야 한다. 딱딱한 벙커에서는 유용한데, 푸석한 벙커에서는 강한 펌이 발을 모래에 묻히게 해서 뒤땅 발생한다.
  cf) 느린 테이크어웨이 페어웨이 벙커샷 --- 보통 사용하는 샷

⟨오른 무릎 익스텐션 샷의 기능⟩

무릎을 펴면, 어깨는 위로 올라가고, 클럽 헤드는 하방의 관성력을 갖는다.
내려오고 있는 클럽 헤드에 하방의 관성력은 법선력과 접선력으로 분할된다. 접선력은 속도를 키우고 *(4절 설명)*, 법선력은 샤프트를 변형시켜서 헤드의 Loft 각과 페이스 각을 그림과 같이 변하게 만든다.

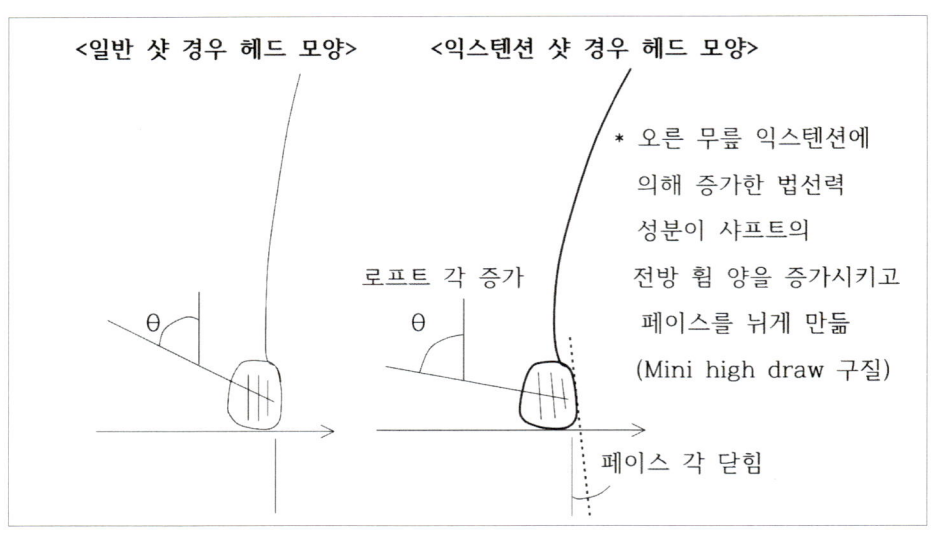

그림 3.4.16 익스텐션 샷에서 헤드 페이스 닫힘 & Loft 누임 변화

- Loft 키움 : 탄도 증가 (클럽별 탄도 변화 D: 1°, I7: 2°. SW: 3°정도)
  커진 Loft는 탄도를 5~10% 증가시킨다.
  * 웨지 Full shot에서는 거리가 3% 내외로 감소하므로 거리 조절에 유용하게 사용할 수 있다.

- 스핀 증가 : 증가한 Loft와 헤드 스피드가 볼의 백스핀을 10~15% 증가시킨다.
  깃대 공략에 유용하다.

- 페이스 닫힘 : 증가한 법선력이 샤프트의 전방 휨을 키우고, 또한 스윙 동작 관점에서 오른 무릎 폄이 힙 턴을 약간 억제하여 1~2° 닫힌다(2~3° 훅 방향성 구질).

- 비거리 변화 : 롱 아이언 : (+) 3~5%
  　　　　　　　미들 아이언 : 거의 동일
  　　　　　　　쇼트 아이언 : (-) 0~3%

Remarks

#1. 이 샷의 높은 탄도 훅 구질은 그린 공략에 유용하고, 목표 거리 조절에 편하게 사용할 수 있다.
　　Full swing을 하면서 탄도, 구질, 거리를 조절할 수 있다.

#2. 이 샷은 쓸어치는 궤도라서 잔디에 조금 떠 있는 볼, 티 위에 있는 볼을 치기에 적합하다.

#3. 오른 무릎 폄 샷의 피니쉬 모양에 따른 구질 변화 : 피니쉬 모양에 따라서 다음과 같은 약간의 변화가 있다.
　　- High finish를 가져가면 : (상체의 잡아챔 양이 커져서) 훅의 증가
　　- Low finish를 가져가면 : (상체 잡아챔 양이 작아져) 약한 슬라이스 발생

#4. LW(Lob Wedge) 쓸어치는 샷은 가장 먼저 섭렵해야 하는 Shot making이며 그린 공략 선택에서 최우선으로 고려해야 한다.

2) 힙 턴 샷 (가벼운 하체 턴 & 폄)
(가볍게 잡고 힙 턴을 많이 해주는 샷이다)

뒤땅과 훅을 동시에(함께) 완화해야 하는 오르막 경사지에서 유용하다.
특히 발끝 오르막에서는 무릎 폄 동작을 시행하기 어려운 조건이고, 손목 각이 꺾여 있어서 평지와 같은 스윙을 하면 99% 뒤땅이 발생한다.
약한 러프에서도 접근 각이 어느 정도 있어서 이 샷이 유용하다.
　　* 오르막 경사에서 왼 무릎을 강하게 펴주려 하면, 스핀아웃 현상 발생하여 더 큰 훅 발생한다.
　　또 이 경사에서는 강하게 치려고 하면 스핀아웃 발생한다.

그립을 반 인치 짧고 가볍게 잡으면 우측 옆구리 근육이 Relax 해져, 힙 턴 하기 유리한 조건이 된다. 가볍게 잡고 의식적으로 힙 턴을 많이 해준다고 생각하고 다운스윙하면 힙 턴 샷이 된다.
커진 힙 턴의 영향으로 그림과 같이 스윙 궤도가 0.5~1cm 상승하게 된다.

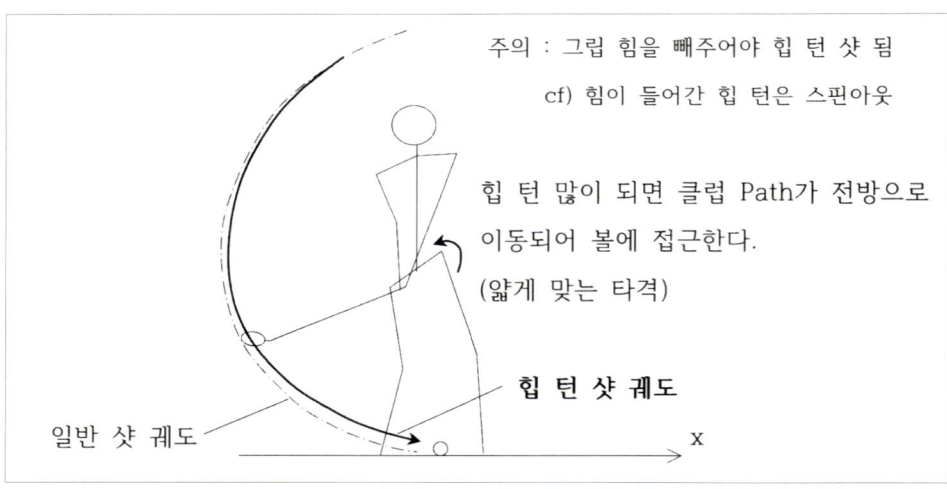

그림 1.6.17 턴 샷, 클럽 헤드 궤도 변화

구질 변화 :
　　- 방향성 : 1~2° 페이스 열려서, 2~4° 방향 슬라이스 구질이 된다.
　　- 거리 : 헤드 스피드 조금 줄어서, 5% 정도 적게 나간다.
　　* 이 샷은 오르막 경사지 뒤땅 방지, 평지에서의 거리 제어에 유용하다. 샷을 익히는데 1개월 정도, 필드 적응하는데 6~12개월이 소요된다.

3) 영점 조정용으로 사용되는 무릎 익스텐션 양

a) 연습장 영점 조정

무릎을 펴는 근육은 큰 근육이다.

무릎 폄 양은 Path 높이(상하 타점), 페이스 각을 변화시킨다.

평소 연습장에서 오른 무릎 폄, 왼 무릎 폄을 조절하여 상하 타점과 페이스 각 영점을 조정해 놓아야 한다.

> * 필드에서 이것을 조금 변화시켜가며 사용하는 Shot making은 하지 말아야 한다. 이렇게 근육 동작 메모리를 즉흥적으로 바꾸려 하면 전체적인 동작 파괴(동작 혼선) 현상이 일어난다.

왼 무릎, 오른 무릎 폄 양에 따라서 다음 표와 같은 변화가 발생한다. 일치율이 굉장히 높다.

구분	왼 무릎 폄	오른 무릎 폄
많으면(세면)	토핑 (얇은 타격)	토핑, 훅
적으면(약하면)	뒤땅, 슬라이스	뒤땅
이른 시점이면	스핀아웃	큰 Full & Hook
늦은 시점이면	슬라이스, 뒤땅	슬라이스, 뒤땅

표 3.4.18 좌우 무릎 폄 양에 따른 영향

Remarks

#1. Path 높이, 페이스 각, 타점 조절을 작은 근육인 손, 팔을 써서 하려는 일반 골퍼들이 제법 많다.

손, 팔은 (특히 손은) 스윙 과정 중에 따라다니는 심부름꾼(연락책)이라고 여기고 이것으로 스윙 결과를 보정하려고 하지 말아야 한다.

일차적인 스윙 보정은 큰 근육인 하체의 움직임, 특히 무릎 폄을 변화시켜서 하도록 해야 한다.

#2. 백스윙에서의 왼 무릎 턴의 시점, 크기, 방향에 대한 영향도 알고 있어야 한다.
- 왼 무릎을 크게 많이 돌리면 : 슬라이스, 뒤땅
- 왼 무릎을 작게 적게 돌리면 : Full, 토핑

다운스윙에서 왼 무릎을 돌리는 방향도 구질 변화를 만든다.
- 왼 무릎 많이 밀며 회전하면 : Push
- 왼 무릎 작게 회전하면 : Full & Hook
* 단, 왼 무릎 움직임으로 구질을 제어하면 안 된다. 일치율이 낮고 전체 스윙 동작에 부정적인 변형을 만들 수 있기 때문이다. 따라서 그냥 Even 값을 사용하는 것을 추천한다.

#3. 아이언 비껴 맞는 샷 : 아이언 샷에서 거리가 15% 내외로 적게 나가는 결과가 있을 때가 있다. 방향성은 문제없는데, 타격이 삐딱하게 맞은 느낌이라서 에너지 전달이 급감했다는 것을 느낄 수 있다.
2nd 샷을 잘하면 버디도 할 수 있는 기회에서 어이없이 거리가 짧아서 +1(보기) 또는 +2(더블 보기)를 기록하게 되는 불상사가 발생하는 경우이다.

이것은 다음 4가지 사항이 복합적으로 조합된 결과이다.
- 밑 타점
- 힐 타점
- 큰 접근 각
- 조금 작은 헤드 스피드 = 골반~어깨 회전 시차 안 맞아서 릴리즈 어긋남

위의 현상은 다음과 같은 경우에 발생한다.
(A) 무릎 폄이 조금 빨랐을 때 발생한다(결과는 릴리즈 빠름).
(B) 힙 턴은 크고, 손목 스냅이 안 걸렸을 때(릴리즈가 느린 경우)
(C) 오른손 중지(3rd) & 약지(4th)를 너무 꽉 잡아서 릴리즈가 안 될 때
(D) 오른손 중지(3rd) & 약지(4th)를 너무 약하게 잡아서 회전력 전달이 안 될 때

b) 오른 무릎 익스텐션 양과 수평 체중 이동 양

수평 체중 이동 변화는 다시 무릎 폄에 영향을 주고, 방향성과 타점에 영향을 준다.
- 오른 무릎 폄 적을 때 : 오른발바닥 미는 양이 많아서 힙의 전방 이동량 많아지고 오른 무릎 폄은 적은 경우

오른발바닥 내측 중간 지점으로 미는 양이 크면 왼 하체 폄 양을 방해하며, 오른 무릎 펴는 양이 작으면 체중 이동 진행이 더 되는 결과가 만들어져, 힙과 왼 무릎이 전방으로 밀리게 될 가능성이 크다. 이것은 Push & Slice 구질을 만들게 된다. (단, 캐스팅에서는 Push & Hook 발생) 직접적으로 수평 체중 이동을 많이 하려는 상황에 해당한다.

- 오른 무릎 폄이 늦을 때 : 상·하체 분리를 많이 해줄 목적으로 다운스윙 전반부에서 오른 무릎 오금을 많이 굽혔다가 펴주지를 못하는(늦게 펴지는) 상태면 힙 턴은 많이 되고, 왼 무릎의 폄은 늦고, 클럽 헤드는 따라오지 못한다.

이것은 뒤땅(두껍게 들어가는) Push & Slice 구질을 만들게 된다.

이때 만약 체중은 후방(오른발)에 남고, 힙 턴이 많으면 스핀아웃 현상으로 Full & Hook이 발생한다.

Remarks

#1. 오른 무릎 폄 양을 조정할 때, 수평 체중 이동 양도 함께 점검되어야 한다. 무릎 굽힘 단계에서 체중 이동 양(밀어줌의 세기)이, 이후 양 무릎의 폄 세기에 영향을 준다.

다운스윙 초기 헤드의 가속 관성과 오른 무릎 오금 굽히는 것에 의한 이동이 주가 되고, 이후 생각보다는 훨씬 적은 양을 밀어주는 것이 인위적인 수평 체중 이동이다. 실제 오른발 수평 체중 이동은 다운스윙 중반부에 시작하는 것이다.

#2. 일류 선수들은 드로우, 훅 구질을 구사할 때, 오른발을 더 강하게 디뎌 준다는 표현을 하는데, 이것은 오른쪽 무릎(하체)을 더 강하게 펴준다는 의미이다.

Mini high draw shot은 오른 무릎을 강하게 펴주는 것이 거의 유일한 방법이다.

4.6 폄 vs 스웨이, 폄 vs 수평 체중 이동

스웨이는 수평 체중 이동의 가속 양을 증가시켜서 왼 하체의 폄을 힘들게 한다. 왼 하체의 폄이 힘들면, 원심력가속도 성분이 작고, 헤드 궤도가 낮게 형성된다. 그에 따라, 헤드 스피드, 타점 정확도, 방향성이 나빠진다.

　* 스웨이가 *"좋다, 나쁘다, 하지 마라."* 라는 이야기 이전에 스웨이가 어떤 영향을 주는지부터 알 필요가 있다.

좋은 수평 체중 이동이란 그 이동량, 세기, 타이밍이 좌우 하체 폄 동작을 최적화할 수 있는 형태를 말한다.

　* *"체중 이동 잘하라."* 라고 이야기 해봤자 별 소용없다. 잘한다는 것의 의미를 먼저 알아야 한다.

1) 오른 무릎 굽힘과 왼 무릎 폄을 방해하는 스웨이

스웨이는 다음과 같은 악영향을 만든다.
수평 체중 이동은 몸의 전방 이동을 말한다.

a) 캐스팅, 훅 발생

　(스웨이는 오른 무릎 굽힘 동작을 불편하게 한다.)

백스윙 스웨이는 다운스윙 시작, 오른 무릎 오금 굽힘을 불편하게 한다.
백스윙 탑에서 체중이 오른발 쪽에 더 있는데, 전환에서 하체는 회전하면서, 오른 다리에 체중이 더 많이 실려있는 스웨이는 오른 무릎 오금 굽힘을 부드럽게 진행하게 하기 어렵게 만든다. 결과적으로,

- 오른 무릎 굽힘이 적으면 : 다운스윙 클럽 헤드 가속 관성이 커져서 1st 캐스팅이 발생할 수 있는 조건을 만든다.
  여기에 더하여, 왼 힙/무릎 스핀아웃까지 발생하면 큰 Full hook 구질이 발생한다.

- 억지로 오른 무릎 굽힘을 많이 하면 : 다시 펴기 힘들다. 못 펴니, 뒤땅에 Push slice 구질이 발생한다.

- 다운스윙 시작에서 수평 체중 이동 많이 하면 : 후방으로 밀렸던 몸을 이른 시점에 전방으로 이동시키려 하면, 급가속이 진행되어서 캐스팅 발생 환경이 된다.

b) 뒤땅 발생, 슬라이스 발생

(스웨이는 왼 무릎 폄 방해)

만약 스웨이 되어 후방으로 넘어온 체중을 다운스윙 전반, 수평 체중 이동을 강하게 해서 전방으로 넘기면 후방에서 전방으로 넘어가는 몸의 관성력이 커져, 관성력을 지탱하는 왼 다리 하중(반력)이 증가하게 되므로 다운스윙 후반, 왼쪽 무릎(하체) 폄을 하기 어렵게 만들어서, 폄이 작아 뒤땅이 발생한다.

폄이 작으면 원심력가속도 성분 생성량이 적어서 클럽 헤드가 후행하여 페이스가 열려 맞는 슬라이스가 발생한다.

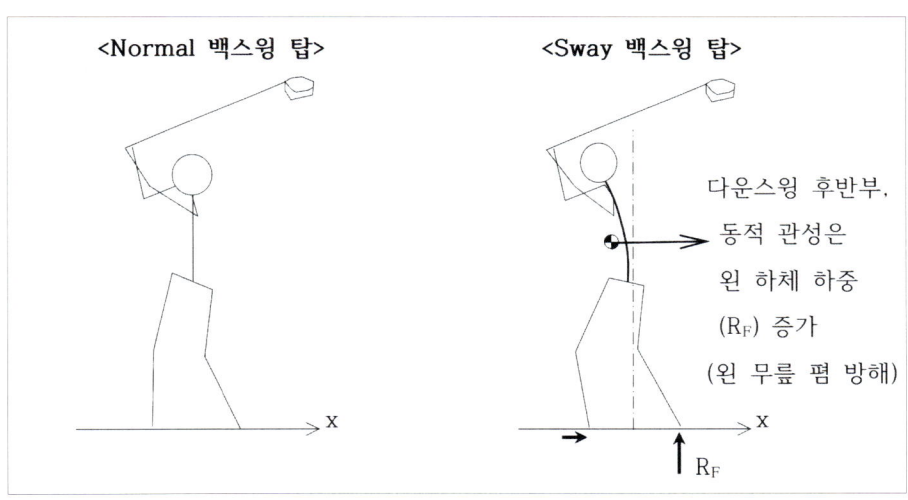

그림 3.4.19 스웨이가 왼 무릎 폄 방해

〈심화 : 스웨이에 따른 수평 체중 이동에 의한 왼발 관성 반력 증가〉

'백스윙, 스웨이 ---〉 다운스윙 전반(중반), 체중 이동 ---〉 다운스윙 후반, 왼 하체에 몸의 이동을 정지시키는(버티는) 관성력 증가'

- 수평 체중 이동은 스웨이 된 양만큼 더 강해진다.
- 몸의 전방 이동에서 정지 관성력은 강해진 수평 체중 이동만큼 커진다.
- 커진 관성력은 왼 무릎을 짓누르는 몸통의 하중을 뜻하며, 왼 무릎을 펴는 데 방해 하중으로

작용한다. 무거운 것을 들고 무릎을 펴는 조건이 되는 것이다.
무릎을 펴지 못하게 하는 하중을 그림으로 표현하면 다음과 같다.
스웨이 되어 오른 다리에 증가한 하중의 4배 정도가 왼 다리에 작용하여 왼 하체 폄이 어렵게 된다.

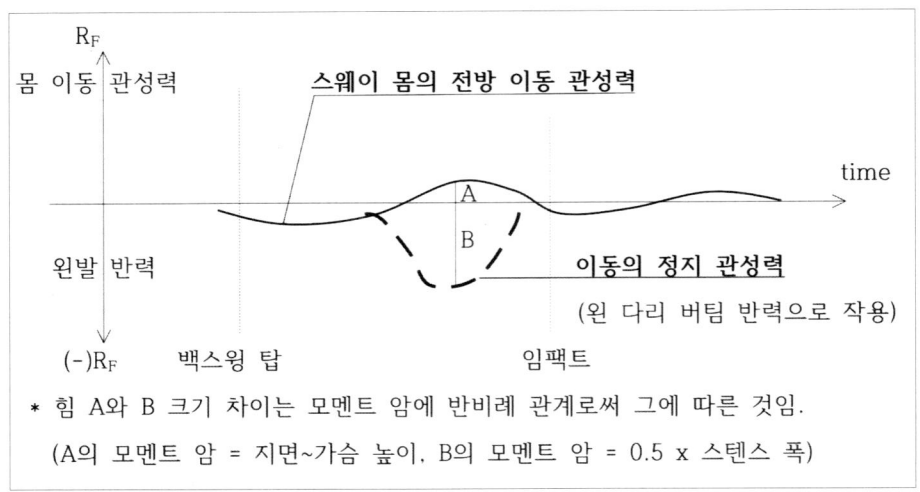

그림 3.4.20 다운스윙 몸의 전방 이동과 왼 다리 버팀력

백스윙 스웨이는 왼 무릎을 강하게 펴주어야 하는 다운스윙 후반부에 몸의 전방 이동을 잡아주는 Stopping load가 왼 다리에 걸리게 되어 왼 하체를 펴기 어려운 조건이 되는데, 이것은 아이언, 우드에서 뒤땅, 드라이버는 하늘 볼을 만드는 원인이 된다.

Remarks

#1. 드라이버 하늘 볼 또는 상·타점, 돼지 꼬리 샷, 아이언 뒤땅 계속 발생한다면, 백스윙 스웨이를 의심(점검) 해 봐야 한다.
　보통 세게 치고자 하는 욕심에 의해 백스윙 스웨이는 발생한다.

#2. 스웨이는 백스윙 시작 부분을 느리게 진행하면 완화된다. 또는 왼발 발바닥을 살짝 딛는 것으로 테이크어웨이를 시작하는 것도 교정에 효과가 있다. 하체를 좀 더 견고히 하면 테이크어웨이가 느려져서 스웨이 방지에 도움 된다.

〈스웨이와 무릎 폄 양 변화의 결과 요약〉 --- Flow chart로 보기
백스윙 스웨이는 상체가 후방으로 가고 (척추가 후방으로 휘고/기울고), 다운스윙에서 후방으로 갔던 상체가 전방으로 이동되는 동작을 취한다.

이 스웨이는 뒤땅을 만들고, 캐스팅이 발생할 확률을 높여, 페이스가 닫히게 된다. 드라이버 같은 경우는 훅 & 하늘 볼을 만드는 경향이 있다.

백스윙 스웨이가 뒤땅 만드는 메커니즘 :

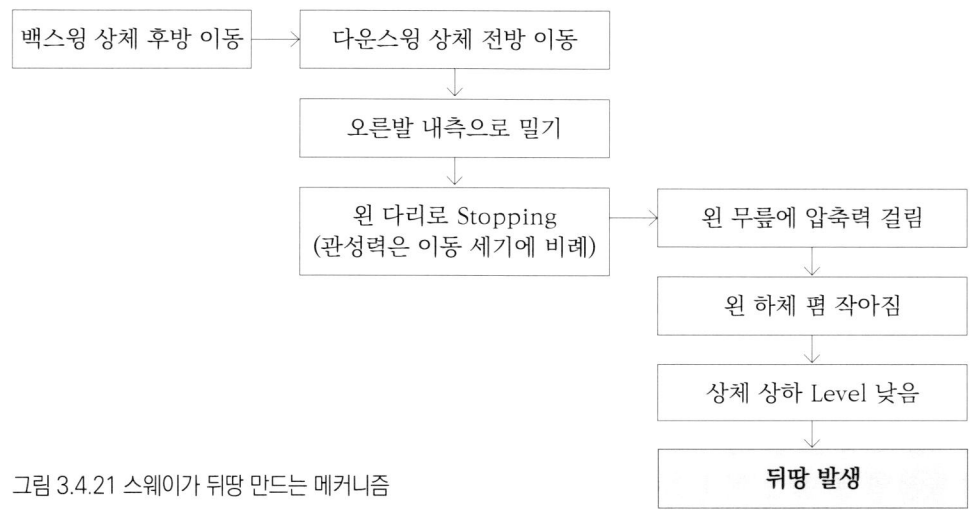

그림 3.4.21 스웨이가 뒤땅 만드는 메커니즘

cf) 역 스웨이(역 피벗)는 스웨이와 반대 작용으로 왼 무릎이 쉽게 펴져서 토핑 가능성이 있다.

스웨이가 캐스팅 유발하고 훅 만드는 메커니즘 :

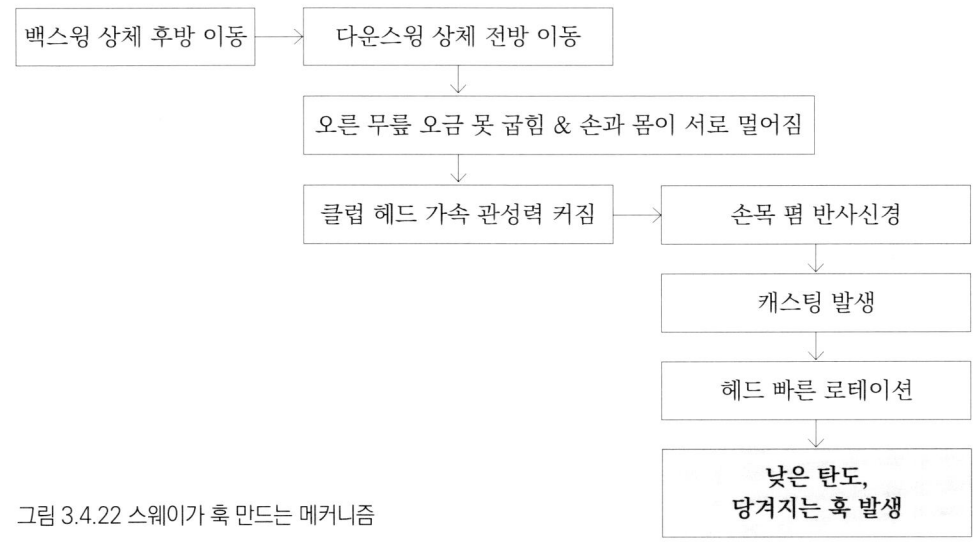

그림 3.4.22 스웨이가 훅 만드는 메커니즘

cf) 역 스웨이는 스웨이와 반대 현상으로 밀리는 (Push) 슬라이스 발생 가능성 크다.

스웨이는 백스윙(테이크어웨이) 출발을 빠르게 할 때, 그리고 의도적으로 낮고 긴 테이크어웨이를 하려고 할 때 상체가 후방으로 이동하는 현상이다.
보통 이런 테이크어웨이는 왼 어깨를 빨리 그리고 깊게 (즉 성급히) 넣으려 했을 경우인데, 백스윙 초기 왼 어깨를 천천히 숙이고 여유 있게 돌리는 것이 스웨이를 방지하는 관건이다.
어드레스에서 하체가 좀 더 견고하면 테이크어웨이에서 상체 회전이 좀 느리게 진행되는데, 스웨이 방지에 도움이 된다.

2) 체중 이동

체중 변화는 발바닥과 무릎을 대신하여 척추기립근이 느낀다.
 * 체중 이동에는 수직 체중 이동과 수평 체중 이동이 있다.
 골프 스윙에서 체중 이동은 수직 반력의 변화를 의미하고, 형태상으로 눈에 보이는 몸의 전후방 이동을 뜻한다. 의미와 뜻이 서로 맞지 않는다.
  - 수직 반력은 자중, 자중 변화, 몸 이동의 가속 감속 관성 지지, 몸의 굽힘과 폄 관성력, 원심력, 헤드 회전 가속 관성의 지지력에 관계된다.
  - 수평 체중 이동은 몸의 전후방 이동을 의미한다.

a) 체중 분배

Setup에서 좌측 발과 우측 발에 몸의 체중 분배, 즉 체중 지탱이 나누어져 있는 상태를 말한다. 단순히 몸의 무게가 70kg이라면, 좌·우측 발바닥 하중 분배는 35 vs 35 또는 42 vs 28과 같다.
발끝과 발뒤꿈치 방향(y-축)의 체중 분배도 있다.

b) 백스윙 체중 이동

백스윙 진행 중에 몸의 무게가 오른발 쪽으로 이동되고, 몸과 클럽 헤드의 동적 무게(관성력)가 발바닥에 작용하는 상태여서 두 가지의 합이 발바닥의 체중 이동으로 나타난다.

동적 하중은 $1/t^2$ 에 비례함으로 만약 백스윙이 0.8sec에 이루어지고 다운스윙이 0.2sec에 이루어졌다면, 백스윙의 동적 하중은 다운스윙의 1/16배쯤이 되는 것이다.
몸무게 70kg인 사람이 좌우 Even 체중 분배를 하고 있다가 스윙을 하는데 다운스윙의 동적 하중이 160kgf였다면, 백스윙의 동적 하중은 10kgf 정도이다.
백스윙에서 몸이 이동되어서 좌측 발에서 우측 발로 정적 하중 10kg이 넘어갔다면, 수직 체중 이동 비율은,

  왼발   : 35 - 10   = 25kg
  오른발 : 35 + 10 + 10 = 55kg <--- 10kg은 동적 하중
  순간 하중 합   : 25 + 55 = 80kg
  순간 하중 비율 : (왼발) 31% vs (오른발) 69%가 되는 것이다.

백스윙에서 체중 이동은 몸의 평형계가 느끼는 이동의 느낌과 오른 다리와 오른 척추기립근이 느끼는 (근육의 감각 수용체가 느끼는) 하중, 두 가지의 조합으로 여겨진다.

c) 다운스윙 체중 이동

다운스윙에서 체중 이동은 여러 방식으로 말 할 수 있다. 의외로 정의가 복잡하다.

-. 단순히 우측에 있던 몸의 중심이 좌측으로 이동되는 변위의 느낌, 또는 몸의 이동을 만들기 위해 오른발 (내측) 발바닥으로 몸을 좌측으로 미는 힘의 크기에 대한 느낌으로 체중 이동을 말 할 수 있다.
이것은 오른발로 느끼는 수평 체중 이동이다. 다운스윙 중·후반의 느낌이다.
* '오른발로 미는 양 = 몸&클럽 헤드를 회전시키는 관성력 + 몸 이동시키는 관성력 + 왼 무릎 폄에 대항하는 힘' 세 가지 합이다. 단순하지 않다.

-. 오른발 발바닥으로 몸을 좌측으로 밀어서 발생하는 몸의 움직임을 다운스윙 후반에 정지시키기 위해 왼 다리로 감속(Stopping)할 때, 느껴지는 왼 다리의 하중 크기 느낌을 체중 이동이라고 말 할 수도 있다.
이것은 왼 하체로 느끼는 수평 체중 이동이다. 다운스윙 후반의 느낌이다.

-. 왼발바닥과 오른발바닥의 반력 변화를 체중 이동으로 말 할 수 있다.
다운스윙 초기 오른 무릎 오금을 굽힘으로써 반력은 왼발로 이동된다.
이것은 수직 체중 이동이다.
다운스윙 전환에서도 헤드 회전 가속 관성력에 대항하는 왼발 발바닥 하중 증가가 있다. 또 폄이 진행될 때도 몸의 상하 관성력에 의한 하중 변화가 있다.

임팩트에서 수직 반력 비율을 비교하면, 백스윙 Top에서 25 vs 45kg (36% vs 64%)의 몸무게 비율이 임팩트 정지 자세에서 40kg vs 30kg으로 바뀌었다고 하자. 이것은 단순히 몸 무게 중심이 좌측으로 넘어간 양이다.

원심력, 양 무릎 폄, 척추 폄, 회전 감속(Brake), 이동 감속(Stopping)으로 만들어진 동적 지면 하중이 왼발: 140 vs 오른발: 20kgf(합 160kgf)였다면, 합산한 반력은,

　왼발 하중 　 : 40(체중) + 140 = 180kgf
　오른발 하중 : 30(체중) + 　20 = 　50kgf
　발바닥 순간 하중 합 : 　　　　　230kgf
　순간 좌우 하중 비율 : 78% vs 22%가 되는 것이다.
　* 실제 체중 이동은 폄 영향: 70%, 몸 이동 영향: 20%, 헤드 힘: 10% 정도

Remarks

#1. "체중 이동을 이렇게", "체중 이동은 이 정도", "체중 이동은 언제"라는 말을 많이 사용하지만, 그것의 정의 또는 실체는 굉장히 불분명한 상태라고 하겠다. 또 많은 사람이 수평 체중 이동을 다운스윙 시작 초반에 하는 것으로 알고 있으나, 이것은 시각적 착시로써 뇌의 착각이다. 실상은 다운스윙 중반에 시작되고 후반에 Brake 되는 모양이다.

cf) 다운스윙 초반에 오른발바닥을 밀어서 수평 체중 이동을 할 때 문제점 (단, 100% ~ 105% 스윙일 때) :
　　- 클럽 헤드 급가속으로 캐스팅 발생 환경
　　- 왼 어깨가 들려 이후 회전력 전달에 어려움 --- 헤드 끌고 오기 버거움
　　- 왼 무릎 펴기 어려움 --- 배치기 발생, 뒤땅(Sky ball) 발생, 토우 타점

#2. '체중 이동'이라는 것을 '체중 이동'이라는 말 범위에서 설명할 수 없으므로, '그 체중 이동'은 '체중 이동'이 아니다. 결론은, 수평(전후방) 체중 이동과 수직(상하) 체중 이동으로 나누어야만 설명할 수 있게 된다.

#3. 발바닥 압력판에 계측되는 좌·우 발바닥 체중 반력 비율 상태는 나름의 동작 일관성을 의미하고, 그 비율에 따라서 방향성, 타점, 헤드 스피드가 어느 정도 연관된다. 그래서 스윙 교정, 평가에 그 하중 비율이 사용될 수는 있다.

그런데 그 비율뿐만 아니라, 그 크기 값은 더 많은 스윙 동작의 정보를 가지고 있어서, 발바닥 실제 반력 하중 값과 그 변화량을 알아야 체중 이동을 논할 수 있다. 비율이 아니고 실제 하중 크기를 분석하는 방식의 스윙 교정 방법이 대중화 되어야 할 것이다.

4.7 Sky ball
(드라이버(우드)에서 발생하는 상 타점 원인은 의외의 이유)
(손 들어 올렸는데, 오히려 헤드 궤도는 밑으로 내려감)

드라이버 티샷에서 상 타점, 특히 크라운 헤드의 위 모서리에 맞아 볼이 하늘 높이 뜨는 경우를 Sky ball이라고 한다.
이것의 원인은 무릎 폄이 약했을 때인데, 그것의 근본 원인은 임팩트 직전 손을 들어 올리는 행위이다. 드라이버 티샷에서 임팩트 직전 손을 들어 올리지 않으면, 무릎 폄이 충분히 만들어져서 Sky ball은 자연스럽게 사라질 것이다.

혹자는 "드라이버 *Sky ball* 원인은 가파른 궤도로 다운스윙 될 때", "하향 타격 될 때"라고 이야기 하지만, 이 표현은 오히려 Sky ball을 극복하기 더 어렵게 만들 수 있다. 사람의 심리상, 가파른 궤도로 내려오는 헤드를 올리기 위하여, 임팩트 직전에 손을 위로 올리는 동작을 할 가능성이 매우 큰데 그러면 그럴수록 더 심한 Sky ball이 발생하게 된다.
　* 대표적인 뒤땅(Sky ball 포함) 원인은 배치기(얼리 익스텐션 = 척추 빨리 펴기)인데, 다운스윙 후반부 하체 폄이 약하면 발생한다.
　Setup과 연관성이 미미한 Sky ball의 원인을 어드레스에서 찾으려고 한다면 고치기 어려울 것이다.
　cf) 백스윙 왼 어깨 Brake 잡는 시점이 늦으면 이후 다운스윙 회전과 폄 동작이 늦어져서 토우·상 타점 발생한다. 이 경우 Sky ball은 왼 어깨 Braking timing을 조금 더 이른 시점으로 옮겨야 한다.

a) Sky ball 메커니즘
드라이버(우드), 긴 클럽은 다음 두 가지 특징이 있다.
　- 샤프트 유연성 크다. --- 휨 변형량이 크다.
　- 라이 각이 작다. --- 헤드 하방 관성력에 아래로 샤프트 휨 양이 많다.
　* 크라운 헤드라 양력을 크게 받는다. (4권 3장에 상세 설명)

그림과 같이 임팩트 직전 0.02sec 동안에 손을 1cm 들어 올려 임팩트 했다고 가정하고, 양손의 질량이 2kg이라고 하면, 이때 손의 하방 관성력은 다음과 같이 계산된다.

$a = 2S/t^2 = 2 \times 0.01 / 0.02^2 = 100 m/s^2 = 10g$

$F = ma = 2 \times 10 = 20 kgf$ <--- 손에 걸리는 하방 관성력

　* 핵심 : 이 힘이 몸(무릎)을 못 펴게 방해함.

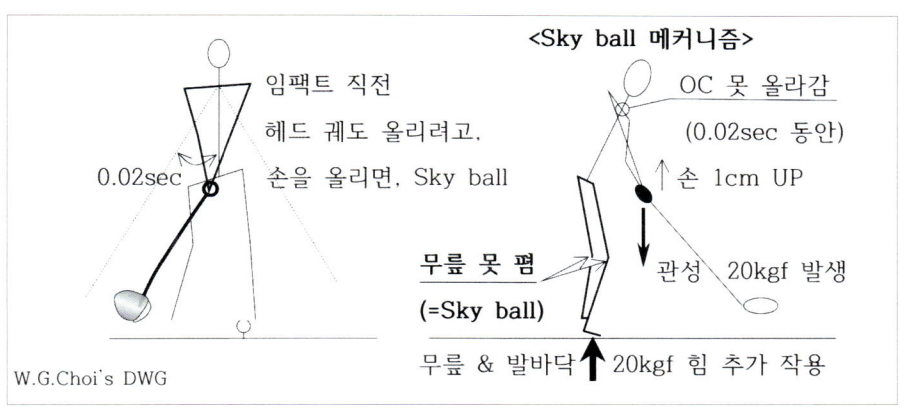

3.4.23 드라이버(우드) Sky ball 원인 (예시)

단지, 손을 1cm 올리려 했을 뿐인데, 20kgf의 힘이 하방으로 걸려 하체 펴지는 것을 방해하게 된다. 그림에서 대표적으로 무릎을 이야기하였으나, 이 힘은 발목, 무릎, 골반, 허리를 펴지 못하도록 방해하는 작용을 하는 것이다.

뒤 목에 있는 스윙 중심점이 위로 올라가지 못해서, 결과로써 2~3cm 상 타점이 발생한다.

　* 주의 : 이 항목 확인을 위한 Test에서 드라이버 헤드가 아래 궤도로 진행되어 대략 3cm 상 타점 계속 맞으면, 헤드 면의 모서리에 타격 되어서 반복적으로 Sky ball이 발생하여 헤드가 깨지는 파손 문제에 직면할 수 있다.

임팩트 직전에 손을 들어 올려(손목을 꺾어서 클럽 헤드를 올리는 것 포함) Sky ball이 발생하던 골퍼가 손을 들어 올리지 않으면 Sky ball은 바로 고쳐진다. 단, 간헐적으로 버릇이 나타나 발생할 수는 있는데 3~5회 정도 연습하면 습관도 거의 없어진다.

Remarks

#1. 상 타점이 발생할 때 보통 심리적인 단순한 조치 : 임팩트 직전 손을 들어 올려 타점을 아래로 내리려 한다. ---> 결과는 더욱더 큰 상 타점 발생한다.

　해결책은 오히려 손을 들어 올리지 않는 것이다. 이것은 일명 "클럽 헤드를 던진다." ≈ "클럽 헤드를 뿌려준다." ≈ "몸(어깨)을 브레이크 잡고 팔을 털어주다."라고 표현하는데, 실상은 "임팩트 직전 손을 뿌

린다." ≈ "*손을 들어 올리지 않는다.*"라고 표현하는 것과 비슷하다.

#2. 연습장에서 거의 발생하지 않던(덜 발생하던) 드라이버 Sky ball이 필드에서 자주 그리고 반복적으로 발생하는 경우(이유) :
  (A) 내리막 코스, 낮은 타점(하 타점) 치려고 손을 위로 들어 올릴 때
  (B) 오르막 코스, 상향으로 높은 탄도 친다고 손을 들어 올릴 때
  (C) 맞바람, 낮은 타점 친다고 손을 들어 올릴 때
  (D) 뒤바람, 상향으로 높은 탄도 친다고 손을 들어 올릴 때
  (E) 강하게 치면서 상향타격으로 치려고 손을 들어 올릴 때
  (F) 상 타점 나오면, 손을 들어 올리는 것으로 완화하려 할 때
  * 아이러니하게도 Sky ball은 손을 들어 헤드를 올리려 했을 때 발생했다.
  cf) 세게 치려고 백스윙에서 왼 어깨 Brake 시점을 늦추면 토우·상 타점

#3. 우드 뒤땅(Sky ball)도 드라이버와 같이, 임팩트 직전 손을 위로 올려서 상 타점, 상향 궤도 만들려고 하면 오히려 폄이 약해져서 두꺼운 타점 나온다.
  cf. 1) 미들, 쇼트 아이언은 라이 각이 커서, 임팩트 직전 손을 위로 올린다고 크게 뒤땅 나지 않는다. 무릎 폄에 여력이 있는 상태(95% 이하 스윙)에서 손을 올리면 토핑이 발생할 수 있다.
  위의 Sky ball 특성은 드라이버와 우드에서 주로 나타나는 현상으로 이해하면 된다.
  cf. 2) 크라운 헤드 클럽은 로프트를 세워 잡으면 양력이 감소하여 바닥에 처박게 되므로 Sky ball 발생확률이 커진다. *(4권 3장 8절 참조)*

#4. 빈 스윙이 본 스윙보다 좋은 이유 한 가지 : 빈 스윙 때는 손을 들어 올리지 않는다.

#5. 헤드 스피드 5~10% 증가한 사람이, Sky ball 반복되면 클럽 헤드 깨진다.

#6. 주의 1 : 드라이버(우드) 90% 스윙, 95% 스윙에서는 무릎 폄 하중에 여유가 있어서, 임팩트 직전에 손을 조금 올려주는(손목을 조금 세워주는) 동작에서 무릎 폄이 방해받지 않는다. 즉, 95% 이하 스윙에서는 손을 들지 않고 내려 던져주려고 하면 Sky ball(뒤땅) 궤도가 될 가능성이 크다.
  손을 들지 않고 내려서 뻗어 휘둘러주는 것에 신경 써야 할 것은 100% 스윙, 105% 스윙을 할 때이다.

#7. 주의 2 : 라이 각 때문에 쇼트 클럽에서는 무릎 폄 하중에 여유가 있다. 따라서 임팩트 직전에 손을 들어주면 토핑 타점(하 타점)이 나올 가능성이 크다. 그리고 손을 내려주는 동작을 하면 뒤땅 타점이 나

올 가능성이 크다. 따라서 드라이버 100% 스윙에서 손을 들지 않는 것과는 조금 다르게, 쇼트 클럽은 임팩트 직전 손을 조금 올려주는(손목을 조금 세워주는) 동작이 가미되어야 얇은 상하 타점이 된다. 그러나 정확도가 낮아 이것으로 상하 타점 제어는 하지 않는다.

쇼트 클럽 상하 타점은 하체 폄 양과 골반 회전량으로 제어한다.

b) 드라이버(우드) 임팩트 직전, 직후 손을 던져줄 때(들지 않을 때) 이득

혹자가 이야기하는 *"클럽을 던져줘라."* 라는 것은 *"임팩트 직전에서 직후까지 손을 들어 올리지 말고 던져지도록(뿌려지도록) 하라."* 라는 이야기와 비슷하다. 드라이버와 우드에서 요구되는 필수 사항이라 하겠다.

  cf. 1) 미들, 쇼트 아이언에서는 드라이버 스윙의 이 손동작이 몸에 살짝 녹아 들어가 필요한 만큼 자연스럽게 구사된다고 생각하면 된다. 드라이버처럼 억지로 손을 과하게 뻗으면 뒤땅이 발생한다.

  cf. 2) 드라이버처럼, 롱 아이언도 임팩트 직전에 손을 올리지 않고 돌려주면 궤도가 상승해서 0.5~1cm 하 타점(토핑) 나온다. 이것은 드라이버보다 볼 위치를 조금 후방에 그리고 체중 분배를 조금 더 왼발에 주어 궤도를 '(-)0.5cm + (-)0.5cm = (-)1cm' 낮추어 타격 되게 하면 정 타점이 된다.

드라이버, 임팩트 직전 손을 들어 올리지 않고 그대로 돌리면 나타나는 이득 :

① 무릎(하체) 폄 동작이 잘된다. 결과로써,
    (A) 예쁜 피니쉬가 만들어진다. --- 멋진 피니쉬의 필수 사항 중에 하나, 희망하던 이상적인 폴로스루가 만들어진다.
        왼팔이 롤링 되면서 폴로스루에서 Re-coking 동작이 자연스럽게 이루어진다. High finish 완화된다.
    (B) 스윙 중심점 및 헤드 궤도가 올라가서 타점 내려간다. --- 뒤땅 방지
    (C) 팔, 손, 클럽 안 당겨진다. --- 토우 타점 방지
    (D) 클럽이 당겨지면서 그립 힘 증가하는(손 꽉 잡는) 현상 없어져서 릴리즈가 마지막 부분까지 잘된다. --- 헤드 스피드 증가
        * 같은 정 타점일 때, 손을 들어 올리는 경우와 그대로 돌리는 경우의 헤드 스피드 차이는 대략 5%, 비거리 10% 이내 정도의 효과를 볼 수 있다. 어깨 스냅까지 잘 사용된다.
    (E) 위 (D)의 영향으로 로테이션 잘된다. --- 빅 슬라이스 방지

(F) 위 (B)&(E)의 영향으로 탄도 높지 않고 백스핀 많지 않은 적당한 타격 이루어진다. --- 저절로 De-loft의 상향타격 이루어진다.

② 왼발바닥 고정이 잘 된다. --- 손을 들어 올릴 때 받는 저항이 사라져서 하체 폄 진행이 순조롭게 되는 것.

③ 어깨 회전이 골반 회전에 부드럽게 연결되어 진행된다. --- 손 들어 올리면서 아무리 골반 회전 많이 하려고 해봤자 안 되었던 것이 자연스럽게 해결된다.

* 후행 동작이 선행 동작에 영향을 주는 예외적인 특별한 것인데, 다음에 벌어질 일이 확실히 잘 될 것이므로 현재 진행되는 일이 잘 되는 것이며, 이전 스윙에서 잘 되었으므로 몸이 긍정적으로 받아들여서 현재의 스윙 동작 완성도를 높여준다.

이 효과는 쇼트 아이언까지 골반 회전이 잘되게 해준다.

④ 손을 들게 되면, 드는 힘을 미리 대비하기 위해서 옆구리(특히 왼 옆구리) Tension이 미리 들어가는 특징이 있는데, 이것은 골반~어깨 턴 시차 만들기를 방해한다.

손을 들지 않으면, 다운스윙 중반부, 후반부에 Core(골반~어깨) 회전도 잘되게 된다.

⑤ 가파르게 올라가는 폴로스루 & 피니쉬가 없어진다. --- 실내의 낮은 천장에 드라이버 헤드가 닿는 스윙을 하는 골퍼는, 임팩트 직전에 손을 위로 올리는 동작을 하고 있는지 점검이 필요하다.

⑥ 왼 팔꿈치 치킨윙 방지 --- 임팩트 직전 손을 들어 올리지만 않으면 웬만하면 클럽 헤드는 던져진다. 들어 올리면서 당기는 힘이 쓰이지 않으므로 왼 팔꿈치 치킨윙도 완화된다. 또한 당겨서 발생하는 토우 타점 발생원인 하나가 제거된다.

⑦ 파워 있는 롱 아이언 스윙 동작이 만들어진다. 롱 아이언 타점(상~하, 힐~토우) 정확도가 향상된다.

cf) 역기능 : 일시적으로 쇼트 & 미들 아이언 상하 타점 오차 조금 커지는데, 2~3주 정도 지나면 바로 회복된다.

Reminder : 드라이버 Sky ball 원인은 클럽 헤드가 하향 타격 되어서 발생하는 것처럼 보일 뿐 실제 그 하향 타격의 원인은 하체 폄이 약해서이며, 하체 폄을 약하게 만든 근본 원인은 임팩트 직전에 상향타격을 만들고자 손을 들어 올리기 때문이다. *"드라이버는 상향타격"* 이라는 반복적인 말이 Sky ball을 만들어낸 걸림돌(덫, Trap)이라고 할 수 있다.

c) 말의 의미

"클럽 헤드를 던진다." 와 같은 말 :
    (A) 릴리즈를 잘한다. --- For release
    (B) 손(헤드)을 들어 올리지 않는다. --- For impact

"클럽 헤드를 던진다." 라는 것의 반대말 :
    (C) 클럽 헤드를 밀다. --- At release <--- 밀면 헤드 스피드 안 나옴
    (D) 손(헤드)을 들어 올린다. --- At impact <--- 들어 올리면 Sky ball

혹자의 이야기에 오해가 발생하는 이유는, **첫째**로 위와 같이 두 가지 다른 동작에 관한 의미가 혼재하고, **둘째**로 상향타격의 '상향'과 손을 올리는 것이 반대의 결과를 만들기 때문이다.

손목 스냅 활성화, 백스핀에 꼭 필요한 것

오른 팔꿈치 외회전 (S3)

화장실에서 시원하게 볼일을 본 것처럼 골프 스윙에서 손목 회전(스냅, 릴리즈)이 잘 사용되면 개운한 느낌이 든다. (스냅은 손목 근육의 가동 형태, 릴리즈는 손목 관절의 풀림 형태를 말한다.)

다운스윙의 키네매틱 시퀀스(분절의 회전 동작 순서)에서 *"골반-어깨-손목-클럽 헤드 순서로 회전되어야 좋은 스윙이 만들어진다."* 라고 이야기한다.
   - 0.2sec의 짧은 다운스윙에서 이 순서를 인위적으로 맞출 수 있겠는가?
   - 그리고 그것이 일관성 있게 이루어지도록 해야 하는데, 직접 제어할 수 있겠는가?

다운스윙 초기, 하체 턴을 시작할 때, 급가속을 방지하기 위하여 하체 턴에 의한 회전 변위가 클럽 헤드에 전달되는 것을 최소화(일부 차단)하는 방법은 '*1장 오른 무릎 오금 굽힘*'에서 자세히 설명하였다.
다운스윙 중반부(시간으로 중간 지점, 변위의 중간 지점 아님), 어깨를 돌릴 때 어깨 턴에 의한 회전 가속 변위가 클럽 헤드에 최소로 전달되도록 하는 방법은 무엇일까?

아이러니하게도 다운스윙 중반, 오른 어깨가 버티면 손목 회전이 원활하지 않고, 오른 어깨가 깊숙이 들어가야 이후 손목 회전이 잘 사용된다. 그래야 래깅의 끝 단계가 부드럽게 만들어졌다가 풀리는(릴리즈 되는) 형태의 스윙이 된다.
오른 어깨를 깊숙이 넣게 해주는 것은, 어깨의 전 단계 관절인 허리(오른 옆구리)와 후 단계인 팔꿈치(오른 팔꿈치)의 도움이 필요하다.
   - 허리(오른 옆구리) : 오른 어깨를 깊숙이 넣기 직전에 힙 회전 후 (찰나의 순간이지만) 허리 회전이 부드럽고 깊게 진행되어야 한다.
     이것은 어깨를 크게(많이) 회전할 수 있는 변위를 저장하게 해준다.

- 오른 팔꿈치 : 오른 어깨를 깊숙이 넣으면서 오른 팔꿈치는 반대로 외회전(Supination) 되어야 클럽 헤드의 두 번째(2nd) 급가속이 부드럽게 진행되어서 클럽 헤드의 가속 관성이 급격히 증가하지 않는다.

동작은 야구 언더스로 투구에서 팔 동작의 중간단계에 해당하는 모양으로 손목을 뿌리기 전에 오른손이 잠시 잠깐 시계 방향으로 회전되는데, 그 동작이 만들어지도록 오른 팔꿈치를 안쪽으로 넣어주어서 팔(손)이 시계 방향으로 돌도록 해주는 것이다. 외회전의 크기는 겨우 1~2cm이다.

만약 어깨 회전의 가속이 직접 클럽 헤드에 100% 전달되어서 급가속하게 되면, 클럽 헤드는 손목에 큰 저항(반력 모멘트)을 줄 뿐만 아니라, 어깨 회전을 방해하는 역할을 한다. 작용과 반작용이다.

이것은 릴리즈 직전에 손과 손목에 힘이 들어가게 하면서 손목이 먼저(이른 시점에) 풀리게 하고, 원심력가속도 성분의 이용을 저하한다.

어깨를 넣어 친다는 표현의 스윙 형태에서 오른 어깨가 먼저 들어와 주고 나서, 손과 클럽 헤드가 사용되면 어떤 이점이 있는가?
- 탄도, 스핀?
- 스윙의 여유, 방향성?
- In to Out 궤도?
- 헤드 스피드, 거리?
- 부상 방지(예방)?

동네 연습장의 대략 50% 정도 골퍼는 다운스윙에서 오른팔의 외회전 동작이 포함된 스윙을 한다. 나머지 50%는 어깨와 팔이 동시에 또는 어깨 회전보다 손이 먼저 회전하며 임팩트 되는 스윙을 한다. 엎어 치는 스윙 형태이다.

오른 팔꿈치 외회전은 오른 무릎 오금 굽히기 다음으로 많은 긍정적인 효과를 만들어준다.

Remarks
#1. 야구의 언더스로 투구 방법을 흉내 내며, 볼을 던지듯 골프 스윙을 하라는 Tip은 오른 무릎을 굽혔다가 펴면서 오른 팔꿈치 외회전을 하여 스윙하라는 뜻이다.

골프 스윙에서 **첫 번째 벽**을 깨는 것은 *1장의 오른 무릎 오금 굽힘*이었다.

두 번째 벽을 깨는 것은 오른 팔꿈치 외회전이다. 외회전하면 탄도가 조금 높아지고, Push & Slice가 심해질 것 같지만 오히려 Mini draw 구질이 만들어진다.

#2. 골프 선수의 99%는 오른 팔꿈치 외회전을 하면서 스윙한다. 그래서 백스핀을 많이 줄 수 있는 것이다.
심지어, 어프로치 피치샷에서도 오른 팔꿈치 외회전을 준다. *(2권 1장에 설명)*

#3. 오른 팔꿈치 외회전을 해주면 자연스럽게 좀 더 낮은 궤도의 Finish가 만들어진다.

#4. 만약 오른 팔꿈치 외회전 동작을 생략하면(하지 않으면), 볼에 덤벼드는 형태의 스윙이 나온다. 엎어치는 모양이 된다.

#5. 오른 팔꿈치 외회전 동작은 다운스윙 중반부 0.04sec 정도의 찰라, 1~2cm 정도의 작은 변화로써 쉽게 눈에 띄거나 구별되는 동작이 아니다.
눈에 잘 보이는 것에서 골프 스윙의 답을 찾으려 한다면 원하는 답은 영원히 찾을 수 없을 것이다.

#6. *"샬로잉(Shallowing)을 하면 In to out 궤도, 슬라이스를 드로우 구질로, 헤드 스피드 증가, 스윙 일관성이 확보된다."* 라고 혹자들은 이야기하며, 클럽 헤드를 어깨 뒤에서 낮게 뉘어 내려오게 하라고 한다.
그 샬로잉은 '오른 무릎 오금 굽힘(S1~S2) + 오른 팔꿈치 외회전(S3)'의 조합으로 만들어지는 것이다. 클럽 헤드를 일부러 직접 떨어뜨려 내려오게 해서 만들어지는 것이 아니라, 오른 무릎과 오른 팔꿈치를 이용해야 만들어지는 것이 샬로잉이다.

다운스윙 초기, 클럽 헤드를 (중력으로) 떨어뜨리라는 이야기는 진짜 중력을 이용하여 떨어뜨리라는 이야기가 전혀 아니었다.
각가속도 개념이지만 이해를 위하여 가속도로 표현하면, 하체가 18g로 가속 회전을 하는데 클럽 헤드는 12g로 줄어드는 가속을 하라는 의미이다. 즉 하체의 회전에 비하여 클럽 헤드가 가볍게 가속되도록 하라는 뜻이다. 이것을 *"중력으로"* 또는 *"수직 낙하"*라고 이야기하는 것인데, 엉뚱한 표현 형태이다.
중력가속도는 1g이다. 10~20g의 가속 환경에서 중력가속도는 무시해야 한다.
* 누군가 골프 스윙을 설명하면서 중력을 언급한다면 답에서 벗어난 이야기가 될 것이다. 더불어 설명하는 것 전체가 거짓일 수도 있다는 부정적인 의심을 받을 수 있다.

위와 같은 가속을 줄이는 개념이 다운스윙 중반에 한 번 더 들어가는데, 그것이 오른 팔꿈치 외회전이다. 헤드 가속도가 18g에서 22g로 급증할 때, 20g 정도로 잠시 잠깐 조금(10%) 줄여 부드럽게 해주는 형태라고 보면 된다.

#7. 세게 치려는 마음만 앞선 경우, 다운스윙 초기에 어깨 기준으로 팔이 들리는 형태가 될 수 있다. 그러면 손목 스냅 사용이 약해진다. 결과적으로 샷감이 거의 사라진 억지 스윙이 된다.

팔이 들리지 않게 하려면 팔꿈치가 몸에서 멀어지지 않고 가까이 있으면서 이동해야 하며, 오른 팔꿈치가 굽어진 상태에서 삼두박근에 Tension 있어야 한다.

* 다운스윙 시작에서 오른발바닥을 강력하게 밀어서 수평 체중 이동을 하려는 동작 오류에서는 삼두박근 Tension만 가지고는 팔(어깨)이 들리는 문제가 해결되지 않는다.

5.1 다운스윙, 키네매틱 시퀀스

(본 1절은 이론적인 내용이므로 Skip 하는 것 고려)

심화 : 분절의 회전 순서에 관심이 있다면 본 절을 보고, 관심이 별로 없다면 본 절은 Skip 하고, 2절(오른 팔꿈치 외회전 효과)로 넘어가서 보는 것을 추천한다.
Kinematic sequence는 회전계에서 특히 이해하기 어려운 부분이다. 아울러, 골프 스윙의 분절 회전 형태를 눈으로 잘 구분(구별)한다는 것은 쉽지 않다.

1) 인체 분절 회전각

인체 분절의 회전에 의한 클럽 헤드의 회전각을 표현하면 그림과 같다.
(단, 골반과 허리는 구분 없이 같은 분절점 개념으로 생각하면 편하다.)

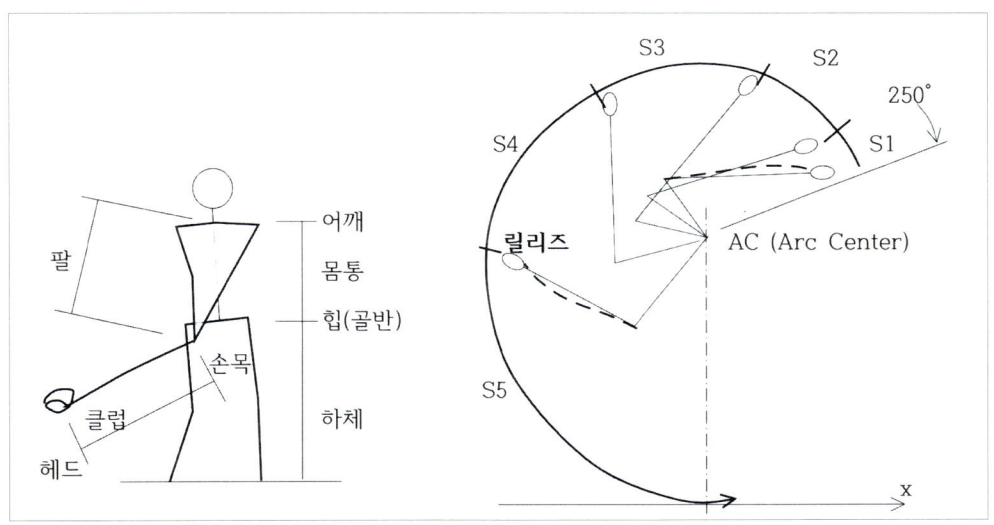

그림 3.5.1 인체 분절 및 회전각 (예시)

다운스윙 구간을 구체화하기 위해 시간을 다섯 등분하여 S1, S2, S3, S4, S5 구간(구역, Sector)으로 나누었다.
다운스윙 시간을 0.2sec이라고 하면, 각 구간의 시간은 대략 0.04sec이다.

인체 분절의 백스윙 회전각과 다운스윙 회전각을 다음과 같다고 하자.
예시 값이다.

〈백스윙 탑 분절 위치각〉		〈임팩트 분절 위치각〉		
클럽	(-) 270°	클럽	0°	
팔	(-) 160	팔	2°	
(어깨)	(?)	(어깨)	(?)	<--- Good score의 비밀
몸통	(-) 90°	몸통	20°	
하체	(-) 40°	하체	40°	

위와 같은 조건이라면 분절이 회전하여 만든 분절 위치는 적층의 개념으로써 분절 자신의 순수 회전 변위 각은 다음과 같다.

〈백스윙 분절별 회전각〉		〈백스윙 탑 대비, 임팩트 분절별 회전각〉		
클럽	(-) 110°	클럽(손목 각)	110°	--- 손목, 샤프트 회전
팔	(-) 70°	팔	72°	--- 팔, 팔꿈치 회전
몸통	(-) 50°	몸통(어깨 각)	68°	--- 허리, 등 회전
하체	(-) 40°	하체(골반 각)	60°	--- 무릎, 힙 회전
합계	270°	합계 회전각 : 40 - (-)270 = 310°		

백스윙 각 분절의 총 회전 각은 270°이다. 2절 링크 구조라서, 그림과 같이 회전 중심(AC) 기준으로는 대략 240°~250° 정도가 된다.

다운스윙 각 분절의 총 회전 각은 계산과 같이 310°라 하자. Setup 기준으로 하체와 몸통은 임팩트 때 Over turn을 하므로, 백스윙에 비하여 다운스윙 회전각이 더 크다. (Over turn은 크면 클수록 Power가 있는데, 대략 70°(프로) ~ 30°(초급) 정도 되는 것으로 관찰된다.)

2) 속도 물리량

앞항의 회전각 변위에 다운스윙 각 구간의 시간 0.04sec, 그리고 구간의 **회전각**과 **회전 반경**이 다음과 같다고 가정하면, 클럽 헤드의 속도와 가속도 물리량은 대략 얼마나 될까?

S1의 회전각 14°,　회전 반경 0.80m
S2의 회전각 33°,　회전 반경 0.76m
S3의 회전각 53°,　회전 반경 0.81m
S4의 회전각 64°,　회전 반경 0.88m
S5의 회전각 86°,　회전 반경 1.1m
다운스윙 총 회전 거리 :

$(\pi/180)(14*0.8 + 33*0.76 + 53*0.81 + 64*0.88 + 86*1.1) = 4.00m$

계산의 편의를 위하여 각 구간에서 가속도는 일정, 속도는 선형적으로 증가한다고 가정한다. 각 구간은 0.04sec이다. 클럽 헤드 무게는 200g이다.

엑셀 계산하면, 헤드 스피드는 41.1m/s 정도로 비거리 210m 골퍼에 해당한다.

〈엑셀 풀이〉

계	회전계					
구간 \ 항목	평균 반경	회전각	증가 각속도	총 각속도	각가속도	토크
단위	R[m]	θ[deg]	Δω[deg/sec]	ω[deg/sec]	ö[deg/sec²]	T[kgf-m]
계산식			θ=ω0*t+Δω*t Δω=(θ-ω0*t)/t	ω=ω0+Δω	ö=Δω/t	T=ö*G T=ö*mR²*π/(180*10)
S1	0.80	14	350	350	8750	1.95
S2	0.76	33	475	825	11875	2.39
S3	0.81	53	500	1325	12500	2.86
S4	0.88	64	275	1600	6875	1.86
S5	1.10	86	550	2150	13750	5.80
합계		250				

계	선형계					
구간 \ 항목	평균 반경	이동거리	증가 속도	총 속도	가속도	가속력
단위	R[m]	S[m]	ΔV[m/sec]	V[m/sec]	a[m/sec²]	F[kgf]
계산식		S=θ*R(π/180)	S=V0*t+ΔV*t ΔV=(S-V0*t)/t	V=V0+ΔV	a=ΔV/t	F=m*a/10
S1	0.80	0.19	4.9	4.9	122	2.4
S2	0.76	0.44	6.0	10.9	151	3.0
S3	0.81	0.75	7.8	18.7	194	3.9
S4	0.88	0.98	5.8	24.5	146	2.9
S5	1.10	1.64	16.6	41.1	416	8.3
합계		4.00				

표 5.5.2 다운스윙 클럽 헤드 속도, 가속도, 회전력 물리량 (예시 값)

Remarks (계산 결과의 이해)

#1. 표의 계산은 대략 드라이버 헤드 스피드 40~42m/sec 정도인 스윙에 대하여 구간별 스윙의 진행 모양을 (고등학교 물리학 & 대학교 동력학 수준) 계산을 이용하여 속도(각속도), 가속도(각가속도), 가속력(회전 토크)을 계산하여 본 것이다. 단순화하여 계산하였기 때문에 오차는 조금 있다.
　이 계산은 **가속도 형태**와 **가속력(회전력)의 세기**를 알아보기 위함이다. 대략 얼마만 한 힘이 사용되는지 토크 & 가속력 수치를 참조하자. 이 토크와 가속력은 샤프트를 비틀고 휘게 만들어 Loft & Face 각을 변화시킨다.

#2. 표에서 휨의 진동 변위는 헤드의 회전각에 얼추 반영하였다.

#3. S5 릴리즈 구간에서 신체(손목)의 근력으로 낼 수 있는 토크는 3kgf-m 이하인데, 8kgf-m 정도의 회전력(토크)이 작용하였다. 그 차이 값(5kgf-m 정도)은 원심력가속도 성분이 만든 것이다. 즉, 2-절 링크의 원심력가속도 성분 없이는 이런 헤드 스피드를 만들 수 없다는 것을 계산이 증명하고 있다.

#4. 표에서 백스윙 크기, 원호 반경, 토크는 골퍼마다 다르며, 가속도(각가속도)를 만드는 회전력을 사용하는 방법도 같지는 않다. 실제 가장 큰 특징으로 릴리즈 회전각(손목 풀림 회전각) 크기가 된다.
　어떻게 하면 몸의 회전력과 가속도 성분의 생성을 최대 효율로 할 것인가 스윙의 궁극적인 과제가 되는데, 그것은 분절의 회전 순서를 맞추는 것이다.
　기본적으로 골프에서 분절의 회전 순서를 맞추지 않고는 비거리를 낼 방법은 없다.

#5. 자료에서 많이 보아왔던 키네매틱 시퀀스의 분절 회전속도 그래프에서, 힙, 어깨, 손목의 회전속도가 어떤 값이 'ex) 2000 deg/sec = 2093 CPM' 된다는 수치적 값은 표의 클럽 헤드 각속도 값과 같이 회전 동작 시퀀스에서 어떤 분절의 회전속도를 이야기하는 것이다.
　표에 있는 각속도는 클럽 헤드의 회전속도이다. 각 분절의 회전 각속도도 같은 방식으로 세분하여 표현할 수 있다.

3) 다운스윙 키네매틱 시퀀스

a) 분절의 각속도

앞의 표에서 대략적인 클럽 헤드의 각속도 증가상태를 수치로 살펴보았다.

x-축을 시간, y-축을 각속도로 하여 각 분절이 만드는 각속도를 적층하여 표현하면 대략 다음 그림과 같다.

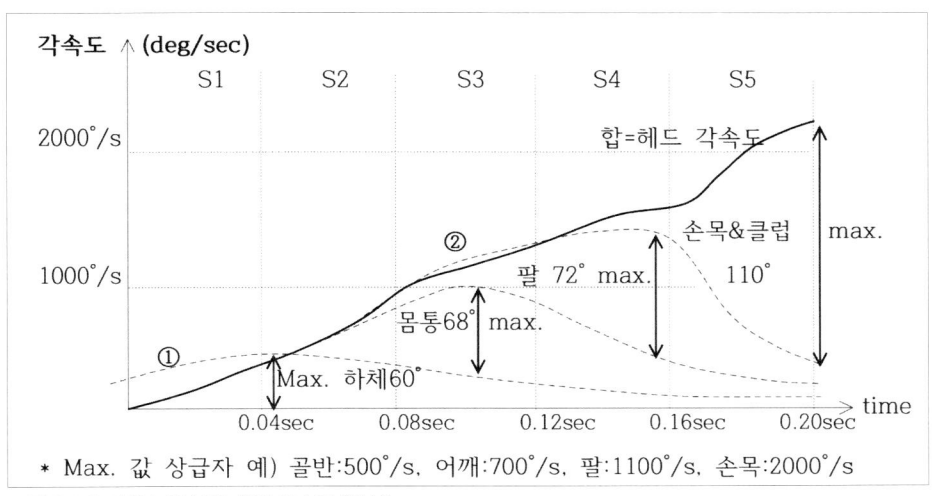

그림 3.5.3 다운스윙 분절 회전 각속도 (예시)

Remarks

#1. 그래프의 각각의 면적이 해당 분절의 변위 각을 나타낸다.
　　그리고 시간의 흐름에 따른 그래프 면적이 해당 구간의 회전각이다.

#2 그림의 ①지점에서 클럽 헤드의 회전보다 하체 회전이 더 빠르다.
　　오른 무릎 오금 굽혀서 만드는 상·하체 분리가 있어야 한다.

#3. S3 구간에서 몸통 & 팔의 회전보다 클럽 헤드 각속도가 느린 ②의 구간이 있다. 오른 팔꿈치 외회전시켜 어깨 턴 먼저 되게 한 것이다.

#4. ① & ②를 만들어주는 것을 '샬로윙 동작'이라고 한다.

샬로윙은 몸 회전은 강력하게 진행하고 있는 상태에서 클럽 헤드는 부드러운 가속을 하도록 해서 손목에 걸리는 관성력을 작게 제어하는 것이다.

#5. 각각의 분절 각속도 Max. 위치에서 그 분절의 각가속도는 'Zero(0)'이다. 그 시점에 그곳 분절의 가속 회전력 사용이 Zero라는 이야기이다. 단, 버티는 힘은 사용하고 있다.

　＊ 분절 최대 회전속도는 전혀 중요하지 않다. 속도의 기울기가 가속도인데, '기울기가 최대인 곳 = 가속도가 제일 큰 곳 = 힘을 제일 많이 쓰는 곳'이 중요하다.

최대 속도가 이러쿵저러쿵하는 이야기는 오해와 착각을 만들기 딱 좋다.

#6. 손목의 회전은 '손목 회전력 + 법선력의 가속도 성분'으로 만들어진다.

법선력의 가속도 성분이 작으면, 손목 회전력도 적게 사용될 수밖에 없다.

b) 분절의 각가속도

앞의 각속도 그래프를 각가속도 그래프로 적층하여 표현하면 그림과 같다. 각각의 분절이 가속하는데 힘을 쓴 모양이다.

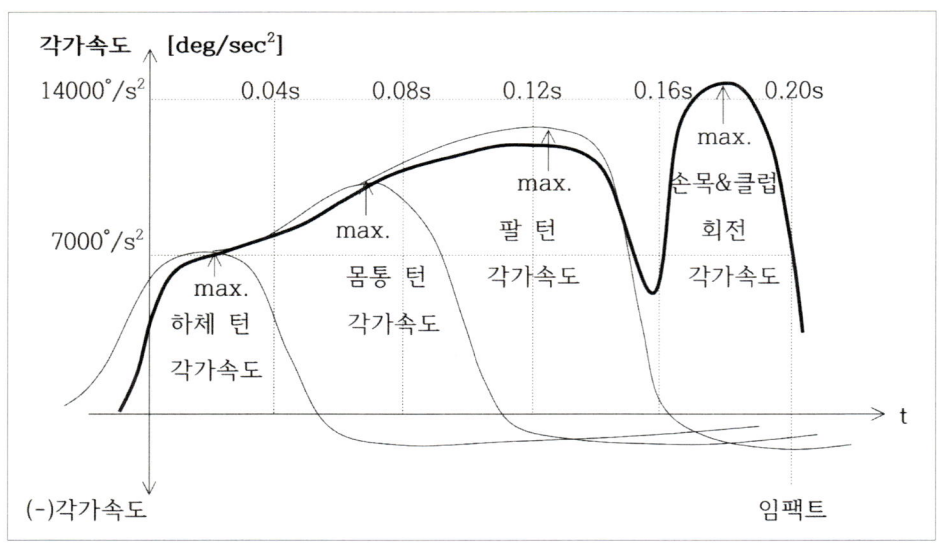

그림 3.5.4 다운스윙 분절 회전 각가속도 (예시)

#1. 그래프의 면적은 각속도를 나타낸다.

　　(+)영역에서 최댓값을 나타낸 후, (-)영역의 면적만큼 각속도는 감소한다.

　　각속도 그래프의 기울기가 각가속도의 크기이다(각속도 미분하면 각가속도).

　　각가속도 그래프를 적분하면 각속도 그래프가 된다.

#2. 각가속도 (+)영역만큼 회전력이 작용한 것이며, (-)영역은 Brake이다. Brake를 만드는 것은 본 분절과 선행 분절이 서로 분할하여 담당한다. 분절의 사용 순서와 사용량은 백스윙 왼 어깨의 감속(Braking) 시점과 세기가 가장 큰 영향을 준다.

　　힘이 최대가 되었다가 이후 줄어드는 부분은 후행 분절이 가속하면 (즉 힘을 쓰면) 그 반작용으로 선행 분절은 일정부분 감가속하게 된다. 버텨 주는 것 및 지지하는 것과 비슷하다.

#3. 시간 흐름에서 각 분절 각가속도는 사용된 회전력과 같으며, 'Max. point'에서 최대 가속 힘이 쓰인 것이다.

#4. 클럽 헤드의 각가속도는 각 분절 각가속도의 합이다.

#5. 분절의 회전 순서를 지켜야만 선행 분절의 Brake가 이루어지는 것과 후행 분절의 가속이 서로 효율적으로 연동된다.

　　만약 후행 분절의 가속이 먼저 진행되면, 이것의 힘이 선행 분절의 회전을 방해한다. 그래서 총 분절 회전 각가속도의 합이 작게(약하게) 되어 헤드 스피드는 작고, 페이스는 열려서 슬라이스가 발생한다.

　　* 비유 : 후행 분절이 먼저 사용되는 것은 4인 계주를 하는데, 후속 주자가 앞 주자보다 먼저 트랙에서 달리겠다는 것과 비슷하다.

#6. 비유 : 시험(고시)공부에도 과목별 공부하는 순서가 있고, 방법이 있다.

　　골프 스윙에서도 몸의 분절별 회전 순서가 있고, 그 회전을 효율적으로 하는 방법이 있다.

　　"어차피 회전하는 것이므로, 순서 없이 세게 돌리기만 하면 되는 것 아니야? 정타 맞추기도, 똑바로 맞추기도 어려운데, 힘들게 회전시키는 순서를 뭐하러 꼭 지켜야 하나?" 라고 생각하는 사람도 제법 있는데, 순서가 어긋나면 방해 작용이 발생하는 것을 알아야 한다.

　　5년, 10년, 20년, 그 생각을 버리지 않으면, 골프 스윙 잘하는 방법을 찾는 것은 요원하게 될 것이다.

　　순서를 지켜야 하는 것은 절대적인 진리이며, 어떻게 하면 분절의 회전 순서를 더 명확히 만들어 줄 수 있는 것인지에 대하여 반듯이 정립이 필요하다.

c) 왼 광배근 사용 시점

"왼 광배근을 (빨리) 쓰지 마라." 라는 말이 있다.

언제까지 쓰지 말라는 것이냐, 언제부터 쓰기 시작하라는 것이냐의 기준 시점은 오른 팔꿈치의 외회전을 기준으로 정할 수 있다.

다운스윙, 왼 광배근은 늘어난 상태로 강한 인장을 받고 있다. 왼 광배근을 수축시켜(당겨) 변위를 만든다는 이야기는 왼쪽 어깨를 젖힌다는 동작인데, 이른 시점에 왼 어깨를 젖힌다면 그 회전력이 클럽 헤드에 전달되어 버려서, 클럽 헤드가 이른 시점에 더 도는 작용을 하게 된다.
이때, 클럽 헤드의 가속 관성은 더 커지게 되고 클럽 헤드는 팔의 진행(Turn)을 방해하게 된다.
다운스윙 Kinematic sequence가 '(하체) -골반 - (몸통) - 어깨 - (팔) - 손목 - (샤프트) - 헤드' 순서로 회전되어야 하는데, 왼 광배근이 이른 시점에 사용되기 시작하면 어깨와 클럽 헤드가 일부 같이 회전되어버리는 현상이 발생한다. 팔은 뻣뻣해지고 손목이 풀린다.
이것은 오른 팔꿈치 외회전을 하고 싶어도 어렵게 만들어버린다.
따라서, 거의 일정한 왼 등 Tension 상태로 오른 팔꿈치 외회전과 오른 어깨의 회전이 사용되기 전까지는 왼 광배근의 수축 변위는 없어야 한다.

* 왼 광배근이 이른 시점에 당겨져서 왼 어깨가 젖혀지면, 래깅이 일부 풀려버리는 현상이 벌어진다. 이것의 변위를 이른 시점에 사용하려는 것은 소탐대실이다. 왼 광배근 큰 힘이 걸린 상태에서 변위는 없이 계속 다운스윙 몸통 회전이 진행되어야 한다.

5.2 오른 팔꿈치 외회전 효과

오른 팔꿈치 외회전은 오른 어깨 회전(몸통 상부 회전) 시점에 오른 팔꿈치를 시계 방향으로 1~2cm 돌려주는 것이다. 시점은 다운스윙 중반부이며, 팔 회전이 시작되기 전이다.

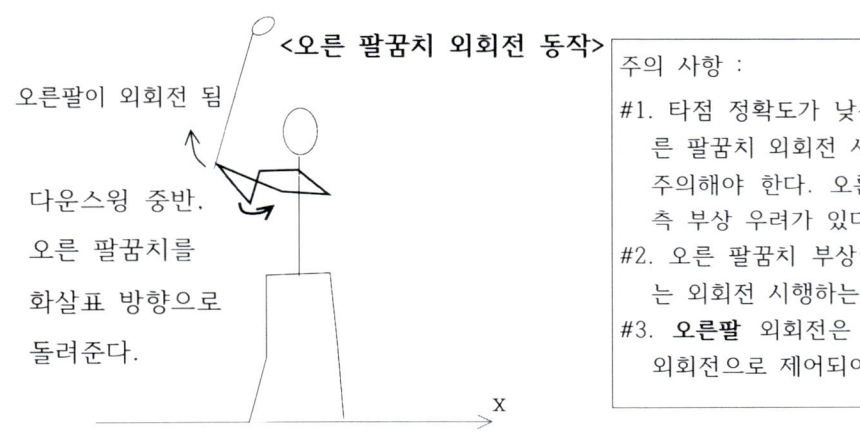

그림 3.5.5 오른 팔꿈치 외회전 동작

큰 뒤땅과 반복되는 토우·토핑 타점은 오른 팔꿈치 내측 부상 위험을 높이는데, 이 오른 팔꿈치 외회전 동작은 전완의 안쪽 팔꿈치에 Tension을 증가시키는 형태가 되어서 빗맞은 타점에서 부상 위험을 가중할 수 있다.

그리고 원심력가속도 성분을 크게 만들지 못하고, 손목에 힘이 너무 많이 들어가는 골퍼 역시 오른 팔꿈치 외회전을 시행하는 것에 주의해야 한다. 안 그래도 이 골퍼는 오른 팔꿈치 부상 위험이 있는데 부상을 가중할 수 있다.

1장 오른 무릎 오금 굽히기, 2장 원심력가속도 성분 내용이 어느 정도 수행되는 단계에서 오른 팔꿈치 외회전을 몸에 익히는 것을 추천한다.

오른 팔꿈치 외회전 동작은 1개월 정도 수련이 필요하며, 1년 정도가 지나면 몸에 체득되어서 생각 안 해도 저절로 구현된다.

1) 오른 팔꿈치 외회전이 스윙 메커니즘에 주는 효과
(클럽 헤드가 채찍 끝처럼 움직이도록 하는 것의 20% 정도 담당)

다운스윙 S3 구간에서 오른 팔꿈치 외회전(Supination)을 주면, 다음과 같은 스윙 동작 개선 효과가 있다.

-. <u>클럽 헤드 관성력 급증 억제</u> : 다운스윙 중간지점(릴리즈 직전)에서, 어깨와 팔이 돌며 헤드를 급가속시키는 형태에서 헤드를 뒤처지게 하여 부드러운 2단계(2nd) 가속을 진행하게 해준다.
(실제로는 클럽 헤드가 뒤처지는 것은 아니고, 가속 양이 조금 작아지는 것임)

-. <u>1°~ 2° In to Out 궤도</u> : 다운스윙 후반부, 클럽 헤드의 진행 궤도를 Push 방향으로 형성하게 해준다.

-. <u>관성력에 대응하는 손·손목 힘 증가량을 억제(감소)</u> :
이것은 이후 손목을 푸는 릴리즈를 더 효율적으로 할 수 있게 해준다.

-. <u>오른 어깨 회전 저항 감소 = 빠른 어깨 회전</u> : 클럽 헤드의 가속 관성이 어깨 회전을 방해하는 양을 줄여준다.

-. <u>래깅 증가</u> : 편하게 코킹 유지되고, (마지막 단계로) 래깅 각을 더 키울 수 있다. 이는 이후 릴리즈에서 원심력가속도 성분을 키워주는 역할을 한다.
오른 팔꿈치를 펴는 근육은 상완 삼두박근인데, 동작 특성상 이 근육이 펴지면 손목 펴지는 것이 연동된다. 오른 팔꿈치를 외회전시키면, 상완 삼두박근 사용이 늦춰져서 팔꿈치도 조금 늦게 펴지는 효과가 있게 되어, 릴리즈에서 손목 펼 양을 저장하는 기능을 하게 된다.

-. <u>FC(회전력 중심)를 뒤로, 밑으로 유지하는 작용</u> : 클럽 헤드를 억지로 돌리려 하면 회전력 중심이 위로, 앞으로 오는데, 이 외회전은 분절 회전 순서를 자연스럽게 맞춰 돌며 몸의 회전력 중심점이 아래로 뒤로 형성되게 해준다.

-. <u>위의 작용들이 조합되어서 S5 구간에서 클럽 헤드 가속도를 키워준다.</u>
오른 팔꿈치를 외회전 시키면 높은 탄도의 슬라이스가 발생할 것 같지만, 의외로 약간의 드로우 구질이 발생한다.

-. 왼 팔꿈치 치킨윙이 있는 골퍼는 이 오른 팔꿈치 외회전이 왼 팔꿈치의 치킨윙 모양을 경감시켜 준다.
팔꿈치가 몸 중심을 기준으로 대칭이 되려는 성격이 있는데, 이것이 활성화되기 때문이다.

〈아이언 샷, 초 고수가 되는 방법〉
70타 후반 -〉 70타 초·중반으로 실력이 올라가기 위해서는 필수적으로 아이언 샷의 정확도가 높아져야 한다.
아이언 샷의 (방향 & 타점) 정확도가 높아지기 위해서는 실시간으로 변하는 원심력가속도 성분력의 크기에 손목 회전력의 사용량이 조화를 이루어야 한다.
이 조화로 페이스 각이 Square가 되는 것을 '손목 회전력의 평탄화 작업'이라고 하자. 손목 회전력을 사용하는 양이 페이스 각과 로프트 각의 변화량을 Even으로 수렴하도록 평탄화해준다는 의미이다.

손목 회전력의 크기 조절을 직접 해서는 필요한 만큼의 오차로 줄일 수 없다.
손목 회전력의 크기를 미세하게 조절하는 것은 오른 어깨 턴의 모양이다.
혹자가 *"오른 어깨를 넣어 치세요."* 라고 말을 하는데, 오른 어깨를 넣어서 임팩트를 하면 손목 회전력이 미세 조정되는 것으로 타격이 더 정확해진다.
그런데 오른 팔꿈치 외회전을 해주어야만 오른 어깨를 넣어 칠 수 있는 조건이 만들어진다. 직접 아무리 오른 어깨를 넣어서 치려 해도 동작은 안 만들어진다.

90타대 실력의 골퍼에게는 *"오른 어깨를 넣어 친다."* 라는 것을 바로 적용하기는 힘들다. 그 이전에 본서에 나와 있는 *1장~7장의 다른 내용*을 어느 정도 소화해서 준비된 상태가 되어야 이 동작 구현이 가능하다고 하겠다.
70타 초·중반대의 실력자는 아이언을 칠 때, 거의 오른 어깨를 넣어 친다고 보면 된다. 손목 회전력 사용은 들러리 같고, 오른 어깨 턴이 샷의 주인공이 되는 것이다. 주인공을 살려주는 것은 오른 팔꿈치 외회전 동작이다.

2) 스윙 결과에 나타나는 효과

오른 팔꿈치 외회전을 했을 때, 다음과 같은 **결과**를 얻을 수 있다.

① 거리 증가 (헤드 스피드 증가) : 약 3% 정도 거리 증가한다. 헤드 스피드로 따지면, 0.5m/sec 증가량이다.
단, 쇼트 아이언의 경우 백스핀과 탄도 증가의 영향으로 거리는 비슷하다.
* 원심력가속도 성분 크기를 키우는 것에 문제 있는 즉 회전력 중심(FC) 유지가 안 되고, 손목에 힘이 들어가던 골퍼가 이것 하면 거리와 방향성의 향상 효과가 더 클 것이다.

② 탄도, 스핀 증가 : 대략 5~10% 증가한다. 백스핀을 거는 중요한 기술이다.
Dynamic loft 각도가 대략 2° 정도 증가한다. Loft가 눕 상태로 접근 각이 형성된다는 이야기다. Shot의 Control에 좋다.
그린에서 런이 적은 사람은 이것을 하기 때문이다.
* 백스핀이 큰 샷을 억지로 Loft를 눕여서 타격하거나, 찍어 쳐서 타격하면 구사되는 것으로 일부 일반 골퍼는 생각한다. 그러나 그런 방법으로는 거리, 방향성, 타점 제어가 되는 상태에서 백스핀 큰 샷을 구사하기 어렵고 힘들다.
큰 역회전이 구사되는 샷의 필수 필요조건으로 오른 팔꿈치 외회전 동작이 반드시 스윙에 녹아 들어가 있어야 한다.
   - 의외지만 쇼트 클럽(웨지) 잘 치려면 필수로 이 외회전이 필요하다.
   - 피치샷 어프로치에서도 오른 팔꿈치 외회전 동작이 들어가야 한다.

③ 방향성 : 낙구 지점이 2~3° 우측에 형성된다.
오른 팔꿈치 외회전으로 페이스가 1° 정도 Open 되고, 1° 정도 Push 궤도가 되기 때문이다. 방향성 편차도 줄어든다.
* 현재 거리가 짧고 슬라이스 구질이 발생하는 골퍼는 이것 하기 전에 먼저 반드시 선행 기술인, *2장-원심력가속도 성분, 3장-자연 로테이션*을 섭렵해야 한다.

④ 피니쉬 : 왼팔 펴지는 구간이 길어져 조금 낮은 폴로스루에 낮은 피니쉬 동작이 만들어진다.
* 릴리즈가 어느 정도 되는 상태에서, 이것 안 했을 때는 왼팔이 빨리 구부려져(접혀) 훅 구질의 높은 피니쉬가 된다. 조금 억지스러운 훅 구질이 만들어지는 경우이다.

⑤ 아이언 뒤땅 완화 : 약간의 뒤땅 성 타격인 경우, 약간이지만 클럽의 바운스가 지면에 닿는 형태가 되어서 Leading edge가 파고들어 가는 양이 작아지게 되는데, 디봇이 만들어지면서 클럽 헤드가 위로 빠져나오는 반사신경이 작용한다고 보면 된다.

* 단, 그립을 길게 잡고 오른 팔꿈치 외회전을 크게 하면 뒤땅이 발생한다.

그립을 짧게 잡고 오른 팔꿈치 외회전을 크게 하면 토핑이 발생한다.

오른 팔꿈치 외회전 동작에 클럽 헤드의 상하 움직임 변화가 있으며 길이가 길 때, 헤드가 하강하는 경향을 보이기 때문이다.

따라서 그립을 길게 잡고 오른 팔꿈치 외회전을 강하게 사용하려는 샷은 자제(지양)해야 한다.

⑥ 스윙의 일관성 증가 : 힘을 쓰는 가속의 변동량이 줄어들고, 헤드의 방해(반작용)가 줄어들어서, 스윙 폼과 스윙 결과에 일관성이 높아진다.

⑦ 다운스윙 후반, 여유로운 느낌 : 분절의 스윙 시퀀스가 더 맞아떨어져, 0.1sec가 0.12sec로 늘어나는 감각적인 여유(20%)가 생긴다. 이것은 제어 정확도를 더 높여준다.

⑧ 오른 어깨 부상 완화(예방) : 억지로 어깨를 세게 돌리는 형태에서, 이것 하면 오른 어깨 관절의 무리한 사용 조건이 경감된다.

* 골프 스윙 때문에 오른 어깨 관절에 불편함을 느끼는 골퍼에게는 적극적으로 추천되는 동작이다. 단, 하체 펌 동작을 섭렵하지 못해 상하 궤도가 불안정한 사람은 반복되는 뒤땅 토핑 가능성이 있으므로, 사용에 주의를 요한다.

⑨ 오른 팔꿈치 내측 부상 완화 : 부드러운 상체 동작을 수행할 수가 있어서, 팔꿈치와 손목 부상 완화에 도움이 된다.

* 단, 현재 오른 팔꿈치 내측 부상에 시달리고 있는 골퍼는 역효과가 없는지 Test 하여 교정의 선후 순서를 정하여야 한다.

⑩ 부드러운 스윙 : 어깨, 팔, 클럽이 함께 돌던 골퍼가 이것 하면, 어깨 -> 팔 -> 클럽 순으로 회전 시퀀스가 지켜지며, 부드러운 스윙이 된다.

⑪ 멋진 스윙 : 이쁜 피니쉬 만들어주는 것은 다운스윙 초기 오른 무릎 오금 굽혀주는 것이 50% 정도 관여하는데, 이것 함께하면 조금 더 멋진 스윙이 완성된다.

Remarks

#1. 볼을 오른손 손날 또는 손 등의 5th 정권으로 친다고(볼에 접근시킨다고) 생각하며 스윙하는 것은 이것, 오른 팔꿈치 외회전 스윙과 거의 비슷하다고 할 수 있다. 헤드 무게 중심이 뒤에 있는 드라이버는 4th 정권에 해당한다.

혹자는 *"오른손바닥을 세워서, 오른손바닥이 볼에 접근하는 것으로 스윙하라."* 라고 하나, 이것은 엎어 치는 형태의 결과를 얻게 될 것이다.

느낌의 지연 시차, 즉 뇌가 인지하는데 0.1sec 시간이 걸리므로 감각적으로는 손바닥을 직각으로 세워서 친다는 생각이 아니라 오른손바닥 날로 치는(오른손바닥이 하늘을 보는) 형태로 임팩트를 가져가야 한다.

오른손 손날, 심지어는 오른손 손 등의 정권 쪽이 볼에 접근하는 생각을 하여야 하는데, 조금 극단적으로 손 등의 4th 정권 쪽이 볼에 접근하는 형태의 스윙도 해보자. 그러면, 오른손 손바닥이 바로 세워진 느낌(모양이 아닌 느낌)으로 볼에 접근해야 한다는 이야기가 얼마나 큰 모순인지 깨닫게 될 것이다.

* 느낌과 모양은 다른 시차를 가지고 있다.

#2. 오른 팔꿈치 외회전은 작지만, 마지막 회전 단계에서 손목 스냅을 활용하게 해주는 동작이다.

안 하면 손목 스냅이 둔탁하게 사용되고, 하면 조금 더 부드럽고 강하게 손목 스냅이 구사된다.

5.3 힘 빼기의 메커니즘 (힘 덜 증가하게 하는 방법)
(정립 차원, 복습 차원)

힘 뺀다는 의미는 '힘이 덜 들어가게 하는 것'이라는 것을 여러 번 언급하였다.
힘이 적게 증가하는 스윙 메커니즘을 Flow chart로 표현하면 다음 페이지 그림과 같다.
(근육 힘은 필요한 곳에는 들어가야 한다.)

```
힘 뺀다.
= 불필요한 곳에 힘 덜 증가한다.
```

필요한 곳 : 팔 밑면 근육
          아래 승모근 & 광배근

불필요한 곳 : 그립
            손목 위 & 측면 근육
            어깨 & 위 승모근

이것을 전체적으로 이해하면, 골프 스윙에서 '왜?', '언제?', '어떻게?'라는 많은 질문의 답을 찾을 것이다.
힘 덜 증가하게 하기 위한 것의 궁극적인 목적은 손목 폄에 방해받지 않기 위한 것으로써, 릴리즈 구간에서 원심력가속도 성분을 잘 이용하기 위함이다.

그 외, 손목의 반사신경 작용으로 미리 풀리는 것을 방지하고자 초기 가속이 부드럽게 되도록 하는 것이며 (손목이 미리 풀리는 것도 분절의 회전 순서가 맞지 않는 것의 일종), 다운스윙 진행 중에도 상체 분절의 회전 순서를 맞추고자 클럽 헤드의 진행을 부드럽게 한다.

다음 그림에서 보여주는 힘 덜 증가하게 하기 위한 노력(방법)은 필수 요소이다. 이것들은 단순한 일차원적인 연관성을 갖는 것들이 아니고, 복잡하고 깊이 있는 생각을 요구하고 있어서 쉽게 이해하기 어려운 것들이다.
거시적으로 전체의 윤곽을 보고, 필요한 것을 하나씩 해결해 나가는 것이 일반 골퍼에게 가장 효과적으로 스윙을 배우는 접근 방법이 될 것이다.

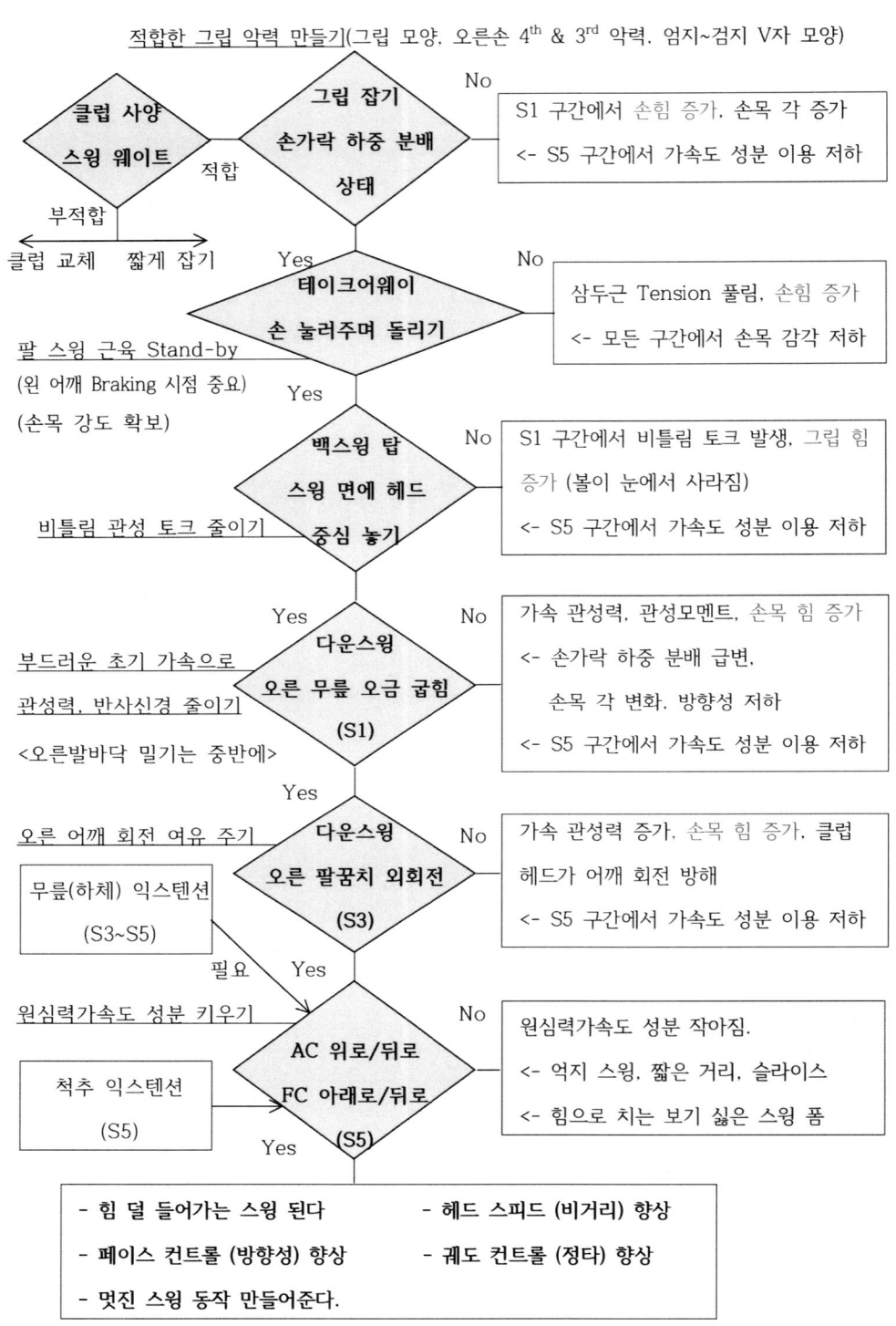

그림 3.5.6 손·손목 힘 덜 증가하게 하는 메커니즘(Flow chart)

Remarks

#1. 테이크어웨이 내용은 *다음 6장*에 설명되고, 클럽 사양에 관한 내용은 *5권 1장에 설명*된다.

#2. 손, 손목에 들어가는 힘의 제어는 간단하거나 단순하지 않다.

하급자에게 *"이거 하나만 하면 된다."*라는 것은 실제로 '1/2^(n-1) × 100% = 1/2^6 × 100% = 2%', 즉 2% 정도의 이익이 될 가능성에 관한 이야기라 할 수 있다.

골프는 경우의 수가 많아서, 2% 정도의 득이 되는 가능성에도 맞는 이야기로 취급되는 경향이 있다. 이론과 주장에 너그러움이 넘쳐난다. 이점을 오해해서 들으면 안 될 것이다.

#3. 대다수의 선수는 어렸을 적, 감으로 이 메커니즘을 익혀 몸에 밴 상태라고 보면 된다. 그래서 배우는 과정이 선수와 다른 일반 골퍼는 같은 방식으로 골프를 배우기는 쉽지 않은데, 그중에서 손, 손목 힘이 적게 증가하게 하는 것에 대한 이해가 제일 어려운 것이다. *"힘 빼는데 3년"*이라는 말이 있는데, 매우 복잡하고 어려우니 오래 걸린다는 이야기이다. 한 시간, 하루, 한 달, 1년, 10년, 20년이 걸릴지, 아니면 영영 못 할지, 그 편차는 가늠하기 힘들다.

#4. 하나를 터득했다고 생각하면, 또 다른 것이 있고, 그것을 배우는 과정에서 기존 것은 잊히기 일쑤다. 거시적으로 전체를 볼 수 있어야, 굴레에서 벗어날 수 있다. 그림의 Flow chart를 통으로 이해하려 해야 한다.

#5. 업무(일)에 '업무 매뉴얼'이 있고 그 속에는 'Check sheet(확인표)'가 있다. 그것은 업무 방법과 함께, 누락 된 것, 부족한 것 그리고 과도한 것을 자동으로 찾아내게 해준다. 빠진 것과 부족한 것은 문제를 일으키고, 과한 것은 낭비와 비효율을 만든다. 골프 스윙에서도 누락 및 부족/결핍 동작이 있고 과잉 동작이 있다.

누락은 찾아서 넣으면 되고, 부족한 것은 키우면 되는데, 과잉 동작은 그 양을 판단하기가 좀처럼 쉽지 않다. 코칭의 도움을 받는 것이 필요할 수도 있다.

4권 4장에 상세한 'Swing Check Sheet'을 넣는다.

아이언, 백스핀을 키우는 동작

5.4 눌러 치기 (오른 옆구리 접기)

(가장 쉬운 동작 = 눌러 치기 샷)

아이언을 "*눌러 친다*"라는 표현이 있다. 이것은 "*다운블로, 내려친다.*"라는 것과 다르다.
눌러 치는 방법은 다운스윙 전반부, 오른 옆구리를 조금(대략 5° 정도) 접는다. 샷 결과는 백스핀이 증가한다. 이것은 그린 공략에 매우 유용하다.
눌러 치기는 오른 옆구리를 접는 것 한 가지만 빼고, 일반 스윙과 거의 동일하다. 타법과 메커니즘은 다음과 같다.

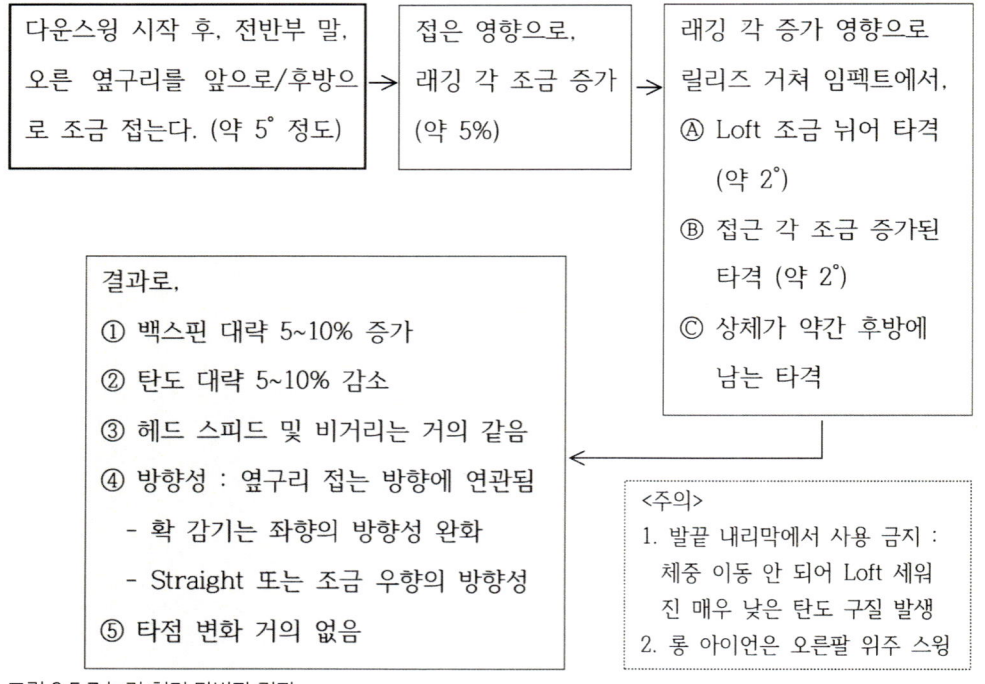

그림 3.5.7 눌러 치기 타법과 결과

cf) 내려치기(다운블로) 샷 : 백스윙에서 좀 더 가파르게 클럽 헤드를 들어 올리고, 다운스윙에서 좀 더 가파르게 내려와 타격 되는 형태. 백스핀 증가는 비슷하나 95% 거리, Setup과 스윙 동작에 몇 가지 변화를 주어야 한다.

Remarks

#1. 팔과 손목으로 래깅 각을 인위적으로 키우고자(조절하고자) 해도 잘 안 된다. 또한 인위적으로 변화시킨 래깅 각은 샷 결과 변화가 심하다. 그에 반해, 다운스윙 초반에 오른 옆구리를 후방으로/앞으로(접는 방향 ≈ 방향성) 조금 접는 동작은 일정한 래깅 각 증가와 그에 따른 일관된 샷 변화를 가져다준다.

#2. 눌러 치기 타법에서 헤드 스피드와 비거리는 일반 스윙과 거의 비슷하다.
'릴리즈 효율이 조금 증가하는 것 + 접근각 증가하는 상태가 임팩트 에너지 전달 효율이 조금 감소하는 것 ≈ Even = 거의 같은 비거리'
옆구리가 접혔다가 임팩트 직전에 펴지는 만큼 폄 관성력에 의한 헤드 스피드 증가도 약간 있다.
다운블로 샷, 펀치 샷, 컷 샷, 녹다운 샷이 일반 샷의 90~95% 비거리를 만드는 반면, 눌러 치기 샷은 100% 비거리를 다 만든다. 그리고 스윙 동작도 의외로 간단하다. 방향성은 오차를 줄이는 기능이 있으며, 타점 변동은 거의 없다.

#3. 백스핀 증가하는 결과는 그린 및 깃대를 직접 공략하는 데 매우 유용하다. 그리고 잔디 라이 제약조건에 크게 구애받지 않고 사용할 수 있는 장점이 있다.
cf) 그린을 공략하지 않은 드라이버, 우드 샷에서 눌러 치기 샷을 사용할 필요성은 없다. 높은 탄도가 필요할 때의 롱 아이언 눌러치기는 득보다 실이 크다.

#4. 눌러 치기 샷의 성패는 기본적인 일반 스윙을 구사할 수 있다는 전제조건하에 가능하다.
근력에 맞는 스윙 웨이트와 강도의 클럽 사용, S1~S2 오른 무릎 오금 굽힘과 힘 적게 증가하는 가속, S3 오른 팔꿈치 외회전, S3~S5 하체 폄 동작, S5 원심력가속도 성분이 크고 잘 사용되는 릴리즈 등이 어느 정도 만족하여야 눌러 치기 타법도 쉽게 구사될 수 있다. 눌러 치는 샷을 구현하는 데는 긴 시간이 필요하지 않다. 아마 조건만 만족한다면 당장 당일 구사될 것이다.

#5. 다운스윙 초기, 왼 옆구리에 강한 Tension이 있으면 상·하체 분리가 어렵게 되어서 골반과 어깨가 같이 회전하려 하고 래깅 각이 감소하는 경향이 만들어진다. 이때는 눌러 치기 샷을 구사하여도 힘없는 타격이 된다.
* 엄지~검지 V자 그립을 강하게 할 때는 눌러 치기 샷 구사가 안 된다. 엄지~검지 지지 상태가 오른 옆구리 접기를 방해하기 때문이다.

#6. 다운스윙, 오른 어깨를 내리는 것은 직접 어깨를 내리는 것이 아니라, 오른 무릎 오금 굽힘과 오른 옆구리 접기에 의해서 오른 어깨가 내려지는 수동 개념이다. 다운스윙 후반 하체 폄이 시작되고 릴리즈

구간에서 척추 폄도 이루어지는데 굽혀진 오른 옆구리가 펴지는 것이 스윙에 도움을 주는 요소가 된다.

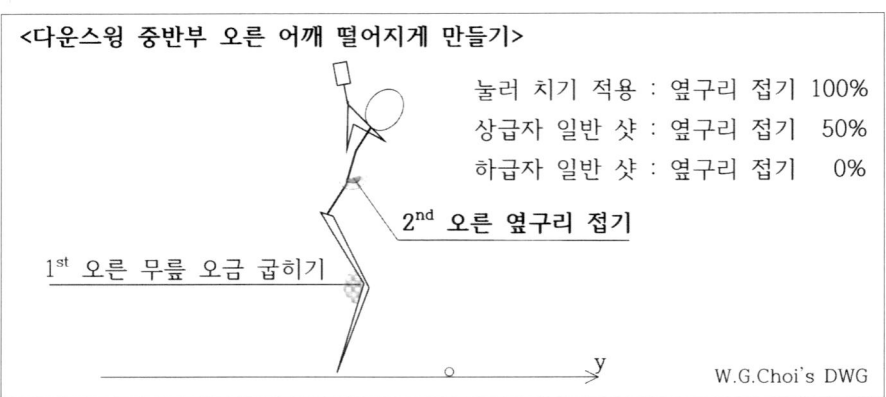

그림 3.5.8 다운스윙, 오른 어깨가 내려오게 만들어지는 요소

이렇게 만들어진 릴리즈에서 오른 옆구리 펴지는 동작은, 백스핀 증가는 물론 추가로 하체 폄의 변동성과 손목 회전력 사용의 변동을 줄여주는 역할을 하는데, 이는 방향성 오차 및 타점 오차를 10~30% 개선하는 효과를 만들어준다.

눌러 치기 아이언 샷에서 6°라는 오른 옆구리 접기를 한다면, 일반 샷(드라이버 포함)에서는 3° 정도 오른 옆구리 접기 동작이 녹여 들어가는 것이 좋은 스윙 동작이라고 할 수 있을 것이다.

* 80타 중반 실력에서 80타가 되는데 필요한 스윙 기술이 오른 팔꿈치 외회전이라면, 80타 골퍼가 70타 중반이 되는데 필요한 스윙 기술은 '오른 옆구리 접기'라고 할 수 있다.

#7. 프로선수와 같은 파워 있고 멋진 피니쉬를 만들기 위해서, 오른 옆구리 접는 동작이 다운스윙에 녹여 들어가 있어야 한다.

거의 모든 프로선수는 오른 옆구리 접는 동작을 일반 샷에서 한다. 이것을 하지 않는다면 샷 정확도가 급격히 하락하여 선수 유지가 어렵게 되는 것 같다.

#8. 기타 특이사항 :
- 오른 옆구리 접기 샷(눌러 치기 샷)은 가장 쉽게 구사할 수 있는 동작인데, 오른 옆구리 접는 동작이 오른발바닥 미는 체중 이동과 왼 무릎 폄 동작을 편하게 만들어주기 때문이다.
- '롱, 미들, 쇼트 아이언 vs Cross 회전력 사용 조건 vs 탄도 & 방향성' 영향과 변화를 알아야 한다.
100% 샷이므로 '왼 골반 + 오른팔 회전력 = 오른팔 위주 스윙' 또는 '오른 골반 + 왼팔 회전력 = 왼팔 위주 스윙' 조합 스윙에 눌러 치기 샷을 사용한다.

^ 오른팔 위주 스윙 --- 눌러 칠 때, 탄도 높은 특성이 있으므로 롱 아이언에서 사용하고, 쇼트 아이언에서는 당겨지면서 탄도가 너무 높아지는 특성 있음을 인지해야 한다.

^ 왼팔 위주 스윙 --- 눌러 칠 때, 탄도 낮은 특성이 있으므로 롱 아이언은 사용하지 말고, 쇼트 아이언에서 사용한다. 당겨지는 특성도 없어진다.

왼팔 위주 스윙 방법으로 우드 클럽도 눌러 치기 샷이 가능하다. 낮은 탄도에 백스핀이 많이 들어가는 샷이 만들어진다.

스윙에서 제일 쉬운 영역은 백스윙

백스윙의 초점(Focus)
(백스윙의 궁극적인 목적/목표는 부드럽게 반대로 휘어지는 샤프트 만들기)

좋은 스윙 결과와 나쁜 스윙 결과를 만드는 것에서 백스윙이 담당하는 역할은 대략 25% 내외인 것 같다.

샷의 결과 영향   :   100% (단, 클럽 사양이 안 맞으면, 0 ~ (-)20% 능력 감소)
   선택 Ⅰ (결정) :   10%
   선택 Ⅱ (Setup) :   15%
   백스윙 동작 :   25%
   다운스윙 동작 :   50%
   팔로우 동작 :   미미
   피니쉬 모양 :   0%
   * 임팩트 이전 선택과 동작들이 임팩트라는 결과를 만든다. 팔로우 동작과 피니쉬 모양은 그 이전 동작의 결과물이다. 따라서 팔로우와 피니쉬는 임팩트에 영향을 주는 것이라고 볼 수 없다.

만약, 골프에서 Long game이 차지하는 비율이 60%라면, 골프 전체에서 백스윙이 차지하는 비율은 25 × 0.6 = 15% 정도 될 것이다.

주관적인 수치이기는 하지만, 골프에서 백스윙이 차지하는 비중이 15%라면, 이것은 작지 않은 수치이므로 어느 정도 중요한 비중으로 설명되어야 하는 것은 맞다. 그러나 난이도로 따지면 0.2sec의 짧은 시간에 하는 다운스윙에 비해서 대략 0.5 ~ 1.0sec (평균 0.8sec)에 하는 백스윙은 매우 쉬운 영역에 속한다고 말할 수 있다. (단, 핵심을 모르면 어렵긴 마찬가지다.)

   다운스윙 vs 백스윙 난이도 = 1 / 다운스윙 시간^2 vs 1 / 백스윙 시간^2
                                  = 16 vs 1
   * 제어 정확도는 백스윙 요소가 다운스윙보다 16배 정도 높다고 볼 수 있다.
   cf) Setup은 100배 정도 쉽겠지만, 먼저 인과관계를 알아야 한다.

덜 중요한데 중요한 것처럼 이야기하거나 중요한데 덜 중요한 것처럼 말하면, 그것은 수고(노력)의 낭비, 비효율을 가져올 것이다.

"백스윙을 이렇게 하는 것이다." 라는 접근보다는, *"어떤 것을 왜 그렇게 해야 하고, 그것을 하는 방법의 Key point는 무엇인지?"* 를 다음 항목으로 설명한다.

- **오른 골반 접기**
- **테이크어웨이, 시작** (볼과의 거리, 팔꿈치, 몸통 꼬임)
- **테이크어웨이, 모양** (삼두박근 Tension)
  * 팔을 펴며 손은 눌러주면서 돌려야 한다. 왜?
- **백스윙 왼팔 상완-외회전, 전완-내회전, 손목-보잉**
  * 왼팔은 그냥 들어 올리는 것이 아니라, Zig-Zag로 꼬아야 한다. 왜?
- **백스윙 왼 무릎 이동 시점**
  * 왼 무릎 회전(이동)은 백스윙 중반부에서 가속&감속이 되어야 한다. 왜?
- **백스윙 Stopping 만들기**
  * 백스윙 전반부는 왼팔 주도 가속, 후반부는 오른팔 주도 감속으로 임무 교대 (중반부에 왼 어깨 Braking 시점과 세기가 가장 큰 영향을 준다.)
- **오른 팔꿈치 & 손의 높이** (상하 타점 변화)
- **백스윙 스윙 플레인과 샤프트 & 헤드 무게 중심**
- **백스윙 스웨이 동작**

Remarks

#1. *타이거 우즈의 '마이 게임(2022 방송)'* 을 보니, 그는 백스윙 모양과 형태에 대해서는 거의 비중을 두지 않고 자세와 다운스윙에 중점을 두고 있는 것처럼 보인다. 좋은, 원하는 결과를 얻기 위해서 어떤 수준 이상의 실력에서는 백스윙은 상대적으로 중요한 Point가 아니라고 해석할 수 있다.

그런데도 많은 골프 영상에서 백스윙 (눈에 보이는 모양) 비중에 몰두하여 설명하는 것은 무엇 때문인지, 참 아이러니하다.

#2. 백스윙은 다운스윙에 비해 '1/2 × 1/16' 정도의 가치와 난이도를 가지고 있다는 생각으로 본서 내용이 구성되어 있어서, 백스윙에 관한 전체 내용은 본 장에 설명하고 있고, 각 다운스윙 동작 설명에서 백스윙에 연관된 부분은 그곳에 부분부분 서술되어 있다.

백스윙 만들기의 50%는 손목 강도 형성하는 것

6.1 테이크어웨이 모양 및 오른 골반 접기

(테이크어웨이는 근육 사용 준비 상태를 만드는 것)
(오른 골반 접기는 샷감 만드는 첫 번째 동작)

"*테이크어웨이만 잘 되어도 스윙의 50%는 해결된다.*"라는 혹자의 말이 있다.
그만큼 중요하다는 이야기인데, 어떤 것이, 왜 중요하게 작용한다는 것일까?

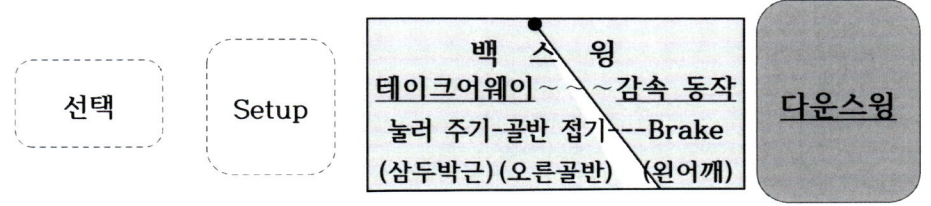

* 오른 골반 접는 시점이 중요한데, 삼두박근 사용, 오른 팔꿈치 눌러주는 테이크어웨이 길이로 결정

테이크어웨이는 조금 포괄적인 표현으로 다음과 같이 관점에 따라 분류할 수 있다.
- 몸통의 꼬임 관점에서 테이크어웨이 :
  볼과의 거리, 팔꿈치와 몸의 상대 거리와 관련된다(꼬임 전 이동 모양).
- 팔의 Tension 관점에서 테이크어웨이 :
  삼두박근 및 손목 폄 근육의 수축력과 관련된다(팔꿈치 펴며 눌러주기).
- 클럽 헤드 움직임 관점에서 테이크어웨이 :
  기하학적 분절 움직임, 물리적 분절 변위와 시간에 관련된다(가속 구역).

보통, 눈에 보이는 클럽 헤드 움직임으로 테이크어웨이의 적절성을 이야기하나, 눈에 보이지 않는 것의 중요성도 알아야 한다. 눈에 보이지 않는 **삼두박근 사용 형태**에 따라서 스윙 결과는 엄청난 차이를 보이게 된다.

* 주의 : 백스윙 감속 구간이 훨씬 중요한데, 테이크어웨이 초기 동작으로 들어오는 시각 정보가 뇌를 지배하여 감속 동작을 소홀히 하게 된다.

cf) 보통 연습에서 안 되는 동작 또는 추구하고자 하는 동작을 신경 쓰면서 보완(교정)하는데, 실전 라운드에서 테이크어웨이 동작을 신경 쓰며 스윙하는 것은 아니다. 몸에 밴 것이 저절로 사용된다. 테이크어웨이에 신경 쓰면 다운스윙 동작 완성도가 떨어진다.

1) 오른 골반 접기
(다운스윙 손목 스냅에 큰 영향을 주는 것 = 왼 손목 강도 키우는 것)

테이크어웨이 후반부에서 하체 동작 하나가 이루어지는데, 그것은 오른 골반을 뒤로 빼고 버텨 주는 것이다.
혹자는 *"백스윙 오른 골반(허벅지)에 벽을 만들어라."*라고 한다. 시각적으로 눈에 보이는 형태는 백스윙 후반부에 벽을 만드는 것으로 인식되는데, 백스윙 후반부에 아무리 벽을 만들려고 노력해도 잘 되지 않는다.

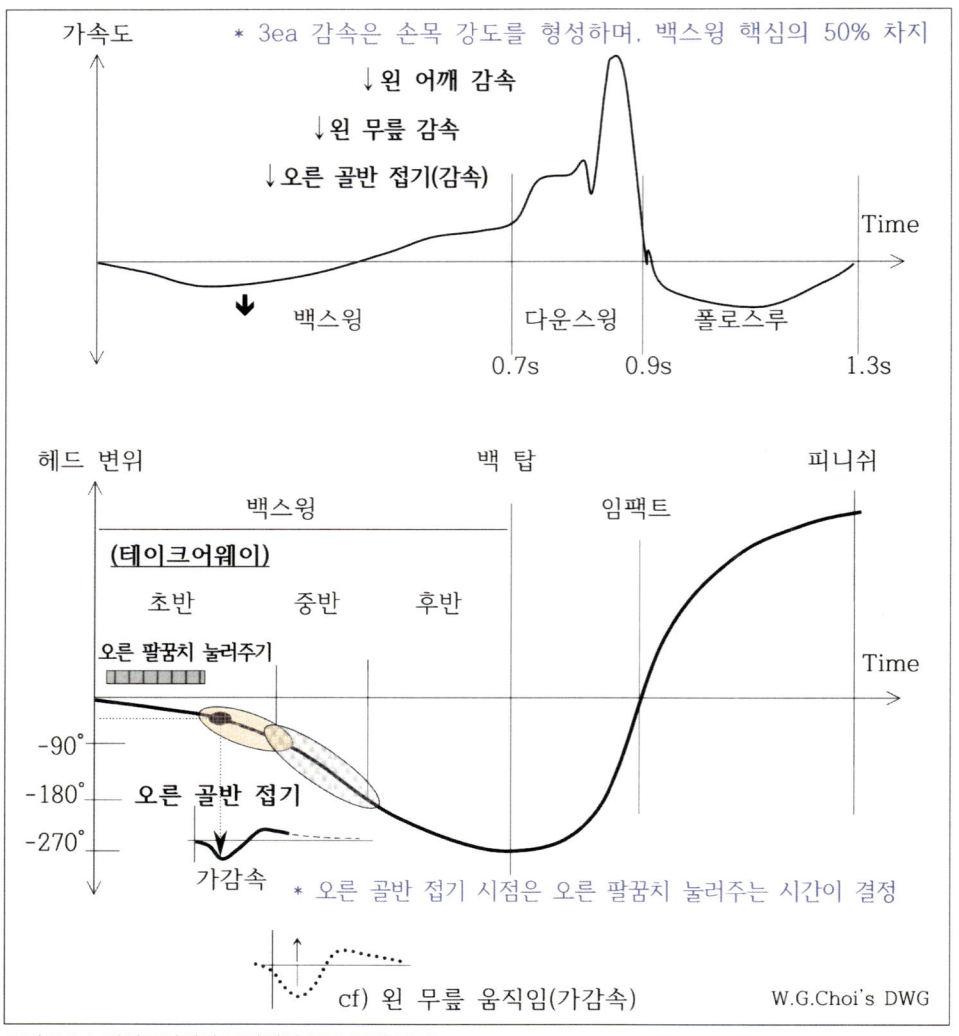

그림 3.6.1 테이크어웨이 구간에서 오른 골반 접기

백스윙, 테이크어웨이 반절 정도 진행된 상태에서 오른 골반을 느낌상 뒤로 4cm 정도 빼준다. 그림의 그래프 같은 가속과 감속 움직임 형태이다.
- 빼준다는 의미를 접는다는 뜻으로도 사용한다.
- 4cm는 단지 수치를 부여하는 것으로써, 2cm 또는 6cm 빼준다는 느낌이 될 수 있다.
- 테이크어웨이 끝 날쯤 오른 골반 움직임은 감속까지 진행된다. 이후 백스윙 중반 구간에서는 자연적인 움직임은 있되 버티는 구간이 되는 것이다.

* 모양 설명은 위와 같지만, 실제 골반 접기 시점은 삼두박근을 펴면서 눌러주는 오른 팔꿈치 동작의 길이(시간)가 오른 골반 접는 시점을 결정한다.

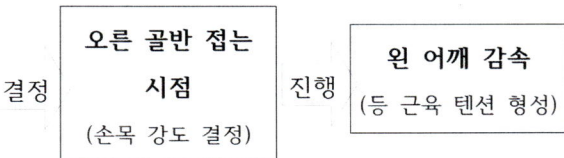

* 동작 목표는 부드럽게 뒤로 휘어지는 샤프트 모양 만들기

◇ 눌러주는 시간 긴데, 백스윙 끝에서 왼팔 뻗으면 엉터리 스윙 동작과 토우·상 타점 발생
◇ 눌러주는 시간 짧은데, 백스윙 끝에서 왼팔 안 뻗으면 엉터리 스윙에 얇게 깎여 맞는 타격 이루어짐
◇ '오른 골반 접는 시점 = 오른 팔꿈치 눌러주는 시간'의 길이를 이랬다저랬다 하면 오른 팔꿈치가 눌러지지 않고 등 근육 Tension 형성이 안 되어서 일정한 스윙 템포가 만들어지지 않아 스윙이 망가진다.

이 오른 골반 빼는(접는) 동작에는 시점과 크기가 있는데, 다음과 같은 큰 영향이 있다. 이것에 따라서 다운스윙 초·중반에 클럽을 끌고 내려오는 능력(한계치)이 5~10% 정도 변동하고, 릴리즈에서 왼 손목 회전력 사용에 밀접한 연관이 있으며, 타점에도 직결된다. 요점을 알면 시간(시일)이 걸리지 않고 바로 적용될 수 있는 사항이다.

* 골반 빼기 연습 Drill에서, 혹자가 양손 날을 펴고 백스윙 때 오른손 날을 잡아당기면서 "요렇게 오른 골반 접고,", 다운스윙 때 왼손 날을 잡아당기며 "요렇게 왼 골반을 접으면서 힙을 회전한다."라고 설명한다. 이 설명에는 더 명쾌한 시점과 크기가 필요하다.

a) 오른 골반 접기 시점에 연관되는 사항

오른 골반 접기는 다음 사항에 영향을 준다.

① 왼 손목 강도 증감 : 왼 어깨 & 왼 손목 강도와 오른 팔꿈치 역할을 변화시킨다. 골반 접는 감속이 만드는 후행 분절 감속 관성력이 왼 손목을 강하게 한다. 아울러 왼 어깨에도 Braking 트리거로 작용하고 오른팔 삼두박근에도 자동으로 Tension이 걸리게 해주는 기능이 있다. 빨리 접으면 왼 손목을 강하게 한다.
 - 빨리 접으면 : 훅 구질, 헤드 스피드 증가, 타격 Loft 감소
 - 늦게 접으면 : 슬라이스 구질, 헤드 스피드 감소, 타격 Loft 증가

② 분절 연결 기능 : 접는 시점을 빨리 가져갈수록 왼 손목과 오른 팔꿈치에 부담은 증가한다.
 * 오른 골반을 늦은 시점에 접으면 회전 동작이 느리게 진행되며 약한 회전력이 사용된다. 그 결과로, 거리 감소, 슬라이스 구질, 토우 타점 발생한다. 토우 타점 발생하는 메커니즘 2 가지는 엉덩이가 뒤로 빠져서 회전되는 것과 이두박근이 수축하며 손을 잡아당기는 현상이 유발되기 때문이다.

b) 골반 빼기 시점 영향
(백스윙 골반 접기 : 샷감에 영향을 미치는 첫 번째 스윙 동작이다.)

골반 빼는 시점과 양이 최적이어야 후속 동작이 원활히 이루어지는 샷감이 형성된다. 그나마 **빠르고, 적게** 빼는 것은 견고한 스윙을 만드는데, 반대로 **늦게, 많이** 빼는 것은 최악의 결과를 만든다.
 * 관찰해보면 골반 접기를 늦게 하는 선수는 없는데, 반면 연습장에서 일반 골퍼의 50% 정도는 골반 접기를 늦은 시점에 한다. 여성 골퍼에게서 그 비율은 높게 나타난다.

-. 정상 시점 (헤드 위치가 7시 반 위치에서 빼기 시작하여 9시에 마침) :
 - 백스윙 오른 하체 벽이 잘 만들어진다.
  * 하체 중에 가장 먼저 움직여 감속하는 것으로써, 집을 지탱하는 기둥 역할을 해주므로 벽이 잘 형성되는 것이다.
 - 손목 스냅이 최고치로 사용된다. 왼 손목 강도가 증가한 효과이다.
  * '백스윙 하체 고정 ---> 다운스윙 초기 골반 회전 ---> (오른 무릎 오금 굽힘) ---> 다운스윙 후반 왼 하체 폄' 동작이 절도 있고 리드미컬하게 이루어져서, 몸통과 팔의 회전이 최상으

로 이루어지는데, 최대 한계치의 힘이 사용되는 조건에서 손목 지지하는 것과 손목 회전력까지 강하게 사용된다. 즉 헤드를 끌고 내려오는 것과 손목 스냅 사용하는 것이 원활하다.
- 다운스윙 상하 타점이 Even을 형성한다.
  * 헤드 스윙 아크 중심점 높이, 즉 오른 다리 길이가 적정 형태를 띠어서 다운스윙 중에 헤드 궤도가 적정 높이로 진행된다.
- 원하는 타격 Loft를 갖는다.

-. <u>골반 늦게 빼면 (= 백스윙 중·후반부에 빼면)</u> : ≈ 골반 회전 많은 백스윙
  - 백스윙 탑 모양 : Over swing & Open COG
  - 오른 하체 벽이 부실하게 형성되어 다운스윙 회전력 이용 저하 <--- 헤드 스피드 감소
  - 릴리즈 부실 <--- 페이스 열리며 토우 타점(대략 1~2cm) 형성되어 슬라이스 발생 (드라이버 경우, 페이스 오목 면 효과로 Push & Hook 발생)
  - 스윙 중심점이 낮게 형성 <--- 대략 2cm 상 타점
  - Loft 커진 타격으로 큰 백스핀 & 높은 탄도에 거리 감소
    * 백스핀이 원하는 값보다 크게 걸린다면 백스윙 오른 골반 빼기가 늦고 골반 회전량이 많은 것인지 먼저 그 상태를 의심해봐야 한다. 그리고 다운스윙 중반부에 헤드를 끌고 내려오기 벅차다면 오른 골반 접기 동작 시점이 늦어진 것인지 확인해야 한다.
    비유 : 골반 접기가 늦으면 기차의 연착으로 역이 마비되는 것처럼 후속 동작이 정신없게 된다.

-. <u>골반 빨리 빼면 (= 테이크어웨이 시작과 거의 동시에 빼면)</u> : ≈ 골반 회전 작은 백스윙
  - 백스윙 탑 모양 : Close COG
  - 빠르게 오른 하체 벽이 형성되어 백스윙 크기 작아짐 <--- 스윙 아크 작아지고 조금 급한 다운스윙 전환, 왼 손목 밑면 강도 증가
  - 릴리즈 빠르게 이루어짐 <--- Loft 세워지고 페이스 닫힘, 헤드 던져짐
  - 스윙 중심점이 높게 형성 <--- 대략 1cm 하 타점
  - Hook 구질 발생 <--- 대략 (-)5° 내외 --- 필요시 Hook 교정은 손 진행 빠른 수직 낙하 또는 오른 무릎 앞으로 내미는 Setup으로 처리(보상) 가능

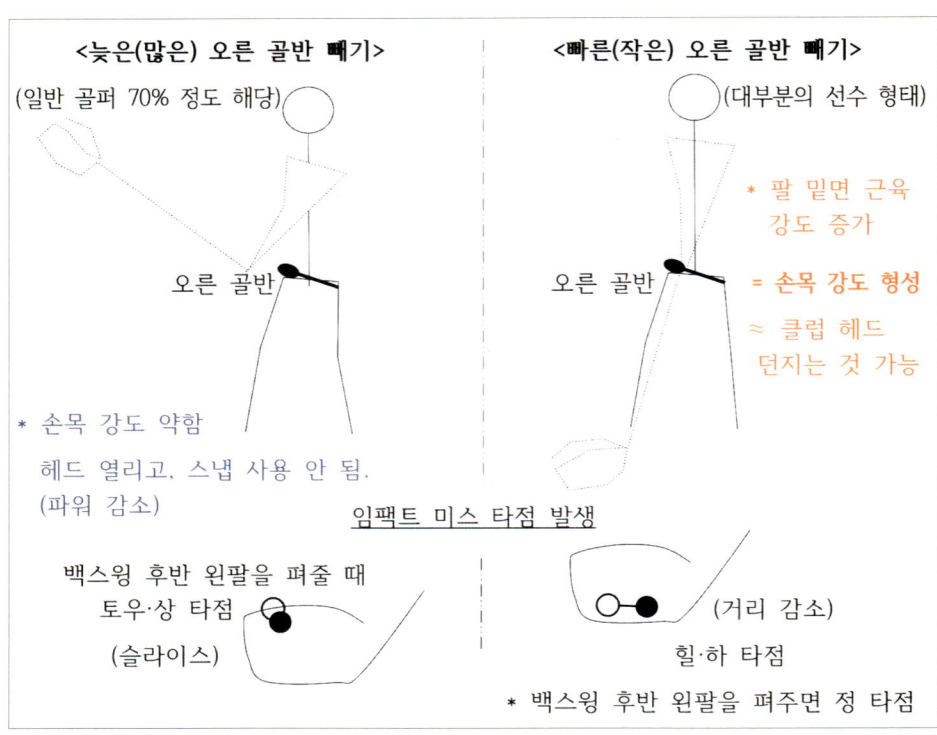

그림 3.6.2 오른 골반 빼는 시점에 따른 타점 변화

b) 오른 골반 빼는 양

오른 골반 빼는 양과 왼 무릎 이동량은 골반 회전 각 크기를 만든다.
- 보통 늦은 시점에 오른 골반을 빼면 왼 무릎 이동 양이 많아진다.
- 보통 이른 시점에 오른 골반을 빼면 왼 무릎 이동 양이 작아진다.
  * 빼는 시점이 적당하면 빼는 양도 적당해진다. 빼는 시점이 늦고 많으면 손목 스냅 사용이 현저히 떨어지면서 뒤땅(드라이버 Sky ball) 발생한다.

어드레스 자세와 관련하여,
- 오른 무릎을 3cm 앞으로 내민 Setup을 하면 오른 골반 감속 시점(지점)이 늦춰진다. 골반의 동적 관성이 커지기 때문이다. 약간 높은 탄도의 작은 슬라이스 발생한다.
- 오른 골반을 뒤로 2cm 돌린 Setup을 하면 약한 오른 골반 접기가 되어 Push & Slice 발생한다. 다른 한편으로 왼 손목 강도 증가가 주요 역할을 하면 약간 낮은 탄도의 훅 구질이 발생한다.

c) 의도적인 오른 힙 턴 양 변화

보통 백스윙에서 힙(오른 힙) 턴을 많이 하면 비거리가 늘어날 것으로 생각한다. 그러나 결과는 생각과 큰 차이를 보이는데, 헤드 스피드 떨어지고 거리 짧아진다. 또한 토우 타점이 나타나게 된다.

- 백스윙, 오른 힙 턴을 많이 하면 힙 중심이 뒤로 빠져 다운스윙 되므로, 몸의 중심이 뒤쪽으로 이동되어 회전하고 헤드가 안쪽 궤도를 돌게 되어서 토우 타점 가능성이 매우 크다.
- 백스윙, 오른 힙 턴을 많이 하면 왼 옆구리 인장에 의한 Tension이 증가하여 다운스윙 초기 상·하체 분리가 어렵다. 이것은 캐스팅 발생 가능성이 커지게 만든다. 캐스팅이 발생하지 않았다면 In to Out의 Push 구질 또는 'Push & Slice' 가능성이 커진다.
  상·하체 분리가 어려우면 분절 회전 순서가 흐릿해지고, 이어서 릴리즈가 약하게 된다.
- 많은 힙 턴에 더하여 어깨 턴도 많이 하려고 하면 어깨가 들린다. 이는 반동으로 뒤땅 궤도를 만든다. 토우·상 타점이 나온다면 과도한 턴을 의심하라.

* 결과적으로 타점 문제, 릴리즈 문제, 구질 문제로 평균 비거리가 작아질 가능성이 커지므로 적정 크기의 힙 턴 양을 가져가는 것이 추천된다.

적정 크기의 힙 턴 양이란 다운스윙 초기에 상·하체 분리를 할 수 있는 왼 옆구리 Tension 강도 상태를 의미한다.

cf) 혹자가 *"백스윙 탑에서 잠깐 정지한다는 느낌이 들게 하세요."* 라고 하는 것의 효과는 탑에서 시간을 지연하는 것이 그때 왼 옆구리 Tension 강도를 조금(대략 10%) 풀어주는 역할을 하게 된다. 탑에서 조금 멈추면 왼 옆구리 Tension이 감소한 것을 알 수 있다. 물론, 탑에서 정지하는 것의 주목적은 강한 클럽 사용할 때, 진동 릴리즈 타이밍을 늦추는 제어를 위한 조치사항이다.

Remarks

#1. 눈에 보이는 백스윙 오른 힙 턴, 왼 무릎 턴 시점에 따라 달라지는 것 :

- 이른 시점부터 많이 하면 : 하체 따로 상체 따로 스윙(아리랑 스윙) 형태가 된다.
- 늦은 시점에 하면 :
  ^ 상체가 급감속 되어 탑에서 헤드 반동이 커진다.
  ^ Over swing 형태 발생
  ^ 다운스윙 전환에서 클럽 헤드가 출렁이는 형태 발생
- 늦게 시작하여 늦은 시점까지 턴을 많이 하려 하면 : 다운스윙 하체 회전 리드가 안 되고 몸통 회전력 사용 시점이 흐릿해진다. 상체 회전력 사용이 느린 시점에 사용된다. 결론적으로 하체와 상체의 연계 동작이 깨진다. *1장 내용의 오른 무릎 오금 굽히기*가 방해받는다. 이어서 *2장 내용의 원심력가속도 성분*의 릴리즈가 안 된다.
  * 백스윙 가속 그래프에서 표시한 것과 같이, 테이크어웨이 중·후반부에 **오른 힙** 턴이 되고, 테이크

어웨이 끝부분에서는 **왼 무릎** 턴이 시작되어 백스윙 중반 구간에서 완료되어야 한다.

#2. 보통 백스윙 힙 턴을 적게 하면 힙이 뒤로 빠지면서 다운스윙 되어 Out to In 궤도가 만들어지면서 이 또한 토우 타점 가능성을 키운다. 의도적으로 힙 턴이 적은 스윙을 하면서 토우 타점을 미리 상쇄하는 방법으로 클럽 헤드를 힐에 정렬하는 Setup이 필요하다. 단, 시각적인 정렬 불일치로 인해서 타점 부정확도는 커진다.

#3. 오른 골반 접기 감속 형태를 부드럽게 하는 것은 후속 동작인 왼 무릎 이동량으로 조절된다. 단, 쉽지는 않으므로 샷 메이킹에는 사용하지는 않는다.
ex) 빠르고 강한 오른 골반 접기에 의해서 훅이 심하게 발생하고 있다면, 왼 무릎 이동량을 조금 키워서 훅을 완화할 수는 있다. 단, 방향 변화 폭은 정교하지 않다.

d) 오른 골반 접기의 응용

-. 그립 짧게 잡고 똑바로 보내기 :

일반적으로 그립을 1인치 짧게 잡으면 스윙 웨이트 작아지고 다운스윙에서 손 진행이 빨라져 95% 거리에 3° 내외의 슬라이스 발생하는데, 그립 1인치 짧게 잡고 오른 골반 빼기를 빨리하면 똑바로 간다. 작은 'Full & Hook' 구질이 될 수도 있다. 거리는 100% 또는 그 이상 나간다.

-. 백스핀 줄이기 :

드라이버에서 백스핀이 크게 걸리면 거리 손실은 물론, 방향성에도 손해이며 바람 불 때 매우 불리하다. 백스핀을 줄이고자 한다면 오른 골반 접는 동작을 앞당기고 왼 어깨 Brake를 강하게 잡는 것이 가장 큰 효과를 볼 것이다.

-. 손목 스냅을 강하게 사용하고자 할 때 :

아무리 팔을 직접 낭창거리게 사용하려고 해봐야 소용없다. 손목 폄 근육의 강도를 조금 키워주는 방법이 백스윙에서 이른 시점에 오른 골반을 접는 것인데 이것으로 손목 스냅이 커진다. 더불어 이것은 다운스윙 시작에서 캐스팅 발생하는 손목 반사신경 Limit을 키워준다.
* 어깨를 모아 늘어트리고 팔꿈치를 내리는 것은 손목 폄 근육, 삼두박근, 등 근육을 더 강하게 연결해주는 역할을 한다.

2) 비거리와 테이크어웨이 (몸통의 꼬임)

a) 볼과 멀리 선 어드레스에서 테이크어웨이

어드레스에서 볼과 멀리 떨어진 자세를 취하면 비거리가 급감한다.
세게 치려는 마음을 먹으면 보통 멀리 서는 경향을 보이는데, 이것은 그림과 같은 Flow 만들어서 되려 어깨의 회전력 전달을 약하게 하는 결과를 만든다.

　* 갑자기 비거리가 나오지 않는다면 그림의 메커니즘을 확인해야 한다.

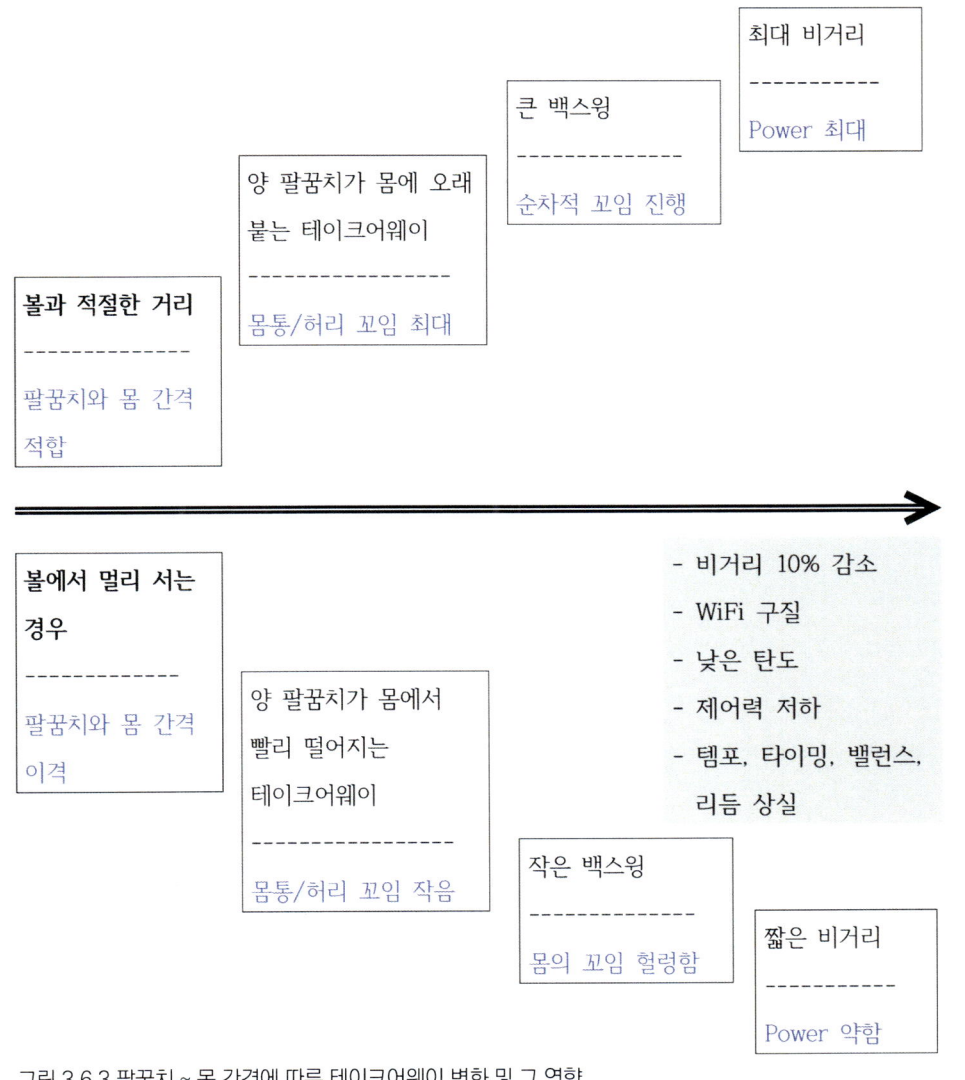

그림 3.6.3 팔꿈치 ~ 몸 간격에 따른 테이크어웨이 변화 및 그 영향

다운스윙에서 허리와 어깨의 회전이 강력하게 되려면 어깨가 들리지 말아야 하고 팔이 들리지 말아야 한다.

cf) 팔이 몸에 너무 붙으면 회전 아크가 작아져 손해를 본다. 따라서 최적 간격이 최대의 Power 전달을 한다는 것을 잊어서는 안 된다.

그림의 윗부분 스윙 동작 Flow를 만들고 결과를 얻으려면 볼과 적당한 거리에 서서 Stance를 잡아야 한다.

Remarks

#1. 스탠스를 어떻게 서든 겨드랑이가 몸에서 떨어지는, 즉 팔이 이른 시점에 들리는 테이크어웨이 하면, 어깨 회전은 오히려 작아지고 클럽 헤드는 등 뒤로 많이 넘어간다. 몸통의 Coiling도 작아진다.

#2. 볼에 멀리 선 어드레스는 엉거주춤한 자세가 되며 발목 각이 세워져서 하체 쿠션이 약해지고 다운스윙에서 하체 폄이 약하게 사용된다.

#3. 잘 되던 스윙이 갑자기 안 될 때가 있다.

볼과 멀리 서고 팔꿈치가 몸에서 빨리 떨어지는 테이크어웨이가 되어서 몸통 근육에 Tension 저장이 작은 경우이다.

보통 멋지게 하고 싶은 의욕이 앞선 경우로써 다음 상황에서 자주 나타난다. 심리적인 영향이 작용한 것이다.

- 세게 치는 스윙을 연마할 때
  * 멀리 서면 더 강하게 칠 수 있을 것이란 유혹이 자꾸 생겨난다. 그리고 그 유혹을 떨쳐내기가 만만치 않다.
- 실력을 갈고닦은 후 첫 라운드 할 때
- 지인과 오랜만에 라운드할 때
- 이성과 첫 골프 라운드할 때
- 카메라 촬영

볼과 거리 맞추기는 간단한 사항이지만, 위와 같은 의외의 상황이 개입되어 형편없는 스윙이 전개될 수 있다.

#4. 훅 그립(스트롱 그립)의 경우와 Close stance 경우에 테이크어웨이에서 팔꿈치가 몸에 오래 붙을 수 있는 간접 효과가 있다.

단, 이 사항은 컨트롤 샷에 제약이 따르므로 사용 여부는 선택 사항이다.

#5. 볼과 멀리 섰을 때, 보통 하체 펌이 약해서 배치기가 발생한다. 이것은 일반적인 정상 스윙 형태에서 힘없는 Push slice 구질을 만들 가능성이 크다.

cf) 만약 볼과 멀리 서고 의도적으로 하체 펌을 강하게 하면 토핑 궤도의 타격이 된다. 이렇게 강하게 쳤을 때는 정타에 맞았더라도 엎어 치는 형태가 되어서 훅 구질이 발생할 가능성이 크다.

이래저래 좋은 결과를 기대하기는 어렵다.

b) 테이크어웨이

테이크어웨이 구간은 다음과 같이 의미를 달리하여 정의할 수 있다.

-. 테이크어웨이 구간 정의-A : 양 팔꿈치는 스치듯이 가슴을 지나치면서 백스윙이 진행된다. 겨드랑이/양 팔꿈치가 가슴(몸통)에 살짝 스치며 지나가는 백스윙 구간을 말한다. 즉 백스윙 시작부터 팔꿈치(상완)가 가슴에서 떨어지는 순간까지를 말한다고 생각하면 쉽다.

몸통 상부가 꼬이는 구간이다. 몸통은 이때 첫 번째로 꼬이고, 백스윙 후반부에 두 번째로 꼬이며, 다운스윙 전반부에 상·하체 분리~결합에서 세 번째로 꼬인다.

cf) 모양이나, 감각적인 형태에서 다음과 같이 테이크어웨이 구간을 정의할 수도 있다.
테이크어웨이 구간 정의-B : 샤프트가 90° (골반) 정도 올라가기까지 구간
테이크어웨이 구간 정의-C : 손목 코킹이 본격적으로 시작되기 전 구간
테이크어웨이 구간 정의-D : 팔을 펴며 손목을 눌러준 구간

-. 테이크어웨이 기능 :
① 왼 광배근 & 오른 앞 가슴 근육이 늘어나면서 Tension을 갖게 한다. 일명 몸통 꼬임이다.

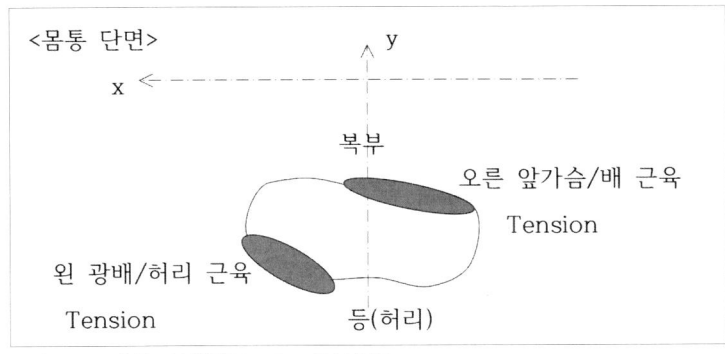

그림 3.6.4 테이크어웨이 Tension 형성 근육

테이크어웨이 구간은 몸통과 허리의 꼬임을 만드는 구간이다.

백스윙에서 제일 먼저 꼬이는 신체 부위는 이곳이다. 이곳의 꼬임은 다운스윙에서 Power가 되면서 회전력의 연결 기능을 수행한다.

Remarks

#1. 백스윙에서 꼬임은 몸통 중심(허리, 배꼽 뒤 지점)에서 시작하여 위아래로 퍼져나간다. 이곳은 다운스윙에서 몸통 회전 중심점이 된다.

#2. 혹자는 "손이 먼저, 팔이 먼저, 또는 어깨가 먼저 움직이면서 클럽 헤드를 이동시키는 것이 테이크어웨이 시작이다."라고 의견이 분분하지만, 그것은 눈에 보이는 시각적인 판단일 뿐, 단연코 눈에 보이지는 않지만 허리/몸통 부분의 근육이 작용하면서 테이크어웨이가 시작되어야 한다.

눈에 보이는 것으로 이야기하는 것보다는, 눈에 보이지 않는 근육 관점에서 생각하는 것이 오류를 방지하는 방법이 될 것이다.

#3. 겨드랑이가 가슴을 스치며 지나가는 동작의 대소는 가슴을 내밀고 넣은 모양, 양 팔꿈치를 굽히고 서로 모은 모양, 그리고 허리를 굽히는 것과 펴는 것에 따라 조금 달라진다. 좋은 테이크어웨이를 만들기 위해서는 먼저 이들 3가지를 조정하여, 편하고 적당하다고 여겨지는 Setup을 가져야 한다.

② 백스윙 크기를 키운다/줄인다.

허리를 중심으로 테이크어웨이가 시작되면 몸통 회전이 커지므로, 손(팔)과 클럽 헤드가 그리는 회전의 궤적이 커진다.

이 허리 지점은 Coiling의 변위가 바뀌는 절(Node)이 된다.

cf) 역학적 정의로 골프 스윙에서 꼬임의 1-절 지점은 발바닥이다. 2-절(2nd Node)은 테이크어웨이의 몸통 꼬임 중심점이 된다.

어깨 또는 손목을 중심으로 테이크어웨이가 시작되면 스윙 아크는 조금 작아지고 조금 부자연스러운 형태가 된다.

* 몸통을 꼬는 테이크어웨이가 안 되었을 때, 손목과 팔꿈치 부상은 거의 없다. 이유는 Power가 약해서 그만큼 충격량도 적어지기 때문이다. 보통 다른 스윙 동작 오류는 거리 감소와 함께 부상을 유발할 가능성이 큰데, 이 경우는 거리 안 나가면서 부상 Risk도 줄어든다고 보면 된다.

단, 몸에 힘을 많이 주고 하는 스윙에서는 어떤 형태든 어깨 근육/관절에 피로 손상이 발생할 수 있으며, 오른 팔꿈치와 왼 손목에 부상을 가져올 수 있다.

c) 볼에 너무 가까이 선 경우

볼에 가까이 선 Setup을 하는 경우 다음과 같은 변화가 발생한다.

-. 타점 : 하체 폄을 강하게 하기 어려운 조건이어서 배치기 발생 가능성이 있다. 배치기가 나오면 뒤땅 타점이 된다.

-. 방향성 : 다운스윙, 힙 턴이 안 되면 Full 궤도로 타격 될 가능성이 크다. 로테이션양의 변화가 크며, 깎여 맞으면 Full slice 구질이 된다.

-. 헤드 스피드 : 팔의 회전이 몸에 의해 방해되고, 팔을 뻗어주는 양이 작아져서 거리가 10% 정도 감소 된다.

본인이 가까이 선 것인지, 멀리 선 것인지, 일반 골퍼는 쉽게 분간이 되지 않을 수 있다. 그래도 멀리 선 것보다는 가까이 선 것이, 벌떡 일어서는(어깨 들리는, 스파이럴 앵글 유지하지 못하는) 백스윙 탑만 되지 않는다면 이후 발전 가능성이 크다.

3) 손 눌러주며 돌리기

(백스윙에서 손에 힘 적게 들어가게 하는 요소 중 하나)
(손목 스냅에 꼭 필요한 것 – 스냅에 절대 필요조건)

백스윙 동작의 첫 번째 기본 사항은 전반부는 **왼팔이 가속** 주관, 후반부는 **오른팔이 감속 주관**, 다운스윙 초반에는 이전 감속에 이어서 오른팔이 지지를 주관하는 형태다. 이 사항은 어프로치 *(2권 1장 1절)* 내용과 같다.

a) Logic

테이크어웨이 시작에서 손을 눌러주며 클럽 헤드를 돌린다. 그래야 Setup에서 상완의 뒷면 삼두박근에 준 Tension이 유지되는 백스윙 전반부가 된다.

　* 유지의 의미는 똑같이 유지한다는 것이 아니고 '비슷하게 유지하는 것'이다.
　정확히 어떤 상태로 유지하는 것이 최적인지 파악한 것은 골퍼의 몫이다.
　Setup에서 양 팔 삼두박근에 Tension 주고, 시작에서 **왼손 눌러주기가 주도**하고 **오른 팔꿈치 눌러주기는 보좌 기능**이다.

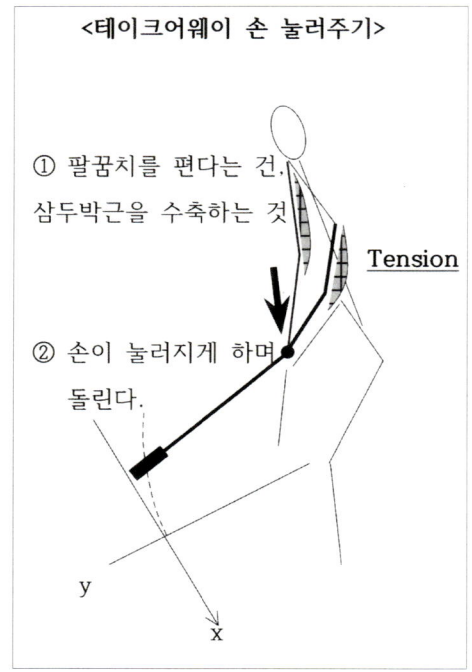
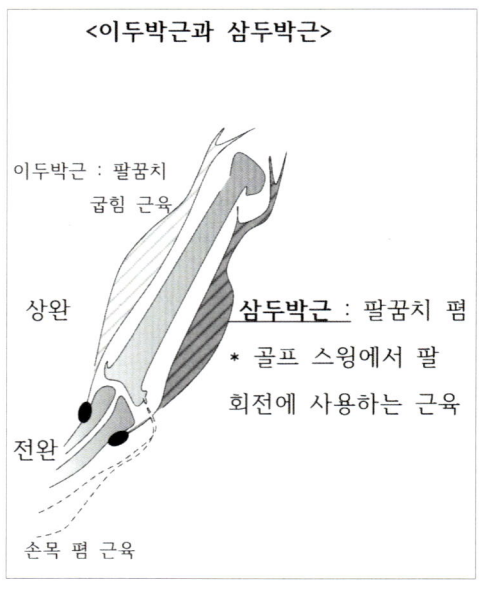

그림 3.6.5 테이크어웨이와 삼두박근 Tension

손을 눌러준다는 것은 팔꿈치를 펴면서 눌러주는 것이다. 이것은 삼두박근에 Tension 주는 것을 의미한다.

팔을 펴는 양은 겨우 1~2cm이지만 이것은 이후 증폭 효과에 의해서 했을 때와 안 했을 때 스윙과 스윙 결과에 엄청난 차이를 만든다. '작은 변화 ---> 큰 차이', 이것은 샷감에 큰 영향을 끼친다.

팔꿈치를 펴며 손을 눌러주는 것에는 손목이 위로 꺾이는 연동 작용이 있는데, 이것을 자연스럽게 이용하는 것이기도 하다.

* 팔꿈치를 펴며 손을 눌러주는데, 손목도 억지로 펴버리면서 만드는 백스윙 동작 형태는 답에서 거리가 멀게 된다.

cf) 눌러주기 오류 형태 :
- 어깨를 내리면서 손 눌러주기
- 골반을 굽히면서 손 눌러주기
- 무릎을 굽히면서 손 눌러주기
- 팔꿈치를 펴며 손을 눌러주는데, 손목을 펴버리는 것

작지만 삼두박근에 준 Tension은 백스윙에서 유지되어, 다운스윙 시작에서 손목 반사신경 작동하는 하중(가속 관성) Limit(허용치)을 키워주어서 조금 더 강한 다운스윙 시작 환경을 만들어주고, 래깅 하기가 편해지며 몸(어깨)의 회전력을 손과 클럽 헤드에 전달하기 쉽게 해준다.
결과적으로 조금 더 강한 원심력가속도 성분과 손목 스냅이 이용되게 해준다.

이것은 매우 간단한 사항인데, '백스윙, 헤드를 들어 올린다.'라는 뉘앙스 때문에 눌러주지 못하고 손을 들어 올리는 형태가 중급 실력 이하의 일반 골퍼에게 가끔, 띄엄띄엄 계절 감기처럼 찾아온다. 이 미스는 특정 홀에서 그런다기보다는 라운드 내내 또는 몇 날 며칠(한동안)을 고생하게 만든다.

테이크어웨이에서 눈에 보이기는 헤드는 올라가는데, 팔을 펴면서 손을 눌러주는, 즉 손을 내린다는 생각(사고)은 쉽게 할 수 없다.

이 동작은 어깨와 손 (사이에 팔), 어깨와 클럽 헤드(사이에 팔과 샤프트)를 분리하는 것이다. 마치 상·하체 분리와 같은 역할이다.

이 분리는 다음 5가지 역할을 해서 손목 스냅을 키워준다.
- 백스윙 후반부, 부드러운 클럽 헤드의 감속 --- 몸통이 먼저 Stopping 진행을 하고 유연하게 팔과 클럽 헤드가 Stopping을 한다.
- 오른 팔꿈치 눌러주는 것을 마치는 시점이 오른 골반 접는 시점이 된다.
- 다운스윙 전반부, 하체 회전할 때 팔과 클럽이 늦게 따라오는 상·하체 분리에서 몸통과 팔의 분리로 헤드의 급가속 완화된다.
- 다운스윙 중반부, 몸통이 회전할 때, 몸통과 팔 & 클럽의 분리로 몸통 회전 세기를 키워준다.
- 다운스윙 후반부, 팔과 클럽 사이의 손목에 가동 근력을 키워준다.

이것은 팔꿈치 폄 근육(상완 삼두박근)에 그림과 같이 일정량의 Stand-by 된 수축력이 있게 되어서, 시작 명령과 함께 준비하는 만큼의 시간 소모가 없어지기 때문에 더 빠르고 강한 수축 근력이 사용될 수 있는 것이다.

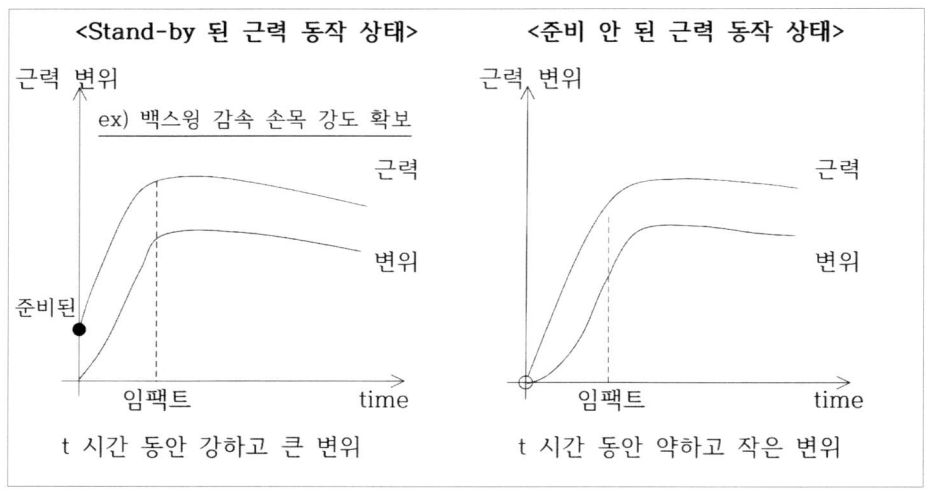

그림 3.6.6 Stand-by 된 근육의 동작 세기 비교 (예시)

팔을 펴며 손을 눌러주는 미세한 움직임은 테이크어웨이 동작에서 몸통과 하체에도 (눈에 보이지 않는) 영향을 준다.
- 척추를 곧게 펴지게 한다. 팔을 펴는 동작이 척추를 꼿꼿하게 해준다.
- 백스윙 초반 양어깨를 살짝 올려준다. Setup에서 내리고 모았던 어깨의 모양을 더 압축해주는 느낌이다. 어깨 관절이 견고하게 스윙(회전)할 수 있는 형태를 만들어준다.

이것은 백스윙 후반에 왼 어깨가 하강하도록 해준다. 즉 어깨가 번쩍 들리는 백스윙 탑 모양을 방지해준다.
- 미세하게 하체 쿠션(하체 근육)에 'Up & Down Tension'을 준다. 이것은 Tension의 크기는 키우지 않으면서 사용 환경을 튜닝 해주는 역할을 한다.
  미세하지만 양쪽 하체에 'Up & Down' 리듬이 활성화되는 것이다.
- 백스윙, 수평 체중 이동이 부드럽고 원활하고 적정량이 되도록 해준다.
* 눈에 거의 보이지 않는 미세한 이것이 실제 백스윙 만들기에 중요한 요소로 작용한다. 보이는 것에서 답을 찾으려 하면 못 찾는 이유가 이런 것이다.

Remarks

#1. 스윙 피로도 비교 : 손을 눌러주며 돌려주는 동작을 무시하고 연습 스윙했을 때 250개 하는 것이 얼추 최대치였다면, 손을 눌러주면 돌려주는 테이크어웨이를 했을 때는 500개 정도 스윙을 했을 때 같은 피로도를 느낄 것이다.
  * 오른 골반 접기와 왼 어깨 Braking이 일관되고, 그 전위 동작인 테이크어웨이 형태가 맞으면 500개 스윙을 해도 몸이 개운함을 느끼게 된다.

#2. 많은 골퍼가 백스윙 궤도(모양)에 집중하나 좋은 스윙 결과에 직접적인 의미가 있다고 보기는 어렵다. 집중해야 할 것은 테이크어웨이 삼두박근의 Tension 유지이다. 백스윙 초반부, 팔을 펴며 손을 눌러주는 것이 필요하다.

#3. 백스윙, 이렇게 저렇게 바꿨더니 핵심은 모르지만 우연히 드라이버 거리 10~20m 더 나갔다면, 팔을 펴며 손을 누르면서 돌려주는 테이크어웨이를 했을 때 다른 것들과 우연히 맞아떨어진 상태일 것이다. 다시 이것을 안 하면 원래 거리로 돌아온다.

#4. 작은 체격으로 드라이버 거리를 300 yards~300m 보내는 골퍼가 있다.
  이들은 하체와 몸통 스윙을 거의 완벽하게 하면서, 팔의 삼두박근과 손목 폄 근육의 Tension을 극대화하여 이용하는 것이다.
  단, 손목 근육이 어느 정도 튼실해야 한다.

#5. 몸속 근육의 작은 움직임이라서 손을 눌러주면서 돌려주는 것은 눈에 거의 보이지 않는다. 그래서 누군가 꼭 집어서 전체적으로 연결된 내용을 설명해주지 않는 한, 이것을 깨우치기는 만만치 않다.

* 비유 : 등이 가려운데, 그 주위(옆구리, 겨드랑이, 어깨)만 긁어대는 것처럼, 뭔가를 빙빙 둘러대며 설명하는 것 같은 이야기는 도움이 될 것 같지만 실상 별로 도움이 안 된다.

#6. 이 동작은, 동작을 배우는 것이 어려운 것이 아니고, 동작의 의미를 이해(해석)하는 것이 어렵다. 나중에 사용될 근육에 미리 Stand-by 상태를 만들어주느냐? 아니면, 물결에 휩쓸리듯이 이리저리 반응하며 힘을 주려고 아등바등하느냐? 하는 것과 같은 차이이다.
　* 오른 무릎 오금 굽이는 빈 스윙 연습을 할 때, 삼두박근 Tension을 주는 것을 같이 Test 해본다. 골프 스윙에서 팔((어깨)~상완~팔꿈치~전완~손목~(손))을 회초리처럼 낭창낭창하게 하느냐? 아니면 헐렁한 연결구조상태에 있게 하느냐는 것에 본항 내용이 50% 정도는 연관된다.

#7. Setup에서 양 팔꿈치를 가슴 쪽으로 모으는 외회전 모양을 해주며 복근 쪽에 살짝 붙이면, 상완의 뒤(아래)쪽에 있는 삼두박근에 Tension이 걸린다.

#8. *"왼팔을 써라." "왼팔 위주 다운스윙해라"*라고, 왼팔의 사용을 강조하는 사람이 있는데, 이 경우 왼팔 상완 삼두박근의 Tension이 강하게 Stand-by 되어있어야 가능하다. 그렇게 하는 사람은 그것이 맞는다고 생각하고, 그렇게 하지 않은 사람은 아무리 왼팔 위주 스윙을 하고 싶어도 못 한다.
　* 주의 : 오른팔 위주 스윙하는 골퍼가, 왼팔 위주 스윙을 해서 헤드 스피드가 증가했다고 하더라도, 매번 정타에 맞지 않는다는 것을 인정해야 한다. 그리고 빗맞는 것의 충격을 상상해야 한다. 더 큰 충격은 부상을 부른다.
　　- 토우·상 타점에 맞으면, 그 커진 충격으로 왼 손목과 오른 팔꿈치 부상
　　- 뒤땅이 나면, 그 커진 충격으로 왼 손목, 왼 팔꿈치 외측, 오른 팔꿈치 내측, 오른 손등 쪽 손목에 부상
　　cf) 왼팔 위주 스윙은 오른 골반 회전력 + 왼팔 회전력 사용조합
　　　　오른팔 위주 스윙은 왼 골반 회전력 + 오른팔 회전력 사용조합

#10. 삼두박근 폄 근육의 단련에 팔굽혀펴기 근력운동이 주효한다. 하체 폄 근육 운동에는 스쾃이 주효한다. 골프는 팔의 폄 근육과 하체의 폄 근육이 핵심으로 사용된다. 만약 적으나마 골프를 위하여 근력운동을 한다면, 이 두 가지가 먼저 추천된다.
　　cf) 철봉 운동으로 알통(이두박근)을 강화했다면, 스윙에는 악재가 될 가능성이 크다.

b) 안 했을 때 (손 눌러주며 돌리는 것을 안 했을 때)

만약 테이크어웨이 전반부를 단순히 손을 들어 올리는 진행을 하면 다음 현상이 벌어진다. 안 좋은 것의 50% 정도를 모아놓은 것에 해당한다.

- 오른 골반 접기 동작 시점이 불분명해진다.

- Setup에서 삼두박근에 준 Tension이 사라진다.
  ^ 그립에 힘 증가한다.
    백스윙에서 증가, 다운스윙 시작에서 증가, 다운스윙 중·후반부에서 증가
  ^ 힘 증가하여 원심력가속도 성분이 효과적으로 사용되지 못한다.
  ^ 힘 증가하여 손목 스냅 사용이 적어진다.
  ^ 몸통의 회전력을 클럽에 잘 전달하지 못한다.
    어깨에서 팔로 회전력을 전달하는 주요 근육은 상완 삼두박근인데, Tension이 없는 상태라면 수축을 준비하는 시간이 걸리기 때문이다.
  ^ (일명 헤드 무게 느끼기) 클럽 헤드 가속 관성을 느끼기 어렵다.
    가속 관성 하중은 상완의 삼두박근, 전완의 손목 폄 근육이 주로 느끼는 형태이다. 손이 느끼는 것은 그립의 악력 변화이다.

- 50% 나빠진 스윙 결과
  ^ 비거리 5~10% 감소 --- 아무리 세게 휘둘러도 기존 거리가 안 나온다.
  ^ 방향성 오차, 타점 오차 두 배가 된다. 슬라이스 구질이 형성된다.
    어설프게 비켜 맞는 타격이 된다.
  ^ 탄도 들쭉날쭉하다.
  * 특히 짧은 클럽(웨지)에서 샷 정확도, 타격 정확도, 샷감이 반으로 줄어든다.

- 방향성, 타점, 탄도 변화량 증가
  ^ 방향성 변화 : 대략 ±2°--- 특히 슬라이스 발생 경향
  ^ 상하 타점 변화 : 대략 ±5mm --- 특히 두꺼운 타격 경향
  ^ 탄도 변화 : 대략 ±5% --- 낮은 탄도(Loft가 세워져 엎어 맞는 경향)

- 일관성 저하
  ^ 헤드 스피드 일관성 저하
  ^ 방향성의 일관성 저하

^ 타점의 일관성 저하
　　^ 볼의 최고점 낮아짐
　　　발사각(탄도) ↓5% + 헤드 스피드 ↓3% = 탄도 대략 (-)10%

- 원하는 Shot making이 되지 않는다. 특히 타격 페이스 각 차이가 심하다.
  드로우를 쳐도 정확도도 떨어질 뿐만 아니라, 그 휘는 정도가 작다.
  슬라이스(페이드)를 쳐도 거리가 짧고 그 휘는 정도가 얼마 되지 않는다.

- 전체 스윙에서 리드미컬한 동작이 약해진다.

잘 맞던(잘 되던) 스윙이 갑자기 이상하다면 (특히 웨지에서), 테이크어웨이 초반에서 손을 눌러주면서 돌리는 것을 간과한 것인지 상기해봐야 한다.
원래부터 몰라서 못 한 골퍼라면 연습 스윙에서 몸에 녹여 넣어야 한다.

위와 반대로, 팔을 펴며 손을 눌러주면서 돌리는 테이크어웨이를 하면, 위의 문제점이 거의 일거에 해결될 것이다. 마치 지옥과 천당의 차이 같다.
손을 눌러주며 돌리는 테이크어웨이를 하느냐, 못 하느냐의 롱게임 타수 차이는 대략 5타 정도 될 것이다.

Remarks

#.1 혹자가 *"테이크어웨이만 잘해도 골프 스윙의 반은 끝난 것이다."* 라는 말을 하는데, 구체적으로 이것의 의미는 골반 접기를 포함하여 손을 눌러주면서 돌리는 것을 할 줄 아느냐, 아니면 모르느냐의 차이를 단적으로 표현한 말 같다.
　　실제로도 이것을 하는 것과 안 하는 것의 결과 차이는 50% 정확도 차이를 만드니, 중하급 ~중상급 단계에서는 혹자의 이야기는 과장된 것이 아니다.
　　팔을 펴며 손을 눌러주고 손목이 위로 꺾이는 연동 작용을 이용한 테이크어웨이 동작 숙달하는 데는 2~4주 정도의 연습 기간이 필요하다.

#.2 혹자가 *"테이크어웨이는 낮고 길게 하라."* 라고 말하는 의미는 손을 조금 더 눌러주면서 클럽 헤드를 돌려주라는 뜻이다.
　　헤드가 낮게 가든 높게 가든 그것은 크게 상관없다. 시각적으로 보이는 헤드가 지나는 길에 신경을 쓴다면 헛수고라고 해야 할 것이다.

또한 헤드를 낮게 빼려고 팔꿈치를 펴며 손을 눌러주면서 **손목을 펴버리면** 후속 코킹 동작이 급작스럽게 이루어져 형편없는 스윙이 된다.

팔꿈치를 펴며 손을 눌러주는 동작에 손목은 살짝 꺾이는 연동이 있는데, 그것은 그대로 사용되어야 한다.

#3. 손을 눌러주면서 돌려주면 백스윙 후반부에 어깨(특히 왼 어깨)가 낮은 위치로 자리를 잡는다.

왼 어깨는 억지로 내리는 것이 아니라 수동의 개념으로써 내려지는 것이다.

#4. 효과가 확인 안 된 Drill : 어드레스에서 클럽 헤드의 후방에 볼을 놓고, 그것을 헤드 뒷면으로 밀면서 테이크어웨이를 하는 연습법이 있다.

그렇게 해서 삼두박근에 Tension이 유지된다는 보장은 없는데, 그 행위로 백에 몇 명꼴로 우연히 삼두박근에 Tension이 유지되게 되어 효과를 볼 수는 있지만 오히려 잘해오던 사람은 그 행위가 테이크어웨이에 독이 될 수 있다.

c) 테이크어웨이에서 수직 가속 관성력

(심화 - 팔꿈치를 펴며 손을 눌러주는 테이크어웨이 하는 구체적인 이유)

(매우 어려운 내용 - 시간 변화에 따른 근육 작용 메커니즘)

다음은 복잡한 전개 및 설명 내용이지만 요약하면 테이크어웨이에서 헤드를 들어 올리는 이두박근(알통 근육) 영향을 최소화하는 데 삼두박근 Tension 유지가 도움을 준다는 것이다.

문제 1) 백스윙 테이크어웨이, 클럽 헤드(무게 250g)가 0.24초에 60cm 위로 올라갔다면 이때 헤드 상하 방향 가속력은?

〈풀이〉

$a = 2 \times h / t^2 = 2 \times 0.6 / 0.24^2 = 20.8 m/sec^2$ --- 대략 2g 정도에 해당한다.

$F = m \times a = 0.25 \times 20.8 = 5.2 N = \underline{0.52 kgf}$ --- 들어 올리는 필요 힘(근력)

cf) 후방으로 120cm 클럽 헤드가 빠졌다면, 헤드의 후방 가속력은?

$a_H = 2 \times 1.2 / 0.24^2 = 42 m/sec^2$

$F_H = 0.25 \times 42 = 10.5 N = \underline{1.05 kgf}$ --- 후방으로 미는 필요 힘

총 가속 관성력 = $\sqrt{(0.52^2 + 1.05^2)} = \underline{1.17 kgf}$

문제 2) *위 문제 1)에서*, 손목과 상완(어깨)에 걸리는 상하 방향 관성 굽힘 모멘트는? 단, 손목과 헤드의 수평 거리는 55cm, 상완과 헤드의 수평 거리는 92cm라 가정한다.

〈풀이〉

손목에 걸리는 하방 모멘트, M_{WRIST} = F × L_H = 0.52 × 0.55 = 0.29 kgf-m
상완에 걸리는 하방 모멘트, $M_{SHOULDER}$ = F × L_A = 0.52 × 0.92 = 0.48 kgf-m

* 긴 클럽은 헤드 무게는 가볍고 라이 각이 눕혀지고, 짧은 클럽은 헤드 무게 무겁고 라이 각이 세워져서 얼추 위 하중 모멘트가 클럽별로 비슷하다고 추측할 수 있다.

cf) 헤드 가속에 의한 전방 관성 하중 모멘트?
  (손~헤드 거리 80cm, 상완~헤드 거리 120cm)
  손목에 걸리는 모멘트 : 1.17 × 0.8 = 0.94 kgf-m --- 손목 굽힘근 하중
  상완에 걸리는 모멘트 : 1.17 × 1.2 = 1.4 kgf-m --- 이두박근이 받는 힘

* 이 값의 크기는 다운스윙에서 가하는 몸 회전력의 20% 정도 된다고 생각하면 얼추 맞을 것이다.

스윙 영상을 보면, 테이크어웨이에서 클럽 헤드가 전방으로 휘며 진행되는 모양은 1kgf-m 정도의 관성력이 걸리기 때문이다.

테이크어웨이에서 위의 하방 하중은 손목(전완의 위면 근육)과 상완의 이두박근에 걸린다. 근육은 버티기 위하여 수축한다.

* 만약, 상완 이두박근에 이 하중에 견디는 수축력이 작용하는 순간에 그 반대편의 길항근인 삼두박근에 걸려 있던 Tension이 빠져버리는 근육 이완이 **생긴다면**, 손과 손목에는 하중(수직 관성력)을 견디기 위하여 그립의 검지 쪽이 그만큼 꽉 잡게 되고, 손목 근육에는 꺾어 올리려는 수축력이 함께 작용하게 된다.

시간상 이 수축력은 백스윙 감속(Brake)에서도 계속 작용하게 되어서 백스윙 후반부에서 부드럽게 정지하지 못하고 급하게 클럽이 넘어가는(돌아가는) 모양을 만들게 된다. 백스윙 탑에서 Over swing 형태와 급감속 형태가 된다.

팔을 펴면서 손을 눌러주며 테이크어웨이를 진행하는 이유는 위와 같은 클럽 헤드의 하방 수직 관성 하중 조건에서 풀어지려는 상완 삼두박근의 Tension이 풀리지 않게 하기 위함인데, **눌러주면** 팔의 기하학적 변형에서 삼두박근이 수축하면서 Tension이 유지된다. 이것은 스프링이 줄어들 때 갖는 Tension과 같다. 이 Tension의 유지는 테이크어웨이의 가속 구간에서만 풀리지 않도록 참아내면 된다. 감속 구간에서는 감속 관성력이 삼두박근에 추가 Tension을 요구하게 된다.

* *"테이크어웨이를 느리게 진행하라."* 라는 말이 있다. 그 의도는 앞 계산에서 보여준 '수직 가속 관성력'의 크기를 줄이기 위한 하나의 방법에 대한 것인데, 이 하중을 줄여서 Setup에서 부여한 상완 삼두박근의 Tension이 빠지지 않도록 하는 데 도움을 주고자 하는 것이다.

cf) 90° 백스윙 크기의 어프로치도 백스윙에서 손을 살짝 눌러주면서 헤드를 빼주어야 더덕 대는 뒤땅을 유발하지 않는다. 연습은 의식적으로 하되, 실전에서는 생각하면서 동작을 하는 것은 아니고 몸에 배면 저절로 되는 것이다.

d) 기타, 똑딱이와 골프 입문
(어떤 스윙 방법으로 입문을 시작해야 하는가?)

골프를 처음 배우면서 스윙을 시작하는 형태는 다음과 같다. 각기 장·단점이 있다.
누구나 기본 스윙 동작은 3개월이면 몸이 습득할 수 있다. 3개월이면 동작에 필요한 신경과 동작 메모리가 생성될 수 있기 때문이다.

① '똑딱이'부터 배운다.
  ^ 타격감을 읽히는 수준/단계
  ^ 하체와 상체 몸의 모양을 읽히는 수준/단계
  ^ 골프 스윙에 필요한 근육 움직임의 신경 회로를 만드는 수준/단계

Remarks
#1. 처음 골프를 배울 때 하는 '똑딱이, 1/4 스윙'이라는 것과 Full 스윙에서 하는 테이크어웨이는 전혀 다른 것이다. 1/4 스윙은 그 자체로 스윙이고, 테이크어웨이는 스윙의 한 구간이다.

#2. 본격적인 스윙을 할 때는 '똑딱이'의 자세는 이용하되 동작은 모두 머릿속에서 지워버려야 한다. 실제 스윙 동작에서 이때 했던 것은 거의 소용이 없고 오히려 방해될 가능성이 크다.
이유는 '똑딱이'는 상체(팔) 동작 위주의 스윙인데, 실제 골프는 몸(하체와 몸통) 동작 위주의 스윙이기 때문이다.

#3. 이것저것 질문이 많은 것이 초보 골퍼 시절이다. 열의 있고 궁금한 것이 많아서 질문하지만, 설명해줘 봤자 이해한다는 것은 거의 불가능에 가깝다.

그래서 교습가들은 간단 명료하게 *"시키는 대로 하세요.", "시키는 것만 하세요."* 라고 한다.

이것은 마치 나르시시스트의 가스라이팅(심리 지배)과 비슷하여 거부감을 느낄 수 있는데, 배우는 골퍼 입장에서는 불편하지만 잠깐의 과정 일부이므로 본인의 이해력 수준을 생각하여 많은 것을 기대하지 않는 것이 정신 건강에 이롭다고 하겠다.

실제 이런 상황은 교습가가 문제가 아니라, 교습자의 인지 능력이 문제라고 하겠다. 비유하자면 유치원생이 *"이차방정식을 어떻게 푸나요?"* 라고 질문하는 것과 같으며, 설명해준다고 이해할 수 있는 능력이 되는 것은 아니다.

이때 '올바른 것'과 '잘못된 것'이라는 설명 표현이 사용된다.

② 하프 스윙부터 배운다.
   ^ 보통의 초급자, 어린아이들이 연습장에 처음 와서 자유롭게 시도하는 스윙의 형태
   ^ 교습가 없이 독학으로 시작하는 형태

③ Full 스윙부터 시작한다. Full 스윙의 빈 스윙부터 시작한다.
   ^ 타점 정확도가 떨어져 그 충격으로 팔꿈치, 손목 부상 예견된다.
     많은 빈 스윙 연습과 적은 본 스윙 시행하는 것으로 부상에 대처해야 한다. 골프는 욕심으로 해결되는 것이 아니다.
   ^ 아직 다운스윙 시간이 길어(헤드 스피드가 작아) 릴리즈 타이밍 어긋남이 발생하므로, 약한 클럽으로 배우기 시작하는 것이 권고된다.

* 연습장에서 제일 좋은 자리는 스윙 폼이 좋고 멀리 똑바로 나가는 사람의 뒷자리인데, 뇌에서 '그림자 따라 하기'로 무의식중에 그 사람 폼을 흉내 내려는 현상이 일어나서 스윙 동작 습득에 큰 도움이 되기 때문이다.

4) 테이크어웨이, 눈에 보이는 모양

a) 테이크어웨이 빠르기 (시간)
Even 상태가 제일 좋겠지만 무의식적이든, 의도적이든 테이크어웨이 빠르기가 변할 수 있다.

-. 느린 테이크어웨이 :
   다운스윙 때, 하체 턴이 상대적으로 빨라지게 되어 상체 턴이 상대적으로 느린 스윙 모양이 된다.
   타격에서, 페이스는 열리게 되고 (1~2°의 약한 슬라이스 발생), 토우·하 타점이 형성된다.
   * 얇게 타격할 필요가 있는 경우에 응용해서 사용되는 Shot making 방법의 하나이다.

-. 빠른 테이크어웨이 :
   다운스윙 하체 턴이 상대적으로 느려지게 되어서, 상체 턴이 빠른 관계로 엎어 맞게 되는 경향이 있다.
   페이스는 닫히게 된다. Loft가 세워진다. 다음과 같은 뒤땅 타점이 형성된다.
   - 그립에 힘 들어간 스윙일 때 : 토우·상 타점
   - 가벼운 그립일 때 : 힐·상 타점

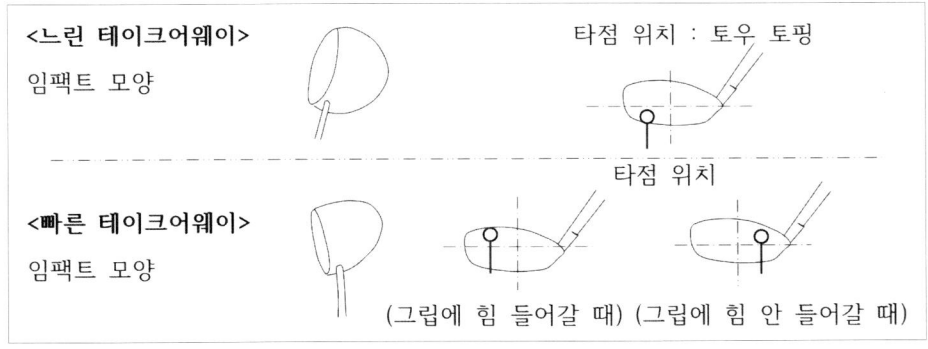

그림 3.6.7 테이크어웨이 빠르기가 만드는 임팩트 타점 & 방향성

느린 테이크어웨이, 빠른 테이크어웨이 했을 때, 임팩트 타점과 페이스 각은 그림과 같은 경향을 보인다.

Remarks

#1. 테이크어웨이 빠르기는 왼 어깨 사용에도 연관된다.
- 왼 어깨를 늦은 시점에 내리면, 느린 회전 된다. --- 느린 테이크어웨이
- 왼 어깨를 빨리 떨어트리면, 회전이 빨리 된다. ---- 빠른 테이크어웨이

#2. 백스윙 전체 빠르기는 왼 다리의 하체 쿠션 강도에 따라서도 달라진다. 왼 골반과 왼 무릎을 견고하게 잡으면 백스윙이 느려진다.
- 하체 쿠션 견고하면 : 느린 백스윙 --- 더 큰 슬라이스 발생 --- (과한 래깅)
- 하체 쿠션 가벼우면 : 빠른 백스윙 --- 엎어 치는 궤도 심화 --- (적은 래깅)

b) 상하 궤도 (코킹 시점)

테이크어웨이 후반부에 코킹이 시작되는데, 골퍼마다 조금씩 모양이 다르다.

-. 짧고 높은 테이크어웨이(얼리 코킹) : 좌우 체중 이동 적음. 스윙 아크 작음
 상체와 클럽의 움직임에 비해 상대적으로 하체 턴이 크고 빨라서 다운블로 형태의 다운스윙이 되고, 열려 맞는 슬라이스 발생한다.
 단, 이때 상체 위주의 다운스윙 하면 엎어 맞는 'Full & Hook' 발생 가능성 커진다.

-. 길고 낮은 테이크어웨이 : 좌우 체중 이동 많음. 스윙 아크 길게 됨. 왼 어깨 Braking 늦음.
 쓸어치기의 훅 구질이 발생하게 된다.
 단, 너무 길면 다운스윙 때 몸의 전방 이동이 많아져서 'Push & Slice' 가능성도 있고, 손목 반사신경이 크게 걸리는 조건이 되어서 '캐스팅 & 뒤땅' 가능성도 있다.
 너무 긴 테이크어웨이는 스웨이 현상을 키운다.

c) 앞뒤 궤도

골퍼마다 클럽 헤드를 후방으로 빼는 궤도가 조금씩 다르다.

-. 똑바로 빼는 테이크어웨이 :
 테이크어웨이 방향에 대해서 직접적으로 크게 연연할 필요는 없으나, 간접적으로 후속 동작에

오류를 만들 수 있는 사항이 내포되어 있는지 확인은 필요하다.

억지로 똑바로 빼려고 한다고 해서 똑바로 빠지는 것은 아니다. 다음의 Out to In과 In to Out 의 중간 형태의 어깨와 몸통 회전 동작을 취하면 된다.

-. Out to In 테이크어웨이 :

왼 어깨를 빨리 움직이려 할 때, 왼 어깨가 내려가며, 앞으로 내밀며 시작하는 형태에서 만들어진다.

다운스윙에서 Out to In으로 내려올 가능성이 크다.

깎여 맞는 경향을 보인다. 컷 샷에 응용해서 사용된다.

-. In to Out 테이크어웨이 :

(A) 오른 어깨, 오른 팔꿈치를 뒤로 빼면서 시작하는 백스윙 경우에 형성되는 테이크어웨이 궤도 모양이다. 즉 오른 어깨 턴 위주의 백스윙에서 나타난다.

다운스윙에서 In to Out으로 내려올 가능성이 크다.

Draw 또는 Push 구질 발생할 가능성이 크다.

단, **이 형태의 테이크어웨이 만들기는 회전 리듬을 흐릿하게 함으로 추천하지 않는다.**

(B) 상체 일어서면서 (왼 무릎을 살짝 펴면서) 백스윙을 시작할 때 형성되는 테이크어웨이 궤도 모양이다.

왼 무릎이 펴지면서 돌면, 오른 힙이 뒤로 빠진다. 그래서 백스윙 헤드 궤도가 In으로 빠지게 된다.

단, 억지스러운 **이 형태의 테이크어웨이 만들기는 하체의 'Up & Down' 리듬을 흐릿하게 함으로 추천하지 않는다.**

* 왼 무릎을 살짝 펴면서 시작하는 백스윙은 다운스윙에서 하체 펌이 부족하게 되어서 뒤땅 가능성이 크다. 또 다운블로 궤도로 헤드가 내려오게 된다. 드라이버 스윙에서 이런 트리거를 사용할 때는 느리고 여유 있는 백스윙 해야 뒤땅을 방지하는 상향타격을 할 수 있다. 이 방식 스윙은 하체 상하 리듬이 깨져서 펌 동작이 부실해지므로 추천하지 않는다.

cf) 아울러 이런 힐-업 형태 Full swing을 적용하면 어프로치에서는 뒤땅 가능성이 매우 크다. 거의 99%는 뒤땅이 발생한다고 보면 된다.

d) 백스윙 시작 트리거

'백스윙의 시작을 무엇으로 하는가?'라는 질문이 있다.
혹자는 "클럽 헤드 먼저 – 팔 – 어깨 – 힙 순서로 가야 한다."라고 말한다.
손목을 꺾어서 헤드를 움직이고, 어깨로 팔을 돌리고, 몸/허리를 틀어서 어깨를 돌리고, 하체로 골반을 돌린다는 뜻이다.
맞는 말인지, 아니면 단지 그럴싸한 이야기인지, 생각하기 나름이다.

다른 이는 "백스윙 시작을 왼 어깨가 주도해야 한다."라고 말한다.
또는 "백스윙은 왼 손목을 이용하여 밀어 올려서 해야 한다."라는 말도 있다.

* 어느 쪽 어깨를 주도적으로 사용하느냐에 따라서 궤도가 바뀐다.
  - 왼 어깨, 왼팔이 주가 되는 테이크어웨이는 Out to In 궤도로 백스윙이 이루어질 가능성이 크다. 또한 빠른 백스윙이 될 가능성도 크다.

  - 오른쪽 등/손을 잡아당기며 백스윙을 시작하면, In to Out 궤도로 테이크어웨이가 이루어질 가능성이 크다. 그리고 오른 팔꿈치를 빨리 접지만 않는다면, 느린 백스윙이 될 가능성도 크다.

백스윙 시작을 하는 방법의 이야기가 다양한 것으로 보아서 백스윙 시작을 오른 등(어깨)으로 하든, 왼 어깨(왼팔)로 하든, 손목으로 하든, 그것은 중요한 것 같지 않다. 특정한 형태를 정답이라고 단정하면 안 된다는 이야기다. 그것들에 정답이 없을 수도 있다. 눈에 보이지 않은 허리 상부 쪽 몸통이 백스윙을 시작하는 것이라고 보는 것이 맞을 것이다.

필요한 것은 그것으로 인해서 후속으로 만들어지는 형태를 이해하는 것이 더 중요하다고 하겠다. 'In & Out'과 상하 궤도 모양을 억지로 만들려고 해서는 안 된다. 손목과 팔로 만드는 것은 억지스럽게 만드는 것이다.
결론은 몸통 회전 움직임이 동반되어 만들어지는 것이 자연스러운 테이크어웨이라고 할 것이다. 여기에서 팔을 펴며 손을 눌러주는 테이크어웨이 형태는 필수이다.

백스윙(테이크어웨이) 트리거라는 것이 있다. 트리거 사용은 골퍼의 스윙 특징으로 같지는 않다. 따라서 어떤 것이 옳다, 그르다 할 수는 없다. 억지로 만들지 않고, 일관성이 있고, 원하는 결과를 만든다면 스윙에 맞는 트리거가 사용되었다고 할 수 있다. 결과가 좋지 않다면 재고해봐야 하는 사항이다.

다음과 같은 백스윙 시작 트리거가 있다.

- No 트리거
- 손을 핸드포워드로 꺾으면서 어깨 회전으로 테이크어웨이 시작
- 척추를 살짝 세우면서 (반동을 이용) 팔 회전으로 테이크어웨이 시작
- 왼발을 살짝 밟아주면서 (반동을 이용) 어깨 회전으로 테이크어웨이 시작 <--- 더 작은 스윙 할 때, 다운블로 궤도 스윙 할 때
- 왼 무릎을 살짝 펴주면서 (반동을 이용) 팔 회전으로 테이크어웨이 시작 <--- 더 큰 스윙 할 때 ≈ 힐-업 스윙 (일반 골퍼에게 절대 추천하지 않음)

〈"테이크어웨이만 잘해도…."에서 '잘해도'의 의미〉

'잘해도'라는 낱말 하나에는 앞 1)~4)항의 내용을 만족한다는 뜻이 포함되어 있는데, 이루 말할 수 없이 복잡한 내용이다. 모두 이해할 수도 없고 기억할 수도 없다.

테이크어웨이 동작은 후속 감속 동작, 전환 동작 및 릴리즈 동작에 가장 적당하다고 생각하는 것을 찾아서 일관성 있게 같은 모양으로 사용해야 한다. 단, 몇 가지 Shot making에서는 달라지며, 그것은 그 샷에 Set menu처럼 녹여 넣어 적용한다.

6) 백스윙, 해가 되는 습관

a) 후방 거울 보지 않기
연습장에서 후방 벽면에 거울이 있는 곳이 있다.

그림 3.6.8 후방 거울 보지 않기

테이크어웨이, 백스윙의 정지 동작(구분동작)을 하면서 고개를 돌려 거울을 보며 자신의 스윙 모양을 확인하고 교정을 진행하는 골퍼가 있는데, 이것은 실제 백스윙에서 다음과 같이 큰 괴리를 만들 가능성이 있다.
- 머리를 오른쪽으로 돌렸을 때 행하는 팔, 다리의 동작과 머리를 똑바로 했을 때의 팔, 다리 동작은 다른 동작이 되어 버린다.
  즉, 머리를 돌려 거울 속에 보이는 정지 모습을 본 것과 머리를 돌리지 않았을 때의 정지 모습이 같다고 할 수 없다.
- 고개를 돌리면 귓속의 평형감각 기관의 기준이 변하게 되어, 뇌의 평형감각 정보 분석이 어렵고 다르게 되어서 동작의 판정이 흐릿해진다고 볼 수 있다.
- 반복된 후방 거울 보는 동작은 뇌의 스윙 동작 근육 메모리에 혼선을 줄 수 있다.

따라서 후방 거울을 봐가면서 스윙 교정을 하려 해서는 안 된다.

Remarks
#1. 다른 골퍼 또는 교습가에게 백스윙 동작이 어떤지 봐달라고 하고, 필요하면 교정하도록 한다. 번거롭지만 동영상을 찍어 비교 분석하는 방법도 있다.

#2. 시선만 조금 위로 바꾸기 때문에 앞 거울로는 백스윙 탑의 모양을 봐도 괜찮다.
　* 앞 거울은 안전을 위하여 골퍼 주위 환경(뒷부분)을 확인하는 자동차의 사이드미러 용도처럼 쓰인다.

#3. 교습가가 구분동작으로 특정 백스윙 시점의 정지 상태 동작을 설명하면서 헤드를 보는 것은 교습이기 때문에 그렇다.
　무의식적 학습 효과로 그것을 시청한 일반 골퍼가 따라서 하는 경향이 있는데, 자기의 스윙에서 고개를 돌려서 정지 상태의 백스윙 헤드 모양을 반복적으로 보면서 스윙을 교정하려 하면 안 된다.

b) 테이크어웨이에서 고개 돌려 클럽 헤드 보지 않기
(곁눈질로 보고, 고개 돌리지 않기)

왜글과 같이, 예비 스윙 동작으로 테이크어웨이를 해보는 것은 나쁘지 않다.
이때, 고개를 돌려 백스윙의 궤적을 보는 것은 본 스윙과 괴리를 만들 수 있다. 가능하면 본 스윙 동작과 다른 행동이 동작 혼선을 일으키지 않도록 해야 한다.

왜글과 같은 예비 동작은 그립(손가락) 하중 분배와 팔, 하체의 리듬감을 주는 것에 사용되도록 한다. 특정 Shot making에 있어서, 빈 스윙 하는 것은 해당 동작 메모리를 소환(활성화)하고, 구현해야 할 동작을 예행연습 해보는 것으로 끝내야 한다.

본 스윙 중에 가장 나쁜 습관의 하나가 테이크어웨이 할 때, 시선이 길게 클럽 헤드를 따라가는 것이다. 이것은 다음과 같은 문제의 소지가 있다.
　- 과도한 고개 움직임을 만들 수 있어, 전체 스윙 동작에 악영향을 줄 수 있다.
　- 눈의 시각에 테이크어웨이 움직임을 또렷이 보려 하면 할수록 신체 전체의 감각 사용 영역 일부가 그 행동에 할애되어, 신경계의 스윙 동작 작동신호(프로그램)를 약하게 만들어버린다.
가능하면 클럽 헤드가 후방으로 이동하는 것은 흐릿한 상으로 시각에 들어오도록 하여, 뇌가 스윙 동작하는 것에 전념(집중)하도록 해주어야 한다.

Remarks
#1. 골프 대회 중계방송을 보면 선수들이 볼 주위에 있는 눈에 띄는 이물질을 치우는 모습을 볼 수 있다.
　이것은 시각 정보의 간섭(혼란)을 방지하고자 하는 것이다.

만약 스윙 시작에서 볼 옆 20cm에 낙엽이 순간 눈에 확 들어왔다면, 미스샷 할 확률이 높아지게 된다. 이것은 누구나 한 번 이상 경험한 미스샷 발생 유형(원인)일 것이다.

볼 주위 눈에 띄는 것을 제거하여 집중력을 유지하고 새로운 시각 정보(자극)가 차단되도록 하는 것이 필요하다.

#2. 백스윙은 0.5sec~1.0sec 동안 이루어지므로 시간이 좀 길어 눈이 아닌 신체 감각으로 동작의 상태를 어느 정도 인지할 수 있다. 눈으로 백스윙 동작을 확인하려 하지 말고 감각으로 익히도록 한다.

테이크어웨이에서 헤드의 궤적은 곁눈질로 흐릿하게 보는 것으로 충분하다. 실제로는 아예 클럽 헤드를 보지 않는 것이 더 좋은 결과를 만들 것이다.

* 테이크어웨이 또는 왜글을 하면서 헤드 궤적에 시선을 집중하는 극히 일부 선수가 있는데, 상대적으로 안 좋은 샷 결과를 보인다.

#3. 테이크어웨이 하면서, 시선이 헤드를 따라가는 것은 임팩트 직전의 헤드업(Head-up)만큼이나 해가 된다고 생각해야 한다.

왼팔 Zig-zag 꼬기

6.2 백스윙 왼팔 꼬임(상완-외회전, 전완-내회전, 손목-보잉)
(필수 사항)

이것은 백스윙에서 필수 동작이며 매우 중요한 사항이다.
* 백스윙에서 가장 중요한 큰 동작 세 가지를 꼽으라 한다면, 1st는 왼팔 꼬임, 2nd는 오른 골반 접기에 이은 왼 무릎 움직임 시점, 3rd는 왼 어깨 Braking 시점이 될 것이다.

백스윙이 시작되고 이후 팔이 움직이는데 왼팔이 주도되는 것은 의심의 여지가 없다.
* 만약 오른팔이 주도되어 백스윙 모양을 만들려 한다면, 왼팔 펴짐이 작은 모양의 스윙 아크, 즉 작은 백스윙이 만들어지고 손목 코킹이 늦게 이루어지며 감속이 늦은 오버스윙 형태가 되고, 왼 손목을 펴주는 보잉을 취하기가 어려운 커핑 모양의 백스윙이 되어서 릴리즈에서 손목 회전력 사용이 불편함으로 헤드 스피드 올리기가 힘들게 되고 탄도 높이기 어렵게 된다.

왼팔 주도의 백스윙 가속이 이루어질 때, *"왼 팔꿈치 연장선(가리키는 방향)이 '왼쪽 옆구리 -> 배꼽 -> 오른발 끝 -> 볼'을 바라보게 진행되어야 한다."* 라는 말이 있다. 이것의 방법, 의미, 효과는 무엇일까?

백스윙 진행 중에 왼팔은 그냥 올리는 것이 아니다.

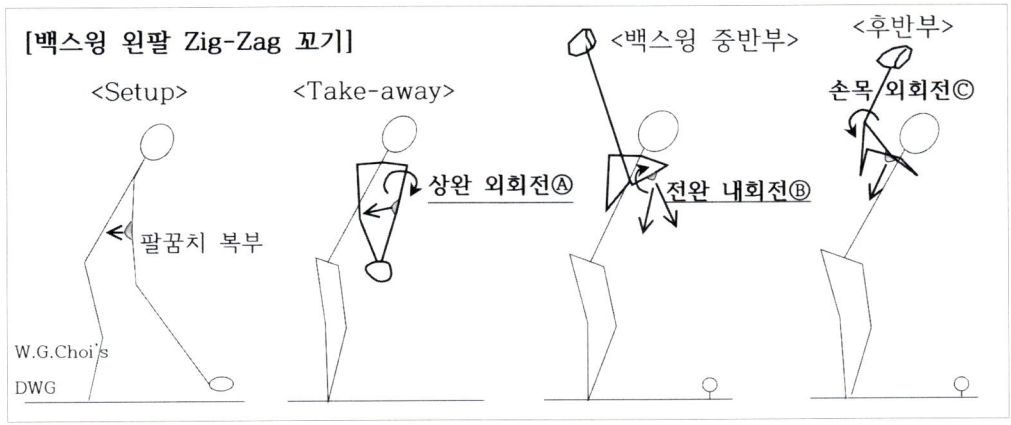

그림 3.6.9 백스윙 왼팔 회전 방향과 팔꿈치가 가리키는 방향

그림에서 표현하고자 하는 것은 왼팔을 비트는 노력을 다음과 같이 해야 한다는 것이다.
- 테이크어웨이 진행 -- 상완 외회전 Ⓐ --- **왼 등**에 Tension을 갖게 함
- 백스윙 중반부 ------ 전완 내회전 Ⓑ --- **상완**에 Tension을 갖게 함
- 백스윙 후반부 - 손목 외회전(보잉) Ⓒ --- **전완**에 Tension을 갖게 함

이 왼팔의 꼬임 모양은 지그재그(Zig-zag)로 각 분절을 반대로 꼬는 것이다. 그렇게 해야 왼 등부터 손까지 견고한 팔이 만들어지는 것이다.

조금 과장하면, 백스윙에서 이것 하나가 상체 동작의 50% 정도를 차지한다. 이 형태로 만들어진 팔과 클럽의 궤도는 거의 80%가 완성된 것이라 보면 된다.

이 상태 모양의 왼팔은 다운스윙에서 일정한 힘, 일정한 궤도를 만들 수 있는 준비 상태가 되는 것이다. 아울러 이 상태는 멋진 백스윙 궤도와 피니쉬를 만들어 줄 것이다.

이 몸동작은 1~2주 형태 만들기 연습, 1개월 추적, 2~3개월 수련 과정 후에 자연스럽게 스윙에 녹여 들어가서 사용된다. 주기적인 확인 및 유지보수는 필요하다.

각 꼬임에 대한 상세 설명은 다음과 같다.

a) 상완 외회전 Ⓐ

백스윙 전반부 왼팔이 밀리며 테이크어웨이가 진행된 후, 들어 올려지면서 상완은 외회전해야 한다. 그래야 왼 어깨/등 근육에 인장(Tension)을 갖게 되며, 팔꿈치가 들리지 않고 배꼽 방향을 가리키게 된다.

Remarks

#1. 상완을 외회전하지 않고 그냥 들어 올리기만 하면, 왼 어깨/등 근육에 Tension이 걸리지 않고 팔꿈치가 그냥 들리게 된다. 왼 어깨가 허깨비처럼 느껴진다.

#2. 상완의 외회전은 왼쪽 등 근육을 강하게 꼬이게 만드는 작용인데, 이는 광배근과 연결되어서 임팩트 때까지 Tension 상태를 갖게 한다.

   * Test : 백스윙이 60% 정도 진행된 상태에서 왼 팔꿈치를 몸에서 떨어트리며 살짝 들리게 하면 (이것이 왼팔 상완 내회전 시키는 것), 왼 등 근육의 긴장이 다 풀어져 버리는 것을 경험하게 된다.
   다시 왼 상완을 외회전하면서 팔꿈치를 몸쪽에 가까이하면, 풀렸던 등 근육에 Tension이 다시 들어

온다. 이 Tension을 만들고자 상완을 외회전하는 것이다.

#3. 밴드로 양 팔꿈치를 몸에 묶고 스윙하는 것, 왼 팔꿈치/겨드랑이에 클럽 헤드 커버를 끼우고 연습하는 것은 왼 팔꿈치가 몸에서 떨어지지 못하게 하는 것이며, 이것은 왼팔 상완의 외회전 형태를 간접적으로 만들어주는 연습법이다.

#4. 혹자가 백스윙에서 *"왼팔을 쭉 펴야 한다.", "왼팔을 조금 구부려도 된다."* 라고 하는 조금 상반된 말은 별로 중요하지 않은 것이다. 핵심은 왼팔 상완의 외회전이다. 그리고 이어서 전완과 손을 갈지자(之)로 꼬아야 한다는 것이다.

#5. 왼 팔꿈치를 명치 쪽에 향하게 Setup하고 스윙하는 골퍼가 있는데, 이것은 Setup 단계에서 왼팔 상완을 조금 더 외회전이 된 상태로 만들어 놓은 것이다.

b) 전완 내회전 Ⓑ

외회전한 상완을 유지하면서, 백스윙 중반부에 전완은 내회전시켜야 한다.
왼팔 전완을 내회전 시켜야 상완에 있는 근육(이두박근, 삼두박근)이 Tension을 갖게 된다.
　* Test : 백스윙 80% 정도 진행된 상태에서 왼팔 전완을 '외회전 ↔ 내회전' 반복해 보면 상완 근육의 Tension 변화를 알 수 있다.

c) 손목 외회전(보잉) Ⓒ

백스윙 후반부, 왼손을 외회전하여 손목이 살짝 보잉 되면 전완 근육이 꼬이게 된다.
　* 백스윙 탑에서 *"왼 손목이 펴졌다.", "왼 손목을 보잉 해 준다.", "손목을 아래로 꺾었다."* 라는 혹자의 표현은, 왼팔 전완 근육에 Tension이 들어가도록 해준다는 것을 의미한다. 손목의 모양은 가시적으로 보이는 것이지만 모양에 현혹되지 말고, 그 작용 의미를 알아야 할 것이다.

d) 왼팔 꼬임 형태로부터 얻는 것

백스윙 동작에서 왼팔을 단순히 들어 올리는 것만 하면 안 된다. 위 세 가지 분절이 서로 다른 방향으로 꼬이게 만들어줘야 한다. Ⓐ, Ⓑ, Ⓒ가 되어야 왼쪽 팔꿈치가 들리지 않고, 팔꿈치가 가리키는 방향이 원하는 경로를 형성하게 된다. 이것을 하면 다음 사항이 만들어진다.

① 백스윙 탑 ~ 다운스윙 전반부에 왼 팔꿈치가 볼을 바라보며 내려오게 해준다. 클럽 샤프트와 왼팔이 한 면의 스윙 궤도를 갖게 된다.
멋진 스윙 폼을 만드는 필수 요소 중의 한 가지다.

② 왼 어깨 턴이 잘 되는(많이 되는) 백스윙 탑을 만들어준다. 즉 척추가 펴지는(몸이 일어서는, 어깨가 들리는, 팔로만 올리는) 모양을 완화해 준다.
만약 이것을 안 하면 왼 어깨 깊숙이 안 돌아가고, 팔만 더 돌아가려는(넘어가려는) 백스윙이 된다.

③ 일정한 크기로(모양으로) 오른손 손바닥이 그립을 쟁반 받히는 모양을 만들어준다. 그러면 오른 손목 Hand cushion이 일정해지고, 다운스윙 초기 가속 조건이 더 일정해진다.

④ 백스윙 궤도에 일관성이 증가하며 Over swing 방지 역할 일부(20% 정도)를 해준다.

   * 백스윙에서 Over-swing의 원인 :
     - 오른 골반 접기 및 왼 무릎 이동을 늦은 시점에 많이 할 때   (20% 연관)
     - 백스윙 후반부 왼팔 구부러지는 조건/왼팔을 안 뻗을 때   (20% 연관)
     - **왼팔 상완, 전완, 손 Zig-zag로 꼬지 않을 때**   **(20% 연관)**
     - 왼 어깨 Braking 시점이 2/3보다 늦을 때   (20% 연관)
     - 팔꿈치 및 어깨 모으지 않고 벌어질 때   (20% 연관)

⑤ 다운스윙 내내, 몸통과 팔의 연결 상태(연결 강도)가 견고한 상태로 만들어진다. 즉 왼팔이 들리지 않게 하는 역할을 해주는 것이다.
만약 안 되었을 때는 팔이 들려 클럽을 끌로 내려오는 데 어려움이 있고, 임팩트 모양에서 왼 손등이 들리는 형태(일명 '터졌다'라는 표현)가 되어 슬라이스가 발생한다. 헤드 스피드도 느리게 된다.
   * 세게 치려고 할 때(왼 어깨를 많이 회전하고 늦게 Braking 잡으려 할 때), 멋지게 치려고 할 때, 왼팔이 조금 들리는 백스윙 되곤 하는데 'Push & Slice'의 헤드 스피드 낮은 스윙이 될 수 있다.

⑥ 다운스윙 중반부, 왼 다리에 벽이 만들어지는 작용을 증대시켜 준다.
　클럽 헤드와 하체 사이에 연결 상태가 강화되어 작용·반작용이 더 활성화되기 때문이다.
　이것 하는 스윙을 하고, 2~3개월이 지나면, 왼팔~왼 다리 동작 연결 신경회로 생성이 완료되어서 왼 다리의 움직임이 더 견고해진다. 안 하던 사람이 체득하는데 2~3개월이 소요된다는 이야기다.
　* 이것을 안 하고 좌측 하체에 벽을 잘 만들려고 해봐야 소용없다.

⑦ 다운스윙 후반부, 강력한 왼팔 꼬임 연결(왼 등 – 상완 – 전완 – 손) 유지할 수 있다.
　더 강한 상체 회전이 되어도 상체(팔) 힘을 쓰는 방향이 샤프트 회전면에 일치되게 하는 기능이 있다. 따라서 다운스윙 궤도 일관성과 Power가 점점 좋아진다.

⑧ 척추 일어섬(배치기, 얼리 익스텐션) 현상 방지에 순기능 역할을 한다.

⑨ 외견상으로도 견고한 상체 동작이 이루어지는 것 같이 보인다. 전체 스윙 폼에 완성도를 높여 주는 것이다.

⑩ 백스윙 오른 팔꿈치 플라잉 엘보 방지/완화 : 자연스럽게 다음 사항이 만들어진다.
　- 왼 팔꿈치가 모이는 형태이므로 오른 팔꿈치가 모인다.
　　한쪽 팔꿈치가 벌어지면 다른 쪽 팔꿈치도 벌어지고, 한쪽 팔꿈치가 가운데로 모이면 다른 쪽 팔꿈치도 모이게 되는 것이 몸의 반응 동작이다. 이것은 동작 균형을 맞추려는 반응이다.
　- 백스윙에서 오른 팔꿈치 플라잉 엘보는 다운스윙에서 왼 팔꿈치 치킨윙을 유도하는데, 이것의 연쇄 반응을 방지/완화해 준다.
　* 다운스윙 왼 팔꿈치 치킨윙도 방지/완화해 준다.

이것은 자전거 타기와 같다. 3개월 정도를 이것에 신경을 쓰며 스윙하면, 이후 스윙 폼에 자연스럽게 스며들어 스윙에 반영된다. 한번 습득하면 특별한 변형을 하지 않는 이상, 자연스러운 것이 된다.
그래서 상급자나 교습가들에게는 당연시되어, 중·하급자들에게 그 중요성을 특별히 강조하지 않은 상황이 될 수 있다.
이것은 눈에 거의 보이지 않는다, 간접적으로 왼 팔꿈치가 가리키는 방향, 그립 끝이 가리키는 방향이 잣대가 된다.

혹자가 *"백스윙 때, 왼 팔꿈치가 오른발등을 가리키며 지나가도록 하라"*, *"그립 끝이 볼을 가리키다가 직후방을 바라보게 하라."* 라는 이야기를 하는데, 이것은 왼팔의 분절이 Zig-zag로 꼬이게 되어야만 이루어진다. 혹자의 말을 따르려고 손목을 억지로 틀어서 맞추는 것이 아님을 알아야 한다.

백스윙 클럽 헤드 궤도를 만드는 것에 있어서 제일 먼저 이 왼팔의 꼬임으로 손목 모양, 헤드 궤도, 헤드 페이스 모양을 만들려고 해야지, 손목으로 그것들을 직접 인위적으로 만들려 해서는 안 된다. 손목으로 만들어봐야 그것은 자기 멋대로 무너져버리는 사상누각과 같은 것이 되기 때문이다.

  * 마음만 앞선다고 스윙이 잘 되는 것 아니다. 이것과 같은 필수 사항 몇 가지가 먼저 섭렵 되어야 한다.

  cf) 왼팔 Zig-zag 꼬기의 템포 :
구분 동작이 어느 정도 수행되면, 짧은 클럽으로 (드라이버는 짧게 잡고) 과감하게 Zig-zag 꼬기를 이른 시점과 빠른 연결 동작으로 해본다. 이때 다음 사항을 깨닫게 된다.
    - 역동적인(다이내믹한) 스윙 동작의 구현
    - 백스윙 감속 동작이 여유로워지고, 감속에 의한 Over swing 교정
    - 하체 동작의 리듬과 템포가 왼팔 동작에 따라서 자동으로 생성

왼 무릎은 언제 움직이나?

6.3 백스윙, 왼 무릎 이동 시점
(백스윙에서 두 번째로 중요한 사항)

a) 백스윙 구간 분류
백스윙 구간은 3개로 나누는 것이 설명하고 이해하기 편한 것 같다.
이 세 개의 구간은 왼 무릎의 이동과 회전 모양에 직접 연관된다.

- BS1 구간 : 테이크어웨이 구간, 왼 무릎 움직이기 전 구간
  (샤프트가 지면에서 평행, 90°보다 조금 작은 각, 경추(뒷목) 기준 클럽 헤드가 40° ~ 50° 정도 회전된 상태)
  왼팔 주도 가속 구간 = 삼두박근을 당겨 왼팔을 펴며 손을 눌러주는 구간

- BS2 구간 : 백스윙 중반부, 왼 무릎이 이동/회전을 시작해서 거의 끝마치는 구간
  (BS1 끝부터 샤프트가 11시~12시를 가리키는 모양, 경추 기준 클럽 헤드가 160° ~ 170° 정도 회전된 상태)
  왼 무릎이 이동(회전)하는 구간
  * 왼 어깨가 Brake를 잡는 지점이 BS2 구간의 끝부분이다.

- BS3 구간 : BS2 이후의 백스윙 후반부
  클럽 헤드 무게 중심이 샤프트 회전면을 타고 도는 구간
  오른팔 주도 감속 구간 = 삼두박근에 텐션 주어 오른 팔꿈치 덜 굽혀 감속

b) 왼 무릎 턴 시점
왼 무릎 이동과 회전이 이루어지는 시점은 백스윙 중반부(BS2 구간)이다.
테이크어웨이가 끝나갈 시점, 왼 무릎은 회전(&이동)을 시작하여 중반부 동안 거의 마치게 된다.
백스윙에서 턴 된 왼 무릎과 힙은 백스윙 Top 직전에 다운스윙으로 전환하는 하체 리드 동작이 수행된다.

무릎은 그림의 각가속도 그래프와 같이 백스윙 중반부의 가운데 부분에서 가속과 감속이 역전되어 이루어지는데, 이는 후반부에서 상체 꼬임이 될 수 있도록 하체 지지 기반을 마련하는 것이다.

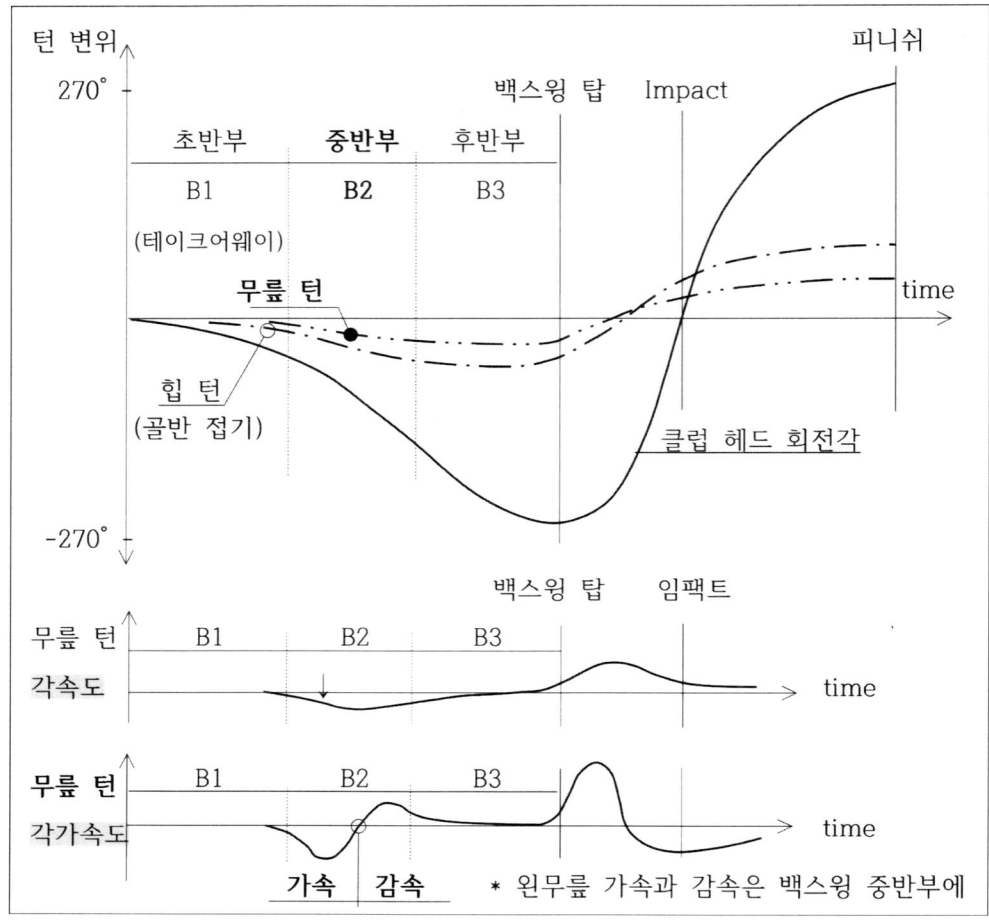

그림 3.6.10 백스윙 왼 무릎 턴 시점 (변위 & 각가속도)

* 위 그림에서 클럽 헤드 회전각을 미분하면 클럽 헤드의 각속도가 된다. 각속도를 다시 한번 미분하면 각가속도가 된다. 동작은 눈에 보이는 변위가 아니라, 힘이 사용되는 가속과 감속 시점으로 잡아야 한다.

c) 왼 무릎 턴 형태의 몇몇 경우
백스윙 왼 무릎 이동 형태에 따라서 다음과 같은 스윙 결과 변화 만들어진다.

Ⓐ 시점
-. 백스윙, 초반부에 왼 무릎 턴(힙 턴 포함)을 많이 진행해버리는 경우 :
다운스윙 하체 동작 시점이 일찍 이루어져 상체도 일찍 움직이기 시작한다.
결과로 상·하체 분리가 덜 되어서 (약한) 캐스팅 현상 동반될 가능성 크다.
거리 안 나오고, 훅 성 구질 발생할 가능성 증가한다.
보통 이런 왼 무릎 움직임 시점은 흐느적거리는 스윙 형태를 만든다.
　* 백스윙에서 상체가 꼬이는 시작 시점은 왼 무릎이 Stopping 진행될 때이다.

-. 백스윙, 후반부에서야 왼 무릎 턴을 하다가 다운스윙 전환하는 경우 :
(하체 변위 때문에) 상체가 늦게까지 백스윙을 진행하고, 하체 리드 때 다운스윙 힙 턴은 약하고, 되려 (상체의 초기 저항이 작게 작용해서) 하체 전방 이동 및 회전량이 많아지게 된다. 억지로 하체를 견고하게 잡으면 상체는 엎어 치게 되는 형태가 나온다.
결과는, 'Push & Slice' 가능성이 증가하고, 몸통 꼬임 약해서 거리 안 나온다.

Ⓑ 턴 양
여기서 턴 양은 왼 무릎 회전 아크 크기를 말한다.
-. 백스윙, 왼 무릎 턴 많은 경우 :
오버 스윙 가능성 증가한다.
힙 턴이 많아져 오히려 X-Factor 값 작아지고, 백스윙은 크지만 Power는 작아진다.
'Push & Slice' 가능성 증가한다.

-. 백스윙, 왼 무릎 턴 적은 경우 :
스윙 작아지고, 팔 회전량도 적어져서 상·하체 분리되었다가 결합하는 조건에 따라서 'Full & Hook' 또는 'Full & Slice' 두 종류 구질이 발생할 가능성이 커진다.
　- 좌측 하체, 옆구리, 등 근육의 Tension이 큰 상태에서 왼 무릎 턴 적을 때 : Full & Hook 발생 (캐스팅 때문)

- 좌측 하체, 옆구리, 등 근육의 느슨한 Tension 상태에서 왼 무릎 턴 적을 때 : 'Full & Slice'
  (느린 릴리즈 때문)

ⓒ 왼 무릎 후방 이동량
-. 백스윙 때 왼 무릎 후방 이동량 많은 경우 :
상체 피벗(스웨이) 되는 백스윙 탑 모양 만든다.
다운스윙 초기 오른 무릎 오금 굽히는 동작이 힘들어서 상체로만 스윙하게 된다.

-. 백스윙 때 왼 무릎 후방 이동량 적은 경우 :
보통 상체 역-피벗(역-스웨이) 되는 백스윙 탑 모양 만든다.
다운스윙 초기 왼 무릎의 익스텐션이 일부 진행되어서 후반부에 사용될 왼 무릎 익스텐션이 약해진다. 이에 따라서 배치기 발생 가능성이 커지고, FC, AC 유지가 안 되어서 원심력가속도 성분 작아지게 되므로 거리 감소, 슬라이스 (궤도에 따라 Full & Slice) 발생한다.
　* 역-피벗은 다운스윙 초반에 팔을 회전하여 손을 진행하게 하고, 손목을 펴주는 힘이 감소하여버리는 조건이 만들어지는데, 몸통이 받쳐주지 못해서이다. 즉 몸과 팔의 연결이 부실한 상태가 된다.

ⓓ 왼 무릎 굽힘 양
-. 백스윙 때, 왼 무릎을 많이 굽히는 경우 :
상체 역-피벗(역-스웨이) 발생 가능성이 증가한다.
다운스윙에서 무릎 폄을 위한 변위 저장은 많으나, 근력이 그만큼 커야 한다.
많이 굽혀진 무릎을 다 펴지 못하면 뒤땅이 발생한다.

-. 백스윙 때, 왼 무릎을 적게 굽히는 경우 :
다운스윙 왼 힙 턴이 뒤로 빠지면서 만들어져 스핀아웃 발생 가능성이 증가한다. 왼 무릎은 다운스윙에서 어느 정도 외회전을 형성하면서 힙 턴이 될 정도의 굽힘 양을 가져야 스핀아웃 방지된다.
　* 스핀아웃 2 : 다운스윙에서 왼 무릎 펴지면서 왼 힙이 뒤로 많이 빠지며 회전되는 모양, 보통 백스윙에서 무릎 굽힘 양이 적으면 무릎 턴 양도 적게 되는데 다운스윙에서 많은 힙 턴 양에 의해 기하학적으로 왼 힙이 뒤로 빠지게 된다.

d) 왼 무릎 턴 비중

왼 무릎의 움직임은 오른 무릎보다 두 배 이상의 움직임 양을 가지고 있어서, 제법 눈에 보이기는 한다.

백스윙, 왼 무릎 움직임은 언제, 얼마만큼 하느냐에 따라서 몸의 꼬임 양이 변하고, 몸통 꼬임 환경이 바뀐다.

왼 무릎 턴 양 적으면 스핀아웃, 많으면 무릎 폄이 늦어져서 뒤땅에 슬라이스 구질 발생할 가능성이 커진다.

다운스윙 초기, 오른 무릎 오금 굽힘 동작은 큰 다운스윙 변화 형태를 만드는 데 비하여, 백스윙에서 왼 무릎 움직임(턴, 이동, 굽힘, 시점, 시간) 동작은 그보다는 작은 다운스윙 변화 형태를 만든다고 보면 된다. 그러나 이 움직임 차이는 앞에서 설명했던 것과 같이 다양한 스윙 변화를 일으킨다. 이것의 제어로 Shot making을 하기는 어렵다고 보면 되니, 표준 움직임으로 스윙한다고 생각해야 한다.

 * 자신의 동작을 전부 인지하기는 어렵다. 봐주는 사람이 필요하다. 교습가는 알고 있는 이론을 설명하는 것도 중요하지만, 더 중요한 것은 교습생의 동작 상태 적정성을 구별할 수 있어야 한다.

만약 왼 무릎 움직임이 백스윙의 40%를 결정하며, 백스윙이 전체 스윙 결과의 25%를 결정하고, 왼 무릎의 다운스윙 움직임이 다운스윙의 20%를 결정하며, 다운스윙이 전체 스윙 결과의 50%를 결정한다면, 전체 스윙에서 왼 무릎 동작이 차지하는 비중은 '$0.4 * 0.25 + 0.2 * 0.5 = 0.2$', 즉 전체 스윙 결과의 20%가 왼 무릎의 움직임에 의해서 결정된다는 이야기가 된다.
(백스윙의 왼 무릎 움직임은 전체 스윙 결과의 10% 정도를 결정한다.)
왼 무릎의 움직임 동작은 그만큼 중요한 요소라 할 수 있다. 팔과 손동작 형태 잡는 것은 왼 무릎 동작 형태 잡는 것에 비하면 조족지혈(새 발의 피)과 같이 사소한 것이 된다.

Remarks

#1. 무릎 동작을 조금만 바꾸어도 훅이 슬라이스로 뒤땅이 토핑으로 바뀔 수 있다. 또한 그 반대의 경우도 쉽게 일어난다.

#2. 스윙을 잘하려면 원심력가속도 성분에 대해 아는 것이 중요한데, 전체 스윙 동작 모양 측면에서는 무엇보다도 먼저 무릎 움직임의 영향과 그것의 제어에 대해서 섭렵해야 한다.
무릎이 들썩들썩하고 이랬다저랬다 하면 좋은 품질의 스윙은 물 건너간 것이나 마찬가지다. 그래서

"*무릎/하체가 견고하게 움직여야 한다.*"라는 말을 하는데, 이 말에는 백스윙 왼 무릎의 이동(회전) 시점이 제일 중요하게 영향을 준다. 따라서 이것은 가장 먼저 깨우치고 섭렵해야 할 사항이 된다.

#3. 비록 교습생이 손목이나 팔의 움직임에만 관심을 가지려고 하더라도, 유능한 교습가는 제일 먼저 무릎 동작을 봐주고 그것의 중요성을 일깨워주는 사람이라 하겠다.
  * 무릎 움직임을 쉽게 습득하는 방법은 *1장 1절 3)항 a) & b) Drill*이다.

#4. 백스윙 때, 왼 무릎 움직임을 너무 억제하고 견고히 하려 하면 몸의 상·하체 연결 유연성이 떨어져서 오른 어깨 관절에 무리가 가는 조건이 되고, 오른 어깨 관절 피로 손상이 유발될 수 있다.
  하체는 어느 정도 부드러우면서도 견고해야 한다. 이 모호한 말의 의미는 하체가 리드미컬하게 움직여야 한다는 것을 뜻한다.

#5. 라운드 중에 무릎의 움직임을 하나씩 따져가며 제어하기는 힘들다.
  어떤 무릎 텐션(하체 쿠션) 있는 상태에서 왼 무릎은 감각적으로 움직이는데, 왼 무릎 움직이는 형태를 교정(개선)하려면 부분마다 나누어서 동작에 녹여 넣어야 한다. 백스윙 중반부에 왼 무릎이 움직이도록 하고, 그것이 일관되게 동작하도록 하는 데는 1~2개월의 꽤 긴 연습 시간이 필요하다.

6.4 백스윙 왼 어깨 Braking

(다운스윙 회전력 사용에 가장 큰 변화 요소 = 왼 손목 강도 형성)
(방향성과 릴리즈 형태에 중요한 요소)
(가장 큰 샷 방향 변화 만드는 단순한 것 --- 스윙 일관성의 첫 번째 항목)

백스윙 동작에서 샷감에 가장 중요한데 간과되는 것은 중반 구간에서 왼 어깨 Brake 잡는 것이다.
  * 왼 어깨로 Brake 잡는 것은 (A) 왼 등 근육에 Tension 가지면서 감속하는 형태, (B) 왼 옆구리 근육(광배근)에 Tension을 갖기 시작한 후 왼 등 근육 Tension으로 감속하는 형태로 두 가지가 있다.

혹자는 "*스윙에서 일관성을 가져야 한다.*"라고 일관성을 강조하여 언급하지만, 구체적으로 어떤 일관성이 왜, 어떻게, 필요한지 세부 설명을 접하지 못하는 실정이다. (Reminder : 동작 기준은 변위가 아니라 가감속의 힘 사용 시점임)

골프에서 일관성 :
  - Setup 일관성, 그립 일관성
  - 백스윙 : **초반**에 테이크어웨이 (골반 접기 포함) 일관성
             중반부에 왼 무릎 이동 일관성
             중후반에 왼 어깨 Braking 일관성
             후반부에 헤드 궤도 & 모양 일관성
  - 다운스윙 : **초기**에 부드러운 가속 일관성
              중후반에 하체 폄 일관성
              후반에 손목 회전력 사용 일관성

* 다운스윙 손목 회전력 역할(3차례 = 초기 가속 지탱 + 중반 끌고 내려오기 + 릴리즈에서 사용)에 필요한 손목 강도 형성은 골반 접기에 의해서 일차로 만들어지고, 왼 어깨 Braking에서 이차, 손목 Braking 및 전환에서 삼차로 만들어지는데, 다운스윙 몸 전체 회전력 사용 동작에 가장 큰 변화를 주는 요소는 백스윙에서 왼 어깨 Braking(시점 & 강도) 잡는 일관성이다.
cf) 가장 나쁜 스윙 변화 형태 : 백스윙 왼 어깨 Braking 타이밍이 왔다 갔다 바뀌는 것.

1) 백스윙 왼 어깨 Braking 시점과 강도

백스윙과 다운스윙에서 시간의 흐름에 동작 시점을 표현하면 그림과 같다.

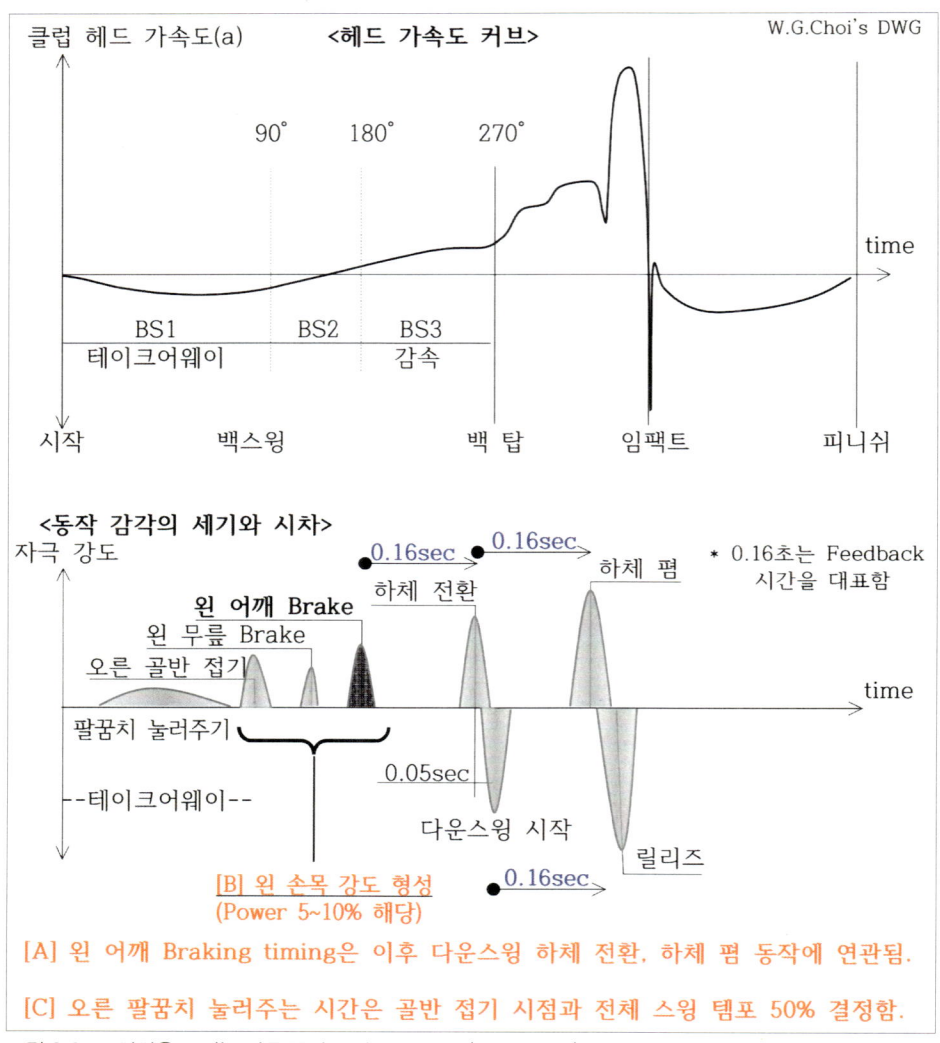

그림 3.6.11 감각을 느끼는 기준 동작 크기와 Timing (시차와 시점) 예시

왼 어깨 Brake 잡는 시점을 구체적으로 기술하면 다음과 같다.
  (A) 클럽 헤드가 수직으로 세워지기 직전 시점
     * 헤드 위치를 감지하는 것은 부정확한 느낌으로, 헤드 위치로 기준을 잡기는 힘들다.

(B) 오른 골반 접기 ~ 왼 무릎 이동 이후 동작

(C) 왼 무릎 이동의 감속 직후

(D) 전환 동작 0.16sec 이전

* 가장 중요한 기준 Point가 된다. 하체 전환 동작은 왼 어깨 Brake timing 0.16sec 후 정도에 시작된다.

cf) 클럽 헤드가 백스윙 탑 지점을 찍는 것은 팔 근육과 샤프트의 탄성 때문에 하체 전환 동작 이후 0.05±0.01sec 정도에서 형성된다.

왼 어깨 Brake 기준으로 다운스윙 적정 동작 Timing을 예시하면 다음과 같다.

- 하체 폄 동작 = 왼 어깨 Brake 후 0.16sec × 2 = 0.32sec
- 손목 릴리즈 동작 = 0.05sec + 0.16sec × 2 = 0.37sec

이를 거꾸로 생각하여 왼 어깨 Brake를 잡아야 하는 적정 시점이 다운스윙 동작을 기준으로 결정되어야 하고, 그 시점을 찾아 백스윙 감속 동작을 만들어야 하는 것이다. 그리고 그 시점을 일정하게 가져가야 스윙 일관성 확보된다.

Remarks

#1. 백스윙 동작에서 가속보다는 감속이 훨씬 중요한 근육 움직임이다. 다운스윙 동작에 연동되는 것은 이전의 감속 환경이다. 그리고 감속 동작에서 생성된 손목 강도는 손목을 버티고, 지지하고, 회전하는 데 사용된다. 5%~10% Power 증가에 이바지한다. 단, 백스윙 감속은 이전의 가속 움직임 형태에 50% 정도 연관된다고 볼 수 있다.

* 백스윙 시작을 어떤 순서로 해야 하는 가는 중요하지 않다. 선수들마저도 제각각이다. 그러나 감속 순서는 지켜져야 한다. 그리고 시점도 맞아야 한다.

#2. 위에서 예시한 후행 동작 예시 시간은 이해를 돕고자 사용한 숫자이다. 골퍼별로 그리고 스윙 형태별로 차이는 있다. 중요한 것은 근육 감각에서 뇌의 Feedback 시간이 일정하게 있고, 그 시간이 맞아떨어져야 파동의 중첩처럼 극대화된 동작을 만들 수 있다는 것이다.

#3. 백스윙 왼 어깨 Braking timing이 바뀌면 후속 동작이 꼬여 흐릿해진다.

#4. 왼 무릎 이동(시간 및 양)은 선행인 **오른 골반 접기**와 후행인 **왼 어깨 Brake**에 50%정도 영향을 준다.

2) 백스윙 왼 어깨 Brake 타이밍 영향

왼 어깨 Brake(백스윙 회전 감속)를 기준보다 빨리 잡는 것 vs 느리게 잡는 것, 그리고 기존보다 약하게 잡는 것 vs 강하게 잡는 것으로 분류할 수 있다.
(중요함으로 *7장 샷감*에 한 번 더 상세하게 설명한다.)

* 많은 사람이 *"백스윙을 천천히 하세요."* 라는 조언을 하는데, 천천히 해야 하는 구체적인 이유는 접하기 어렵다.
*1절에서 설명*한 '오른 골반 접기'와 본 절 '왼 어깨 Brake 타이밍'이 이른 시점에 순차적으로 이루어지면 왼 손목 강도는 증가하고 백스윙 탑에서 헤드가 출렁이지 않는데, 만약 이들 감속 시점이 늦고 순차적이지 못하면 손목 강도 형성이 안 되고 헤드는 출렁이게 된다.
백스윙을 천천히 진행해야 하는 경우는 이들 감속 동작이 느리게 진행되었을 때 추가 시간을 부여하여 이루어지지 못한 것을 조금이라도 만회해 보려는 내용이다.

a) 왼 어깨 Brake 타이밍 차이

-. 기준대로(Even으로) 잡을 때 :
 ^ 백스윙 후반부 팔 & 손목 감속 원활
 ^ 다운스윙 하체 회전과 조화
 ^ 다운스윙 분절 회전 순서 유지
 ^ 릴리즈 타이밍에서 손목 회전력 사용 조건 최적화

-. 기준보다 일찍 Brake 잡을 때 :
 ^ 백스윙 크기 제한
 ^ 다운스윙 전환에서 클럽 헤드의 급가속 유발 --- 캐스팅 발생 요소
  * 강하게 스윙하려는 형태에서는 캐스팅 유발
 ^ 이른 시점 상체 회전 진행 --- Full 궤도 및 슬라이스 발생 요소

-. 기준보다 늦게 Brake 잡을 때 :
 ^ Over swing 요소 --- 캐스팅 발생 요소
 ^ 동작에 대해 클럽 헤드 & 샤프트 탄성 움직임 변화가 부조화 --- 왼손 검지 악력 증가 = 손목 각 증가 = 자연 로테이션 증가 = 훅 발생 요소

˄ 상·하체 분리 심화 --- 슬라이스 요소
˄ 궤도 & Loft 각 변화 (Push 궤도 또는 Loft 세워져 닫힘 두 가지 양면성)
　＊세게 치려는 마음은 왼 어깨 Brake를 늦게 잡게 될 가능성이 큰데, 상체 회전이 늦어져서 큰 Push 방향성 궤도가 될 수 있고 다른 결과로는 '캐스팅 요소 + 왼손 검지 꽉 잡혀 자연 로테이션 증가 + 어깨가 닫히는 조건' 3가지가 복합되어서 낮은 탄도에 좌측으로 고꾸라지는 Hook 또는 Push & Hook 구질이 발생한다.
　강하게 치면서 이와 같은 Wi-Fi 구질을 없애려면 일단 백스윙 왼 어깨 Brake 잡는 시점이 Even 조건으로 일정해야 한다.

b) 왼 어깨 Brake 강약 차이

백스윙 왼 어깨 Brake 강도는 시점(Timing)보다는 그리 중요하지 않지만 그래도 형태에 따라서 후속 동작에 영향을 준다.

-. 기준(Even) Brake 강도 : 조화로운 후행 동작

-. 기준보다 부드러운 Brake 강도 : 후행 동작의 Delay 현상 유발
　〈--- 약한 Push & Slice 요소
　＊왼 광배근 및 등 근육을 부드럽게 하고 백스윙하면 부드러운 Brake가 잡힌다.

-. 기준보다 강한 Brake 강도 : 후행 동작의 출렁임과 끊김 현상 유발되고 아울러 강한 몸통 회전력 사용된다.
　〈--- Full & Hook 요소, Power 5% Up
　＊왼 광배근으로 먼저 감속을 하고 등 근육으로 감속을 더 하는 형태인데, 다운스윙에서 왼 옆구리 근육의 Tension이 강한 조건이 되어 큰 'Full & Hook'이 발생하게 될 가능성이 크다. Power(비거리)는 5% 정도 커지는 스윙이 되는데, 방향성 편차는 2배 정도 커지는 경향을 보인다.

백스윙 가속보다는 감속 모양이 훨씬 더 중요

6.5 백스윙 Stopping 만들기
(백스윙 감속은 어깨가 아니라 옆구리쯤에서, 느낌으로는 오른 힙부터)

1) 감속 과정

가속했으면 감속을 해야 한다.
백스윙은 테이크어웨이로 가속이 진행되고, 왼 무릎 이동되는 중반부를 거쳐서 후반부에 감속이 이루어진다. 백스윙 탑에서 회전속도가 '0'이 되도록 감속한다.

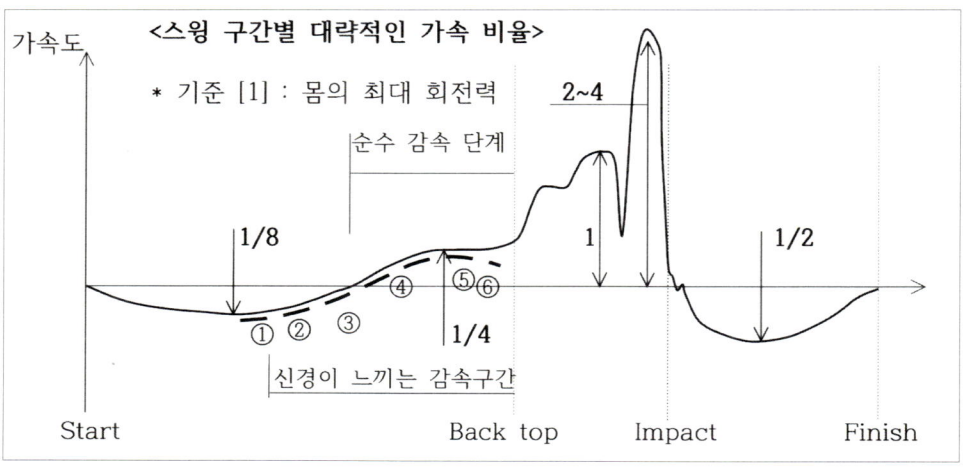

그림 3.6.12 스윙 동작 중 가속도(가속력) 비율 (예시)

동일 변위에서, 가속도는 시간의 자승에 반비례($1/t^2$)하기 때문에 전체 스윙에서 그림과 같은 모양 및 비율로 대략적인 가속도가 형성됨을 짐작할 수 있다.

다운스윙 신체의 가속력을 '1'이라고 하면, 백스윙 가속력은 '1/8', 백스윙 감속력은 '1/4', 릴리즈에서의 클럽 헤드 총 가속력은 '2~4 비율 정도의 크기라 할 것이다.

백스윙 감속은 어떻게 이루어지나?
백스윙 감속의 형태에 따라 어떤 현상이 벌어지나?

- 가속 그래프에서 ③은 헤드가 감속되기 시작하는 시점이다.
- 가속 그래프에서 ①은 근육 감각 기준 감속이 시작하는 시점이다.
  단, 뇌 인지는 0.1sec 이후에 이루어지기 때문에 ① 지점에서 체감상 느끼지 못하고, ③ 지점에서 감속을 느끼기 시작한다.

감속이 시작되는 시점은 다음 그림과 같이 왼 무릎이 감속될 때로 정한다.
이 시점은 클럽 헤드가 겨드랑이(옆구리~어깨) 높이에 올라왔을 때이다.
왼 무릎은 클럽 헤드가 오른 무릎 높이를 지날 때 회전/이동하기 시작하여, 겨드랑이에서는 감속(Brake)이 시작되고 머리 높이에서는 이동이 끝난다.

  * 좋은 품질의 스윙을 하려면 왼 무릎의 가속과 감속 시점에 관심을 기울여야 한다. 단, 감속을 직접 관리하는 것은 왼 어깨 Braking이며 분절 최초 감속은 오른 골반 접기인데, 골반이 감속할 때 팔은 가속을 한다.
    - 왼 무릎을 너무 빨리 가속했다가 빨리 감속하면 덜렁덜렁하는 스윙 된다. 백스윙에서 하체가 두 번 가속, 감속하는, 즉 백스윙 탑 직전에 움찔하는 하체 움직임을 하는 예도 있다.
    - 왼 무릎을 늦은 시점에 이동하기 시작하여, 늦은 시점에 감속하면 다운스윙 시작에서 클럽 헤드의 반동이 심해진다.

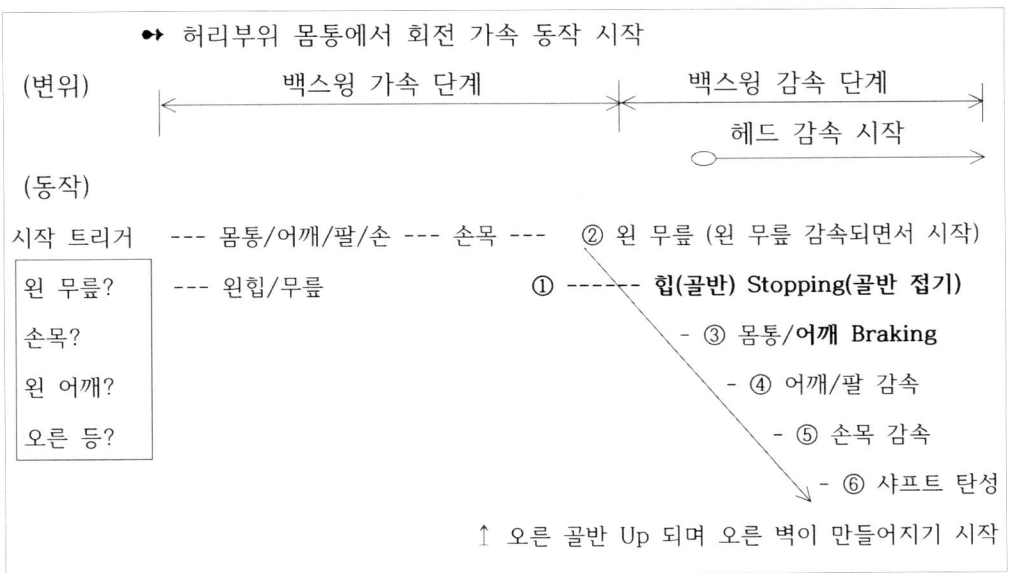

그림 3.6.13 백스윙 감속 시퀀스 (예시)

그림은 이상적인 백스윙 감속 시퀀스를 나타낸 것인데, 보통 일반 골퍼에게서는 각 시퀀스(분절의 회전 가속 및 감속 순서)가 바뀌거나, 함께 합해져서 만들어지는 경우가 있다. 그만큼 비효율적인 스윙이 된다.

무엇이 옳다, 그르다고 하는 것보다는 효율적이냐, 아니냐, 일관적이냐, 그렇지 않느냐 의 관점에서 보아야 할 것이다.

감속 시간이 짧다는 것은 백스윙 감속력의 최대 크기가 크게 되고, 다운스윙 전환에서 급가속(가가속도가 커, 손목 반사신경의 캐스팅 발생확률 커짐)이 만들어지고 그립이 꽉 잡히는 상태를 의미한다.

백스윙 감속 시간을 길게 가져가는 것은 부드러운 다운스윙 시작 가속을 만들어주는 장점은 있으나, 꼬임 근육의 피로도 증가, 하체 리드 타이밍 맞추기, 진동 탄성 휨 이용 측면에서는 단점이 될 수 있다.
따라서 한쪽으로 치우치지 않는 적당한 감속 시간과 감속 형태를 가져야 한다.
'적당한'의 상세 의미는 클럽 사양과 근력, 다운스윙 전환, 릴리즈, 타점, 페이스 각을 고려한다는 뜻이다.
　　* 주의 : 백스윙 감속에 계속 신경을 집중하고 스윙하면 점점 Power가 감소한다.

〈오른 하체 벽 만들기 ≈ 오른 골반 접기〉
백스윙이 진행되면서 테이크어웨이 끝 지점에서 오른 골반은 대략 3~5cm 정도 위로 올라가게 된다. 오른 무릎(하체)이 조금 펴진 것의 결과이다.
이것은 이후 다운스윙에서 '하체의 Down & Up' 리듬을 활성화한다. 또 이것은 수평 체중 이동 일관성을 갖게 해준다.

만약 오른 골반이 Up 되지 않은 백스윙이 된다면, 팔로만 치려는 듯한 스윙이 나오게 된다. 적당한 오른 골반의 상승량은 롱 아이언 스윙이 잘 되느냐 안 되느냐 상태로 가늠하면 된다.

2) 백스윙 감속에서 꼬임

"백스윙 때 몸 근육을 꼰다(근육이 꼬인다)." 라는 말이 있다.
가속에서 꼬이는 것이 아니고, 대부분은 감속에서 꼬이는 것이다. 백스윙 시작부터 몸을 꼬이게 하겠다는 의도를 가지면 안 된다.

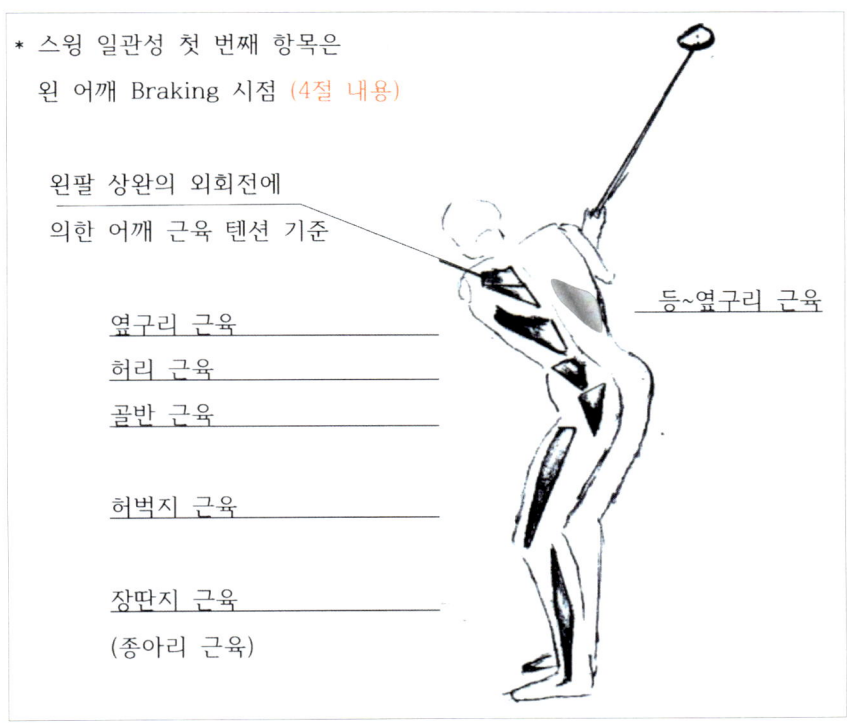

그림 3.6.14 백스윙 감속에서 왼편 근육 Tension

백스윙 감속 구간에서 왼편 근육들에 Tension이 주어진다. 그 텐션의 강도는 상완을 외회전했을 때, 등 근육(승모근)에 느끼는 텐션을 기준 강도로 생각하면 된다.
    cf) 오른 등 근육 Tension은 오른 골반 접기에서부터 느낌이 생성된다.
만약 근육들의 텐션이 **약하면**, 다운스윙에서 팔과 클럽을 끌지 못하여 클럽 헤드가 후행하게 된다. 결과는 3~5% 정도 헤드 스피드 감소, 슬라이스 구질의 방향성(우향 5° 정도) 스윙이 된다. 그리고 전체적으로 폄이 약해져 0.5~1cm 두꺼운 타점이 형성된다.

만약 근육들의 텐션이 **너무 강하면**, 다운스윙에서 급하게 팔과 클럽을 끌고 내려오게 되어 캐스팅 현상 또는 Out to In 궤도에 낮은 탄도의 훅 구질(좌향 5° 정도)을 만들어서 거리 손실 10% 정도 스윙이 된다. 그리고 전체적으로 폄이 강하여 0.5~1cm 얇은(토핑 성) 타점이 형성된다.

백스윙 진행에서 만들어지는 꼬임 이후에 다운스윙 초기에 상·하체가 분리되면서 골반은 회전 변위를 갖고 몸통은 일시적으로 약한 텐션 상태가 된 후, 다운스윙 후반에 하체 폄과 함께 상·하체는 재결합하고 Core는 Coiling이 극대화되어 회전하게 된다.

〈Over swing 방지〉
Over swing은 세 가지 측면에서 봐야 한다.
  - 변위가 커져 다운스윙 가속할 수 있는 길이(시간) 늘일 수 있다. --- 긍정
  - 다운스윙 시작에서 부드러운 가속을 만들기 어려운 조건이다. ---- 부정적
    * 캐스팅 방지에 불리한 조건
    세게 치려고 하면, Over swing 되어 캐스팅으로 Hook이 발생한다.
  - 궤도 및 헤드 모양 유지(타점 & 방향성)에 어려움이 따른다. ----- 부정적

의도하지 않은 Over swing을 방지하는 방법은 다음과 같다.
  - 삼두박근에 Tension 갖기, 왼팔 가속 ~ 오른팔 감속 패턴
  - 오른 골반 접는 시점, 왼 무릎 이동 시점이 늦어지지 않도록 한다.
  - 왼팔 Zig-zag 꼬기 시행
  - 백스윙 2/3 끝 지점에서 일관된 왼 어깨 Braking
  - 오른 팔꿈치 플라잉 엘보(팔꿈치가 뒤로 빠지는 것) 안 하기 ≈ 양 팔꿈치 & 어깨 모으기
  - 오른손 쟁반 받침
  - 다운스윙 시작에서 왼발 발바닥 외측으로 밀기 (수평 체중 이동은 중반에)
    * 예외적으로 이것은 나중에 벌어지는 일이 앞 시점 동작을 교정해주는 것에 해당

무엇 하나 고친다고 쉽게 Over swing이 없어지지는 않는다. 연관된 동작 모두를 조금씩 조금씩 교정해나가야 한다.

중요한 것은 스윙 플레인이 아니라 헤드 무게 중심 위치

6.6 백스윙 스윙 플레인과 헤드 중심 위치
(눈에 보이는 스윙 궤도 모양에 크게 신경 쓸 필요는 없음)

백스윙 후반부 스윙 면(선)이 지면과 이루는 각의 크고 작음에 따라 Swing Plane이 높다, 또는 낮다고 말한다.

클럽별로 라이 각이 다르고, 척추 각이 다르니, 스윙 면의 각은 다르다. 또한 사람마다 체형, Setup 형태가 조금 달라, 이 각은 같지 않다.
이상적인 각이 이렇다, 저렇다 하는 것 보다 그리고 원 플레인(단일면)인지, 투 플레인(이중면)인지, 8자 스윙인지를 말하는 것보다는 가장 효율적으로 비거리, 타점, 방향성 Control에 적합한 것이 좋다고 할 수 있을 것이다
　* 스윙 플레인 모양이 스코어나 등수를 결정하지는 않는다. COG 위치가 중요하다.

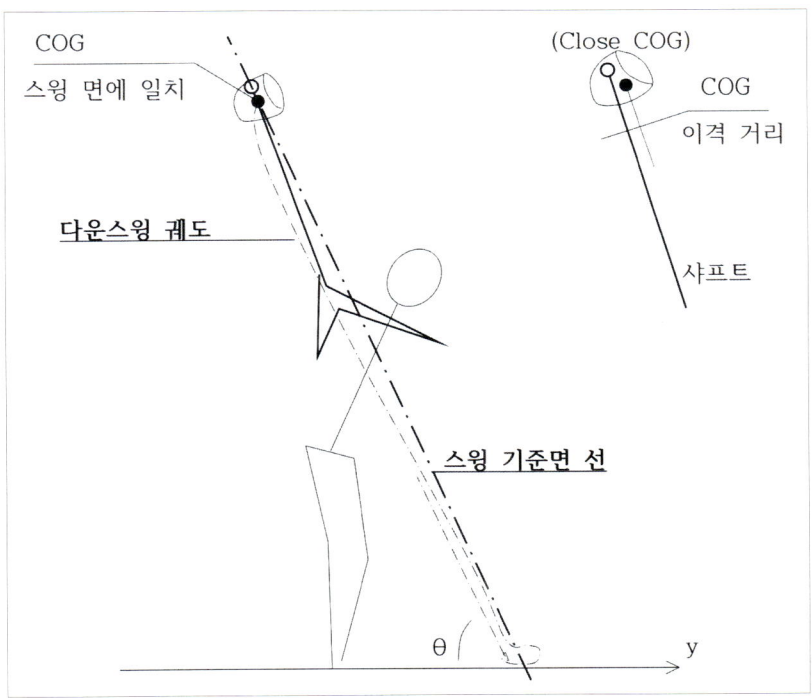

그림 3.6.15 백스윙 스윙 플레인과 COG 위치

그립, 보잉 손목 각, 팔의 외회전·내회전, 팔꿈치 위치, 어깨 턴, 힙 턴의 모양에 따라서 백스윙 탑의 스윙 면과 페이스 각이 결정된다.

그림에서 스윙 면(선)에 클럽 헤드의 무게 중심(COG) 위치를 표시했을 때, 이것이 뒤쪽에 있는지(열림 - Open), 일치(Even), 앞쪽에 있는지(닫힘 - Close) 상태가 스윙 결과에 큰 영향을 미친다.

스윙 면과 COG의 큰 이격 거리는 *1장에서 설명*한 것과 같이, 다운스윙 초기 가속 관성력에 의한 편심 토크를 발생시킨다. 이것은 눈은 볼을 바라보고 있지만 뇌가 눈으로 들어오는 시각 정보를 무시할 정도의 그립 힘 증가 자극을 만들어서 일시적으로 볼이 눈에서 사라지는 현상이 발생하도록 한다.

* 다운스윙 ~ 임팩트 때, 볼을 보는 것에 집중할 필요는 없다. 만약 볼을 보고 싶은데 보이지 않으면, 그 이유가 위의 스윙 면 문제에 기인한 것인지는 의심해보고, 필요하면 페이스 각이 바뀌도록 백스윙 동작을 교정해야 한다.

ex) 훅 그립(스트롱 그립)을 잡았을 때, 다운스윙에서 볼이 눈에 안 보인다면 그립 또는 백스윙 교정이 필요하다.

클럽 헤드의 COG가 스윙 면에서 많이 벗어난 결과로써, 편심 토크에 의한 그립 힘이 많이 증가, 손목 힘 증가, 클럽 헤드에 비틀림 회전 변위(Twist, 흔들림) 발생하여 릴리즈에 영향을 주게 되는 결과로 스피드 감소하고 방향성, 정타 비율이 나빠지게 된다. 따라서 스윙 면에 클럽 헤드의 무게 중심이 올 수 있는 백스윙 형태는 항상 염두에 두어야 한다.

일부 선수들은 드로우 구질을 만들려고 왼 손목 보잉으로 일정한 값의 앞쪽 이격 거리(페이스가 닫힌 모양)를 만드는 백스윙 탑 모양을 취하기도 한다. 그러나 대다수의 선수는 '스윙 면 ~ COG 일치'의 형태로 백스윙 탑 모양을 한다.

일반 골퍼들은 이것의 중요성을 잘 모르고, 또 이것이 일정해야 한다는 것을 모르는 사람들이 의외로 많다. 누가 꼭 집어서 알려주는 사람이 없으니, 그동안 알 수가 없었을 것이다.

실력이 있는지, 없는지, 안정된 플레이를 할 것인지, 안될 것인지 파악하는 첫 번째 기준은 동반자의 '백스윙 면 ~ COG 일치' 여부를 보면 알 수 있다.

Remarks

#1. 골프가 마음대로 안 되는 이유 중의 하나가 이 이격 거리를 제멋대로 하는 백스윙을 하고서 다운스윙이 잘 되기를(일정하게 되기를) 기대하기 때문이다. 그림과 같이 헤드 COG 이격 거리는 후방 View에서 잘 보인다.

cf) 골프가 마음대로 안 되는 가장 큰 원인 : 백스윙 왼 어깨 Braking 시점 변동은 방향성 문제 야기, 하체 편양 변화는 타점 문제 야기

#2. 팔 모양/동작을 바꿨는데, 갑자기 스윙의 정확도가 떨어졌다면, 제일 먼저 점검해야 하는 것이 백스윙 탑의 클럽 헤드 COG 이격 거리이다. 팔 모양과 동작만 아무리 이렇게 저렇게 바꾸어 해봐야 소용없다.

#3. 가장 보수적인 스윙을 할 때, 어드레스부터 이 '이격 거리'를 스윙 면에 일치하게 백스윙 탑을 만들겠다고 하는 한 가지 생각으로 스윙하게 되면 큰 실수는 줄어들 것이다.

드라이버 티샷을 90% 스윙으로 컨트롤 할 때도 '이격 거리 Zero'만 유지한다고 생각하는 백스윙 Top을 가져가면, 무난한 스윙 결과를 얻을 수 있을 것이다. (단, 3가지 반영 : <u>백스윙 왼 어깨 Braking 시점 일정</u> + <u>Cross 회전력 조합 사용하면 안 되고 4ea 모두 사용</u> + <u>동작 중심축은 허벅지로 내려 잡음</u>)

#4. *1장에서 설명*한 것과 같이 이 '이격 거리'를 작게 해야 다운스윙 시작에서 그립 힘이 많이 증가하지 않고, '이격 거리'가 일정해야 그립 힘 증가 상태가 일정하게 되고 페이스 각 변화가 적게 된다.

* (Reminder) 힘 적게 증가하도록 하는 것 :
   - 첫 번째 : 백스윙 탑 샤프트 회전면에 클럽 헤드 COG 일치
   - 두 번째 : 다운스윙 시작, 부드러운 가속을 위하여 오른 무릎 오금 굽힘

#5. 동반 라운드를 할 때, 헤드 COG가 스윙 면에 벗어난 백스윙 탑 모양으로 스윙하는 동반자는 상급자로 여기지 않아도 될 것이다.

* 헤드 COG를 Close로 하는 골퍼는 연습장이나 시뮬레이션 게임에서 잘 되던 스윙도 필드 잔디 위에서는 거의 통하지 않는다. 이런저런 핑계만 댄다.

일부 중하급 골퍼 백스윙 오류 형태

6.7 과도한 스웨이 동작

백스윙 스웨이는 몸이 후방으로 기우는 것이다.
다운스윙 스웨이는 몸이 전방으로 기우는 것이다.
　* 보통 스웨이 동작은 백스윙에서 상체를 후방으로 이동시키는 것을 말한다.

결론적으로 백스윙 스웨이의 문제점을 이야기하면 이 동작은 체중이 오른발에 많이 있게 되고, 그 보상 동작으로 다운스윙에서 왼발로 하중이 크게(강하게) 넘어가는 상태를 만든다.
하중이란 동적 하중, 즉 수평 체중 이동이 되는 관성력을 포함한 것인데, 후속으로 이어지는 사항은 왼 다리(무릎)에 감속 관성 하중이 많이 걸려서 폄이 작아지고, 그것으로 인하여 낮은 궤도의 뒤땅이 발생하고 또 상체 폄이 이른 시점에 이루어져서 얼리 익스텐션(배치기)까지 발생하게 된다.

위의 부정적인 결과 이외에 단순한 생각으로 몸을 뒤로했다가 앞으로 옮기는 다운스윙을 하면 그만큼 헤드 스피드 빠르게 할 수 있을 것이라는 사고를 하는데,
　(A) 0.2sec 다운스윙 동안 10cm 전방 이동시키는 속도는 0.1/0.2 = 0.5m/s 증가에 지나지 않는다.
　(B) 실제 회전 중심의 전방 이동은 릴리즈 과정에서 손의 Braking 형성에 방해되어 헤드 스피드를 감소시키게 된다.
　　* 스웨이 동작은 일부 중·하급 골퍼에게서 주로 나타난다.
　　　- 스웨이 방지 방법 : 오른 골반 접기 시점과 형태 맞추기 *(1절 1)항 참조)*
　　　- 역스웨이 방지 방법 : 왼 무릎 이동 시점과 형태 맞추기 *(3절 참조)*

1) 스웨이 영향

"스웨이가 되었다. 고쳐라 / 하지 마라." 라고 한다. 과도한 스웨이 동작은 왜 하지 말라고 하는가? 백스윙 스웨이 동작은 어떤 문제(현상)를 일으키는가?

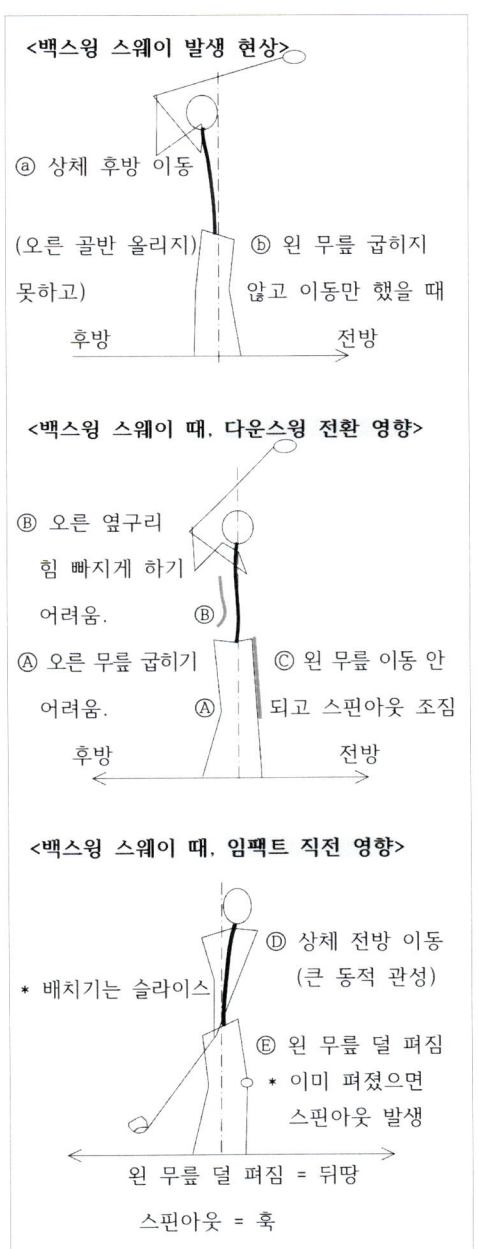

그림 3.6.16 백스윙 스웨이 영향

그림은 스웨이 발생 원인 중 대표적인 이유를 표기하였다.
- 상체 후방 이동 많을 때
- 왼 무릎 적게 굽히고 이동만 많을 때
  (테이크어웨이 길게 하고자 할 때)

스웨이 된 백스윙에서 다운스윙 전환하면 그림과 같은 3가지 문제에 봉착한다.
Ⓐ 오른 무릎 오금 굽히기 힘들다.
Ⓑ 상·하체 분리에서 오른 옆구리 힘 빠지게 하기 어렵다.
Ⓒ 왼 무릎 외회전 안 되고 스핀아웃 조짐이 있다.

후방에 있던 상체가 전방으로 이동되는데, 동적 관성력을 버티는 Stopping 힘이 왼 무릎을 못 펴게 하는 하중으로 작용해서 무릎이 덜 펴지게 되어서 뒤땅 발생한다.
왼 무릎 폄이 약하면 배치기 가능성이 커진다. 이때는 슬라이스 발생한다.

스웨이는 훅과 슬라이스 공존시킨다. 두꺼운 타점을 동반한다.
- 다운스윙 전환 단계의 급가속에 의한 캐스팅이 우세하면 훅 발생한다.
- 다운스윙 후반의 왼 무릎 폄 약한 것이 우세하면 슬라이스 발생한다.

* 100% 스윙에서 좀처럼 안 나오던 Wi-Fi 구질이 발생한다면 스웨이를 의심해야 한다. 또한 갑자기 왼 무릎 폄이 뜻대로 안 되어 뒤땅이 나면 스웨이를 의심해야 한다.
그리고 얼리 익스텐션 현상이 조금씩 나타나기 시작하면 스웨이를 의심해야 한다.

cf) 95% 스윙, 100% 스윙, 105% 스윙은 다운스윙 시작에서 손목 캐스팅 조건, 그리고 다운스윙 중·후반에 왼 무릎 폄 조건이 다르다. 이들 조건이 다르므로 미스샷 발생에서는 3가지 스윙 조건의 구분부터 하고 이것을 연결 지어서 따져봐야 한다.

*1~6장의 내용*을 어느 정도 반영한 스윙을 하고 있고, 스윙 이론을 아는 중·상급 실력의 스윙이라면 나빠진(안 좋아진) 스윙 원인을 찾아 제거하는 것은 어렵지 않을 것이다.
원래부터 안 좋은 스윙에 스윙 이론을 거의 모르고 있다면, *1~6장의 기본적인 기초 기술*을 먼저 차근차근 인지하고 습득하는 과정을 거쳐야 한다.

2) 역 스웨이(역 피벗) 영향

극히 일부 일반 골퍼 중에서 역 스웨이의 백스윙 탑 모양을 갖는 사람이 있다. 아마도 상체로 백스윙을 크게 하고자 해서 생긴 버릇인 것 같다. 백스윙 때 왼 무릎 이동 없이 많이 굽히기만 했을 때 역 스웨이는 발생한다.

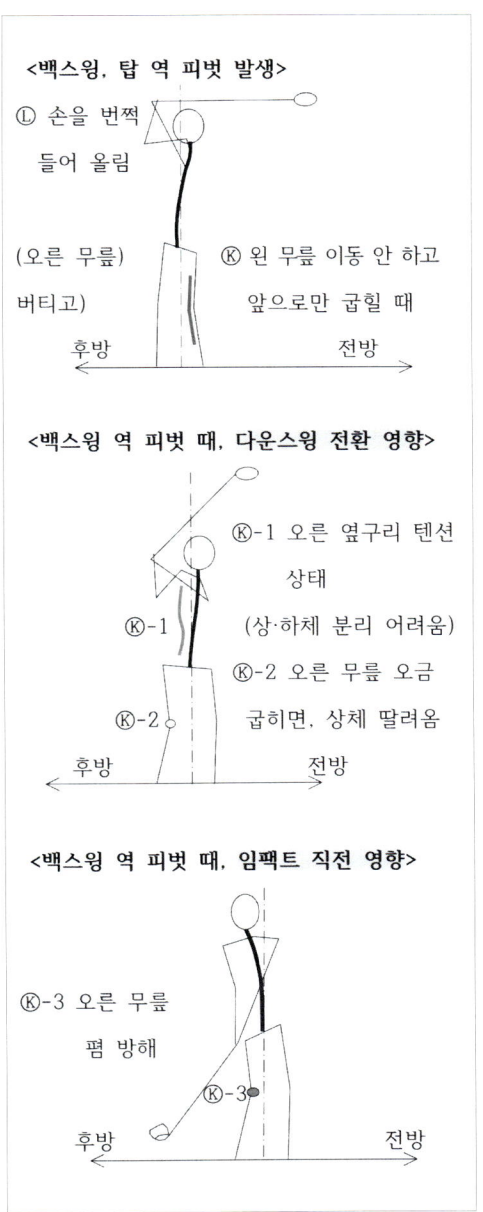

그림 3.6.17 백스윙 역 피벗 영향

역 피벗의 원인은 크게 2가지 사항으로 말할 수 있다. *2절의 왼팔 꼬기와 3절의 왼 무릎 이동*을 원활히 만들지 않고, 단순히 백스윙 상체 형태만을 만들려 할 때 역 피벗 자세가 나올 수 있다.
  ⓚ 왼 무릎 이동 안 하고 굽힘만 많이
  ⓛ 왼팔 꼬기 안 하고 번쩍 들어 올림

이때, 다운스윙 초기 상·하체 분리를 위해 오른 무릎 오금 굽히면, 클럽 헤드가 급가속해버린다. 그래서 오른 무릎 오금 굽힘이 작으니, 힙 턴 양이 작게 된다.
더구나 전방으로 가 있던 상체가 후방으로 이동되어서 다운스윙 후반, 오른 무릎을 펴기 어려운 조건이 되어 상·하체 결합을 강하게 만들지 못한다.

결국은 강한 스윙 하지 못하고 팔로만 치는(휘두르는) 스윙으로 비거리를 거의 만들지 못한다.
역 스웨이 형태의 백스윙을 하는 사람은 강한 하체 턴을 사용 못 하게 된다.

6.8 오른 팔꿈치(손) 높이와 스윙 궤도 vs 스윙 플레인

(단발성 샷감 형성 사항)

(*7장 샷감*에서 한 번 더 상세 설명)

백스윙의 스윙 플레인은 가식과 같다. 백스윙에서 진짜 중요한 몸 형태 중의 하나는 오른 팔꿈치의 높이(위치)이다.

　＊ 손보다는 오른 팔꿈치 위치가 중요한 이유는, 백스윙 손을 높이 들려고 하면 왼 어깨가 들리게 되어서 힘 전달을 못 하는 엉터리 스윙이 되기 때문이다. 손의 위치를 직접 제어하려 하면, 왼 어깨와 왼팔이 들리는 동작이 함께 나타난다. 이것은 다운스윙에서 왼팔에 힘을 쓸 수 없게 만들어서 헤드 스피드는 낮고 Loft는 뉘어 백스핀이 많이 걸리고 거리가 안 나오는 샷이 된다. 그래서 오른 팔꿈치 위치를 제어하는 것으로써 손의 위치가 제어되게 해야 한다.

　단발성 샷감, 잠시 잠깐 몇 홀 지속되는 샷 미스에 중요한 포인트가 된다.

백스윙 궤도가 있고, 다운스윙 궤도가 있다. 궤도란 원 또는 타원을 그리는데 클럽 궤도, 손 궤도, 팔꿈치 궤도, 어깨 궤도로 세분화하여 말할 수 있다.

다운스윙 궤도는 백스윙 궤도의 영향을 조금 받는다. 그러나 미미하다고 생각해야 할 것이다.

궤도보다는 '스윙 면 ~ 헤드 COG 상대 위치'와 '가속 ~ 감속' 패턴이 다운스윙에 훨씬 더 큰 영향을 미친다.

Remarks

#1. 그래서는 안 되지만 교습에서 가장 많은 시간을 할애하는 부분이 백스윙 궤도 같다. 그리고 일반 골퍼 자신들도 이것에 신경을 많이 쓴다.

　본인 스윙 결과가 좋지 못한 이유가 백스윙 궤도를 잘 만들지 못해서 그런 것으로 생각하는 일반 골퍼가 의외로 많은 것 같다. 마치 백스윙 궤도 좋으면, Shot의 결과가 좋을 것처럼 여기지만, 전혀 그렇지는 않다. 단지 이런 판단은 백스윙 모양에 관한 내용이 미디어에 너무 높은 빈도로 보였기 때문이다. 아마 뇌가 뭔가에 노출된 빈도가 높아서, 실제 중요도에 비해서 너무 큰 비중을 두는 것 같다. 그리고 어렵고 잘 분간되지 않는 다운스윙보다는 쉽고 잘 보이는 백스윙에 매달리고(기대고) 싶은 마음이 무의식적으로 작용한 것이다.

　＊ 동네 연습장에서 보면 백스윙 모양에 대해 서로 이야기하는 것이 80% 정도를 차지하는데, 조금 시일이 흐르면 이런 모습은 먼 과거의 일이 될 것이다.

백스윙 궤도가 왜, 어떻게, 헤드 스피드와 방향성 그리고 타점에 영향을 주는 것인지 자문해보자. 특히 *"백스윙 궤도가 헤드 스피드에 어떤 연관이 있다는 것이지?"*라는 질문을 꼭 해보자. 아마 그 답은 *"별로 관계없음!"*이라고 결론 내릴 것이다.

#2. 약간의 흐름 변화가 있지만, 근 1세기 지나는 동안 세계 일류 프로들 스윙을 보면 저마다 독특한 백스윙 스타일을 보인다. 그렇다는 이야기는 백스윙의 모양, 즉 백스윙의 스윙 플레인 모양이 샷 결과에 그리 큰 영향을 주지 않는다는 것을 증명하고 있다고 하겠다.

cf) 다운스윙 스윙 플레인 궤도는 선수 간에 거의 같다. 겨우 다음과 같은 차이뿐이다.

- '왼 무릎이 조금 덜 펴진 상태 vs 다 펴진 상태' 임팩트
- '드로우 구질 vs 페이드 구질' 구사(취향) 차이에 의한 로테이션 모양

* 결론적으로 일관성을 가져야 하는 것은 예나 지금이나 다운스윙이다.

단, 백스윙에서 <u>왼 무릎 이동</u>, <u>왼 어깨 Braking 시점</u>, 그리고 <u>오른 팔꿈치 높이(위치)</u>는 일관성을 가져야 한다.

1) 오른 팔꿈치(손) 높이와 스윙 궤도

   (타점 변화에 매우 중요한 것 --- 특히 힐~토우 타점)

   (세게 칠 때, 약하게 칠 때 연관)

백스윙 탑, 손 높이는 다운스윙 **아크 형태** 50% 정도를 결정한다고 봐야 한다.

-. 오른 팔꿈치가 높으면 : 손의 위치가 높아진다.
   - 클럽 궤도가 높게 형성되어서 하 타점
   - 클럽 궤도가 멀리 돌아서 힐 타점

-. 오른 팔꿈치가 낮으면 : 손의 위치가 낮아진다.
   - 클럽 궤도가 낮게 형성되어 상 타점(뒤땅, 스카이 볼)
   - 클럽 궤도가 가까이 돌아서 토우 타점

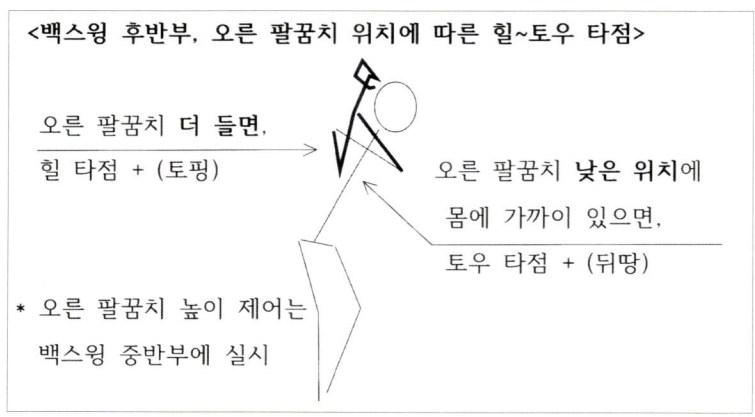

그림 3.6.18 백스윙 탑, 오른 팔꿈치 위치에 따른 힐~토우 타점

백스윙 오른 팔꿈치 높이에 따른 궤도 변화는 기하학적으로 일차원적인 형태라 스윙의 이해에서 가장 쉬운 부분이다. 그러나 이것이 간과되어 타점을 유지하지 못해서 골프 실력이 향상되지 못하는 경우가 상당하다. 이유는 팔꿈치와 손의 높이가 스윙 크기에 국한돼어 생각하도록 길들어져 있기 때문일 것이다.

   cf) 오른 팔꿈치(손) 앞뒤 위치는 'Full & Push' 궤도에 영향을 준다.
      - 보통 앞에 있으면 Full 궤도 타격
      - 보통 뒤에 있으면 Push 궤도 타격

백스윙, 오른 팔꿈치 높이는 라운드 도중 의도에 의해서, 또는 무의식적으로 변하게 되고, 결과는 의도하지 않은 엉뚱한 거리, 타점, 방향 변화를 만든다.
(7장 샷감 2절에서 상세 내용을 다시 설명한다.)

Remarks
#1. 오른 팔꿈치를 더 높이 드는 것은 백스윙 중반부에 이루어져야 한다.

#2. 간혹 오른 팔꿈치를 (후반부 마지막까지) 더 높이 들어서 스윙 크기를 키워 비거리를 늘리려 하면, 왼팔이 들리는 스윙이 되어서 몸과 팔의 연결 강도가 떨어져 오히려 헤드 스피드가 안 나온다. 최악의 샷감이 된다. 너무 과도하게 백스윙 후반부에 오른 팔꿈치를 들어 올리려 해서 손해를 보는 Case다.
* 어쨌든 왼팔이 들리는 스윙을 하면 골반과 어깨가 같이 도는 현상도 벌어진다. 오른 팔꿈치가 아닌 손을 직접 높이 드는 백스윙 하면 거의 무조건 왼팔과 어깨가 들리는 다운스윙이 되어 힘없는 슬라이스 발생한다. 실제 왼 광배근 Tension을 만드는 것은 오른 팔꿈치 높이이며, 손 높이가 아니다.

#3. 오른 팔꿈치 높이와 앞뒤 위치에 따른 타점 변화 및 페이스 각 변화, 그리고 Path 변화는 필수로 알고 있어야 한다. 특히 세게 치고자 했을 때 나타나는 토핑의 주요 원인이 오른 팔꿈치가 높이 올라간 것임을 알아야 한다.
"아크가 커지니 비거리가 늘어나겠지!"라는 단순한 생각은 최악의 실수를 만들 것이다.
cf) 세게 치려고 오른 손목 윗면 근육을 강하게 잡으면 큰 토핑(꿀밤) 발생한다.

⟨타점 실수 상황⟩
- 보통 세게 치고자 할 때 아크를 크게 하려고 손을 직접 높이 든다. (오른 팔꿈치를 직접 높이 올리는 것과는 다른 메커니즘을 형성) ⟨--- 왼 어깨가 들리는 형태가 되어 형편없는 스윙 동작 생성. 결과는 거리, 타점, 방향성 실패
- 보통 약하게 컨트롤 해서 치고자 할 때, 오른 팔꿈치가 낮고 몸에 붙는다. 손은 낮게 올라간다. ⟨--- 궤도와 타점 변화 (토우 뒤땅)
- 오른 팔꿈치 높이 올리면 궤도 상승 ⟨--- 얇은 타점(토핑)

2) 스윙 플레인
(별로 중요하지 않은 사항, Skip/Pass 가능)

스윙 Path(궤도)와 스윙 Plane(스윙 면)은 조금 다른 의미로 사용된다.
어깨~팔꿈치, 팔꿈치~손, 손~클럽 헤드, 이렇게 3개의 분절이 있는데 실제는 양팔이 있으므로 5개의 분절이 사용되는 것이며, 짧고 작지만 양어깨가 있으므로 7개의 분절이 있어서 스윙 플레인은 여러 개가 존재한다.

- 스윙 궤도 : 엄밀히 말하면 클럽 헤드 중심(COG)이 지나가는 길
   (야구 배트와 다르게 'L자'로 꺾인 헤드가 중요하게 작용)
- 스윙 플레인 : 샤프트가 그리는 회전 평면,
   팔~손이 그리는 회전 평면,
   클럽 헤드 중심과 회전 중심(AC)를 잇는 선이 그리는 회전 평면 --- 가상의 면
   이 된다.

* 혹자들이 사용하는 것은 두리뭉실하게 '스윙 플레인 ≈ 스윙 궤도'인데, 실제 외견상 보이는 그 모양으로 뭔가를 정의한다는 것은 무리가 있다.
'스윙 플레인'이라고 말하는 것 자체에 부족한 것이 있다면, 그것으로 설명하고자 하는 것에도 부족한 면이 상당히 있다고 하겠다.

역학적으로 따지면 *1장과 3장 내용*과 같이 클럽 헤드 COG 위치, 샤프트 회전 평면, 팔의 회전 평면에 따라서 비틀림과 로테이션이 변한다.
   cf) 헤드 위치와 손(그립) 위치, 가상의 회전 중심과 회전력 중심에 따라서 *2장 내용*과 같이 2-절 링크 릴리즈의 원심력가속도 성분이 변한다.

탑 플레이어의 백스윙 궤도는 제각각이다. 그러나 다운스윙에서 스윙 궤도와 스윙 플레인 모양은 거의 비슷하다. 백스윙 전체의 헤드 궤도 보다는 *6절에서 설명*한 백스윙 탑에서 헤드 중심(COG)이 샤프트 플레인에 놓이는 것(맞춰지는 것)이 훨씬 더 중요할 사항이다.
스윙 동작 측면에서는 스윙 플레인보다 백스윙 가속과 감속 형태가 훨씬 중요하다. 또 다운스윙 방향성에 있어서는 궤도 보다 페이스 각이 4배 정도 더 중요하게 작용한다. 별로 중요하지 않지만 백스윙의 헤드 궤도와 스윙 플레인에 영향을 주는 것은 다음과 같다.

-. 회전·이동에 기인 :
  - 왼팔의 꼬임
  - 각 분절 턴 비율, 각 분절 턴 시점 --- 백스윙 왼 어깨 Braking 시점 연관
  - 힙의 이동/위치
  - 스웨이 (척추의 이동/모양)
  - 어깨의 모음·재낌
  - 오른 팔꿈치 높이, 위치 (손 높이)
  - 어깨 경사, 척추 경사 --- 실제 움직임은 경사를 주려는 의지와 반비례하는 경우가 많다.
  - 몸통의 경직도

-. 뻗음에 기인 :
  - 왼팔 폄 백스윙
  - 오른 팔꿈치 굽힘 백스윙
  - 백스윙에서 오른 무릎 폄, 왼 무릎 굽힘 양

백스윙 궤도를 교정하고 싶다면 어느 것 변경으로 변화를 만들 것인지를 판단하고 선택해야 한다. 위치에 해당하는 것과 시간에 해당하는 물리량 2가지를 변화시켜 궤도와 면(Path & Plane)을 바꾸는 것이다. 전제조건은 헤드 스피드, 타점, 페이스가 목표로 하는 것에 부합하는 것이다.

궤도 변화에 큰 영향을 주는 것은 다음 두 가지다.
① 양팔의 뻗음과 굽힘이 만드는 기하학적 형태로써 경향은 다음 그림과 같다.
② 그다음은 왼 어깨를 앞으로 내미느냐, 오른 어깨를 뒤로 이동하느냐 사항이다.

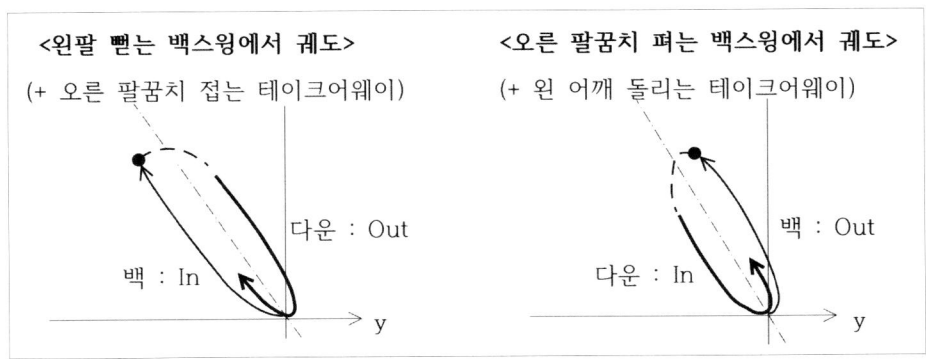

그림 3.6.19 팔의 뻗음, 굽힘에 따른 스윙 플레인 경향

궤도의 종류(백스윙 ---〉 다운스윙)는 백스윙 시작을 무엇으로 하느냐에 따라서 다음과 같이 대표적인 궤도(Path) 모양이 형성된다.

　　〈백스윙〉　　〈다운스윙〉
　　- In --------〉 In to Out : 왼팔 누르는 백스윙 시작의 경우
　　- In --------〉 Out to In : 오른 어깨 뒤로 젖히는 백스윙 시작의 경우
　　- Out -------〉 Out to In : 오른팔 펴는 백스윙 시작의 경우
　　- Out -------〉 In to Out : 왼 어깨 앞으로 밀어서 하는 백스윙 시작
　　* 백스윙이 Out으로 빠지는 것을 교정하려면 (왼손이나 왼 어깨 대신) 왼 팔꿈치를 후방으로 진행하게 하는 백스윙 Start를 하면 된다.

위의 것은 다운스윙 ~ 임팩트에서 단순 궤도 모양에 영향주는 것에 대한 관점이고, 이것보다 훨씬 중요한 것은 타점에 관계되는 궤도이다.
다운스윙 ~ 임팩트 헤드의 궤도 중에 상하 궤도, 앞뒤 궤도는 타점 변화를 만드는 것으로써 실제 이것이 관건이 된다. 직관적으로 따지면 상하 궤도와 앞뒤 궤도가 'In to Out & Out to In' 궤도보다 16배는 더 중요한 것 같다.
또 인위적으로 만들어지는 'In to Out & Out to In' 궤도는 모양 편차가 그리 크지 않는데, 의도하지 않게 Full 되거나 Push 되는 궤도가 문제이다. 따라서 인위적으로 만들어지는 궤도에 따른 페이스 각(방향성)은 크게 민감할 필요가 없다.

Remarks
#1. 일반 골퍼들은 'In ---〉 In to Out' 궤도가 무척 좋은 것으로 인식한다. 그러나 그것이 스윙 결과에 생각한 만큼의 좋은 결과 차이를 만들지는 않는다. 스윙 중에 COG 이격 거리 상태(변화)가 스윙 품질을 더 크게 결정한다.

#2. 궤도의 변화와 페이스 모양(헤드의 COG 이격 거리) 변화, 그리고 근육의 꼬임을 고려하면 백스윙에서 가장 중요한 동작은 <u>왼팔을 Zig-zag로 꼬는 왼팔 꼬임 만들기</u>일 것이다. 그다음은 <u>왼 무릎 움직임 시점과 양</u>이다. 샷감에서 타점 변화에 큰 영향을 주는 것은 <u>백스윙 탑 오른 팔꿈치 높이</u> 선택이다. 그리고 방향성 변화에 큰 영향 주는 것은 백스윙 오른 골반 접기와 왼 어깨 Braking timing이다.

6.9 백스윙 탑 & 다운스윙 전환 타이밍 영향

1) 다운스윙 전환 형태

a) 다운스윙 전환 모양

골퍼별로 고유의 백스윙 형태를 보인다.
그림은 백스윙 감속과 다운스윙 전환을 가속도로 표현한 그래프다. 가속도 커브의 형태는 몸이 느끼는 감각인 가가속도를 짐작하게 한다.

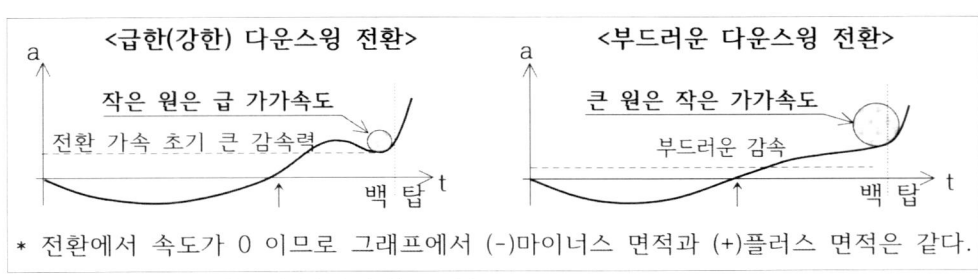

그림 3.6.20 백스윙 탑 전환에서 가속과 가가속도 모양

-. 급하고 강한 다운스윙 전환 :
백스윙 감속 구간을 짧게 가져가면 강한 감속이 된다.
강한 감속 상태는 감속 관성력이 상대적으로 크게 걸리는데, 이때 다운스윙 전환은 커다란 가속도 변화를 만든다.
그림 좌측 그래프에서 신체가 느끼는 가속은 '감속력 × 가속도 변화'이다.
손과 손목에는 엄청난 힘이 느껴져 꽉 잡게 되고, 이후 릴리즈는 엉망이 된다. 또 릴리즈 중반에서 손목 힘을 사용하지 못하게 된다.

-. 부드럽고 여유 있는 다운스윙 전환 :
백스윙 전반부에서 가속을 충분히 하고, 후반부에 감속 구간을 길게 가져가면 부드러운 감속이 된다.
그림 우측 그래프에서 가속 그래프는 상대적으로 부드러운 형태가 된다. 접선 원은 가속도의 변화, 즉 가가속도 크기(원 크기에 반비례)를 나타내며, 이것은 몸의 신경이 반응하는 참고 자료(감각)의 하나인데 가가속도가 작으면 손과 손목 힘은 덜 증가한다.
　　* 다운스윙 전환은 앞항들에서 설명했던 백스윙 시작부터 행해지는 동작 하나하나의 영향을 받아서 그 형태가 결정되는데, 특히 백스윙 2/3 지점 전후에서 왼 어깨를 Brake 하는 것이 핵심 제어 Point가 된다.

b) 급한 다운스윙 전환 및 전환 시점의 변동

-. 급한 다운스윙 전환 :
조금 자주 하는(종종 나오는) 스윙 실수의 하나가 백스윙이 다 진행되기도 전에 이른 다운스윙 전환을 해 버리는 것이다.
　　- 보통 오른손 4th & 3rd 손가락 악력이 강하면 급한 다운스윙 전환이 된다.
　　- 왼 하체 쿠션이 강하면 급한 다운스윙 전환이 된다.
　　- 급한 마음에 급한 다운스윙을 하는 경우가 있다. 다음은 위 두 가지 어드레스 상태가 합성된 조건이다.
　　　＾ 급한 스윙 루틴을 가져간 경우 (바람, 우천 상황은 루틴을 바뀌게 한다)
　　　＾ 긴장되었을 경우 (Score 상황, 트러블 잔디 라이 및 경사는 긴장 조성)
　　　＾ 강한 왜글을 했을 경우
　　　＾ 타법, 목표를 확실히 결정하지 못한 갈등상태에서 스윙이 시작된 경우
　　　＾ 주위가 어수선한 경우 (집중이 안 된 상황, 다른 생각을 하는 경우)
　　* 이 경우는 백스윙 왼 어깨 Braking 타이밍이 빨리 잡히는데, 빠른 다운스윙 전환과 그립 힘 증가를 동반하여 타점과 페이스 각 문제를 만든다.

◇ 그립 악력이 강한 상태에서 상체 회전 진행이 덜 진행되는 과정에서 급한 다운스윙 전환은 보통 **왼손 검지**에 힘이 많이 들어가 캐스팅 발생한다.

　　- 타점 : 힐·하 타점

　　- 페이스 : 닫힘, Loft 감소

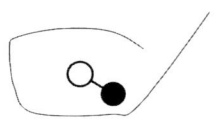
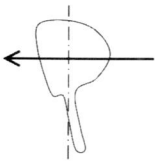

◇ 왼 다리(무릎)를 너무 견고히 잡았을 때, 백스윙이 작은 상태로 전환이 이루어지는데 급가속에 대항하여 **왼손 꽉 잡게 되고** 클럽을 몸쪽으로 당기게 된다. 이 경우 거리, 방향, 타점 모두 맞지 않게 되는 큰 실수가 된다.

- 타점 : 토우·상 타점

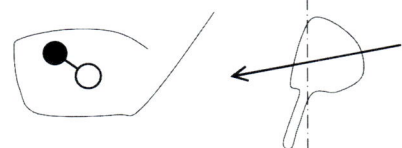

- 페이스 : 열림, Loft 감소, Out to In 궤도

* 백스윙 때, 왼 무릎을 너무 견고히 잡으면 이른 다운스윙 전환되고, 왼 무릎이 너무 느슨하면 늦은 다운스윙이 이루어진다고 봐야 한다.

◇ 집중이 안 된 경우는 어떤 스윙 결과가 나올지 모른다.
 이 경우에는 정신력 또는 집중력, 즉 몰입하는 훈련이 필요하다.
 몰입에는 개인차가 있다. 자신에 맞는 극복 방법을 연구해야 한다.

-. 전환 시점의 변동에서 기진력 :
큰 다운스윙 전환 시점 미스는 아니더라도 각 스윙 별 미세한 **다운스윙 전환 시점 차이**가 있는 것은 사실이다. 만약 0.01초 또는 0.005초 느리거나, 빠를 때, 스윙에는 어떤 차이가 발생할 것인가?

백스윙 탑의 감속에 의한 샤프트 탄성 변위(진동 하사점)에 다운스윙 전환 시점을 맞추는 것이 스윙 전환 타이밍이다.
혹자는 *"하나 둘 셋"* 또는 *"짜장면"*을 마음속으로 읊으면서 스윙하라고 하는데, 그것으로 0.005sec 이내의 타이밍 맞추기는 힘들다.
 * 평지 조건뿐만 아니라, 거리 조절, 다양한 경사와 잔디 라이에 따라 자세가 변경되는데, 그것에 맞춰 타이밍을 잡아야 한다. 연습과 경험으로 어느 정도 극복이 가능하며, 스윙 동작 이론을 접목하면 보다 빨리 적응해갈 수 있을 것이다.
 80타대 실력이 되면, 실전에서 급한 다운스윙으로 미스샷이 발생한 경우들은 재발 방지하는 차원에서 기록되어(기억하여) 관리 되어야 한다.

백스윙 탑에서 클럽 헤드가 출렁이는 모양은 전환 형태 및 타이밍에 따라 달라진다. 출렁이는 모양은 '가속 관성 + 샤프트 강도 + 스윙 면에 COG 위치'가 만든다. 출렁임 양은 그대로 그립에 하중으로 형성되며, 출렁임 모양은 진동 기진 형태로 시간을 두고 다운스윙에 영향을 준다.

(-)t에 다운스윙 전환 : 빠른 다운스윙 전환의 경우는 위에서 그 실수의 원인과 결과를 설명하였다. 클럽 헤드가 아직 후행하고 있는데 잡아채는 모양새이다. 손(손목)힘이 더 들어가게 되고, 페이스 각과 타점 형성은 앞의 그림과 같이 두 가지 형태 경향을 보인다.

(+)t에 다운스윙 전환 : 좀 느린 타이밍에 다운스윙 전환되었을 때인데, 진동(샤프트 휨 변형) 측면에서 클럽 헤드가 하사점을 지나 전진할 때 다운스윙 전환되는 모양새로써 상대적으로 클럽 헤드 가속 관성이 적게 걸려서 손(손목)힘이 덜 증가하게 된다. 더 부드러운 다운스윙 가속이 이루어진다. 이것 때문에 "백스윙 탑에서 잠깐 정지한 느낌이 들도록 하라."라는 Tip이 있는 것이다.
단, 너무 느린 전환은 진동 휨을 이용하는 효과가 줄어들어서 스윙 효율이 감소하게 된다.
　* 딱 맞으면 좋겠지만 느린 것보다는 빠른 전환 타이밍이 스윙 결과에 훨씬 큰 악영향을 미친다.

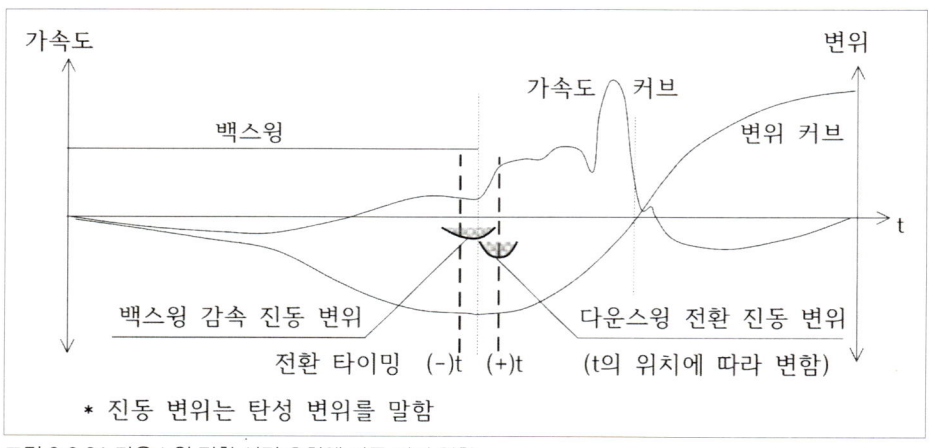

그림 3.6.21 다운스윙 전환 시점 오차에 따른 기진 영향

2) 척추기립근 감각

(척추기립근 감각 사용 : 체중 분배, 체중 이동, 회전 변위)
(복잡한 내용으로 참조로만 하고 연구용으로 사용)
(척추기립근 감각 확인은 어쩌다 한번, 드문드문 관리해주면 된다.)

척추기립근은 척추 좌우 측에 있다. 인체에서 가장 긴 근육이다.
척추의 굽혀진 상태, 몸의 좌우 기울어짐 상태와 체중 분배 상태를 감지한다.
이 근육은 신경 감각에서 여타 몸통 근육을 연동시키는 리더 역할을 한다. 골프 스윙에서 가장 중요한 근육 중의 하나다.

* 골프 스윙에서 몸통 회전 변위는 척추기립근으로 감지하고, 몸통 회전 시차(골반~어깨)는 복근과 옆구리 근육 강도로 간접 제어되어야 한다. 그리고 복근 강도는 동작 중심축의 위치에 따라 결정된다.

만약 복근이나 옆구리 근육의 Tension에 직접 신경을 쓴다면, 롱게임에서 +5타 이상의 실력 저하를 경험하게 될 것이다. 또한 회전력을 최대로 사용하는 타이밍 감각이 둔감해져서 (최대 비거리를 만들기 힘든) 비거리 감소 상태에 빠지게 된다. 물론 방향성과 타점도 형편없게 된다.
cf) 어깨 근육과 움직임에 직접 신경을 쓰면 +10타 이상의 실력 저하

척추기립근은 백스윙의 크기를 감지하는 기능이 있다. 또한 여타 기능은 다음과 같다.

a) 체중 분배 감지

'Setup & Address'에서 좌우 발바닥 체중은 하체를 타고 상체로 이어지는데, 체중 상태를 척추기립근으로 느낀다.
  - 왼발에 체중이 더 있으면 좌측 척추기립근에 Tension이 더 강해짐
  - 오른발에 체중이 더 있으면 우측 척추기립근에 Tension이 더 강해짐
* 발바닥 또는 무릎이나 허벅지로 체중 분배 상태를 느끼려 하지 말아야 하며 복근과 가슴 앞 근육으로 느끼려 할 필요도 없다.
cf) 앞꿈치에 체중 많으면 척추기립근 Tension 강, 뒤꿈치에 많으면 약

스윙 동작 중에도 좌우앞뒤 체중(하중) 상태를 굽혀진 척추의 척추기립근이 감지한다.

b) 회전 변위 감지와 부위별 방향성 변화 (참조용)

척추기립근의 어느 곳을 기준으로 감각을 느끼며 회전하여 스윙하느냐에 따라서 방향성 변화가 심하게 된다. 변화가 큰 것은 제어 용도로 사용할 수 없다.

　＊ 감각 기준점 변화에 따른 상하 및 앞뒤 타점 변화는 미미한 수준이다.

척추기립근에 감각을 느끼는 기준부위는 그림과 같이 '6+3=9'곳으로 나눌 수 있다. 어디를 기준으로 스윙하느냐에 따라서 방향성은 다음과 같이 급변하는 경향을 보인다.

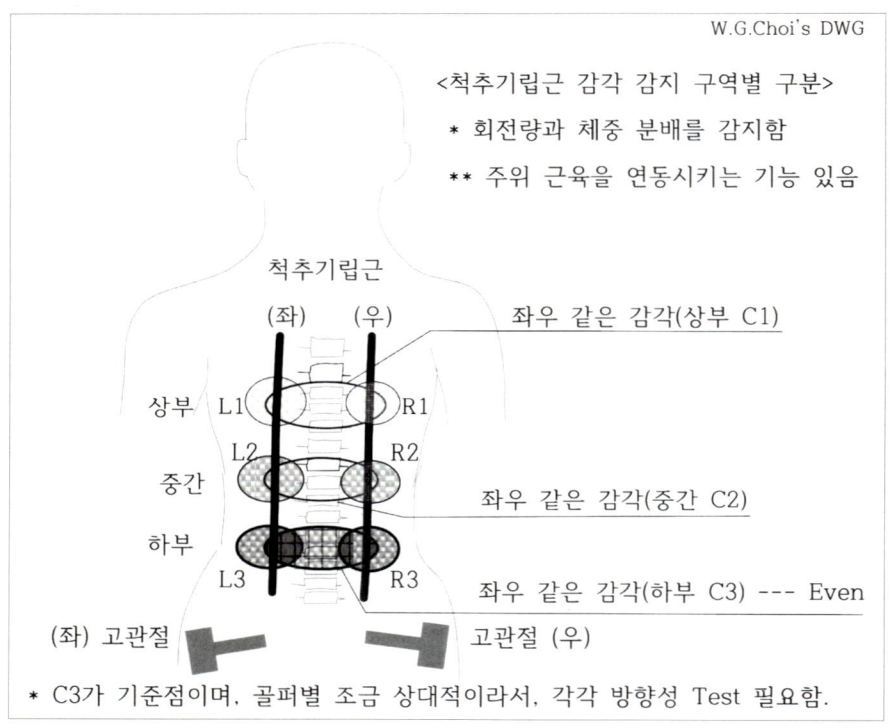

그림 3.6.22 척추기립근 감각 감지 부위 형태

- 일단 방향성 변화는 위치별로 크게 다음과 같은 Logic의 영향을 받는다.
　　상부 --- 백스윙 어깨 회전량 많다. 백스윙이 크다. ---〉 Push
　　　　회전력 전달이 약하다. ------〉 Slice
　　　　＊ 폄 강하면 Hook, 캐스팅에서는 Hook 또는 'Push & Hook' 발생
　　　　＊＊ 어깨가 펴지는 견갑골 움직임 때문에 10° 정도 Over swing 발생

하부 --- 백스윙 어깨 회전량 적다. ---〉 'Full & Slice' = 페이드
　　　릴리즈 타이밍이 느리다. ---〉 Push
　　　* 'Full & Push' 공존하며 우성에 따른다. 복근 강도가 더 큰 영향으로 작용한다.
* 좌우 고관절 잇는 선을 축으로 하여 체중과 회전 변위를 감지할 수 있는데, 이때는 동작의 경직도가 큰 폭으로 상승하여 90% 스윙이 만들어진다.
　　좌측 --- 회전 기준축이 좌측으로 이동 ---〉 Open = 열림 = Slice
　　우측 --- 회전 기준축이 우측으로 이동 ---〉 Close = 닫힘 = Hook
　　　　원심력가속도 성분 크게 형성 ---〉 Close = 닫힘 = Hook

- 부위별 상세 방향성은 다음과 같은 경향이다. 단, 어떤 요소가 우성인자로 작용하느냐에 따라서 약간의 차이를 만든다.

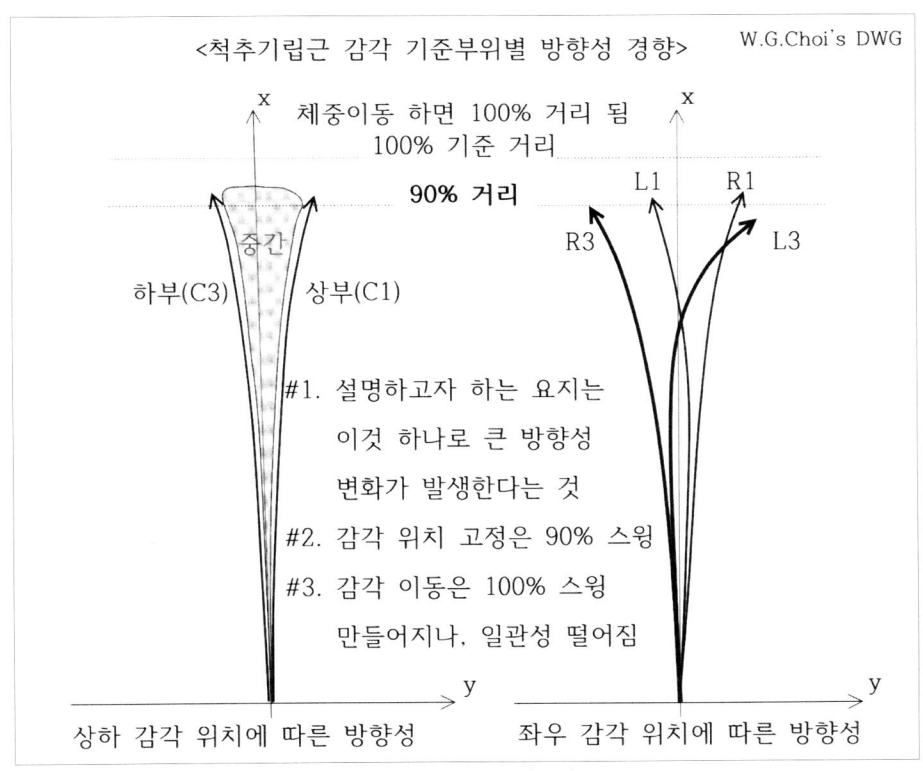

그림 3.6.23 척추기립근 감각 느끼는 기준점 위치별 방향성 (예시)

감각 위치별 구질 변화가 만들어지는 이유는 다음과 같다.

L1 -------- **Push & Hook** <--- 왼 광배근 및 어깨 젖힌 양이 생성된 결과
상부 좌우 - **Mini Slice**
R1 ------- **Big Slice** <----- 어깨 회전량 많고 릴리즈 타이밍 늦음

L2 -------- **Mini Slice** <---- 특이하게 큰 토우·하 타점 발생
중간 좌우 - **Even 방향성**
R2 ------- **Hook** <---------- 회전 기준이 우측으로 이동함

L3 -------- **Full & Slice**
하부 좌우 - **Mini Full & Hook/Slice**
R3 ------ **Big Hook** <------ 회전 중심 우측, 이른 릴리즈 타이밍
　　　　　　　　　　　　 큰 자연 로테이션 발생

* 스윙할 때 매번 같은 방향성이 나오지 않는데, 그 차이를 만드는 원인 중에서 척추기립근의 감각 부위 차이와 감각 부위의 이동에 의한 것이 50% 정도 간접 영향을 준다고 보면 된다. 즉 이점을 알아차리고 스윙하면 방향성 오차를 반으로 줄일 수 있을 것 같은데, 실제 정확히 제어도 안 되고, 손이 아닌 다른 부위로 뭔가의 느낌을 자세히(미세하게) 느끼려 하는 것은 귀찮고 지겹고 짜증 나는 일이 된다.

c) 타이밍 맞춤 기능
　　(척추기립근은 마음과 시간과 몸을 서로 연결하게 해준다.)

척추기립근을 회전 감지 근육으로 선택하여 그 사용 부위가 만드는 방향성과 임팩트 조건을 예측하고 스윙하면 회전력의 사용 효율은 최대가 될 수 있다.
예측과 결과가 맞아떨어지기 때문에 몸 근육은 더욱더 상호 협력하여 스윙하게 된다. 결과로써 방향성과 타점 정확도 향상은 물론 5% 정도의 비거리 증가를 얻게 될 것이다. 단, 다운스윙에서 한 가지만 염두에 둘 수 있으므로 척추기립근 감각을 사용하는 것은 선택 사항이다. 이 방식은 과정이 고역이며 여타 스윙 감각을 죽이게 되어, 샷이 재미없게 되므로 실제로는 추천하지는 않는다. 척추기립근 감각을 계속 느끼려 하면 스윙 동작 감이 떨어진다.
　* 단, 척추기립근 감각이란 것이 있다는 생각만으로도 동작에 도움을 준다.

6.10 폴로스루(Follow through)와 피니쉬(Finish)
(선행 동작의 결과물)

폴로스루와 피니쉬는 스윙 교정의 대상이라기보다는 스윙 결과물로써 관찰의 대상이다. 간단히 그 특징을 설명하면 다음과 같다.

a) 폴로스루(Follow Through)
임팩트 직후 릴리즈가 끝난다. 이 지점부터는 폴로스루 구간이다.
클럽 헤드가 선행하고 몸은 클럽 헤드를 추종한다. 즉 후행 분절이 앞서가고 선행 분절은 뒤따라 간다.

'폴로스루 시작 ~ 폴로스루 1/3 끝 ~ 폴로스루 2/3 끝 ~ 피니쉬'로 나눌 수 있다.

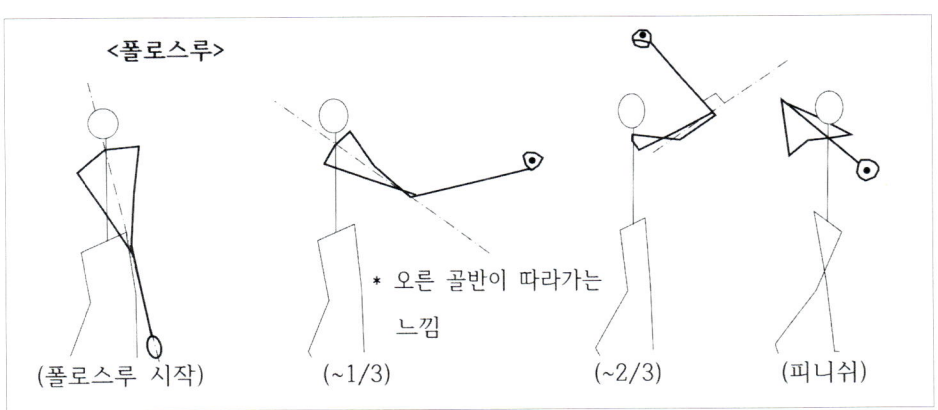
그림 3.6.24 폴로스루 ~ 피니쉬 모양

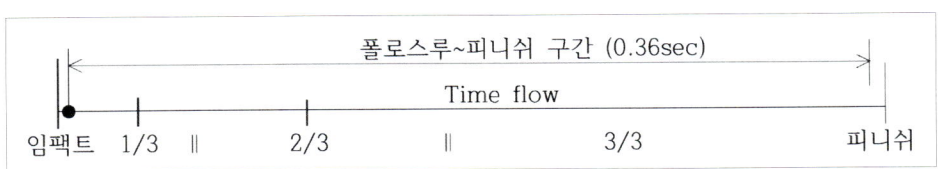
그림 3.6.25 폴로스루 Time Flow (예시)

-. 시작 ~ 1/3 구간 : 시작은 어깨 중심, 손, 클럽 헤드가 일직선상에 놓인 상태이다. 손목이 다 풀린 상태이다. 래깅 각이 '0'이 되어 원심력가속도 성분 Zero이다.

　　팔로스루 1/3 구간을 지나가면서 Re-cocking 되는데, 몸도 감속하지만 원심력 감속도 성분이 헤드 스피드를 감속한다. 자연 로테이션은 감속 관성 토크에 의해서 계속 진행된다.

　　이 구간에서 필요한 것은 다음 세 가지 사항이다.
　　　- 오른팔을 눌러 뻗어주어 원심력 감속도 성분과 로테이션이 잘 생성되도록 하는 것.
　　　- Brake를 걸며 벽을 만들었던 왼 하체를 부드럽게 풀어주는 것.
　　　- 오른 골반이 버티지 않고 잘 따라가 주는 것.

-. 2/3 시작 지점 ~ : 클럽 헤드 중심(COG)이 스윙 면에 다시 안착하는 지점이다. 팔과 클럽이 90° 모양을 하는 지점이다. 로테이션이 거의 다 진행된 상태이다.

로테이션이 많으면(강하면) 일찍 도달하고, 로테이션이 적으면(약하면) 늦게 도달한다. 이 지점은 자연 로테이션양, 인위 로테이션양, 임팩트 전 손목 회전력 사용량에 달려 있다.

로테이션이 다 진행된 지점 전후로 왼 광배근 사용과 왼 어깨 젖힘이 주요 동작이다. 왼 어깨가 젖혀지면서 팔과 손목의 Stopping을 부드럽게 만들어준다.

　　* 골프 스윙을 'Setup(어드레스) - 테이크어웨이 - 백스윙 - 다운스윙 - 임팩트 - 폴로스루 - 피니쉬', 7 동작으로 나눈다는 시각적인 반복 입력 때문에 중요한 다운스윙이 가볍게 취급되고 폴로스루와 피니쉬가 비중 있게 자리 잡는 경향이 있다.
　　다운스윙이 폴로스루와 피니쉬보다 100배는 더 중요하다는 생각을 계속 머릿속에 되새겨야 좋은 스윙을 만드는 데 도움이 될 것이다.

-. 폴로스루 3/3 구간 ~ 피니쉬 : 이후 피니쉬까지 동작으로 하체와 척추의 폄 감속 및 상체 회전 감속이 마무리되는 구간이다.

b) 피니쉬(Finish)

피니쉬는 골프 스윙의 끝 동작 모양이다.
폴로스루 단계에서 클럽 헤드가 선행하고 몸이 후행하면서 만들어지는 감속이 충분하지 않으면 피니쉬에서 클럽은 억지로 급정거를 하게 된다.

클럽 헤드가 빨리 선행하도록 해주는 것은 다운스윙 때와 같이 회전 중심(AC)을 뒷목에 두고, 감속 회전력 중심점(FC)을 하복부~허리에 두는 것이다. 그러면 Unkocking과 로테이션이 빠르게 진행될 것이다.

피니쉬 구간에서 스윙 면에 클럽 헤드 무게 중심이 놓이면, 비틀어지려는 그립력은 없다. 그러나 헤드 중심점이 스윙 면에서 벗어난 형태면, 이격 거리 만큼 '감속 관성력 * 이격 거리'의 토크가 발생한다. 다운스윙 시작에서의 토크 발생과 반대이다. 이 토크는 손가락(오른손 엄지 안쪽 살)에 굳은살을 만든다. 그리고 클럽 헤드가 출렁이며 멈추는 형태를 보이게 만든다.

다운스윙 후반부에 무릎(하체) 폄의 세기가 약하면 배치기가 발생하여 어정쩡한 피니쉬 자세가 나오고, 하체 폄의 'Up & Down' 리듬이 안 맞으면 몸의 전·후방 밸런스(균형)가 무너지는 피니쉬가 된다.

Remarks
#1. 토우·상 타점의 임팩트가 되면 동적 밸런스가 크게 깨져서 뇌의 Feedback 반응은 몸을 뒤로 젖히는 강한 동작을 만들라고 하여, 피니쉬에서 상체가 뒤로 젖혀 넘어지는 모양이 된다.

#2. 폴로스루에서 감속은 팔과 손으로 100% 하지 않고, (릴리즈 때와는 반대로) 원심력 감속도 성분이 상당량 사용된다. 이것이 사용되어야 효율적이고 부드러운 감속을 만들 수 있다.
더불어, 왼 어깨를 뒤로 젖히면서 헤드는 더욱 부드럽게 감속하게 된다.
왼 어깨를 뒤로 젖히는 동작이 하체와 상체를 다시 분리하는 역할을 한다.
* 만약 펀치 샷과 같은 급감속 피니쉬를 하는 스윙을 계속 연습하면, 손(오른손 엄지 안쪽)에 굳은살이 생길 것이다. 펀치 샷 연습은 개수를 제한해야 한다.

#3. 멋진 피니쉬는 '오른손 4th & 3rd 악력과 엄지 검지 V자 그립 ~ 동작 중심축 위치로 복근 강도 조절(릴리즈 타이밍 제어) ~ 왼손 눌러주는 테이크어웨이 ~ 왼 무릎 이동 시점 ~ 왼팔의 Zig-zag 꼬임 ~ 백스윙 2/3에서 왼 어깨 Braking ~ 백스윙 탑 오른손 쟁반 받침 ~ 몸통 회전 중심 ~ 다운스윙 오른 무릎 오금 굽힘 ~ 골반-어깨 회전 시차(오른 옆구리 접기) ~ 수평 체중 이동 ~ 오른 팔꿈치 외회전 ~ 하체 폄 세기 ~ 자연 로테이션양 ~ 임팩트 정타 타점' 15가지가 되면 만들어진다.

멋진 피니쉬를 100점(%)이라고 할 때, 그것을 만드는 구성 비율은 대략 다음과 같다.
- 골반과 어깨의 적정 회전 시차 (시차는 드라이버와 아이언 다름) --- 60%
  ^ 적정 그립 악력 : (20%)
      (A) 적정 그립 악력은 그 자체로 손목 부드럽게 해서 원활한 릴리즈
      (B) 적정 그립 악력은 하체, 몸통, 팔의 경직도를 반절 정도 결정하여 전체 릴리즈 타이밍 좌지우지
      (C) 적정 그립 악력은 몸통(골반~어깨) 회전 시차에 영향
      (D) 백스윙 탑, 회전면에 클럽 헤드 COG 위치 놓기도 그립 악력 연관
  ^ 복근 강도에 의한 몸통 근육 Coiling 강약 : (10%)
  ^ 백스윙 왼 어깨 Braking timing에 의한 Feedback 영향 : (10%)
  ^ 다운스윙 초기 오른 무릎 오금 굽힘 양(상·하체 분리) : (20%)

- 타점 및 궤도 --- 20%
  ^ 백스윙, 일정한 오른 팔꿈치의 높이와 위치 : (10%)
    * 실제 타격 타점 변화의 반절 정도를 결정
  ^ 백스윙, 테이크어웨이와 왼팔 Zig-zag 꼬임 : (5%)
  ^ 오른 팔꿈치 외회전 : (5%)

- 하체 폄 --- 20%
  ^ 하체 폄과 척추 폄의 세기와 시차 : (10%)
  ^ 축 상태, 체중 분배, 수평 체중 이동 : (10%)

* 위의 멋진 피니쉬 구성(영향력)은 좀 복잡한데, 단위 동작 위주로 요약하면 대략 다음과 같다.
    ◇ (다운스윙 초반) 오른 무릎 오금 굽힘 -------- 20점
    ◇ (다운스윙 후반) 폄 리듬 & 수평 체중 이동 --- 20점
    ◇ (백스윙) 왼팔 Zig-zag 꼬기 -------------- 15점
    ◇ (백스윙) 왼 어깨 Braking 시점 & 세기 ------ 15점
    ◇ (다운스윙 중반) 골반~어깨 회전 시차 ------- 10점
    ◇ (다운스윙 중반) 오른 팔꿈치 외회전 -------- 10점
    ◇ (다운스윙 중반) 오른 옆구리 접기 --------- 10점
    cf) 비유하면 이것들은 체조, 다이빙, 아이스댄싱에서 점수 매기기 구성과 비슷하다.

#4. 멋진 피니쉬 하는 프로선수의 6가지 특징 : 다음 보일락말락 하는 것들에서 일관성을 유지한다는 공통점을 가진다.

　Ⓐ 다운스윙 중반부, 골반과 어깨 턴 시차가 뚜렷하며 (클럽별) 일정하다.
　Ⓑ 백스윙 감속 형태가 일정하다.
　Ⓒ 백스윙, 오른 팔꿈치와 손의 높이(위치)가 일정하다.
　Ⓓ 다운스윙, 오른 무릎을 굽혔다가 편다. 동작 리듬이 일정하다.
　　다운스윙 시작에서 수평 체중 이동을 하지 않는다. (오히려 왼발로 버팀)
　Ⓔ 다운스윙 중·후반부(릴리즈 전), 오른 팔꿈치 외회전을 한다.
　Ⓕ 백스윙 탑, 샤프트 회전 면에 클럽 헤드 COG를 일치시키는 궤도 만든다.
　　그리고 전환 타이밍이 일정하여, 샤프트 후방 휨 모양이 일정하다.

이런 형태로 구성된 스윙을 하는 골퍼를 보고 스윙 폼이 좋다고 한다. 즉 좋은 스윙 동작을 하고 있다고 말한다.

* 이들 핵심 사항들은 보일락말락 한데, 정작 스윙 레슨 영상에서는 아주 재미없는 주제가 될 것이고 설명하기 어려워 잘 다루어지지 않는다. 보통 레슨 영상에서 주로 다뤄질 수 있는 것들은 중요도와는 관계없이 움직임이 커서 영상이 잘 구분되고 시각적 관심을 유발할 수 있어야 하며, 골치 아프지 않은 단순 주제여야 한다.

#5. 폴로스루에서 원심력감속도 성분(다운스윙 릴리즈의 원심력가속도 성분과 같은 원리)를 이용하여 헤드 스피드를 감속해야 급감속을 만들 수 있다. 그리고 같은 원리로 반대 방향의 자연 로테이션도 발생한다.

임팩트 이후에 헤드 로테이션은 감속에 의한 순방향 자연 로테이션, 원심력에 의한 반대 자연 로테이션, 기구학적 로테이션, 인위 로테이션, 편심 타점에 의한 로테이션 조합으로 구성된다. 'L To L 스윙'을 설명하려면 이들 5가지 로테이션 원리를 알아야 한다.

변하는 샷감을 인지, 제어, 유지

샷감(몸통 회전 시차, 회전력 조합, 대장 근육)
(중·상급자 : 5절 릴리즈 타이밍 조절법, 회전력 사용법에 관심)
(본 장 항목들은 Option 사항이다. 적용에는 득과 실 양면이 존재함)

앞 장들은 골프의 기본 스윙을 완성하기 위한 내용이었다면, 본 장은 미스샷 발생하는 유형과 그 원인에 대한 것이다.

스윙이 잘 되던 골퍼가 어떤 이유로 샷감이 떨어지고, 실수하는 경우이다. 보통 이런 날은 "샷감이 안 좋다."라고 이야기한다.

다음 서두에서 설명하는 샷감 내용은 깊이 있는 전체 내용을 요약 정리한 것으로써 평소 접하지 못했던 것일 가능성이 크므로 먼저 각 절에서 설명하는 세부 사항을 읽고 이하 내용을 보는 것이 편할 수 있다.

미스샷의 지속 기간에 따라서 다음과 같이 세 가지로 나눌 수 있다.
- 단기적 샷감 저하 : 단발성 Shot 실수, 간헐적인 샷 실수
- 중기적 샷감 저하 : 연속된 몇 Hole에서 계속되는 같은 실수
- 장기적 샷감 저하 : 라운드 내내, 며칠 동안 지속되는 원치 않는 결과
* 기타 1 : 특정 상황에서 반복되는 실수 --- Key point를 망각하는 경우
* 기타 2 : 뭔가 하고 싶으나 되지 않는 경우 --- 핵심 방법을 모르는 경우

샷감에 큰 영향을 주는 요인은 다음과 같이 10가지 정도가 있다.
(A) 분절 연결 강도와 회전 시차 :
① 몸~클럽의 결합 : 그립의 오른손 4th & 3rd 손가락 악력 세기
② 어깨와 팔의 연결 강도 : 왼팔 들린 모양이 몸~팔로 회전력 전달에 영향
③ 골반~어깨 회전 시차 : 복근 강도에 따라 상·하체 분리 & 결합에 영향

＊ 기타 (지지 강도) : 엄지~검지 V자 모양
　(B) 하체 근육 상태 및 이용 :
　　　④ 하체 쿠션 세기 : 분절 회전력의 전달 시간을 결정
　　　⑤ 폄 대장 근육 : 폄 양과 회전력 전달 타이밍 결정
　　　＊ 기타 (감각 대장 근육) : 복근이 아닌, 척추기립근으로 몸통 회전 감지
　　　⑥ 수평 체중 이동 : 캐스팅, 왼 무릎 폄, 몸 이동, 배치기에 간접 연관
　(C) 클럽 헤드 아크 궤도 :
　　　⑦ 백스윙 오른 팔꿈치 높이 : 클럽 헤드가 그리는 아크의 궤도 결정
　　　　＊ 손 높이로 백스윙 아크 크기를 제어하려고 하면 왼 어깨가 주동이 되어 (근육이 풀려)
　　　　　다운스윙에서 힘 사용이 덜 돼서 힘없는 타격이 된다.
　(D) 동작 Feedback 신경 맞추기
　　　⑧ 백스윙 <u>오른 골반 접기 & 왼 어깨 Braking timing</u> : 전환, 폄, 릴리즈와 일정 템포 갖기
　(E) 회전력과 블로킹 현상 :
　　　⑨ 95% 스윙과 100% 스윙은 회전력 사용 다름 : 좌우 근력 100% 사용은 블로킹 현상
　(F) 릴리즈 타이밍 :
　　　⑩ 릴리즈 타이밍은 제어되어야 한다. : 동작 중심축 위치로 제어

좋은 스윙을 가진 상태에서 샷감을 결정하는 중요도는 골퍼별로 상대적이지만, '⑦ 〉① ≈ ② ≈ ③ 〉④ ≈ ⑤ ≈ ⑥' 순서이다.
①, ②, ③을 놓치면, 80타 실력이 100타(백돌이) 골퍼가 된다. ④, ⑤, ⑥을 놓치면 80타 실력이 90타(보기 플레이어)가 된다.
단발성 실수로써 ⑦을 놓치면 타점이 안 맞아서 그 샷을 망치게 된다. ⑧이 변화되면 후속 분절 동작 리듬이 깨져 방향성을 잃는다.
⑨와 ⑩은 방법론적인 내용이다. 어느 정도 고급 내용에 해당하는데, 모르면 그날그날 매 샷에서 감에 의존해야 한다.

잘 되던 스윙이 무너지는(안 되는), 샷감 저하는 그 지속 기간과도 연동이 되는데, 그 기간에 따라서 원인을 연결 지어 생각할 수 있다.
　　- 한 홀, 특정 홀에서 반복되는 샷감 저하 〈--- ⑧, ⑦, ⑥, ⑤, ④
　　- 몇 홀 연속해서 샷감 저하 〈--- ①, ②, ③
　　- 며칠, 몇 주 지속되는 샷감 저하 〈--- ②, (⑧ & ⑦), ③, ⑨, ⑩
　　　＊ 드라이버 잘 맞고, 아이언은 안 맞는 경우, 또는 그 반대 경우 〈--- ⑤

cf) 모든 샷을 같은 스윙 방법으로 하려 했을 때, 잘 맞는 클럽과 안 맞는 클럽이 발생할 수 있다.

백스윙 왼 어깨 Braking timing 변화에 따른 영향은?
오른 팔꿈치 높이에 따라, 아크를 키우고 줄이는 방법은?
왼 어깨가 들리면 힘없는 스윙이 되는 이유?
오른손 4th & 3rd 손가락 악력 세기가 몸과 클럽을 연결해준다!
다운스윙 힙 턴과 어깨 턴은 어떤 시차를 두고 이루어져야 하는가?
복근 강도로 골반~어깨 턴 시차를 제어하는데, 복근 강도 간접 제어 방법은?
95% 이하 스윙과 100~105% 스윙의 차이점은?
다운스윙 동작을 만드는 분절의 폄(굽힘) 근육은 어떤 것들이 있는가?
하체 강도는?
하체 폄 근육?

* 주의 1 : *5절 내용*은 고급 이론이며 상급자의 샷감 만들기에 필수 사항이 될 것이다. 본 장의 핵심 내용이다. 어렵게 생각하면 어렵고 쉽게 생각하면 쉽다. 거부감 없는 마음으로 설명된 내용에 접근하면 편할 것이다.
릴리즈 타이밍은 제어되어야 한다. *2장에서 설명*한 바와 같이 릴리즈 타이밍은 4가지가 연관되는데, Setup과 스윙 방법으로 동작 릴리즈 타이밍이 제어될 수 있다. 릴리즈 타이밍에 연관된 전위 동작이 골반~어깨 회전 시차이다.

* 주의 2 : 하체 쿠션과 대장 근육은 스윙 폼이 어느 정도 갖추어진 80타대의 중·상급자를 위한 내용이다.
이 타수 실력 대에서는 (아무리 연습을 많이 해도) 좀처럼 롱게임의 실력이 늘지 않는다. 스윙도 그럭저럭 좋고 코스 공략도 생각하며 플레이하고, 몇몇 Shot making도 연마하는데 미스샷 발생 비율이 개선되지 않는다.
  * 비유 : 제품 품질로 보면 어느 선의 불량률 상태에서 개선이 더디며 정체된 것이다.
이 상태에서 벗어나기 위해서 꼭 알아야 할 내용 중의 하나가 하체로 하는 릴리즈 제어이다. 이것은 큰 근육을 이용하는 것의 의미를 아는 것이기도 하다.
아직 스윙이 완성되지 않은 90타대의 중·하급자는 참조만 하고, *1장~6장의 기본적인* 골프 스윙 동작에 필요한 이론(진리)을 먼저 이해하여야 한다.
샷 메이킹 습득에 시간이 오래 걸리고, 스윙 교정에 실패하는 원인은 앞 장들에서 설명한 스윙 이론을 모르기 때문이다.

* 주의 3 : 본 장의 내용은 퍼터를 제외한 13개 클럽의 사양 정렬이 잘 되어있다는 전제조건이다. *(클럽 사양에 대해서는 5권 1장 참조)*
사양이 제각각인 클럽으로 스윙할 때는 샷감이 무뎌져서 롱게임 실력향상이 더디게 되고, 하체 근육 사용 방법에 관한 결과의 상관도가 떨어진다.

* 주의 4 : 왼 손목이 조금이라도 아프면 스윙에서 더 이상 힘을 쓸 수가 없다. 잠시 스윙 연습을 중지하고 왼 손목 부상 원인을 따져봐야 한다. 보통 왼팔 위주 스윙을 하면서 헤드를 볼에 던지려 할 때, 손목은 한계를 초과한다.

* 주의 5 : 한 가지 동작 만들기에 몰두(전념)하면 나머지 동작 감이 점점 흐릿해지고 잊혀서 결과적으로는 전체 완성도가 낮아진다. 따라서 집을 보수하는 것처럼 열거된 샷감에 해당하는 사항을 돌아가면서 동작 점검을 해 줘야 한다.

하체 폄 근육 사항은 '타점 & 방향성 & 릴리즈 타이밍' 3가지를 미세하게 제어하는 내용이다. 스윙을 연습하는 것에서 영점 조정하고, 샷을 할 때 제어 방법으로 유용하게 사용할 수 있다.
　* 동작 릴리즈 타이밍 제어 4가지 요소 :
　　- 동작 중심축 상하 위치
　　- 복근의 강도(동작 중심축 앞뒤 위치 = 하복부를 등 쪽으로 당김)
　　- 하체 쿠션 강도
　　- 하체 폄 대장 근육 사용 부위
　cf) 백스윙 왼 어깨 Braking timing은 후속 동작 전체에 영향을 준다. Even으로 사용하고 변형시켜서 제어 용도로 사용할 수는 없다.

몸의 폄 동작은 폄 근육과 일부 굽힘 근육으로 만들어진다.
몸의 회전은 회전 근육과 폄 근육, 두 종류 근육이 함께 사용되어 만들어진다.

Setup에서부터 하체 폄 근육은 Tension을 가지고 있다. 정적 상태에서 근육의 Tension은 주근과 길항근 (쌍 근육), 두 근육이 양쪽에서 같은 힘으로 어느 정도 수축을 하는 상태이다. 이것을 하체 쿠션이라 한다. 하체의 Tension 세기에 따라서 릴리즈 타이밍이 변한다.

다운스윙 후반부 하체는 강력한 폄이 이루어진다. 장딴지~허벅지~엉덩이 근육이 수축하여, 각각 발목, 무릎, 고관절(엉덩관절)을 펴게 된다.
이때 어느 폄 근육이 대장 근육으로 사용되느냐에 따라서 손목의 릴리즈 타이밍이 조금 느려지기도 빨라지기도 한다. 임팩트 타점의 높이도 조금 달라진다. 페이스 각도 변한다.

회전에 관계되는 샷감(Feeling of shot)은 0.001초(~0.005초)의 릴리즈 타이밍에 의해서 결정된다. 0.001초 릴리즈 타이밍 차이는 대략 1°의 방향성과 1%(1m)의 거리 오차를 유발한다고 볼 수 있다. 그 샷감 차이는 손목 회전 릴리즈 타이밍에서 다음 항목들의 변화 조합으로 결정된다.
  - 하체 쿠션의 강도 (약 ±0.005초 차이/<u>10% 쿠션 강도</u>)
  - 폄 대장 근육 선정 (약 ±0.005초 차이/<u>허벅지 대비 위아래 근육 선정</u>)
  - 골반과 어깨 턴 시차 (약 ±0.005초 차이/<u>0.01초 턴 시차</u>)
  - 샤프트의 탄성 변형 릴리즈에서 그립의 길이 (약 ±0.003초/<u>반 인치</u>)
    ≈ 클럽의 강성 (±0.003초/<u>5CPM</u>)
  - 백스윙 윈 어깨 Braking 시점 (약 ±0.005초 차이/<u>0.02초 시점 차이</u>)
  cf) 그립 악력은 하체 쿠션에 40%, 몸통 Tension에 60%, 손목의 부드러움에 80% 정도 연동된다.

골반 회전과 어깨 회전 사이의 시차는 적정하고 일정해야 릴리즈가 일정해진다.
이 회전 시차는 분절의 연결 강도에 따라서 결정된다.
  - 힙(골반) 회전과 어깨 회전이 거의 동시에 이루어지면, 코어(몸통 회전력) 사용이 사라져서 헤드 스피드가 나오지 않는다. 보통 아주 가볍게 그립을 잡고 세게 치고자 할 때 나타난다. 특히 오른손 4th & 3rd 손가락 악력이 적을 때, 클럽 헤드의 반작용이 작게 되어 나타나는 현상은 골반과 어깨가 거의 동시에 회전한다.
    이와 비슷한 형태인데 팔이 어깨에서 높이 들리는 형태의 백스윙 탑 ~ 다운스윙 시작을 하면, 어깨와 팔 사이의 작용과 반작용이 형성되지 않아서 골반과 어깨가 같이 회전하는 형태가 된다.
      * 손을 높이 들어 올리려 할 때, 그리고 다운스윙 시작에서 오른발바닥을 밀어서 수평 체중 이동을 하려 할 때 팔과 어깨가 들리게 된다.
    또 몸통 즉 복근이 강한 상태이면 골반~어깨 턴 시차가 짧게 된다.
    다른 한편으로는 하체 쿠션이 너무 강하면 골반과 어깨 회전이 같이 이루어진다. 그리고 왼 다리의 위쪽 근육을 폄 대장 근육으로 선택하면 골반과 어깨 턴 시차가 짧아진다.
  - 반대로 몸통의 상하 부위가 많이 분리되어서 힙 턴에 비하여 어깨 회전이 지연되면, 느린 릴

리즈에 힙 회전이 Stopping 되지 않아 헤드 스피드가 나오지 않는다. 보통 턴을 많이 하여 X-factor를 키우는 다운스윙을 하고자 할 때 나타난다. 대표적인 예가 의식적이든 무의식적이든 백스윙 왼 어깨 Brake를 늦게 잡는 경우이다.

그리고 하체 쿠션이 너무 약할 때도 나타난다. 또 그립 악력만 너무 강할 때도 나타난다. 아울러 동작 중심축을 아래쪽 & 뒤쪽에 형성하여 복근이 약할 때도 나타난다.

타점에 관계되는 샷감은 백스윙 오른 팔꿈치(손)의 높이 & 위치에 의해서 30% 정도 결정된다. 그 외 폄 양, 축의 유지, 그립 악력에 의해서 50% 정도가 결정된다.

   cf) 방향성에 관계되는 샷감의 50%는 백스윙 왼 어깨 Braking 변동에 기인하고, 왼 어깨 Braking의 50% 정도는 오른 골반 접기에 따라 결정된다.

Remarks

#1. 스윙 크기도 콤팩트 하고 힘을 크게 안 쓰는 것 같은 스윙 동작을 하는데, 비거리가 제법 나가는 골퍼가 있다. 일명 손목 스냅이라는 것을 잘 사용하는 골퍼이다.

보통 흉내를 내보려 팔과 손동작으로 이것저것 해보지만, 자신은 도저히 따라서 하기 힘들다. 그 모방이 쉽지 않다. 이유는 손목 스냅이 하체와 몸통 근육의 사용과 연관되기 때문이다.

하체와 몸통 근육은 골반~어깨 턴 시차를 만들고, 릴리즈 타이밍을 결정한다.

#2. 혹자는 "골퍼들은 샷이 잘 맞는 날도 있고, 안 맞는 날도 있다."라고 한다. 또 "드라이버는 잘 맞는데, 아이언은 안 맞거나, 아이언은 잘 맞는데 드라이버 샷이 안 되는 날이 있다."라고 한다.

그 이유는 각각 클럽에서 하체 폄 동작이 만드는 손목 회전의 릴리즈 타이밍과 그 클럽의 강성 조건이 어긋났기 때문이다.

#3. 하체에 의해서 발생한 미스샷은 하체로 해결해야지, 상체로 해결할 수는 없다. 이 장은 클럽 강성에 견주는 하체와 몸통 강성에 대한 개념, 그리고 분절의 연결 강도 내용이다.

   cf) 상체로부터 만들어지는 문제를 하체로 해결할 수는 없다.

#4. 본 장은 골프 스윙 이론의 최종 단계에 해당한다. 이것 하나만 알면 되는 것이 아니고, 이것까지 알아야 한다는 것이다.

핵심 중에, 손목 회전력(어깨, 팔 포함)이 사용되는 (수동개념) 시점이 그것과 가장 멀리 떨어져 있는 왼 다리 근육에 의해서 상당 부분 결정되는 것이다.

그리고 어깨 전후 분절, 손목 전후 분절의 강도, 손가락 그립이 힘 전달을 바뀌게 하고 샷 결과를 바꿔게 만드는 것이다.

#5. 스윙 동작에서 뇌의 Feedback 반응은 체인처럼 연결되어야 하는데, 백스윙 왼 어깨 Brake 잡는 시점과 세기의 Feedback 반응이 후행 동작에 가장 큰 영향을 준다. 따라서 왼 어깨 Braking은 가장 먼저 일정하게 관리되어야 한다. 왼 손목 강도는 제어(Control)가 아니라 관리(Management) 항목이다.
cf) 오른 손목 강도 제어는 미지(답을 찾을 수 없는 상태)의 영역으로 취급한다.

〈프로 골퍼와 95타 일반 골퍼의 스윙 차이〉
핵심 사항을 요약하여 정리하면 다음과 같다.

	프로 골퍼	95타 골퍼
Ⓐ 백스윙 2/3 왼 어깨 Braking 시점	일정	빨리/늦게 변화
Ⓑ 백스윙 탑, 오른 팔꿈치 높이	일정	이리저리 변화
Ⓒ 다운스윙, 골반과 어깨 턴 시차	일정	함께 도는 경향
Ⓓ 백스윙, 왼 무릎 이동 양과 시점	일정	이랬다저랬다
Ⓔ 다운스윙, 하체 굽힘 & 폄 리듬	일정	관심 대상 밖
Ⓕ 다운스윙 릴리즈 & 손목 회전력	일정량 사용	사용량 유동적
Ⓖ 샷에 맞는 그립 악력	적정 유지	변동
Ⓗ 몸과 팔 사이 왼 어깨 강도	견고 & 일정	들림(약함) & 변동
Ⓘ 다운스윙, 오른 옆구리 접기	일정량 사용	모름

눈에 구별되어 잘 보이는 동작을 연마해서, 프로처럼 좋은 스윙을 하겠다는 생각은 버리는 것이 좋을 것이다. 눈에 보일락말락 하는 위의 것들이 실제 스윙(샷감)을 지배한다.
　Ⓐ항은 방향성 실수의 50% 정도를 결정한다. 그리고 Power(회전력) 사용의 10% 정도를 좌지우지한다.
　Ⓑ항은 토우~힐 타점과 상하 타점의 30% 정도를 결정한다.
　Ⓒ항은 릴리즈 타이밍의 50% 정도를 결정한다. 아울러 Power(회전력) 사용의 10% 정도를 결정한다.
　Ⓓ항은 백스윙 꼬임의 50% 정도를 결정한다.
　Ⓔ항은 모든 것에 영향을 준다. 헤드 스피드와 방향성 변화의 50% 정도를 결정한다. 타점 높이에도 중요하다.

Ⓕ항은 구질의 50% 정도를 결정한다.

Ⓖ항은 스윙 회전력 사용 리듬의 50% 정도를 결정한다. 오른손 4th & 3rd 손가락 악력이 중요하다.

Ⓗ항은 헤드 스피드 편차, 즉 거리가 짧아지는 회전력 전달 변화 원인의 50% 정도를 결정한다.

Ⓘ항은 고급 기술로써 강한 다운블로 타격을 할 수 있느냐 없느냐를 결정한다.

언제나 좋은 스윙을 구사하기는 어렵다. 결핍되는 것의 빈도에 따라서 샷 실수 빈도가 결정된다. 바로 실수의 원인을 깨달으면 고쳐지지만 원인을 못 찾으면 엉뚱하게도 좋은 것을 망가트리는 우를 범하게 되어있는 것이 골프다.

* 욕심이 많으면, 즉 답을 빨리 찾고자 하는 의욕이 넘치면 더 빨리 망가질 수 있는 것이 골프다. 위 9가지 내용을 얼마만큼 알고 있는지 자문해보자.

가장 많은 방향성 미스샷을 양산하는 것

7.1 백스윙, 왼 어깨 Braking timing

(*6장 4절* 내용 Reminder 및 상세 방향성 변화 사항 설명)

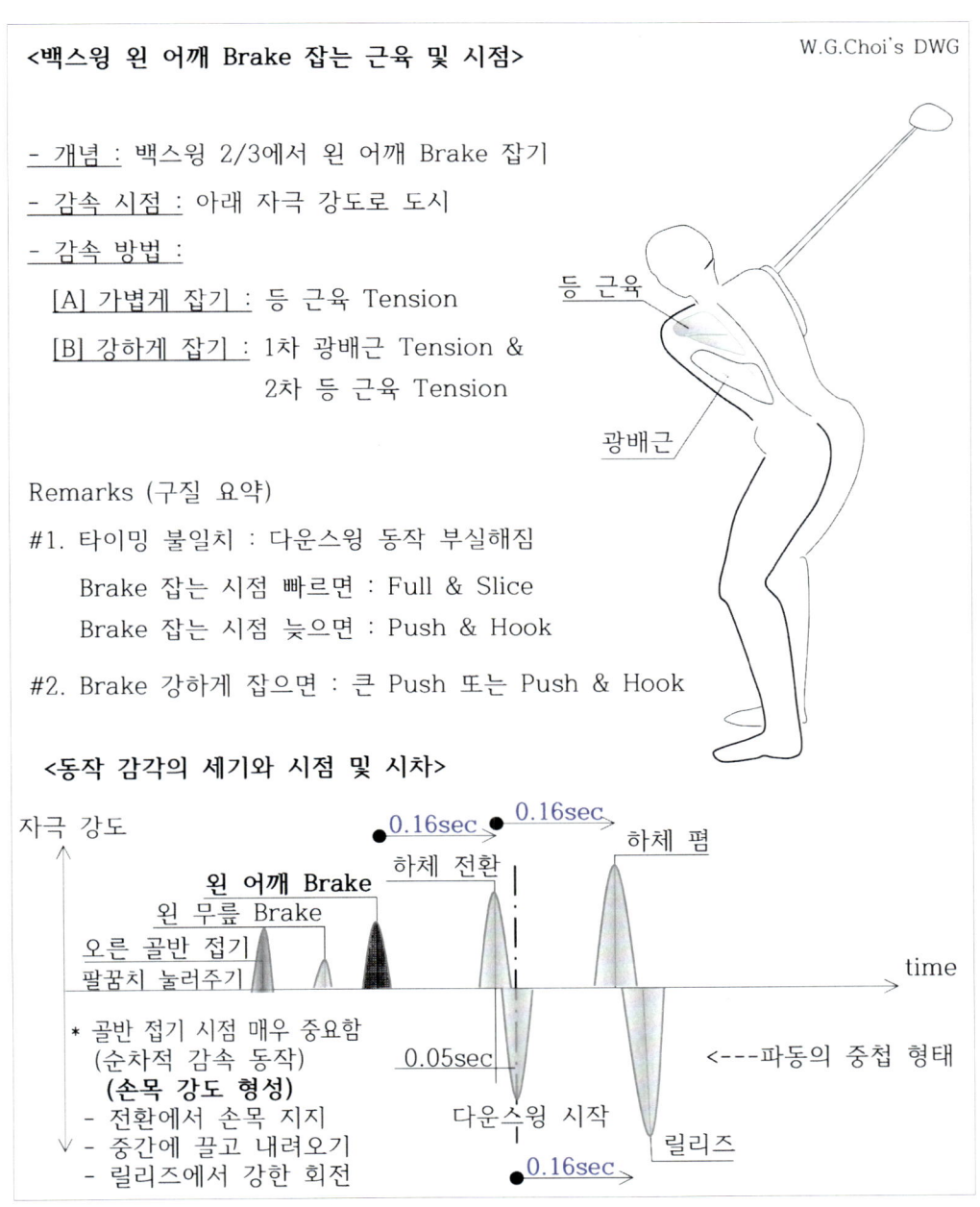

그림 3.7.1 백스윙 왼 어깨 Brake 잡기

백스윙 진행에서 왼 어깨 Braking 잡는 시점은 대략 2/3 지점이다.
- = 팔이 옆구리 높이를 지나는 시점
- = 클럽 헤드가 수직으로 세워지기 직전 시점
- = 오른 골반 접고, 왼 무릎 감속이 이루어지고 난 시점

Brake 잡는 것을 의식하지 않으면, 시점과 세기 변동성이 커진다. 즉 일관성이 떨어진다.
아울러, 어떤 다른 의지 또는 Setup 조건 변경, 백스윙 골반 & 무릎 움직임 변경에 따라서 왼 어깨의 Braking 시점이 변하게 되고, 이 변화는 후속 '전환 ~ 회전 ~ 하체 폄 ~ 릴리즈' 동작에 다음과 같은 영향을 주게 된다.
- <u>Braking 빠를 때</u> : 클럽 헤드 적정 진행 위치보다 몸동작이 **빠르게** 진행
- <u>Braking 늦을 때</u> : 클럽 헤드 적정 진행 위치보다 몸동작이 **느리게** 진행

이 어긋남(불일치)은 다음과 같은 문제를 초래한다.
① 릴리즈 타이밍 어긋남 --- 효율 저하 --- 헤드 스피드 감소
② 어깨 회전 :
　　빠름 = 열림 --- Slice 페이스
　　늦음 = 닫힘 --- Hook 페이스
③ 손 진행 :
　　빠름 = Out to In --- Full 궤도
　　늦음 = In to Out --- Push 궤도
④ 타점 궤도 : 몇몇 경향은 있으나 변화무쌍
  * 빠름 & 늦음 두 가지 다 캐스팅 발생 환경 악화시킴.

이 불일치가 일으키는 문제들은, 기본적으로 뇌에 저장된 몸동작 메모리에 따라서 근육 움직임으로 스윙이 만들어지는데, 왼 어깨 Brake에 사용되는 근육의 Tension 변화와 그 Feedback 반응 (대략 0.16sec 후에 발현)의 변화가 후속 동작을 약화하는 것으로 작용하기 때문에 나타난다.
  * 잘 맞아떨어진 시차는 파동의 중첩 원리처럼 전환, 하체 폄, 릴리즈 동작을 더 강하게 만들어 주는데, 어긋난 시차는 동작을 흐릿하게 해버린다. 즉 왼 어깨 동작의 리듬(= 템포 + 강약)이 전체 스윙 형태에 맞으면 최고의 스윙 효율과 정확도를 얻는데, 맞지 않으면 다음과 같은 현상이 발생한다.

- 손, 손목에 힘 들어가는 효율 낮은 릴리즈가 된다.
- 골반, 어깨, 손의 회전 진행량이 다르게 임팩트 된다.
- 폄 양이 다른 상태로 임팩트 된다.

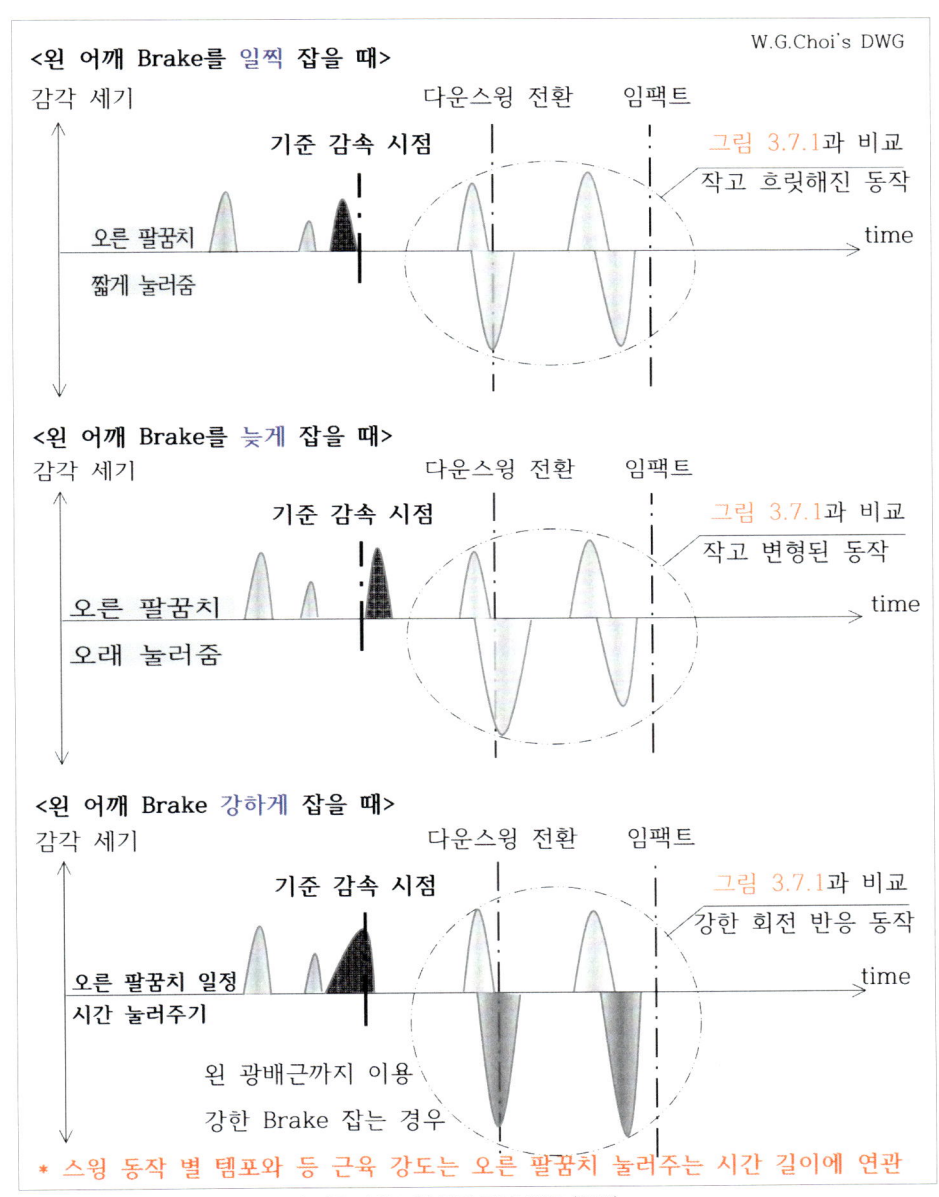

그림 3.7.2 왼 어깨 Brake 변화에 따른 다운스윙 동작 감각 변화 (예시)

왼 어깨 Brake 시점과 강도 변화에 따른 방향성(구질) 변화는 다음 그림과 같은 경향을 보인다. 단, 특정 사항이 우성을 보이는 때는 그 특성 영향에 따른다.

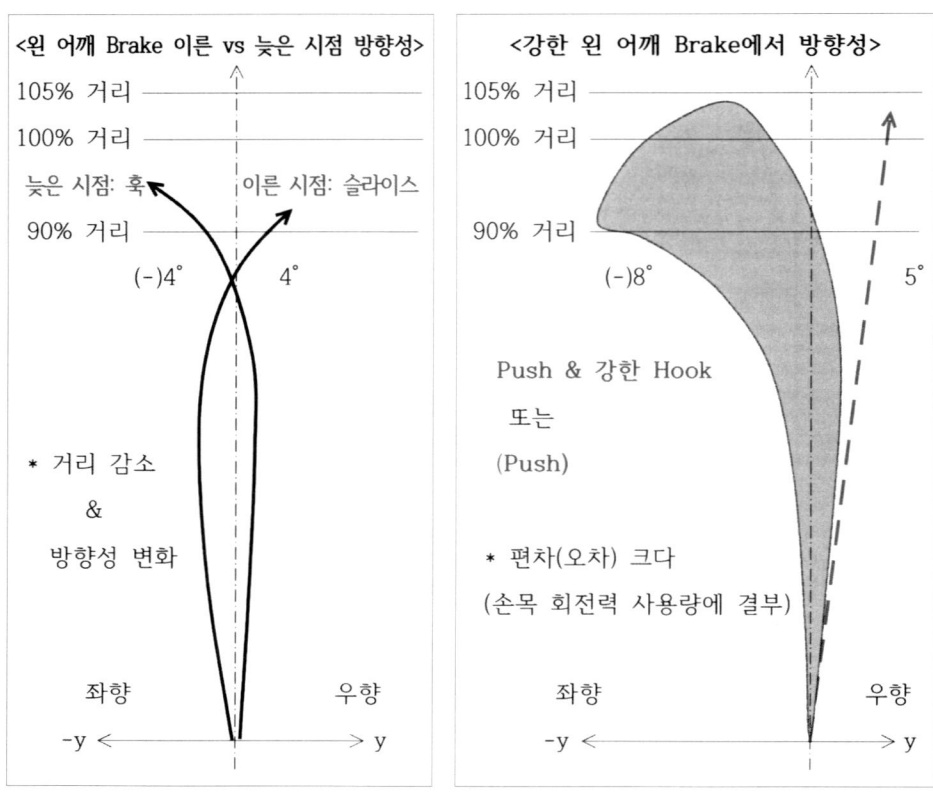

그림 3.7.3 백스윙 왼 어깨 Brake 잡는 시점 & 세기에 따른 방향성 (예시)

Remarks

#1. 다운스윙 동작 변화에 직결되기 때문에 백스윙 왼 어깨 Brake 잡는 시점을 일정하게 해야겠다는 의지만으로도 결과 일관성을 50% 좋게 할 수 있다.

 * 백스윙 움직임(가속)에 심혈을 기울이나, 헤드 움직임은 그리 중요하지 않다. 백스윙 중·후반부, 근육에 Tension을 저장하는 감속 몸동작에 신경 써야, 샷 다운 샷을 할 수 있게 될 것이다.

#2. 다음과 같은 연관성에 따라 백스윙 왼 어깨 Brake가 변한다.

 - 백스윙을 크게 해서 세게 치고자 할 때, 보통 왼 어깨 회전을 많이 하려 하는데 이때 왼 어깨 Braking 시점이 늦게 된다. 그리고 몸이 부드러운 조건에서 백스윙할 때, 왼 어깨 Braking 시점이 늦게 될 때가 있다.

⟨--- 결과는 토우 상 타점 맞고 돼지 꼬리 훅이 발생한다.
* 드라이버는 좌향의 Sky ball, 악성 Push & Hook, 큰 Push ball 3가지 종류가 나타난다.
왼 어깨 Brake 타이밍을 정상으로 돌리지 않는 한 어떠한 것으로도 제어할 수 없다.
cf) 발끝 내리막일지라도 인위적으로 백스윙 왼 어깨 Braking 타이밍을 늦추면 큰 훅이 발생한다.

- 조금 작은 스윙을 하고자 할 때, 백스윙 왼 어깨 Braking이 생각보다 빨리 잡힐 때가 있다. 그리고 하체 몸통이 견고할 때, 백스윙 왼 어깨 Braking이 생각보다 빨리 잡힐 때가 있다.
⟨--- 결과는 급한 다운스윙을 만든다. Full & Slice 구질이 된다.

- 다른 한편으로 짧은 시간이지만, 왼 광배근에 Tension을 주면서 1차 Brake를 하고 이어서 왼 등 근육에 Tension을 주어서 2차 Brake를 잡으면 더 강한 근육 상태로 감속이 이루어진다.
⟨--- 결과로 복근 강도가 강한 상태라서 상·하체 분리가 약한 다운스윙이 되어 '캐스팅 조건 악화 + 왼손 검지 힘 들어가는 조건 + 골반 & 어깨 회전 시작 줄어듦 + 엎어져 내려오는 헤드' 현상이 복합적으로 나타나서 Big hook (좌로 10° 정도 휘는 구질) 발생한다.

#3. 골퍼 대부분은 가속에 관심을 가지지만, 백스윙 동작에서는 감속에 Point를 두어야 하며 왼 어깨 Braking 형태는 필히(반드시) 일관성을 가져야 한다.
이 왼 어깨 Braking 형태를 변경하면 필연적으로 미스샷이 발생한다.
ex) 10년 동안 200번 라운딩을 하고, 방향성 문제 때문에 3회/라운딩 꼴로 볼을 분실했다면 그중에 50%(300ea ≈ 100만 원어치 볼) 정도는 왼 어깨 Brake 타이밍 변화 때문일 것이다.

#4. 백스윙, 왼 어깨 Brake timing은 Even으로 가져간다. 제어할 수 없으며, 무언가를 제어하려 해서도 안 된다.
Even으로 가져가면 95타의 평균 골퍼는 5타 정도 결과가 좋아질 것이다.
cf) Brake 시점 변화는 단발성 샷감 저하를 만든다.

#5. 왼 어깨 Braking을 Even으로 가져가는 방법으로 다음을 관리해야 한다.
- 의지(인지) --- 알고만 있어도 50% 개선
- Setup에서 그립 악력
- 테이크어웨이에서 왼팔 삼두박근 Tension 사용
- 왼팔 Zig-zag 꼬기

- 오른 골반 접는 시점
- 왼 무릎 이동 시점
- Brake에 왼 광배근 사용량

#6. 백스윙 왼 어깨 Brake 타이밍이 맞는 스윙을 계속하면 몸이 스스로 동작을 Level-up 한다. 최대 비거리(헤드 스피드)와 평균 비거리가 점점 늘어나서 최고치에 도달된다.
- 최대 비거리 향상 : 근육 간 & 동작 간에 협업 이루어져
- 평균 비거리 향상 : 헤드 스피드 향상 및 정타율 향상

* 이것은 마치 개발도상국에서 선진국으로 Level-up 되는 것과 같다.

#7. 비교 : 테이크어웨이 후반부에서 오른 골반 접는 것(감속 = 오른 다리 벽 만들기)도 왼 어깨 Brake 잡는 것과 거의 비슷한 샷감 형성 중요도를 갖는다.

* 스윙 동작의 최종적인 완성은 백스윙 감속 동작, 즉 생각보다는 이른 시점에 순차적이고 일관된 <u>오른 골반 접기</u>, <u>(왼 무릎 이동)</u>, <u>왼 어깨 Braking</u> 만들기이다.

가장 많은 단순 타점 변화 미스샷을 양산하는 것

7.2 백스윙, 오른 팔꿈치 높이

(타점 이동, 샷 결과와 직결되는 것)
(타점, 거리, 방향성으로 롱게임 5타 정도 연관되는 것)
(백스윙 후반부 왼팔이 들리지 않게 하여 다운스윙 회전력 전달하기)

무의식중에 중급자, 중·상급자에서 가장 많은 미스샷(타점 미스, 방향성 미스, 거리 미스)을 양산하는 것은 백스윙에서 '오른 팔꿈치 높이' 만드는 것이다. Logic은 간단하며 알면 쉬운데, 모르면 갑갑하다. 다른 데서 원인을 찾으려 하게 된다.
　* 중급자 이하에서는 백스윙 손의 높이로 스윙 크기를 직접 제어하려 하는데, 이것은 어깨와 팔이 들리게 되어 비거리 타점 방향성 문제 모두를 내포한다.

다음과 같은 이유로 백스윙, 오른 팔꿈치 높이 변화가 있게 되는데, 샷의 결과는 완전히 달라진다. 이차적인 문제도 발생한다. *(6장 8절에서 일부 설명)*
　- 세게 치고자 할 때 오른 팔꿈치 위치를 높여 손을 높이 든다.
　　〈--- 타점 이동 : 헤드가 멀리 돌고 위로 돌아 힐 타점 & 하 타점
　　* 어드레스에서 타점 이동을 미리 고려하면 되는데 모르면 당한다.

　- 세게 치고자 하는 마음에 큰 아크를 만들기 위해서 백스윙 후반부에 손을 높이 치켜들려 하면 (백스윙 후반부에 오른 팔꿈치를 더 높이 올리려 하는 것도 비슷) 몸 전체가 경직되고 Over swing이 된다.
　　〈--- 왼 어깨 쪽 몸통 근육이 오히려 풀려서 골반~어깨 회전 시차가 없어지고, 왼 어깨와 팔이 들려서 회전력 전달도 안 된다. 힘없는 엉터리 스윙이 된다.
　　* 손의 높이는 오른 팔꿈치 높이로 간접 제어되어야 하며, 오른 팔꿈치 높이는 백스윙 중반부에 제어하려고 해야 한다. 이때 오른팔 삼두박근이 어깨 근육과 함께 사용된다.

　- 슬라이스 구질을 드로우로 바꾼다고, 오른팔을 겨드랑이에 가까이하면(붙이면) 오른 팔꿈치와 손은 낮게 올라간다.
　　〈--- 타점 이동 : 헤드가 가까이 돌고 아래로 돌아 토우 타점 & 상 타점
　　* 어드레스에서 타점 이동을 미리 고려하면 되는데, 모르면 당한다.

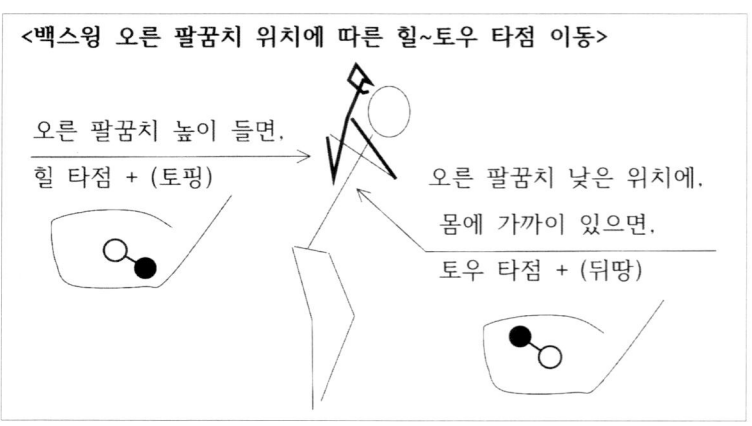

그림 3.7.4 오른 팔꿈치 높이와 타점

- 오른 팔꿈치 높이와 위치의 일관성에 관심 없다.
   <--- 변한 것만큼 타점, 방향성, 헤드 스피드 변한다.

- 이차적인 문제 : 백스윙, 손을 직접 들어서 헤드 궤도를 조절하려 하면, 왼 어깨와 왼팔이 들리게 되는 (왼 어깨가 자동으로 손을 올리는 것에 사용하게 되는) 상황이 발생하여 다운스윙에 끌고 돌리는 근육 사용이 약하게 되어 힘이 적게 사용되고 Loft는 뉘어 맞게 되어 높은 탄도의 짧은 거리 샷이 된다. 따라서 이 이차적인 문제를 유발하지 않으려면, 반듯이 백스윙에서 오른 팔꿈치를 들어서 손의 높이를 간접 제어해야 한다.
* 백스윙 전반부는 왼팔을 이용해 테이크어웨이가 시작되고, 후반부에는 Zig-zag 꼬기를 제외하고 왼팔과 왼 어깨는 주도적으로 쓰여서는 안 된다.

Remarks

#1. 오른 팔꿈치의 높이는 매 샷 다르게 할 수 있는 관계로 특정 Hole에서 미스샷을 발생하는 형태로 나타난다. 그래서 단발성 샷감이 된다.
세게 치려고 할 때 토핑 발생하는 이유는 오른 팔꿈치가 높아진 것과 연관 있을 가능성이 크다.
약하게 치려고 할 때 뒤땅 발생하는 이유는 오른 팔꿈치가 낮아진 것과 연관 있을 가능성이 크다.
cf) 세게 칠 때 뒤땅은 무릎을 못 핀 것, 약하게 칠 때 토핑은 무릎이 많이 펴진 것.

#2. 이 타점 실수 연관관계를 아느냐, 모르느냐에 따라서 큰 타수 차이가 발생한다. 아마 롱게임 Score를 결정하는 가장 큰 내용이 될 것이다.

#3. 백스윙 탑에서 머무르는 시간이 길면 궤도는 낮아진다. 뒤땅이 된다.

따라서 손을 높이 드는 백스윙에 머무는 시간을 길게 하면 얇은 타격이 아니라, 두꺼운 타격이 될 수 있다.

#4. 왼팔이 들리면 힘을 하나도 쓰지 못하는 최악의 샷감이 된다.

왼팔과 왼 어깨가 들린다는 것은 백스윙 전체에 걸쳐서 이들 드는 근육이 사용되어, 다운스윙에서 반대 근육을 사용하지 못하는 현상을 만든다.

또한 어깨가 들리면 구조적으로 클럽 헤드의 가속 관성을 버틸 근력이 약하게 된다.

a) 오른 팔꿈치 높이 드는 세게 치는 스윙

보통 세게 치고자 할 때, 스윙 아크를 키우기 위하여 손을 높이 드는데 오른 팔꿈치를 조금 (1~2cm) 높여 손이 올라가도록 만들어야 한다. 결과는 대략 다음과 같다.

- 힐~토우 타점 : 아크 반경이 커져 힐 타점 2cm
- 상하 타점 : 아크가 높이 형성되어서 하 타점 1cm(토핑 1cm)
- 방향성 : 손목 각 펴져서, 자연 로테이션 작아 우향
- 헤드 스피드 : 회전 반경 커져 Up --- 거리 증가(5%)

Remarks

#1. 세게 칠 때, 어드레스에서 미리 헤드 정렬을 토우 쪽으로 하여 힐 타점 보정을 해주어야 한다.

#2. 발끝 오르막에서 오른 팔꿈치를 높게 백스윙하면, 라이 문제로 인한 타점 변화(토우 2cm, 뒤땅 2cm)에 대해서 자동으로 50% 정도 타점 보정된다.

#3. 페어웨이 벙커에서 얇게 타격하는 것에 적용할 수는 없다. 높이 들면 세게 치게 되어있는데, 세게 치면 발바닥(하체)이 모래 속으로 파고 들어가서 두껍게 타격 되기 때문이다.

페어웨이 벙커에서는 느린 테이크어웨이 샷을 하든 왼 힙 내측을 폄 대장 근육으로 사용하든, 오른 무릎 폄을 강하게 해주는 쓸어치기 샷을 사용해야 한다.

#4. 주의 : 직접 손을 높이 올리려고 마음을 먹으면 뇌는 왼 어깨와 왼팔 일부를 사용하여 손이 올라가도록 하는 근육 움직임을 자동으로 명령한다.

이것에는 다음과 같은 문제가 발생한다.

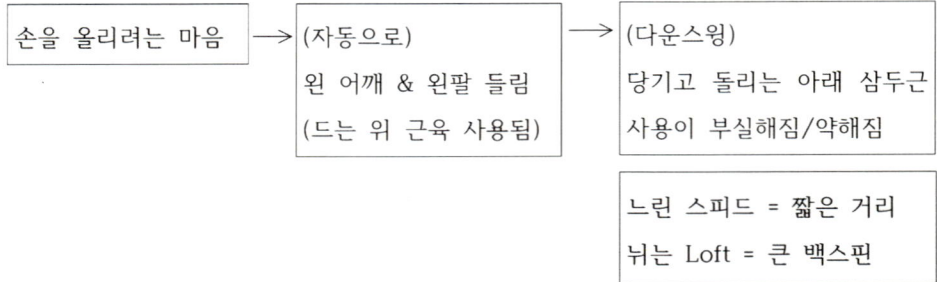

그림 3.7.5 백스윙, 손을 높이 올리려 했을때 문제점 (메커니즘)

* 백스윙에서 **이두박근** 사용되었다가 다운스윙에서 **삼두박근** 바로 사용되는 것에는 한계가 있다. 그리고 백스윙 탑에서 왼 어깨가 들리는 것은 백스윙 후반부에 왼 어깨가 쓰였기 때문이다.
정상적인 백스윙 만들기는, 전반부는 왼팔로 가속, 후반부는 오른 팔꿈치로 팔 회전 감속 모양을 만드는 임무가 나누어지게 해야 한다.

#5. 오른 팔꿈치 높이를 Even으로 하면 스윙 결과는 Even이 된다.

#6. 오른 팔꿈치를 높이 들어서 거리 5%를 늘리는 것에는 당일 하루면 된다. 그러나 오른 팔꿈치 높이에 따른 방향과 타점 변화를 인지하고, 되는 조건과 안 되는 조건을 파악하는 것에는 근 1개월이 소요된다.
ex) 우드는 샤프트 변형이 커서 오른 팔꿈치를 높이 들어 세게 치면 부정확

b) 오른 팔꿈치 낮게 드는 약하게 치는 스윙

보통 약하게 살살 치고자 할 때, 스윙 아크를 줄이기 위하여 손을 낮게 드는데 오른 팔꿈치를 조금 낮춰 손 높이가 낮아지게 만든다. 결과는 대략 다음과 같다.

- 힐~토우 타점 : 아크 반경 작아져 토우 타점 2~3cm
- 상하 타점 : 아크가 낮게 형성되어서 상 타점 1~2cm(뒤땅, Sky ball)
- 방향성 : 손목 각이 커지는 효과로 자연 로테이션 커져 *(3장 내용 참조)*, Loft 세워지고 페이스 닫혀 훅 발생
  (낮은 탄도 돼지 꼬리 훅 발생 원인 중의 한 가지)
  * 단, 오른 팔꿈치가 뒤로 빠지면, 다운스윙에서 Push 궤도 만들어진다.
- 헤드 스피드 : 회전 반경 작아져 Down --- 거리 감소

Remarks

#1. 약하게 칠 때, 즉 거리 감소시키는 컨트롤할 때 오른 팔꿈치를 낮게 하면 자동으로 거리는 줄어든다. 단, 타점 보정을 해주어야 한다. 토우 타점과 낮은 탄도의 훅 발생함을 염두에 두어야 한다. 일단 굉장히 부정확한 거리 감소 제어 방법이라는 것을 알아야 한다.
   * 병행해서, 그립 짧게 잡으면 타점과 방향 변화는 50% 정도 보정되는 효과가 있다.

#2. 발끝 내리막에서 오른 팔꿈치를 낮게 들면 자동으로 상하 타점 보정된다. 단, 오른 팔꿈치 높여 세게 쳐서 거리를 늘리려고 해봤자, 토핑 가능성을 동반한 높은 탄도의 슬라이스 발생하므로 1~2클럽 긴 것을 잡고 오른 팔꿈치를 조금 낮게 하여 Shot 하는 것을 추천한다. 그러면 슬라이스도 완화되면서 타점과 거리 오차가 줄어들게 된다.

#3. 좁은 페어웨이 티샷에서, 혹자는 *"이런 경우 오히려 과감하게 티샷해야 죽지 않는다(방향성이 좋다)."* 라는 이야기를 한다.
   괜히 살살치겠다는 마음을 가져 낮은 팔꿈치 형태로 백스윙 크기가 변하면 그에 따른 타점과 페이스 각 오차가 더 커진다는 의미이다.

*2절과 연계*되는데 간과해서는 안 될 사항

7.3 어깨와 팔의 연결 강도
(몇 홀 동안 어설픈 스윙이 연속될 때, 왼 어깨가 들린 것인지, 의심해야 한다.)

팔이 들리는 높이는 다음 사항과 같이 변한다.
- 어드레스, 볼에서 멀리 서면 팔이 어깨에서 떨어져 들린다.
- 어드레스, 볼에서 가까이 서면 겨드랑이가 가까이 붙는다.

- 테이크어웨이에서 팔을 일찍 들면 팔이 어깨에서 떨어져 들린다.
- 백스윙 중간부, 왼팔을 Zig-zag로 꼬지 않으면 왼팔이 어깨에서 떨어져 들린다.

- 백스윙 후반부에 오른 팔꿈치를 낮게 하면, 팔이 낮게 들린다.
- 백스윙 후반부에 손을 직접 높게 들려 하면, 팔이 들리고, 손이 올라간다.

- 다운스윙 시작, 큰 아크를 그리려고 하면 팔이 몸에서 떨어져 들린다.
- 다운스윙 초반에 강한 수평 체중 이동을 하면 왼 어깨(팔)가 들린다.

ⓐ 다운스윙 초반, 팔이 몸과 가까운 조건이면 다음과 같은 결과를 만든다.
- 스윙 아크가 작아 헤드 스피드 감소 --- 생각했던 것보다 거리 안 나감
- 손목 각이 커져 닫혀 맞는 낮은 탄도 훅 구질, 단 Push가 우성이면 우향
- 스윙 아크가 낮아져 두꺼운 타점
- 스윙 궤도가 몸에 가까워져 토우 타점 (척추 폄이 일찍 된 경우)

ⓑ 다운스윙 초반, 팔이 들려서 내려오면 다음과 같은 결과를 만든다.
- 몸의 회전력이 손과 클럽 헤드에 전달하는 것이 버거워 팔이 뒤처지고 어깨 근육에 힘이 들어간다. 그 결과로,
  ① 다운스윙, 삼두박근 근력이 약해져서 헤드 스피드 감소
  ② 왼 어깨가 미리부터 들려서, 페이스 뉘어 맞는 높은 탄도 & 큰 백스핀
  ③ 왼 어깨가 젖혀지는 양이 커져, Loft 각 뉘어 높은 탄도 & 큰 백스핀, 토우 타점
  ④ 릴리즈 & 로테이션 안 되고 백스핀 커서 헤드 스피드 감소

⑤ 헤드가 못 따라와서 후행하면 페이스 열려 맞는 힘없는 큰 슬라이스
⑥ 만약 손목에까지 힘 들어가면, 힘없이 닿혀 맞는 훅 (3rd 캐스팅 모양)
- 클럽 헤드의 관성 저항이 작아서 하체와 골반 회전이 약하면서도 Brake를 잡지 못한다. 헤드 스피드 낮아지고, 어정쩡한 폴로스루와 피니쉬가 된다.
- 스윙 아크 크고 높아 힐 타점 & 얇은 타점 (에너지 전달 적게 맞는 형태)
- Total 거리 손실 10% 이상
ex) 우드 & 롱 아이언 세게 치려고 오른 팔꿈치와 손을 높이 들면 토핑이 발생한다. 토핑이 발생하지 않더라도 방향성 편차 심할 뿐만 아니라 힘없는 타격이 될 때가 있다.

* 큰 스윙 아크로 세게 치려고 했는데, 반대로 헤드 스피드와 비거리 늘지 않는 이유는 팔이 어깨에서 어느 한계 이상 들리면 어깨와 팔의 연결 강도가 약해져서, 회전력 전달이 힘들어져 부정적인 결과를 만드는 것이다.
강한 큰 아크 스윙에서 의도와 다르게 짧은 거리에 슬라이스가 발생한다면, 어깨(팔)가 들린 것이 아닌지 의심해야 한다.
어깨와 팔 근력이 약한 사람은 연관성이 더 크고, 강한 사람은 작다.

ⓒ Even 높이 조건이면 최적의 어깨와 팔 연결 강도 상태가 된다. 결과는,
- 최적의 릴리즈 타이밍과 손목 회전력 사용
- 최적의 헤드 스피드 & 거리
- 방향성 & 타점 오차 최소

Remarks
#1. 혹자는 *"상완은 가슴과 겨드랑이에 밀착해 있어야 한다."* 라고 한다.
떨어져 있으면 몸과 팔 사이 어깨 근육의 연결 강도가 약해지기 때문이다.
필요한 상태보다 약한 연결 강도면 강한 하체 회전이 손에 모두 전달되지 못한다. 결과는 낮은 헤드 스피드, 페이스 열림, 그리고 팔꿈치 이두박근이 수축하여 토우 타점에 맞게 된다.
* 왼 겨드랑이에 뭔가를 끼우고 스윙을 하면, 왼팔이 들리는 것을 완화한다. 그러나 이것은 일시적일 뿐, 근본 해결 방법은 아니다.

#2. 양 팔꿈치를 가까이하는 Setup을 하는 것은 팔이 들리지 않게 하는 기능이 있다. 반대로 양 팔꿈치가 벌어지면 약한 어깨 연결 강도 상태가 된다.
* 플라잉 엘보와 치킨윙은 몸과 팔 연결 강도를 떨어뜨린다.

7.4 그립 악력 (오른손 3rd & 4th 손가락 악력)

(샷감과 직결되는 손가락 악력)

(삼두박근 Tension을 만드는 손가락 악력)

(몸 ~ 팔 ~ 손에서 클럽으로 회전력을 전달하는 손가락 악력)

그립은 몸과 샤프트를 연결한다.

그립 악력에서 샷감과 직결되는 곳의 악력은 오른손 3rd & 4th 손가락인데, 이곳을 느슨하게(엉성하게) 잡으면, 몸 회전력 전달이 제때 전달되지 않아서 스윙이 엉망이 되어 버린다. 스윙 자체가 거의 만들어지지 않는다. 보통 그립을 가볍게 잡는다고 하여, 이곳 그립 악력이 빠져버린 상태에서 발생한다.

스윙을 평가할 수 없는 정도로 동작, 타점, 구질이 나빠지게 되는 경우이다.

다른 동작 부분을 아무리 점검하고 임시방편으로 처리한다고 하더라도 형편없는 스윙은 계속된다.

손과 헤드 움직임뿐만 아니라, 클럽 헤드로부터 거꾸로 몸으로 오는 반작용이 부실해져서 몸동작도 부실해진다. 완전 엉터리 동작과 헤드 움직임이 만들어져서, 동작과 결과를 평가하는 것이 무의미하고 경향도 말하기 어렵다.

이런 상황을 사전에 방지하는 방법 :
- 라운드 중간에 그립을 강하게 잡고 빈 스윙을 한두 번 한다. 이 습관을 들이면 은연중에 오른손 3rd & 4th 손가락 악력이 느슨해지는 것을 방지하는 효과가 있다.
- 하체를 과감할 정도로 리드미컬하게 움직이는 빈 스윙을 한두 번씩 해준다. 이런 하체 동작은 그립이 느슨하게 잡히는 것을 은연중에 방지하는 효과가 있다.
- 간간이 직접 오른손 3rd & 4th 손가락 잡은 것에 신경을 쓰며 그립을 잡는다. (매번 신경 쓰는 것은 오히려 스윙 동작을 흐릿하게 한다.)
    * 손과 손가락 크기에 따라 다르지만 그립은 이 두 손가락 첫 번째 골과 두 번째 골 사이에 놓으며, 다른 손가락에 비해서 조금 더 단단히 움켜잡는다.

스윙에 가장 큰 변화를 만드는 것 (스윙의 만능열쇠 내용)

7.5 힙 턴과 어깨 턴의 시차 (동작 중심축 vs 회전력 사용조합)

(편하게 스윙하는 핵심 사항)
(동작 중심축에 의한 복근 강도 간접 제어 --- 동작 릴리즈 타이밍)
(회전력 Cross 조합 사용으로 똑바로 세게 치기 --- 근육 특성)

다운스윙 전반부 강한 힙 턴을 한다. 이 턴은 *"다운스윙을 하체가 리드한다."* 라는 표현에 해당한다. 힙 턴에 이어서 어깨 턴이 이루어진다. 백스윙에서 꼬였던 몸통이 반시계 방향으로 회전하면서 회전력을 만드는 것이다.

다운스윙 어깨 턴의 의미는 3가지다.
　① 몸통의 회전 변위 --- 하체로부터 전달받은 힘
　② 어깨 자체의 회전 --- 자력
　③ 팔에 회전동력 전달 --- 팔에 전달하는 힘

본 절에서 이야기하는 것은 '몸통의 회전'에 관계된 내용이다.
몸통의 하단부(골반)에 비하여 상단부(어깨)의 **회전 시차**에 따라서 헤드 스피드, 방향성, 타점, 탄도가 달라진다.
클럽 헤드를 돌리는 동력은 대략 다음과 같은 비율로 구성된다.

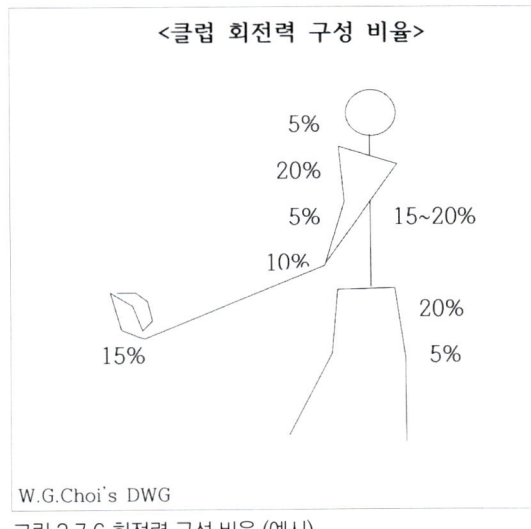

손목 회전력 :	10%
오른 팔꿈치 폄 :	5%
팔 회전력 :	20%
어깨 턴 :	5%
몸통 턴 :	15~20%
힙 턴(하체 턴) :	15~20%
무릎 폄(하체 폄) :	5%
원심력 가속 성분 :	15%
샤프트 탄성 :	약간
중력 :	미미(무시)

그림 3.7.6 회전력 구성 비율 (예시)

1) 힙 턴과 어깨 턴의 시차

몸통 상단(어깨)이 회전되는 시간상의 모양은 3가지다.
    (A) 어깨 부위가 하체(골반)와 거의 같은 시점에 회전되는 경우
    (B) 힙(골반) 턴에 적당한 시차를 두고 어깨가 회전하는 경우 〈--- Even
    (C) 힙(골반) 턴 시점에 비해서 어깨 턴이 기준보다 늦게 행해지는 경우

힙 턴을 기준으로 어깨 턴이 이루어지는 시점의 차이에 따라 임팩트 결과는 거의 완전히 달라진다.

각 경우의 '힙 턴 vs 어깨 턴' 시차를 다음과 같다고 하면 사용되는 시점에 따라 생성되는 회전력은 그림과 같이 표현할 수 있다.
    (A) : 0.02sec --- 힙과 어깨가 거의 같이 회전되는 모양
    (B) : 0.04sec --- Even 시차(최적 시차)
    (C) : 0.06sec --- 힙 턴에 어깨 턴이 따로 동떨어지게 회전되는 모양

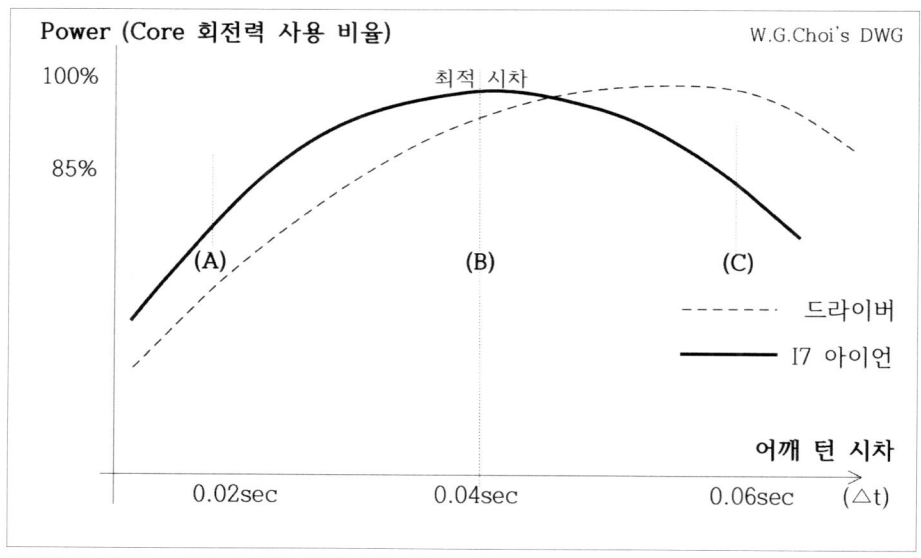

그림 3.7.7 힙 턴 vs 어깨 턴 시점 차이에 따른 회전력 (예시)

몸통 하단 vs 상단의 꼬임 변위 차이를 X-factor라고 한다.

X-factor가 커야 큰 회전력을 만들 수 있다고 한다. 당연한 이야기다. 그래서 백스윙 몸통의 회전을 크게 만들려고 한다. 그리고 다운스윙에서 상·하체 분리 후 재결합한다.

몸통 사용 회전력 = X-factor * 근육 강도 * 효율(적정 시간)

위 그림은 변위의 크기에 관계된 것이 아니고, 변위의 사용(전환) 시간에 관한 이야기다.

-. 시차 짧은 (A) 경우 : 골반과 어깨가 거의 같은 시점에 회전되는 모양인데, 그러면 몸통의 회전력이 그만큼 소멸하여버린다.
  ^ 보통 왼 골반이 뒤로 빠지는 스핀-아웃 현상이 동반된다. 낮은 탄도 Full & Hook 발생한다. 강하면 강할수록 돼지 꼬리 샷 모양이 된다.
    * 이때, 억지로 골반 회전 많이 준다고 시차 해결되지 않는다.
      이때, 손목 회전 많이 사용한다고 구질이 해결되지는 않는다.
  ^ 중요 원인은 다음과 같다.
    ① 근본 원인의 50% 정도는 복근과 왼 옆구리 근육 Tension이 너무 강할 때 나타난다.
    ② 오른손 4th & 3rd 손가락 악력이 강할 때 나타난다.
    ③ 백스윙, 오른 골반 접는 시점이 빠를 때 나타난다.
      * Even은 테이크어웨이 중간 지점에서 오른 골반은 빠지기 시작해서, 테이크어웨이가 끝나면서부터는 지지역할을 해야 한다.
    ④ 동작 중심축을 가슴 위치로 올려 잡았을 때 시차는 짧게 된다.

-. 시차 긴 (C) 경우 : 골반이 돌고 한참 후에 어깨가 회전되는 모양인데, 그러면 어깨와 팔이 골반의 회전을 Brake 하지 못해 골반 지지력이 약해져 버린다. 그리고 오른 어깨 자체의 회전 변위도 거의 사용되지 못한다.
  ^ 하체 폄이 상체 관성력으로 전달되지 않아 낮은 궤도 뒤땅(Push slice & Sky ball) 나고, 배치기 현상도 발생한다.
    * 이때, 무릎 폄 강하게 한다고 상 타점 해결되지 않는다.
      오른 팔꿈치 높이 드는 백스윙 한다고 상 타점 해결되지 않는다.
  ^ 대표 원인은 다음과 같다.
    ① 근본 원인의 50% 정도는 복근과 왼 옆구리 근육 Tension이 너무 약할 때 나타난다.
    ② 하체 쿠션(강도)이 약할 때, 그리고 오른손 그립 악력 약할 때
    ③ 백스윙, 오른 골반 접는 시점이 느릴 때는 오른 벽이 만들어지지 못하고 회전력 사용이 덜 이루어지며 손목 스냅이 거의 걸리지 않는다.
    ④ 동작 중심축을 골반 아래의 허벅지에 잡았을 때 시차는 길어진다.

cf) 낮은 동작 중심축은 부드러운 회전으로 80~90% 스윙하는 경우 사용

윈 옆구리 근육 Tension 강도에 따라서 골반 ~ 어깨 회전 시차는 영향을 받는데, 그래프로 나타내면 그림과 같다.

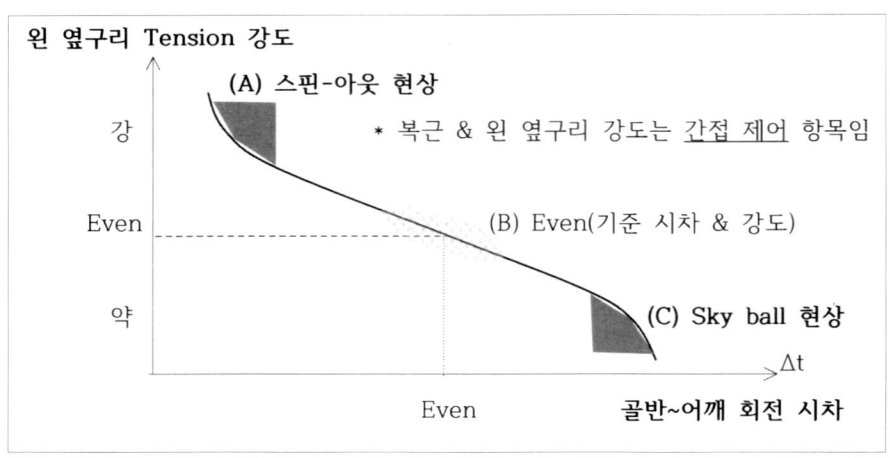

그림 3.7.8 윈 옆구리 Tension 강도에 따른 몸통 회전 시차

일관성에서 가장 중요한 것 중 하나를 꼽으라고 하면, 힙 턴에 이어지는 어깨 턴의 시점일 것이다. 두 시점의 차이를 '시차'라고 한다.
이 시차 제어는 자의(의지) 30%, 타의(조건) 70% 정도로 만들어진다.

그립 힘이 강하면, 그만큼 손목(전완 근육)이 강해지고 몸통 근육도 강하고 하체 쿠션도 강해진다. 그 연관 비율은 대략 다음과 같다.
- 손목 ≈ 80% 그립 힘 --- 그립 견고하면서 부드러운 손목을 갖는 것이 능력
- 몸통 ≈ 60% 그립 힘
- 하체 ≈ 40% 그립 힘
* 복근과 윈 옆구리 근육 강도는 그립 악력에 영향을 받지만, 자체적인 Setup 상태와 스윙 진행 중에 주어지는 부분도 있다.

힘 뺀다는 의미는 두 가지이다.
첫째 : 릴리즈 때 손목 사용을 위해 다운스윙 초기 힘 덜 들어가게 하는 것

둘째 : 복근과 왼 옆구리 근육 Tension 적당한 강도
* 복근과 왼 옆구리 근육 Tension 강도는 직접 제어하는 항목이 아니다. 몸통 회전 변위를 느끼는 감각은 척추 양옆의 척추기립근이다.

복근과 왼 옆구리 근육 Tension은 '동작 중심축 위·아래&앞·뒤 위치 + 하체 강도 + 하체 폄 대장 근육 선정 + 척추기립근 감각 느끼는 부위 + 그립 악력 + 백스윙 왼 어깨 Braking' 6가지 항목의 조합으로 결정된다. 즉 수동 개념이다. 이 중에서 가장 큰 영향을 주는 것은 '동작 중심축 위치'이다.

체중이 발끝 쪽에 있으면 복근 강도는 강해져 동작 중심축은 명치(배꼽)에 형성된다. 뒤꿈치 쪽에 체중이 있으면 그 반대이다.

-. 기준 시차인 (B) 경우 : 가볍게 스윙해도 릴리즈 잘 되고, 릴리즈 후반부에 손목 회전력 사용뿐만 아니라 하체 폄, 몸통 회전이 클럽 헤드에 잘 전달되어서 빠른 헤드 스피드를 만들게 해주고, 정타 타점 나와서 볼 스피드도 최고치가 나온다. 임팩트 직전에 힘(회전 + 폄)을 몰아서 써지는 느낌이 들게 된다.
　① 백스윙 왼 측면 꼬임 정상 조건
　② 상·하체 분리 & 재결합 정상 조건
　③ 하체 폄 정상 조건
　④ 몸통 회전력 사용 최대치
　⑤ 손목 회전력 사용 Good

복근과 왼 옆구리 Tension 강도는 골반 & 어깨 회전 시차에 가장 큰 영향을 주는데, 이것은 스윙 변화에 민감한 영향으로 작용한다.

Remarks
#1. 많은 교습 영상에서 눈에 잘 보이는 백스윙 몸통의 꼬임 모양에 대한 설명은 많이 하지만, 정작 중요한 다운스윙 꼬임의 사용 시차에 관한 이야기는 거의 없다. 추정 이유는 다음과 같다.
　- 구독자(시청자)가 원하는 주제가 아니다.
　　* 1/100~1/1000초 이야기는 말하는 사람이나 듣는 사람이나 쉬운 접근이 아니다.
　- 뜬구름 잡는 것 같은 내용으로 영상 주제로 부적합하다.
　- 선수들은 몸에 배어 당연히 하는 사항으로 간과될 수 있다.
　　* 적당한 골반~어깨 회전 시차를 갖지 못하는 선수는 거의 없다.

#2. 보통 강한 강도에 세게 치려고 마음먹으면 (A) 경우가 된다. 결과는 Full hook 구질에 타점도 빗맞게 된다.

보통 가벼운 강도에 힙 회전을 많이 하겠다고 생각하면 (C) 경우가 된다. 결과는 Push slice 구질에 타점도 빗맞게 된다.

(A) & (C) 경우 거리(헤드 스피드)는 물론 방향성에서도 실패를 보게 된다.

(A)의 경우는 무릎 폄이 부실해져서 뒤땅(Sky ball) 발생한다.

#3. 클럽 길이별로 백스윙 크기, 다운스윙 시간, 릴리즈 타이밍이 조금씩 다르므로 골반과 어깨의 회전 시차는 약간의 차이가 있다.

짧은 클럽은 시차가 조금 작다. 긴 클럽일수록 시차는 조금 더 크게 된다. 그래서 긴 클럽에 이 시차 영향이 더 크게 작용한다.

그리고 샷 종류별로도 골반과 어깨의 회전 시차가 다르다. Shot making에서 이 시차 바뀌는 것이 반영되지 않으면 오차를 만들게 된다.

#4. 주의 : 이 '시차'에 대해서 모르고 스윙할 때는 단순하게 감에 의존하게 되는데, 의식하고 스윙할 때는 스윙 동작에 부자연스러움이 발생할 수 있다. 따라서 각각의 스윙 동작에 Even 값으로 자연스럽게 녹여 넣는 것이 좋다.

단, 세게 치려고 할 때 '시차'가 어긋나게 되는지는 Feedback이 필요하다.

#5. 세게 쳤다가 약하게 쳤다가를 반복하는 것, 급하게 쳤다가 느긋한 스윙을 하는 것, 오른 팔꿈치 삼두박근의 Tension 변화로 백스윙 탑에서 머무는 시간이 크게 변하는 것, 그리고 강한 클럽과 약한 클럽을 섞어 사용하는 경우에 골반 턴에 이어지는 어깨 턴의 시차 변동이 특히 심하게 된다.

이 '시차'에 영향을 주는 요인은 다음과 같다.

- 의지
- 그립 악력 --- 악력이 약하거나 강한 두 경우 모두 시차가 줄어든다.
- 오른 팔꿈치 삼두박근 Tension
- 백스윙 왼 어깨 Brake 시점
- 하체 쿠션 강도 --- *7절에서 설명*
- 폄 대장 근육 선정 --- *8절에서 설명*
- 직접적인 복근&옆구리 근육 Tension 상태 (시차 50% 정도 연관)

　　다음 3)항에서 동작 중심축에 의한 Tension 제어 방법을 설명한다.

　　동작 중심축으로 릴리즈 타이밍 제어에는 3개월 정도가 필요하다.

- 어깨 기준, 팔이 '들린 상태 vs 겨드랑이에 붙은 상태'
- 오른 무릎 오금 굽힘 양
- 사용 중인 클럽의 강도 및 스윙 웨이트가 천차만별인 경우

#6. 힘 빼라는 의미는 손(손목)에 힘 적게 증가하게 하라는 뜻이지만, 한편으로는 간접적으로 복근과 왼 옆구리 근육에 적정한 Tension을 갖게 하라는 의미도 있다.

#7. 복근과 왼 옆구리 Tension 강도에는 두 가지 특징이 있다.
- 기억에 거의 남지 않아 둔감하고 변화 폭이 넓다.
  관절에 연결된 근육 강도는 자가수용체 감각이 어느 정도 기억에 저장되는데, 이 근육은 복잡한 연결 구조라서 강도의 강약이 둔감하다.
  옆구리 근육이나 복근은 척추기립근의 명령을 받아 움직이는 하위성격의 몸통 근육으로 생각해야 한다.
- 등한시된다. 그리고 직접 제어되지 않는다.
  눈에 보이지 않는다는 이유도 있고, 곁다리 같은 위치(부위)라서 골퍼가 별로 신경 쓰지 않는 근육이다.

#8. 백스윙, 오른 골반 빼는 시점이 늦고, 빼는 양이 많으면, 오른 벽이 만들어지지 않는다. 이때 몸통에 상하 회전력 전달이 원활히 이루어지지 않는다.
백스윙 오른 골반 턴 양이 많은 사람은 오히려 비거리 짧게 된다.

2) 힙 턴과 어깨 턴의 시차에서 타점 & 방향성

몸통 하단(골반) vs 상단(어깨) 회전 시차에 따라서 회전력(헤드 스피드) 변화 이외에, 임팩트에 관계되는 타점, 궤도, 페이스 각, Loft 각이 모두 변하게 된다.
앞 1) 항 (A) & (C) 경우, 둘 다 부정적인 임팩트 결과를 얻게 된다.
3가지 경우의 스윙 결과 변화는 다음 표와 같은 경향을 만든다.

항목\구분	(A) 시차 골반 어깨 동시 회전	(B) Even 시차 적정	(C) 시차 어깨 늦은 시점 회전
헤드 스피드	감소	최대	감소
방향 궤도	Full	-	Push
Loft 각	세워짐	-	넘
페이스 각	닫힘 / (열림)	-	열림
탄도	낮음	-	높음
타점(상하)	빠름 : 하 타점 매우 빠름 : 상 타점	-	상 타점(뒤땅)
타점(힐·토우)	힐 타점	-	토우 타점
* 오른팔 삼두박근 Tension 상태, 손목 캐스팅 발생 여부, 손목 힘 들어간 상태에 따라, 타점과 궤도 변화에 추가 영향이 있다.			

표 3.7.9 골반 회전 vs 어깨 회전 시차에 따른 샷 결과

골반과 어깨가 거의 동시에 회전되는 모양에서는 보통 엎어 맞는 낮은 탄도의 'Full & Hook' 구질이 나온다.
대략 좌향 8° 정도의 큰 미스가 된다.
세게 치고자 하는 의욕이 충만할 때 강한 몸 Tension에 의한 빠른 릴리즈에서 나타난다.

상·하체 분리가 긴 시간 동안 되어서 어깨 턴이 늦은 시점에 이루어지면 뉘어 맞는 높은 탄도의 'Push & Slice' 구질이 나온다.

대략 우향 8° 정도의 큰 미스가 된다.
몸을 가볍게 하고 큰 회전에 부드러운 스윙을 할 때 나타난다.
단, 로테이션이 우세하면 정반대의 결과를 만든다.

키네매틱 시퀀스(Kinematic sequence, 분절 회전 순서)에서 '골반 – 어깨 – 손목 – 클럽 헤드' 순서로 회전이 진행된다.

* **심화 문제)** 만약 분절의 최대 각가속도에서 분절의 회전 각속도가 다음과 같다고 가정하면, ±0.02sec의 이 시차에서 골반 회전각과 어깨 회전각의 상대 회전각 변화는 얼마나 될까?
  - 골반(Pelvis) 최대 각속도 : 다운스윙 시작 0.06sec에서 400 degree/sec
  - 순수 어깨(Thorax) 각속도 : 다운스윙 시작 0.10sec에서 200 degree/sec
  * 기준 대비 골반 회전각과 어깨 회전각 차이 = (400 – 200) * 0.04 = 8°(Even)

〈풀이〉
(A)-Case, 골반 0.07sec & 어깨 0.09sec 시점에 회전 최대 각가속도라면 :
200°/sec * 0.02sec = 4° 〈--- 4° – 8° = (–)4° 3° 페이스 닫힘 조건

(C)-Case, 골반 0.05sec & 어깨 0.11sec 시점에 최대 각가속도라면 :
200°/sec * 0.06sec = 12° 〈--- 12° – 8° = (+)4° 3° 페이스 열림 조건

결론은 0.01초(1/100 sec)의 몸통 하부 vs 상부 회전 시점 변화에서 대략 ±1.5° 내외 정도 페이스 각 변화를 예상할 수 있다.
±1.5°의 페이스 각 변화라면 대략 ±3°의 방향성 변화를 만든다.
±3°의 페이스 각 변화는 대략 ±6°의 방향성 변화를 만든다.

ex 1) 세게 치려고 하다가 극단적으로 어깨가 힙과 거의 같은 시점에 회전되어버리면, 대략 6° 'Full & Hook' 방향성이 발생할 것으로 예상할 수 있다.
ex 2) 힙과 어깨를 길게 분리하여 회전하려다가 극단적으로 힙 회전에 비하여 어깨가 늦은 시점에 회전되면, 대략 6° 'Push & Slice' 방향성이 발생할 것으로 예상할 수 있다.

* 회전 시차 변동이 발생하지 않도록 하는 것이 관건이다. 발생한 변동으로 야기되는 클럽 페이스 각 변화는 다른 어떤 것으로도 보상(상쇄)할 수 없다.

3) 가상의 동작 중심축(Axis of Motion Center, AMC)과 몸통 회전 시차

(원하는 대로, 강하게 몸통 근육을 사용하는 방법)
(복근 강도 간접 제어 방법 = 상하 동작 중심축 위치)
(골반~어깨 회전 시차 ≈ 1/ 복근 강도 ≈ 동작 중심축 앞뒤 위치)

동작 중심축이란 꼬임 변위의 기준점, 절(Node)이다.
"**골반~어깨 회전 시차가 적절해야 한다.**"라고 아무리 말해 봐야, 그것은 원론적인 이야기에 지나지 않는다. 어떻게 제어하는 것인지? 에 대한 방법 설명이 필요하다.
그림은 동작 중심축을 표시한 것이다. 각 동작 중심축 특징은 다음과 같다.

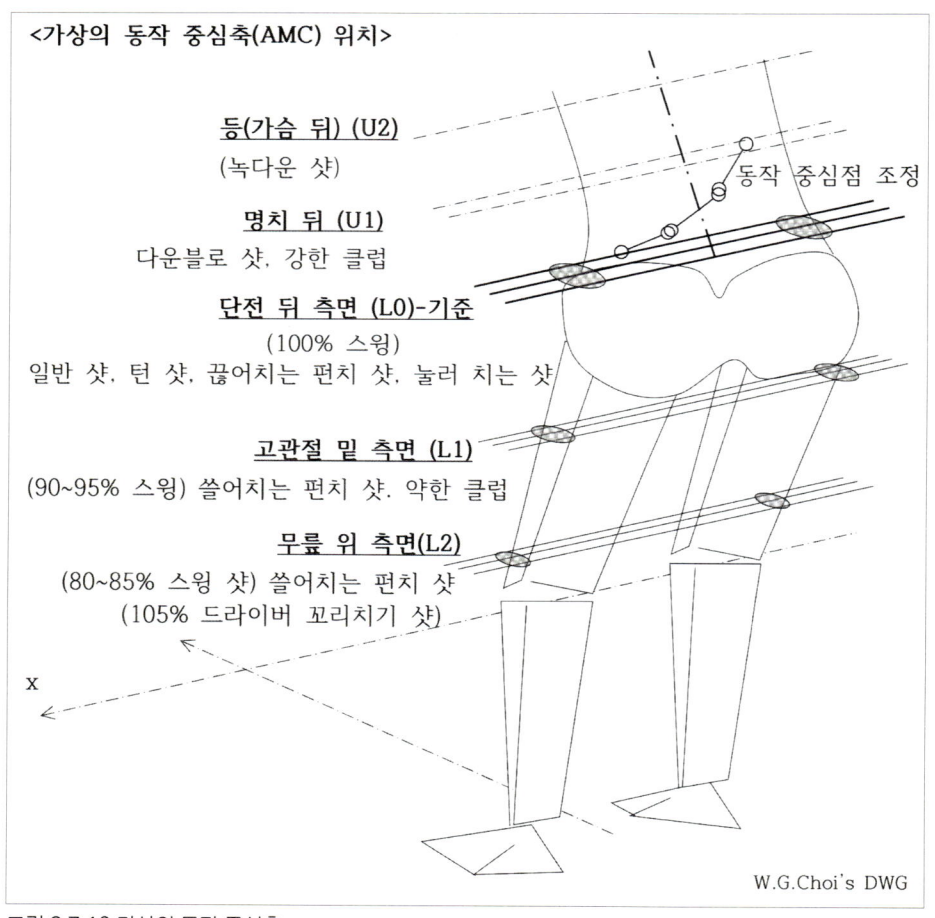

그림 3.7.10 가상의 동작 중심축

a) 동작 중심축 높이
(릴리즈 타이밍 조절 1)

높이에 따라 2가지가 달라진다.

-. 골반~어깨 회전 시차 및 릴리즈 타이밍 변화 : 동작 중심축과 어깨 사이 거리가 멀면 회전 시차는 늘어나고, 가까우면 줄어든다.

　* 강한 클럽에서 U1 동작 중심축은 하체 턴을 부드럽게, 몸통은 빠르게 회전

동작 중심축 Level	골반~어깨 회전 시차	릴리즈 타이밍	Remark(그래프)
U2 ↑	-0.02sec	-0.01sec	위치 (AMC)
U1 ↑	-0.01sec	-0.005sec	
L0	Even	Even	0.04sec
L1 ↓	+0.01sec	+0.005sec	기준
L2 ↓	+0.02sec	+0.01sec	릴리즈　t

표 3.7.11 동작 중심축 Level에 따른 골반~어깨 회전 시차 변화 (예시)

-. 동작 중심축 높이와 스윙 크기 : 높이에 따라 몸통 회전량이 변한다. 또한 변화된 회전력 사용량과 릴리즈 효율에 따라 비거리가 감소 된다.

　U2 : 10% 큰(강한) 백스윙-----95% 거리(5% 손실)
　U1 :　5% 큰(강한) 백스윙-----98% 거리(2% 손실)
　L0 : Even ----------------- 100% 거리
　L1 : 10% 작은(약한) 백스윙 ---90~95% 거리 <--- 부드럽고 느린 몸통 회전
　L2 : 20% 작은(약한) 백스윙 ---80~85% 거리 <--- 더 부드럽고 느린 몸통 회전

Remarks

#1. 부드럽게 천천히 스윙하면서 손목 스냅을 잘 이용해서 80% 정도 거리를 똑바로 잘 맞추어 보내는 것에 대한 혹자의 시범을 볼 수 있다.
　이 스윙의 Key point는 동작 중심축을 무릎 위 측면(L2~L1)에 두어 릴리즈 타이밍을 늦추는 것이다.

#2. 샷마다 요구되는 릴리즈 타이밍이 있다. 샷 종류에 따라서 그림과 같이 동작 중심축 Level이 달라진다. 요구되는 릴리즈 타이밍을 맞춰지게 하면, 손목 스냅이 기가 막히게 사용된다.

#3. 동작 중심축 위치의 의미는 다음 그림으로 이해할 수 있다.

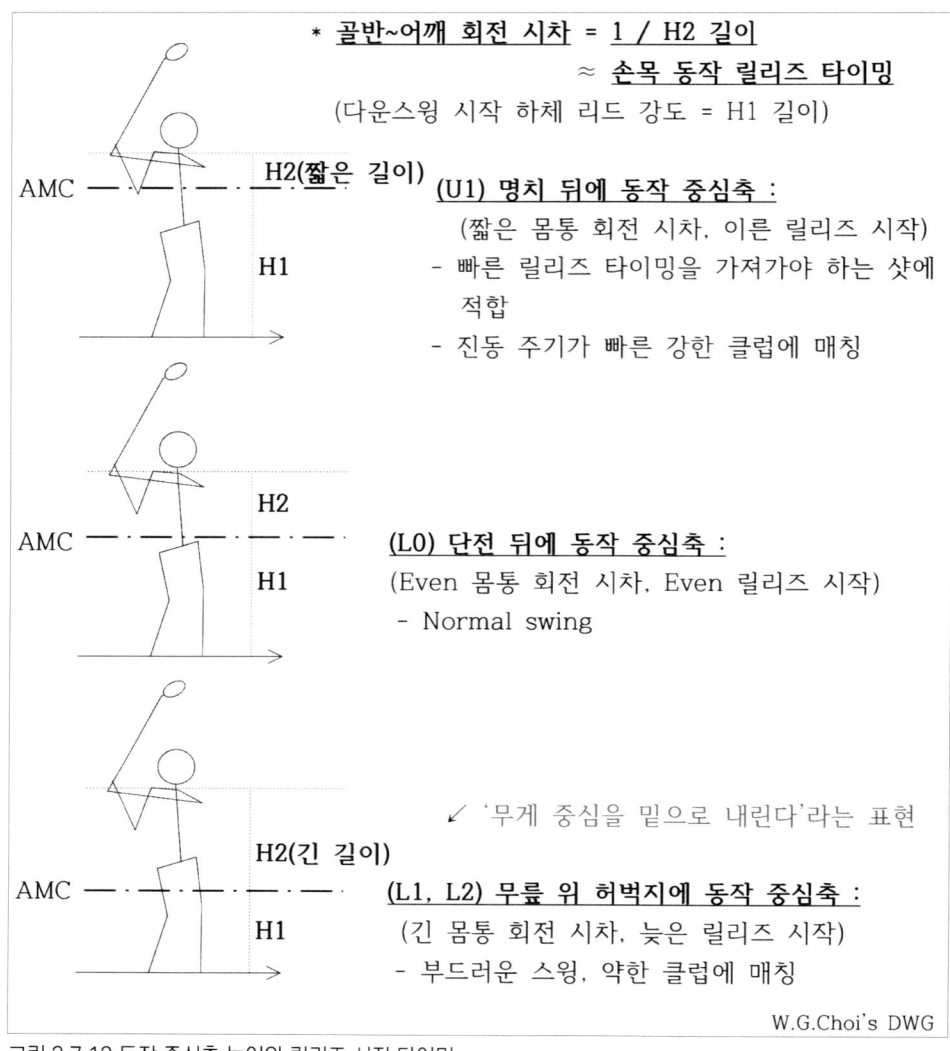

그림 3.7.12 동작 중심축 높이와 릴리즈 시작 타이밍

b) 동작 중심축 앞뒤 위치
(릴리즈 타이밍 조절 2)

그림은 복부 단전 절단면에 동작 중심축이 앞뒤로 위치한 모양을 표시한 것이다.

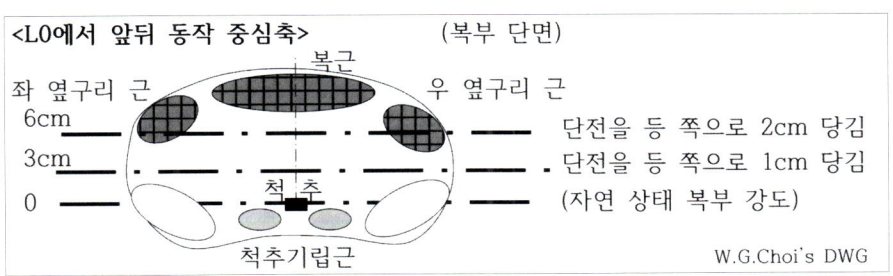

그림 3.7.13 복부 단면에서 동작 중심축 앞뒤 위치 (예시)

동작 중심축의 앞뒤 위치에 따라서 복근과 옆구리 근육 강도가 변한다.
기준을 척추에 두었을 때, 3cm 앞, 6cm 앞 3곳에 축 중심이 있다고 한다면, 각각 복근의 강도는 2배, 3배 정도 증가하는 조건이 된다.

동작 중심축 앞뒤 위치	골반~어깨 회전 시차	릴리즈 타이밍	몸통 회전력 (방향성)
척추 6cm 앞	-0.005sec	-0.005sec	95% (Full 4°)
척추 3cm 앞	Even	Even	100%
0	+0.005sec	+0.005sec	90% (Push 4°)

그림 3.7.14 동작 중심축 앞뒤 위치에 따른 시차 및 몸통 회전력 차이 (예시)

동작 중심축은 가상의 선이다. 가상의 선이지만 의식하면 상하·앞뒤 위치를 변화(제어)할 수 있다. 위 표의 예시와 같이 동작 중심축을 앞쪽으로 이동시키면, 복근과 옆구리 근육 강도가 강해져서 시차 및 릴리즈 타이밍이 조금 빨라지게 되며, 몸통 회전력은 강해지지만 총사용량은 약간 적어진다. 릴리즈 타이밍 빨라져 당겨질 수 있고, 배치기가 발생하면 'Full & Slice'가 발생할 수 있다. 양면성이 있다.

복근에 힘을 주지 않으면 동작 중심축이 거의 척추에 놓이게 되고, 복근과 옆구리 근육 강도는 약해지면서 골반~어깨 회전 시차는 길어지고 손목 릴리즈 타이밍은 조금 늦어지는데, 결과적으로 몸통 회전력 및 회전력 사용량이 적어져 헤드 스피드는 감소하면서 우향의 밀리는 슬라이스 방향성이 나오게 된다.

결론적으로 이런 현상을 이용하기 위해서 골반~어깨 회전 시차(≈ 릴리즈 타이밍), 몸통 회전력 사용, 방향성 3가지를 고려하여 동작 중심축의 앞뒤 위치를 잡는 것이 관건이 된다. 단, 이 항목은 열성인자로 결과가 지배적이지는 않다.

복근 강도 및 동작 중심축 앞뒤 위치는 척추 기울임 양에도 연동된다.

Remarks

#1. 동작 중심축에 관련된 이야기 :

    "단전에 힘을 주고 쳤더니 스윙이 잘되었다."

    "무게 중심을 낮춰 자세를 잡아라."

    "척추 각(파스취)을 잘 잡아라."

이 말들의 공통점은 복근 Tension에 관계되는 내용이라는 것이다. 또한 어깨 턴 시차를 변화시키고, 릴리즈 타이밍을 바꾸는 사항이 된다.

#2. Key point : 앞 그림 3.7.10에서 L1 & L2의 **앞뒤 위치**도 L0와 같은 방향성 변화를 보인다. 동작 중심축이 앞쪽으로 형성될수록 복근 강도는 강해지고 릴리즈 타이밍은 조금 빨라진다.

    - 동작 중심축 위쪽 ≈ 릴리즈 타이밍 빨라짐
    - 동작 중심축 앞쪽 (앞쪽 체중 분배) ≈ 척추 각 커짐
                     ≈ 복근 강도 세짐 ≈ 릴리즈 빨라짐

    * Setup 상태에서 앞뒤 근육 Tension은 척추기립근이 주근, 복근이 길항근으로 같은 힘이 몸통에 걸린다.

#3. 동작 중심축을 앞쪽에 두면 임팩트~폴로스루~피니쉬 단계에서 왼발 발바닥 앞쪽이 바닥에 조금 더 붙어 있게 된다.

4) Cross 회전력 사용법

왼 골반, 오른 골반, 왼팔, 오른팔 4가지 회전력에 대해서 더하기(+) 빼기(-) 형태 셈만 알면 되는 가장 쉬운 골프 스윙 Logic이다.

a) 세게 치면서 똑바로 보내기 (Cross 회전력 사용법)

 (회전력 최대로 사용하는 방법 --- 100% 스윙 방법)
 (그립 짧게 잡는 것 및 웨지 Full shot은 95% 스윙으로 취급한다.)
 (똑바로 치는 방법 1st)
 (저절로 손이 볼에 뿌려지고 클럽 헤드가 볼에 던져지는 스윙)

혹자는 *"왼팔 스윙하는 것이 맞나? 오른팔 스윙하는 것이 맞나?"* 라는 질문을 한다. 답은 *"왼팔 스윙도 있고, 오른팔 스윙도 있다."* 이다. 단, 다음 그림과 같은 회전력 사용 전제조건을 알아야 한다.

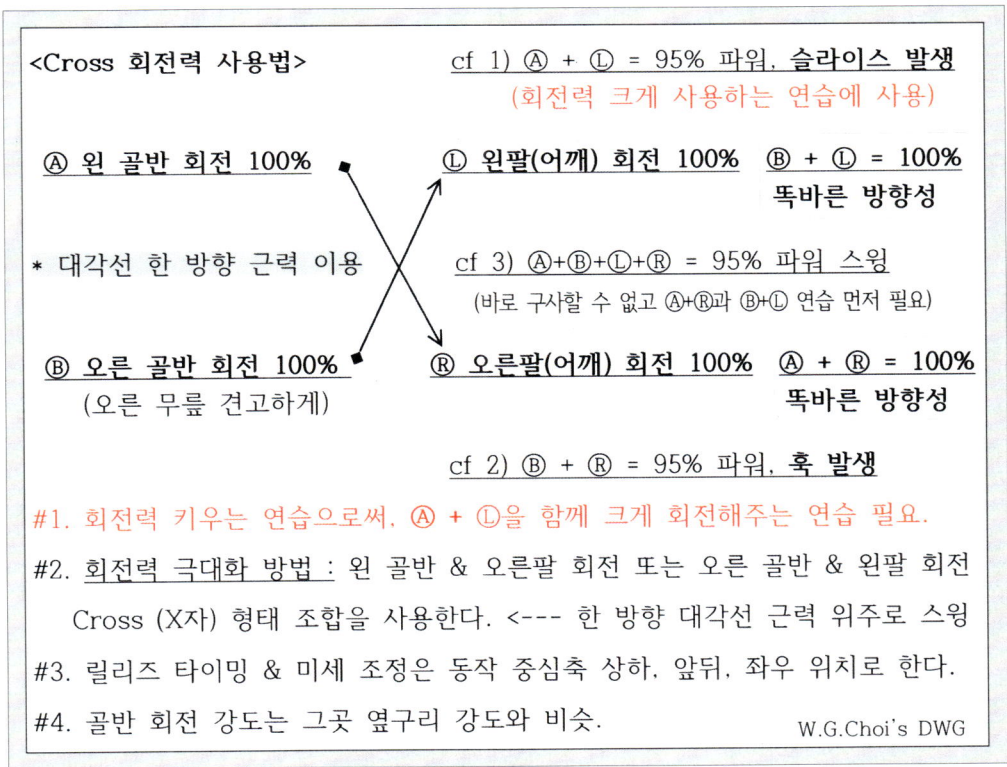

그림 3.7.15 회전력 100% 사용하는 방법 (Cross 회전력 사용법)

Remarks

#1. 다운스윙, 왼 골반을 최대한 강하게 회전하면서 이어서 왼팔을 강하게 사용하려 하면, 각각 80%, 60% 정도 회전력이 사용되는 느낌이다. 구질은 높은 탄도의 Big slice가 만들어진다.

마찬가지로 오른 골반을 최대한 강하게 회전하면서 오른팔을 강하게 사용하려 하면, 각각 80%, 60% 정도 회전력이 사용되는 느낌이다. 구질은 낮은 탄도의 Big hook이 만들어진다.

둘 다 스윙 동작은 부자연스럽게 이루어진다. 뭔가 많이 부족한 느낌이 든다.

#2. 다운스윙, 왼 골반을 강하게 100%로 회전하고, 이어서 오른 팔꿈치를 강하게 펴면서 강하게 돌리면 파워 사용이 최대가 된다. 100% Power가 사용된다.

마찬가지로 오른 골반을 강하게 100%로 회전하고, 이어서 왼팔을 강하게 휘두르면 Power 사용이 최대가 된다.

이때 둘 다 방향 오차는 매우 작은 (거의 똑바른) 결과를 만든다.

* 똑바로 그리고 세게 치는 유일한 방법은 교차 사용 형태로 골반과 팔 회전력 사용조합을 갖는 것이다. 이것이 'Cross(교차) 회전력 사용법'이다.

이 방법은 부가적으로 방향성 정확도, 타점 정확도를 2배 정도 향상해줄 것이다. (-)음과 (+)양이 조합되어 서로 상쇄되는 개념이다.

웨지 샷에서는 Cross 회전력 사용 방법을 적용할 필요는 없다. 선택이다.

#3. 왼 골반 + 오른 골반 & 왼팔 + 오른팔 Even하고 강하게 사용하려 했을 때,
- 4가지 모두 다 강하게 사용되지 못한다. 보조로 사용되는 나머지 부분 회전력은 50~70% 정도 사용되는 느낌이다. (ex) 100%+60%+100%+60%=320%)
- Even 하게 제어되지도 않고 그에 따른 방향성 오차를 갖는다. 또한 앞뒤 아크 밸런스가 깨져서 토우 타점 발생한다.
- 회전력 사용 비율에 따른 구질은 다음과 같다.

왼 골반 많이 사용되면---슬라이스 ∥ 오른 골반 많이 사용되면--- 훅

왼팔 많이 사용되면 -----슬라이스 ∥ 오른팔 많이 사용되면 ----- 훅

#4. 왼 골반 100% & 오른팔 100%, 그리고 오른 골반 100% & 왼팔 100% 회전하는 스윙을 연습하면 바로(당일에) 100% 회전력 사용하는 것이 가능하게 된다. 되는 샷과 안 되는 샷을 구별하는 데는 1개월 정도 Test가 필요하다.

Cross 회전력 형태로 더 강하게 회전하면 거리는 더 늘어난다.

* 더 강한 회전력 사용을 위해서는 릴리즈 타이밍이 더 잘 맞아야 하는데, 앞 3)항에서 설명한 동작 중심축 위치로 타이밍 영점 조절하면 된다.

cf) Cross 회전력 사용법 연습 후에 굳이 사용할 필요는 없지만, **왼 골반과 오른 골반** 및 **왼팔과 오른팔** 4가지를 함께 Even하고 강하게 사용하는 것도 어느 정도 가능하나 오히려 정확도는 확 떨어진다. 이때 각 분절은 75% 정도까지 파워를 사용하는 느낌이 든다. 어쩌다 한번 최대 비거리는 늘어나지만, 평균 비거리는 감소하며 거리 편차가 크게 나타난다.

#5. 교차 회전력 사용을 하면 저절로 팔과 클럽 헤드가 휘둘러진다. 릴리즈 타이밍까지 제어되면 스윙을 강하게 해도 전혀 힘들지 않다. 수백 개 Shot을 해도 몸이 편안하다. 몸 근육 간 Blocking 현상이 없어지기 때문이다.

* 손가락(특히 오른손 4th&3rd 둘째 마디)에 굳은살도 생기지 않는다.

#6. 주의 : 현재 왼 손목 부상 또는 오른 팔꿈치 부상인 상태에서는 이 방법의 100% 파워 사용하는 것을 자제해야 한다. 정타에 맞으면 문제없지만 개중에서 빗맞는 타점이 몇 개 나오면 충격량은 배가되기(가중되기) 때문이다.

#7. Cross 회전력 사용을 하면서 회전력 사용량이 조절되고, 릴리즈 타이밍까지 제어되면 최상의 퍼펙트 스윙이 된다. 멋진 피니쉬는 저절로 갖게 된다.

왼발 발바닥이 바닥에 붙는 임팩트 ~ 폴로스루 ~ 피니쉬가 저절로 된다.

골프 스윙에서 궁극적으로 달성하려는 단계에 오른 것이다.

* 이 단계에 더하여 경사지 조건에 변화를 제어할 수 있으며, 두려움 없는 골프 스윙을 하게 될 것이다.

더불어 Cross 회전력 사용하면 릴리즈 구간에서 손목 회전력이 부드럽게 증가하는 형태로 사용되어서 헤드 관성력(일명 헤드 무게) 흐름이 잘 느껴진다.

#8. Cross 회전력 사용 선택에 따른 샷 적용 : 감으로 했던 샷을 원리로 이해

- Ⓐ+Ⓡ : 일반 샷, 폄 샷, 끊어치는 펀치 샷, 컷 샷, 다운블로 샷, 녹다운 샷, 오른 팔꿈치 외회전 샷, 5m 긴 플롭샷, 롱 아이언 눌러 치는 샷 (for 높은 탄도 만들기)

- Ⓑ+Ⓛ : 일반 샷, 폄 샷, 쓸어치는 펀치 샷, 오른 팔꿈치 외회전 샷, 5m 짧은 플롭샷, W & Wedge 눌러 치는 샷(for 낮은 탄도 만들기)

* 오른 무릎이 조금 더 견고해야 한다. 오른 무릎이 약하면 오른 골반 턴은 약하고, 왼팔 사용량이 많아져서 슬라이스 발생한다.
　　　** 쓸어치는 펀치 샷은 동작 중심축을 허벅지 측면으로 내림

- Ⓑ+Ⓡ : <u>Big hook</u> (단, 토우·상 타점 나오는 경향), 눌러 치는 훅 샷
　　* 주의 : 축을 유지하려고 하면, 우측 몸이 앞으로 가 스핀아웃 형태 섕크
　　　(왼 힙이 회전되지 않고 뒤로 빠지기 때문)
　　특이한 섕크 : 몸 뻣뻣한 사람 + 좀 강한 타격 + 오른 골반&손 회전력
　　cf. 1) 이 회전력 사용조합은 왼쪽(골반 & 어깨)이 막힌 형태가 된다.
　　cf. 2) 억지 Straight 구질 : 릴리즈 덜 되어서 원래는 슬라이스 구질인 골퍼가, 이 회전력 사용조합을 쓰면 중화되어서 거리 짧은 Straight 가까운 구질이 된다. 오른 골반과 손 회전력 사용조합이 맞는 방법이라는 착각을 하게 된다.

- Ⓐ+Ⓛ : <u>Big slice</u> (단, 토우·하 타점 나오는 경향), 꿀밤 샷 미스

- Ⓐ+Ⓑ+Ⓛ+Ⓡ : 70~95% 컨트롤 스윙(단, 동작 중심축 높이 변경 필요),
　　　　　　　<u>Wedge Full shot</u>, 그립 짧게 잡고 치는 샷, 턴 샷, 경사지 응용
　　* 짧은 거리 Hole에서 거리 짧은 골퍼는 우드 & 아이언 티샷 대신에 드라이버로 이 스윙을 하면 안정적으로 플레이할 수 있다.
　　** 95% 스윙과 거의 같은 하중 부담 상태인 웨지(쇼트 아이언)는 Ⓐ+Ⓡ 또는 Ⓑ+Ⓛ 회전력 사용조합 하는 스윙보다는 그냥 전체 Ⓐ+Ⓑ+Ⓛ+Ⓡ 회전력 사용하는 스윙을 하면 방향, 탄도, 거리 정확도에 유리하다. 단, 동작 중심축은 Even Level에 둔다.

　한 가지 패턴의 Cross(교차) 회전력을 사용하면서 전체 Shot making을 할 수 없다. Shot making은 조건에 따라서 조금 더 성공확률을 높여주는 방법이므로 상급자가 되기 위해서는 구사하는 것이 필요한데, 의도적이든 의도하지 않든 샷에 따라서 회전력 사용조합이 달라져야 한다.

#9. 100% 스윙과 95% 이하 스윙은 회전력이 다르게 사용되는 메커니즘이다.
　　좌우 골반과 좌우 어깨 모두를 100% 근력으로 사용하는 것은 근육 간 방해(Blocking 현상) 때문에 어렵다.

#10. 골프 스윙을 어떻게 해야 하는지를 깨닫는데, 큰 방해(사고의 혼란을 일으키는) 요소로 작용하는 말

들이 있는데, 다음과 같다.

- *"오른팔 위주로 스윙하나? 왼팔 위주로 스윙하나? …"*

    〈--- 골반과 Cross 조합하여 사용하는 것을 외면(차단)하게 하는 말이다.

- *"오른손잡이는 오른팔, 왼손잡이는 왼팔 …"*

    〈--- 골프 스윙은 두 손을 잡고 친다. 어떤 쪽 손잡이인지 연관성은 크지 않으며, 좌향좌 동작이 편한지, 우향우 동작이 편한지 정도의 차이인데, 괜한 고민을 하게 만든다.

- *"양팔을 균등하게 사용하라. …"*

    〈--- 팔의 내측 근육은 외측 근육보다 2배 정도 강하다. 다른 근육 조합이 사용되므로 균등에 집착할 필요는 없는데 집착하게 할 수 있다

- *"왼팔은 방향성, 오른팔은 파워 …"*

    〈--- 그럴싸한 역할 분담 같은 이야기이나, 왼팔 회전력은 슬라이스, 오른팔 회전력은 훅 방향성을 만든다. 왼 골반의 슬라이스, 오른 골반의 훅 방향성과 조합해서 사용해야 한다는 생각을 못 하게 방해는 역할을 하는 이야기이다.

- *"왼팔로 리드 vs 오른팔로 리드 …"*

    〈--- 팔은 1차 선택권이 없다. '왼 골반->오른팔, 오른 골반->왼팔'로 골반 회전 선택에 따라서 다음 주도하는 팔이 정해진다.

#11. 골퍼가 어떤 형태 스윙(동작 중심축 높이, 회전력 사용조합, AC 점, FC 점)을 하고 있는지 알아보는 데는 2~4주의 면밀한 관찰 의지가 필요하다.

ex) 회전력 사용조합 영상 관찰 :

- 왼 골반 + 오른팔 : 대부분 선수
- 오른 골반 + 왼팔 : 오른발바닥을 조금 늦게 떨어뜨리는 선수
- 4ea 회전력 사용 100% 스윙 : 성적 안 나오는 선수
- 4ea 회전력 사용 95% 스윙 : *방송인 김국진 씨* 스윙 형태 --- 편안한 스윙 형태
- 오른 골반 + 오른팔 : 억지로 슬라이스 방지하는 형태
- 왼 골반 + 왼팔 : 잘해오다가 왕 슬라이스 발생할 때의 스윙

b) 손 뿌리기 vs 클럽 헤드 던지기 (세게 치는 105% 스윙 방법)
(반반으로 방향성 성공 실패 발생하는 이유 : 뿌리기 vs 던지기 실패)

세게 치는 105% 스윙 중에는 손을 볼에 뿌리는 것, 클럽 헤드를 볼에 던지는 것 두 가지 형태가 있다. 그림 같이 회전력 사용조합에 따라서 뭘 뿌리고 던지느냐의 결과는 완전히 달라진다. 매칭이 안 될 때 큰 방향성 문제를 만든다.

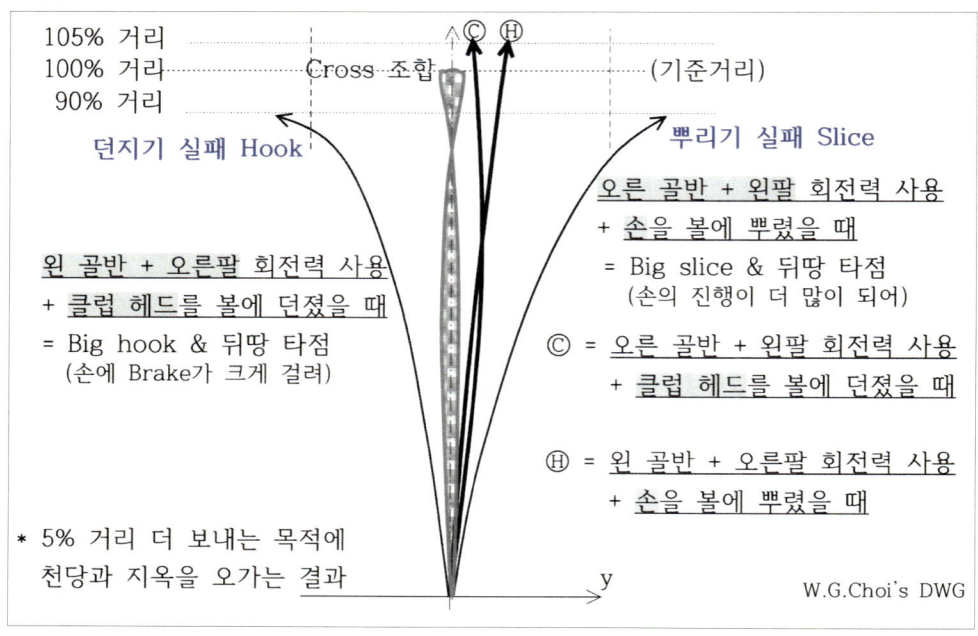

그림 3.7.16 뿌리기/던지기 vs 회전력 사용조합에 따른 거리 방향 타점 (예시)

- **손**을 볼에 **뿌리는 것**은 래깅을 키우는 것이다. 비거리가 5% 정도 증가한다.
  * S4에서 손이 던져지는 관성이 **몸 회전되고 있은 것**의 Brake를 잡음.
  오른팔 위주 스윙(왼 골반 회전력 + 오른팔 회전력 조합 사용)인 경우는 **손**을 볼에 **뿌려야** 한다. 오른 팔꿈치를 펴며 만드는 것이니 이 조합 적용된다.

- **클럽 헤드**를 볼에 **던지는 것**은 손목 회전력을 더 사용하는 것이다. 비거리 5% 정도 증가한다.
  (단, 왼 손목 부상 주의)
  * S5(5/4 구간)에서 클럽 헤드 던져지는 관성이 **손의 진행**을 Brake 잡음

왼팔 위주 스윙(오른 골반 회전력 + 왼팔 회전력 조합 사용)인 경우는 **클럽 헤드**를 볼에 **던져야** 한다. 왼 손목을 펴며 던지니 이 조합이 적용된다.

Remarks

#1. 혹자는 *"클럽 헤드를 던지면 비거리가 늘어난다."* 라고 한다. **왼팔 위주 스윙**을 하는 골퍼가 이것을 하면, 거리가 5% 정도 늘어나는 결과를 얻는다.

그러나 **오른팔 위주 스윙**을 하는 사람이 클럽 헤드를 볼에 던지면 손 진행의 Brake가 커져서 꼬꾸라지는 Hook이 발생한다. 더군다나 뒤땅을 만드는데, 드라이버도 뒤땅이 나는 상황에 해당한다. 비거리가 늘어나는 것은 고사하고, 벌타를 받을 상황이 된다. 이것을 '던지기 실패의 Hook'이라고 하자.

#2. 혹자가 *"손을 볼에 강하게 뿌리면 비거리가 늘어난다."* 라고 한다. **오른팔 위주 스윙**하는 골퍼가 이것을 하면, 거리가 5% 정도 늘어나는 결과를 얻는다.

그러나 **왼팔 위주 스윙**을 하는 사람이 손을 볼에 뿌리면 손의 진행이 더 많이 되어서 확 터져버리는 Slice가 발생한다. 더군다나 토우 타점에 뒤땅까지 발생한다. 타격에서 불쾌감을 느낀다. 비거리 늘어나는 것은 고사하고, 벌타 상황에 놓이게 된다. 이것을 '뿌리기 실패의 Slice'라고 하자.

#3. 얼마 전까지 잘 되었던 던지기/뿌리기가 안 되거나, 드라이버 뒤땅이 발생하는 경우는 그림의 조합을 확인해봐야 한다. 결과는 가장 극명한 천당과 지옥 차이이다.
    * 주의 : Cross 회전력 사용조합에 신경을 너무 많이 쓰다 보면, 하체 쿠션 및 하체 펌 동작이 약해져서 비거리 감소하는 경향을 보일 수 있다.

#4. 회전력 사용조합과 뿌리기/던지기 선택이 맞아떨어지면, 샷감은 점점 더 좋아지고 스윙이 한결 편해지게 된다. 그러나 어긋날 때는 자신감을 상실할 수 있고, 소극적인 스윙을 하게 된다.

#5. 근육 Blocking 현상 : 100% 근력 사용할 때, 화살표는 근육 간 방해 작용

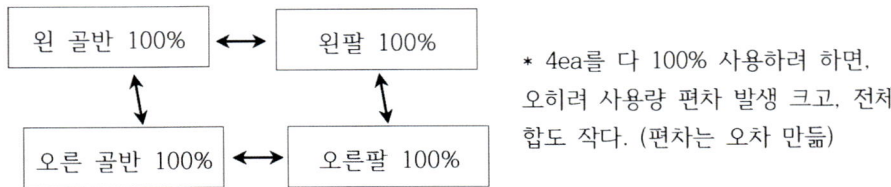

* 4ea를 다 100% 사용하려 하면, 오히려 사용량 편차 발생 크고, 전체 합도 작다. (편차는 오차 만듦)

#6. 부상 : 클럽 헤드를 볼에 던지는 것을 과도하게 하면, 왼 손목 날에 통증 생긴다. 왼 손목 날 부상 통증은 오래가며 1주일 정도는 스윙을 쉬어야 한다.

손을 볼에 뿌리는 것을 과도하게 하면 오른 팔꿈치 끝이 찌릿하다.

두 가지 시도는 첫날 5개부터 차근차근 10개, 15개, 20개, Max. 30개로 늘려가야 한다. 기계 고장 Cheek하듯 신체부위 Monitering이 필요하다.

c) Cross 회전력 사용조합의 예외적인 샷
(95% 이하 스윙하는 방법) (Reminder : 오묘함)

100%~105% 스윙으로써 강하게 하면서 타점과 방향성을 확보하는 방법은 Cross 회전력 사용법을 적용하는 것이다.

반대로 근력에 여유가 있는 95% 스윙을 할 때, 타점과 방향성을 확보하는 방법은 Cross 회전력 사용법을 적용하지 않고, **왼 골반**, **오른 골반**, **오른팔**, **왼팔** 4가지 회전력을 함께 사용하는 것이다.

  * Cross 회전력 조합으로 95% 스윙하면 90%, 90% 스윙하면 80% 스윙이 된다.

95% 스윙과 비슷한 다음 샷들은 4가지 회전력을 함께 사용한다.
  - 웨지 Full shot --- 동적 회전 가속 관성이 작고 라이 각이 커서 Blocking 없음
    cf. 1) 웨지 105% 손 뿌리기, 헤드 던지기 샷은 Cross 회전력 사용법을 적용한다.
    cf. 2) 웨지(쇼트 아이언) 100% Full shot을 Cross 회전력 사용조합으로 스윙하면, 래깅이 많이 먹고 로테이션이 적게 생성되어 다음과 같은 의외의 결과가 발생할 수 있다.
      ^ 왼 골반 + 오른팔 회전력일 때 : 밀리는 높은 탄도에 90% 거리
      ^ 오른 골반 + 왼팔 회전력일 때 : 밀리는 높은 탄도에 90% 거리
  - 그립 짧게 잡고 치는 샷 --- 스윙 웨이트 가벼워져서 Blocking 없음
  - 턴 샷 --- 가볍게 회전하는 동작이므로 Blocking 없음
  * 모든 스윙 동작이 같다는 생각은 큰 착각이며, 뜬구름 잡는 이야기다.

5) 복근 & 옆구리 근육 강도 (부가적인 내용)

동작 중심축 위치에 더해서 몸통 근육 강도 상태에 따라서 방향성, 타점과 헤드 스피드가 급변한다. 복근이나 옆구리 근육은 절대 직접 제어하지는 않는다.

a) Setup에서 몸통 근육 강도 (Only reference)
스윙 중에 복근 강도는 다음과 같은 변화를 한다.

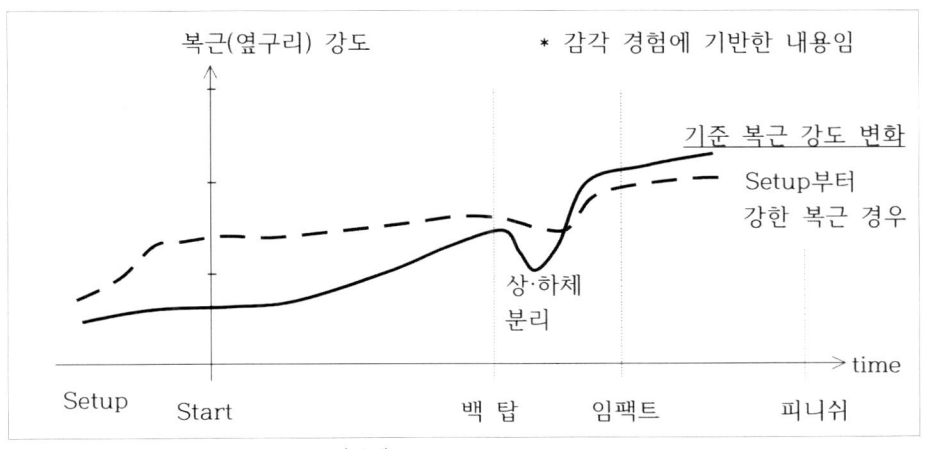

그림 3.7.17 스윙 중에 복근 강도 변화 (예시)

그림의 두 가지 복근 강도 상태에서 다음과 같은 스윙이 만들어진다.
-. 기준 복근 강도 : 이상적인 몸통 회전력이 사용되는 상태
- Setup --- 가벼운 상태 복근 강도
- 백스윙 --- 몸통 꼬임에 따라서 강도 증가
- 다운스윙 시작에서 상·하체 분리에 따른 강도 감소 후, 중·후반 몸통 회전력 사용에 따라서 급증

-. Setup부터 강한 복근일 때 : 단전 밑에 강한 힘을 주고 스윙을 시작한 상태
^ 슬라이스 원인 --- 어깨 회전이 골반 Brake를 약하게 잡아서, 골반 턴이 많고 어깨는 힘없이 돌아가는 형태
^ Sky ball(뒤땅) 원인 --- 척추 폄이 빨라서 토우 상 타점 발생
^ 느린 헤드 스피드의 원인 --- 몸통 회전력 약하고, 하체 Brake 적게 형성

b) 좌우 옆구리 근육 강도에 따른 방향성 (Only reference)
(방향과 백스핀 조절)

스윙 중에 좌우 옆구리 강도는 변하는데, 다운스윙 후반에 좌우 옆구리 근육 강도에 따라서 어깨 턴 양이 달라져서 방향성 변화를 만든다.

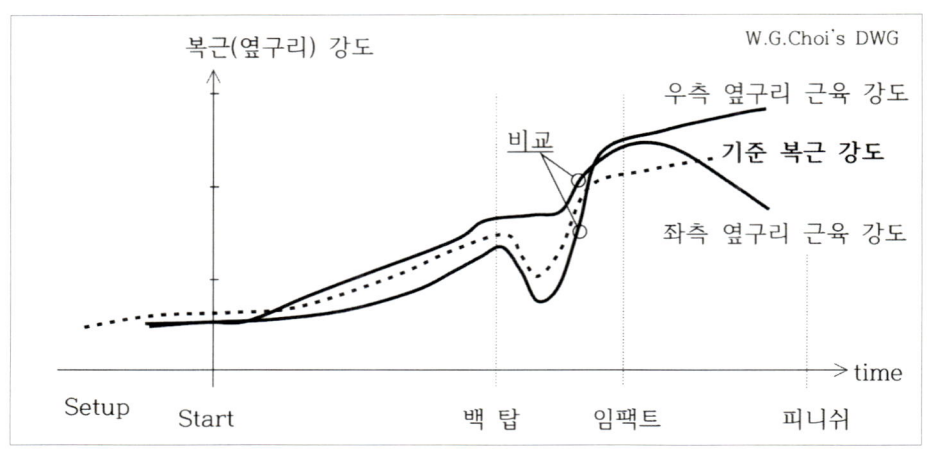

그림 3.7.18 스윙 중에 옆구리 강도 변화 (예시)

그림에 좌측과 우측 옆구리 근육 강도 변화를 표시하였다.
다운스윙 후반부, 어떤 기준값 대비하여 좌측 vs 우측 옆구리 근육 강도 세기에 따라서 방향성이 다음과 같이 변한다.
  - 좌측 옆구리 근육 강도 〉 우측 옆구리 근육 강도 = 슬라이스 & 큰 백스핀
    * 어깨 턴이 많이 되어서 Slice 발생

  - 좌측 옆구리 근육 강도 〈 우측 옆구리 근육 강도 = Hook & 작은 백스핀
    * 어깨 턴이 적어 Hook 발생
      단, 전체 몸통 회전력 사용은 더 많이 되어서 Power는 증가한다.

좌우 옆구리 근육 강도 밸런스에 따라서 방향성 및 탄도(스핀) 제어가 가능하나, 직접 신경 쓰고 제어하는 것은 무리가 있다. 동작 중심점을 이동하여 간접 제어한다.

  * Reminder : 둔감한 근육(복근, 옆구리, 등/어깨, 대퇴직근)은 제어 용도로 사용할 수 없다.

7.6 다운스윙 폄 근육

다운스윙에서 하체 폄은 후반부에 이루어진다.
다운스윙 시간이 0.2sec이라면 대략 전반부 0.1sec 동안에는 하체 리드 회전이 이루어지고, 상체의 회전이 될 시점인 후반부 0.1sec 전후에서 강력한 하체 폄이 시작되는데, 하체는 자의 반 타의 반 Stopping을 진행하여 상체 회전을 극대화한다.

1) 폄 근육

골프 스윙에서 몸의 폄 동작을 만드는 근육은 다음과 같다.

K0 : 발등, 발가락 **굽힘** ----- **종아리** 근육
K1 : 발목 폄 --------------- 장딴지 근육
K2 : 무릎 폄 --------------- 허벅지 근육
K3 : 고관절 폄 ------------- 엉덩이 근육
K4 : 척추 폄 --------------- 척추 폄 근육 (척추기립근)
K5R : 오른 어깨 모음 ------ 오른 가슴 근육
K5L : 왼 어깨 젖힘 -------- 왼 광배근
K6 : 상완 끌어 내림-------- 아래 승모근(등/옆구리/가슴 근육)
K7R : 오른 팔꿈치 폄 ------ 상완 삼두박근
K7L : 왼 팔꿈치 뻗음 유지 -- 상완 삼두박근
K8 : 손목 폄(릴리즈) ------- 전완 자쪽(밑쪽) 손목 굽힘근
K9 : 손가락 굽힘(악력) ----- 전완 손가락 굽힘근

하체를 펴지게 하는 근육은 K0~K3이다.
몸통을 펴지게 하는 근육은 K4~K5이다.
팔을 펴지게 하는 근육은 K6~K9이다.

각 근육을 Simple 하게 대표 근육으로 위치와 연결점을 그려 표현하면 다음 그림과 같다.
요지는 눈에 잘 보이는 K7 K8 K9으로 무언가를 해보려고 하지 말라는 뜻이다.

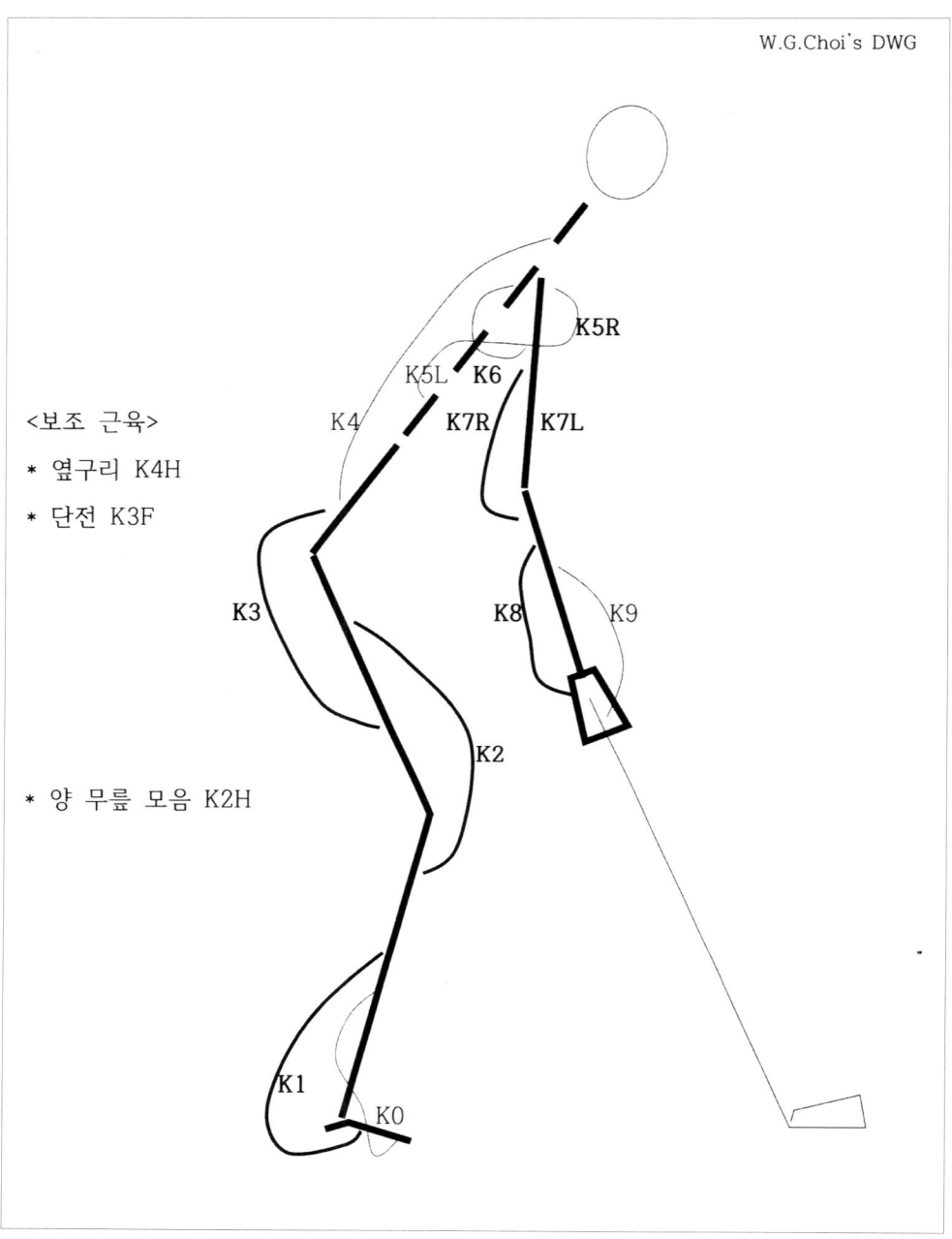

그림 3.7.19 골프 다운스윙에서 신체 펴는 근육

Remarks

#1. K0~K9의 번호는 설명을 위하여 편의상 부여한 것이다.
(K 의미는 늘어나는 근육의 수축력, 즉 스프링 상수의 개념이다.)

#2. 발목(하체)의 폄을 돕기 위하여 발등과 발가락은 굽힘근이 작용한다.

#3. 오랜만에 등산하거나, 물건을 들고 내리기를 반복하면 다리에 알이 배긴다. 이때, 당기는(불편한) 근육은 하체의 폄 근육들이다. 골프에서 K1, K2 & K3 근육에 수축 능력이 떨어진 조건에서 다음 현상이 발생한다.
   - 스윙하면 뒤땅이 발생한다.
   - 손과 팔로 궤도를 들어 올려 이 뒤땅을 제어하려고 하면, 토핑 발생한다.
   - 릴리즈 타이밍이 흐릿해져서 손목 스냅이 약해진다.
   - 헤드 스피드도 작아진다. 방향성도 부정확해진다.

만약 어떤 이유에서 하체의 폄 근육 사용에 불편이 있을 때는 그나마 최소 손실의 대응 방법으로 허리와 옆구리 회전을 더 주어서 상하 궤도가 일정하게 올라가게 하는 것이 필요하다. 이것으로 방향성도 일정하게 될 것이다.

즉 하체 폄이 부실하면 뒤땅이 나면서 당겨지는 구질이 발생하는데, 이를 보완해 주는 방법이 (조금 짧게 잡고, 가볍게 잡고) 골반 턴을 조금 더 해주는 방법이다.

그 외 다른 방법으로 응급 처치하기는 어려울 것이다.

2) 동작 근육의 특성

a) 조합
-. 쌍 근육으로 되어있다.
　　폄근 vs 굽힘근
　　내회전근 vs 외회전근

-. 주요 근육은 복수의 근육으로 구성되어 있다.
　　발목 폄근 : 내·외측 장딴지근
　　무릎 폄근 : 내측근, 직근, 외측근
　　엉덩이근 : 속근, 외부근
　　척추 폄근 : 척추기립근을 대표로 여러 근육 조합
　　복근 : 여러 근육 조합
　　어깨 회전근 : 여러 근육 조합
　　상완근 : 상완근, 이두박근, 삼두박근
　　전완근(손목 폄·굽힘근) : 손 및 손가락에 연결된 근육

-. 주요 관절은 뼈에 여러 근육 연결 지점이 복수로 형성되어 있다.
　　이것은 동작의 안정성과 다양성을 갖게 해준다.

b) 작동
-. 근육의 수축력은 관절을 기준으로 지렛대 운동을 한다.
　　지렛대 움직임 : 관절 움직임의 **의학적** 용어
　　역 지렛대 움직임 : 관절 움직임을 **역학적** 분류로 정의

-. 근육 수축은 느리게 작동하는 것, 빠르게 작동하는 것 두 종류로 구성된다.
　　이것은 동작 정확성을 높게 만들어준다.

-. 민감도 : 근육은 종류별로 다음과 같은 민감도를 가진다.
　　회전 근육 〉 폄 근육 〉 굽힘 근육

민감도가 매우 높은 회전 근육은 작은 외부 힘(외력)에도 빠르고, 크게 반응한다. 생존을 위하여 굽힘 근육보다는 폄 근육이 빠르고 강하게 반응한다. 단, 팔로 물건을 드는 것이 중요하여 팔꿈치 굽힘 근육인 이두박근이 폄 근육인 삼두박근보다 강하고 민감하게 반응한다.
* 회전 동작은 약한 회전 근육과 강한 폄/굽힘 근육 움직임의 조합이다.

c) 동작 시간

-. 뇌의 근육 수축 명령에 따라 수축이 이루어진다. 동작을 위한 것과 자극에 반응하는 것이 있다. 뇌의 명령 하달은 사람마다 차이가 있지만, 자극(정보)으로부터 대략 0.16sec(연습 된 것, 반복 경험이 있는 것) 또는 0.33sec(연습 되지 않은 것) 시간이 소요된다.

위급한 사항에서는 즉각적인 빠른 반응을 위하여, 척수 명령이 작동하는 형태가 있다. 이 척수 반사는 대략 0.01sec의 시간에 하달되어 근육이 수축한다. 이것은 위험으로부터 회피(신체 보호)하는 기능이다.

-. 근육에 명령 하달은 대략 0.008sec T(빠른 주파수 전기적 통신주기), 0.1sec T(느린 주파수 전기적 통신주기) 두 가지 종류가 사용된다.
이것은 뇌의 부하를 줄이는 방법이다.
* 골프 스윙에서 0.001sec의 릴리즈 타이밍 오차는 대략 거리 1m, 방향 1°의 오차를 만든다. 0.008sec 근육 수축 명령 (날 신경 = 운동신경) 통신 주파수로 0.001sec의 릴리즈 정확도를 추구하는 것이 골프 스윙이다. 그래서 쉽게 원하는 만큼의 정확도 달성이 어렵다고 하겠다.
cf) 처음 하는 동작은 신경 회로가 완전하지 않다. 회로 만들기까지에 기간이 필요하다.

-. 몸의 특정 평형 상태를 유지하기 위하여 입력된 감각 자극을 뇌가 분석하여, 의지와 다르게 근육에 움직임을 하달한다. Feedback 반응이다.
뇌의 반응 명령 하달 시간은 각각의 감각 기관에 따라 차이를 보인다.
그 반응 빠르기는 '청각 〉 근육계 자기수용체 〉 시각 〉 촉각 〉 미각' 순이다.
* 신경 전달 속도 및 반응 시간은 사람마다 조금씩 차이가 있다.

-. 결론적으로 무엇 하나 된다고 골프 스윙이 만족스럽게 만들어지지는 않는다. 근육과 신경계가 복잡하게 작용 때문이다. 반사신경 동작과 Feedback 반응 동작을 골프 스윙에서 **보상 동작** 이라고 한다.

하체를 견고하게? 그렇다면 어떻게, 얼마만큼 견고하게?

7.7 하체 쿠션

"체중을 지면(땅으로, 아래로)으로 내려라." 라는 표현은 하체를 견고히 하라는 의미이다.
이것은 적당한 하체 쿠션을 갖는 Setup(Address)을 하라는 것이다.
어떻게, 왜, 그리고 어떤 상태가 적당한 하체 쿠션일까?
　* 웨지(LW, SW) 비거리 및 헤드 스피드 가장 클 때가 가장 적당한 하체 쿠션 상태이다. 바꾸어 말하면 라이각이 큰 웨지 거리는 긴 클럽보다 하체 쿠션 강도에 민감하다.

1) 하체 쿠션 모양

어드레스 상태에서 하체 관절의 근육은 다음 그림과 같이 상하 방향의 쿠션을 갖는다. 늘어난 스프링이 줄어들 것 같은 상태다.
늘어난 주근은 수축력을 갖고, 줄어든 상태의 대항근도 같은(필요한) 크기의 수축력을 갖는다.

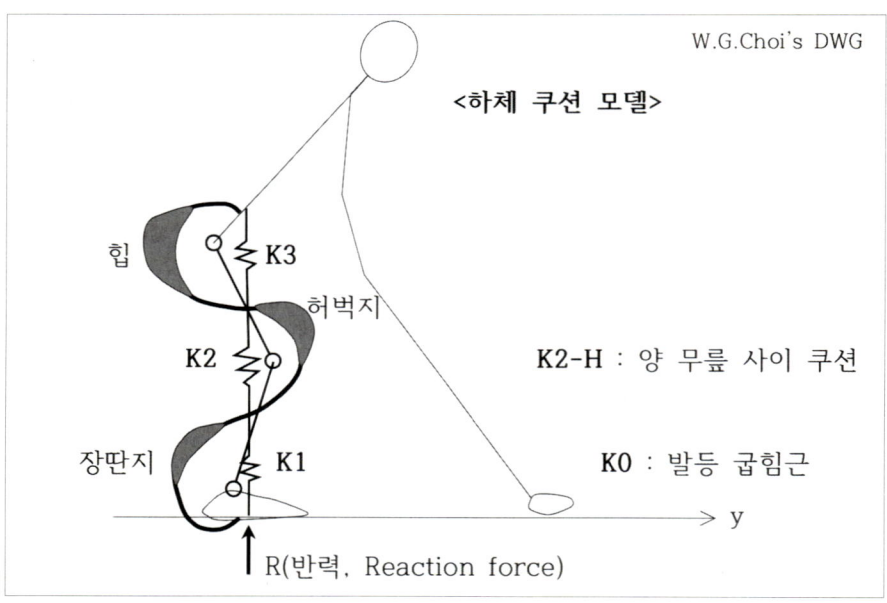

그림 3.7.20 어드레스 하체 관절 쿠션

무릎 쿠션 예) : 일반 앞뒤 근육 수축력 20%, 양옆으로 모으는 근육 수축력 10% 상태 대비, 무릎 쿠션 견고히 한 Setup 상태의 예)로 K2 30%, K2H 20% 수축력

* 근육 쿠션의 의미는 조금 인장 된(늘어난) 주근에 수축력이 작용하고 그에 대항하는 길항근 (대항근)은 조금 수축한 상태에서 같은 수축력을 갖는 상태를 말한다. 양쪽 근육에 수축력이 들어가서 탄성을 갖는 견고한 고정 상태가 된다. 무릎을 서서히 쪼그렸다가 폈다가를 반복할 때 느껴지는 느낌이다.

a) 발목 쿠션 (K1)

발목이 앞으로 꺾인 상태에서 발목이 펴지려는 준비 상태이다.
체중이 발뒤꿈치에 있으면 보통 이 K1 쿠션은 작게 된다.
발목이 굽혀지고 체중이 발끝(발가락 쪽)에 있으면 이 K1 쿠션은 큰 상태가 된다.

K1을 만드는 장딴지 근육의 Tension은 다음 연관 사항을 만든다.
- 무릎 텐션을 갖게 하는 K2와 골반 텐션을 갖게 하는 K3를 만드는 데 일조한다.
    * 그림에서 대표 근육 하나를 표시하였지만, 인체 주요 관절 대부분은 하나의 근육으로 한 방향의 관절 움직임을 만드는 것이 아니라, 2~3개의 근육이 부착점을 달리하여 함께 연동하여 분절을 움직이는 구조로 되어있다.

- 종아리(장딴지 앞쪽)와 양 측면부(정강이 부) 근육에도 수축력이 들어간다. 그 근육들의 수축 조건이 Stand-by condition을 만들어서 더 쉽게 필요 시점에 관절 근육 힘을 쓸 수 있게 해준다.
    * 등척성 수축 : 근육 길이 변화(관절의 변위)는 없는데, 두 개의 주근 & 길항근이 함께 같은 수축력을 (5 – 5 = 0, 정적 평형) 갖는 상태

b) 무릎 쿠션 (K2)

무릎이 굽어진 상태로 펴지려는 준비 상태이다.
K2는 K1과 K3의 전체 크기를 어느 정도 제어한다.

백스윙 시작 직전 Pumping 동작(무릎을 조금 굽혔다 펴기를 반복하는 것)을 하여 무릎 굽힘 각과 하체 쿠션 양을 갖게 한다.

cf) 팔 쪽 (어깨, 손목) 펌핑 동작 : 왜글은 팔과 손목 근육에 쿠션을 생성

무릎을 적게 굽히면 더 선 자세가 되고, 볼과 가까이 서게 된다. 발바닥 체중은 뒤꿈치 쪽으로 이동한다. 전체 하체 쿠션 양(K1, K2, K3)이 작게 된다.

무릎을 많이 굽히면 보다 숙인 자세가 되고 볼과 멀리 서게 된다. 발바닥 체중은 발끝 쪽으로 이동한다. 전체 하체 쿠션 양(K1, K2, K3)이 커지게 된다.

Remarks
#1. 쿠션 양은 '주겠다는 의지 × 무릎 굽힘 양'에 의해서 결정된다.

#2. 골프에서 발목~무릎 쿠션은 스키에서 발목~무릎 쿠션 주는 자세와 비슷하다.

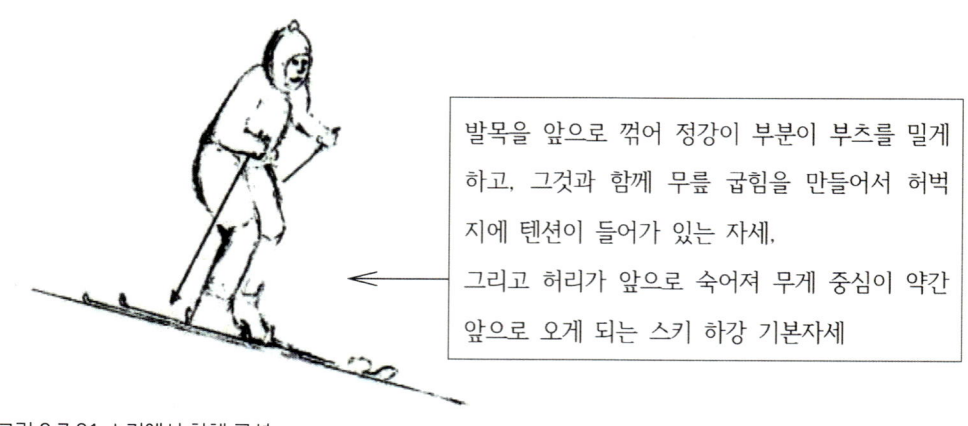

그림 3.7.21 스키에서 하체 쿠션

그림의 자세는 스키에서 중요하다. 눈으로는 보이지 않지만, 부츠 속 발목과 정강이, 종아리가 만드는 Tension 조건이 쿠션과 같다.
이것과 무릎 굽힘 각 및 허벅지 Tension 상태가 견고한 하체를 만들고, 밸런스를 유지하여, 쉽고 빠르게 하강(활강)과 턴 하는 에지 기술을 구사할 수 있는 준비 상태(Stand-by condition)를 만든다.
스키와 같이 골프에서도 하체 Setup은 이와 같은 발등(종아리)~발목(장딴지)~무릎(허벅지)~골반(엉덩이) 근육 관절에 쿠션을 가져야 한다.

c) 골반 쿠션 (K3)

대퇴골(넓적다리 뼈 = 허벅지 뼈)과 척추가 이루는 각을 골반 각이라고 한다.
상체를 적게 숙이면 K3는 작게 된다. 체중이 발뒤꿈치 쪽으로 이동되는 Setup을 하게 된다. 볼과의 거리도 가까워진다.

상체를 많이 숙이면 K3 쿠션은 크게 된다. 체중이 발 앞꿈치 쪽으로 이동되는 Setup을 하게 된다. 볼과 거리도 멀어진다.

K3가 작으면 백스윙과 다운스윙에서 힙 턴은 많이 할 수 있으나 Power가 작아진다. 반대로 K3가 크면 Power는 크나 힙 턴을 많이 할 수 없다.

d) 양 무릎 사이 쿠션 (K2H)

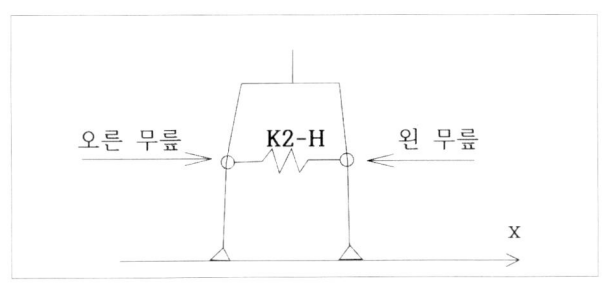

그림 3.7.22 양 무릎 오므리는 쿠션

무릎은 상하 방향의 쿠션만 갖지 않고, 살짝 안쪽으로 쪼여주는 쿠션을 가져야 한다.
만약 무릎 쿠션(허벅지 앞뒤 근육)이 10의 크기이면, 양 무릎을 안쪽으로 쪼여주는 쿠션의 강도는 1~2 정도라 하겠다.

K2H는 허벅지 양쪽 옆 폄 근육과 종아리 양쪽 옆 근육의 Tension, 그리고 허벅지 봉공근의 수축력이 조합되어 만들어진다.
이것은 하체 회전과 체중 이동 동작에 필요한 근육 수축의 Stand-by 상태를 만들어준다.
Setup에서 이 쿠션이 없다면 Zero(0)에서 Start 하는 것과 같으며, 이 쿠션이 있다면 '1'이라는 조건에서 시작하여 더 빨리, 더 강하게 회전 동작을 할 수 있게 된다.

cf) 너무 강한 쿠션 상태이면 길항근이 역작용(방해 작용) 역할을 해서 쿠션의 Stand-by 효과가 반감하게 된다. 즉 초기 길항근의 수축력이 주근의 움직임을 방해하는 것이다.

혹자가 이야기하는 *"Setup은 허벅지 안쪽 근육이 조금 땅겨지는 느낌으로 하라."* 라는 의미가 이 것, K2H(양 무릎 조금 쪼이는 느낌)를 가지라는 것이다.

e) 발등, 발가락 쿠션 (K0)

발등과 발가락 굽힘근(종아리 근육)의 Tension 상태인데, K1의 보조 역할을 한다.
위치는 같지만, 사용 근육에 따라 명칭이 달라진다.
　- 장딴지 근육 --- 발목 폄
　- 종아리 근육 --- 발등, 발가락 굽힘 <--- 장딴지 근육의 안쪽에 있음

K0 근육을 사용하는 선수도 있고 거의 사용하지 않는 선수도 있다.
　- K0를 많이 사용하는 선수 : 임팩트에서 왼발 끝이 지면에 붙어있는 사람
　- K0를 거의 사용하지 않는 선수 : 임팩트에서 왼발 끝이 지면에서 떨어져 밀리는 사람
　* 왼발 장딴지 내측 근육을 폄 대장 근육으로 사용하면 조금 두껍고, 조금 열리는 궤도(타격)를 가지는데, K0를 함께 사용하면 이 문제가 조금 보완된다.
　K0 사용 비율이 높으면 부드러운 스윙, 낮으면 과격한 스윙 형태가 된다.
　K0 근육 사용은 선택 사항이다.

2) 하체 쿠션의 영향

하체 쿠션의 세기는 직접적으로 스윙 동작에 다음 두 가지 영향을 미친다.
- 하체 움직임의 세기를 변화시킨다. (적정 쿠션은 턴과 폄 세기를 최대화)
  하체 턴 세기 = 회전 강도(1/시간) × 회전 변위(각도) ≈ 총량은 거의 일정
  하체 폄 세기 = 폄 강도(1/시간) × 폄 양(길이)

- 후행 분절의 회전 발현 시점을 변화시킨다.
  강한 근육 상태는 신호를 빨리 전달하고, 약한 근육 상태는 느리게 전달한다.
  이 근육의 강도는 어깨 회전 사용 시점, 손목 회전력이 사용되는 시점을 ± 0.005 정도 빠르게 또는 느리게 바꾸어버린다.

그리고 하체 쿠션은 간접적으로 거의 모든 스윙 결과 항목에 영향을 준다.
  * 스윙 이론에 덧붙여 하체 쿠션의 근육에 관한 내용을 기술한 이유는 근육에 관해 공부하고자 함은 아니고, 골프 스윙에서 이것의 조건에 따른 영향을 명확히 알기 위함이다.

a) 오른 팔꿈치 폄과 손목 회전력 (릴리즈 타이밍) 변화

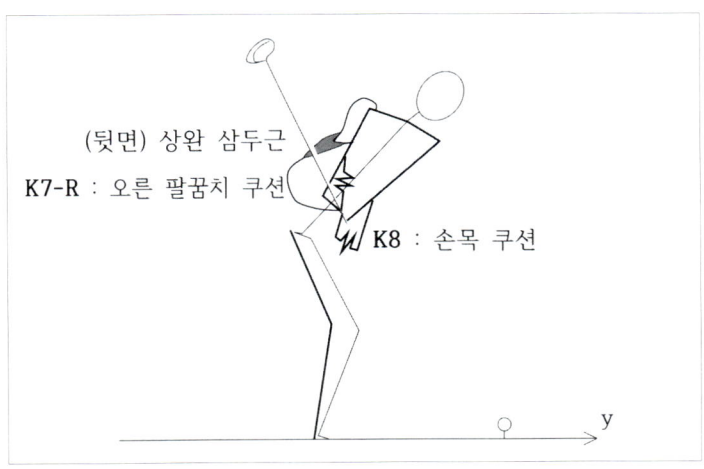

그림 3.7.23 팔꿈치, 손목 쿠션

양 어깨와 팔꿈치를 벌리지 않고 모아야 다운스윙에서 손목 스냅이 형성된다.

다운스윙 후반부 오른 팔꿈치의 폄 동작과 손목 릴리즈(폄)에 회전력이 가해지는 동작이 이루어지면서 다운스윙이 완성되고 임팩트를 맞이한다.

이들 폄의 시점은 자의 반, 타의 반으로 이루어진다.

① 오른 팔꿈치 폄 쿠션 (K7R)

K7R은 오른 팔꿈치 폄 쿠션이다.
상완의 뒷면에 있는 삼두박근이 주도하여 오른 팔꿈치를 펴게 한다.
오른 어깨 턴과 손목 턴 사이의 분절 회전으로 이용하여 Power를 증대한다.

K8은 손목의 폄 쿠션이다. 전완의 아랫면에 있는 손목 폄 근육(자쪽 손목 굽힘근)이 릴리즈와 함께 손목을 펴는 가속력을 준다.

중요한 것은 하체 쿠션 K1, K2, K3, K4에 의하여 K7R이 활성화된다는 것이다.
K7R은 그다음 후행 분절인 손목 쿠션(K8)에 선행 동작의 조건을 전달한다.

(A) 하체 쿠션이 약하면 K7R도 약하고 느리게 사용된다.
이어지는 릴리즈 타이밍이 느려져서,
 - 상체 전체 회전은 느려지고,
 - 페이스는 열리고, 궤도는 밀리며,
 - 상하 궤도는 낮게 (상 타점) 형성된다.
  cf) 폄이 잘 되면 하 타점 형성된다.
하체 쿠션의 폄 강도에 의해 힙 턴의 Stopping, 몸통 회전, 오른 어깨 턴이 이루어지는데, 하체 쿠션 세기는 이것들의 강도와 시간을 어느 정도 결정하게 된다.

(B) 하체 쿠션이 강하면 이른 시점에 K7R이 사용돼 릴리즈 타이밍이 빨라져서 스윙 효율이 저하된다. 그리고 길항근의 작용으로 하체 폄 세기는 약해진다.
 - 상체 전체 회전은 빨리 사용되고,
 - 궤도는 당겨지며, 페이스 각은 그립 악력에 따라 Wi-Fi 형태를 보이고,
 - 헤드 스피드는 감소하며,
 - 상하 궤도는 높게 (하 타점) 형성된다.
  * 만약 무릎을 못 펴면 상 타점 형성된다.

② 손목 쿠션 (K8)

K8 쿠션은 손목 회전력이다, 손목 스냅, 효율적인 릴리즈 여부를 의미한다.

릴리즈가 시작되어 큰 원심력가속도 성분이 발생하면, 손목 회전력은 더 강하게 증가해 사용된다.

  * K8 쿠션은 스윙 진행 중에 계속 변화한다. 조건에 따라서 비정상적인 캐스팅 현상이 발생한다.

〈Case A = 약한 하체 쿠션〉 --- ①항의 (A) 결과 :

오른 팔꿈치 폄 동작이 느리게 나타나면 즉 하체 쿠션이 약하면, 손목 풀림(릴리즈)과 손목 회전력 사용 시점이 느리게 발현된다. K8 쿠션이 기준보다 느린 시점에 사용되는 것이다. 의지하고 상관없이 신경계의 동작 명령이 그렇게 이루어지는 것이다. 대략 0.005sec 느리게 진행된다고 추측한다.

〈Case B = 강한 하체 쿠션〉 --- ①항의 (B) 결과 :

오른 팔꿈치 폄 동작이 빠르게 나타나면 즉 하체 쿠션이 강하면, 손목 풀림(릴리즈)과 손목 회전력 사용 시점이 빠르게 발현된다. K8 쿠션이 기준보다 이른 시점에 사용되는 것이다. 의지하고 상관없이, 신경계의 동작 명령이 그렇게 이루어지는 것이다. 대략 0.005sec 빠르게 진행된다고 추측한다.

너무 빨리 손목 회전력이 사용되어서 덜컥하고 그립과 손목의 힘이 증가하고만다. 릴리즈가 조금 방해받는다.

Remarks

#1. 하체를 견고히 하는 Setup을 하라고 한다. 너무 견고히 해도, 너무 약하게 해도 문제가 된다. 적당히 견고해야 한다.

  * 적당한 하체 쿠션은 LW와 SW로 확인 가능하다. 웨지로 거리 제일 많이 나가는 하체 쿠션 상태가 적당한 것이다. 이때,
  - 하체 쿠션 강하면 : 낮은 탄도에 헤드 스피드 감소로 10% 거리 감소
  - 하체 쿠션 약하면 : 슬라이스에 헤드 스피드 감소로 10% 거리 감소

#2. 멀리 있는 다리의 하체 쿠션 조건이, 반대편 먼 곳에 있는 오른 팔꿈치와 손목 사용 시점에 큰 영향을 주는 요소로 작용한다.

#3. 스윙 연습을 안 하게 되면 Shot 품질이 저하된다.

스윙 연습을 안 했을 때 하체의 쿠션 감각이 떨어지는데, 인식되는 것은 손목의 릴리즈 타이밍과 손목

회전력 사용이 둔감해지는 것처럼 느껴진다.

하체 쿠션 감각을 되살리지 않는 한 Shot 품질은 원상회복하기 어렵게 된다.

2~4개월 스윙 연습을 하지 않았을 때, 제일 먼저 둔화하는 감각은 하체 쿠션 K0, K1, K2, K3, K4라는 것을 알아야 영구적인 스윙 슬럼프에 빠지지 않을 것이다. 만약, 팔과 손으로만 어떻게 만회해 보려고 하는 노력을 하면 할수록 점점 스윙이 망가질 가능성만 커질 것이다.

b) 하체 쿠션 사용 형태

골프 수준별, 상황별 다음과 같은 하체 쿠션 사용 형태가 있다.

Ⓐ 하체 쿠션의 중요도, 사용 필요성을 모르고, 상체의 동작으로만 스윙하려는 상태 --- 아직 하체의 중요성을 인지하지 못한 상황

Ⓑ 한때는 하체 쿠션 잘 사용해서 정확도 높은 스윙을 구사했었는데, 잠시 사용하는 것을 잊어버려서 다른 것으로 어떻게 좋은 스윙 하려고 하는 상태 --- 잊어버림
  ex) 다른 것, 유용한 것을 찾아 이렇게 저렇게 해보다가 간과하게 된 경우

Ⓒ 하체 쿠션을 사용하기는 하나, 약하게 사용할 때와 강하게 사용할 때가 혼재되어서 Speed(거리), 타점, 방향성 편차가 심하게 나타나는 상태 --- 일정하지 않게 사용
  ex) 볼과의 거리를 멀리 놓았다, 가까이 놓았다 하는 경우
      자세를 높였다, 낮추었다 하는 경우

Ⓓ 하체 쿠션을 사용하기는 하나, 너무 약하게 사용하는 골퍼, 또는 너무 강하게 사용하는 골퍼 --- 세기가 안 맞음
  ex) 발목, 무릎, 골반을 너무 펴고 높은 자세로 Setup 하는 경우 = 약한 쿠션
      발목, 무릎, 골반을 많이 굽히고 낮은 자세로 Setup 하는 경우 = 강한 쿠션

* 영상 교습가가 어드레스 정지 화면에 선을 그어가면서 *"자세가 좋네, 안 좋네, 교정이 필요하네."* 라고 하는 것은 효율적인 스윙 궤도를 만들고자 하는 목적이 있지만 하체 쿠션 양을 적당하게 갖게 하려는 측면도 있다.

c) 하체 쿠션 대·소에 다른 영향

No.	항목	하체 쿠션 약	EVEN	하체 쿠션 강
1	백스윙 크기	커짐	적정	작아짐
2	스윙 템포	느림	적정	빠름(급함), 급한 전환
3	다운스윙, 체중 이동	작음(약함) (발바닥 뒤쪽으로 밀어 약함)	적정	많음(강함) (발바닥 앞쪽으로 밀어 강함)
4	Power (Speed)	약함 허리(몸통) 꼬임력 약해서 다운스윙 상체 파워 쓰임이 약함	최대	약함 폄 세기 약하고, 힙 턴 사용 작아지고, 상체 분절 사용 시점이 빨라져 비효율적인 스윙
5	타점(상하)	- 얇은 두께 (~1cm) 폄 잘 될 때 궤도 올라감 - 두꺼운 두께 (~2cm) 폄 약해 배치기되면 두꺼움	-	두꺼운 두께 (~2cm) 보통 발목 관절이 느리게 세워지는 사용 조건 되어서 무릎 폄이 다 되지 못함
6	타점 (토우 힐)	힐 타점 (~1cm) 가까이 선 Setup 영향으로 헤드가 멀리 돌게 됨 단, 배치기는 토우 타점	-	토우 타점 (~2cm) 멀리 선 Setup 영향으로 헤드가 몸쪽으로 딸려 온다.
		볼과의 거리는 (발목, 무릎 굽힘과 허리 숙임 양에 따른) 발바닥 앞뒤 체중 상태와 팔을 뻗은 상태, 두 가지에 의해서 결정된다.		
7	방향성 (궤도)	Full : 체중 이동 적어서	-	Push : 체중 이동 많아서 Full : 급한 전환, 빠른 릴리즈
8	방향성 (페이스 각)	열림 : 헤드가 못 따라와	-	닫힘 : 회전 적고, 이른 시점 릴리즈 열림 : - 체중 이동 많을 때 - 효율 낮은 회전

표 3.7.24 하체 쿠션 세기에 따른 영향

하체 쿠션 세기에 따라 후행 동작의 변동과 Shot 결과의 변화가 발생한다.
하체 쿠션 양은 표와 같이 스윙 대부분을 변화시켜버린다.
실제로는 이 복잡한 것들을 일일이 따져가며 확인하고 어드레스를 취하지는 않고, 감각적으로 세트 메뉴처럼 전체를 한목에 잡아서 사용한다.

Remarks
#1. 그립을 어떻게 하느냐 만큼 중요한 것이 하체 쿠션 상태이다.

#2. 하체 쿠션을 더욱더 많이 사용하여 처음 연습하는 경우, 대여섯 시간 후 또는 하룻저녁 자고 나면 발뒤꿈치의 힘줄에 피로감이 느껴진다.
발목 쿠션이 더 많이 사용되었기 때문에 장딴지 근육과 종아리 근육의 힘줄에 피로감이 있는 것이다.

#3. 본서의 *1장~7장 스윙 이론*을 다 섭렵했다 해도, 적당한 하체 쿠션 적용이 안 되면 계속 좋은 Shot 결과를 얻을 수 없을 것이다.

#4. 교습 영상에서 보이는 교습가의 한결같이 일관되고 일정한 스윙 동작이 이루어지는 근원은 하체 쿠션 상태가 일관되기 때문일 것이다.

#5. 골프 선수들이 하체 근력운동을 하는 이유는 하체 Power(회전과 펌 강도)를 증가시키는 것과 하체 제어 능력을 키우는 것 두 가지 목적이다.

d) 하체 쿠션의 기타 영향

① Over swing 인지 감각
하체 쿠션 세기가 약하면, 백스윙 클럽 헤드가 더 빨리 더 많이 넘어간다.
백스윙에서 허리의 꼬임이 풀려버리면서 클럽 헤드가 넘어가는 (상체가 회전되는) 상태가 Over swing이다.
발목-무릎-골반 쿠션이 작은 상태에서는 Over swing이 쉽게 일어날 수 있다.

하체 쿠션을 점점 세게 하면 백스윙 Top에서 허리 꼬임이 풀어지려는 시점(위치)도 앞당겨지고, 풀어지는 감각도 크게 느껴져서 골퍼 스스로 Over swing 여부를 더 잘 인지하게 된다. 스윙 크기가 한계에 왔다는 감각 인지로 스윙 크기를 더 이상 키우지 않게 된다.
   * Over swing에서는 몸통과 팔(클럽)이 따로따로 움직이게 될 가능성이 크다. 팔(오른팔 폄)과 손목의 회전력을 온전히 사용하고 싶다면 Over swing을 하지 말아야 한다.

② 손, 팔에 사용 힘 변화되는 샷감
"손, 팔, 몸에 힘을 빼라."라고들 한다. 그런데 힘이 들어가는 이유는 몸이 경험으로 스스로 판단해 그런 힘이 들어가는 것이 필요하다는 반응의 일환이다.

힘이 빠지게 하려면(덜 증가하게 하려면), 그런 힘이 덜 필요한 환경을 만들어 그것이 경험으로 쌓여야 한다. 그중에서 하체 쿠션 세기와 다음 사항의 연관성이 있다.

-. 하체 쿠션 세기 약하면 팔로만 강하게 휘두르려 해야 하니, 팔과 손에 힘이 들어가게 된다.
부드럽게 하고 치면 되지만, 거리가 감소하니 보상하고 싶은 것이다.
결과가 점점 더 나빠지는 쪽으로 스윙이 변할 가능성이 있다.

-. 하체 쿠션 세기 강하면 팔과 손목 회전력 사용 시점이 의지와는 다르게 빨라진다.
억지로 힘을 쓰게 된다.
손과 팔의 힘을 빼고 싶어도 빠지지 않는다.

-. 하체 쿠션 세기를 강하게 사용했다가, 약하게 사용했다가, 적정량 사용했다가를 반복하면 손과 팔의 힘은 악조건 상태에 맞춰지게 되어서, 적정량의 하체 쿠션 세기를 줄 때도 스윙 효율이 저하되는 결과를 가져온다.
잘못된 것이 없는 것 같은데도, 팔·손목 동작에 뭔가 부족한 듯한 느낌이 들 때가 이 경우이다.
무딘 칼날이 된 상태, 즉 샷 감각이 무뎌지게 된 것이다.

③ 백스윙 빠르기 제어
왼 골반 쿠션 세기(K3)와 왼 무릎 쿠션 세기(K2)에 따라서 백스윙 빠르기는 다음과 같이 달라진다.
   - 왼 하체 K3 & K2 쿠션이 센 조건 : 백스윙이 느리고 단단하게 진행된다.

- 왼 하체 K3 & K2가 약한 조건 : 백스윙이 빠르고 헐렁하게 진행된다.
    * 쿠션이 약한 조건에서 느리게 백스윙 진행하려고 하면 어색하고 답답하게 백스윙 회전 동작이 진행된다.

④ 경사지에서 하체 쿠션 vs 방향성 & 상하 타점 높이
경사지에서는 경사 조건에 따라서 하체 쿠션이 자동으로 달라진다.

-. 발끝 오르막 :
발목, 무릎, 골반 각이 펴지는 조건이다. 따라서 하체 쿠션이 약하게 형성된다.
결과로써, 라이 각 변화에 따라서 만들어지는 페이스 각 닫힘에 의한 훅 구질이 **경감**된다.
이 경사에서는 부드럽게 스윙하는 것이 요구되며, 부드럽게 스윙하면 상하 궤도 상승하여 뒤땅도 완화된다. 겨냥지점을 우측으로 많이 틀지 않아도 된다.
    cf) 오르막 경사지에서, 하체를 의식적으로 더 견고히 잡고 강하게 스윙하려 하면, 스핀아웃과 비슷한 현상 발생으로 훅 구질은 심하게 된다. 발끝 오르막에서는 뒤땅도 심해진다.

-. 발끝 내리막 :
발목, 무릎, 골반 각이 더 굽어지는 조건이다. 하체 쿠션이 자연적으로 강하게 형성된다.
결과로써, 라이 각 변화에 따라서 만들어지는 페이스 각 열림에 의한 슬라이스 구질이 **경감**된다.
에이밍을 좌측으로 많이 틀지 않아도 된다.
견고한 하체에 의해 상하 궤도도 하강하여 토핑도 완화된다.
    cf. 1) 발끝 내리막 경사지에서 의식적으로 힘 빼고 치려 하면, 하체는 견고하지 않게 되어서 슬라이스는 증가하고, 토핑이 날 가능성이 커진다.
    cf. 2) 발끝 내리막에서도 백스윙 왼 어깨 Braking 시점을 늦추면 어깨가 닫혀 큰 훅 구질이 발생한다.

〈중요한 사항이라서 7절 Reminder〉
하체 쿠션을 간단히 정리 요약하면 다음과 같다.

① 상하 타점 : 일정하게 타점을 맞추고 싶다면, 먼저 Setup에서 하체 쿠션의 세기를 적정량으로 일정하게 가져가자.
② 릴리즈 타이밍 : 손목의 회전력 사용 시점을 (빠르지도, 느리지도 않게) 잘 가져가려면 하체 쿠션의 세기를 (강하지도, 약하지도 않게) 맞추어야 한다.
  분절 회전력 전달~발현은 근육 강도 세기와 연관이 있는데, 강하면 빨리 전달, 약하면 느리게 전달된다.
  하체 쿠션 세기에 따라서 후행 분절인 손목 릴리즈 타이밍이 변한다.
③ 하체 쿠션 세기와 무릎 굽힘 각, 2가지가 조합되면 다양한 타점과 방향성을 갖는 결과가 나타난다. 그러나 하체 쿠션을 이랬다저랬다 하면, 결과적으로 득보다는 실이 더 크다. 일관되게 그립을 잡듯이 일관되게 하체 쿠션을 가져가는 것이 좋다.
  하체 쿠션은 제어항목으로 사용하지 않는 것이 좋다.
④ 일관된 하체 쿠션 세기는 일관된 백스윙 크기 만들기에 영향을 준다.
⑤ 안정되고 일관된 스윙을 하기 위해서는 그립보다 더 관리가 필요한 항목이 하체 쿠션 세기이다.
⑥ 짧은 클럽(웨지)은 하체 쿠션 강도에 따라 거리 변화가 심하다. 강하거나 약해도 둘 다 (-)10% 정도 거리 감소가 있다.

7.8 폄 대장 근육과 릴리즈 타이밍
(미세 타격 두께와 방향 조절에 꼭 알아야 할 것)

많은 사람이 *"스윙에 일관성이 있어야 한다."* 라고 말한다.
그러나 정작, 일관성을 가지려면 어떻게 해야 한다는 구체적인 답은 좀처럼 들을 수 없다.

오케스트라 연주에서는 지휘자가 필요하다.
행사에서는 사회자(진행자)가 있다.
방송 영화에서는 감독(PD)이 있다.
회사 조직 내에서는 팀장(Leader)이 있다.
골프 스윙 동작에서는 폄 대장 근육 (캡틴 머슬, Captain Muscle)이 있다.

어느 위치의 근육을 폄 대장 근육으로 사용하느냐에 따라서 릴리즈 타이밍이 바뀐다.
대장 근육이 바뀌면 스윙 결과(헤드 속도, 페이스, 타점)가 바뀐다.
대장 근육이 불확실하면 스윙 일관성이 떨어진다.
Leader 역할을 할 수 없는 근육으로 대장 근육을 선정하면 스윙 동작은 부정확해진다.

한편, 그립 길이를 바꿔 잡으면 클럽 강성이 바뀐다.
강성이 바뀌면, 샤프트의 탄성 진동 주기가 바뀌고, 그 탄성 릴리즈 타이밍 조건이 바뀐다.
그립 길이에 따른 클럽의 탄성 릴리즈 타이밍과 대장 근육 사용에 따른 근육의 회전 릴리즈 타이밍이 서로 맞으면 날카로운 샷감을 가지게 될 것이다.

　* 샷감은 기억에 저장했다가 꺼내 쓸 수 있는 감각이 아니다.
　오전의 감은 오후에 50% 사라지고, 하룻저녁 지나면 90%가 사라진다.
　샷감은 하체 쿠션(견고성), 폄 대장 근육, 클럽의 강도(CPM), 스윙 크기, 분절(어깨, 손목)의 연결 강도, 몸통 회전 시차의 조합으로 만들어진다.

1) 골프 스윙에서 하체 폄 대장 근육

다운스윙 후반에 폄을 주도하는 근육을 '폄 대장 근육'이라 한다.

a) 폄 대장 근육

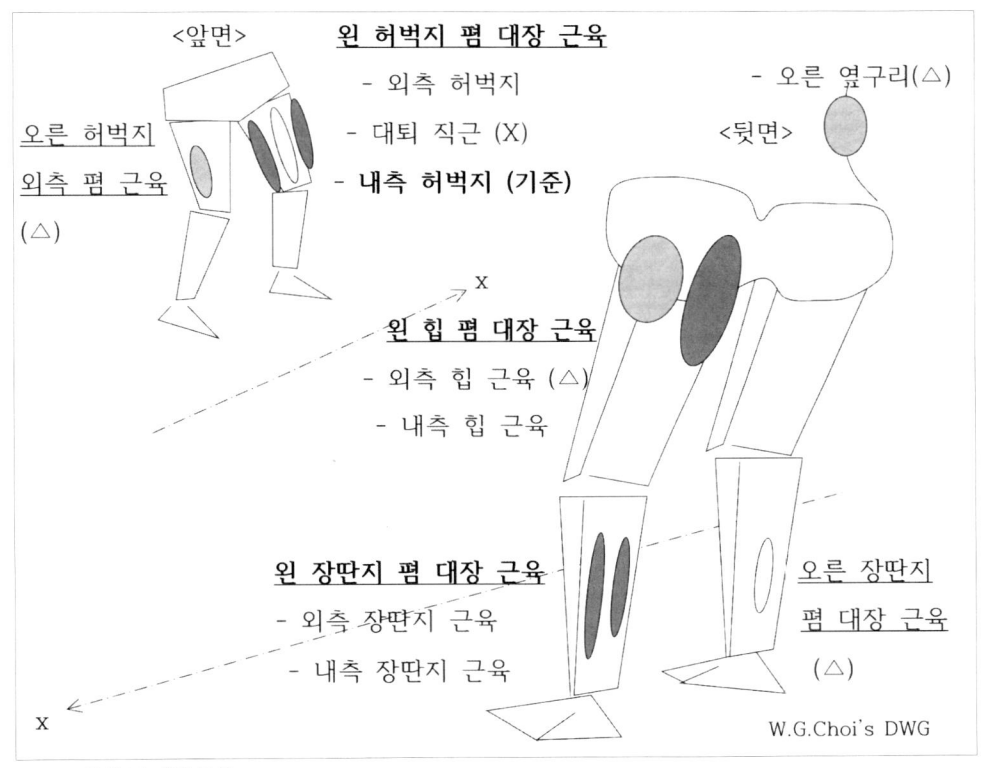

3.7.25 하체 폄 대장 근육

몸에는 수백 개의 근육이 있으며 골프 스윙에는 폄을 위한 근육과 회전 근육이 사용된다.
대략 백스윙은 0.8sec 전후, 다운스윙은 0.2sec 정도에 이루어지는데, 다운스윙 후반부에 스윙 근육은 극한의 최대 움직임과 최대 수축력을 발휘한다.
스윙에서 Leader가 될 수 있는 대장 근육(Captain Muscle)은 다음과 같다.

- CM① : 왼 장딴지 외측근 (외비복근)
- CM② : 왼 장딴지 내측근 (내비복근)
- CM③ : 왼 허벅지 외측 광근 (허벅지 가쪽넓은근)
- CM④ : 왼 허벅지 내측 광근 (허벅지 안쪽넓은근) <--- Even swing 시행

- CM⑤ : 왼 힙 내측 대둔근 (힙 안쪽 볼기근)

특별한 경우 Leader가 될 수 있는 근육은 다음과 같다.
- CM⑥ : 왼 허벅지 대퇴직근 (허벅지 가운데 근육)---둔감해 사용 안 함.
  * 대퇴직근 강도는 어깨 모음 양과 함께 손목 스냅 생성에 연관된다.
- CM⑦ : 왼 힙 외측 대둔근 (힙 외측 볼기근)--------Full hook(스핀아웃)
- CM⑧ : 오른 허벅지 외측 광근 (허벅지 가쪽넓은근)-쓸어치는 펀치
- CM⑨ : 오른 옆구리 근육 --- 다운스윙 템포를 늦추는 로브샷 어프로치
- CM⑩ : 오른 장딴지 근육 --- 플롭샷, 그린사이드 벙커샷
  * 그린사이드 벙커에서는 CM⑩ 근육 사용한다. 만약 왼 허벅지 또는 힙 근육으로 폄을 주도하면 볼을 직접 타격하게 되어 홈런이 된다.

어떤 근육을 대장 근육으로 사용한다는 의미는 그 근육의 주도하에 폄을 강력하게 하겠다는 의도를 가지고 하체 폄(Extension)을 해주는 것이다.

Remarks

#1. 해부학상 대둔근(볼기근, 엉덩이 근육)은 외측과 내측(Center 쪽)으로 나누지 않는데, 골프 스윙 동작에서는 몸의 회전 동작과 방향성에 극명한 차이를 만들기 때문에 구분하여 명명한다.
  * 해부학상, 볼기근은 큰 볼기근, 중간 볼기근, 작은 볼기근으로 나뉜다.

#2. 왼 무릎을 펴는 데는 허벅지 Center에 있는 곧은근육(대퇴직근)이 가장 큰 근육으로 작용하나, 이 근육은 스윙 동작의 Leader로는 부적합하다.
반응이 느리며, 주위 전파력이 약한 둔감한 근육으로 하체 근육을 지휘하지 못하고, 몸 전체(가슴, 팔, 손가락 근육)에 신경 전달을 제대로 못 한다.
아무래도 인간의 보행 안정성을 위해서 이 근육은 일부러 둔감하게 진화된 것으로 보인다.
  * 왼 허벅지 대퇴직근을 강하게 펴서 폄을 크게 해 (일명 지면 반발력을 크게 해) 비거리를 늘리려고 스윙할 때, 스윙 정확도가 급격히 저하되는 이유는 이 근육이 신경 전달 능력(통솔력)이 약한 근육이라서 그런 것 같다.

#3. 골프 스윙하는데, 뭐 이런 복잡한 것을 알고 기억하고 사용해야 하느냐고 반문할 수 있지만, 이 폄 대장 근육 사용에 대한 것은 기본 중의 기본이며, 가장 간단한 사항이면서 유용한 것으로 생각하자.

* 비유 : 학교 다닐 때, 반장 ○○○, 부반장 ○○○, 미화부장 ○○○, 학습부장 ○○○, 총무부장 ○○○, 체육부장 ○○○와 같이 매 학년 바뀔 때마다 학급 임원이 있었다. 누구인지 알면 간단한데, 모르면 엉뚱한 친구 붙잡고 뭘 하겠다고 하게 된다. 이것과 비슷하게 골프 스윙에서 폄 대장 근육을 알면, 원하는 Shot을 쉽게 구사할 수 있고, 모르면 엉뚱한 스윙 동작을 하게 되고 샷감도 무뎌지게 된다. 뇌가 동작 명령을 주는데 대장 근육이 통솔하여 협업 조건에서 원하는 폄 동작이 원활히 이루어지게 하는 것이다.

#4. 어떤 근육을 폄 대장 근육으로 사용하느냐에 따라서 릴리즈 타이밍, 방향성, 타점이 변하는데 스윙 Control 방법 중에서 일치율(Input 대비 Output)이 가장 확실한 형태를 보이는 것 중의 하나다.
즉, 골프 스윙에서 가장 유용한 항목이라는 이야기다.
cf) 오른 팔꿈치 높이에 따른 헤드 스피드, 타점, 방향성도 일치율 높음

#5. 교습가나 프로선수들은 Shot 종류에 따라서 거의 자동으로 구분되어 하체 폄 대장 근육을 사용하는 것 같다. 이론적으로 알고 하는 것일 수도 있고, 경험으로 체득한 것일 수도 있다. 만약 Shot이 불안정하고 가끔 원하지 않은 미스샷이 나온다면, 그 원인은 폄 대장 근육 매칭이 안 되었을 가능성이 있다.
cf) 척추기립근 체중 이동 감각이 목적에서 어긋나게 제어되면 거리 방향성 타점이 형편없어진다. 또 척추기립근 대신 복근(옆구리 근육)에 감각을 집중하면 스윙 시퀀스 자체가 형성되지 않는다.

b) 폄 대장 근육 역할

다음 그림은 클럽 헤드의 가속도 그래프다.
클럽 헤드의 가속도는 몸 근력의 사용과 링크(관절 기구) 운동으로 만들어진다. 다운스윙 후반부, 0.1sec의 짧은 시간 동안 가속도는 급변(급증)한다.
이 형태를 최대치로 만들기 위하여 몸의 각 부위는 일사불란하게 움직여야 하는데, 그러기 위하여 Leader 역할을 하는 대장 근육이 필요한 것이다.
폄 대장 근육은 수십 개 하체 근육의 지휘관이 되는 것이다.
* 상상 : 제식 사열에서 도열한 100명의 병사를 지휘하는 지휘관을 머릿속에 떠올려 보자. 또는 테러 진압 부대의 작전 시작에서 Captain의 일사불란한 작전 개시와 전개를 생각해보자.
골프 스윙에서 폄 대장 근육의 역할이 그것과 비슷하다.

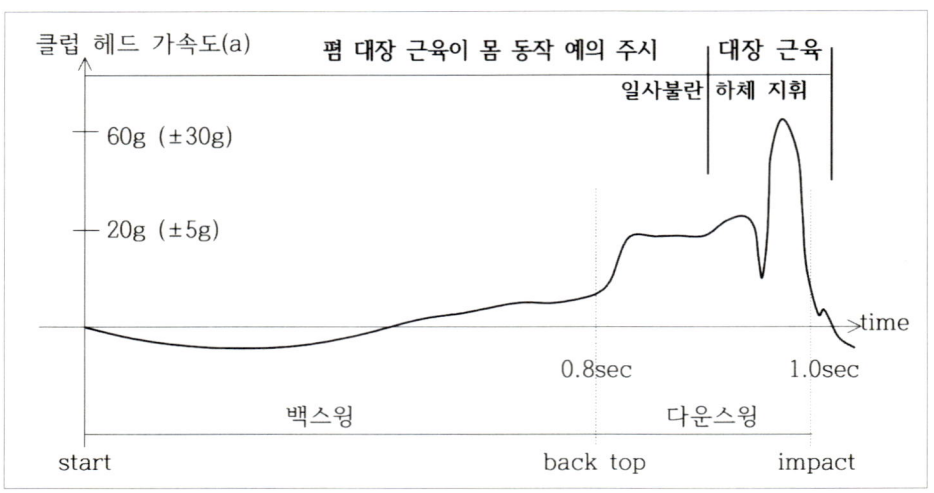
그림 3.7.26 골프 스윙 가속도와 하체 폄 대장 근육 역할 (예시)

연습, 교정용 Shot이 아니고 필드 Shot의 골프 Swing에서 한 가지만을 머릿속으로 생각한다면, 그것은 선택된 Shot에 어울리는 특정 폄 대장 근육의 사용(폄 동작)을 생각하는 것이다. 다른 한편으로 <u>Cross 회전력 사용조합</u> 또는 릴리즈 타이밍 제어를 위하여 동작 중심축 위치를 생각할 수도 있다. Nomal shot을 한다면 AC 또는 FC를 생각하고 스윙하면 동작 완성도가 높다.

c) 폄 대장 근육에 필요한 사항 (수평 체중 이동)

하체 폄 근육에서 대장 근육 선정과 함께, 수평 체중 이동에 의한 밸런스가 폄 대장 근육과 함께 상호 작용을 한다.

　* *"체중 이동을 하라", "체중 이동 밸런스를 맞춰라."* 라는 것은 밀어주는 시점과 양, 그리고 좌우 하체 폄의 세기를 맞추기 위한 것이다.

　cf) 하체 폄 양(세기)은 그 자체로 상하 체중 이동을 직접 하는 것이다.

2) 폄 대장 근육에 따른 영향

a) 대장 근육별 몸의 분절 회전 전달 속도와 릴리즈 타이밍

몸의 각 분절 회전력은 하체에서 몸통을 통해 클럽 헤드로 전달된다. 분절이 회전되는 순서를 'Kinematic sequence'라고 한다.

* 몸통 회전에서 중요한 감각은 척추기립근이다. 이 근육은 몸통 회전의 대장 근육 역할을 한다. 아울러 체중 이동을 느끼고 제어하는 역할을 한다.

손목의 래깅(코킹)이 풀리는 것을 릴리즈라고 한다.
릴리즈가 시작되는 시점을 릴리즈 타이밍이라고 한다.
릴리즈 구간은 원심력의 가속도 성분이 사용되는 구간이다.

하체에서부터 전달되는 회전력이 손목 풀리는 적정 시점보다 빠르게 진행될 수도 있고 느리게 진행되어 올 수도 있다.
회전력의 전달은 신경 전달 과정으로, 다음 특성이 있다. 염두에 두어야 한다.
- 장딴지와 같이 멀리 있는 데서 오면 **늦게** 오고,
- 힙 근육과 같이 가까이서 오면 **일찍** 오며,
- 약한 하체 쿠션으로부터 약하게 오면 **늦게** 오고,
- 강한 하체 쿠션으로부터 강하게 오면 **일찍** 온다.
* 비유 : 버스가 어떤 정거장에 일찍 도착할 수도 있고, 늦게 도착할 수 있는 것과 같다. 멀리서 오고 느리게 오면 늦게 도착하고, 가까이서 오고 빠르게(세게) 오면 일찍 도착한다.

-. 먼 장딴지 근육(CM① & CM②)을 대장 근육으로 삼아 스윙했을 때 :
더 멀리 있는 근육, 더 작은 근육으로 폄이 주도되어, 손목 릴리즈 타이밍이 느리게 형성된다. 느려 봤자 0.005sec 정도이지만 이것은 큰(긴) 시간 차이이다.

이것은 부드러운 형태의 스윙 동작을 하는 것에 적합하다. 주로 CM②-장딴지 내측근이 사용된다. --- 어니 엘스 선수의 부드러운 일반 스윙 형태

-. 허벅지 근육(CM③ & CM④)을 대장 근육으로 삼아 스윙했을 때 :
중간 거리, 중간 크기 근육이 폄을 주도하므로, Even 손목 릴리즈 타이밍이 형성된다. 18홀, 36번의 샷 모두 CM④(허벅지 내측 근육)을 대장 근육으로 하여 Normal shot 또는 다운블로 샷을 해도 큰 무리는 없다.

일반 표준 스윙 동작 형태에서는 CM④가 주로 사용된다. --- *타이거 우즈* 선수의 일반 스윙 형태

-. 힙 근육(CM⑤)을 대장 근육으로 삼아 스윙했을 때 :
가까운 거리, 강한 근육이 대장이 되어 손목 릴리즈 타이밍이 빠르게 도달한다. 주의할 점은 회전력 전달이 빨리 진행되어서, 오른 어깨의 회전과 손목의 회전 사이에 이루어지는 오른 팔꿈치 폄과 롤링 동작을 만드는 시간적인 여유가 부족하다는 것이다. 엄청난 근력과 스윙 연습이 필요하다.

이것은 격한(와일드한) 스윙 형태이다. --- *로리 맥일로이* 선수의 강력한 일반 스윙 형태

-. 스핀아웃과 힙 외측 대장 근육(CM⑦) :
스핀아웃 또는 그와 유사한 경우는 다음 4가지인데, 공통점은 왼 힙 외측 근육이 폄 대장 근육으로 사용된 경우이다.
(A) 단순히 CM⑦만 대장 근육으로 사용되었을 때 : 정 타점에 Full & Hook
(B) 하체 폄이 약하고 CM⑦이 대장 근육으로 사용되었을 때 : 토우 타점 또는 토우·상 타점에 낮은 탄도의 큰 Full & Hook
(C) 오르막에서 강한 스윙을 했을 때, 왼 힙이 뒤로 빠짐 : 정 타점에 큰 Full & Hook <--- 자연 스핀아웃
(D) 왼 무릎이 빨리 펴지면서, 왼 힙이 뒤로 빠질 때 : 토우 타점에 Full & Hook <--- 동작 오류 스핀아웃

Remarks
#1. 스핀아웃 형태는 중·하급자뿐만 아니라, 상급자에게도 종종 나타난다.

#2. 왼발 오르막과 발끝 오르막이 조합된 경사지에서 (A) & (B) & (C)가 조합된 Case의 스핀아웃이 발생할 가능성이 크다. 이 경사 조건에서 강하게 치려고 하면 할수록 더 큰 스핀아웃이 발생한다.

#3. 스핀아웃을 방지하려면,
- 백스윙 왼 무릎이 굽었다가 다운스윙에서 뒤로 빠지면서 펴지려는 것을 의도적으로 잡아야 한다. 인체 동작 특성상 왼 하체가 뒤로 빠지면서 왼 골반이 회전하려는 움직임이 만들어지는 것이 자연스러운데, 이 자연스러움은 의지로 억제되어야 한다.
- 다운스윙 하체 폄을 내측 근육으로 주도하려고 해야 한다.

b) 폄 대장 근육별 방향성

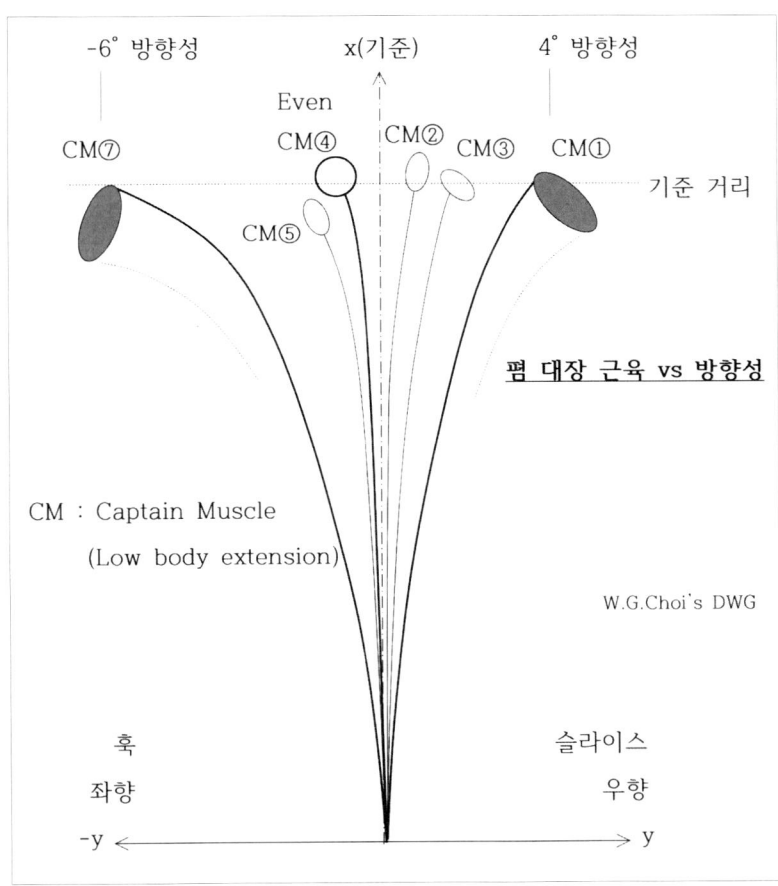

그림 3.7.27 하체 폄 대장 근육별 방향성 (예시)

* 그림에 근육 명칭 또는 위치를 기재하면서 구질 변화 확인

폄 대장 근육 선정 사용에 따라 나타나는 손목 릴리즈 타이밍의 변화는 방향성에 큰 영향을 미친다. 스윙 효율이 변하므로 거리도 변한다. 릴리즈 양이 변하므로 탄도도 변한다.
그리고 왼 하체의 Stopping 차이에 의해서 상체의 회전량에도 변화를 준다.
- **외측** 폄 대장 근육은 Stopping이 조금 약하게 만들어져서 슬라이스 방향성
- **내측** 폄 대장 근육은 Stopping이 조금 강하게 만들어져서 훅 방향성

사용하는 폄 대장 근육에 따라서 스윙 궤도가 바뀐다. 그래서 타점도 바뀌고 밸런스가 바뀌어 피니쉬 모양도 바뀐다. 바뀌지 않는 것이 하나도 없다.
  * 피니쉬는 수동의 개념이지만, 혹자가 *"피니쉬를 잘 잡아야 한다."*, *"피니쉬를 잘 잡아야 좋은 스윙을 할 수 있다."* 라고 능동의 개념으로 이야기하는 것은 피니쉬는 하체 역할이 크기 때문에 *"폄 대장 근육 선정을 잘하라."* 라는 의미로 해석할 수도 있다.

그림의 방향성 그래프는 어떤 클럽에서 왼 하체 폄 대장 근육을 바꿔가며 스윙했을 때 나타나는 방향과 거리 분포를 나타낸 것의 예시이다.
의도적이든, 의도하지 않던, 하체 폄을 주도하는 대장 근육의 선정에 따라 구질(결과)은 그림과 같이 변하는 경향을 보인다.

Remarks

#1. 외측 대장 근육 사용은 내측 대장 근육보다 슬라이스 구질이 나온다. 이유는 왼 다리 Stopping이 조금 약하게 잡혀서 몸이 조금 더 열리기 때문이다.
내측 대장 근육은 반대 이유로 훅 구질이 나온다.
단, 힙의 외측(CM⑦)을 대장 근육으로 사용했을 경우는 다르다. 아마 근육이 너무 강하다는 특성이 있어서 나타나는 동작 특성 때문에, 이곳을 대장 근육으로 사용했을 경우는 Spin-out 현상이 발생하여, Full & Hook 구질이 발생한다. 의도적으로 큰 훅을 만들고자 할 때 사용할 수 있는 응용 방법의 하나다.
  * 평소 똑바로 치던 사람이 좌측으로 큰 훅이 발생하였다면, 무의식중에 왼 하체 외측 힙 근육이 폄 대장 근육으로 선정되어 사용된 경우로 전체 이런 구질의 방향성 미스샷의 1/3 정도는 이 대장 근육 선정 오류 때문일 것이다.

#2. 외측 대장 근육(CM① & CM③) 선정 사용은 슬라이스 구질이 나오기 때문에 컷 샷 적용에 유리하다.
두툼한 두께의 컷 샷을 치고자 한다면 CM①을, Even 두께 컷 샷은 CM③을 이용한다.
  * 단, 컷 샷은 부드러운 왜글 상태여야 한다.

#3. 그림의 방향성과 거리는 억지로 조절해서는 안 된다. 나온 상태 그대로를 이용하는 것이다.
   * 모든 스윙 변화 상태를 똑바른 구질로 보내려 하면 안 된다. 그 이유를 알고 이해하고 깨닫고 나오는 대로, 생긴 대로 사용하는 것이다.

#4. (Reminder) 릴리즈 타이밍을 결정하는 주가 되는 요소는 다음 두 가지다.
   핵심은 이들 요소를 매칭(조화)시키는 것이다.
   (A) 하체로부터 회전력이 전달되어 오는데, 그 전달 속도에 따라 손목 회전력이 사용되는 시점이 달라진다. 다음 사항이 전달 속도에 영향을 미친다.
      ^ 하체 쿠션이 강하면 시점 빠르고, 약하면 느림
      ^ 폄 대장 근육이 힙 쪽이면 빠르고, 장딴지 쪽이면 느림
      ^ 동작 중심축의 위치가 높으면 빠르고, 낮으면 느림
   (B) 클럽의 강성에 따라 탄성 변형(휨) 진동을 하는데, CPM의 크기에 따라서 릴리즈 해야 하는 시점이 달라진다.
      ^ 짧은 클럽 ≈ CPM이 큰 클럽은 빠른 릴리즈 타이밍 가져야
      ^ 짧게 잡은 그립 ≈ CPM이 커진 조건이라서 빠른 릴리즈 타이밍 가져야
        (단, 진동 릴리즈 타이밍을 무시하는 스윙을 하는 Case도 있음)
      ^ 긴 클럽 ≈ CPM이 작은 클럽은 느린 릴리즈 타이밍 가져야

   * 만약 (A)와 (B)가 매칭되지 않으면, 손목 회전 따로 클럽 헤드 회전 따로 놀게 된다. 스냅이 효율적으로 생기지 않는다. 마치 '2인 3족 달리기' 경기에서 두 사람이 서로 반대 움직임 동작을 하는 것과 비슷하다고 하겠다.

c) 상하 타점 변화 (±0.5 cm)
(타격 두께 미스의 1/3 정도는 대장 근육 선정 오류에 기인)

왼 하체 장딴지 근육을 사용하여 다운스윙 후반 폄을 주도하면 폄이 조금 약하게 이루어져서 클럽 헤드 궤도는 약 5mm 정도 내려간다. 즉, 뒤땅(상 타점) 5mm 발생하는 경향이다.

만약 왼 힙(볼기근) 내측으로 폄을 주도하면, 폄이 조금 강력해져서 헤드 궤도는 약 5mm 정도 올라간다. 즉, 5mm 얇은 타격(하 타점) 발생하는 경향이다.

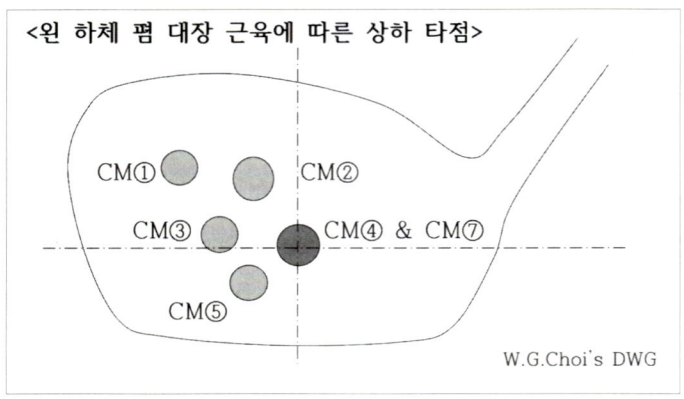
그림 3.7.28 대장 근육별 타점 마크 (예시)

긴 클럽은 CPM이 작아서 늦게 탄성 릴리즈되므로 늦게 손목 회전력이 사용되도록 먼 쪽의 대장 근육을 사용해주어야 한다. 짧은 클럽은 CPM이 커서 빨리 탄성 릴리즈되므로 가까운 쪽의 대장 근육을 사용해주어야 릴리즈 타이밍이 맞게 된다.

긴 클럽 또는 클럽을 길게 잡을 때, 타점이 두껍게 형성되는 대장 근육이 사용되므로 그것에 대하여 주의가 필요하다. 즉 뭔가로 Even 상하 타점이 되도록 보상해야 하는 것이다.

하체 폄이 조금 강하게 이루어지도록 하는 것은 가능하면 하체로 처리해야 한다. 다른 것(손, 팔 동작)으로 보정, 보상하려 해서는 안 된다. 폄이 조금 더 되게 해주는 하체 이용 방법은 다음과 같다.

- K0 하체 쿠션, 즉 발등과 발가락을 조금 굽혀주는(힘주는) Setup으로 폄 양 키움
- 오른 다리 폄을 의도적으로 조금 더 강하게 하여 전체 폄 양 증가시킴
- 스웨이는 폄에 방해되는 기능이므로 역 스웨이를 조금 주어 왼 하체 폄 양 증가시킴

Remarks

#1. 드라이버는 잘 쳤는데, 연거푸 쇼트 아이언을 뒤땅 치는 골퍼가 있다. 70m를 (뒤땅 쳐서) 세 번에 끊어 올렸다고 말하는 경우이다. 드라이버 Shot에서 왼 하체 폄 근육 사용하는데, 아이언에서도 드라이버와 같이 장딴지 근육(CM②)을 대장 근육으로 했을 때 나타나는 현상이다.

반대로 아이언은 잘 치는데, 긴 클럽을 잡을 때 뱀 샷(낮은 타점)을 치는 경우가 있다면 긴 우드 클럽에서도 왼 하체 폄을 주도하는 대장 근육을 윗부위 쪽, 힙 내측 근육을 사용했을 가능성이 크다.

cf) *2절 내용*으로, 오른 팔꿈치 높이에 따른 상하 궤도 변화도 중요하다.

#2. 타이트한 잔디에서는 폄 대장 근육을 위쪽 것을 사용하면, 5mm 정도 얇게 칠 수 있다. 요긴하게 사용할 수 있는 방법이다.

얇게 쳐야 하는 상황, 얇게 치고 싶을 때, 왼 힙 내측근(CM⑤)이 주도하여 폄을 하는 것이 얇게 타격되게 하는 하나의 방법이다. Mini Hook 구질이 된다.

#3. 상하 타점 5mm를 마음대로(의도하는 대로) 조절할 수 있는 것은 큰 능력이다. 상급자에게 꼭 필요한 능력이다. 이것은 폄 대장 근육 선정으로 가능하다.

발끝 오르막, 왼발 오르막에서는 위 근육, 그리고 왼발 내리막, 발끝 내리막에서는 아래 근육을 대장 근육으로 사용하여 폄을 주도하면, 필요한 타점 변화를 더 쉽게 얻을 수 있다.

cf. 1) *'2절 오른 팔꿈치 높이'*로도 발끝 오르막과 발끝 내리막 경사 트러블에서 타격 높이와 방향 제어 용도로 일부 사용할 수 있다.

cf. 2) *'3장 자연 로테이션'*에서 설명한 것인데, 롤링(팔 강제 로테이션 ≈ 오른 팔꿈치 강하게 펴며 돌리기)을 강하게 해주면 헤드는 대략 5mm 위로 올라가는 궤도를 만든다. 보통 긴 클럽에서 롤링이 조금 더 들어가는 스윙 형태를 가진다.

#5. *'4장 익스텐션'*에서 하체 폄에 관한 내용을 자세히 설명했다. 본 절에서는 폄 대장 근육의 필요성과 역할에 대한 것으로 한정하여 기술한다.

#6. 쇼트 어프로치에서 CM⑤를 폄 주도 근육으로 사용하면 '칙칙이 타법'이 된다.

3) 폄 대장 근육 사용 응용

a) Setup, 백스윙 왼편 허벅지 내측 Tension 주라는 이야기

스윙 Tip에서 *"왼 허벅지 안쪽에 Tension을 가져라."* 라는 것은 앞 절에서 설명된 하체 쿠션 K2 & K2H, K3를 갖게 하여 왼 하체 꼬임과 Stopping을 주기 위한 것이지만, 무의식중에 이 부분 근육 CM④-왼 허벅지 내측 근육을 항상 대장 근육으로 사용하도록 하는 기능도 있다.

CM④는 Even 방향성, Even 릴리즈 타이밍, Even 상하 타점을 갖게 하는 것이다. 중·하급자가 기본 스윙을 구사할 수 있도록 하는 역할을 해준다.

* 중·상급자가 되려면 클럽 길이별, 경사 라이별, 잔디 라이별, 구질별(샷 종류별) 폄 대장 근육을 달리 사용하여 타점 오차를 줄이는 더 높은 품질의 샷을 구사할 수 있어야 한다.

b) 조건 별 대장 근육

① 클럽 길이별 대장 근육
  - 쇼트 클럽 : CM⑤, (조금 길게 잡을 때는 CM④)
  - 미들 클럽 : CM④, (조금 짧게 잡을 때는 CM⑤)
  - 롱 클럽 : CM④, (조금 길게 잡을 때는 CM②)

단, 원하는 타격 두께, 경사 라이, 잔디 라이, 샷 종류, 롤링 사용량에 따라서 폄 대장 근육을 변경한다.

② 경사 라이별 대장 근육

다음은 경사 라이에서 대표적인 하체 폄 대장 근육을 달리하여 상하 타점을 제어하는 스윙 방법이다.

  - <u>왼발 오르막</u> : 가볍게 잡고 CM⑦, 짧게 잡고 CM⑤, 느린 테이크어웨이에 CM④
  - <u>왼발 내리막</u> : CM④
  - <u>발끝 오르막</u> : 가볍게 짧게 잡고 CM⑦
  - <u>발끝 내리막</u> : CM②, 하체 견고하게 하고 CM④
  - <u>페어웨이 벙커</u> : 절대 CM① & CM②가 사용되지 않도록 한다. 얇은 타격 이루어지도록 짧게 잡고 느린 테이크어웨이에 CM④, 혹 구질이 필요할 때 CM⑤

cf. 1) 그린사이드 벙커는 두꺼운 타격이 이루어지도록 폄 양은 CM⑩-오른 장딴지 근육으로 직접 하체 폄을 조절하여야 한다.

cf. 2) 플롭샷, 그린사이드 벙커샷에서 CM⑩ 폄 대장 근육 사용에 더하여 조금 세게 치는 방법은 '왼 골반+오른팔' 회전력 사용조합, 조금 약하게 치는 방법은 '오른 골반+왼팔' 회전력 사용조합을 적용하는 것이다.

③ 샷 종류별 대장 근육

각각의 샷 메이킹에 사용하는 대장 근육이 존재하여 상하 타점과 방향성 설계에 이용하도록 해야 한다.

만약 어떤 샷에서 약한 뒤땅 또는 약한 토핑이 발생한다면, 이 왼 하체 대장 근육 선정을 변경하여 해결되는지를 제일 먼저 확인해야 한다.

Shot 종류별 폄 대장 근육 적용(선정)은 다음과 같다. 단, 클럽 사양, 헤드 모양, 스윙 패턴에 따라서 조금 부합되지 않을 수도 있다.

- Normal Shot : CM②, CM④, CM⑤
  - 짧은 클럽 & 짧게 잡고 칠 때 : CM⑤
  - 미들 클럽 & 중간 길이 그립 : CM④
  - 긴 클럽 & 길게 잡고 칠 때 : CM②
- Cut shot : CM③, CM①
- Down-blow shot : CM④
- 쓸어치는 펀치 샷 : CM⑧
- 로브샷 : CM⑨
- Big hook shot : CM⑦

c) 드라이버 페이드 칠 때 Tee를 낮게 꽂으라는 이야기

드라이버 페이드 구질 구사할 때는 의식적이든, 무의식적이든 보통 CM② 또는 CM① 근육을 대장 근육으로 사용한다. 그래야 '대장 근육별 방향성'과 같이 슬라이스 구질이 나온다.

그리고 '대장 근육별 타점'과 같이 토우·상 타점(하늘 볼)이 형성되는데, 티를 낮게 꽂아야 타점이 볼 높이에 맞게 된다. 이런 이유로 티를 낮게 꽂으라는 이야기다.

cf) 드로우 구질을 구사할 때는 보통 CM④ 또는 CM⑤ 근육이 하체 폄 대장 근육으로 사용된다. 그래서 0.5cm 정도 높은 궤도로 헤드가 움직이게 되므로 티를 조금 높게 꽂아도 무방하다.

* 페이드 또는 에이밍 보정 슬라이스 샷을 칠 때, 왼 하체 폄의 대장 근육은 CM③, CM①, CM②를 사용한다. 그래야 의도한 슬라이스를 쉽게 만들 수 있다.

cf) CM④, CM⑤을 폄 대장 근육으로 하고, 컷 샷을 치려고 하면 구질이 잘 나오지 않는다.

d) 대장 근육 사용 오류로 인한 미스샷

① 빅 훅

정 타점 맞고 스윙도 잘 되는 것 같은데, 정상 탄도의 큰 훅이 발생한 경우가 있다. 의도와 다르게 CM⑦(왼 힙 외측 볼기근)이 Leader가 되어 강한 수축을 하면, 힙 회전도 빨라지고 릴리즈 타이밍도 빨라져서 Full 궤도에 페이스가 닫혀 맞는 큰 Hook 볼이 발생한다.

cf) 그 외 빅 훅이 발생하는 경우 (Reminder) :
- 왼손 검지 꽉 잡아 -> 손목 각 커져 -> 자연 로테이션 커 -> Loft 세워지고 페이스 닫혀
- 오른 팔꿈치 낮고 몸에 가까워 -> 손목 각 커진 효과 -> 자연 로테이션 커 -> Loft 세워지고 페이스 닫혀
- 어드레스에서 계획 변경 : 세게 치려고 마음먹었다가 약하게 스윙하는 것으로 변경 -> 하체는 강한 회전 & 상체는 약한 회전 -> 스핀아웃
- 백스윙 왼 어깨 Braking 시점 늦출 때 -> 상체 회전 진행 느려져 닫힘
- 캐스팅 발생
- 오른 골반 회전력 + 오른팔 회전력 사용할 때

② Sky 볼

약간의 Push 궤도(In to Out) 만들려 왼 하체 CM③를 폄 대장 근육으로 선정하고 스윙했으나 오른 하체의 폄이 거의 없으면 몸이 뒤집히면서 상 타점(낮은 궤도 = 하늘 볼)의 Full & Hook을 치게 된다.

페이스가 닫혀 맞는 양은 적으나 체공시간이 길어서 좌향으로 가는 양이 많아진다.

항상 오른 하체 폄(오른 무릎 폄)도 어느 정도 있어야 함을 알아야 한다. 왼 하체에만 너무 많은 신경을 쓰다 보면 오른 하체 폄이 생략되는 동작을 하여 두껍고 조금 닫히는 타격이 이루어질 수 있다.

cf) 대표적인 Sky ball은 손을 들어 올려 상향타격하려 했을 때 하체가 펴지지 못한 것이 원인이며, 오히려 손을 내리뻗어 주는 임팩트를 하면 기본적으로 해결된다.

③ 빅 슬라이스

CM①(장딴지 외측근), CM②(장딴지 내측근), CM③(허벅지 외측근)을 대장 근육으로 사용하여 폄을 하며 스윙하는데, 손과 손목 힘이 강한 상태로 스윙하면 릴리즈는 느려지고 또 릴리즈 효율도 낮아지며, 잡아당겨 토우에 맞아 헤드가 열리게 샤프트는 변형되고, 체중 이동 빨라 상체가 전방으로 간 상태로 임팩트되는 커다란 슬라이스 발생한다.

인자의 중첩, 즉 복합 영향에 의한 증폭 현상의 결과이다.

보통 강한 스윙의 작은 슬라이스 구질 구사하려는 의도에서 큰 슬라이스 구질이 발생하는 상황이다.

큰 미스(큰 방향성 변화)를 발생시키지 않는 가장 좋은 선택은 CM④(허벅지 내측 근육)을 폄 대장 근육으로 사용하는 것이다.

  cf) '왼 골반 회전력 + 왼팔 회전력' 사용할 때, 이것에 더하여 손을 볼에 뿌려서 래깅을 크게 가져가려 할 때, 엄청나게 큰 슬라이스가 발생한다.

④ 세게 치려고 할 때 뒤땅

세게 치려 할 때 발목 쿠션(K1)부터 강하게 이용하겠다는 무의식적 동작을 하게 된다.

그래서 이때 장딴지 근육의 강한 수축이 이용되는데, 이것의 길항근이 폄을 방해하고 먼 근육으로부터 폄이 진행되어 느린 릴리즈 타이밍이 되므로 약간 큰 뒤땅이 나게 된다.

세게 치려 할 때는 일단 하체 쿠션이 강하지 않게 들어가도록 해야 한다.

⑤ 오른 힙 내측 근육을 세게 수축하면 섕크 (특이 Case)

오른 힙 내측 근육(안쪽 볼기근)을 세게 수축하면 오른 골반이 펴지며, 오른 골반과 오른 무릎이 앞으로 나가서 팔과 클럽 헤드가 앞으로 도는 궤도를 만든다. 힐 타점이 된다.

섕크 발생 원인 중에 특이한 Case로 무의식중에 오른 힙 내측 근육으로 폄을 강하게 할 때 나타난다. 스윙 형태 설정(설계) 오류의 한 가지이다.

e) 대장 근육 사용에도 불구하고 Control이 되지 않는 경우

*1장에 다운스윙 초기 오른 무릎 오금 굽히는 동작*에 대한 설명이 있다.

프로선수의 100%는 다운스윙 초기 오른 무릎을 굽힌다. (스쾃이라고 하지만 그것과 형태와 목적이 다르다.)

그러나 일반 골퍼의 50% 정도는 다운스윙 초기 오른 무릎을 굽히지 않고 버티려 하며 스윙한다. 릴리즈 안 되고 캐스팅이 발생 되는 스윙이 되므로 어떠한 스윙 기술도 먹히지 않는다. 즉, 좋은 스윙 기술을 계속 찾지만, 다운스윙 시작 전환과 끝의 릴리즈가 안 되는 골퍼에게는 그 모든 것이 무용지물이다.

왼 하체 폄 근육 6개 중에 하나를 대장 근육으로 선정하고, 바꿔가며 스윙을 했는데도 방향성, 타점, 릴리즈 타이밍에 규칙적인 변화를 얻지(경험하지) 못한다면, 다운스윙의 첫 번째 기준 동작인 오른 무릎 오금 굽히는 동작이 안 되고 있다고 봐야 한다.
이런 경우, 먼저 오른 무릎 오금 굽히는 동작을 스윙에 녹여 넣어야 한다.
   * 클럽 사양(CPM, 스윙 웨이트)이 맞지 않을 때도 샷감은 제어되지 않는다.

f) 대장 근육 사용과 오른 팔꿈치 폄 롤링의 조합
   (부수적인 Side 이야기)
   (중요하지 않은 내용 --- 팔이나 손목 동작은 대부분 중요하지 않음)

롤링은 클럽과 손목을 강제로 로테이션시키는 것이다. 선택 사항이다.
오른 어깨가 회전하고 손목을 회전하기 전에 그사이 오른 팔꿈치를 펴는 가속으로 자연스러운 롤링이 만들어진다.

롤링에 대장 근육 선정과 관계되는 사항은 다음과 같다.
-. 먼 장딴지 근육을 대장으로 하면 릴리즈 타이밍이 늦게 형성되어서 오른 팔꿈치 펴는 타이밍 잡는데 여유가 있다.
   그러나 힙 근육을 대장으로 하면 손목 릴리즈 타이밍이 빨리 형성되어서 오른 팔꿈치를 펴는 타이밍 잡는 여유가 없어지게 된다.

-. 오른 팔꿈치를 강하게 펴면 롤링이 만들어지는데, 클럽 헤드 궤도가 약 5mm 정도 상승한다. 헤드 궤도 상승량은 오른 팔꿈치 펴서 만드는 롤링 양에 비례한다. 단, 궤도 상승량 제어는 하체 폄 대장 근육 선정으로 ±5mm 만드는 것보다는 정확도가 많이 떨어진다. 하체 제어 방법이 상체 제어 방법보다 우수함을 나타낸다.

Remarks

#1. 폄 대장 근육과 오른 팔꿈치 폄 롤링양에 의한 궤도 변화를 인지하면 상하 정타 맞추기가 더 수월해질 것이다.

#2. 아주 약한 클럽은 강한 Rolling을 사용하면 헤드가 닫히지 않고 가속 관성 때문에 열려버리는 역변화가 일어난다.

4) 참모(보좌) 근육, 어깨 모양
(신경 쓰지 말아야 할 사항)

직접 제어하는 근육은 아니나, 상태에 따라서 샷 결과가 변하는 근육이 있다.
다음 내용은 크게 신경 쓰지 않아도 되는 내용이다. (신경 쓰면 오히려 +10타 정도 손실 발생)

a) 복근 & 옆구리 근육
(앞 5절 내용 참조)

* 복근 및 옆구리 근육 강도는 동작 중심축 위치로 제어되기 때문에 직접 제어 대상이 아니다. 단전에 힘주는 것으로 무언가를 얻으려고 하면 득보다 실이 더 크다. 또한 **옆구리 근육 Tension을 직접 조절하여 무엇을 해보려고 하면, 득보다 실이 더 크다.**

b) 어깨 모양

어깨 모양(내림, 모음/젖힘)은 스윙에서 Full & Push 궤도의 절반 정도 영향을 주고 릴리즈 타이밍에 10~20% 정도 영향을 준다. 그러나 그런 큰 영향을 주는 요소임에도 불구하고 Shot 제어 용도로 사용하기는 힘들다. 이유는 (A) 하체와 상체 동작의 사이에 낀 부위이며 (B) 민감하여 직접 제어가 어렵다는 것이다. 어깨의 작은 모양 변화가 결과에 큰 변화를 주기 때문이다.
어깨 모양을 신경 쓰는 순간에 샷 정확도는 높아지기는커녕 나빠질 가능성이 있다. **어깨 모양은 이랬다저랬다 하지 말고 이상적인 모양이라 생각하는 것 하나를 유지하며 스윙한다.**
어깨 모양별, 사용 방법별, 구질과 스피드 변화에 대한 상세 내용은 생략한다.

Remarks
#1. 어깨 모양에 따라서 손목의 릴리즈 타이밍이 달라진다. 그러나 이것으로 릴리즈 타이밍을 조절해서 얻을 수 있는 이득보다는 방향성과 타점 변화의 부정확성으로 잃을 수 있는 손실이 더 크다.
　* 예외적으로, 녹다운 샷은 어깨 모양을 이용하는 스윙이다.

#2. **팔의 경직도에 따라서 릴리즈가 달라진다. 그러나 이것으로 릴리즈 타이밍을 조절해서 얻을 수 있는 이득보다는 방향성과 타점 변화의 부정확성으로 잃을 수 있는 손실이 더 크다.**
　단, 오르막(발끝 오르막, 왼발 오르막)에서는 가볍게 잡고 가벼운 스윙을 하면 릴리즈 타이밍이 느려지는데, (A) 궤도 상승, (B) 페이스 닫히는 현상 완화를 만들어서 경사 트러블을 극복할 수 있는 이점이 있어서 이때는 힙 턴 양을 키우는 것과 함께 적용하면 유용하게 사용할 수 있다.

#3. 다운스윙, 힙 턴의 양, 강도, 타이밍, 그리고 어깨 턴의 양, 강도, 타이밍이 하체와 상체의 연결 역할을 함으로 회전력과 릴리즈 타이밍에 영향을 준다. 샷의 결과는 그것들의 변화에 연관되나, 그것들을 직접 제어하기는 쉽지 않아서 제어 대상이라고 하기 힘들다.

#4. 오른 견갑골(어깨뼈) 움직임을 생각하면서 스윙하면 최악의 동작이 만들어진다. 인체에서 그곳 근육은 느리고 감각이 가장 무뎌 그것에 집중하면 연속되는 큰 뒤땅에 (+)10타 이상의 손실을 본다.
cf) 복부/옆구리 근육 강도를 생각해도 스윙은 어설퍼 진다.

c) 엄지발가락 힘(굽힘)

발가락을 굽히고, 발등을 굽히는 것은 하체 쿠션 K0이다.
엄지발가락을 약간 굽히면 발등도 굽혀지게 되어있다.

-. 오른 엄지발가락 힘 :

Setup에서 굽힘 근육(종아리 근육)에 살짝 Tension을 주면 다운스윙에서 수평 체중 이동이 더 빨리 더 많이 되고 후반부 오른 하체 폄 양이 조금 많아진다.

이것은 어림잡아 궤도 조금 상승(2mm), 페이스 조금 닫힘(0.5°) 기능이 있다. 아주 작은 변화이다. 뒤땅과 슬라이스 완화에 조금의 효과가 있는 것이다.

* 오른 엄지발가락에 힘을 조금 주는 Setup을 하면 백스윙 최대 가속 지점, 즉 테이크어웨이 중·후반 이후에 서서히 감속이 진행되는 역할을 해준다. 이것은 백스윙 Top에서 부드러운 Stopping이 이루어지도록 도와주고, 결과적으로 부드러운 다운스윙 전환이 이루어지도록 해주는 보조 기능이 있다.

추상적인 표현이지만 오른발 엄지발가락에 신경을 전혀 쓰지 않으면 원가 부족한 듯한 Shot이 된다. 그렇다고 이것에 온전히 신경 쓰면 다른 유익한 것을 사용할 수 없게 된다.

cf) 오른발바닥 엄지 살에 과도한 지면 반력 형성은 몸의 전방 수평 이동과 회전량을 키워서 큰 슬라이스를 발생시킨다.

-. 왼 엄지발가락 힘 :

Setup에서 살짝 이곳 굽힘 근육(종아리 근육)에 Tension을 주면 다운스윙 중반 왼 하체 폄을 활성화해주고 Stopping에 도움을 준다.

결과로 어림잡아 궤도 조금 상승(2mm), 페이스 조금 닫힘(0.5°), Power 증대(~ 3%) 기능이 있다.

이것은 Normal 스윙에 사용할 수도 있다. 또는, 드라이버 세게 치는 105%에서만 활용할 수도 있다. 선택 사항이다. 다른 한편으로, 더 유익한 다른 것을 적용할 수 없다는 단점이 있다.

cf) 왼발바닥 엄지 살에 과도한 지면 반력 형성은 상체가 후방에 남고 몸통 회전이 덜 되어 훅이 발생하고, 왼 무릎 폄 근육에 Blocking 현상을 유발하여 뒤땅이 발생한다. 종종 드라이버 티샷에서 뒤땅 발생하는 주요 실패 유형에 해당한다.

d) 오른 하체 내측 Tension과 폄

다운스윙 후반부 왼 하체와 함께 오른 하체도 마찬가지로 폄을 한다.

내측 근육에 신경 써서 강한 폄을 하면 할수록 다음과 같은 경향이 있다. 단, 의도적인 이 형태 스윙은 결과의 일관성이 부족하고 오른쪽 발목 부상 위험이 있는 관계로 적용하지 말아야 한다. 단지 참조 사항이다.

- 헤드 궤도 상승 : 0.5cm up
- 힐 타점 : 오른 골반이 강하게 펴지면 오른 힙(골반)과, 허벅지(무릎)가 앞(y 방향)으로 0.5~1cm 나간다.
  단, 다운스윙 전반부부터 오른 골반을 강하게 펴면 샹크 가능성이 농후하다.
- 훅 방향성 : (-)3° 정도 좌향 방향성을 갖는다.
  몸의 우측 옆구리 강성이 강해져 손목의 빠른 릴리즈 타이밍을 갖게 하는 영향을 준다.
- 폄이 강해져 헤드 스피드 조금 상승한다.
  * Setup과 백스윙에서 오른 허벅지 내측에 보다 강한 Tension 부여하면 더 이른 시점에 오른 하체 폄이 진행된다.

7.9 샷감 유지

(잘 맞는 날 vs 안 맞는 날)
(잘 되었다가 안 될 때)

잘 맞는 날도 있고 잘 안 되는 날도 있다. *"샷감이 좋다, 나쁘다."*라고 이야기한다.
  * 30년을 넘게 골프 친 선수가 *"골프는 잘 맞는 날도 있고, 안 되는 날도 있다."*라고 했을 때 일반 골퍼는 어떻게 받아들여야 할까?

샷감은 원하는 대로 동작이 이루어져, 생각한 대로 타격 되어서 필요한 결과에 더 근접한다는 이야기다.
  cf) 타격감 : 임팩트 때 느끼는 타구감

샷감은 그냥 몸 전체 감으로 치기, 하체 폄 대장 근육으로 치기, 척추기립근 감각으로 치기, 동작 중심축 위치로 치기, 회전력 사용조합으로 치기 5가지가 있다.
  * 몸통 회전 중심 (For 밸런스) = 척추기립근 감각 + 동작 중심축 위치

1) 샷감의 분류

a) 잘 맞는 날 vs 잘 안 맞는 날

평상시 92%의 정확도를 가지고 있는데 어떤 날 94%(50% 상승)의 정확도 샷을 한다. 샷감이 좋은 날이다. 왜 잘 맞는지 정확히 모르는데 긴가민가한 상태다.

평상시 92%의 정확도를 가지는데 어떤 날 89%(50% 하락)의 정확도 샷을 한다. 샷감이 좋지 않은 날이다. 왜 안 맞는지 정확히 모르는데 긴가민가한 상태다.

다음 표는 잘 맞는 날과 안 맞는 날 무언가 있을 만한 원인을 List up 한 것이다.
잘된 날은 무언가 더 잘 되었다는 것이고, 안 된 날은 부족(결핍), 오류가 있었다는 이야기다.

구분	잘 맞는 날, 잘 되는 이유	안 맞는 날, 안 되는 이유
몸통 감각 느끼기 (동작 중심축 위치)	- 척추기립근으로 체중 및 몸통 꼬임 느낄 때 - 동작 중심축 위치가 샷에 맞게 선택될 때 - 파스쳐 모양이 최적일 때	- 복근, 옆구리 근육에 직접 신경 쓴 경우 (8절 4)항 참조) - 볼과의 거리, 척추 각 어색할 때 (5절 참조)
Cross 회전력 사용	왼 골반 + 오른팔 회전력 또는 오른 골반 + 왼팔 회전력 사용할 때 (100% 스윙)	왼 골반 + 왼팔 회전력 또는 오른 골반 + 오른팔 회전력 사용하려 할 때 또는 4ea 사용
그립 악력 (손가락 하중 분배)	-	- 오른손 4th 3rd 약한 그립 - 그립 잡은 손가락의 악력이 기준과 달라서, 궤도와 페이스 각 제어가 안 되는 경우 방향, 타점 미스 (3장 3절 참조)
테이크어웨이, 손 눌러주며 돌리기	-	번쩍 들어 올리는 테이크어웨이를 했을 때, 손·손목에 힘 잔뜩 들어가 릴리즈 불량하고 손목 스냅 사용이 적을 때 원인은 팔 들린 다운스윙 시작, 안 좋은 결과의 50% 유발 (6장 1절 참조)
백스윙 탑에서 샤프트 궤도면에 클럽 헤드 COG 일치 여부	COG가 잘 일치하여 다운스윙 시작이 조금 더 원활할 때	COG가 많이 벗어나 그립에 힘 들어가는 다운스윙 시작되어서 릴리즈 불량할 때, 잘해보려 보잉 적용할 때, WiFi 방향, 탄도 & 거리 불량
하체 펌 세기 (하체 쿠션 양) (대장 근육 선정) (스웨이) (왼 옆구리 강도)	하체 쿠션과 대장 근육이 맞아서 하체 펌에 타이밍이 더 잘 맞고 리듬 있고 더 강한 펌이 이루어졌을 때 (이때 릴리즈는 더 완벽해짐)	약한 하체 펌을 하고 하체 펌 타이밍이 안 맞을 때 헤드 스피드 저하 타점 불량 페이스 각 열림 얼리 익스텐션
손목 회전력 사용량	사용하는 손목 회전력 변화가 적어서 방향성이 일정해질 때	세게 스윙하려는 욕심에 너무 과한 손목 회전력 사용하여 페이스 열리고 뉘는 결과
수평 체중 이동	-	이른 시점에 강한 이동 할 때
뇌 환경(집중력)	마음이 여유로워 판단력 좋을 때	마음이 번잡해서 집중 안 될 때 (동반자 방해 포함)

표 3.7.29 잘 맞는 날 vs 잘 안 맞는 날 원인 (예시)

Remarks

#1. 더 잘되는 이유보다는 안 될 수 있는 이유가 많으므로 잘 맞는 날보다 잘 안 맞는 날이 될 확률이 높다. 그래서 잘되는 날은 어쩌다 한 번이다.

#2. 안 되는 이유(원인)를 빨리 찾아야 하는데 수많은 인과관계가 있지만 다 알 수 없기에 쉽지 않다. 원인을 빨리 찾아 원상회복하는 것도 실력이다. 핑계 대신, 골프 실력은 안 되었던 날에서 이유와 원인을 찾아 개선하는 것이 지름길이다.

#3. 다른 클럽도 안 되는데 롱 아이언이 유독 안 된다면, 하체(무릎)의 Up & Down 리듬이 안 맞을 가능성이 제일 크다.
백스윙에서 오른 골반이 일정량 상승(Up)하지 않으면, 이후 양 무릎의 Down & Up 리듬이 흐트러져 궤도(타점), 페이스 각, 헤드 스피드 오차가 커지게 된다. 테이크어웨이에 신경을 너무 많이 쓰다 보면 이런 일이 벌어질 수 있다.

b) 라운드 진행 도중 **잠깐** (일시적 몇 홀 동안) 안 되는 것

-. 타격 두께 :
^ 하체 쿠션은 그날그날 조금씩 달라지고 라운드가 진행되면서 전반부/중반부/후반부와 심리/체력/기후적인 요인에 따라서 조금씩 달라진다.
하체 쿠션 세기에 따라서 연이어 두껍게 타격 되거나 얇게 타격 될 수 있다.
^ (무의식적) 대장 근육 선정 오류에 따라서 연이어 조금 두껍게 타격 되거나 얇게 타격 될 수 있다.
^ 백스윙 오른 팔꿈치 높이에 따라 타점은 변한다. 고려하지 않으면 타점 실수를 만든다.
^ 상향타격 의도 오류로써 손을 들어 올리려 했을 때 오히려 상 타점(뒤땅) 발생한다.

-. 페이스 각 :
^ 의식적으로 손목 회전력을 더 주려 할 때, 샤프트 변형 때문에 페이스는 열린다.
^ 손·손목에 힘이 들어가는 동작에서는 페이스가 열린다.
^ 약하게 살살 치려고 하면 로테이션이 커져 페이스는 닫힌다.
^ Cross 회전력 사용조합이 아니고, 한쪽에 치우친 회전력을 사용하면 방향 오차는 증폭된다.

-. 타점 :
　　온몸으로 더 세게 치려 할 때 또는 더 약하게 치려 할 때, 하체 회전과 상체 회전의 부조화가 일어난다. 이것은 타점 미스로 이어진다.
　　　^ 단지 강한 회전으로 세게 치려고 하면 토우 타점, 뒤땅 타점
　　　^ 약하게 치려고 하면 힐 타점

cf) 매 샷에 타점 변화가 심할 때 : 오른 팔꿈치 높이 변화에 의한 타점 변화
　　매 샷에 거리와 탄도(백스핀) 변화가 심할 때 : 왼팔 들리는 현상 반복
　　　드라이버 Wi-Fi 방향성과 타점 : 몸통 회전량과 하체 폄 양 심한 변화
　　　　　　　　　　　　　　　　　캐스팅 임계점을 들락날락하는 상황
　　　　　　　　　　　　　　　　　백스윙 왼 어깨 Brake (오른 골반 접기 포함) 시점 변화

c) 한동안, 잘 되었다가 안 될 때 vs 안 되었다가 잘 될 때

-. 안 되었다가 잘 될 때 :
안 되었다가 잠깐(얼마 동안) 잘 되는 일은 드물다.
우연히 한 가지 스윙이 잘 되는데, 그것을 같은 모양으로 계속 (시종일관) 사용할 때이다.
가지고 있는 기본 스윙의 좋고 나쁨을 떠나 본인의 한 가지 스윙 동작에서 테이크어웨이가 맞고 무릎 굽힘과 폄 리듬이 맞고 회전 동작의 밸런스와 타이밍이 맞아떨어져서 잠깐 임팩트가 좋게 나온 것이다.
만약, 샷 메이킹을 한다고 다른 동작을 섞는 순간에 잘 맞던 샷은 안 맞게 될 것이다. 더 잘 치겠다고 Setup을 바꾸는 순간에도 잘 되던 스윙이 이제는 안 된다.
　　* 보통 마음을 비우고, 욕심을 버리고 테이크어웨이를 여유 있게 할 때 안 되던 샷이 잘 될 때가 있다. 또 거리 욕심을 버리고 강한 스윙을 자제할 때 잘 될 때가 있다.

-. 잘 되었다가 안 될 때 :
　　^ '잘 되다가' : 본서 스윙 *1장~7장 내용*이 반영된 스윙을 하는 골퍼인데,
　　^ '안 될 때' : 잠깐 무언가 부족&오류가 유입된 스윙을 계속하고 있다는 것
　　^ 부족, 오류 : 연속해서 계속, 라운드 내내 그리고 한동안 안 되는 원인으로써 전체 기본자세 중에 한 가지 또는 전체 스윙 동작 중에 일부에 문제가 있는 것이다.
　　　국부적으로 다음 요소가 원인일 가능성이 크다.

- ◆ 상완 삼두박근의 Tension이 사라지는 테이크어웨이 형태로 바뀌었을 때
- ◆ 오른 무릎 폄이 약하게 되는 스윙으로 바뀌었을 때
- ◆ 축의 변경 (앞뒤 엉덩이 위치 자세, 좌우 스웨이 동작)이 있는 형태로 바뀌었을 때
- ◆ 백스윙, 감속(Braking) 감각 상실
- ◆ 백스윙 탑에서 손목의 모양 (클럽 헤드 모양 변화)
- ◆ 의도적인 그립의 모양 또는 악력의 변경 (손목 각 변화)
- ◆ 테이크어웨이 시작 분절점(허리 척추) 상실 (다른 분절이 먼저 회전)
- ◆ 왼 어깨 들림 <--- 오른손 4th & 3rd 악력 감소 (회전동력 전달 변화)
- ◆ 왼 어깨 들림 <--- 오른발 빠르고 세게 미는 수평 체중 이동 추구
- ◆ 손 뿌리기 오류, 클럽 헤드 던지기 오류
- ◆ 보좌 근육, 어깨 모양, 손목 강도에 신경 쓸 때

* 아이러니하게도 보통 이런 스윙의 부족, 오류는 더 좋은 스윙을 만들려는 교정 과정에서 발생할 가능성이 크다.

d) 라운드 초반부터 어떤 Hole까지 또는 중간에 샷이 안 될 때

-. 그립 악력을 너무 약하게 잡고 스윙하면 분절의 연결이 느슨해져서 타격감이 떨어진다. 즉 타격에서 힘을 쓰지 못하는 느낌이 든다.

라운드 도중에 그립 악력을 세게 잡고 빈 스윙을 몇 번 하여 그립 악력을 높여주면 해결된다.

이런 현상을 배제하기 위해서는 라운드 시작 연습(몸풀기 위한 빈 스윙 포함)에서 그립을 조금 꽉 쥐는 스윙 한두 번을 해주어야 한다.

* 비유 : 노래를 시작할 때, 음(Key)을 너무 높거나 낮게 잡으면 음정이 무너지는 것과 같다. 시작 전 음의 높이 조정을 하듯 그립 세게 잡아본다.

-. 왼 어깨가 들리는 (왼팔이 들리는) 스윙을 하면 몸과 팔의 연결이 약해져서 타격에 힘을 쓰지 못하는 느낌이 든다.

^ 테이크어웨이에서 왼 겨드랑이가 살짝 붙어서 진행되어야 한다.

^ 백스윙에서 왼팔을 Zig-zag로 꼬아 올려야 한다.

^ 손의 높이는 직접 올려서 아크를 키우는 것이 아니라 오른 팔꿈치 높이로 간접 조정하여야 한다. 손을 높이 들려고 하면 왼 어깨와 팔이 들린다.

(상당수 샷 미스는 손을 직접 높이 올려 강한 스윙을 한 것에 기인한다.)

-. 몸통 근육 Coiling이 강해서 골반과 어깨가 시차 없이 같이 돌 때, 릴리즈가 깨져 손목 스냅을 사용하지 못하는 느낌이 든다.
　이 경우, 다운스윙 시작에서 상·하체 분리가 안 될 때인데 힙 턴은 강하게 해주면서 어깨 턴이 시차를 만드는 빈 스윙을 하면 어느 정도 해결된다.
　오른 무릎 오금 굽히는 동작을 확실히 해주면 상·하체 분리가 만들어진다.
　척추기립근으로 몸통 회전과 체중 이동을 가끔 느끼려 하면 거의 해결된다. 복근 및 옆구리 근육 강도는 동작 중심축 위치로 간접 제어한다.

e) 세게 치려 했을 때 나타나는 현상
　(세게 쳤는데, 빗맞으면 보람이 없다)

세게 치면 (힐~토우, 상하) 타점이 변하고 타격 페이스 각 변화가 심해진다.
무작정 세게 치면 오차는 대략 3배 증가한다. 그나마 타점 보정을 하고 세게 치면 오차는 대략 2배 증가한다.

-. 세게 치는 연습 할 때 장기적 문제점 :
　^ 팔이 들리는 스윙 폼으로 변하려 한다.---------- 결과는 회전력 감소
　^ 백스윙 왼 어깨 Brake timing이 늦어져 다운스윙 동작 리듬이 깨진다.
　^ 다운스윙, 힙 턴 때 어깨 턴이 함께 되려 한다. --- 결과는 회전력 감소

-. 특정 Hole에서 세게 치려 할 때 일시적 문제점 :
　^ 다운스윙, 힙 턴에 어깨 턴이 함께 되려 한다. ---- 결과는 회전력 감소, 타점 오차 커짐
　^ 손목 한계, 무릎 한계 근력을 초과한다. -------- 결과는 캐스팅 현상, 뒤땅

* 105%로 세게 치는 스윙을 할 때, Normal shot의 정확도에 가까운 제어 능력을 갖춰야 실전에 사용할 수 있다. 정확도가 확 떨어지는 세게 치는 스윙은 득보다 실이 훨씬 크다.
간단한 예로,
　- 왼팔 위주 스윙은 클럽 헤드를 던지고 오른팔 위주 스윙은 손을 볼에 뿌려야 하는데 반대로 되면 최악의 샷이 된다.
　- 수평 체중 이동을 조금 더 강하게 하면 강한 스윙이 된다는 착각을 하는데, 오른발 발바닥을 조금 더 이른 시점에 조금 더 강하게 밀면 캐스팅이 발생한다. 헛심만 쓰이고 거리 줄어들고

방향성은 좌우로 극과 극이 된다. 왼 무릎 폄도 약해진다.

수평 체중 이동량을 키워 비거리를 늘릴 수는 없다. 다운스윙 전환에서 먼저 왼발 외측을 이용하여 후방으로 미는 수평 체중 이동을 해줘야 한다. 이후 오른발바닥으로 미는 것은 다운스윙 중반에 행해지는 동작이다.

(세게 치는 방법의 상세 설명은 *4권 1장*에서 다룸)

(방향성과 타점 변화는 *4권 2장과 3장*에서 설명)

f) 기타 골프가 안 되는 날

실력과 관계없이 골프의 모든 동작이 비정상적으로 작동하는 경우는 다음과 같다.
- 한동안 골프에 무관심하고 다른 일에 몰두한 경우
- 밤새 한숨도 못 자고 피곤한 상태의 라운드
- 캐디, 운영요원, 동반자의 플레이 재촉 상황

* 이런 날은 스윙 뿐만 아니라 어프로치 및 퍼팅도 안 된다. +10타 이상을 더 치게 된다.

2) 샷감의 유지

샷감을 유지한다는 것은 여간 어려운 일이 아니다.
세계 정상급 선수가 4일 라운드를 하는데 그 편차가 상상 이외로 크게 나타나기도 한다. 그 편차는 롱게임 및 쇼트게임에서 다 나타난다.

세계 정상급 선수도 한순간 실력이 저하되고 회복되지 못하여 내리막길을 걷기도 한다. 선수 생활을 포기하는 경우도 있다.
일반 골퍼들은 이런 상태를 스윙이 망가졌다고 표현한다.
일반 골퍼들의 골프 실력에도 굴곡이 있다. 아무리 연습해도 나아지지 않는 경우가 많다.
스윙이 망가지는 원인, 그리고 부상에 이르는 많은 경우가 더 좋은 스윙을 하기 위한 교정에서 일어난다고 볼 수 있다.
옛말에 *"하나를 얻고 하나를 잃는다."* 라는 말이 있는데, 골프에서는 하나를 얻고자 둘 이상을 잃은 결과가 자주 발생할 수 있다.

샷감을 유지하는 방법은 다음과 같다.
① 릴리즈에 대해서 이해해야 한다. 그래야 헛된 상상, 이상한 동작을 시도하지 않게 되고 필요한 것을 찾게 된다.
  - 손목이 펴지면서 임팩트에 이르는 구간에서 샤프트와 클럽 헤드에 어떤 일들이 벌어지고 있는지 알아야 한다.
  - 손(손목)에 힘이 왜 들어가는지, 힘이 들어갔을 때 릴리즈 효율이 왜 저하되는 것을 알아야 한다.
  - 동작 중심축 위치가 몸통의 회전 시차와 릴리즈 시작 타이밍을 바꾸는 것을 알아야 한다.
② 다운스윙 시작에서 몸과 클럽 헤드에 어떤 일들이 발생하는지 알아야 한다.
  그래야 그것에 필요한 사전 대응(준비)을 할 수 있게 된다.
③ 테이크어웨이에서 팔의 폄 근육이 유지해야 하는 Tension에 대하여 알아야 한다. 그래야 힘도 뺄 수 있고, 감속과 가속의 모양을 최적화할 수 있으며 스냅 사용이 가능하다.
④ 릴리즈 후반부(임팩트 전), 손목 회전력 사용 조건을 알고, 조건에 맞는 손목 회전력을 사용하여야 한다.
⑤ 분절의 연결, '몸통 ~ (어깨) ~ 팔', '손 ~ (그립) ~ 클럽' 강도에서 회전력 전달 기능에 대해서 알아야 한다.
⑥ Cross 회전력 사용법에 대하여 알아야 한다.

105% 스윙에서 손을 뿌릴 것인지, 클럽 헤드를 던질 것인지, Cross 회전력 조합에 따라서 대상이 달라져야 한다.

⑦ 95% 스윙 vs 100% 스윙 vs 105% 스윙의 (신체 신경 근육 한계 조건) 차이을 알아야 한다.

⑧ 다양한 샷의 연습을 자제한다. Normal shot 연습의 비중을 높인다.

다양한 샷 연습하는 것도 중요하지만 다양한 동작, 다양한 릴리즈 타이밍 환경, 다양한 근육 사용 연습은 기본 동작을 흐릿하게 만들 수 있다.

Remarks

#1. 혹자가 *"이것(이렇게) 한번 해봐."* 라는 말을 많이 하는데, '한번 해보고 아니면 말고'라는 의미로 해석할 수 있다. 그러나 아니면 손해이다. 섞인 물감의 색을 이전으로 돌리기 어렵듯이 한번 영향을 받아서 변한 스윙 폼을 이전의 것으로 쉽게 돌릴 수는 없다.

 * 잠깐 해봐서 되는 것은 거의 없다. 잠깐 해봐서 되는 것과 안 되는 것을 구분할 수 있는 것이 골프였다면 아마도 골프 못하는 사람은 거의 없을 것이다.

 어떤 Tip(조언, 훈수)을 해볼 것인지 말 것인지는 신중히 결정해야 한다.

#2. 스윙 교습에는 두 가지가 있다. 명확한 구분(인식)이 필요하다.

 - 과거로부터 현재까지 한 번도 구사하지 못하는, 즉 해결되지 않은 상태에 대한 것을 습득하는 과정
 - 잘해오던 것이었는데, 얼마 전부터 갑자기 잘 안 되는 상태에 대한 것의 원인 파악과 교정과정

 첫 번째 것은, 스윙 메커니즘 전반을 이해해야 하고 두 번째 것은 특정 동작의 한 토막에 있는 오류를 점검/수정/교정하는 것이다.

 무작정 안 되는 것을 잘 되게 하겠다는 생각은 버려야 한다. 먼저 상태를 곰곰이 따져봐야 한다. 이것을 품질관리에서는 '현상 파악'이라고 한다.

 * 가장 빠른 해결 방법 하나는 유능한 교습가나 교습서를 만나는 것이라고 할 수 있다.

 두 번째 것은 인과관계 파악을 할 수 있는 능력이 있어야 하는데, 최근에 시도했던 것의 부작용일 가능성이 크다. 원인을 못 찾으면 주위에 자문을 얻어보는 것이 가장 빠른 해결책이 될 것이다.

 * 비유 : 음식을 먹고 배탈이 났을 때는 직전에 먹었던 것 중 하나가 원인이 된다.

#3. 신경 회로가 생성되지 않은 새로운 동작을 읽히는 데는 3개월±1개월이 걸릴 수 있다. 한 번에 또는 하루 이틀에 이것을 배우겠다는 생각은 근육·신경학적으로 불가능에 가깝다. 또 필요한 것을 필요 없는 것으로(아닌 것으로) 판단하는 오류에 빠질 수 있다.

더하여, Key point(핵심)를 모른다면 동작의 습득은 요원하다. 오히려 불필요한 것들이 몸에 밴 이후 교정을 더욱 힘들게 한다.

cf) 습득했는데, 잊어버린 경우는 핵심을 알고 있다면, 단 30분 이내에 복원할 수 있다. 핵심을 모른 채 감을 잊어버렸다면 다시 회복하는 데 오랜 시간이 걸리거나 영영 회복되지 못할 수도 있다.

대다수 많은 구력을 가진 일반 골퍼들은 스윙 폼이 좋지 않다. 이것저것 해보는 과정에서 돌이킬 수 없는 상태의 스윙 폼을 갖게 된 것이다.

cf) 1~2년 만에 상급자 수준에 오른 일반 골퍼의 스윙 폼은 대부분 좋다. 이들은 이것저것 해보는 경험이 굳이 많이 필요했던 것도 아니었고, 이후 오류에 빠졌을 때 원인을 빠르게 찾고 회복할 수 있는 능력이 있었기 때문이다.

악몽

반복되는 미스샷은 동작의 어딘가에 고장(오류)이 발생한 것이다.
이것이 계속되면 극심한 슬럼프다.

원인을 빨리 찾아 회복하지 않으면, 꿈속에서 악몽으로 나타날 것이다.

막막하다면 그것은 슬럼프다.
이때 필요한 것이 '현명함'이다.
사고의 전환을 해보면 어떨까?

에필로그

이 책은 모든 골퍼가 더 쉽고 빠르게 상급자가 되도록 안내하는 역할을 할 것이라 확신한다. 그리고 단순 접근 방식의 레슨 환경을 발전시키는 데도 일조할 것이라는 생각이 든다. 아울러 타 스포츠 분야에도 새로운 영감을 줄 것이라 기대한다.

수학의 학습 단계에는 초등학교에서 배우는 사칙연산, 중학교에서 배우는 방정식, 고등학교에서 배우는 미분·적분, 대학에서 배우는 공업 수학과 같은 과정이 있다.
골프에서도 95타 되는 데 필요한 것, 85타 되는 데 필요한 것, 75타 되는 데 필요한 것, 언더파(프로 수준) 되는 데 필요한 것들이 다르게 있다.

혹자가 *"사칙연산 잘하면 미적분 문제 잘 풀 수 있다."*라고 말한다면 모두가 비웃을 것이다. 골프도 마찬가지다. 100타대인 골퍼가 90타대 골퍼가 되는 데 필요한 것들을 하고, 90타대 골퍼가 된 이후로도 주야장천(continuously) 그것들만 붙잡고 연습한다 해도 싱글 플레이어가 되기는 힘들 것이다. 그런데 실제 많은 일반 골퍼가 그렇게 생각하고 있는 듯 보인다.
어떤 수준에 도달했던 이전 방법은 다음 단계의 더 높은 수준으로 올라가는 방법과 같지 않고 다르게 존재한다는 것을 꼭 인지해야 한다.

품질 향상이나 제품 개발에서, 어떤 방법과 이론이 특정 목표 수준에 필요한 내용이 되는 것처럼, 현재 자신의 골프 실력에서 필요한 것과 소화해 낼 수 있는 것들을 파악하고 순서를 정하여 하나씩 섭렵해 나가는 것이 골프 실력을 향상할 수 있는 지름길이라고 생각한다.
골프가 수학보다 어려운 이유 중에 특이점 하나는 무언가 하나를 새롭게 바꾸면(배우면, 교정하면) 앞서 정리했던 내용(거리, 방향성, 타점)들이 함께 변하여 재정립해야 한다는 것이다. 정책이 바뀌고 법이 바뀌면 관련 표준서가 바뀌고 결부된 사항 모두를 개정해야 하는 상황과 비슷하다.

사칙연산을 안 배운(못하는) 아이에게 미적분 문제를 설명하여 이해시키려 하고 또 하도록 한다면 오산이듯이 100타대 골퍼에게 싱글 플레이어가 되는 데 필요한 골프 방법들을 추천한다는 것은 무리가 있는 일이다.

차근차근 배우고 교정하고 재정립하는 것이 수없이 반복되는데 열 번 할 것 다섯 번 만에 하고 3년 걸릴 것 1년 만에 이룰 수 있다면 그것이 정도(바른 안내)일 것이다.
이 골프 이론서를 완성하는데 16년이 걸렸다. 그렇지만 이 책을 읽는 독자는 골프를 이해하는데 10배 단축하여 1.6년 정도 걸렸으면 하는 마음이다.

여하튼 본서에는 이유에 대한 설명 없이 정의 내려진 수많은 골프 방법(Tip)에 대한 근본(속사정)을 신경학, 역학, 수학을 이용하여 설명하였으며, 그것을 바탕으로 사고의 전환을 이루고 선입견과 선입관을 배제할 수 있도록 안내하고자 하였다.
그리고 본서는 다른 관점과 다른 서술 전개로 골프 이론에 씌워진 틀(Frame)을 바꿔보고자 하는 의도를 담았다. 이것들이 골프 발전의 새로운 전기가 되었으면 하는 바람이다.
몇몇 사람은 하나하나 맞는 이야기지만 현실의 흐름(상황)과 동떨어진 것 같은 책의 내용들에 대하여 비난, 푸념, 아쉬움의 의견을 낼 수 있고, 관심과 호응보다는 외면과 비호감의 입장을 가질 수(표명할 수) 있을 것이다. 그렇지만, 이것은 *"그래도 지구는 돈다."* 라고 법정 문을 나서는 갈릴레이를 떠올리게 하는 상황일 수 있다.
이 책이 골퍼들에게 가치 있는 것으로, 그리고 100년, 200년 오랫동안 소중히 간직되는 것이었으면 좋겠다.

골프는 예술이다.
배우는 과정, 플레이하는 형태가 음악, 미술, 문학, 공연과 같다.
필드라는 3차원 공간에서 각각의 홀에 볼의 궤적을 만드는 예술이다. 우리는 그것을 Review하고, 아쉬워하기도 하며, 희열을 느끼기도 한다.
특히 시간을 들여 방법을 찾고, 반복 연습하고, 상태를 관찰하고, 고민하고, 고뇌하고, 돌이켜 반성하는 것은 예술가의 모습들이다.
우리가 어떤 위대한 프로골퍼를 좋아하고 존경할 수 있는 것은 그가 게임을 잘해서라기보다는 그의 플레이에서 예술가의 품격을 느끼기 때문일 것이다.

"자식과 골프는 마음대로(뜻대로) 안 된다." 라는 말이 있다.
이 말의 의미는 마음은 잘 되게 해보겠다고 하지만 결과가 원하는 대로 나오지 않는다는 것이다.

자식의 마음, 생각, 가치관, 재능이 부모가 생각하는 것과 같지 않은데, 부모의 생각에 딱 맞게 되기는 어려울 것이다.

먼저 이해하려 하지 않는다면 골프에서 반사신경과 샤프트의 휨은 쉽게 마음대로 조정할 수 없는 영역이 된다. 자식이 처한 환경을 이해하고 대하면 차이의 폭을 좁혀갈 수 있듯이 골프에서도 신경 작용과 힘의 사용, 샤프트의 변형에 대하여 이해한다면 더 빠른 해답을 찾을 수 있을 것이다.
이것들은 눈에 보이지 않는 것이며 아주 짧은 시간 차이를 두고 작동하는 것인데 골프의 겉 모습이 아닌, 속 모습에 숨어 있다는 것을 알아채야 한다.

이 책에서 부상의 원인과 그것을 방지하기 위한 대처 방법을 설명하였다. 하지만 속성 습득으로 더 빨라지는 헤드 스피드를 갖게 하는 방법을 설명하였기에 미스 타점에 의한 충격량이 커져서, 골퍼 전체적으로 부상이 감소할 것이라는 확신은 없다. 골프를 정복하는 방법은 이 책에 모두 담았으므로 조급하게 서둘러 무리한 연습량을 갖지 말고 부분 영역을 하나씩 차근차근 알아가는 방법으로 부상 위험에서 벗어나야 한다.

골프의 매력 중 하나는 눈에 보이지 않아서 만들어지는 모호함과 어려움 같은데, 감히 그것들을 없애버리려 하는 내용의 책을 썼다. 설령 그것들이 이 책으로 인해 사라지더라도(잘 정리된 수학 참고서 있다고 모두 수학 잘하는 것 아니듯, 또 그림 잘 그리는 방법을 소개한 책이 있다고 해서 모든 사람이 그림 잘 그릴 수 있는 것 아닌 것처럼, 그리고 건강을 위하여 지키고 절제해야 하는 사항들을 아는 것과 실천하는 것이 다르듯) 모두가 골프를 쉽고 빠르게 잘 섭렵하기는 쉽지 않을 것이다.
이 책의 또 하나 목적은 골프의 또 다른 매력인 즐거움, 만족감, 행복, 건강을 주고자 하는 것으로써 골프가 너무 어려워 중도에 포기해버리는 사람들이 줄어들고 새로운 입문자도 많아져 궁극적으로 골프 인구가 증가하기를 바라본다. 설명한 많은 이론과 방법을 확인하고자 하는 과정이 필요한데, 이것은 연습장과 필드를 더 이용하는 환경을 만들 것이라 기대한다.

2024년 현시점, 골퍼에게 골프 이론은 엉킨 실타래와 같다.
골프를 인생에 비유하는 사람이 적지 않다. 아마도 엉킬 대로 엉킨 실타래와 같아서이기도 하고, 풀릴 듯 풀리지 않는 실타래 같아서 일 것이다.

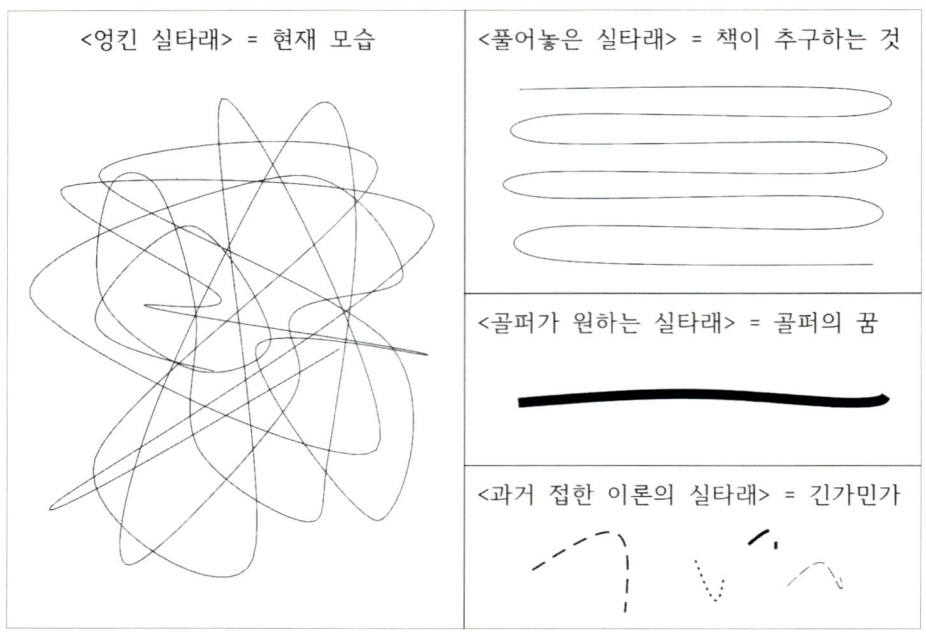

16년 골프 연구하는 동안 답답함을 참 많이 느꼈다.

그리고 책을 쓰는 내내 Logic의 전개를 위해 서술된 어려운 기계 역학 공식과 계산을 책에 포함해야 할까 말까의 고민도 많았다.

친한 벗의 *"너 책은 대학원 교재로 써야 할 수준이구나!"* 란 말처럼 이 책을 보는 일반 골퍼에게 또 다른 고통을 주는 것이 아닌가 하는 반문을 던지게도 하였다. 그렇지만 세상에 없는 것을 새롭게 제시하면서, 그것을 그냥 쉽게 설명할 수는 없는 노릇이다. 처음 보고 들으면 어렵겠지만 혹자들로부터 반복해서 들으면 좀 더 쉽고 친근해질 것이다. 과도기를 거쳐 어느 순간 모든 사람이 당연한 것처럼 받아들이게 될 일이다.

이 책은 나침반의 역할이며 골프라는 대양 항해는 각 골퍼의 몫이다. 이 책을 읽는 독자는 모든 것을 이해하려 할 필요도 없고 다 알려고 할 필요도 없음을 다시 한번 말해주고 싶다. 중요한 것은 골프 스윙 동작, 스트로크 동작, 플레이를 잘하려는 방법론에 대한 기준을 큰 틀에서 잡았으면 하는 것이다. 그 후 시간과 노력이 허용하는 범위에서 먼 길을 돌아가지 말고 지름길을 이용해 하나씩 하나씩 완성해가면 된다.

이 책이 세상 모든 골퍼에게 모래 위의 사상누각이 아닌 튼튼한 주춧돌 위에 짓는 집처럼 골프의 이해와 습득에 좋은 참고서(벗)가 되었으면 한다.

대부분 프로선수가 어린 나이에 말(설명)과 몸으로 골프를 배웠다면 대부분의 일반 골퍼는 수학과 과학을 배우고 지적으로 알 만큼 안, 성인이 된 후 골프를 배우게 된다. 그래서 많은 부분에 걸쳐 설명하려는 사람과 배우려는 사람 사이에 지식과 사고의 차이가 존재하게 된다. 우리는 먼저 그 차이를 인정해야 한다.

이 책이 골프에 대한 보편적인 지식의 Standard Practice가 되어 모든 골퍼가 편하게 골프를 배울 수 있었으면 좋겠다.

2024. 03. 29.

최원규(W.G.Choi)

P.S. 1) 1960년대에 영국왕립골프협회(R&A)에서 골프 이론을 집대성했었고, 1980년대에 미국골프협회(USGA)에서 골프 이론을 정리하였다고 하는데, 내용이 어떠한지 보지는 못했다. 다만 지난 과거에 우리가 서적과 미디어에서 접했던 내용들 상당수가 그것에 뿌리를 두고 있을 것이라는 막연한 추측이다.

반면 이 책은 기존과 접근 방식을 다르게 하여 골프를 해석(설명)한 것이다.

P.S. 2) 현시점, 아마 가장 많이 팔린 골프책은 벤 호건의 「모던 골프」일 것이다. 3년에 걸쳐 3번 정독을 했는데, 도대체 무슨 이야기인지 이해하기 어려웠고 본서 윤문 작업을 마치면서 네 번째 읽었을 때, 글쓴이가 어떤 의도에서 그런 내용으로 골프 스윙을 설명하고자 했던 것인지 윤곽이 보였다.

그 책에는 '손목 릴리즈'라는 용어가 없는데, 본서에서 가장 많이 사용된 단어는 '릴리즈'이다.

P.S. 3) 이 책이 어렵게 쓰여있다고 하여 책이 문제이거나, 책을 쓴 작가가 문제일 수는 없을 것이다.

골프 자체가 어려우니 골프가 문제일 수 있으며, 어려운데도 쉬운 것을 찾고자 하는 골퍼가 문제일 수 있다. 생각하기 나름이다.

방대한 900페이지짜리 「용접 실무」책을 읽는다면 관련 종사자라 할지라도 높게 쳐서 겨우 20~30% 내용을 이해할 수 있을 것이다.

절대 책 내용 전부를 이해하려고 할 필요 없다. 그리고 책 내용이 정확하냐 아니냐도 따질 필요도 없다.

제목과 그림을 보는 것 만으로도 수십~수백 가지 필요한 핵심 기술을 얻을 수 있을 것이다.

P.S. 4) '110타 이하=초보(입문자), 100타대=하급자, 90타대=중급자, 80타대=중·상급자, 싱글 플레이어=상급자'라는 골프 실력 수준은 전체적으로 이 책의 도움으로 20년쯤 후에 '100타대 입문자, 90타대=하급자, 80타대=중급자, 싱글 플레이어=중·상급자, Even 플레이어=상급자'로 변경될 것이라 기대한다.

일반 골퍼 평균타수가 90타대 중후반에서 80타대 초반으로 향상되기를 간절히 기원한다. 또 접하는 골프 이론에서 '거짓 80% vs 진실 20%' 정도 비율이 '20% vs 80%' 정도로 바뀌기를 기대해 본다. 그리고 일반 골퍼도 18홀 벌타와 미스샷 없는 플레이를 꿈꿀 수 있기를 희망한다.

참고 문헌

「골프 스윙 동작의 영상학적 분석 연구」 석사학위 청구논문, 이화여대 김정자 1987
「한눈에 보는 근육 해부학」 신흥메드싸이언스, HIDA Takehiko, YAMADA Keiki 2016
「인간의 뇌」 김영사, 리타카터, 장성준·강병철 옮김 2020
「뼈·관절 구조 교과서」 보누스, 마쓰무라 타카히로, 장은정 옮김 2020
「감각·착각·환각」 예문당, 최낙언 2022

선물(Present)

골프는 참 어렵다고 합니다.
지난 과거를 돌이켜보면, 실제로 모래밭에서 바늘 찾기처럼 어려웠습니다.
16년 골프 연구한 결과로 이 책을 완성했지만, 돌이켜보면 실제 14년은 거의 문외한이나 다름없었으며,
뜬구름 잡는 골프를 접하고 했던 것 같습니다.

소중한 사람이 골프 잘하는 방법을 물어온다면, 다음 네 가지를 먼저 하라고 하겠습니다.

첫째 : 골프 백 속의 Loft 제일 큰 클럽(짧은 클럽)으로 100% 스윙을 하는데, 쓸어치는 높은 탄도 샷을 먼저 연습하라.
　　　<--- 하체 펌 동작을 섭렵하게 되고, 차원이 다른 그린 공략 된다.

둘째 : 100% 스윙 똑바로 멀리 치는 방법으로, '왼 골반 & 오른팔 회전' 또는 '오른 골반 & 왼팔 회전' Cross 회전력 조합을 사용하라.
　　　<--- 분절 회전력 최대로 사용되고, 슬라이스 & 훅 요소가 상쇄된다.

셋째 : 쇼트 어프로치, 런닝은 로프트 45° 언저리인 클럽을 주로 사용하라.
　　　<--- 토핑 미스샷이 Good shot이 된다.

넷째 : 퍼팅에서 그립(손) 감각을 죽이고 스트로크하라.
　　　<--- 손 감각을 없애는 것이 페이스 맞추는 첫 번째 요소가 된다.

만약 소중한 사람이 헛고생 안 하고 골프를 쉽고 빨리 배우는 방법을 물어본다면, 이 책을 추천하십시오.
이 책을 소유한 것만으로도 행복한 골퍼라 할 수 있습니다.
여러분의 소중한 사람에게 이 책을 선물해 주세요.

From : _____　　To : _____

골프 표준참고서 (3권 스윙 이론)
Golf. Standard Practice Pt. 3 HOW TO SWING

인 쇄 2025년 01월 03일
발 행 2025년 01월 10일

지은이 최원규
발행인 서정환
펴낸곳 신아출판사
주 소 전주시 완산구 공북 1길 16(태평동 251-30)
전 화 (063) 275-4000·0484
팩 스 (063) 274-3131
이메일 sina321@hanmail.net   essay321@hanmail.net
출판등록 제465-1984-000004호
인쇄·제본 신아문예사

저작권자 ⓒ 2025, 최원규
이 책의 저작권은 저자에게 있습니다. 서면에 의한 저자의 허락 없이 내용의 일부를
인용하거나 발췌하는 것을 금합니다.
COPYRIGHT ⓒ 2025, by Choi Wongyoo
All right reserved including the rights of reproduction in whole or in part in any form.
저자와 협의, 인지는 생략합니다.
잘못된 책은 바꿔 드립니다.

ISBN 979-11-94595-05-2 04690
ISBN 979-11-94595-02-1 04690 (세트)

값 30,000원

Printed in KOREA